***ACCESO GRATIS** a la Lectura en la Nube*

Para visualizar el libro electrónico en la nube de lectura envíe junto a su nombre y apellidos una fotografía del código de barras situado en la contraportada del libro y otra del ticket de compra a la dirección:

ebooktirant@tirant.com

En un máximo de 72 horas laborables le enviaremos el código de acceso con sus instrucciones.

CONTRATACIÓN PÚBLICA SOCIALMENTE RESPONSABLE

Una estrategia hacia el trabajo decente

NORMAS DE LA COLECCIÓN:

Admisión de originales:

Los originales serán evaluados por el Consejo científico y sometidos a informe externo por expertos anónimos. Cualquiera de los evaluadores puede hacer observaciones o sugerencias a los autores, siempre y cuando el trabajo haya sido aceptado. Se comunicarán a los autores, en su caso, concediéndoles un período de tiempo suficiente para introducir las modificaciones oportunas.

CONTRATACIÓN PÚBLICA SOCIALMENTE RESPONSABLE

Una estrategia hacia el trabajo decente

José Miguel Sánchez Ocaña

Profesor Ayudante Doctor del Dpto. de Derecho del Trabajo y de la Seguridad Social
Universitat de València

tirant lo blanch
Valencia, 2025

En caso de erratas y actualizaciones, la Editorial Tirant lo Blanch publicará la pertinente corrección en la página web www.tirant.com.

La aceptación de la presente obra ha tenido en consideración la evaluación y calificación otorgada por los expertos componentes del tribunal calificador de la tesis doctoral en la que se basa, cumpliendo con el criterio correspondiente de los revisores externos y ofreciendo la calidad debida a la presente edición.

EDITA: TIRANT LO BLANCH
C/ Artes Gráficas, 14 - 46010 - Valencia
TELFS.: 96/361 00 48 - 50
FAX: 96/369 41 51
Email:tlb@tirant.com
www.tirant.com
Librería virtual: www.tirant.es
DEPÓSITO LEGAL: V-3356-2025
ISBN: 979-13-7010-210-4
MAQUETA: Tink Factoría de Color

Si tiene alguna queja o sugerencia, envíenos un mail a: *atencioncliente@tirant.com*. En caso de no ser atendida su sugerencia, por favor, lea en *www.tirant.net/index.php/empresa/politicas-de-empresa* nuestro procedimiento de quejas.

Responsabilidad Social Corporativa: http://www.tirant.net/Docs/RSCTirant.pdf

A mi madre, Carmen

"It is bread we fight for,
but we fight for roses too".

James Oppenheim*, 1911

---

* Versos del poema titulado *Bread and roses* (1911). El autor se basó en el discurso de la educadora, sufragista y activista por los derechos de las trabajadoras, Helen M. Todd, pronunciado en 1910, sobre las condiciones de trabajo de las mujeres en las fábricas estadounidenses. Los eslóganes como "queremos pan, pero también queremos rosas" se han utilizado desde 1911 en múltiples reivindicaciones laborales. En el año 2000 se estrenó la película dirigida por Ken Loach "*Brean and roses*".

Índice

SIGLAS Y ABREVIATURAS

AAPP	Administraciones Públicas
AENOR	Asociación Española de Normalización y Certificación
AGE	Administración General del Estado
BOE	Boletín Oficial del Estado
CE	Constitución Española
CEDS	Comité Europeo de Derechos Sociales
CEE	Centro Especial de Empleo
CES	Consejo Económico y Social
CGV	Cadena global de valor
CJI	Concepto Jurídico Indeterminado
COM	Comisión Europea
CPE	Contratación Pública Ecológica
CPEs	Contratación Pública Estratégica
CPSR	Contratación Pública Socialmente Responsable
CNMC	Comisión Nacional de los Mercados y la Competencia
DA	Disposición Adicional
DF	Disposición Final
DIDH	Derecho Internacional de los Derechos Humanos
DOUE	Diario Oficial de la Unión Europea
DT	Disposición Transitoria
DUDH	Declaración Universal de los Derechos Humanos
EBEP	Real Decreto Legislativo 5/2015, de 30 de octubre, por el que se aprueba el texto refundido del Estatuto Básico del Empleado Público
EELL	Entidades locales
EI	Empresa de inserción
EM	Estado miembro
ETN	Empresa transnacional
ETT	Empresa de trabajo temporal
FJ	Fundamento jurídico
FMI	Fondo Monetario Internacional

GP	Grupo parlamentario
GVA	Generalitat Valenciana
IJCCP	Informe de la JCCP
INE	Instituto Nacional de Estadística
INI	Instituto Nacional de Industria
ISO	International Organization for Standardization
JCCP	Junta Consultiva de Contratación Pública
JCCPE	JCCP del Estado
LCSP	Ley 9/2017, de 8 de noviembre, de Contratos del Sector Público
LOI	Ley Orgánica 3/2007, de 22 de marzo, para la igualdad efectiva de hombres y mujeres
LPRL	Ley 31/1995, de 8 de noviembre, de Prevención de Riesgos Laborales
LRBRL	Ley 7/1985, de 2 de abril, Reguladora de las Bases del Régimen Local
LRJS	Ley 36/2011, de 10 de octubre, reguladora de la Jurisdicción Social
LRJSP	Ley 40/2015, de 1 de octubre, de Régimen Jurídico del Sector Público
Obcp	Observatorio de contratación pública
OC	Órgano de contratación
OCDE	Organización para la Cooperación y Desarrollo Económicos
ODS	Objetivos de Desarrollo Sostenible
OEP	Oferta de empleo público
Oirescon	Oficina Independiente de Regulación y Supervisión de la Contratación
OIT	Organización Internacional del Trabajo
PCA	Pliego de condiciones administrativas
PE	Parlamento Europeo
PPT	Pliego de prescripciones técnicas
PRL	Prevención de riesgos laborales
RD	Real Decreto
Rec.	Recurso
Res.	Resolución
RD-Leg.	Real Decreto Legislativo

RGLCAP	Reglamento General de la Ley de Contratos de las Administraciones Públicas
RTACRC	Resolución del TACRC
s.	Siglo
SIEG	Servicio económico de interés general
SIG	Servicio de interés general
SS	Seguridad Social
STC	Sentencia del TC
STS	Sentencia del TS
STSJ	Sentencia del TSJ
TACRC	Tribunal Administrativo Central de Recursos Contractuales
TACP	Tribunal Administrativo de Contratación Pública
TC	Tribunal Constitucional
TEDH	Tribunal Europeo de Derechos Humanos
TFUE	Tratado de Funcionamiento de la Unión Europea
TJCE	Tribunal de Justicia de la Comunidad Europea
TJUE	Tribunal de Justicia de la Unión Europea
TUE	Tratado de la Unión Europea
TS	Tribunal Supremo
TSJ	Tribunal Superior de Justicia
UE	Unión Europea
WFTO	Organización Mundial del Comercio Justo

INTRODUCCIÓN

La contratación pública se ha ido convirtiendo, desde hace dos siglos, en un instrumento ordinario de gestión para las entidades del sector público. Una de las características funcionales de esta institución descansa en la capacidad de estas últimas para encargar a operadores privados, a través de un vínculo contractual o negocial, la ejecución de una prestación a cambio de un precio o derechos de explotación. Los contratos del sector público son una suerte de aleación en la que se combinan componentes jurídicos de naturaleza esencialmente pública con otros de índole privada. Este elemento privado introduce en la ecuación un acervo jurídico distinto al de otros instrumentos públicos de gestión de prestaciones.

De lo anterior se derivan algunas aserciones importantes para la presentación del tema que se pasa a realizar en estas páginas preliminares. La simple lectura del título anuncia el tratamiento de un tema de naturaleza jurídica diversa que entra en el ámbito de distintas ramas del Derecho. Fundamentalmente, nos adentraremos en dos sectores del ordenamiento: el Derecho administrativo, en relación con la contratación pública, y el Derecho del trabajo, en lo relativo a las personas que trabajan por cuenta de las contratistas del sector público. Qué duda cabe de que otros sectores del ordenamiento, como el Derecho de la Unión Europea, el Derecho constitucional o el Derecho internacional público, serán llamados a la investigación de forma recurrente por la esencia transversal y omnipresente de los valores, principios, reglas y derechos en liza.

1. UN ESCENARIO PÚBLICO CON ACTORES PRIVADOS: CONTRATOS DEL SECTOR PÚBLICO

La actividad ordinaria de las AAPP se rige, preponderantemente y con las salvedades a las que se aludirá, por las normas del Derecho público, mientas que las empresas privadas concurrentes a los procesos de contratación con el sector público responden, sobre todo, a principios y reglas del Derecho privado en su organización interna, sin perjuicio de su sujeción a obligaciones tributarias, de seguridad social y administrativas en sentido estricto[1]. En el contexto de esta investigación serán significativas las vicisitudes jurídicas derivadas de la coexistencia y conjugación de ramas del Derecho situadas en el campo del Derecho público, como el Derecho administrativo[2] en lo concerniente a las potestades de las entidades del sector público en el proceso de contratación, y del Derecho privado, como lo es con matices semipúblicos el Derecho del trabajo[3], por lo que se refiere a la relación entre la adjudicataria y las personas que dependen laboralmente de ellas, o el Derecho mercantil respecto de quienes contratan como proveedores o contratistas.

Paralelamente, en virtud del principio *pacta sunt servanda*, la actuación de los operadores externos debe ajustarse al marco concreto que los órganos de contratación (en adelante, OC) de las entidades públicas establecen en los pliegos de condiciones administrativas (PCA) y de prescripciones técnicas (PPT) que ordenan el proceso de

---

1 Por el lado de las entidades del sector público, el nexo con el Derecho administrativo se conjuga, respecto de algunos sujetos y bajo ciertas circunstancias, con el Derecho privado. Las empresas, en el ejercicio de sus actividades económicas, y al margen del Derecho administrativo aplicable al proceso contractual, genera interacciones que activan fundamentalmente los resortes de ramas como el Derecho del trabajo, de la seguridad social, tributario, mercantil, de consumo, etc.

2 En términos generales, el Derecho administrativo pertenece al terreno del Derecho público como segmento del ordenamiento jurídico en el que se regula la actuación del poder público y de su relación con la ciudadanía, mientras que el Derecho del trabajo o el Derecho mercantil actúan en el terreno del Derecho privado, encargado de regular las relaciones entre sujetos de naturaleza privada.

3 El Derecho del trabajo suele ser incardinado en el Derecho privado. Sin embargo, esta naturaleza puede ser matizada atendiendo, fundamentalmente, a dos aspectos cruciales. En primer lugar, una de las fuentes del Derecho es producto de la negociación y el acuerdo entre representantes de los trabajadores y empresarios, o entre agentes sociales: el convenio colectivo. Cuando los convenios colectivos son estatutarios (pues cumplen con los requisitos contenidos en el ET) tienen eficacia normativa y efecto *erga omnes*, como si de una ley o reglamento se tratara; aunque estos dos instrumentos se sitúan por encima de aquel en la pirámide normativa. En segundo lugar, en el caso de las asociaciones empresariales y las organizaciones sindicales, el art. 7 CE les otorga un papel constitucional desde la perspectiva social, económica y política, junto a los partidos políticos. Estos dos factores subjetivos y normativos hacen del Derecho del trabajo una rama del Derecho con matices jurídico-públicos.

contratación. En dichos instrumentos jurídicos las administraciones dejan patente cuál es el objeto del contrato, cuáles son las características que debe cumplir la empresa, qué aspectos valoran de la oferta y en qué términos se debe desarrollar la prestación, conforme a ciertos poderes discrecionales acotados por la normativa aplicable. A saber: Directivas europeas de contratación (Directivas 2014/23, 24 y 25/UE, fundamentalmente); la Ley 9/2017, de 8 de noviembre, de Contratos del Sector Público (LCSP); el Real Decreto 1098/2001, de 12 de octubre, por el que se aprueba el Reglamento General de la Ley de Contratos de las Administraciones Públicas; la normativa autonómica que resulte de aplicación en esta materia (sin obviar el carácter básico de las normas contenidas en la LCSP); y, a su vez, todos aquellos instrumentos normativos que delimitan las facultades discrecionales de las entidades del sector público y, más concretamente, del OC.

Los fenómenos privatizadores de la gestión de actividades de índole pública no son, por entero, resultado de las diversas políticas económicas de los siglos XX y XXI[4]. Ahora bien, en este trabajo se situarán en su contexto los procesos de externalización y las decisiones de mantenimiento de la gestión indirecta de actividades de titularidad pública. Esto permite, por un lado, analizar de qué modo los principios de política económica juridificados afectan al ámbito funcional en cuestión: las capacidades de las entidades públicas de influir en las decisiones internas de carácter laboral o de empleo de las empresas contratistas. Por otro lado, facilita las interpretaciones teleológicas, sistemáticas y auténticas de las normas que han dado lugar a la concepción estratégica de la contratación pública desde hace 25 años.

Con la finalidad de mostrar la trascendencia económica, social y jurídica del tema de investigación, parto de la aportación de una perspectiva cuantitativa. Es un lugar común en los estudios sobre

---

[4] No en todo caso la contratación pública parte de una externalización, entendida en su primera acepción: "acción y efecto de externalizar" (DRAE). Multitud de prestaciones son *ab initio* encomendadas a operadores externos, ya que las AAPP no han contado, tampoco en la Edad Moderna, con recursos, estructuras o empresas dispuestas para la realización de obras, servicios o suministros necesarias para el funcionamiento ordinario de los poderes públicos.

Contratación Pública Socialmente Responsable (CPSR) señalar la proporción del PIB y de gasto público que suponen dichos contratos a las arcas públicas; ya que se intenta mostrar el coste de oportunidad[5] para las AAPP de llevar a cabo una contratación pública aséptica, preocupada únicamente por obtener prestaciones al menor precio y con estándares aceptables de calidad técnica.

Pues bien, si nos aproximamos a los datos económicos o presupuestarios, el portal de transparencia de la Administración General del Estado (AGE) realiza un seguimiento anual de la estadística relativa a contratos adjudicados a partir de la información contenida en el Registro de Contratos del Sector Público de la Junta Consultiva de Contratación Pública del Estado. En el año 2021 se materializaron licitaciones por un valor de 97.000 millones de euros, lo que representa un 11,49 % del PIB y un 22,71 % del total del gasto público[6]. En el caso de España, debido al reparto competencial territorial, el gasto se distribuye entre el nivel local (31,49 %), autonómico (36,57 %) y estatal (31,94 %). Los datos de la OCDE revelan que los niveles de gasto en contratación pública, aunque han sufrido leves reducciones en algunos países desde 2015 a 2019 debido a los efectos jurídicos y económicos de la crisis que dio comienzo en 2008, han ido aumentado en términos absolutos y relativos desde 2019 en países como Alemania, Francia, Italia, Portugal y España. A todas luces se trata de una cuantía relevante en sus proporciones y su importancia ha ganado peso absoluto y relativo a medida que se cumple el primer cuarto del siglo XXI.

El número de expedientes aumentó un 62,72 % en 2021 respecto de 2018 (de 101.670 a 162.086), en una tendencia alcista que se manifiesta año tras año[7]. Es una constante que más del 95 % de los

---

5 *Coste de oportunidad* es una locución empleada en las disciplinas económicas para referirse al valor de aquello a lo que se renuncia cuando una persona, grupo o entidad toma una opción entre varias. Este coste de la alternativa incluye los beneficios que se habrían adquirido de haber escogido las opciones desechadas.

6 Los datos macroeconómicos se publicaron por la Organización para la Cooperación y el Desarrollo Económico (OCDE) en las estadísticas del "*Government at a Glance*".

7 Debe señalarse que en las estadísticas referenciadas se excluyen los contratos menores, tal y como se advierte en el apartado metodológico del informe anual de supervisión del año 2021.

negocios jurídicos suscritos sean contratos de obras, servicios o suministros. Entre ellos, son los contratos de servicios los que arrojan una representación mayor, tanto por importe económico (más del 40 %, generalmente) como por cuantía de licitaciones (más del 43 %, generalmente). Ahora bien, son los contratos de obra los que tienen un importe económico más elevado por cada contrato (lo que en términos técnicos se denomina *densidad económica media por licitación*). Asimismo, resulta significativo que la media de licitadores que se presentan por cada lote de contratos es de 3,88, mientras que la mediana es de 2; cifras que se han ido reduciendo en los últimos cuatro años. Esto arroja un problema de suficiencia de licitadores, con la consiguiente merma de la virtualidad de la competencia entre operadores y con el perjuicio que supone para las AAPP la falta de público objetivo, pues reduce la potencialidad del establecimiento de condiciones administrativas[8].

Realizadas estas consideraciones cuantitativas, planteo diversas premisas que conectan la naturaleza de los sujetos intervinientes y de las normas a las que responden con la necesidad u oportunidad de articular una contratación pública estratégica y socialmente responsable. En primer lugar, cuando las entidades públicas recurren a operadores externos para la realización de actividades de titularidad pública están destinando recursos públicos de diverso género a un proceso de tercerización o externalización contractual para la consecución de fines de interés general. En segundo lugar, y sin perjuicio del contenido del clausulado contractual, las empresas ejecutarán el negocio jurídico con base en criterios propios de organización, dirección, control y disciplina de los factores que intervienen en la prestación habida cuenta de la libertad de empresa que le ampara. En tercer lugar, el interés general en el marco del Estado social que debiera guiar las actuaciones organizativas de las AAPP en caso de gestión pública directa cede paso al interés privado que la libertad de empresa en el marco de la economía de (libre) mercado permite —e incluso induce a— perseguir a las empresas privadas. Desde una

---

8 Junto a ello, puede pensarse en otros datos como los relativos al volumen de relaciones de trabajo por cuenta ajena que implica este fenómeno, sin embargo, no existen datos o información estadística de esta índole.

perspectiva tradicional de los contratos del sector público, la contribución directa al interés general por parte de la empresa privada se entiende cumplida con la correcta ejecución de aquel. Queda al albur de la propiedad empresarial la eventual adopción de una actuación más ávida socialmente que supere los estándares normativos y contractuales que les resulte de aplicación.

2. LA CONTRATACIÓN PÚBLICA SOCIALMENTE RESPONSABLE

La locución *responsabilidad social* está mayoritariamente asociada a la conocida como Responsabilidad Social Empresarial (RSE) o Corporativa (RSC). Esta estrecha relación ha llevado a definir dicha responsabilidad como "la relación ética de un sujeto con respecto a sus obligaciones o responsabilidades morales, esto es, las actitudes éticas basadas en criterios y normas de conducta del sujeto que este sigue por propia voluntad, y que van más allá de sus obligaciones legales" (Ochoa Monzó, 2022, p. 1). La aproximación propuesta es coherente con una realidad: los instrumentos que responden a las siglas RSE parten de que las empresas privadas asumen voluntariamente el compromiso de hacerse cargo del respeto a los intereses de los *stakeholders* (como personas trabajadoras, proveedoras, miembros de la comunidad en la que opera, instituciones públicas, etc.) más allá del cumplimiento de la legalidad (Beltrán Castellanos, 2019; Maira Vidal, 2015; Ochoa Monzó, 2022).

Sin embargo, la expresión *responsabilidad social* adquiere un significado y una significación sustancialmente distintos cuando se predica en relación con los poderes públicos que, *per se*, deben hacerse cargo de sus deberes constitucionales en el contexto del Estado social y democrático de Derecho. Es lo que permite considerar razonablemente que la responsabilidad social en el ámbito de las AAPP aparezca como una tautología (López Laguna, 2019). Por tanto, la asunción de una responsabilidad social adicional y cualificada por parte de los poderes públicos se da en un contexto de fuerza de las configuraciones normativo-económicas privatistas y conlleva resignificar los deberes y obligaciones públicos de forma transversal a todo el ordenamiento jurídico de acuerdo con los derechos y principios constitucionales.

La referencia a la ética, la integridad, la responsabilidad, etc. alcanza a todo género de materias, esferas o ámbitos de la actividad pública. No en vano, la buena administración ha sido abordada en la última década en relación con la prevención de la corrupción en las AAPP (Ochoa Monzó, 2022)[9]. Ahora bien, no se trata del único camino para la asunción de mayor responsabilidad por los poderes públicos, pues algunos retos son estructurales y otros coyunturales. La última década, marcada en sus inicios por la todavía incipiente salida técnica de la recesión económica en términos de PIB y tasa de desempleo[10] tras la crisis financiera de 2008, ha alumbrado una coyuntura marcada en el plano internacional por la crisis sanitaria derivada de la Covid-19 y la guerra tras la invasión rusa de Ucrania. Ambos acontecimientos se han saldado con una crisis energética, de abastecimiento, inflacionista, de estancamiento del crecimiento económico, etc. Ante ello, se han llevado a cabo por parte de algunos Estados europeos no solo respuestas defensivas, sino también medidas innovadoras proactivas (Baylos Grau, 2023b).

Estas situaciones son ejemplos que reclaman soluciones estratégicas que atraviesen todo el ordenamiento, lo que no obsta para identificar problemáticas estructurales a las que se puede hacer frente con instrumentos redefinidos como la contratación pública. Los contratos del sector público son una herramienta del poder público con una finalidad determinada. Una de las cuestiones relevantes que suscita este estudio es, precisamente, analizar el modo en que, junto a esta finalidad clásica, el ordenamiento jurídico español encaja o permite encajar una concepción estratégica, innovadora y socialmente responsable que atienda a otras finalidades socialmente significativas de forma mediata e inmediata.

Desde un plano general, la construcción de un sistema constitucional garantista exige ir más allá del mero reconocimiento de de-

---

9 Alude el autor, por ejemplo, al Informe surgido de la Comisión Nolan (que toma el nombre de su presidente el Juez Nolan) en el que acabaron por recoger los principios de la Función Pública: altruismo, integridad, objetividad, responsabilidad, transparencia, honestidad y liderazgo.

10 En 2014 se da el primer descenso interanual de la tasa de paro desde 2007 y, por vez primera, se da un crecimiento del PIB. Hasta 2019, por ejemplo, España no sale del procedimiento de déficit excesivo en virtud del art. 126 TFUE.

rechos y de contemplar la actividad administrativa desde sus finalidades primarias. La Contratación Pública Socialmente Responsable (CPSR) interpela a las Administraciones Públicas (AAPP) en el cometido de hacer permeable su actividad contractual con empresas privadas al interés general. Debe partirse de la consideración de que las entidades públicas tienen atribuidas constitucionalmente la promoción y tutela del interés general en el marco del Estado social y democrático de Derecho, y la propia Carta Magna les vincula en todos sus términos. Y es que, la *responsabilidad social* en el ámbito de las AAPP, a pesar de poder entenderse que es un deber constitucional *per se*, alude, fundamentalmente, a la acción de ampliar el grado de influencia del Estado social a ámbitos funcionales, objetivos y subjetivos, en los que el redimensionamiento de las instituciones jurídicas permite dotar a aquel de mayor eficacia y efectividad[11].

El actor primario para la CPSR lo constituye el sector público como sujeto que asume y practica estrategias y operativas socialmente responsable tomando en consideración los retos y objetivos de los poderes públicos, así como las implicaciones sociales de su actividad y, por tanto, la del operador externo. La empresa contratista, por su lado, actúa como una suerte de colaborador necesario que, al participar en el proceso de contratación y, en su caso, en la ejecución del contrato, asume las tareas operativas socialmente relevantes que le atribuyan los PCA y el contrato.

Es frecuente que la literatura sobre la materia y los instrumentos administrativos y normativos incluyan en el término *social*, además, los aspectos medioambientales. Sin embargo, tanto si se realiza un ejercicio deductivo como inductivo a partir de la terminología jurídica y académica, lo social, hoy por hoy, se circunscribe al ámbito de los derechos sociales, en general, pero toma un carácter frontalmente relacionado con el mundo del trabajo cuando se lleva a cabo un análisis de las tipologías de cláusulas sociales a las que se refiere la normativa de contratos y la práctica administrativa. Lo social, en este punto, se

---

[11] Desde una perspectiva garantista del constitucionalismo se imbrican tres conceptos calve: democracia, soberanía popular y derechos fundamentales. Las garantías constitucionales del cumplimiento efectivo de los derechos fundamentales se constituyen en verdaderas garantías de la misma democracia y el Estado de Derecho.

relacionará principalmente con la inserción sociolaboral, los derechos laborales y los derechos humanos en la cadena de valor. En este punto, las AAPP proyectan su responsabilidad constitucional cualificada prestando atención, no solo a los incumplimientos de la contratista respecto de sus obligaciones legales, reglamentarias, convencionales y contractuales en materia social, sino que puede atribuir obligaciones a la adjudicataria (no así derechos a los trabajadores) en relación con la mejora de tales aspectos. De este modo, las cláusulas sociales en la contratación pública permiten imbricar las potestades públicas de gestión de contratos del sector público y las políticas de protección social asociadas a las políticas de empleo y a los derechos laborales en relación con la actuación interna de las empresas contratistas.

El ámbito de la contratación pública, probablemente, sea uno de los escenarios paradigmáticos que hacen patente la resignificación pública de la responsabilidad social. Por un lado, los procesos de externalización conllevan, en sí mismos, una reducción o ausencia del radio de influencia de la entidad contratante respecto de los factores que intervienen en la prestación, tales como los elementos patrimoniales (materiales e inmateriales), los negocios jurídicos o los criterios de organización interna de la actividad. Consecuentemente, como ocurre con las obligaciones sinalagmáticas de la relación jurídico-laboral, a la Administración Pública contratante no se le atribuyen, con ciertas salvedades[12], responsabilidades directas respecto de las personas trabajadoras que, no obstante, realizan una labor de la que se beneficia directamente la entidad pública y, directa o indirectamente, los ciudadanos. En definitiva, en este contexto dado, la responsabilidad social que pueda asumir la entidad pública supone hacerse cargo, siquiera de forma limitada, de las problemáticas y vulnerabilidades que afecten o puedan afectar a las personas que potencialmente podrían contribuir o contribuyen, de un modo u otro, en la prestación contratada[13].

---

12 Como las marcadas por el artículo 42 del Estatuto de los Trabajadores o el 168 de la Ley General de la Seguridad Social; preceptos fundamentales en materia de responsabilidad económica de los contratistas y de los empresarios principales.

13 La labor de las entidades públicas en el marco de la contratación pública estratégica entronca con la reflexión que afirma que "sistema público tiene que

Por otro lado, la responsabilidad social supone una atribución de potestades administrativas a las entidades públicas, en el marco de la contratación pública, para actuar en favor de la garantía de derechos constitucionalmente reconocidos y de objetivos de naturaleza social que múltiples textos normativos y programáticos, europeos e internos, recogen. Tales habilitaciones tienen como virtualidad la mejora de los derechos, garantías y mecanismos de control recogidos en el derecho positivo o la atribución de un margen acotado de actuación. Como se señalará más adelante, se trata de reconocer que el presupuesto público destinado a los contratos del sector público y la misma ejecución de la prestación se tornen en factores funcionales al acometimiento de funciones sociales.

La simiente más directa de la CPSR la encontramos, en el plano europeo e interno, en el Libro Verde de la Comisión Europea sobre la Contratación Pública en la Unión Europea de 1996, el cual comienza a advertir de la necesidad de "conjugar la política de contratación pública con las otras políticas comunitarias" entre las que destaca las de naturaleza social y medioambiental. En diversos apartados del citado documento la Comisión insiste en la posibilidad de contribuir a cumplir los objetivos de política social mediante la reglamentación de la contratación pública. Esta senda continuaría en el siguiente lustro en algunas otras comunicaciones sobre responsabilidad social en la contratación pública y en las empresas.

No fue hasta el año 2004 cuando, por vez primera, la conocida como tercera generación de directivas de contratación pública incorporan sutiles alusiones a los aspectos sociales. Desde la timidez del legislador, tales previsiones se incluyeron, casi de forma literal, en la normativa legal de transposición española: en primer lugar, la Ley 30/2007, de 30 de octubre, de Contratos del Sector Público y, posteriormente, el Real Decreto Legislativo 3/2011, de 14 de noviembre, por el que se aprueba el texto refundido de la Ley de Contratos del Sector Público.

En la antesala de la aprobación del actualmente vigente conjunto de directivas sobre contratación pública, diversos instrumentos pro-

disponer de resortes suficientes para prevenir y corregir conductas oportunistas por parte de los operadores privados" (Aparicio Tovar et al., 2023, p. 29).

gramáticos e interpretativos de la Comisión Europea hacen uso del término *Contratación Pública Estratégica* (CPEs)[14] como un término más amplio que engloba, junto a la dimensión ecológica e innovadora, la CPSR. La formulación apriorística de la CPEs, al margen de las vicisitudes, complejidades y particularidades jurídicas, consiste en la habilitación a los órganos de contratación de las entidades públicas para emplear los procesos contractuales no solo con la finalidad de adquirir el concreto objeto contractual constituido por la obra, el servicio o el suministro, sino para, al mismo tiempo, dar cumplimiento a objetivos de interés general. Junto a los objetivos estratégicos públicos a los que pudiera responder la decisión de adquirir un objeto u otro, entran en juego otros objetivos estratégicos de carácter social, ecológico o innovador a los que debiera responden el proceso de contratación y la ejecución de la prestación. Estas metas generales y difusas se traducen en objetivos operativos en los pliegos y el contrato a los que deben responder las adjudicatarias y entidades contratantes. Por lo que respecta a los aspectos sociales, puede decirse que se trata de una influencia, por parte de los poderes públicos, en la actividad de los agentes económicos privados que contratan con aquellos y siempre a colación de la prestación que se contrata con estos (Gimeno Feliú, 2013).

Esta operativización de las pretensiones estratégicas socialmente responsables se despliega a través de las conocidas como "cláusulas sociales", entendidas como estipulaciones contenidas en los pliegos de condiciones (generales o particulares) y en el contrato orientadas incentivar a los licitadores o, directamente, a exigir a los adjudicatarios la adopción de determinadas medidas en el seno de su organización económica que coadyuven a la satisfacción de consideraciones o necesidades sociales.

El impulso normativo europeo se empezó a consolidar en la actualmente vigente cuarta generación de directivas, aprobadas en

---

14 Entre otros, las siguientes resoluciones de la Comisión Europea en las que se menciona la CPEs y la CPSR: la *Comunicación "Conseguir que la contratación pública funcione en Europa y para Europa"* (2017); el *Libro Verde "la modernización de la política de contratación pública de la UE. Hacía un mercado europeo de la contratación pública más eficiente"* (2011), o la *Comunicación "Adquisiciones sociales: una guía para considerar aspectos sociales en las contrataciones pública (2.ª edición)"*, de 2021.

2014, entre las cuales destaca la Directiva 2014/24/UE sobre contratación pública. Desde entonces, la inclusión de consideraciones de tipo social en los procesos de contratación, por ejemplo, en materia de fomento del empleo, comenzaron a integrar la concepción de la CPEs de forma más sistemática. Como se tendrá la oportunidad de señalar en el presente trabajo, la normativa española que se encargó en esta ocasión de la transposición de las directivas fue la Ley 9/2017, de 8 de noviembre, de Contratos del Sector Público (en adelante, LCSP) que recoge una regulación de la CPEs más amplia y desarrollada que, no obstante, ha sido rechazada e, incluso, negada por tribunales administrativos de recursos contractuales y juntas consultivas de contratación pública.

La asunción de unos mejores y mayores parámetros de responsabilidad sobre los efectos y condiciones de las contratas públicas dispone de distintos niveles y mecanismos. A propósito de la reacción de las AAPP ante los problemas de calidad y de condiciones laborales en servicios externalizados, Alfonso Mellado (2017, p. 23) señala que las AAPP pueden plantearse cuatro mecanismos antes de optar por una decisión de reversión o rescate: establecer pliegos de condiciones más específicos; establecer medidas eficaces de control y seguimiento de la ejecución; hacer uso del clausulado social permitido por la normativa de contratación pública; o, la creación de sociedades mercantiles mixtas u otro tipo de entidades jurídicas. Como se irá desgranando, las cláusulas sociales, en un sentido amplio, no se agotan en preceptos que aborden aspectos materialmente de índole sociolaboral, sino que alcanza a las cláusulas con expectativas procedimentales o formales que reviertan en una mejora de tales aspectos. De cualquier forma, la adopción de un compromiso social por parte de las AAPP desde una perspectiva estratégica encuentra instrumentos jurídicos de diversa naturaleza que no empiezan y acaban en las cláusulas sociales y que obedecen a diversos mecanismos con el objetivo de cumplir de forma eficaz, eficiente y equitativa con el interés general.

Las razones para la acción de tipo sociolaboral no son exclusivamente de justicia social, en términos predistributivos y redristributivos, sino que, además, desde las perspectivas marcadamente economicistas existen razones de eficiencia económica que, a su vez, coadyuvan a alcanzar mayores cotas de justicia social. En el ámbito concreto de los contratos del sector público, a los argumentos generales de justicia social y eficiencia económica, se adicionan otros específicos en relación con la función y el funcionamiento de este segmento de la actividad administrativa y del ordenamiento. En términos sintéticos e introductorios, la contratación pública con entidades privadas externas debe guiarse, como actividad administrativa, por principios de índole presupuestaria que nos aboca a términos de eficiencia al tiempo que, como se ha manifestado en las pretensiones de la concepción estratégico-social de la compra pública, se hace evidente que el poder público es un responsable cualificado en la satisfacción de dimensiones específicas de política social.

En fin, la pulsión de prestar atención a las políticas transversales y estratégicas en materia social, como en el caso de la contratación pública, ha encontrado campos vedados para una parte cuantitativa y cualitativamente relevante de la doctrina académica y administrativa. Con los últimos textos normativos europeos y españoles, las posiciones maximalistas que niegan la conveniencia, procedencia y validez jurídica de las cláusulas sociolaborales, se encuentran en clara situación de tensión con la legislación interna —estatal y autonómica— y la práctica asentada de utilización y desarrollo discrecional de criterios sociales por parte de las entidades del sector público. A pesar de este avance normativo y aplicativo en las AAPP españolas, desde el año 2023 se aprecian retrocesos en algunas CCAA y entidades locales en las que se han dado cambios de composición política desde las posiciones del ala izquierda a las posiciones del ala derecha.

3. LA CENTRALIDAD DEL TRABAJO EN EL ESTADO CONTEMPORÁNEO

El Estado social se atribuye, no solo el reconocimiento y la garantía de los derechos sociales y económicos, sino, además, en el convencimiento de que tal cometido es siempre una labor inacabada, asume implícita o explícitamente una cláusula de gradual consecución de una igualdad sustancial (Noguera Fernández & Guamán Hernández, 2014; Pisarello, 2001). Estas aserciones sirven al fin de explicar tanto la motivación latente en la realización de este trabajo como una parte de las razones que, tal y como se expondrá, han llevado a plantear las virtualidades de la concepción estratégica de la contratación pública y su dimensión sociolaboral.

La lucha contra la desigualdad social, jurídica y económica adopta distintas sendas, pero las soluciones fundamentales desde el Estado social han pasado por dos vías básicas: reforzar los sistemas de protección social y fomentar la creación de empleo. Sin embargo, algunos datos muestran la situación estructural y coyuntural de estas respuestas. La tasa de desempleo en España ha descendido de forma constante desde el año 2014 hasta situarse, en febrero de 2024, en el 11,7 % (10,3 % en hombres y 13.3 % en mujeres); aunque existe una gran brecha entre CCAA. En Andalucía sitúa dicha tasa se sitúa en el 17,6 %, mientras que en el País Vasco es del 6,3 %. La tasa de desempleo de larga duración si sitúa en torno al 5 %; el 2,5 % son personas de más de 50 años. De entre quienes tienen trabajo por cuenta ajena, el salario mediano se situaba en 21.638,69 euros en 2021, con una diferencia de más de 4.000 euros entre hombres y mujeres[15].

Estos datos en materia de empleo pueden complementarse con los relativos al aumento de la inflación (variación interanual de 3,2 en marzo de 2024) o de la renta de los arrendamientos para uso de vivienda (aumento del 10 % en el 2023) como variables de primer nivel a la hora de comprender las implicaciones de las tasas de actividad, empleo y pobreza. En el ámbito de la UE, los datos publicados por Eurostat apuntan que la tasa de riesgo de pobreza en el trabajo alcanzó, en el año 2021, el 8,9 %; en España, esta misma cifra, ascendía al 12,7 %[16]. El indicador AROPE se situó en el 27,8 %, sin que

15 Los datos fueron publicados por el INE en 2023 en la encuesta de estructura salarial.

16 Esta tasa muestra ciertas limitaciones vinculadas a la metodología. En primer lugar, el indicador emplea un concepto relativo de pobreza que toma como referencia el nivel adquisitivo de cada comunidad o sociedad. En segundo lugar, es una tasa que toma en consideración la unidad del hogar familiar. En tercer lugar, la unidad de medida empleada para calcular el nivel de pobreza es estrictamente monetaria, pero no atiende al acceso a determinados derechos como educación, sanidad o vivienda. A su vez, tal y como se realiza en la EPA, se considera persona trabajadora a toda aquella que haya desempeñado una labor

haya descendido del 19,8 del año 2008[17]. De entre sus subindicadores, cabe destacar que la tasa de pobreza se mantiene en el 21,7 %, las personas que están en situación de baja intensidad laboral en el 11,6 % y la proporción de ciudadanos en situación de carencia material y social severa en el 8,3 %[18].

El interés general imbricado en el Estado social de Derecho permite anclar al cometido de los poderes públicos el reconocimiento y la garantía de derechos que juegan en el campo de la igualdad en todas sus dimensiones constitucionales (Rodríguez-Arana, 2012). La justicia social, integrada en los ordenamientos europeos por el factor de la igualdad, es una variable indispensable para la libertad y la dignidad de las personas. Precisamente, la igualdad ante los derechos fundamentales es el factor jurídico de que disponen los sectores subalternos de la sociedad para alcanzar la libertad de la que sí gozan los sectores mejor posicionados en el disfrute y mantenimiento de los derechos fundamentales y patrimoniales[19].

Los derechos constitucionales fundamentales se encuentran en una realidad simbiótica, en tanto en cuanto aquello que les afecta individualmente tiene una repercusión en el resto de los derechos[20].

---

remunerada durante al menos 1 hora en la semana de referencia del estudio o encuesta (García-Muñoz Alhambra & Ratti, 2023).

17 El indicador AROPE arroja información sobre riesgo de pobreza y exclusión social desde una perspectiva multidimensional con subindicadores sobre dicha tasa después de transferencias sociales, carencia material severa de bienes y los hogares que presentan muy baja intensidad laboral. Se considera que una persona se encuentra en riesgo o situación de pobreza o exclusión social cuando se encuentra en algunas de esas tres situaciones. Las personas de 60 y más años, no obstante, están excluidas de este indicador.

18 Datos obtenidos en el informe de 2023 de EAPN (2023).

19 Los derechos fundamentales, atendiendo a su carácter jurídico-formal, serían los derechos subjetivos consistentes en expectativas positivas o negativas que son atribuidos universalmente a los seres humanos sin posibilidad de alienarse, transaccionarse, renunciarse y disponerse.

20 El significante *derechos fundamentales* trae origen de la expresión francesa *droits fondamentaux* y ha sido dotado de significado por autores como Jellineck, Schmitt, Ferrajoli, Atienza, Pérez Luño, etc. Estos derechos integran el fundamento constitucional del Estado de Derecho y limitan jurídicamente, desde el Derecho positivo, la actuación de los poderes del Estado; lo que exige, al mismo tiempo, una serie de garantías reforzadas respecto de otros derechos exclusivos. Los dere-

Esta interdependencia corresponde a todos los derechos que, en un ordenamiento dado, como el español, arman el segmento dogmático-constitucional (Preciado Domènech, 2016). Sin embargo, el escenario y las dinámicas contemporáneas recomiendan conducir las observaciones previas al análisis a la simbiosis específica y cualificada entre el bloque de laboralidad constitucional y el resto de los derechos fundamentales; sobre todo en relación con los derechos que integran el concepto de protección social.

Al margen de las distintas concepciones del trabajo, puede entenderse que el trabajo como fenómeno social ahonda sus raíces y deriva en consecuencias sociopolíticas que han venido determinando el funcionamiento de la sociedad, así como los fundamentos de la parte dogmática, el bloque de laboralidad y el sector económico de la Constitución Española, entre otros textos constitucionales europeos (Baylos Grau, 2013). Atender al trabajo en su dimensión fenomenológica nos permite vislumbrar su importancia y su incidencia en los derechos humanos.

El mundo del trabajo es un campo determinante de la situación de los derechos humanos reconocidos en los instrumentos internacionales de la ONU, en la *Carta Social Europea* y en la *Carta de Derechos Fundamentales de la UE*. Por un lado, la dependencia económica del trabajo (formal o informal, laboral o autónomo, típico o atípico) respecto de las personas e instituciones que disponen de los medios económicos socialmente relevantes. En la sociedad contemporánea, la ciudadanía no dispone del control efectivo sobre la estructura y medios de existencia, y el mecanismo del que dispone para garantizar su existencia es el trabajo (García Pelayo, 1977). Por otro lado, sobre todo en el contexto del trabajo subordinado y del trabajo dependiente en algunas de sus gradaciones, la sensibilidad ante los derechos fundamentales se da por la situación de dependencia organizativa respecto del empleador, en cuanto al poder juridificado para organizar, dirigir, controlar y disciplinar la conducta de la persona trabajadora.

---

chos humanos, por otro lado, pueden aludir a los derechos subjetivos universales recogidos en textos declarativos y normativos internacionales como la DUDH, el PIDCP y el PIDESC, y, además, a los que, desde una perspectiva extrajurídica contribuyen a la protección y puesta en valor de la dignidad humana.

Respecto de la primera de esas notas esencial cabe señalar que, en la práctica totalidad de los sistemas sociales, jurídicos y económicos, el acceso a un trabajo decente es la vía más eficaz para dar satisfacción a los derechos humanos. Los sistemas de protección social en materia de sanidad, educación, vivienda, dependencia, prestaciones de Seguridad Social, etc. no otorgan una cobertura universal para dar garantía a los derechos sociales y económicos, pues su cumplimiento efectivo depende en mayor medida de que las personas hagan frente a las situaciones de necesidad con el salario o remuneración que perciben a cambio de su trabajo.

Existe una tensión, por momentos latente, por momentos expresa, entre trabajo decente y Estado social, ya que, a pesar de la nominal universalización de los derechos humanos, existe una clara falta de acceso absoluta a los derechos sociales y económicos. El concepto de trabajo decente, elaborado en el seno de la OIT a comienzos del s. XXI, es un trasunto inequívoco y expreso de las tensiones y los conflictos que laten en el mundo del trabajo. En primer lugar, la OIT parte de considerar que "el empleo es la fuerza que impulsa el combate contra la pobreza y la exclusión", en el entendido de que el trabajo, como actividad y como fenómeno socioeconómico, es el elemento central del sistema económico. Desde este punto, se define el trabajo decente a través de cuatro ejes: el acceso mismo al empleo; el respeto de los derechos fundamentales durante la relación de trabajo; la protección social ante contingencias que impidan o dificulten la prestación; y la representación y el diálogo social. De este modo, queda patente que, con la estructura social y económica dadas, los niveles de empleo, las condiciones de trabajo, los derechos laborales y la determinación de estos son las variables que determinan, en buena medida, el acceso efectivo de la ciudadanía a los derechos humanos, en general, y a los derechos sociales y económicos en particular.

Esta conclusión parte de un conjunto de premisas básicas que se sintetizan a continuación. En primer lugar, se percibe una conexión evidente y notoria entre las condiciones sociales y económicas y la satisfacción de los derechos humanos. En segundo lugar, existe una vinculación histórica y jurídica entre la configuración del Estado de Derecho como social y el deber constitucional atribuido a los poderes públicos de reconocer y garantizar los derechos sociales, económicos y culturales de las personas o de la ciudadanía. En tercer lugar, los sistemas de protección social, que tienen encomendada la función de facilitar el acceso de las personas a la salud, educación, vivienda, alimentación o cultura no dispensan una cobertura absoluta, ni desde la perspectiva objetiva, en cuanto a los derechos que se tratan de proteger, ni en términos subjetivos, en relación con las personas que se benefician de ellos. En cuarto lugar, es el ámbito del trabajo formal, laboral o autónomo, la llave de paso que permite a los seres humanos acceder a unas condiciones materiales tales que permitan afirmar los derechos sociales ya referidos. Con estos mimbres, puede afirmarse que el trabajo no solo se configura como un mecanismo de acceso a bienes y servicios, así como de prestaciones necesarias para su libertad y desarrollo personal, sino como un mecanismo de articulación colectiva del conflicto social y político, habida cuenta de la idiosincrática subalternidad que le imbuye.

La vinculación entre el trabajo decente y los derechos fundamentales, específicamente los derechos sociales, económicos y culturales, queda de manifiesto en la Carta Magna en uno de los vértices fundamentales del bloque de laboralidad: el art. 35 CE. No es baladí que el propio precepto constitucional que aborda el derecho al trabajo haga alusión expresa al derecho de "los españoles" a "una remuneración suficiente para satisfacer sus necesidades y las de su familia". Se trata, no solo de conectar el trabajo subordinado a un salario digno, sino que se vislumbra un reconocimiento de que tal remuneración es el factor determinante de la satisfacción de las necesidades humanas en las sociedades contemporáneas. Simultáneamente, el derecho al trabajo tiene implicaciones diversas desde su contenido esencial, en los términos definidos por el TC[21]. De este modo, junto a la dimensión individual del derecho al trabajo, constituida por el derecho a no ser despedido de forma injustificada y el derecho a escoger libremente profesión u oficio, encontramos una dimensión colectiva más conectada incluso con la centralidad del trabajo en la protección social. Esta última vertiente, la colectiva, está ilustrada en el artículo 40.1 CE al afirmarse que "los poderes públicos [...] realizarán una política orientada al pleno empleo". De este modo, el derecho al

---

[21] STC 22/1981, de 2 de julio (FJ 8º).

trabajo requiere de la comprensión conjunta de la perspectiva jurídica individual y del principio constitucional que empeñe al Estado a combatir el desempleo como dispositivo asegurador del bienestar de la ciudadanía (Guamán & Sánchez, 2017).

Paralelamente a esta aproximación al derecho al trabajo, existe una ramificación de dispositivos jurídicos de extracción y trascendencia constitucional que contribuyen al acceso efectivo de las personas trabajadoras a los derechos sociales. En primer lugar, los sistemas de protección social vinculados a la modalidad contributiva de la Seguridad Social son más protectores que su modalidad no contributiva. En segundo lugar, porque, desde una perspectiva individual, la función tuitiva del Derecho del trabajo y las ramas del Derecho conexas reconocen una serie de derechos a las personas que trabajan en régimen laboral cuya indisponibilidad total o parcial impide que puedan ser renunciados, transaccionados o reducidos. En tercer lugar, desde una perspectiva colectiva, el Derecho del trabajo proporciona herramientas de defensa de intereses sociales como la libertad sindical, la libertad de reunión, el derecho a la negociación colectiva o el derecho a huelga; el mayor trasunto de esta realidad es el papel representativo del trabajo en el marco sindical, negocial y concertador que coadyuva de forma indispensable a la normativización de las relaciones laborales y a su funcionamiento. Sin obviar la existencia de derechos fundamentales inespecíficamente laborales que tienen una trascendencia de primer orden en el mundo del trabajo.

De cualquier modo, tal y como se expone a lo largo de esta investigación, la atribución de determinadas funciones al Derecho del trabajo[22] no implica despojar a otras ramas o sectores del ordenamien-

---

22 Algunas de las funciones históricas del Derecho del trabajo subyacen también en las motivaciones que justifican desde el plano político la contratación pública socialmente responsable. Entre las funcionalidades básicas del Derecho laboral podríamos apuntar a la legitimadora de la actividad empresarial en el marco de la economía de mercado; el rol tuitivo y reequilibrador en favor del trabajo en términos individuales y colectivos; el carácter redistributivo de la riqueza a través de los salarios; y, en el plano economicista, Todolí Signes (2021b) destaca la contribución a la eficiencia económica general. Las diversas funciones se alcanzan mediante un funcionamiento basado en el reconocimiento de derechos mínimos necesarios, derechos indisponibles y derechos imperativos; mediante la atribución de derechos de asociación sindical, negociación colectiva y de

to de instituciones jurídicas que coadyuven en un sentido similar o compatible. La segmentación dogmática y operativa del ordenamiento en ramas y disciplinas jurídicas no conlleva ni la estanqueidad ni la exclusividad en fines. Con todo, se abordarán los posicionamientos de las voces doctrinales de diverso género que plantean recelos e incógnitas acerca de la posible confrontación o injerencia de las cláusulas sociales con instituciones fundamentales del Derecho laboral. Los aspectos laborales, dentro del eje social, son los que han suscitado mayores reticencias en actores de diversa naturaleza: empresas licitadoras, asociaciones empresariales, órganos de control administrativos, órganos consultivos, académicos, etc. Tanto es así, que otras dimensiones de la CPEs, como lo es la medioambiental o la innovadora, no han encontrado un grado similar de objeciones jurídicas y económicas.

De todo ello no se deriva pretensión alguna de hacer un ejercicio de sincretismo que aglutine en el Derecho administrativos principios y reglas propios del Derecho del trabajo, sino que planteo la imbricación en el Estado social de una serie de normas fundamentales, interdependientes y transversales de raíces constitucionales que permean todo el ordenamiento jurídico y, especialmente, las del Derecho público y semipúblico. Las instituciones jurídicas de índole estratégica, como la CPSR o el condicionamiento social de inversiones, permiten asumir la responsabilidad constitucionalmente cualificada de las AAPP en lo que se refiere a su labor en la contribución a los derechos sociales.

Todas las consideraciones realizadas en este punto 3 permiten hilvanar las tres materias que la contratación pública estratégica y socialmente responsable asume como trascendentes socialmente y que guardan un sustrato laboral incuestionable: fomento del empleo, derechos laborales y condiciones de trabajo o derechos humanos en cadenas de valor. Las características y complejidades inherentes a la naturaleza y situación de cada una de estas materias plantean una serie de complejidades específicas. Sin embargo, se percibe una sismi-

---

conflicto colectivo; así como, en el plano de las garantías jurisdiccionales y de control, por medio de la atribución de la tutela administrativa y judicial de tales derechos.

cidad jurídica transversal constituida por la fricción entre los componentes de las estrategias privatizadoras —entendidas *lato sensu*— que infiltran la libertad de empresa y otras libertades económicas en cada espacio y grieta del ordenamiento, por un lado, y la aparición de una concepción estratégica y socialmente responsable de los contratos del sector público, por otro.

4. PREGUNTAS Y OBJETIVOS DE LA INVESTIGACIÓN

Tras la exposición de los puntos precedentes se está en condiciones de pasar a especificar qué pregunta y objetivos vertebran la investigación presentada.

En primer lugar, la **pregunta de investigación** que impulsa la presente investigación es la que se cuestiona cuál es el contorno de limitaciones y potencialidades, especialmente en términos de validez jurídica, que el Derecho positivo dispone en orden a que las entidades del sector público empleen los contratos del sector público con operadores privados externos para satisfacer, de forma complementaria al objetivo primario (obra, servicio o suministro) los objetivos de cariz sociolaboral planteados por los poderes públicos[23].

Para continuar, el **objetivo general** de este estudio jurídico consiste en identificar y analizar las virtualidades de las facultades regladas y discrecionales que el ordenamiento jurídico atribuye a las entidades públicas, en general, y a los órganos de contratación, en particular, para establecer y desarrollar normas y obligaciones en el marco de los contratos del sector público consistentes en fomentar o exigir, respecto de la empresa adjudicataria, actuaciones y medidas de índole sociolaboral especificadas en las cláusulas de pliegos de condiciones administrativas, pliegos de prescripciones técnicas y contratos.

De este objetivo general se derivan los siguientes **objetivos específicos**:

I. Identificar, analizar y exponer las facultades que el Derecho interno y europeo atribuyen a los órganos de contratación para ar-

---

23 Pregunta de investigación de carácter exploratorio, descriptivo y analítico.

ticular en los pliegos de prescripciones técnicas y de cláusulas administrativas generales y particulares, así como en los contratos del sector público, consideraciones en materia de empleo adicionales o complementarias a las establecidas en el derecho positivo y en materia de derechos laborales que superen los estándares establecidos por las fuentes del Derecho del trabajo, dirigidas a los adjudicatarios y cuyo efecto repercutiría respecto de las personas adscritas directa o indirectamente a la actividad contratada.

II. Identificar, analizar y exponer las capacidades jurídicas de las entidades públicas para promover o exigir medidas empresariales por parte del operador externo de información, transparencia y responsabilidad respecto de las condiciones laborales de las empresas que integran su cadena de valor, nacional y transnacional, en relación con el cumplimiento de estándares laborales y derechos humanos de la ONU y la OIT.

III. Describir y analizar la importancia relativa en la delimitación de las capacidades jurídicas de las entidades públicas, para la materialización de una contratación pública estratégica y socialmente responsable, de los principios y reglas que integran la constitución y el Derecho originario europeo, con especial énfasis en la constitución económica y, especialmente, en la libertad de empresa en el marco de la economía de mercado y las libertades económicas del mercado interior de la Unión Europea.

IV. Sintetizar propuestas jurídicas en relación con las posibles antinomias, lagunas y vaguedades normativas que pudieran advertirse en el transcurso de la investigación con el fin de contribuir de forma efectiva a los debates dogmáticos y prácticos en torno al diseño y aplicación de una contratación pública estratégica desde la perspectiva sociolaboral.

La utilidad pública de la investigación está alineada con los objetivos señalados, tal y como se puede apreciar, entre otros, en tres documentos nucleares en materia de diagnóstico en el ámbito de la contratación pública: el *Informe de la Comisión Europea relativo a la aplicación y mejoras prácticas de las políticas nacionales de contratación pública en el mercado interior* de 2021; el *Informe Especial de Supervisión relativo a la Contratación Estratégica* en 2022; y la *Estrategia Española de Contratación Pública* (2023-2026).

En estos textos queda patente que la contratación pública, desde una perspectiva estratégica y social, tiene deficiencias teóricas y prácticas de diversa índole que requiere de diversas intervenciones: proporcionar definiciones claras y aceptadas del término *Contratación Pública Socialmente Responsable*; facilitar información al sector público sobre el empleo y el impacto de la CPSR; fomentar la profesionalización de los actores involucrados; aclaraciones sobre la vinculación de las consideraciones sociales al objeto contractual; orientaciones para la aplicación correcta de la CPSR; solventar problemáticas en torno a la eficacia y la validez de cláusulas sociolaborales de diversa índole, etc. Efectivamente, el cumplimiento de los objetivos de esta investigación se dirige, también, a colmar estas deficiencias y solventar las problemáticas.

5. CONCEPCIÓN DEL DERECHO Y METODOLOGÍA DE INVESTIGACIÓN

Para abordar un trabajo de investigación se parte de una concepción del Derecho que condiciona, en mayor o menor medida, la elección de la metodología, la determinación de evidencias, la presentación de resultados y la respuesta a las preguntas de investigación. En consecuencia, en este punto presento las características fundamentales del positivismo crítico para pasar, más tarde, a exponer la metodología jurídica empleada.

5.1. Desde el positivismo crítico

La síntesis de la identificación, aprehensión, descripción y explicación de un fenómeno en un ordenamiento jurídico determinado constituye una tarea de distintas disciplinas como la dogmática jurídica, la historia del Derecho, la sociología jurídica o la filosofía del Derecho, entre otras. El abordaje de nuestra investigación se realiza desde la dogmática jurídica sin que, por ello, se soslaye la trascendencia del resto de las disciplinas[24].

---

[24] Las finalidades de la dogmática jurídica han sido formuladas por diversos autores, entre los que destacan Delgado Echeverría & Rams Albesa (2011, pp. 93 y

La investigación que me dispongo a exponer parte de enfoques propios del positivismo crítico, que encuentra en Luigi Ferrajoli su máximo exponente —así como otros referentes en los autores Luís Prieto Sanchís y Juan José Moreso, en España— y en Norberto Bobbio uno de sus precursores. Sin perjuicio de esta afirmación, tengo presente las concepciones del pospositivismo, formulado y sistematizado por Manuel Atienza y Juan Ruiz Manero desde la base teórica de autores como Dworkin, Alexy o Ihering. Ambas concepciones, ya sea el neopositivismo o el postpositivismo, son posicionamientos filosóficos y teóricos del Derecho que tienden a complementar, en el primer caso, y superar, en el segundo, al positivismo jurídico clásico o paleopositivismo[25].

Este trabajo pretende ser, fundamentalmente, la materialización de un ejercicio de dogmática jurídica de corte positivista basada en la aportación de "enunciados singulares o existenciales sobre el vigor o sobre el sentido de las normas positivas objeto de investigación" (Ferrajoli, 2015, p. 40). Y ello, conjugando tanto una perspectiva normativa que tiene presente tanto la naturaleza lingüística y positiva del Derecho, como la perspectiva realista que atiende a los procesos de atribución de significado a los enunciados prescriptivos por parte de los intérpretes y de los actores institucionales relevantes.

Se partirá de entender el Derecho como un sistema normativo de coexistencia humana que en último término se hace valer mediante la coacción, pero sin soslayar la moral positiva que encapsula y los valores o dispositivos axiológicos que lo realizan en la práctica legislativa y aplicativa. Las reflexiones que traigo a colación realizan sus esfuerzos analíticos diferenciando los planos de "validez", "justicia" y "eficacia" de las normas jurídicas (Bobbio, 1991). Si bien se ha señalado que las valoraciones atenderán principalmente a la validez jurídica de las cláusulas sociolaborales en la contratación pública,

---

94) quienes plantean que su objetivo es conocer las normas válidas, partiendo de que los valores juegan un rol en la deliberación jurídica, las fuentes jurídicas y la interpretación y sistematización del material jurídico con el lenguaje y la argumentación.

25 Mientras que autores como Manual Atienza se refieren al primer positivismo como clásico (tanto en su vertiente normativa o realista), Luigi Ferrajoli alude al mismo como paleopositivismo.

esto se hace sin perjuicio de dejar patente como interaccionan el resto de los planos.

A continuación, debido a la tensión teórica que se ha manifestado entre las dos visiones del Derecho mencionadas (positivismo crítico y postpositivismo) aludo a sus rasgos fundamentales y a los puntos de desencuentro o fricción con el fin de dejar patente las perspectivas que adopto en la labor de identificación, interpretación y sistematización del Derecho.

Parto de los posicionamientos positivistas y postpositivistas teniendo presente que, para exponer una parte sustancial de las dinámicas jurídicas en torno a la validez y la eficacia de las normas, el plano teórico del postpositivismo sirve como punto de apoyo, aunque no se trate del eje principal. Desde el postpositivismo se parte del objetivismo moral[26], se otorga a los principios un papel crucial en la conformación del Derecho y, consecuentemente, a la labor de ponderación de derechos. Todo ello hace derivar en la argumentación jurídica un cometido de primer orden para vislumbrar el contenido y la validez del Derecho desde el razonamiento moral, además del empleo de las lógicas deductivas e inductivas propias de las reglas más definidas.

---

26 El objetivismo moral mínimo o moderado, propio de esta visión del Derecho, afirma un grado mínimo de cognoscibilidad de la moral universal que debe subyacer al Derecho. El Derecho solo sería tal cuando su contenido, además de las reglas formales y autoritativas, respeta ciertas premisas de dignidad humana y tiende a la justicia, del mismo modo que la medicina se despejaría de su esencia si renuncia al valor de salud. Así, hay aspectos que dependen de las preferencias de las personas, pero otras que no son contingentes: necesidades básicas como habitación, salud, alimentación, etc., que se encuentran en el mismo significado de dignidad humana y a cuya verdad o corrección se puede llegar desde la discusión racional. En cualquier caso, se trataría de una posición que deja lugar al desacuerdo razonable, pues parte de la falibilidad, la tolerancia y el no dogmatismo. No se pretende abandonar la distinción entre moral y Derecho completamente, ni se trata de equiparar el Derecho con la moral ni de entender el Derecho como una rama de la moral o de apreciar en el razonamiento jurídico un subtipo de razonamiento moral (Atienza, 2017). En palabras de Habermas (2002, p. 173), la pretensión de validez universal se relaciona con las condiciones de una sociedad dada y las relaciones de reconocimiento recíproco que son aceptadas como justas por los miembros.

He dejado de lado los puntos de encuentro entre el postpositivismo y el positivismo crítico para señalar los elementos discordantes. El positivismo crítico se decanta por una concepción del Derecho que lo entiende como un sistema normativo conformado por enunciados lingüísticos y prescriptivos (principio, reglas y principios regulatorios, fundamentalmente) aprobados por instancias autoritativas legitimadas para ello. Toda norma puede ser calificada como válida desde una perspectiva formal (denominada vigencia) y desde una perspectiva sustantiva[27].

Los principios, las reglas y los principios reglamentarios, en los que se clasifican las normas, disponen de diferentes funciones. De cualquier modo, los principios permiten argumentar a favor de motivaciones legislativas y judiciales, mientras que las reglas determinan una aplicabilidad más directa. Si bien las reglas (p.ej. la prohibición de discriminación —art. 14 CE—) permiten una aplicabilidad mediante la mera subsunción, los principios directivos (la promoción de la igualdad formal —art. 9.2 CE— o del pleno empleo —art. 41 CE—) permiten argumentar a favor de la validez o invalidez de normas. Así, los principios reglamentarios (p.ej. derecho al trabajo —art. 35 CE—) tienen una doble vertiente que permite una motivación y una aplicabilidad consecuente. Precisamente, el papel otorgado a los principios, pero también a la moral, en la conformación del Derecho es el principal desencuentro entre las teorías positivistas y postpositivista. De este modo, el positivismo afirma la concepción racionalista del no objetivismo moral[28], el reconocimiento de reglas y auténticos

---

27 Junto a la validez sustancial de una norma basada en si su contenido respeta lo dispuesto en normas superiores, la validez formal está supeditada a que el derecho emane de las autoridades o poderes públicos competentes (junto a otros requisitos formales), lo que determina el elemento autoritativo al que se refiere la filosofía del Derecho. La moral, no obstante, quedaría extramuros del Derecho de forma radical, más allá del reconocimiento del valor moral que subyace en todo ordenamiento. Este es el punto discutido por el positivismo.

28 Frente al objetivismo moral de corte moderado del postpositivismo, la concepción racionalista del no objetivismo entiende que los juicios de tipo moral no pueden ser ni verificables ni refutables, pero sí pueden ser argumentable racionalmente partiendo de premisas que son el resultado de opciones subjetivas. Los aspectos axiológicos fundamentales pertenecerían a una dimensión externa al Derecho que serviría para la crítica de este desde la teoría política. Ahora bien,

principios regulatorios en los derechos humanos y de una ponderación de hechos y no de derechos en los supuestos de conflictos abstractos y concretos entre disposiciones constitucionales[29] (Ferrajoli, 2014, pp. 96-97)[30].

El postpositivismo se erige sobre los cimientos del objetivismo moral mínimo y valoriza el rol moldeador de los principios y la ponderación de derechos. Desde este esquema general se considera que la teoría y la práctica jurídica deben fusionarse superando la concepción del Derecho como un conjunto de reglas y poniendo especial énfasis en las tareas prácticas de interpretación y aplicación del derecho, que utilizan la reglas y principios como material, pero que se encargan de dar forma acabada al Derecho. Desde esta perspectiva, la actividad dogmático-jurídica se guía por "un tipo de racionalidad que incluya no solo la deliberación sobre los medios adecuados para alcanzar ciertos fines, sino también la deliberación sobre esos fines y sobre los valores en que los mismos se sustentan"[31]. El neopositivismo o positivismo crítico comparte con el postpositivismo —y el objetivismo moral sobre el que este se erige— la atribución de un potencial de transformación social al Derecho, ya que no se compadece con el pragmatismo jurídico y la dimensión valorativa del derecho. No

---

esto no supone obviar los fundamentos ideológicos del ordenamiento ni las motivaciones y las razones de actuación de los actores que practican el Derecho.

29 Respecto del método de ponderación de derechos, que permite modular y hacer prevalecer un derecho sobre otro ante un eventual conflicto, Ferrajoli entiende que esta visión supone atribuir a la jurisdicción un papel de productor normativo que no debe tener. En su opinión lo que realmente cabe ponderar son los hechos concretos que concurren en el caso en cuestión, a partir de un significado jurídico predeterminado por el constituyente. Así, la denominada "ponderación de derechos" determinaría el descubrimiento de la verdad de hecho y no de la verdad jurídica, ya que lo que se sopesan no son las normas en supuesto conflicto, sino las situaciones específicas que concurren en cada caso.

30 En opinión de Moreso & Navarro (2004, p. 11), Ferrajoli "no defiende una teoría positivista del derecho o una ideología de exaltación del derecho positivo [sino que] su adhesión al positivismo jurídico, en cambio, se limita a su enfoque o metodología".

31 Para Manuel Atienza el núcleo del postpositivismo jurídico viene dado por "la unidad de la razón práctica, que implica ya un objetivismo moral mínimo, la distinción entre principios y reglas y la dialéctica de la subsunción y la ponderación, un ideal de juez como juez activo y todo ello visto fundamentalmente desde un prisma argumentativo" (Buzón, 2023, p. 123).

obstante, la diferencia radica en cómo el postpositivismo otorga una primacía fundamental, por un lado, a la práctica jurídica, a la hora de identificar el derecho y su concreto significado, y, por otro lado, a la moral subyacente en un ordenamiento, que lo dota de una dimensión finalista y valorativa junto a la dimensión organizativa y autoritativa que más reseña el neopositivismo. La moral no se situaría como un elemento extrajurídico en el campo de la filosofía y la sociología jurídicas (Atienza, 2017). De este modo el Derecho adquiere el sentido de sistema normativo que tiende a la integridad y la coherencia, pero, también, de práctica social (Atienza & Ruiz Manero, 2007; Atienza, 2008).

En cualquier caso, puede considerarse que las diferentes formas de enfocar la interpretación jurídica no suponen necesariamente grandes diferencias en la emisión de juicios sobre aquello que es o no es jurídico, sobre la función de la teoría de Derecho, de la dogmática jurídica y de los órganos jurisdiccionales, ya que "la distinción es más bien una cuestión de acento" (Atienza, 2007, p. 205) o, en palabras de Ferrajoli en relación con el objetivismo moral, el disenso es "poco más que terminológico" (Ferrajoli, 2014, p. 106). Es por ello por lo que, a pesar de las diferencias señaladas, entiendo que no es inadecuado conjugar a lo largo del presente trabajo las dos perspectivas jurídicas mencionadas.

Se asientan estas advertencias o, si se quiere, premisas aproximativas al fenómeno objeto de estudio debido al convencimiento de que, como ha afirmado Ferrajoli, "las teorías cumplen un papel performativo del derecho y del imaginario de los jueces y los juristas" (Ferrajoli, 2014, p. 126). Precisamente, esta consideración es lo que permite no obviar en modo alguno la influencia de las corrientes formalistas, normativistas y realistas en el actual cosmos dogmático-jurídico y advertir de los posibles conflictos que se encuentren entre las normas jurídicas, ya se trate de principios o reglas. Por lo que los enfoques garantistas que se acogen irán dirigidos a enjuiciar las lagunas y antinomias que en nuestro sistema pueden generarse entre las reglas plasmadas en el ordenamiento y la actuación de los poderes públicos. Todo ello encuentra una cláusula de cierre en el constitucionalismo garantista consistente en considerar que la dimensión sustancial de la validez de las normas está indefectiblemente vinculada a la dimensión sustancial de la democracia, del mismo modo que la validez formal lo está a la dimensión formal de aquella.

Esta dinámica, aun pudiendo adoptar enfoques diversos, como el normativista o el realista, se acogerá, en mayor medida, a las propuestas normativistas que atienden a los métodos específicos de observación y análisis de los enunciados legales como producto del lenguaje y, con ello, a la tarea de la interpretación jurídica de la información que deriva de las proposiciones normativas y, con ello, de su sentido y condiciones de validez. Ahora bien, el análisis de los enunciados jurídicos de las fuentes del Derecho y otros instrumentos fuente de obligaciones no dejarán al margen los elementos de carácter social y axiológico que, indefectiblemente, intervienen en la producción y aplicación del Derecho.

En este trabajo, por ello, partiré de la identificación del Derecho con todas sus fuentes, dando la debida importancia al texto constitucional y a las condiciones de validez formal y sustantiva del Derecho (Ferrajoli, 2003). Al mismo tiempo, y al margen de las opiniones en torno al objetivismo moral, se prestará atención a la importancia que en nuestro sistema jurídico se otorga a los principios más abstractos que integran el orden constitucional y al rol que en materia de derechos fundamentales se atribuye al juicio de ponderación[32], a los principios económicos y a los aspectos formalistas, entre otros extremos relacionados con distintas concepciones del Derecho. Todo ello desde el convencimiento de que tampoco las posiciones del positivismo crítico obvian los incuestionables "presupuestos teóricos, ideológicos, axiológicos y culturales del intérprete" (Baylos Grau, 2012).

Las disertaciones anteriores gozarán de mayor importancia al abordar los aspectos relacionados con los principios del Derecho ad-

---

32 La ponderación es definida por Atienza (2017, p. 150) como el "procedimiento argumentativo mediante el cual se crean reglas a partir de principios, y esas reglas contribuyen a dar certeza al procedimiento que no puede verse como un mecanismo casuístico que conduce fatalmente a la arbitrariedad". Según señala el autor, la polémica surgida en torno a la ponderación parte de cómo se concibe el Derecho y la ambivalencia lingüística y normativa de los enunciados jurídicos que generan una hipotética contraposición entre seguridad o certeza jurídica y la justicia. Por tanto, las polémicas filosóficas respecto de si aquello que se pondera son derechos y principios o, simplemente, hechos, como señala en este último caso Luigi Ferrajoli, parte de entender qué son principios y qué son reglas.

ministrativo, las libertades económicas y las disposiciones constitucionales relevantes en el ámbito que nos ocupa. La interacción entre los derechos fundamentales, otras normas constitucionales y las discrecionalidades administrativas en materia de contratación pública, entre otros elementos, determinarán los márgenes jurídicos que pretendo identificar, desde una perspectiva neopositivista y garantista que atiende a la realidad de la praxis jurídica, para dar cumplimiento a la finalidad de esta investigación.

Así pues, partiendo de la importancia de la concepción neopositivista o positivista crítica del Derecho y de ciertas aportaciones del postpositivismo, el trabajo de dogmática jurídica que se presenta empleará la hermenéutica jurídica como metodología para interpretar las fuentes del Derecho, los instrumentos de actuación administrativa en distintos planos normativos y competenciales y las fuentes de obligaciones y resoluciones jurisdiccionales, entre otras instancias jurídicas, con el fin inmediato de identificar, comprender y explicitar aquello que, desde algunas premisas de la teoría y la filosofía, se ha denominado verdad jurídica (Gómez García, 2019).

Dicho esto, se asume un estatuto de la ciencia jurídica que hace un llamamiento, por un lado, a suprimir las normas, actos y conductas que provocan antinomias con los enunciados jurídicos válidos y vigentes; y, por otro lado, en reclamar la subsanación de las lagunas que puedan existir respecto de normas no realizadas o atendidas. Frente a los paradigmas normativistas y formalistas del positivismo que configuran la ciencia jurídica desde el contexto estrictamente descriptivo, el neopositivismo legitima que las disciplinas jurídicas positivas señalen de forma crítica el Derecho inválido y proyecten el Derecho futuro, ambas desde dentro del Derecho positivo y respetando las reglas y los principios democráticos incorporados a las constituciones (Ferrajoli, 2014). En definitiva, el trabajo que aquí se expone pretende realizar una labor prospectiva, analítica y crítica ante el Derecho, atendiendo no solo a la normativa positiva, sino a la práctica de los actores jurídicos más trascendentes[33].

---

[33] Esta consideración del constitucionalismo garantista reconoce en el desarrollo de una metodología rigurosa la toma en consideración de la relación,

5.2. Metodología jurídica aplicada

La investigación jurídica que requiere el desarrollo de la materia, el abordaje de las preguntas de investigación y el cumplimiento de los distintos objetivos generales y específicos se llevará a término a partir de distintas técnicas hermenéuticas aplicadas a las fuentes normativas, instrumentos ejecutivos y documentos programáticos surgidos de los poderes del Estado: el estudio de las fuentes del Derecho, instrumentos de *soft law* o de naturaleza interpretativa y programática, actos administrativos y contratos, resoluciones administrativas de órganos de control, estadísticas e informes de órganos consultivos y resoluciones jurisdiccionales.

La idiosincrasia de la materia que se aborda exige tratar fuentes del Derecho diversas: desde la dimensión administrativa cobran especial trascendencia la Ley 9/2017, de 8 de noviembre, de Contratos del Sector Público, los reglamentos orientados a regular el proceso de contratación en distintas AAPP, así como dispositivos jurídicos como guías informativas y divulgativas adoptadas mediante acuerdos y otros instrumentos de carácter reglamentario que tienden no solo a aclarar y orientar la actuación pública ejecutiva, sino, a acotar el margen de discrecionalidad de las entidades públicas u órganos administrativos. Los instrumentos jurídicos de *soft law* son relevantes en la materia objeto de estudio, por cuanto, como se tendrá la oportunidad de señalar, se sitúan en la génesis normativa y se han configurado como herramientas de interpretación de primer orden, tanto en el plano del Derecho europeo, en lo relativo a las comunicaciones de la Comisión Europea, como en el contexto de la normativa y las actuaciones de las AAPP autonómicas y locales.

Asimismo, se estudiarán instrumentos jurídicos como los pliegos de condiciones administrativas y los contratos del sector público que se constituyen en los dispositivos principales a la hora de articular u operativizar las capacidades de los OC de concretar cláusulas que contengan los derechos y obligaciones objeto de esta investigación. Sin salir del terreno administrativo, se analizará detenidamente la

---

por un lado, entre el Derecho y la política y, por otro lado, entre la ciencia jurídica, la filosofía política y la sociología del Derecho.

doctrina administrativa emanada de los órganos de control y consultivos en materia de contratos del sector público. En concreto, se atenderá a las resoluciones de los tribunales administrativos de recursos contractuales, tanto autonómicos como el de ámbito estatal, el Tribunal Administrativo Central de Recursos Contractuales (TACRC). Estos órganos, precisamente, cobran especial trascendencia por cuanto son instancias que, entre otras funciones, tienen encomendada la de enjuiciar en determinadas circunstancias la validez, en el plano administrativo, de las cláusulas contenidas en los PCA y los contratos del sector público. Paralelamente, deben tenerse presentes los informes de las juntas consultivas de contratación pública estatal y autonómicas, por su valor jurídico y su influencia doctrinal sobre el resto de los actores administrativos, judiciales y políticos.

Ya en el ámbito jurisdiccional, se ha recurrido al análisis de la doctrina judicial interna y europea. Se incluye la doctrina emanada del Tribunal Constitucional como máximo intérprete de la Carta Magna en un plano de jurisdicción especial interna. En el plano supraestatal, y debido a la trascendencia en el mercado interior de la Unión Europea de la materia que nos ocupa, se dirigirá la atención a las resoluciones emitidas en el seno del Tribunal de Justicia de la Unión Europea.

Por ello, junto al tratamiento de las fuentes, actos y contratos, la exégesis planteada se apoya en los análisis realizados en diversas materias de naturaleza fundamentalmente administrativa, laboral y constitucional por la doctrina académica a partir, principalmente, de artículos de investigación, monografías, ensayos, obras colectivas, tesis doctorales, actas de congresos, ponencias y comunicaciones. Complementariamente, a efectos de situar el contexto jurídico, se realizará una labor de investigación histórico-jurídica cuando resulte oportuno y adecuado a efectos explicativos y prospectivos.

Además de analizar artículos de investigación, monografías, obras colectivas, ponencias, etc. sobre la materia objeto de estudio, se han revelado imprescindibles, determinantes y sugestivas las actuaciones prácticas de las entidades del sector público a partir de Decretos, Acuerdos, guías prácticas, resultados de actos de debate y divulgación, pliegos de condiciones, etc. Así, el cuerpo del trabajo no solo se ha apoyado en los hombros de la academia, sino de la experiencia y la práctica administrativa y la interacción de los distintos actores del Derecho con el producto de estos elementos de acción.

Se atribuye al filósofo y teólogo francés Bernard de Chartres (s. XII) la siguiente expresión: "Somos como enanos sentados sobre los hombros de gigantes para ver más cosas que ellos y ver más lejos, no porque nuestra visión sea más aguda o nuestra estatura mayor, sino porque podemos elevarnos más alto gracias a su estatura de gigantes". Junto a esta, existen otras sentencias de similar significado; como la de la escritora Virginia Woolf puesta negro sobre blanco en su obra *Una habitación propia*: "las obras maestras no son realizaciones individuales y solitarias; son el resultado de muchos años de pensamiento común, de modo que a través de la voz individual habla la experiencia de la masa" (Woolf, 2016, p. 91).

6. ESTRUCTURA DEL ESTUDIO

El presente estudio contará con una estructura dividida en cuatro capítulos, subsiguientes a esta introducción, a los que siguen las conclusiones y el apartado dedicado a las referencias.

En el **primer capítulo** nos aproximamos al escenario de estudio: las actividades de las AAPP consistentes es gestionar prestaciones de su titularidad valiéndose de operadores privados externos con los que se contrata la ejecución de aquellas. En este sentido, estudiamos el rol público de gestor de actividades de titularidad pública *ad intra* y *ad extra* a través del instrumento paradigmático de la gestión privada que constituyen los contratos del sector público para la ejecución de obras, servicios o suministros. Con el fin de situar de forma precisa este escenario y contextualizar los aspectos jurídicamente relevantes del fenómeno se hilará un discurso histórico desde el nacimiento de la gestión privada o indirecta en el Estado de Derecho constitucional hasta nuestros días. Este recorrido nos llevará a describir de forma compendiada los principales catalizadores que desde la década de los 70 vienen fomentando o contribuyendo al aumento cuantitativo y cualitativo de las externalizaciones en el sector público.

El **capítulo segundo** se adentra en el marco conceptual, normativo e institucional de la contratación pública en el ordenamiento jurídico vigente. Iniciamos el capítulo aproximándonos a las distintas formas de gestión de actividades de titularidad pública, entendida esta *lato sensu*, para pasar a acotar aquellas modalidades que incumben directamente al objeto de investigación: la gestión privada de prestaciones a través de los contratos del sector público. Continuamos detallando los elementos fundamentales en la materia (tipos contractuales, pliegos de condiciones administrativas y pliego de prescripciones técnicas), así como los componentes, ordenados cronológicamente, que integran el proceso de contratación desde la preparación hasta la ejecución. Finalizamos abordando los principios y reglas que delimitan las potestades de los órganos de contratación para articular el proceso de contratación y el rol atribuido al cuerpo institucional de supervisión, consulta y control que circunda la labor ordinaria de las entidades del sector público en este asunto.

El **tercer capítulo** está dirigido a exponer el concepto y las concepciones de la contratación pública estratégica y socialmente responsable, desde análisis jurídicos que toman en consideración el contexto de la configuración, interna y europea, de la constitución económica. En este escenario se examina y valoriza la adjetivación *social* de la responsabilidad pública y su relación con el interés general en el marco del Estado social, en el ámbito interno, y con la economía social de mercado, en el ámbito de la UE.

Todo ello conduce a hilar dos premisas básicas. La primera, que el trabajo goza de un carácter trascendente y determinante, como medio de acceso a los recursos públicos y privados, en la satisfacción de los derechos sociales. La segunda, que el estudio de la evolución del marco normativo de la contratación pública permitirá reparar en cómo los aspectos sociolaborales son la cuerda que vibra en la regulación de las cláusulas sociales.

En consonancia con la sinergia entre trabajo, Estado social e interés general, la conexión de este capítulo con el último la conforman las razones que justifican la configuración legislativa y administrativa de la CPSR atendiendo, por un lado, a la estructura y coyuntura sociolaboral general y, por otro lado, a los eventuales efectos negativos sobre el factor trabajo que acontecen a causa de la ejecución de la prestación.

En el **cuarto y último capítulo**, nos adentramos pormenorizadamente en cada una de las formas que adoptan y las materias sobre las que versan (o pueden versar) las cláusulas sociolaborales en los PCA, el PPT y el contrato. Por ello, se divide la exposición en las tres temáticas sociales básicas: fomento del empleo e inclusión sociolaboral, derechos laborales y condiciones de trabajo y, por último, derechos humanos en las cadenas de valor de la contratista. Se analizan entrelazada y conjuntamente las disposiciones de directivas, leyes y reglamentos, así como las posiciones de la doctrina administrativa, jurisdiccional y académica en torno a la articulación concreta de cláusulas sociolaborales. Este ejercicio permite, a partir del ejercicio deductivo e inductivo, ir planteando la síntesis teórica y práctica de los márgenes de jurídicos determinantes de las potestades administrativas en la configuración de la CPSR.

Tras la exposición del cuerpo de la investigación se presentan las **33 conclusiones** extraídas de la aplicación de la metodología en las que, tras compendiar las premisas fundamentales del trabajo, se relacionan los términos en los que se cumplen los objetivos expuestos. Seguidamente, el último punto contiene las **referencias** de carácter institucional, normativo, ejecutivo y jurisdiccional más relevantes, así como las de índole bibliográfica que aparecen citadas en el cuerpo del trabajo. Cabe advertir que aplicando un criterio de especialidad, las guías de divulgación de origen administrativo se incluirán en el punto 2.2 de las referencias (pues se ha reservado un lugar específico para ellas), mientras que los documentos de *soft law* e informes que no pertenezcan a las juntas consultivas (que también disponen de su lugar *ad hoc* en el punto 3.2 de referencias) se relacionarán en el apartado bibliográfico.

Capítulo I

GESTIÓN PRIVADA EN EL SECTOR PÚBLICO: UN FENÓMENO CONTEMPORÁNEO

1. LAS ACTIVIDADES SOCIOECONÓMICAS PRESTACIONALES DE LAS AAPP

El primer desarrollo de las AAPP en los albores del Estado contemporáneo de carácter constitucional, a finales del siglo XVIII, estuvo marcado por la acentuación del poder como elemento distintivo del Derecho público en aras del mantenimiento del *orden público*[34] (Muñoz Machado, 2016a). Al mismo tiempo, estos primigenios Estados de Derecho se concebían como el fruto de la autolimitación que se imponía a sí mismo el poder público al someterse al ordenamiento jurídico. Paralelamente al sino protector del orden público, la configuración constitucional, de trazas protoliberales y minarquistas[35], atribuía al Estado un rol económico que, en mayor medida, dejaba vía libre al comercio y a la industria en un contexto histórico en el que se instituían exclusiones en la participación social y política, la entronización de los derechos patrimoniales privatistas y la desamortización de bienes públicos y comunales.

---

34 Entendido este como el *statu quo* de las instituciones del Estado de Derecho y de los bienes jurídicos que protege el ordenamiento liberal.

35 El minarquismo aboga por un Estado mínimo que se limite, prácticamente, a la actividad de policía, ejerciendo labores de lo que se ha denominado *Estado gendarme*. Así lo expresó una de las autoras precursoras en EE. UU. del minarquismo, Rand (2021, p. 81): "Las funciones naturales de un gobierno se dividen en tres grandes categorías, todas ellas relacionadas con la violencia y la protección de los derechos del individuo: la policía, para proteger a los hombres de los criminales —las fuerzas armadas, para proteger a los hombres de invasores foráneos— los tribunales para solucionar disputas entre los hombres de acuerdo con leyes objetivas".

En España, con cierto retraso en el citado proceso respecto de países europeos, como Francia o Reino Unido, acoge formalmente tales principios constitucionales en la Constitución de 1812 (art. 4) al obligar a la nación a conservar y proteger la libertad civil, la propiedad y los demás derechos legítimos de todos los individuos, al tiempo que declaraba que el bienestar de los individuos es el fin de toda sociedad política. Consecuentemente, se comienza a pavimentar el camino hacia la supresión de instituciones de propiedad pública y comunal[36], con la subsiguiente puesta en el mercado de dichos bienes. Asimismo, se ponen en marcha políticas que fomentan la libertad de comercio e industria, reconocida en la ya citada constitución (art. 131 de la *Constitución de Cádiz*)[37]. Propiedad privada y libertad de comercio e industria se constituyen en dos ejes que marcarán, desde entonces y hasta la actualidad, la forma de actuar de las AAPP y el régimen jurídico que rigen dicha actuación.

La clasificación finalista de los distintos tipos de actividad pública, propuesta por Jordana de Pozas a mediados del s. XX, ha distinguido de forma tripartita entre actividad administrativa de *policía*, *fomento* y *servicio público*. Se trata de una de las clasificaciones más extendidas entre la doctrina y los manuales de Derecho administrativo en España, sin perjuicio del uso de criterios diferenciadores como el relativo al tipo de incidencia en la esfera jurídica de los sujetos[38] o a la forma

---

36 Es frecuente referirse, aun con un sesgo ideológico, al vocablo *manos muertas*, que es empleado por la propia normativa de principios de s. XIX y que alude a aquellas personas o instituciones "poseedoras de una finca, en quienes se perpetuaba el dominio por no poder enajenarse tales propiedades" (DRAE). Entre las personas e instituciones consideradas "manos muertas" se encuentran los integrantes del clero, la iglesia católica, la casa real, la nobleza, las corporaciones locales e, incluso, algunos hospicios y hospitales, entre otros.

37 Pueden citarse, entre otros, los siguientes textos normativos dirigidos a fomentar las libertades de disposición, de comercio e industria: Decreto de 27 de septiembre de 1820 (eliminación de mayorazgos), Decreto de 8 de junio de 1813 (nacionalización de bienes de la Inquisición), Decreto de 1 de mayo de 1855 (enajenación de "los predios rústicos y urbanos" del Estado, el clero y otras manos muertas), RD de 20 de enero de 1834 (declara la libertad para el tráfico, comercio y ventas de los objetos de comer, beber y arder), etc.

38 Buen ejemplo de ello es la clasificación propuesta por Santi Romano que diferenciaba entre actividades de limitación o actividades de prestación. Mientras que la actividad de limitación podría hacer alusión a lo que Jordana de Pozas

en que se ejerce la actividad, así como de su reformulación y enmienda para incluir categorías nuevas como hiciera Villar Palasí con la actividad de gestión económica o como altera Muñoz Machado al referirse a la principal actividad regulatoria y de garantía del Estado[39].

Siguiendo con el criterio taxonómico teleológico, la actividad descrita en defensa del orden público se incardina en aquella que la doctrina administrativista ha denominado tradicionalmente *actividad de policía* y que se corresponde con la paradigmática actividad del Estado del Antiguo Régimen, aunque goza de una importancia decisiva en los albores del primigenio Estado de Derecho liberal (Fernández, 2015). Con todo, actualmente, la evolución del constitucionalismo y del Derecho público ha complementado este extremo de protección de la seguridad ciudadana[40] con la toma en consideración del orden público económico o del control de la legalidad administrativa (Cosculluela Montaner, 2014).

En ningún caso esto significa que en el siglo XIX se diera un salto cualitativo de las actividades de policía a las de servicio público. Como advierte Jordana de Pozas (1949a), la *actividad de fomento* representó, junto a la introducción de la gestión privada o indirecta de prestaciones públicas, el modo de potenciación del papel de las empresas privadas durante el Estado liberal del s. XIX. El Estado decimonónico valorizaba el papel del Estado como nave nodriza de los sujetos económicos privados y, para ello, dotaba de relevancia administrativa a las medidas de incentivo y promoción de la actividad privada que, con el paso de las décadas, descansaría sobre el término

---

denominaba actividad de policía, las actividades de prestación encuadrarían tanto a las de fomento como a las de servicio público.

39 Se trata de una clasificación de extracción doctrinal francesa a finales del s. XIX y principios del XX, sin embargo, en el caso español perfiló y difundió principalmente Luis Jordana de Pozas (1890-1983) a raíz de su obra *Ensayo de una teoría del fomento en el Derecho Administrativo* en 1949 (Baena del Alcázar, 1967).

40 La vinculación estrecha, e incluso la confusión terminológica, entre orden público y seguridad ciudadana trasluce en la misma definición que de esta ofrece el DRAE: "situación de tranquilidad pública y de libre ejercicio de los derechos individuales, cuya protección efectiva se encomienda a las fuerzas de orden público".

actividad de fomento[41]. Así, ya desde el siglo XIX, las AAPP tomaron las políticas de fomento como una técnica de primer que permitía "una vía media entre la inhibición y el intervencionismo del Estado" cuando era necesaria una acción pública (Jordana de Pozas, 1949a, p. 46)[42]. Uno de los efectos de esta clase de medidas de estímulo de la actividad privada en una determinada dirección, es que el Estado renunciaba en mayor o menor medida a convertir dicha esfera de actuación en una misión prestacional directamente pública; en su lugar se arbitraban concesiones públicas, arrendamientos, privilegios fiscales, subvenciones, avales, créditos, etc.

Los desafíos y problemas sociales y económicos a los que se enfrentaba la sociedad europea del s. XIX, en el contexto de las primeras revoluciones industriales y del crecimiento del segmento de la población dedicado a la industria, se hace evidente la necesidad de dotar al Estado y a las administraciones de un papel socioeconómico más relevante y, particularmente, en las comunicaciones, la asistencia social, la sanidad o la enseñanza. Los municipios asumen una parte importante de servicios generales y particulares a los ciudadanos para satisfacer sus necesidades; un aspecto que se acrecentará en el segundo tercio del siglo XX[43]. Esto es lo que viene a reconocer el pa-

---

41 Fue en el siglo XIX cuando se creó el Ministerio de fomento con el fin de promover determinadas actividades de sujetos privados.

42 En palabras similares señala que es un medio para conciliar la libertad con el bien común, dejando al margen del concepto *bien común* la libertad de los ciudadanos y viceversa.

43 Jordana de Pozas (1951, p. 16) recuerda en su ensayo titulado *El problema de los fines de la actividad administrativa* las palabras de Sidney Webb, fundador de la *London School of Economics and Political Science*: un ciudadano corriente de Birmingham "se despierta en la vivienda que le ha proporcionado el Municipio por las campanas del reloj municipal. Enciende la luz eléctrica de la fábrica municipal, hace su aseo con el agua del abastecimiento municipal y bebe un vaso de leche certificada municipal, calentada con el gas de la fábrica municipalizada. En la calle, naturalmente municipal, toma el tranvía o el autobús municipal. Gracias a la policía municipal llega seguramente a su oficina. [...] comerá posiblemente en un restaurante municipal, leerá los periódicos y revisas en una biblioteca pública, contemplará las obras de arte de un museo municipal, practicará deporte en un jardín municipal, conservará alimentos conservados en Las cámaras frigoríficas municipales y distribuidos en los mercados municipales o tal vez en las expendedurías reguladoras del mismo carácter. Si no pertenece a la clase bastante pudiente de la ciudad, será asistido y hospitalizado en los

pel fundamental de la *actividad de servicio público* como una actividad prestacional, directa o indirecta, de las AAPP, dirigida a satisfacer una necesidad pública. Precisamente, en el aspecto de la gestión privada o indirecta de prestaciones de servicio público, conceptualizado desde una perspectiva amplia, es donde se sitúan los contratos del sector público que constituyen parte del objeto de esta investigación.

Como corolario de esta breve referencia a las distintas actividades administrativas, se traen a colación las reveladoras palabras de Jordana de Pozas, en su citada obra de 1949, que sirven de punto de apoyo para mostrar la trascendencia jurídico-política del servicio público: "la modalidad de actividad de policía es más propia del Antiguo Régimen; el fomento es el más adecuado para el Estado liberal; y el servicio público es el modo predilecto del Estado intervencionista" (Jordana de Pozas, 1949a, p. 49).

Junto a estas tres categorías —*policía, fomento* y *servicio público*— autores como Villar Palasí (1950) diferenciaron otra: la de *gestión económica,* para aludir a las actividades industriales o económicas del Estado consistentes en poner bienes en el mercado, diferenciándola así del servicio público. Esta categoría, aunque relevante para explicar algunos aspectos de la llamada "crisis del servicio público" (Cosculluela, 2011), no ha gozado de un predicamento relevante en la doctrina académica, la legislación o la jurisprudencia. Más notoriedad ha adquirido, sin embargo, la ampliación o complementación taxonómica de Muñoz Machado (2016b) al adicionar la actualmente paradigmática actividad *regulatoria y de garantía* de las AAPP. Como se apreciará más adelante, este último autor entiende que, en el capitalismo actual, es la actividad que domina política y jurídicamente la ordenación económica en detrimento de los mecanismos de fomento o servicio público. Precisamente por el valor histórico, jurídico y político de la propuesta clasificatoria de Jordana de Pozas y la actualización de la exposición de Muñoz Machado, estas páginas se detie-

---

establecimientos o por los facultativos municipales, y allí dará a luz su mujer. Cuando se encuentre sin trabajo, acudirá a la oficina municipal de colocación. Y habrá realizado sus estudios en las escuelas municipales. Un día, como todos los humanos, John Smith morirá, y, después de la inscripción en el Registro municipal, será llevado por el servicio fúnebre municipal al cementerio municipal".

nen en mayor grado en la tradicional actividad de servicio público y en la labor de conocer la incidencia que sobre este han tenido las políticas económicas que toman forma en el concepto de actividad económica regulatoria.

La gestión indirecta o privada de actividades que corresponden o son de titularidad pública no es exclusiva de las actividades a las que se denomina de *servicio público*. En efecto, puede adelantarse, a efectos de ordenar y clarificar las ideas fuerza de este marco conceptual inicial, que los poderes públicos pueden encargar a operadores externos de naturaleza privada actividades correspondientes a las funciones de regulación, policía, fomento o servicio público. Dicho de otro modo, ningún segmento de actividad de las AAPP está al margen de la capacidad pública para externalizar ciertas tareas, funciones o actividades; ahora bien, las excepciones a esta facultad son numerosas.

Sea como fuere, son varios los motivos por los que, a continuación, se realiza una aproximación al nacimiento del concepto de *servicio público* en sus distintas facetas y concepciones. En primer lugar, porque permite exponer sucintamente la evolución de las funciones del Estado de Derecho y del papel económico que se les otorga a los operadores privados en la satisfacción de los intereses generales. En segundo lugar, porque son las privatizaciones de gestiones de servicios públicos las que han protagonizado una parte importante de los debates sobre el papel económico del Estado desde el primer tercio del siglo XIX. En tercer lugar, porque la liberalización de sectores económicos, en parte denominada privatización de servicios públicos, es un fenómeno cuyos cimientos político-económicos son compartidos por el fenómeno de la privatización de gestiones de actividades públicas. En definitiva, si bien no debe relacionarse en exclusiva la gestión indirecta o privada de prestaciones del sector público con la gestión privada de servicios públicos, no resultaría adecuado omitir un tratamiento, si quiera somero, a la simbiosis en la que se encuentran históricamente el concepto *servicio público* y las facultades de las AAPP para adoptar un mayor o menor protagonismo en la satisfacción de los intereses generales en las diversas fórmulas.

1.1. El servicio público como escenario de la actividad prestacional

La doctrina ha señalado que el concepto de servicio público (utilizado de forma homónima en francés: *service publique*) es de surgimiento tardío en el s. XIX, pero se atribuye su primigenia construcción conceptual y su centralización en el corpus administrativo tanto a la doctrina como a la jurisprudencia francesas. En la doctrina francesa el servicio público es el cimiento ideológico sobre el que se levanta el Estado y, por tanto, lo será también sobre el que se articula el Derecho administrativo[44]. A pesar de ello, es preciso aclarar que frecuentemente se analiza o se hace uso del significante *servicio público* sin dejar patente que goza de significados distintos y, además, adopta un rol en dimensiones jurídico-políticas distintas.

En palabras de Chevallier (1971) el servicio público se convierte en un término saturado de "significaciones múltiples"[45]. Sin embargo, al margen de los estrictos conceptos administrativos propuestos por la doctrina, el mentado autor consideraba que en su significado más extendido se constituye en una institución jurídico-administra-

---

44 Desde la perspectiva jurisprudencial, el debate prende a partir de la determinación de la competencia jurisdiccional para conocer de determinados asuntos. Se toman como referencia *l'arrêt Blanco*, de 1 de febrero de 1873, del Tribunal de Conflictos francés y *l'arrêt Terrier*, de 6 de febrero de 1903, del Consejo de Estado y *l'arrêt Thérond*, de 4 de marzo de 1910, del Consejo de Estado. En el s. XIX en el Derecho administrativo francés se distinguía entre "actos de gestión" y "actos de autoridad" con el fin de destinar los primeros a la jurisdicción ordinaria (civil) y los segundos a la jurisdicción administrativa. Ahora bien, en principio, esta distinción tan solo tenía relevancia en el ámbito estatal; no así respecto de otras administraciones territoriales como departamentos y municipios respecto de las cuales tan solo se presumía la existencia de actos de gestión y, en consecuencia, se les aplicaban las reglas del Código Civil. Así se determinó en el asunto *Blanco*. Ahora bien, la unificación de criterios, aplicando a todas las AAPP territoriales las reglas aplicadas hasta entonces al Estado, se produjo con el caso *Terrier*. Finalmente, la sentencia *Thérond* somete a la jurisdicción contencioso-administrativa los contratos del sector público francés. La categoría de servicio público determinaba tal conclusión, pues toda actividad de servicio público debía incardinarse en la citada jurisdicción.

45 Al descomponer la dicción *servicio público* y analizar su origen se descubre que el vocablo servicio proviene de la palabra *servitium*, que designaba a siervos o esclavos, mientras que la palabra *publicus* aludía a aquello relativo al pueblo (Broch, 2017).

tiva que lleva aparejada la existencia de “reglas jurídicas específicas y derogatorias del derecho común”. A su vez, desde una posición argumentativa axiológica y finalista, puede considerarse que el servicio público se ha erigido en “un operador ideológico que esculpe el mito de un Estado generoso finalizado hacia el bienestar de todos” y en una “pieza maestra de la construcción estatal francesa, en un elemento clave de su pacto social republicano” (Quezada Rodríguez, 2021, p. 146).

En este orden de cosas, se pueden distinguir tres niveles o dimensiones jurídicas, desde la más general a la más concreta, en las que hace aparición el servicio público. En el más general se encuentra aquel en el que incidieron autores como Alejandro Oliván (1796-1878) o Alfonso de Posada (1860-1944) en España, y Léon Duguit (1859-1928) y su discípulo Gaston Jeze (1969-1953) en el caso francés. En este nivel de abstracción toda actividad administrativa que conlleve la satisfacción de intereses generales por parte de las AAPP, e incluso de cualquier poder público del Estado, se podría subsumir en el significante *servicio público.* En el segundo nivel de la noción de servicio público se hace corresponder este con una categoría taxonómica de la actividad administrativa. Esto se deriva, por ejemplo, de clasificaciones finalistas de la actividad administrativa como la propuesta a mediados del s. XX por Luis Jordana de Pozas y continuada por Villar Palasí. De esta forma, junto a actividades de policía y de fomento concurren las de servicio público, consistente en una organización administrativa dispuesta para la prestación regular y continua de una utilidad a los ciudadanos *—uti singuli* o *uti universali—*. Sobre este particular se profundiza más adelante, pero cabe señalar que trata de otorgar una definición relativamente amplia del término servicio público como un segmento acotado de la actividad de las AAPP. Ahora bien, cuando se entra en el tercer nivel, el más concreto, aparece el sentido más estricto del concepto que corresponde a la definición jurídica que se derivaría de un ordenamiento jurídico dado. En este nivel no existe consenso alguno sobre lo que en el ordenamiento jurídico español se entiende por servicio público, pero dos son los factores sobre las que se ha venido construyendo una definición u otra de tal concepto *stricto sensu*: por un lado, el significado de *publicatio,* en el sentido de si supone o no una reserva al sector público en exclusiva y, por otro lado, del tipo de actividad que se realiza.

Quienes han analizado la génesis y la genealogía del término servicio público se encuentran, primeramente, con el problema de situar el término en diversos contextos explicativos. Tal y como señala Cosculluela Montaner (2014), la propia doctrina y jurisprudencia españolas emplean diversos significados, pero, actualmente, la concepción unitaria que concibe todo el Estado como un ente prestador de servicios es la que goza de menor predicamento. En cualquier caso, una de las causas es la "carga ideológico-política que subyace" en el concepto de servicio público en general.

Los procesos de industrialización que hicieron surgir la clase obrera, los consiguientes conflictos en el ámbito del trabajo asalariado y, en consecuencia, las exigencias del movimiento sindical precipitaron una mayor intervención económica del Estado en la vida social, lo que situó el papel prestacional de las AAPP en un vector más trascendente que en la mera intervención ante fallos de mercado[46]. En este sentido, sin dejar de lado la idiosincrasia liberal del Estado, en países como Francia, el servicio público cobrará un papel trascendental (Quezada Rodríguez, 2021).

El mayor exponente de la traducción jurídica de corte administrativo de este ideal fue (y es) Léon Duguit, del que, doctrinalmente, toma el relevo su discípulo G. Jeze. La concepción más amplia del servicio público se corresponde con las ideas de Léon Duguit que representó en el ámbito del Derecho Público la mayor contestación a una concepción limitada del poder administrativo que encorsetaba sus responsabilidades en las necesidades de mantenimiento de la paz civil y el orden público (Tornos Mas, 2016). Dicho autor fue el precursor de la conceptualización jurídico-administrativa del servicio público a comienzos del s. XX. En 1915 el profesor de Bordeaux publica su obra más reseñada, *Transformaciones del Derecho Público,* y

[46] La privatización, en sus distintas vertientes y, entre ellas, la relativa a la gestión de prestaciones públicas, se ha enmarcado, por momentos, en una concepción de la actividad del Estado dominada por corrientes de pensamiento que tan solo le atribuyen competencias para corregir fallos de mercado, tales como controlar monopolios, combatir las externalidades negativas o la de contribuir a la creación y mantenimiento de infraestructuras básicas. Salvo en estas circunstancias, serían los agentes y fuerzas invisibles del mercado las que ordenarían la asignación eficaz y eficiente de los recursos.

dotaba de una importancia determinante al servicio público, constituyéndose en la piedra angular del Derecho Público, en sustitución de la soberanía como concepto vertebrador del Estado-nación.

Precisamente, es el Derecho francés el que aquilata, en mayor medida, una concepción más holística del servicio público que lo sitúa como una categoría central en la explicación, existencia y justificación del poder público. De esta concepción del Estado y del poder público se colige que sino de las AAPP es la materialización "de la solidaridad social, tomando a su cargo actividades de interés general indispensables para la vida colectiva. En esta medida el servicio público constituye 'el fundamento y el límite del poder de los gobernantes'" (Muñoz Machado, 2016c, p. 101). Precisamente, esta visión se relaciona directamente con el hecho de que el servicio público deviniera en emblema francés y trasunto del ideal republicano (Caillosse, 2008). La línea de continuación de G. Jeze, incidió en la noción subjetiva para hacer depender el contenido del servicio público de la voluntad de los gobernantes, sin establecer un conjunto de derechos y obligaciones públicos predeterminado. El concreto contenido habría de ser determinado según los intereses generales que los gobernantes de un país consideren, en un momento dado, que debe ser satisfecho.

Se advierte que algunos Estados europeos depurarían estos posicionamientos desde la doctrina publicista y la incorporarían a su legislación y a sus textos constitucionales de tal forma que a las actuaciones de las AAPP se les reconocería el carácter de servicio público (Fernández Alles, 2019). Sin embargo, en España se mantuvo una concepción de la legitimidad y la finalidad del Estado más relacionada con el concepto de soberanía y de interés general, y no apegada al término servicio público que en Francia cobró, en su génesis y genealogía, un estatus de elemento legitimador, estructurador y discursivo (Quezada Rodríguez, 2021).

La articulación de un concepto más estricto y, paralelamente, las adopciones de clasificaciones finalistas han ahondado en proporcionar una conceptualización más acotada que abarque de forma exclusiva el servicio como actividad consistente en un *hacer* en favor de los ciudadanos. De este modo se ciñe la definición a la satisfacción regular y continua necesidades de interés general mediante un régimen jurídico especial de la articulación del poder público (Rodríguez-Arana Muñoz, 2013).

En la doctrina española, Garrido Falla, antes de la entrada en vigor de la Constitución Española de 1978 definía el servicio público como la "actividad de prestación (de bienes materiales o inmateriales) con o sin monopolio y en régimen de Derecho Público o de Derecho Privado", mientras que tras la aprobación del texto constitucional consideró que la titularidad de la actividad debía estar atribuida en exclusiva, o si se quiere en régimen de monopolio, a la entidad pública competente (Muñoz Machado, 2016c). En el caso de Jordana de Pozas, aunque se ha llegado a considerar que su concepto de servicio público dio un viraje a causa de la introducción en su obra del término *actividad de fomento* (Quezada Rodríguez, 2021), en su obra más madura entiende que se trata de actividades desarrolladas por las AAPP con sus propios medios provistos al efecto y "con exclusión o en concurrencia de los particulares"; lo que, por otro lado, no aclara si se refiere a la libre concurrencia o a la prestación indirecta. Más restringido es el concepto acogido por los autores Villar Palasí, García de Enterría y García Trevijano que reducen el servicio público a la "actividad de prestación de bienes inmateriales (o servicios) con monopolio (exclusividad regalística) y con régimen de derecho público", diferenciándolo de la gestión económica (o actividad industrial o dación de bienes de mercado), que la caracterizan como "actividad de prestación de bienes materiales, en concurrencia y en régimen de Derecho Privado". En el mismo sentido se pronuncia (Esteve Pardo, 2016, pp. 434-435), que considera como requisito fundamental de un servicio público que se declare como tal de forma unívoca y explícita mediante una ley formal[47] que, asimismo, declare qué ente público tiene atribuida la titularidad[48]. De este modo, el efecto de la publificación o reserva al sector público no sería otro que sustraer dicho servicio al mercado, quedando fuera "de la libre iniciativa empresarial

---

47 En el mismo sentido se pronuncia Cosculluela Montaner (2011, p. 619) que afirma que esto supone en el plano jurídico la habilitación al legislador al legislador para que pueda excluir determinadas actividades del mercado, por considerarse servicios esenciales, y el establecimiento de una reserva de ley formal.

48 Así ocurre por ejemplo con la LBRL que reserva determinados servicios a los municipios.

privada. Ningún particular, ninguna empresa, podrá por su propia iniciativa desarrollar la actividad económica que se ha reservado al sector público ". Desde una perspectiva algo más amplia, Fernández Farreres (2008, p. 82) ofrece una definición omnicomprensiva de servicio público: "conjunto de actividades prestacionales asumidas o reservadas al Estado con el fin de satisfacer necesidades colectivas de interés general, siendo, por tanto, nota distintiva la publicatio, es decir, la titularidad pública de la actividad en cuestión y la subsiguiente quiebra de la libertad de empresa ". En cierto modo, y a modo de síntesis, se podría decir que de las definiciones expuestas se derivan dos puntos fundamentales de controversia: el primero, si se considera o no que las actividades económicas empresariales de las AAPP pueden considerarse servicio público desde una perspectiva taxonómica y, el segundo, si puede considerarse que solo existe el servicio público cuando la actividad en cuestión es de titularidad pública exclusiva y, por tanto, se desarrolla en régimen de monopolio público.

Las definiciones proporcionadas en el párrafo anterior se aproximan ciertamente a un concepto *stricto sensu* de servicio público, sobre todo en aquellas en las que el radio de acción del este se estrecha sobre el monopolio público o, lo que es lo mismo, la titularidad pública o *publicatio* en exclusiva de una actividad. Efectivamente, a medida que se realiza la aproximación a la concreta configuración que el ordenamiento realiza de la actividad prestacional del Estado (o de las AAPP) más se restringe el concepto de servicio público: de la concepción estructurante y nuclear *a la francesa* se pasa a exponer el modo en que, en España, se ha empequeñecido el término para relegarlo a una categoría de la actividad administrativa en la que se ejecuta una acción prestacional en favor de los ciudadanos en exclusiva o en concurrencia con el sector privado; incluso una parte de la doctrina excluye de dicho concepto algunas actividades de gestión empresarial o industrial o aquellas en las que no hay monopolio público.

1.2. La configuración normativa del servicio público en sentido estricto

Esta cuestión plantea arduas y extensas discusiones que impiden dar una definición unívoca y exenta de controversias. Además, en el plano jurídico-positivo, si bien la normativa emplea en diversos textos la expresión *servicio público* lo cierto es que la construye de forma conceptualmente distinta. Esto ha propiciado una mayor dificultad a la hora de afrontar un ejercicio inductivo de interpretación literal y sistemática por lo que hace al contenido de la norma que permita extraer un concepto jurídico determinado. Lejos de ello, el *servicio público* ha quedado relegado a un significante en disputa en el ámbito de la doctrina académica y de las ágoras políticas.

En el texto constitucional, si bien no aparece la locución servicio público, múltiples preceptos conminan a los poderes públicos a organizar y desarrollar determinadas actividades (educación, seguridad social, asistencia social, sanidad...[49]) al tiempo que reconoce la libertad de empresa en una economía de mercado. Paralelamente, en el título dedicado a la economía, el art. 128.2 CE se ha convertido en un factor de influencia y distorsión en este entramado terminológico. En él se reconoce la iniciativa pública en la actividad económica, en general, más allá del conjunto de actividades referidas. El punto de confusión radica en que afirma que "mediante ley se podrá reservar al sector público recursos o servicios esenciales, especialmente en caso de monopolio y asimismo acordar la intervención de empresas cuando así lo exigiere el interés general". El art. 128.2 CE regula el modo en que se puede hacer la reserva de actividades que la doctrina ha denominado *económicas*, al margen de las materias mencionadas. De tal modo que no es un precepto dirigido a definir qué es servicio público, sino a determinar que solo cuando los servicios o actividades sean considerados esenciales, podrán ser reservados al sector público, en exclusiva o en concurrencia con el sector privado, por ley ordinaria (Moreno Fernández-Santa Cruz, 2003)[50].

---

49 El TC ha reconocido en diversas ocasiones que de los preceptos situados en el Título I de la CE se derivan una serie de servicios sociales básicos de solidaridad y protección social constituidos en garantías institucionales de prestación obligatorias que no pueden quedar al albur de la decisión legislativa, como la enseñanza básica, el régimen público de Seguridad Social, el sistema de salud pública o servicios culturales. Así, incluso algunos principios de la política económica y social avalan la puesta en marcha de servicios públicos y no solo el establecimiento de regulaciones o ayudas al sector privado para incentivar su satisfacción (STC 84/2015).

50 La mayor parte de la doctrina se inclina por considerar que el adjetivo *esencial* viene referido, como señala la STC 26/1981, de 17 de julio, en relación con los

En el plano legislativo, la expresión *servicio público* ha sido empleada por el legislador en la regulación de diversos sectores aun cuando no se estableciera con ello la reserva exclusiva al sector público respecto de los servicios educativos, universitarios, sanitarios y asistenciales (Esteve Pardo, 2016)[51]; e incluso, en sectores regulados en los que se ha ahondado en la liberalización y la privatización de empresas como es el caso de los servicios de transporte; los servicios de comunicaciones y telecomunicaciones etc.[52] (Cosculluela Montaner, 2011).

En este trabajo se acoge la construcción conceptual amplia del servicio público por considerarla la más adecuada y certera partiendo de una interpretación sistemática del texto constitucional y del Derecho vigente en los distintos textos reguladores de las Bases del Régimen Local. Si se entendiese que solo hay servicio público cuando hay reserva exclusiva al sector de una actividad determinada, el

---

servicios esenciales o mínimos en el caso de huelga, a "actividades industriales o mercantiles de las que derivan prestaciones vitales o necesarias para la vida en comunidad". La misma doctrina reconoce que no se trata exactamente del mismo concepto que respecto del derecho de huelga, sino que la definición expuesta se ajusta a lo exigido por el art. 128 CE, ya que no se trata de servicios indispensables desde la perspectiva individual, sino para el funcionamiento de la sociedad en un momento dado.

51 Respecto de los servicios educativos y sanitarios, cabe añadir que, aunque no se trate de servicios de titularidad exclusiva pública, las Administraciones están obligadas a prestar determinados servicios aun en régimen de la competencia. Así, la CE insta a los poderes públicos en su art. 27.4 a garantizar el derecho de todos a la educación mediante la creación de centros docentes, entre otras acciones; afirmando, además, que la enseñanza básica es obligatoria y gratuita. Por su parte, el art. 43.2 señala la competencia de los poderes públicos para organizar y tutelar la salud pública a través de las prestaciones y servicios necesarios. A su vez, la carta magna reconoce la iniciativa privada en sectores como el educativo estableciendo la libertad de creación de centros docentes (Esteve Pardo, 2016).

52 Cosculluela Montaner (2011, p. 620) opina, aun admitiendo que existe una posición contraria de un importante sector doctrinal, que "la exigencia de ley formal para establecer que una concreta actividad es servicio público es necesaria en todos los casos, con independencia de la forma en que pueda ser prestado" refiriéndose, también, a las situaciones en la que el servicio se presta en concurrencia con la empresa privada en el marco de la libre competencia.

concepto de servicio público se encontraría agotado en la práctica[53]. En primer lugar, el vocablo *reserva* equivale a *atribución de titularidad pública* (o publicatio) como capacidad de adoptar decisiones públicas sobre la organización y la gestión de una actividad. En segundo lugar, la *titularidad pública* no necesariamente ha de extenderse a todo un sector o una actividad, pues puede darse por caso que una administración pública sea titular de un servicio y, al mismo tiempo, que operadores privados realicen la misma actividad en concurrencia con aquella. En tal caso, la titularidad pública no se ostenta en exclusiva o en términos monopolísticos, sino que tiene lugar una suerte de reserva parcial[54]. En tercer lugar, cuando existe una reserva en favor del sector público también existe la posibilidad de que la administración pública u organismo en cuestión gestione la actividad de forma directa o dar cabida a la gestión indirecta mediante acuerdos, concesiones o contratos con operadores privados[55]. En cuarto lugar, y tal y como expresa el art. 128.2 CE, en su primera declaración, al margen de ser titular de un sector o actividad, el sector público puede realizar aquello que autores como Villar Palasí denominaron a mediados del s. XX, la actividad de gestión económica o industrial: la iniciativa pública en la actividad económica, creando empresa u otras entidades para poner bienes o servicios en el mercado como un operador más. En quinto, y último lugar, no existiría reserva al

---

53 La *titularidad pública de una actividad o sector*, como sinónimo de *publicatio*, no debiera restringirse a una titularidad exclusiva y, por tanto, que conlleve la exclusión de la concurrencia y competencia privada de plano (Muñoz Machado, 2016c).

54 A modo de ejemplo, la Ley 5/2010, de 11 de junio, de autonomía local de Andalucía, coherentemente con el contenido del art. 128.2 CE y de la Ley 7/1985, de 2 de abril, Reguladora de las Bases de Régimen Local, recoge en su art. 32, rubricado "servicios públicos reservados", una serie de servicios económicos citados en el Estatuto de Autonomía y cuya titularidad pública descansa en los municipios: abastecimiento de agua y tratamiento de aguas residuales; alumbrado público; recogida y tratamiento de residuos; limpieza viaria; prevención y extinción de incendios y transporte público de viajeros. A su vez, en el art. 32.2 prevé los requisitos de mayorías en votación plenaria que deben cumplirse para que la reserva sea exclusiva, es decir, en régimen de monopolio.

55 La gestión indirecta de servicios o prestaciones viene asumida unánimemente por la doctrina como una facultad que está contemplada dentro de la propia reserva o titularidad de la prestación en cuestión (Moreno Fernández-Santa Cruz, 2003).

sector público, ni iniciativa pública empresarial, cuando este no tiene atribuida la titularidad en los términos señalados ni realiza actividad económica alguna, sino que se limita a regular obligaciones de los sujetos privados en un sector económico determinado con el fin de dar satisfacción a derechos de los ciudadanos sin necesidad de intervenir como prestador directo o indirecto. En definitiva, podría hablarse de cuatro dimensiones diferentes: la reserva en exclusiva de la titularidad de una actividad; la titularidad pública parcial, excluyendo así el régimen de monopolio; la realización de actividades económicas como un actor más en un entorno de libre mercado; y, en último lugar, la titularidad privada del sector, pero con una regulación pública relativa a la organización y la prestación que, en mayor o menor medida, satisfaga necesidades de interés general, como la previsión de licencias o autorizaciones para operar, criterios de calidad o regulación de tarifas.

Hecha esta última precisión, cabe admitir que la ambigüedad y la vaguedad conceptual en torno al fenómeno ha sido alentada por el propio ordenamiento jurídico español, el cual ha atribuido el término servicio público a actividades o sectores en los que no se daba reserva total o parcial en los términos descritos. A modo de ejemplo, el servicio del taxi no es prestado por las AAPP y, por ello, se ha denominado servicio público impropio por la propia legislación[56]. En el caso del sector eléctrico la prestación realizada por entero por parte de empresas privadas no ha impedido su catalogación como servicio público por la normativa; extremo, no obstante, que ya no contempla la legislación vigente[57].

---

56 Así lo denomina, no solo la doctrina citada y la jurisprudencia (STS-Sala de lo Contencioso 1018/2018, de 15 de junio —rec. 2312/2016—), sino la normativa como, por ejemplo, Ley 13/2017, de 8 de noviembre, del Taxi de la Comunitat Valenciana. Concretamente, la exposición de motivos señala lo siguiente al referirse al objetivo de la ley: "la regulación íntegra, completa y ordenada del servicio público impropio de transporte de viajeros en taxi, tanto urbano como interurbano, que permita determinar con claridad las competencias sobre el mismo".

57 La Ley 24/2013, de 26 de diciembre, del Sector Eléctrico se ajusta a la nomenclatura del Derecho originario y derivado de la UE, de tal modo que se califica como Servicio Económico de Interés General, aunque, coherentemente con dicha normativa, se contemplan obligaciones de servicio público como, por ejemplo, las relativas al bono social.

Para concluir, la construcción o concepción del servicio público de tradición francesa, pero con un carácter estricto acotado por la doctrina española, puede explicarse atendiendo a dos aspectos: el primero de ellos la actividad prestacional de titularidad pública y, el segundo, las características que se predican en cuando a la garantía de prestación. Sobre el primero, se ha definido el servicio público como la actividad prestacional de titularidad pública, en régimen exclusivo o parcialmente privado, dirigida a satisfacer necesidades de los ciudadanos que puede ser gestionada directa o indirectamente. Respecto de la segunda característica, además de la regla de la titularidad pública, se atribuye una serie de características intrínsecas a los servicios públicos: derecho de los ciudadanos a exigir el establecimiento del servicio, continuidad y regularidad en la prestación, igualdad de trato en el acceso (aun pudiendo establecerse requisitos de acceso personales o de corte tarifario) y exigencias de calidad.

1.3. De la responsabilidad prestacional a la regulación de la actividad privada

La construcción taxonómica clásica de las actividades el Estado es alumbrada desde el pensamiento liberal, lo que explica, por ejemplo, que la actividad prestacional o de servicio público se planteen como adición de acciones que van más allá de las que se atribuyen *in natura* al surgimiento del Estado contemporáneo. Desde aquello que ha sido denominado *ideología del servicio público*, vinculada a la trayectoria doctrinal de Duguit, se atribuye al poder público un catálogo de funciones en el que se incluía una parte sustancial, cuantitativa y cualitativamente, de decisiones económicas[58]. Las funciones de servicio público o prestacionales en un sentido estricto conllevan un mayor protagonismo del sujeto público y, con ello, permite a la administración detentar potestades administrativas de mayor alcance. En este

---

[58] La crítica desde los posicionamientos liberales del s. XIX y desde los ordoliberales de las primeras décadas del XX, reprochan a Duguit la atribución al Estado de un papel central en la actividad económica, no solo como regulador, sino como prestador directo o indirecto, pues se parte del mantenimiento de la titularidad o la *publicatio* de los sectores económicos estratégicos.

contexto, el papel que se atribuye a los sujetos privados particulares, empresas y tercer sector no es necesariamente escaso o nulo, sino que el rol que les pueda corresponder estará sujeto en mayor medida al ámbito de influencia de los poderes públicos.

La puesta en tela de juicio de esta teoría por parte de autores contemporáneos del mismo autor, como Hauriou, o de autores posteriores como Muñoz Machado, solo puede entenderse al comprender el papel que se pretende asignar a las administraciones pública. La función reguladora, aplicada al ámbito de la actividad económica[59], es la que, compatiblemente con el reconocimiento constitucional de una economía de libre mercado, imputa a los poderes públicos el cometido de emplear toda clase de instrumentos jurídicos, normativos y ejecutivos, con el fin de orientar las conductas de los actores de mercado hacia la competencia y, al mismo tiempo, cuando sea necesario para la satisfacción del interés general, exigir obligaciones de servicio público a dichos actores. Las decisiones de carácter económico o prestacional de las AAPP toman un cariz distinto en este contexto regulador, pues el concepto de interés general atiende a una finalidad y no tanto a un procedimiento, como sí lo hace el término *servicio público*. En cualquier caso, la doctrina administrativista desarrollada en este aspecto incide en que la regulación de actividades privadas para lograr fines de política pública no conlleva una "despreocupación del Estado respecto del contenido y la calidad de la prestación" pues, incluso, suponen una actividad más incisiva de los órganos administrativos a partir de sus ejercicios de ordenación y control (Muñoz Machado, 2016c, p. 26).

Desde la perspectiva señalada, se cuestiona el papel público en la definición de los intereses generales, así como de la evaluación y jerarquización de estos. De este modo, no solo se pone en tela de juicio la forma en que deban gestionarse de forma operativa las actividades principales o auxiliares de las AAPP, sino los ámbitos en los que debe hacerse presente el poder público y el papel que se reconoce y ga-

---

59 Esta dimensión económica de las facultades reguladoras no obsta para que se pueda definir desde una perspectiva holística que comprende todas las actuaciones públicas en pro del interés general o para referirlas a la ordenación y garantía de los derechos económicos y sociales (Muñoz Machado, 2016c).

rantiza a las empresas y los particulares. Ningún Estado de Derecho reserva por entero a los poderes públicos la determinación y la práctica de la satisfacción de los intereses generales. Ahora bien, la citada concepción del servicio público concebía las actividades económicas de los agentes privados como un ámbito funcionalmente sometido a la delimitación pública de los intereses generales. La labor de las empresas está, de tal modo, condicionada por la regulación de los mercados en los que se insertan y operan.

Esta concepción de los fines del Estado ha correspondido, al menos parcialmente, con la construcción del Estado social en el primer cuarto del siglo XX y extendido tras la segunda guerra mundial en el ámbito europeo. Es a partir de la crisis del petróleo de la década de los setenta cuando la liberalización de sectores económicos, la mercantilización de las empresas públicas, la transmisión de los títulos de propiedad de empresas con capital público, etc. amplían el ámbito de actuación de la empresa privada en la provisión de bienes y servicios que, de un modo u otro, deben satisfacer intereses y necesidades de interés general (véase el punto 3 del presente capítulo).

En este sentido, tal y como expresa Muñoz Machado, el rol del Estado pasa de prestador directo e indirecto al de "asegurador directo" de dichas prestaciones y al de garante de que los agentes económicos privados respeten las reglas que ordenan el mercado[60]. Así pues, la puesta en valor y en práctica de la función reguladora de las AAPP supone la asunción por parte de estas de una capacidad de normar y disciplinar el funcionamiento del mercado a partir de dos ejes fundamentales: las reglas de la libre competencia y las obligaciones de servicio público que impone el interés general. Por tanto, nuevamente, la función que se predica de las AAPP define el interés general y el modo de darle satisfacción, por un lado, y condiciona el papel atribuido al Derecho administrativo, por otro lado.

Ciertamente, el cambio de paradigma ideológico, del conocido como *servicio público*, en palabras de Duguit, al de la *regulación y garantía*, no ha supuesto un abandono de la prestación directa ni de

---

60 Podría decirse que, en este punto, existe una correspondencia parcial entre la actividad de regulación y la que Santi Romano denomina de limitación.

las prerrogativas de limitación y de policía en el contexto económico. Sin embargo, frente al papel de prestador o gestor de servicios públicos, "la perspectiva de la regulación domina en la actualidad las relaciones del Estado con la sociedad y ofrece un bagaje dogmático decisivo para explicarlas" (Muñoz Machado, 2016c, p. 27). Esto significa que, especialmente desde el último tercio del siglo XX, las AAPP disponen y ejercitan de forma preponderante potestades para el control y el seguimiento de la actividad económica regulada.

1.4. *Servicios de interés general: reconfiguración europea del servicio público*

En el contexto europeo, con el nacimiento y crecimiento de la Comunidad Económica Europea comienza una reconceptualización del servicio público y, paralelamente, un distanciamiento entre este y el concepto de soberanía. En el desarrollo de los que la normativa de la UE nombrará *Servicios de Interés General* (SIG) y las *obligaciones de servicio público* y *de servicio universal*, el concepto de *servicio público* dista de ser el mismo que en la década de 1970. Por ello, podría decirse que el otrora concepto propuesto por Jordana de Pozas de *servicio público* se ha desintegrado en diversas figuras o instituciones jurídico-económicas que han potenciado el papel de la libertad empresarial de los sujetos económicos privados en concordancia con la labor pública de *regulación y garantía* en el ámbito económico (Muñoz Machado, 2016c)[61]. Con todo, no es ajeno al Estado liberal del s. XIX y primer tercio del XX la introducción de tales sujetos en las prestaciones de interés general[62].

---

[61] Al referirse a la actividad de regulación el autor citado, y a la vista de lo manifestado en su obra, no pretende tanto enmendar las clasificaciones previas de corte finalista o las relativas a la incidencia en la esfera individual de las actividades administrativas como dejar constancia de la importancia de una categoría que ha cobrado una autonomía y entidad relevantes.

[62] En cualquier caso, es relevante diferenciar la técnica regulatoria empleada en una actividad liberalizada, de las políticas de regulación tuitiva que, al mismo tiempo, puedan afectar a algunos de dichos sectores. También es preciso distinguirlas de las *actividades de fomento*, por cuanto esta puede realizarse por medios positivos, incentivar mediante prestaciones, bienes o ventajas, o negativos, lo que supone el establecimiento de obstáculos o cargas (Jordana de Pozas, 1949b).

De todo lo expuesto hasta el momento se advierte la tendencia, en absoluto novedosa, a retirar a las entidades del sector público de un papel de titular, organizador y gestor de prestaciones. La entrada en la UE ha supuesto para los Estados asumir una alteración y, si se quiere, distorsión, de las categorías jurídicas empleadas en cada ordenamiento. Actualmente, podría decirse que, a partir del ejercicio conceptualizado y clasificatorio realizado por la Comisión Europea, existen cuatro categorías relevantes de servicio que satisfacen el interés general y en los que los poderes públicos intervienen, al menos, mediante exigencias de organización y gestión. Existe una categoría omnicomprensiva que abarca actividades públicas que requieren una regulación y una garantía públicas que permitan exceptuarlas, en cierta medida, de las reglas del libre mercado y permita cierto grado de intervención pública: los *Servicios de Interés General* (SIG). El Derecho europeo ha rehuido el significante de *servicio público*, considerando su carga ideológica vinculada a una posición tendente a la reserva pública de determinados sectores económicos (Gomero Casado y Fernández Ramos, 2016). En cualquier caso, la diversidad de sectores, servicios y actividades exige nomenclaturas y reglas más precisas, lo que ha supuesto la división o subcategorización de los SIG en *Servicios Económicos de Interés General* (SEIG), *Servicios No Económicos de Interés General* (SNEIG) y *Servicios Sociales de Interés General* (SSIG, que pueden ser económicos o no económicos)[63]:

---

[63] Desde las SSTJUE de 19 de mayo de 1993, *caso Corbeau*, y de 27 de abril de 1994, *caso Almelo*, el TJUE aprecia que respecto de los servicios de interés general se permite derogar total o parcialmente los principios de la libre competencia y concurrencia para atender a obligaciones de servicio público o universal que satisfacen el interés general (Sánchez Morón, 2020). Multitud de resoluciones y documentos de *soft law* han construido conceptual, taxonómica y jurídicamente los servicios de interés general: así se encuentran documentos como la *Comunicación de la Comisión Europea "Los servicios de interés general en Europa*" (1996), el *Dictamen del Comité Económico y Social "Los servicios de interés general"* (1999), la *Comunicación de la Comisión Europea "Los servicios de interés general en Europa"* (2000), el *Libro Verde sobre "Los servicios de interés general"* (2003), el *Libro Blanco "Los servicios de interés general*" (2004), la *Comunicación de la Comisión Europea "Aplicación del programa comunitario de Lisboa – servicios sociales de interés general en la Unión Europea"* (2006), la *Comunicación "Servicios de interés general, incluidos los sociales: un nuevo compromiso europeo"* (2007), la *Comunicación al Parlamento Europeo, al Consejo, al Comité Económico y Social Europeo y al Comité de las regiones "Un marco de calidad para los servicios de interés general en Europa"* (2011) o el *Documento de*

1. *Servicios de interés general* (SIG): son servicios que las autoridades nacionales, regionales o locales clasifican como servicios de interés general, conforme a la normativa que les resulta aplicable. La regulación determina los sujetos y el modo en que se organiza y se gestiona un servicio o, en otros casos, si se establecen "obligaciones de servicio público". Es decir, las autoridades nacionales pueden reglar, conforme a unos límites de proporcionalidad y transparencia, qué actividades o sectores económicos requieren de excepcionar o matizar las reglas del libre mercado. Con el paso de los años, la normativa europea ha ido concretando qué se entiende por SIG y, en dicha labor, se incluye la división que de esta categoría se hace entre Servicios económicos de interés general (SEIG) y servicios de interés general no económicos (SNEIG). A estas dos, se suma una categoría transversal denominada Servicios sociales de interés general (SSIG) que pueden tener una naturaleza de servicio económico o no económico, pero tiene un régimen jurídico diferenciado[64].
2. *Servicios económicos de interés general* (SEIG): A diferencia de la relativamente reciente acogida del término SIG, el propio Derecho originario de la UE ha aludido tradicionalmente a la categoría "servicios económicos de interés general" desde el Tratado constitutivo de la Comunidad Económica Europea de 1957 hasta el TFUE de 2007, en sus arts. 14 y 106.2 y en su protocolo 26. Ahora bien, lejos de otorgar una definición, se afirma que son actividades económicas "que producen resultados en aras del bien público general y que el mercado no realiza (o lo haría en condiciones distintas por lo que respecta a la calidad objetiva, seguridad, asequibilidad, igualdad de tra-

---

trabajo de los servicios de la Comisión Europea "Guide to the application of the European Union rules on state aid, public procurement and the internal market to services of general economic interest, and in particular to social services of general interest" (2013).

64 Las bases del proyecto de *Carta Europea de los Servicios Públicos*, tramitada en 1993 a propuesta de Francia, dio lugar a la emisión de la *Comunicación de la Comisión Europea "Los servicios de interés general en Europa"* en la que los SIG son considerados auténticos derechos sociales y participan en gran medida en la cohesión económica y social.

to y accesibilidad) sin una intervención pública" (COM, 2013, p. 19). Los Estados tienen una amplia capacidad discrecional para declarar qué sectores o actividades declaran de interés general y, en consecuencia, establecen intervenciones o regulaciones con obligaciones de servicio público para sujetos privados. La UE, en relación con estas declaraciones, actúa bajo los principios de subsidiariedad y proporcionalidad, limitándose el control de la Comisión Europea y el TJUE a apreciar errores manifiestos. Ahora bien, el Derecho de la Unión determina una serie de sectores, normalmente organizados en red, cuya calificación como SEIG es vinculante para los EM en virtud de su importancia para el mercado único: el transporte, las telecomunicaciones, el correo postal y la energía (suministro de gas y agua). A pesar de lo dicho, el TJUE ha determinado el error manifiesto en la declaración de SEIG como las operaciones de estiba, publicidad, comercio electrónico dentro del sector audiovisual, eliminación de cadáveres de animales, banda ancha en los polígonos industriales, etc. (COM, 2003, p. 19). En opinión de autores como Muñoz Machado o Gamero Casado & Severiano Fernández (2022), partiendo de lenguaje interno y tradicional del ordenamiento español, algunos de los servicios de titularidad exclusiva pública y algunos sectores o mercados regulados podrían formar parte del concepto de servicio económico de interés general que instituye el ordenamiento jurídico europeo, estableciéndose una escala en la intensidad de la intervención del poder público.

3. *Servicios no económicos de interés general* (SNEIG): En esta categoría quedan incluidos multitud de servicios, entre los que se encuentran los ejercicios de autoridad (ejército, policía, seguridad aérea y marítima o centros penitenciarios) o aquellos que se denominan de finalidad social (como la protección de Seguridad Social, enseñanza, cultura, servicio nacional de salud). Es decir, entran en tal concepto buena parte de lo que constituyen funciones de los poderes del Estado y actividades que la Constitución Española reserva, aunque no necesariamente en exclusiva, a los poderes públicos en virtud del Estado social. La consideración de una actividad como económica o no económico es totalmente variable dependiendo de múltiples factores políti-

cos, pero también de mercado. En este punto resulta relevante señalar que la Comisión determina que cuando "es evidente que el mercado podrá prestar un servicio concreto en un futuro previsible" su función es la de controlar el error manifiesto de apreciación estatal sobre si el mercado supone una prestación eficaz, de calidad y accesible. En tal caso, no significa que el servicio no pueda ser de interés general, sino que será económico y deberá ajustarse las reglas de los SIEG. La distinción entre ambos tipos de servicios de interés general es trascedente, ya que su régimen jurídico es bien distinto. No obstante, la Comisión Europea (2003, p. 16) indicaba que la gama de servicios disponibles en un determinado mercado depende de la evolución tecnológica, económica y social [...]. La distinción [...] es, por tanto, dinámica y está en evolución constante. Lo que determina la consideración de actividad económica o no económica no es la naturaleza de la entidad que presta el servicio ni la financiación de este, sino la naturaleza de la actividad en cuestión. El TJUE se ha decantado por analizar condiciones relacionadas con el funcionamiento del servicio, como la forma en que se presta, se organiza y se financia dicha actividad[65].

4. *Servicios sociales de interés general* (económicos y no económicos) (SSIG): diversas comunicaciones de la Comisión Europea han determinado que entran en este concepto los sistemas obligatorios y complementarios de Seguridad Social, la asistencia social de diversa índole, la asistencia sanitaria de larga duración, la intermediación laboral, la dependencia y la vivienda social[66]. En cierto modo, se tratan, todas ellas, de instrumentos de acción relacionados con diversas dimensiones de la protección social básica. Dependiendo de su carácter económico o no,

65 Sobre esta cuestión se ha pronunciado el TJUE en sentencia de 10 de enero de 2006 en el *caso Cassa di Risparmio di Firenze.*

66 *Comunicación de la Comisión Europea "Aplicación del programa comunitario de Lisboa – servicios sociales de interés general en la Unión Europea"* (2006); *Comunicación de la Comisión "Servicios de interés general, incluidos sociales: un nuevo compromiso europeo"* (2007); *Documento de trabajo de los servicios de la Comisión "Guide to the application of the European Union rules on state aid, public procuremnt and the internal market to services of general economic interest, and in particular to social services of general interest*" (2013).

dispondrán de una serie de regulaciones u otras, sin embargo, todos estos sectores gozan de regímenes diferenciados, por ejemplo, en materia de ayudas y compensaciones económicas en relación con su afectación del Derecho de la competencia.

La Comisión Europea ha reconocido en sus comunicaciones que la expresión servicio público evoca, más bien, a servicios de titularidad pública. Los servicios de interés general son un ámbito en el que los poderes públicos despliegan ciertas facultades discrecionales de organización y gestión, ya sea excluyendo las reglas del mercado o bien articulando las que se han conocido como "obligaciones de servicio público" que deben atender los operadores privado en el sector o actividad en cuestión. Entre ellas, han cobrado especial trascendencia las obligaciones de servicio universal que, como elementos esenciales de la política liberalizadora de la UE, tratan de garantizar que los servicios despublificados o abiertos a la iniciativa privada benefician a los ciudadanos con una calidad determinada y con precios o condiciones de acceso asequibles.

Y es que, las obligaciones de servicio público hacen el papel de reglamentaciones del Estado mínimo en el ámbito de los SEIG, al considerarse que la falta de satisfacción de los intereses generales por parte de sujetos privados requiere, no ya la intervención económica y prestacional de los poderes públicos, sino el desarrollo de regulaciones de las conductas empresariales.

Sin perjuicio de las mencionadas obligaciones de servicio público, la puesta en marcha de esta clase de obligaciones presupone, generalmente, la previa privatización de sectores económicos como los transportes, la energía o las telecomunicaciones. Las políticas liberalizadoras de la UE parten de un del convencimiento de que "los mercados que están abiertos a la competencia contribuyen a mejorar la eficiencia, la asequibilidad y la posibilidad de elección de los servicios ofrecidos" (COM, 2007, p. 6). En este sentido, la mayor virtualidad de los SIG y, más concretamente, de los SEIG, radica en la relación que guarda su régimen jurídico con el contenido de los art. 93, 106 y 107 TFUE[67]. Estos preceptos advierten de que las actuaciones de los

---

67 Sobre estos aspectos es relevante prestar atención a la *Comunicación de la Comisión Europea "Marco de la Unión Europea sobre las ayudas estatales en forma de compensación por servicio público"* (2011), y a la *Decisión de la Comisión Europea "La aplica-*

poderes públicos, consistentes en realizar actividades económicas o en conceder ayudas económicas, están en todo caso sometidas al Derecho de los tratados y a las normas de protección de las libertades económicas del mercado interior y al derecho de la competencia (Fernández Alles, 2019). Sobre este extremo se revela especialmente explicativa la siguiente advertencia de la Comisión Europea (2011c, p. 1) relativa a la compensación económica a empresas, públicas o privadas, a partir de la jurisprudencia del TJUE[68]: uno de los requisitos que deben cumplir para no ser considerada "ayuda estatal" es "no [...] superar el nivel necesario para cubrir total o parcialmente los gastos ocasionados por la ejecución de las obligaciones de servicio público, teniendo en cuenta los ingresos correspondientes y un beneficio razonable". De superar estos umbrales se sujetarán a los artículos 93, 106, 107 y 108 del Tratado y podría corresponder su reembolso.

En todo caso, la normativa europea aplica las reglas de subsidiariedad y proporcionalidad en el control de qué sectores deben o no clasificarse como de interés general, sobre todo en el ámbito económico[69], y, a su vez, el protocolo 26 de SEIG, aplica la regla de la neutralidad respecto de la propiedad pública o privada de las empresas que participan en los mismos; aspecto reflejado en el art. 345 TFUE sobre la titularidad de las empresas que prestan servicios de interés económico general. Desde la Comunicación de la Comisión sobre los SIG de 1996 se advirtió que la UE no pretendía privatizar las empresas públicas que ejercieran la iniciativa pública en sectores

ción de las disposiciones del artículo 106, apartado 2, del Tratado de Funcionamiento de la Unión Europea a las ayudas estatales en forma de compensación por servicio público concedidas a algunas empresas encargadas de la gestión de servicios de interés económico general", de 20 de diciembre de 2011; así como al documento de trabajo ya citado de 29 de abril de 2013.

68 STJUE de 23 julio de 2003, *caso Altmark*, (asunto C-280/00).

69 La *Comunicación de la Comisión Europea "Los servicios de interés general en Europa"* (COM, 2001b) que actualiza su homónima precedente, determinó que la creación y configuración de los SIG estaba sujeta al principio de proporcionalidad, en virtud del cual las restricciones de la competencia y las limitaciones de las libertades del mercado único no exceden lo necesario para garantizar el cumplimiento eficaz de la misión. En el mismo sentido se ha mantenido la Comisión en documentos posteriores de *soft law* como el Libro Verde sobre los servicios de interés general del año 2003.

liberalizados, este extremo ha sido reiterado en las subsiguientes comunicaciones y textos normativos de Derecho originario y derivado.

En definitiva, la regulación liberalizadora que ha consolidado en la institución jurídica de los SIG es el trasunto de la evolución de la concepción sobre el rol económico del Estado que, sobre todo, acontece desde el impulso privatizador de la década de 1970. Con estos mimbres "la regulación de las organizaciones y entidades privadas se encamina a garantizar el correcto funcionamiento de los servicios de utilidad pública que quedan bajo su responsabilidad" (Muñoz Machado, 2016c, p. 55). Este régimen jurídico ha conducido a que "la creación de servicios públicos en régimen de libre concurrencia con la iniciativa privada [sea] hoy la regla general habida cuenta de la garantía de la economía de mercado que se contiene en [...] la Constitución y de las exigencias del mercado común europeo [...]" (Sánchez Morón, 2016, p. 808). De este modo gana terreno un concepto de servicio público no determinado por detraer hacia el sector público la titularidad de una actividad, sino por el carácter de esa actividad en relación con los intereses que satisface, pero asumiendo el marco de la libertad de empresa. Esto conlleva que se opte por posicionamientos tendentes a la *despublificación* de actividades que pueden ser prestadas por operadores privados en régimen de libre competencia con otros empresarios privados e, incluso, con el propio sector público.

A pesar de la claridad con la que el art. 128.2 CE reconoce la libertad para la iniciativa pública, las normas europeas sobre estas materias han contribuido al proceso de mutación constitucional que ha empequeñecido las facultades de los poderes públicos para organizar y gestionar empresas públicas y servicios públicos y ha sometido a una suerte de principio de subsidiariedad la actuación pública en materia prestacional, en general y, en materia económica, en particular. El sector público ha ido reduciendo su posición y las empresas privadas han ido ocupando su lugar en actividades de toda clase; no solo en sectores económicos, sino en el ámbito de la gestión de actividades de titularidad pública. En el siguiente punto se realiza una aproximación a las formas de gestionar de manera indirecta prestaciones, actividades o servicios de titularidad pública. De este modo, se acota el campo de estudio, por un lado, a actividades que son exclusivamente de titularidad pública, no solo de servicios públicos en sentido estricto, sino de prestaciones o actividades que corresponden a entidades del sector público. Por otro lado, únicamente se acometen los métodos de gestión regulados por la legislación de contratos del sector público: contratos de obras, servicios y suministros y contratos que, tradicionalmente, se han denominado concesiones.

2. LA GÉNESIS RECIENTE DE LA GESTIÓN INDIRECTA DE SERVICIOS PÚBLICOS EN ESPAÑA

La dimensión del Estado ha sido tradicionalmente un asunto que los administrativistas han abordado desde el nacimiento del constitucionalismo en las distintas etapas del Derecho administrativo. Siguiendo con el pensamiento de Garrido Falla (2000, pp. 588-589) en este aspecto, se pueden apreciar cuatro grandes fases desde finales del siglo XVIII: "el abstencionismo administrativo del Estado-gendarme; la expansión de los servicios públicos; la finalidad social y económica de la Administración y la aparición del Estado de bienestar; y el neoliberalismo y la crisis del servicio público económico y social". Si se sitúa la actuación socioeconómica del sector público en un vector de tridimensionalidad podría tomarse en consideración los siguientes ejes: los sectores en los que puede operar, directiva y organizativamente, el sector público; el espacio que llenan o pueden llenar los sujetos privados en cada uno de esos sectores; y, por último, el modo en que el sector público interviene en las actividades propias y las de los sujetos privados. Pues bien, en el apartado precedente se han expuesto aspectos relacionados con cada uno de estos tres ejes, pero resta por pronunciarse sobre el concreto objeto que constituye el escenario de esta investigación y que puede incardinarse en el tercer eje de los señalados: cómo gestiona el sector público las actividades que asume.

2.1. Las prestaciones del Estado en los estertores del Antiguo Régimen

Hasta la crisis del Antiguo Régimen la dinámica mercantilista del Estado se basaba en un aumento de su poder, no en detrimento del papel económico privado, sino de otros Estados y estructuras sociales extranjeras (Rojas, 2007, pp. 59-60)[70]. Es por ello por lo que el Estado trataba de controlar buena parte de la producción y la comercialización, con el fin de situarse en una buena posición económica respecto del resto de potencias, generalmente coloniales y esclavistas. Son cuatro las actividades que, principalmente, han constituido los ejes de la actividad económica del Estado del Antiguo Régimen dirigida a la satisfacción de necesidades sociales e institucionales, al menos, en el siglo XVIII: lo que actualmente se conoce como obra pública, el suministro de bienes a instituciones públicas para su utilización y comercialización, el abastecimiento a la población de determinados bienes básicos y, finalmente, algunos servicios de carácter urbano y rural (Pérez Rodríguez, 2014). Otras funciones como las destinadas a la beneficencia, educación y sanidad, también eran asumidas parcialmente por el Estado y administraciones municipales, pero el papel fundamental lo tenían atribuido las instituciones eclesiásticas.

Buena parte de la doctrina administrativista coincide en que no se dio un cambio sustancial con el paso al constitucionalismo en cuanto al tipo de sectores en los que intervenía de forma directa o indirecta el Estado. Hubo cambios trascendentes en este aspecto, sobre todo derivados del avance de la tecnología, pero las mutaciones tuvieron más relación con el modo en que se gestionaban tales prestaciones; un aspecto que a lo largo del s. XIX estará relacionado con el arrendamiento, la concesión y la contrata.

En efecto, en el siglo de las luces el recurso a sujetos privados por parte de los poderes del Estado no le era un instrumento totalmente ajeno o desconocido. Ahora bien, las concesiones y los contratos administrativos para la obtención de obras, bienes y servicios, entendidos *lato sensu*, solo empezaron a extenderse como un instrumento ordinario de gestión de prestaciones públicas de diversa índole a partir del segundo tercio del s. XIX; y no sin vaivenes y dificultades normativas y prácticas. Mientras que el abastecimiento local de productos básicos disponía de un sistema de privilegios de compra de

---

70 El mercantilismo conllevaba, congruentemente con la voluntad de expandir el poder estatal, la monopolización del comercio de las colonias y el objetivo de alcanzar una política comercial superavitaria (Rojas, 2007).

autoridades locales o de adjudicación mediante subasta del servicio de abastos[71], las obras de gran envergadura y las de carácter urbano eran proyectadas y desarrolladas por instituciones públicas mayoritariamente.

Por supuesto, esta última aserción no es más que una simplificación a la que pueden adicionarse algunas precisiones. En primer lugar, la ejecución directa de las obras públicas ha estado a cargo, generalmente, de instituciones militares y con el apoyo aprovisionador de uno de los gérmenes de la industria: las manufacturas reales. Lo cierto es que la gran intervención económica directa del Estado la representaban las obras públicas en el s. XVIII. Hasta mediados de dicho siglo la proyección, desarrollo y ejecución de las obras eran asumidas, casi por entero, y financiadas por el Estado[72]. Tanto es así que hasta la creación del Ministerio de Fomento en 1833 no se transfiere a la Administración civil las competencias en materia de obra pública que durante el siglo de las luces correspondieron a instituciones militares[73]. La asunción directa y exclusiva por parte del Estado de la titularidad de las actividades relacionadas con obra pública generó dos debates de enorme calado: la formación necesaria del personal público y el papel que debían asumir las compañías privadas. Este último aspecto guarda una estrecha relación con la evolución de las potestades públicas en materia de contratos del sector públi-

---

71 En el caso del grano, existía una red pública de pósitos gestionados por autoridades públicas locales que se encargaban de comprar (y otras veces requisar) a cualquier propietario el grano que se requería en su territorio. En el caso de productos básicos como el pescado y la carne, la leña, el aceite, etc. el proceso era de adjudicación a quien ofreciera el peso más bajo y, además, el vendedor o proveedor disponía por ello de ventajas comerciales en el mercado (Muñoz Machado, 2016a).

72 Una de las normas que define la asunción de tales obras y servicios es la Ordenanza General de Correos, Postas, Caminos y Posadas de 8 de junio de 1794, pero hasta entonces se dictaron reales decretos, reglamentos e instrucciones, tales como los Reglamento e Instrucción de 4 de diciembre de 1761. La financiación de tales obras estaba a cargo del Estado y se empleaba de forma recurrente un tributo temporal.

73 Los conocidos como *cuerpos de ingenieros* surgen como instituciones militares encargadas de la proyección y el desarrollo de múltiples formas de obra pública, aunque centradas, principalmente, en proyectos militares. Es en 1799 cuando aparecen los primeros ingenieros de carácter civil en la labor pública.

co, tal y como se empezaría a apreciar en el s. XIX. No en vano, según el economista Adam Smith (1723-1790)[74], entre los tres deberes fundamentales del Estado se encontraba el de "edificar y mantener ciertas obras públicas y ciertas instituciones públicas que jamás será de interés de ningún individuo o pequeño número de individuos el edificar y mantener" (Smith, 1994, p. 660)[75]. En tal sentido, desde la perspectiva liberal que se abría paso, las obras públicas de grandes infraestructuras, del mismo modo que algunos servicios fundamentales, se integraban como funciones básicas del Estado en la medida en que fueran funcionales a la libertad de comercio e industria o que el mercado no pudiera proveer (fallo de mercado). Entre estas obras y servicios se hallan la extracción y tratamiento de materias primas, la construcción de infraestructuras hidráulicas, caminos, canales, puertos, etc. pero también servicios como los de correos o telégrafos, entre otros.

En segundo lugar, y atendiendo a la provisión de bienes —en muchas ocasiones suntuarios— a instituciones públicas, las manufacturas reales, además de servir de base a la construcción de obras públicas, se dedicaban a suministrar a instituciones públicas bienes de diversa índole como tabaco, naipes, tapices, cristales, algodón, jarcias, productos textiles, etc[76]. Dicho de otro modo, se trata de artículos utilizados bien para el consumo directo, bien para el comercio exterior. A pesar de esta intervención directa que marca la labor económica del Estado en el siglo XVIII, no puede obviarse la existencia de empresas privadas que actuaban también en ambos terrenos, obra

---

74 Uno de los economistas que se erigió en el máximo exponente del pensamiento liberal fue Adam Smith a raíz de su obra *La riqueza de las naciones*, publicada en 1776, y en la que exponía los que se han considerados los cimientos de la economía moderna.

75 Junto a este deber, el autor menciona, en primer lugar, el deber de proteger a la sociedad de invasiones extranjeras y, en segundo lugar, el deber de proteger a los miembros de la sociedad dentro de la misma y, consecuentemente, el de administrar justicia.

76 Entre estas manufacturas reales se hallan la Real Fábrica de Tabacos de Sevilla, la Real Fábrica de Naipes de Madrid, La Real Fábrica de Tapices de Santa Bárbara, la Real Fábrica de Cristales y Espejos de La Granja, la Real Fábrica de Porcelanas del Buen Retiro, la Real Fábrica de lencería de León, la Real Fábrica de paños de Guadalajara, la Real Fábrica de seda de Talavera, etc.

pública y suministro público: ya sea a través de compañías privadas privilegiadas por el poder público mediante reales cédulas, mediante empresas de participación mixta y a través del otorgamiento de privilegios comerciales y fiscales en favor de empresas privadas. No siempre este apoyo público a empresas privadas tenía como fin el suministro o el servicio a las administraciones, pues en ocasiones el Estado pretendía potenciar el comercio de determinados productos.

En tercer lugar, siguiendo con el suministro de bienes básicos a la población, si bien corría a cargo en muchas ocasiones del erario público, la producción era una función asumida por productores privados o particulares a los que las autoridades locales recurrían para el aprovisionamiento. Por último, las mismas administraciones locales que asumen amplias labores de abastecimiento de productos básicos, detentan competencias en mantenimiento y pavimentación de calles, evacuación de residuos, limpieza, iluminación, seguridad[77] y, en cierta medida, actividades de beneficencia y asistencia sanitaria.

2.2. La tensión decimonónica entre prestación pública y privada

Con la Ilustración y la arribada del constitucionalismo a finales del XVIII y principios del XIX, autores como Muñoz Machado y Garrido Falla consideran que la tensión, al menos aparente, entre la entronización de la propiedad privada y la función de obra pública irá definiendo múltiples técnicas de actuación de las AAPP en materia económica. Entre las técnicas cobrará especial importancia el debate en torno a la gestión indirecta de la ejecución de obras públicas mediante concesiones y contratas, pero se extenderá a cualquier prestación económica pública[78]. Así, la basculación entre las actividades intervencionistas del Estado y las libertades empresariales marcarán la

---

[77] La figura del sereno surgió a principios del s. XVIII como personal elegido por las administraciones locales pero pagado por los propietarios de inmuebles del barrio.

[78] Ya en el s. XIX se ordenarían jurídicamente los instrumentos para la gestión indirecta y, para ellos, se dictaría el RD de 10 de octubre de 1845 que aprueba la Instrucción para promover y ejecutar las obras públicas. En cualquier caso, la asunción por parte de empresas privadas de actividades de interés público, como las obras públicas, ya era una realidad en el Antiguo Régimen.

evolución de las potestades públicas en materia económica desde el constitucionalismo decimonónico hasta el constitucionalismo social.

La espita liberal abierta a finales del s. XVIII ensancha sus dimensiones en el siglo subsiguiente con diversas consecuencias: la venta y el arrendamiento de fábricas y recursos del Estado, por un lado, y la expansión paulatina del régimen concesional en diversos sectores económicos. Las organizaciones empresariales (o de naturaleza análoga) de carácter público que tendrán protagonismo en el s. XIX dependerán directamente de los ministerios del Estado y harán frente, especialmente, a los servicios y las obras relacionadas con: correos, telégrafos y teléfonos; caminos, canales, puertos y ferrocarriles; agua, gas y electricidad; y montes y bosques. Su puesta en funcionamiento (o su mantenimiento) se deberá al fin de articular políticas económicas de desarrollo o bien al de enfrentar o mitigar los efectos de los oligopolios y monopolios privados (Comín Comín, 1995). Con todo y con eso, su influencia irá reduciéndose, salvo en el caso de empresas militares, dando paso a empresas privadas (y en algunos casos de propiedad mixta), que desarrollarán las actividades referidas en régimen completamente privado, en arrendamiento o concesión, y en otros sectores de la sociedad como la educación y la sanidad.

Coherentemente con la importancia dada en el incipiente Estado constitucional al papel de este en la obra pública, al tiempo que se prevé la participación activa de los sujetos privados, aparecen de forma primigenia las primeras normas generales de contratos públicos en el citado sector. Los antecedentes se ubican en el RD de 10 de octubre de 1845, que aprueba la Instrucción de Obras Públicas y, unos meses más tarde, la Real Orden de 18 de marzo de 1846, por el que se aprueba el Pliego de Condiciones Generales de Obras Públicas. Faltaría, entonces, un lustro para que se promulgase, en primer lugar, el RD de 27 de febrero de 1852 y, en segundo lugar, el RD de 17 de julio de 1853, dirigidos ambos a ordenar con carácter general (no solo en el ámbito de las obras públicas) los sistemas de subasta, licitación y remate de los contratos del sector público (Colás Tenas, 2013a).

Hasta el segundo tercio del siglo XIX las obras públicas eran ejecutadas mayoritariamente por cuerpos de ingenieros del Estado, pero existía una evidente actividad de organizaciones privadas. Esta actividad privada de trascendencia pública no estaba regulada por normas generales que reglamentaran la encomienda o encargo a organizaciones económicas privadas. Cuando el Estado decidía que fuera una empresa privada la que proyectara o ejecutara una obra pública, se otorgaba una norma gubernamental específica que regulaba tal relación; buen ejemplo de ello eran las reales cédulas que otorgaban derechos y privilegios a empresas privadas[79]. La falta de recursos públicos era la razón principal de tales encargos, y sería el motivo del replanteamiento del papel de prestador directo del Estado a lo largo del siglo XIX. Será el sector del ferrocarril, tan importante para el desarrollo de la primera revolución industrial, el que marque el tempo de los debates político-económicos en materia de concesiones y contratas.

La preferencia por la gestión directa en materia de obras públicas ha sido evidenciada más en las normas emanadas del Ministerio de Fomento desde el año 1833 que en la práctica. En la normativa administrativa de la época[80] quedaba patente la capacidad de reservar a la autoridad pública todas las prerrogativas en obras como la construcción de carreteras y caminos; ferrocarriles; puertos; canales de navegación, riego y desagüe; derivación de aguas de ríos navegables; construcción de baños y molinos, etc. A su vez, el Estado ejecutaba de forma directa los servicios de correos, aunque estaba relacionado con la construcción de postas y el servicio a la corona. La Ley general de obras públicas de 13 de abril de 1877 recogía buena parte de las medidas que la revolución liberal de 1968 dejó en el Decreto-ley de 14 de noviembre de 1868. Junto a la atribución de obras al Estado, provincia y municipio, se reconoció el recurso ordinario a la contrata y a la concesión respecto de determinados tipos de obras[81].

---

79 Es el caso de la ejecución del Canal de Castilla, cuya construcción se encomendó al Marqués de las Marismas, representante de la empresa Canal de Castilla, mediante Real Cédula de 17 de marzo de 1831.

80 El mayor ejemplo es la Instrucción de 1833 a los subdelegados de Fomento del Ministerio de Fomento creado el mismo año.

81 El art. 25 citaba las siguientes actividades que podrían ser externalizadas en materia de obra pública: las carreteras y los ferrocarriles en general; los puertos; los canales de riego y navegación; la desecación de lagunas y pantanos; o el saneamiento de terrenos insalubres.

La minería, desde comienzos del s. XIX, alterna regímenes de explotación directa por el Estado, la concesión y el arrendamiento a empresas privadas hasta que, en la entrada del último tercio del XIX se autorizan en mayor medida arrendamientos y la venta de minas[82]. En aquellos supuestos en los que las minas o los montes forman parte del dominio público, se permitía mediante títulos diversos el aprovechamiento o la explotación de estos bienes del Estado[83].

La construcción y la gestión ordinaria del ferrocarril responde, casi por entero, a dinámicas de privatización absoluta hasta el siglo XX en el que, de forma residual, se adquiere la propiedad de algunas empresas en situación de quiebra. Sin embargo, no dejan de existir planteamientos (más teóricos y normativos que prácticos) que aconsejan una publificación del sector. Precisamente en materia ferroviaria cobra especial interés el Informe *Subercase* de 2 de noviembre de 1844[84]. Se trata de un informe realizado por una Comisión de ingenieros de caminos de carácter técnico, pero en el que se analizan las alternativas de financiación y gestión de las obras públicas. Frente a las formas eminentemente privadas, propia de Gran Bretaña y Estados Unidos, o las modalidades mixtas, como el caso de Francia, la Comisión recomendaba en España una ejecución directa, como venía ocurriendo en Bélgica (Garrido Falla, 2000). Resulta trascendente este documento por cuanto, en primer lugar, en él se sintetizan los motivos por los que se prefiere una asunción directa de tales obras y, en segundo lugar, se recomiendan una serie de condiciones bajo las que debería realizarse la concesión en caso de optarse por ella. Así pues, aun poniendo de manifiesto las dificultades financieras de las AAPP, se consideraba que la gestión directa permitiría un mayor control sobre los precios y tarifas del servicio de transporte y que dotaba al Estado de mayor margen de maniobrabilidad en la consecución de

---

82 Es el caso de Linares (arrendamiento de Linares) y Río Tinto (adjudicada en subasta a Matheson).

83 El RD de 4 de julio de 1825 que aprueba la Ley General de Minas establece el sistema regaliano que permite el aprovechamiento por medio de terceros de bienes del Estado a cambio de determinadas contraprestaciones.

84 El nombre del informe trae causa del nombre del inspector general que presidía la Comisión de ingenieros, Juan Subercase. Constaba de una memoria, un pliego de condiciones y modelos de tarifas que podrían ser aplicadas a las concesiones de ferrocarriles (Rodríguez Lázaro, 2000).

los intereses generales. En el informe se afirmaba que las compañías privadas tenían una "tendencia egoísta a ejercer el monopolio" y que la prestación directa por el Estado permitía acometer obras por razones de utilidad pública, ya que las AAPP tienen reconocido el deber de actuar por el bienestar de los ciudadanos[85]. En cualquier caso, se trató de un sector ocupado por grandes empresas ferroviarias que prestaron los servicios de transporte durante buena parte del siglo XIX bien como propietarias directas de las instalaciones ferroviarias bien bajo el título de concesionarias[86].

Por el contrario, unos años después, a propósito del proceso de urbanización de las grandes ciudades, otro relevante informe apuntaría en la necesidad opuesta: la de privatizar la gestión mediante el sistema de concesión y contrata. En efecto, al hilo de las obras urbanas relacionadas con los proyectos de ensanche de Barcelona del s. XIX, el urbanista, jurista e ingeniero Ildefons Cerdà haría constar en una de sus obras su opinión favorable a la privatización de la gestión de las obras en pro de la libre competencia:

> "Todas las obras públicas de alguna importancia [...] se han de realizar por empresas particulares y en virtud de adjudicación en pública subasta. [...] Queremos la subasta y la pedimos y con insistencia la solicitamos, porque queremos la publicidad y libre concurrencia a todo trance [...] efecto de la competencia que se promueve en el mundo mercantil cuando se presenta un negocio que se cree bueno, viene a constituir el mejor criterio de justicia, la mejor garantía de acierto" (Cerdá, 1991, p. 362).

---

85 Para un estudio de la gestión de obras públicas, léase a Tomás-Ramón (1983, pp. 2427-2469).

86 Los gobiernos del bienio progresista de 1854-1856 y los posteriores gobiernos de la Unión Liberal trataron de dotar de recursos y posibilidades al desarrollo del ferrocarril. Se propició la creación de sociedades anónimas ferroviarias que construyeron y explotaron las infraestructuras y el servicio de transporte. Aproximadamente una veintena de empresas se crearon a mediados de siglo, pero tres de ellas han sido las más relevantes: la MZA (Línea de Madrid-Zaragoza-Alicante), el Ferrocarril del Norte (conocida como compañía del Norte) y la SJC (Sevilla-Jerez-Cádiz). Durante más de una década se construyeron caminos de hierro rápidamente, mientras duraba la bonanza económica de dichas compañías. Tras la crisis de finales de los años 60 del s. XIX fueron las compañías extranjeras las que tomaron un mayor protagonismo en el último tercio del siglo XX en el ámbito de las concesiones.

De este modo, lo dicho sobre las obras públicas de ámbito estatal, en las cuales se va abriendo con mayor celeridad la entrada a las empresas privadas, incluido el sector del transporte por ferrocarril, no es totalmente extrapolable a las obras urbanas cuya ejecución correspondió, en mayor medida, a la administración pública durante el s. XIX (Muñoz Machado, 2016a, p. 248).

Las empresas militares[87], escapando de la tónica decimonónica española, mantienen (y expanden) la influencia de la publificación, aunque reduciendo sus funciones de obras públicas en favor de la concesión a empresas privadas. Ahora bien, la industria naval y la fabricación de armamento, aunque se plantean objetivos de autosuficiencia nacional, no deja de importar material y armamento y, ya entrado el siglo XX, se precipitan diversas concesiones a empresas privadas de la gestión de actividades en arsenales, talleres y fábricas públicas[88]. En el sector bancario también se mantiene un cariz privado preponderante hasta 1962 en el que ciertas instituciones bancarias estatales asumieron la misión de solucionar deficiencias económicas de índole o trascendencia nacional[89]. En cuanto a los monopolios fiscales la situación de la externalización no es ajena a ellos[90]. Entre finales del s. XIX y comienzos del XX se optaba, paradigmáticamente, por establecer dicho régimen en distintas fases de gestión del sector del tabaco, el alcohol, la sal, las cerillas o fósforos

---

87 Referidas estas a laboratorios, talleres, fabricación de armamento (Ministerio de Guerra) y arsenales o astilleros para la fabricación y reparación de buques (Ministerio de La Marina).

88 La Ley de 7 de enero de 1908 (conocida como Ley de la Escuadra), pretendía expandir el régimen de contratación y subcontratación en la industria militar española y, a raíz de la cual, se dieron importantes adjudicaciones a la Sociedad Española de Constricción Naval.

89 Fue el caso del Banco de Crédito Industrial, el Banco de Crédito Local y el Banco Exterior.

90 El diccionario de la RAE define los Monopolios Fiscales como una "técnica de gestión tributaria que consiste en la venta de un producto o la prestación de un servicio de manera exclusiva por la Administración del Estado o por una entidad controlada por esta para asegurar la recaudación de determinados tributos y además obtener ingresos patrimoniales, siempre y cuando sean compatibles con el derecho comunitario al no suponer, en ningún caso, discriminación entre los nacionales de los Estados miembros respecto de las condiciones de abastecimiento y de mercado".

o el petróleo. Esta clase de monopolios públicos tienen por "finalidad exclusiva o primordial procurar un ingreso tributario", frente a otras motivaciones vinculadas a la idea de servicio público, a partir de gravar la fabricación o la venta de determinados productos por parte de sujetos privados en regímenes jurídico-económicos privados o concesionales (Tejerizo López, 1975, p. 32).

En definitiva, la privatización se extiende en las distintas etapas decimonónicas y emplea el régimen concesional como uno de sus paradigmas. Del mismo modo que ocurriera con la construcción ferroviaria, a finales del s. XIX la concesión y la contrata pasarán a convertirse en una opción ordinaria para la gestión de obras públicas. La atribución de la gestión en arrendamiento y en régimen concesional obedecen a factores ideológicos, de interés económico privado, de falta de recursos estatales e, incluso, "a compensaciones indirectas que el Estado hacía a los prestamistas del Tesoro" (Alonso Álvarez, 1995; Comín Comín, 1995, p. 6).

En Francia, la constitución acaba con el monopolio eclesiástico de la educación, la sanidad y los socorros públicos[91]. En el caso español dichos sectores empezaron a asumirse por el Estado en detrimento del papel eclesiástico y privado en el último tercio del s. XVIII durante los conocidos como gobiernos de los déspotas ilustrados. En definitiva, los sectores citados acaban siendo reconocidos como deberes de las AAPP y, especialmente su ejecución práctica, recae en las locales.

Uno de los sectores en los que paulatinamente desaparece el sector público será el de abastecimiento de productos básicos a la población mediante el sistema de obligados y contratas, al quedar bajo la influencia del comercio privado. El protagonismo del Estado en las prestaciones relacionadas con ellas empieza a reducirse en favor de fórmulas de gestión privadas y, al mismo tiempo, desaparecen buena parte de las manufacturas públicas. No es baladí que la primera norma que ordena la concesión y la contrata sea en las obras públicas.

---

91 Así denominaba, por ejemplo, la *Declaración de los Derechos del hombre y el ciudadano*, en su art. 21, al deber social de sostener a los "ciudadanos desvalidos, bien procurándoles trabajo, bien asegurando los medios de subsistencia a aquellos que no están en condiciones de trabajar".

Por el contrario, la labor económica del Estado se acrecienta, sobre todo, en lo relativo a beneficencia, sanidad y educación, en los que la prestación sí es fundamentalmente directa. Posteriormente, los servicios urbanos y rurales corrían una suerte análoga.

Dicho esto, dos son las premisas fundamentales. Por un lado, la impronta liberal de finales del XVIII y el XIX llevó a la articulación de la propiedad privada y la libertad de comercio e industria como nunca antes se había vivido durante el Antiguo Régimen. Por otro lado, se extienden las concesiones y los arrendamientos tanto para gestionar prestaciones como para monopolios fiscales. Tan solo algunos sectores se mantuvieron con mayor presencia relativa del Estado en forma de gestión directa, como en el ámbito de ciertos monopolios fiscales (el tabaco, el alcohol, la sal o los fósforos), en la industria militar y en actividades sanitarias y educativas.

La utilización de la contrata y la concesión en el siglo XIX representa una suerte de síntesis entre la necesidad de que el Estado desarrolle actividades de trascendencia económica y el sempiterno rechazo liberal a que el sector público las realice. En efecto, la contrata pública "permite compaginar la asunción por parte del Estado de la responsabilidad del funcionamiento del servicio, con el rechazo a que éste adquiera la condición de empresario" y, añadimos, empleador (Sendín García, 2005, p. 1046). Así pues, la conciliación de la *publicatio* y la iniciativa privada se garantiza al mantenerse la titularidad pública de la actividad en cuestión y, al tiempo, encomendado la gestión al sector privado (Bermejo Vera, 1975).

2.3. Del nacionalismo autárquico hasta el envite liberalizador de los 70 y 80

La aproximación al s. XX topa con las corrientes nacionalizadoras y centralizadoras en lo económico que enlazarán en España con dos dictaduras —la de Primo de Rivera (1923-1930) y la dictadura franquista (1939-1977)— con un componente autárquico y nacionalista. A su vez, en el contexto europeo acontecen dos guerras mundiales y el auge de las políticas keynesianas e intervencionistas hasta las décadas de 1970 y 1980 en las que, de nuevo, los Estado articularán, también España, la nueva era de la libertad de empresa en el marco de la economía de libre mercado y del régimen jurídico de la libre competencia.

Si bien a mediados del s. XIX España se caracteriza por mantener una parte de la ejecución directa de obras y servicios de gran envergadura (industria miliar, obras públicas, correos y telégrafos) frente a la rápida privatización en otros países, lo cierto es que la privatización de sectores económicos o la regulación de mecanismos de gestión indirecta y arrendamiento fue una tónica que se ampliaría la primera mitad del siguiente siglo.

La política intervencionista de comienzos del s. XX se refleja, no solo en las medidas proteccionistas de diversa índole, sino en la intervención estatal en la producción y la comercialización, además de en la reserva, parcial o total, de la titularidad de sectores económicos y en la regulación. En el caso español, el modo preponderante de asumir la prestación de servicios públicos es mediante la publificación exclusiva, reservándose una intervención directa de mercados, prestación directa de servicios, propiedad pública de empresas, participación en empresas de carácter mixto, etc. en múltiples sectores socioeconómicos.

A lo largo del s. XX se mantuvieron en gestión directa servicios, tales como el abastecimiento de aguas[92], Correos, Loterías y Telégrafos. Por lo que se refiere a otra clase de prestaciones, la historia es algo más compleja. Las tendencias nacionalizadoras de corte proteccionista acentúan el recurso a la empresa pública desde finales del s. XIX y durante el primer tercio del s. XX (durante la Primera Guerra Mundial y la Dictadura de Miguel Primo de Rivera) en sectores como el ferrocarril, la banca o monopolios fiscales como el del tabaco o los carburantes. Esta vía se compatibilizaba con los regímenes concesionarios. Se dieron coyunturas de externalización en el caso del servicio de teléfonos y en el de la electricidad; aunque este último fue en todo momento un mercado privado y regulado. El Estado concesionó a la banca privada durante esta etapa. En el sector ferroviario, como se ha apuntado, la construcción del

---

92 Es el ejemplo del Canal Isabel II. La empresa Isabel II fue creada por el Estado en 1851 para el abastecimiento de agua a la ciudad de Madrid y fue constituida como sociedad mercantil en 1907.

ferrocarril no fue atribuido a empresas públicas como en otros países europeos, sino a concesionarias privadas. Además, las actuaciones públicas de intervención directa en tales actividades traían causa de situaciones de crisis insalvables en las mismas y, por tanto, de forma defensiva y reactiva. Estos sectores que se mantuvieron en ejecutores privados, no obstante, sí se encuentran con el envite nacionalizador de los gobiernos franquistas (Comín Comín, 1995)[93].

En cualquier caso, con el aumento paulatino de la asunción de funciones prestacionales por parte de los Estados coexiste con el creciente papel del sector privado en dichas funciones. La ampliación del ámbito de intervención económica se hace sin pretensiones de carácter social. A pesar de que se apunta a la falta de medios o recursos como una motivación fundamental de la externalización, esta afirmación obvia prestar atención a las pretensiones de quienes influyen en las estructuras y políticas económicas de la época.

La tendencia española, ya en el primer tercio del siglo XX, se invierte respecto de la política económica europea. Mientras países como Francia retoman, además de la gestión directa de obras, suministros y servicios como los relacionados con la producción y comercialización de tabaco, los servicios bancarios, la gestión de telégrafos y teléfonos o la comercialización de petróleo, en España se opta por técnicas de gestión privada mediante arrendamientos, aun mediante una reserva de la titularidad pública del sector[94].

La etapa que comprende entre el 1940 al 1975 tiene un componente de maduración de la empresa pública y un impulso notable del

---

93 Hasta el segundo tercio del s. XX no se plantea de forma decidida la nacionalización de la construcción y gestión del ferrocarril, pues se optaba por la concesión.

94 En el caso del tabaco, ya a finales del s. XIX se consolida el arrendamiento como fórmula de gestión por antonomasia; los servicios de telefonía, aunque en el primer tercio del siglo estuvo marcado por una gestión concesional y, parcialmente, una gestión directa pública, en la época de la dictadura franquista se atribuye a la empresa Telefónica la gestión (una empresa que en dicha época fue adquirida en su totalidad por el Estado); por lo que se refiere al petróleo, hasta el s. XIX la extracción, tratamiento y comercialización estaba en poder del sector privado, pero en el s. XX será un sector de titularidad pública y gestionado en régimen de monopolio por la empresa de propiedad mixta CAMPSA (creada en 1927).

dirigismo, regulación e intervención económica en Europa (en el contexto de la postguerra y del mantenimiento del Estado del bienestar) y, en particular, en España (debido al nacionalismo autárquico franquista). Este apunte, no obstante, tiene matices en el plano español. Finalizada la Guerra Civil tiene lugar la creación del Instituto Nacional de Industria (1941). En términos monopolísticos administrativos se llevan a cabo nacionalizaciones como la de Renfe (1941) y Telefónica (1945) que sitúan al Estado en una ventaja operacional económica respecto de las empresas que pudieran concurrir al mercado. Asimismo, se asume que el Estado puede ser, además de empresario monopolista, un agente que compite en el mercado privado en minas, siderurgia, comunicaciones, industria militar, alimentación, transportes, etc. Se crean empresas públicas como SEAT (1950) para poner en el mercado vehículos o Mercasa (1966) en el sector alimentario (Comín Comín, 2008). En el sector de los monopolios fiscales se crea, por ejemplo, Tabacalera S.A. en 1945, por lo que se abandona el régimen de arrendamientos del monopolio a la Compañía Arrendataria de Tabacos[95] y se reforzó el papel estatal y de CAMPSA en materia de hidrocarburos. En definitiva, a pesar de las especificidades, la actividad económico-empresarial del Estado no se aleja de las dinámicas europeas en las que, además, se extienden los ámbitos en los que se despliega el rol económico del Estado, aunque no en términos autárquicos.

Con la proximidad de los planes de estabilización y modernización el Estado plantea modificaciones normativas y organizativas en su papel económico y prestacional. Entre las conocidas como Leyes Fundamentales del Reino de la dictadura franquista se encontraba la Ley de Principios del Movimiento Nacional aprobada en 1958. Pues bien, el apartado IX de esta norma recoge la regla de subsidiariedad de la intervención pública en la economía: “La iniciativa priva-

---

95 La compañía era una empresa mixta con capital privado en propiedad de empresas que, a su vez, solían concurrir como concesionarias de las actividades de fabricación y venta. Tabacalera S.A. no fue privatizada completamente hasta 1999 a partir de la creación de la sociedad mercantil Altadis que pasaría a fusionarse con la empresa Seita (privatizada por el Estado francés en 1995). Actualmente tan solo se conserva el monopolio fiscal respecto de la venta al por menor de las labores del tabaco mediante la concesión monopolística de expendedurías de tabaco y timbre del Estado subastadas en régimen concesional al mejor precio.

da, fundamento de la actividad económica, deberá ser estimulada, encauzada y, en su caso, suplida por la acción del Estado". A pesar de los términos del Plan de Estabilización de 1959 en cuanto a las exigencias de reducción del déficit y del gasto público, el principio de subsidiariedad tuvo en la práctica estatal frecuentes excepciones.

En el último tercio del siglo XX consolidó formas de intervención pública económica al margen de la titularidad exclusiva de actividades y la prestación directa: la regulación de la intervención privada en mercados, la total liberalización de sectores o mercados y la contratación pública con entidades privadas. Junto a la clásica entronización de la propiedad privada y la potenciación de la libertad de empresa, se abrió paso normativamente la protección de la competitividad empresarial como una consecuencia de la libertad de empresa en el ámbito de la economía de mercado. En palabras de Muñoz Machado, "el mercado queda convertido en el lugar más idóneo para la creación de bienes y servicios y para la satisfacción de las necesidades generales" (2016a, p. 392).

Más adelante se aludirá a las concretas razones que han contribuido de forma determinante al proceso de externalización de la gestión pública o al rechazo a la (re)publificación. No obstante, pueden esbozarse anticipadamente la enajenación de empresas de capital público, la privatización formal de entidades públicas o la reducción del papel de empleador del Estado para el desempeño de actividades administrativas.

A pesar de esta construcción teórica y práctica de la ideología de la libertad de empresa y libre mercado, lo cierto es que la UE no impediría el mantenimiento o la creación de empresas públicas, sino que condicionaría su funcionamiento en el mercado, que debe ceñirse, como regla general y salvo en algunos sectores y circunstancias, al comportamiento de libre competencia como si de una persona sujeta al Derecho privado se tratara. Tampoco impediría la encomienda de prestaciones a empresas pública o a otras AAPP ni la prestación directa de servicio público ni actividades auxiliares o complementarias.

Como se ha expuesto, el recurso a la gestión privada de prestaciones de titularidad pública ha sido frecuente a lo largo de los dos últimos siglos, desde el desarrollo del Estado contemporáneo. Ya desde finales del s. XVIII se aprecia que el encargo a empresas privadas de obras pública como la pavimentación, el alcantarillado o la construcción y gestión del ferrocarril es una constante cuya intensidad varía a lo largo de las décadas. Dicho esto, la gestión privada no es un fenómeno propio del s. XX ni del XXI. Sin embargo, sí se aprecia una tendencia diferenciada con trascendencia sobre las potestades públicas, las políticas nacionales de empleo y las dinámicas jurídico-laborales a las que se aludirá en el capítulo III con mayor detenimiento. En efecto, si bien hasta el primer tercio del s. XX la contratación externa en el sector público se predica, en mayor medida, sobre sectores económicos o actividades de gran envergadura o del ámbito de los servicios públicos municipales, lo cierto es que, sobre todo en el último tercio de dicho siglo, la externalización se extiende paulatina, pero constantemente, a prestaciones de tareas más normalizadas, intensivas en mano de obra e, incluso, auxiliares. Es entonces cuando, de forma definitiva, la gestión privada se instala de forma simbiótica e inescindible en las AAPP.

Con todo y con eso, la externalización mediante los contratos del sector público, sobre todo desde la entrada en la década de 1990, ha alcanzado a toda clase de actividades (esenciales, servicios públicos, servicios auxiliares, etc.) mediante múltiples formas contractuales y con un notable aumento cuantitativo. El fenómeno de la externalización en el sector público no deja de crecer si se presta atención a las tendencias que muestran los datos del Instituto Nacional de Estadística y de la OCDE. La información acerca del volumen de contratos del sector público en la totalidad de las entidades que lo conforman se remonta a mediados de los años 90 y llega hasta la actualidad. En términos absolutos, en relación con los millones de euros destinados a contratos del sector público, frente a los 30.000 del año 1995, los años 2009 y 2010 arrojan cifras que superan los 90.000 millones de euros. La crisis económica redujo dicho gasto a 83.000 millones en 2012 y 2013, pero volvería a aumentar, recuperando las cifras previas a la crisis ya en el año 2018, desde el que se ha llegado a superar los 100.000 millones de euros[96]. La tendencia es algo distinta, aunque

96 Consumos intermedios y adquisiciones sin transformación para transferencias sociales en especie.

sin grandes cambios, si se atiende a la proporción del PIB: a mediados de los años 90 el porcentaje de gasto en contratación pública era del 6,1 %, mientras que de 2008 a 2010 alcanzaron el 8,7 % y, tras la caída a consecuencia de la reducción del gasto durante la crisis, la cifra ascendió al 11,4 % en el año 2020. Un comportamiento similar, aunque con una recuperación más evidente tras la crisis, muestran los datos basados en el porcentaje sobre el gasto público: el 14 % en 1995, el 19,2 % en 2008 y, finalmente, el 21,8 % en 2020 (IEE, 2020). Puede apreciarse que los datos del año 2020 superan considerablemente los datos previos a la crisis económica, lo que en parte se debe a la intervención económica y social que requirió la crisis de salud pública de la Covid-19[97].

3. EXCURSO SOBRE LOS CATALIZADORES DE LAS EXTERNALIZACIONES DEL SECTOR PÚBLICO

Hasta este punto se ha efectuado un repaso por la historia contemporánea de las actividades y funciones de las AAPP. En esta tarea se han glosado preceptos de normas nacionales e internacionales que instituyen un marco jurídico en el que los poderes públicos tienen una serie de funciones constitucionales encomendadas en aras del interés general. Al mismo tiempo se reconoce que tanto sujetos públicos como privados se encuentran en un contexto en el que la libertad de empresa se constituye como derecho de los ciudadanos en el marco de la economía de mercado (art. 38 CE), sin perjuicio del deber y de las capacidades atribuidas a los poderes públicos en los términos expresados en la Carta Magna. En este sentido, los poderes públicos tienen el deber de acometer actividades económicas

---

97 Sobre este aspecto se pronunció el informe anual de contratación pública del año 2021: "durante el año 2020 el papel de la contratación pública estuvo claramente condicionada por la situación de emergencia sanitaria ocasionada por el Covid-19, que tuvo un gran impacto en todos los órdenes de la vida de las personas y de los sectores económicos y sociales, y donde fue preciso que las Administraciones y Organismos Públicos adoptaran una multitud de actuaciones y medidas para salvaguardar principalmente la seguridad y la salud de la población, pero también seguir garantizando la prestación general de los servicios públicos condicionados por esa situación de dificultad" (OIREScon, 2021).

para satisfacer los derechos constitucionales reconocidos en el título I y el derecho de intervenir económicamente en los términos ya estudiados en los que se pronuncia la Constitución económica. Si bien suele prestarse atención al art. 128, no deben soslayarse los apuntes realizados por los art. 38 *in fine* y 131 CE, ya que someten a la libertad de empresa, y con ello a la libertad de creación, concurrencia y competencia, a límites que, entre otros, se sitúan en la función social de la propiedad, el interés general y la planificación, mediante ley, "de la actividad económica general para atender a las necesidades colectivas".

La privatización se ha articulado como una suerte de término *paraguas* para referenciar diversos tipos de actividades gubernamentales destinas a mermar el rol económico del sector público (Ascher, 1987). El objeto del presente estudio está estrechamente ligado a este fenómeno político, como lo están los procesos liberalizadores de servicios públicos (o sectores económicos) o los de venta de títulos de propiedad de sociedades mercantiles públicas, entre otros. Sin embargo, el término privatización puede sobrepasar el contexto estrictamente económico para alcanzar otros aspectos de naturaleza social como las relaciones familiares o las relaciones en el ámbito educativo. De cualquier modo, las distinciones entre lo público y lo privado dispone de múltiples dimensiones y no puede reducirse a una sola distinción (Lane, 1985).

En esta investigación se pone el foco, especialmente, a la privatización en el marco de la gestión de prestaciones de titularidad pública. Los términos clásicos empleados para referirse a esta materia son los de "gestión privada" o "gestión indirecta". Los instrumentos jurídicos empleados por las entidades del sector público para ejecutar esta clase de gestión son los contratos públicos regulados en España, fundamentalmente, por la Ley 9/2017.

No es objeto de esta investigación ahondar en las múltiples causas que llevan a las Administraciones Públicas a tomar la decisión de privatizar la gestión de determinadas prestaciones o de mantener dicho tipo de gestión. No obstante, resulta de interés relacionar algunos de los motivos en los que, tradicionalmente, la doctrina ha asentado los fundamentos jurídicos y económicos de la externalización en el contexto público. Puede afirmarse que, en virtud de los principios de objetividad, eficacia y eficiencia, sólo los contratos que sean necesarios podrán ser celebrados (art. 28.1 LCSP). De esta consideración derivan dos ramales: el primero, en el sentido de que sólo las prestaciones de interés general que requiera la entidad del sector público en cuestión pueden ser contratadas y, por ende, desempeñadas; el segundo, el que conlleva que cuando las AAPP disponen de los recursos propios necesarios para obtener los suministros, servicios u obras, no resulta conforme a Derecho externalizar tal prestación.

En materia de servicios, por ejemplo, el art. 30.3 LCSP señala que las AAPP deben realizarlos normalmente con sus propios medios, salvo que carezcan de medios suficientes y previa justificación en el expediente de contratación. Respecto de las obras, el art. 30.1 LCSP establece otra clase de regulación: pueden realizarse por medios propios no personificados cuando concurran determinadas condiciones orientadas a garantizar la viabilidad y la eficiencia de dichas obras de ejecución directa en comparación con la contratación externa[98]. Por lo que a suministros se refiere, el funcionamiento del sector público requiere de un conjunto de recursos materiales e inmateriales que no pueden ser provistos por las entidades que la integran. Es el caso de multitud de contratos de suministros de material fungible de oficina, reprografía, ofimática, mobiliario, etc. En efecto, no se cuenta

---

98 Las condiciones son las que siguen: "a) Que la Administración tenga montadas fábricas, arsenales, maestranzas o servicios técnicos o industriales suficientemente aptos para la realización de la prestación, en cuyo caso deberá normalmente utilizarse este sistema de ejecución; b) Que la Administración posea elementos auxiliares utilizables, cuyo empleo suponga una economía superior al 5 por 100 del importe del presupuesto del contrato o una mayor celeridad en su ejecución, justificándose, en este caso, las ventajas que se sigan de la misma; c) Que no haya habido ofertas de empresarios en la licitación previamente efectuada; d) Cuando se trate de un supuesto de emergencia, de acuerdo con lo previsto en el artículo 120; e) Cuando, dada la naturaleza de la prestación, sea imposible la fijación previa de un precio cierto o la de un presupuesto por unidades simples de trabajo; f) Cuando sea necesario relevar al contratista de realizar algunas unidades de obra por no haberse llegado a un acuerdo en los precios contradictorios correspondientes; g) Las obras de mera conservación y mantenimiento, definidas en el artículo 232.5; h) Excepcionalmente, la ejecución de obras definidas en virtud de un anteproyecto, cuando no se aplique el artículo 146.2 relativo a la valoración de las ofertas con más de un criterio de adjudicación".

con sociedades mercantiles públicas que se dediquen a tales cometidos, por lo que no existe una posibilidad eminentemente pública de dar satisfacción a ciertas necesidades. Es por ello por lo que en atención a los aspectos jurídicos positivos, el motivo inmediato por el que las entidades del sector público deciden recurrir a la contratación de operadores económicos externos es la falta de recursos propios adecuados dentro del sector público (Pedrosa González, 2008).

En este contexto se han producido acuerdos de negociación colectiva en el ámbito del empleo público en el que las partes consolidan normativamente el compromiso de la Administración de no externalizar más servicios. Qué duda cabe de que se trata de un Acuerdo que podría ser excepcionado cuando lo exija el interés general y, más aún, cuando lo exijan contingencias perentorias y extraordinarias, pero establecen un dique de contención a las decisiones externalizadoras del sector público[99].

Las razones específicas o inmediatas que conducen a la reducción de recursos propios son de diversa naturaleza: ahorro en costes de inmovilizado, inversión en infraestructuras y gasto de formación específica de personal; mayor especialización técnica; mayor flexibilidad en la adaptación de las plantillas, etc. (Cruz Villalón, 1992). Ahora bien, estas motivaciones son, generalmente, secundarias y derivadas de catalizadores principales. En los siguientes subapartados de este punto se analizan algunos de los acicates que, en las últimas cuatro décadas (tomando como punto de partida, sobre todo, la aprobación de la Constitución Española de 1978), han estimulado y potenciado la gestión indirecta, privada o externa de prestaciones de titularidad pública. Todo ello con el fin de comprender la configuración jurídica interna y supranacional del encuadre de las potestades públicas en el ámbito de los contratos del sector público.

---

99 En tales casos, además, los agentes sociales y, en particular, las centrales sindicales, están especialmente facultadas como legitimadas activas para impugnar pliegos por infringir la negociación colectiva consolidada en los Acuerdos en cuestión, como en el caso del *Acuerdo regulador de las condiciones de trabajo del personal de Osakidetza* —Servicio Vasco de Salud— (Pérez Delgado & Rodríguez Pérez, 2023).

3.1. La gestión contractual de prestaciones como forma de privatización

El encargo de obras, servicios o suministros a entidades jurídicas externas a las AAPP es una técnica de gestión de prestaciones caracterizada por dos elementos en los que se encuentra la pulsión privatizadora. En primer lugar, el elemento orgánico, pues en mayor medida, la ejecución de la prestación se lleva a cabo por una entidad externa a la entidad del sector público de naturaleza jurídica privada y de propiedad privada mayoritaria. En segundo lugar, el elemento material, pues conduce a una inaplicación del Derecho administrativo en la gestión de las actividades dejando paso a las normas propias del Derecho privado (Pedrosa González, 2008; Rodríguez Ramos Velasco & Cruz Villalón, 1998). Junto a ambos elementos cabe añadir un tercero de carácter subjetivo y formal: la entidad pública adjudicadora es la titular de la prestación (o, si se quiere, de la competencia) y conserva ciertas potestades de diseño de la ejecución y de control sobre el contratista.

Por todo ello, en el acervo conceptual académico se tiende a la utilización de los términos *externalización, privatización* o *gestión indirecta* de prestaciones del sector público para hacer referencia a los conocidos como *contratos del sector público* o *contratación pública.* En cuanto al término *externalización* es consecuencia de incidir en el elemento subjetivo ajeno a la administración. Por lo que se refiere a la expresión *privatización* pone el acento en la naturaleza, funcionamiento y titularidad (al menos mayoritaria) predicable del operador que interviene en el encargo. Por último, la utilización de la expresión *gestión indirecta* reconoce las potestades de configuración de las características de la prestación, ordenación del proceso de contratación y control del cumplimiento del contrato; el gestor directo sería, en cierto modo, el prestador o ejecutor.

El término *privatización* tiene un fuerte componente ideológico, pero también jurídico. En cierto modo, la tradicional división entre Derecho privado y público permite esbozar los significados prejurídicos, *lato sensu y stricto sensu,* de aquellas figuras o instituciones jurídicas que se relacionan directamente con la privatización. Podrían resumirse en tres los factores que hacen que el vocablo en cuestión sea plurívoco. En primer lugar, puede apuntarse que, salvo menciones puntuales con escasa sistematicidad, el término privatización no está ampliamente tratado en el ordenamiento jurídico español[100]. En segundo lugar, es una palabra arraigada en el discurso politológico y en los debates políticos y económicos, así como en el propio lenguaje común, por lo que no puede decirse que pertenezca por entero a un mero argot. En tercer, y último lugar, se trata de un término de una carga ideológico-política notoria asociada a los postulados que propugnan la entronización de la propiedad privada y la economía de mercado.

Desde la doctrina autorizada existen aproximaciones conceptuales a la privatización desde perspectivas holísticas y, en cierto modo, tendente al significado convencional. Diversos autores entienden que el término privatización puede subsumir formas organizativas y funcionales, formas de gestión indirecta de servicios públicos o la apertura de actividades o sectores económicos a empresas privadas (Garrido Falla, 1991). En un sentido muy similar se pronuncia Serna Bilbao (1995) al ofrecer su idea de privatización en dos formas[101]: la primera de ellas, la más amplia de todas, es la que se refiere a la reducción de la actuación de los poderes públicos en el ámbito económico, en favor del aumento del papel de los sujetos privados en tal esfera. En esta primera conceptualización se incluyen los procesos liberalizadores de sectores económicos, la enajenación de participaciones societarias públicas o, incluso, el recurso a operadores externos para la realización de determinadas prestaciones en favor de las AAPP, como es el caso de los contratos del sector público o, en

---

100 Se dan algunos textos normativos que emplean el vocablo, sobre todo, en sus exposiciones de motivos, y no tanto en su articulado: el RD 343/2001, de 4 de abril, de aplicación de régimen de autorización administrativa previa a "Iberia, Líneas Aéreas de España, Sociedad Anónima"; el RD-ley 13/2010, de 3 de diciembre, de actuaciones en el ámbito fiscal, laboral y liberalizadoras para fomentar la inversión y la creación de empleo; o, la Ley 13/2006, de 26 de mayo, por la que se deroga el régimen de enajenación de participaciones públicas en determinadas empresas establecido por la Ley 5/1995.

101 Junto a las dos primeras, la autora cita una tercera denominada *privatización circunstancial*, en la que se devuelve al sector privado una empresa que fue adquirida por el sector público por cuestiones políticas o económicas transitorias, como fue el caso de la empresa RUMASA en la década de los 80 del s. XX o, en cierto modo, como sucedería con la entidad bancaria Bankia tras la crisis financiera de 2008 que afectó a la existencia y configuración de las cajas de ahorros.

opinión de la citada autora, algunos contratos patrimoniales. Se trata de una faceta en la que la privatización se muestra en forma de mecanismo jurídico que potencia la iniciativa o protagonismo de las empresas privadas en la actividad prestacional del sector público (Díaz Lema, 2000). En la segunda forma de conceptualizar la privatización se hallarían el recurso a instituciones y las estrategias propias del ordenamiento jurídico-privado. Esta realidad ha sido denominada, por una parte de la doctrina, como "privatización de la gestión" (Rodríguez Chirillo, 1993), si bien no es menos cierto que esta expresión es utilizada también para el recurso a contratos del sector público[102].

En aras de la claridad expositiva y de la precisión terminológica, puede ser conveniente emplear una conceptualización jurídica de la privatización que comprende cuatro variantes interrelacionadas y coadyuvantes en el proceso de configuración de los contratos del sector público. La primera la constituye la privatización entendida como liberalización de sectores o actividades económicas que hasta dicho proceso se encontraban total o parcialmente publificadas[103]; en segundo lugar, para designar la enajenación de participaciones sociales en empresas públicas; en tercer lugar, en relación con la gestión indirecta de prestaciones a través de instrumentos como los contratos del sector público; en cuarto lugar, el recurso a instituciones jurídico-privadas como herramientas de gestión del interés general, tales como, el empleo público de carácter laboral o la conversión de entidades públicas empresariales en sociedades mercantiles de participación pública.

La liberalización de sectores económicos es una forma de introducir reglas propias del Derecho privado en segmentos de activida-

---

102 La diferencia entre ambos tipos de privatización de la gestión sería que, en los contratos públicos existe una cesión temporal de ciertas facultades de gestión a empresas privadas, mientras que esto no tiene lugar necesariamente en la utilización de mecanismos propios del Derecho privado, a menos que se combine con formas de privatización como la liberalización de sectores o la enajenación de participaciones societarias.

103 El término *publificación,* derivado de *publicatio,* como forma de atribuir titularidad pública a algunos aspectos de la vida económica, no tiene el arraigo social y político del de privatización. Incluso, en el ámbito jurídico, tiene un radio de acción que, tradicionalmente, se ha suscrito a ser antagonista de la liberalización de servicios públicos o sectores económicos.

des que otrora pertenecían total o parcialmente a la esfera de la titularidad pública. Esas políticas económicas se han valido, en multitud de ocasiones, de aquello que se denomina privatización organizativa o funcional: la conversión de entidades de Derecho público en sociedades mercantiles ha venido facilitando los procesos de liberalización de sectores y de la privatización dichas entidades (García-Trevijano Fos, 1974).

Junto a la privatización de empresas (enajenación del capital público), la liberalización de sectores económicos y el recurso a instituciones jurídicas propias del Derecho común o esenciales de ramas del Derecho distintas al Derecho administrativo, se descubren la forma de privatización denominada *gestión indirecta o privada* de prestaciones titularidad o competencia de entidades del sector público. La gestión indirecta de prestaciones, junto a múltiples formas de huida del Derecho administrativo, es otro fenómeno paralelo y coadyuvante a los procesos privatizadores señalados. Puede concebirse la privatización de la gestión del servicio como "una técnica de privatización exclusivamente operativa de la prestación de los servicios públicos" (Sanguineti Raymond, 2007, p. 3). No obstante, como se irá mostrando en este trabajo, no se trata de una decisión con implicaciones únicamente en el plano operativo. Como apunta Desdentado Daroca (1999) esta transferencia de las funciones gestoras está suponiendo en las últimas décadas que se pase del paradigma del Estado gestor, que asumía la gestión directa de los servicios, al Estado contratante, cuya característica principal es la propensión por encargar al sector privado dicha gestión.

Una de las expresiones, otrora en boga, que puede hacerse valer para hacer referencia al carácter o naturaleza de las técnicas de gestión privada es la de *colaboración público-privada*. Su sentido prejurídico ya adquirió de forma temprana un carácter amplio que ha estado sujeto a múltiples atribuciones de significados. La primera referencia en la UE se halla en el *Libro Verde sobre la Colaboración público-privada y el Derecho comunitario en materia de contratación pública y concesiones*, aprobado por la Comisión Europea el 30 de abril de 2004[104]. En ella

---

[104] En 2004 la Comisión Europea realizó una consulta sobre colaboración público-privada (COM-2004-327) cuyos resultados se publicaron en 2005 (COM-2005-569).

se definió como "diferentes formas de cooperación entre las autoridades públicas y el mundo empresarial, cuyo objetivo es garantizar la financiación, construcción, renovación, gestión o el mantenimiento de una infraestructura o la prestación de un servicio". Las características distintivas de esta fórmula jurídica eran la duración relativamente prolongada, las formas de financiación de posibilidad mixta, una importante participación del operador privado en las distintas fases contractuales y un reparto de los riesgos operativos entre el empresario privado y la entidad pública. La Comisión Europea (2010b) empleó también esta expresión de forma explícita durante la crisis económico-financiera para referirse a una "forma de cooperación entre las administraciones públicas y el sector privado [...]" que "se estructura en torno a un contrato público o como concesiones de obras o servicios".

La colaboración público-privada, a partir de los textos citados, puede catalogarse como institucional (mediante propiedades mixtas y colaboraciones conjuntas) o contractual (canalizada a través de los contratos del sector público) (Álvarez Rubio, 2021). Esta colaboración puede materializarse en los consorcios, las entidades de propiedad mixta, las subvenciones condicionadas e, incluso, los contratos del sector público como forma de gestión indirecta. En cualquier caso, no cabe duda de que la utilización del término *colaboración* puede resultar algo pretencioso en el caso de los contratos del sector público[105] (sobre este aspecto, véase el capítulo II.1.2).

El objetivo anunciado o pretendido, a la luz del texto indicado, es el de promover mejores niveles de eficiencia de los servicios públicos con motivo de la distribución de riesgos entre operadores públicos y privados, los conocimientos y la experiencia del sector privado, así como el alivio de las finanzas públicas mediante participación de capital adicional. Paralelamente, "la participación del sector público en un proyecto puede ofrecer garantías importantes para los inversores

---

105 La expresión jurídica *colaboración público-privada* aludió, en un sentido estricto, a una figura contractual diferenciada que fue introducida por la Ley 30/2007, de 30 de octubre, de contratos del sector público, para la contratación de prestaciones complejas y, generalmente, duraderas. Esta institución fue derogada por la Ley 9/2017.

privados, especialmente la estabilidad de los flujos de capital a largo plazo procedentes de las finanzas públicas, así como la incorporación de importantes ventajas sociales o medioambientales a un proyecto."

Desde los años 80 del siglo XX los contratos del sector público se han abierto paso en todos los aspectos del poder ejecutivo y han alcanzado a prácticamente a cualquier actividad de titularidad y competencia pública (véase el capítulo I.2.3). Resultan sensiblemente esclarecedoras las palabras de Garrido Falla (1991, p. 14) sobre la importancia de la gestión indirecta en el ámbito de actividades de naturaleza económica como forma de privatización al afirmar que "la concesión no se concibe como uno más entre otros posibles modos de gestión (sobre todo, como una disyuntiva frente a la posibilidad de gestión directa), sino como algo consustancial al sistema".

En este orden de cosas, el autor Gimeno Feliú (2016, p. 57) aduce, en relación con algunos de los obstáculos normativos (desde la política económica), que la gestión a través de contratos públicos "no resulta ya desde la mera opción de decisión política, fácilmente reversible, pues la pertenencia del Estado español a la Unión Europea tiene importantes repercusiones en el concreto diseño y reconfiguración de los contornos y principios de la intervención pública en la economía".

La normativa de carácter público tiende a dotar a los poderes públicos de ciertas capacidades reforzadas y unilaterales, pero el Derecho privado permite a los agentes que lo operan actuar con la intención de maximizar el interés particular, por lo que tales facultades no pueden ser atribuidas del mismo modo (Pedrosa González, 2008). Ahora bien, la situación actual de los contratos del sector público se erige sobre una legislación, sobre todo impulsada por la normativa europea, que ha desprovisto en cierta medida a los poderes públicos de las citadas prerrogativas para hacer primar "la competencia y la igualdad de trato de los licitadores" (García-Álvarez, 2022). Así, sin perjuicio de los estudios pormenorizados inductivos que se desarrollarán a lo largo de este trabajo, se presenta una situación de aumento gradual de la histórica paradoja que permite a los agentes privados una libertad de negociación y determinación de condiciones en la contratación de servicios a terceros cuasiabsoluta, mientras que el poder público ve encorsetada sus capacidades bajo el pretexto de principios de Derecho originario y derivado europeo que ciñen los poderes generales de las entidades públicas y las capacidades discrecionales de los órganos de contratación a reglas de respeto a la libertad de empresa: libre concurrencia, libertad organizativa y directiva, libertad de circulación y, en definitiva, la protección de las ventajas competitivas que puedan articular.

3.2. Las políticas de estabilidad presupuestaria y consolidación fiscal

Las políticas que establecen limitaciones presupuestarias y estructurales encaminadas a controlar o reducir el déficit presupuestario y la deuda pública pretenden alcanzar lo que se ha denominado estabilidad presupuestaria o situación sostenible de las finanzas públicas. Estas políticas, por momentos solicitadas o exigidas por entidades supranacionales e internacionales, relativas a aspectos estructurales de la economía y a elementos de la situación financiera de las AAPP ha tenido una influencia, en mayor o menor medida, sobre las decisiones privatizadoras de la titularidad y de la gestión de prestaciones públicas. Con ello no se pretende afirmar que en cualquier caso las políticas estabilizadoras conlleven tales consecuencias, sino que el contexto político-económico en el que se han desarrollado los impulsos de tales estrategias en cada momento han dado una mayor cobertura a las decisiones externalizadoras.

Los instrumentos jurídicos empleados por las instituciones europeas y estatales para implementar tales limitaciones al déficit, al gasto público y a los niveles de deuda pública, —todos ellos componentes determinantes de la salud del sistema financiero del Estado—, han operado en distintos niveles. En el plano internacional, los Planes de Estabilización del FMI que los países miembros, a cambio de los préstamos en cuestión, implementan en la práctica mediante programas que quedan patentes en el documento de intenciones y el memorando económico adjunto. En España, estos instrumentos tuvieron especial importancia en la década de 1960 cuando condujeron a la reducción del gasto público y a generar tendencias de liberalización del sistema económico tras la adopción del Plan de Estabilización de 1959[106].

---

[106] El domingo 21 de junio de 1959 el gerente del Fondo Monetario internacional, Per Jacobson, llegó a España. Coincidió con un grupo de miembros de la OCDE

Con la entrada de España en la Comunidad Europea en el año 1986 se debieron acometer reformas de diversa índole, pero fueron los criterios de convergencia que condicionaban la adopción por parte de los Estados miembros de la moneda única los que influenciaron en mayor medida las políticas económicas privatizadoras. Con el *Pacto de Estabilidad y Crecimiento de la UE* (1997) se pretendía "la limitación del uso del déficit público como instrumento de política económica y su contención a unos límites comunes a todas las economías de los países integrantes de la Unión Económica y Monetaria" (Díaz Jiménez et al., 2003, párr. 3). A estos acuerdos siguieron productos legislativos internos *ad hoc*[107]. Esta tendencia, que se encuentra actualmente en el TFUE (art. 140) y su protocolo 13, ha supuesto el establecimiento de objetivos económicos y de procesos de supervisión, orientación y coordinación en política económica y presupuestaria de los EM. Las materias sobre las que se establecieron condiciones: la evolución de los precios (incluidos los costes laborales), las finanzas públicas (déficit público y deuda pública)[108], los tipos de cambio y los tipos de interés a largo plazo. La superación de los umbrales límite de finanzas públicas sostenibles, a su vez, da lugar

(entonces, OECE). Para entonces, el ministro de Hacienda, Mariano Navarro Rubio y el de Comercio, Alberto Ullastres, ya tenían a su disposición el Plan de Estabilización que habían preparado Gabriel Ferras (jefe de la Dirección europea del FMI). Tras el visto bueno de Francisco Franco, se preparó el "Memorándum dirigido por el Gobierno español al FMI y a la OECE" que, entre otros aspectos, contenía medidas fiscales dirigidas a limitar el volumen de gasto público, a reducir la emisión de deuda pública y a aumentar la liberalización de la economía española. Todo ello, a cambio de ayudas económicas de 544 millones de dólares que, en cierto modo, no dejaba de ser una suerte de contraprestación o ayuda condicionada a abrir al mercado extranjero los sectores económicos españoles. El Plan de Estabilización de 1959 lo inspiraban políticas económicas que no han dejado de repetirse y reproducirse en sus fundamentos básicos en los 60 años posteriores en España (Martín-Aceña Manrique, 2004).

107 Paradigma de ello son la Ley 18/200, de 12 de noviembre, de estabilidad presupuestaria y la Ley Orgánica 5/2001, de 13 de diciembre, complementaria a la LO 2/2012, de 27 de abril, de Estabilidad Presupuestaria.

108 Es el art. 140 TFUE el que señala el deber de los Estados miembros de mantener una situación sostenible de las finanzas públicas que el art. 1 del Protocolo 13 del tratado establece en la no superación del umbral del 3 % del PIB y, en el caso de la deuda pública, la no superación del umbral del 60 % del PIB que no disminuya a un ritmo satisfactorio.

a la activación del Procedimiento de déficit excesivo (PDE) contemplado en el art. 126 TFUE. Además de los preceptos que integran el tratado y el protocolo, las reglamentaciones en esta materia se desarrollan pormenorizadamente en los instrumentos jurídicos que han ido integrando el Pacto de Estabilidad y Crecimiento[109]. De entre todos ellos, las exigencias de reducción y limitación del déficit público y la deuda condicionaron o influyeron, al menos parcialmente, en decisiones de oportunidad política orientadas a la reducción del sector público de carácter económico y de la gestión directa de prestaciones de titularidad pública.

Tras la fase álgida de convergencia durante la década de 1990 hubo un tercer período en el que el Reino de España tuvo que hacer frente, no solo a situaciones de crisis económica, sino al cumplimiento de objetivos, recomendaciones y exigencias de instituciones supranacionales. Con la crisis económica, cuyo epicentro tuvo lugar en EE. UU. en el año 2007 con graves consecuencias financieras europeas y mundiales a partir, sobre todo, de 2008, la UE volvió a protagonizar el establecimiento estricto de parámetros, reglas y directrices económicas y presupuestarias. Algunas de ellas se plasmaron en la reforma constitucional del art. 135 que positivizaba en la carta magna el principio de estabilidad presupuestaria en los términos establecidos por la Unión Europea respecto de los niveles de déficit y de deuda pública y que encuentra su desarrollo legislativo en la LO 2/2012, de 27 de abril, de Estabilidad Presupuestaria y Sostenibilidad Financiera.

Por lo referente a la situación del sector financiero, y tras la solicitud de un préstamo para la recapitalización de entidades financieras españolas, el FMI empezó su seguimiento del sector financiero en octubre 2012 tras la adopción de los *memorandos de entendimiento* y el *acuerdo de asistencia financiera* negociados por las autoridades espa-

---

109 En el año 1997 se adopta por parte del Consejo Europeo una resolución y dos reglamentos con disposiciones técnicas en materia de procedimientos de déficit excesivo, supervisión presupuestaria y coordinación de políticas económicas. Ya en la década de los 2000 se modificaron estos últimos y se aprobaron ocho reglamentos y un Tratado Internacional de Estabilidad, Coordinación y Gobernanza de 2012. Además, en la última década se han presentado orientaciones y comunicaciones de la Comisión en materia de reformas estructurales, del funcionamiento del PEC y de desarrollo y coordinación de política fiscal.

ñolas y europeas[110]. En esta última ocasión, las políticas económicas del FMI, junto al rol que asumían las instituciones europeas como el Banco Central Europeo, la Autoridad Bancaria Europea y la Comisión Europea estaban, sobre todo, encaminadas al sector bancario y a arbitrar mecanismos de supervisión del cumplimiento de las medidas de estabilización financiera. En este memorando se advertía de la estrecha relación entre los desequilibrios macroeconómicos, las finanzas públicas y la solidez del sistema financiero (cláusula 29), por lo que se exhortaba a los poderes públicos españoles a corregir el déficit público (cláusula 30) mediante el cumplimiento de las condiciones en el marco del *Semestre Europeo* y el *Plan de Estabilización.* Asimismo, el memorando apuntaba a reformas estructurales en relación con la erradicación de obstáculos a la actividad empresarial o la regulación del mercado de trabajo, entre otras (cláusula 31).

De forma estructural o, si se quiere, permanente, es en el plano institucional supranacional europeo en el que radican las medidas tendentes a la contracción y replanteamiento del gasto público con consecuencias sobre prestaciones públicas como servicios públicos, sobre privatización de acciones en sociedades mercantiles propiedad del Estado, etc. De todos los mecanismos de prevención y control del déficit y el gasto público, el *Semestre Europeo* y los consiguientes *Planes de Estabilización y Programas Nacionales de Reforma* que están obligados a presentar los EM son los que de forma permanente sirven a la coordinación y seguimiento de las economías nacionales por las instituciones europeas.

Los ingresos no tributarios por privatizaciones significan proporciones generalmente inferiores al 1 %, pero con consecuencias cuantitativa y cualitativamente relevantes para el presupuesto público y para la adopción de reformas estructurales que, por momentos, son exigidas o recomendadas en aras de múltiples objetivos como la concurrencia de la empresa privada o la mejora de la eficiencia[111].

---

[110] Se trata, por un lado, del *Memorando de Entendimiento sobre condiciones de Política Sectorial Financiera*, hecho en Bruselas y Madrid el 23 de julio de 2012 y, por otro lado, el *Acuerdo Marco de Asistencia Financiera*, hecho en Madrid y Luxemburgo el 24 de julio de 2012.

[111] En definitiva, y por lo que se refiere a los ingresos obtenidos por la privatización de empresas, como recuerdan los Programas de Estabilización de los períodos

El programa de estabilización 2011-2014 admitía expresamente el beneficio que la privatización de empresas, como AENA y Loterías y Apuestas del Estado, tendría para los objetivos de consolidación fiscal[112]. Al mismo tiempo se admitía que, como medidas estructurales de reorganización del sector público que ayudaban a reducir el gasto público, se contemplaba ya en 2010 el "cambio del modelo de gestión aeroportuaria y [la] posibilidad de gestión privada vía concesión de los aeropuertos individuales". Ahora bien, en cierto modo, debido a la situación financiera, esta dinámica se ajusta en el programa del período 2012-2015 (p. 47) en cuanto a las estrategias de las Corporaciones Locales, pues entiende que deben reconsiderarse el número de externalizaciones cuyas prestaciones puedan ser prestadas por el mismo personal municipal preexistente. Al mismo tiempo, se refiere a la "fuerte reducción en la prestación de servicios no obligatorios", la "disolución" de empresas públicas municipales y la necesidad de primar en un mayor número de casos el criterio del menor precio de licitación[113].

Ahora bien, es poco frecuente que, a pesar del notorio aumento de la externalización en el sector público en términos cuantitativos y cualitativos, las entidades encargadas de elaborar los planes de estabilización y documentos de seguimiento y control de las finanzas públicas mencionen, salvo algunas pocas excepciones, las privatizaciones tanto de capital público como de la gestión de prestaciones públicas que tienen lugar. Si bien algunas de ellas se fundamentan, al menos en los discursos políticos y parlamentarios, en aspectos relacionados

---

2014-2017 y 2015-2018, se consideran como medidas de ingresos de naturaleza no tributaria; junto a otros como los beneficios de sociedades mercantiles, sanciones pecuniarias, intereses de préstamos, cuotas de derechos pasivos, ingresos patrimoniales, etc. Los ingresos por tales conceptos no tributarios, no obstante, suponen, generalmente, menos de un 15 % de los ingresos totales del Estado.

112 La página 28, en el apartado "evolución de la deuda pública" señala: "en 2012, las emisiones del FADE, de la EFSF y el préstamo a Grecia serán más que compensadas por los ingresos derivados de las privatizaciones parciales de la gestión aeroportuaria (AENA) y de Loterías del Estado".

113 Las privatizaciones y las estrategias de colaboración público-privada forman parte de las temáticas nucleares de los grupos de trabajo que el programa de estabilización 2014-2017 explicaba que se habían creado con las CCAA para mejorar la eficiencia del gasto.

con la eficiencia y la libertad de empresa, no es menos cierto que también lo hacen en aspectos relacionados con el gasto público y el déficit.

Citamos, como ejemplo de un instrumento específico directamente vinculado a los límites de estabilidad presupuestaria, la tasa de reposición, que tomó un especial protagonismo en la administración española a raíz de la crisis financiera del año 2008[114]. La tasa de reposición es el porcentaje de vacantes en el empleo público que pueden ser legalmente cubiertas con personal de nuevo ingreso (DRAE). De esta forma se señalan límites cuantitativos a la incorporación de personal, en relación con el personal saliente, que reduce la capacidad de gestión directa de las AAPP[115] (Montesinos et al., 2014). Esta merma en la capacidad de gestión se produce de dos modos: de un lado,

---

114 La fórmula práctica es la siguiente. La cifra máxima correspondiente se obtiene aplicando el porcentaje ya referenciado a la diferencia entre el número de empleados fijos que, durante el ejercicio anterior, dejaron de prestar servicios, por un lado, y el número de empleados fijos que se hubieran incorporado en dicho ejercicio, a excepción de las procedentes de las OEP. La encargada de actualizar dicha ratio es, generalmente, la Ley de Presupuestos Generales del Estado aprobada cada año. El cálculo de la tasa de reposición se ha de realizar conforme a las indicaciones que todas las leyes de presupuestos establecen en su articulado. El número de personas que dejaron de prestar servicios corresponden con los ceses por jubilación, retiro, fallecimiento, renuncia, declaración en situación de excedencia sin reserva de puesto de trabajo, pérdida de la condición de funcionario de carrera o la extinción del contrato de trabajo, o en cualquier otra situación administrativa que no suponga la reserva de puesto de trabajo o la percepción de retribuciones con cargo a la Administración en la que se cesa.

115 A modo de ejemplo, la Ley 11/2020, de 30 de diciembre, de Presupuestos Generales del Estado para el año 2021 regulaba en su título III los "gastos de personal". En él determinaba tanto el crecimiento de la masa salarial del personal del sector público, como la OEP, en la que se tiene presente la tasa de reposición de efectivos. Hay que tener presente que esta ley determina una tasa general de reposición y tasas específicas respecto de determinados ámbitos o sectores. Para el año 2022, sin embargo, se previó un aumento de la tasa de reposición general del 10 % (hasta un total del 110 %), de un 5 % (hasta el 120 %) en los sectores prioritario y de un 10 % para las Fuerzas y Cuerpos de Seguridad del Estado, cuerpos de Policía Autonómica y Policías locales (llegando al 125 %). La ley prevé una regla especial para las entidades locales que hayan cumplido con los objetivos de estabilidad presupuestaria. Así, las entidades locales que tuvieran amortizada su deuda financiera a 31 de diciembre del ejercicio anterior tendrán un 110 % de tasa de reposición en todos los sectores.

porque supone una limitación a la decisión de una entidad pública de aumentar, mantener o reducir por encima de cierto nivel el personal adscrito a la misma. De otro lado, cuando estos niveles se sitúan en niveles deficitarios pueden suponer un perjuicio en términos de gestión y calidad de prestación. Una de las consecuencias, junto a algunas fórmulas como el empleo de formas jurídicas propias del Derecho privado, es la privatización de la gestión, pues los trabajadores de la contratista no se rigen por tasa de reposición alguna.

En los últimos 70 años, España ha visto condicionada su estructura y sus políticas coyunturales económicas por instituciones supranacionales e internacionales que han establecido límites a la intervención directa del Estado en la economía mediante la demarcación estricta de las potestades presupuestarias y financieras[116]. El proceso de agregación supranacional europea ha tenido, sobre todo en sus inicios, una importante y preponderante base economicista "con cesiones de soberanía fundamentales para la integración" económica y monetaria (Baylos Grau, 2023a, p. 17). Una de las condiciones materiales que se condensan es el reconocimiento del "principio de libre concurrencia en la base de una serie de libertades económicas fundamentales que gozan de una enorme fuerza expansiva que colisiona en buena medida con la garantía constitucional y legislativa de los derechos laborales y sociales de los Estados nacionales" (Baylos Grau, 2023a, p. 17 *in fine*).

Con todo y con eso, los condicionantes europeos e internacionales que han venido estimulando políticas de constricción del déficit y el gasto público no son, en ningún caso, un posicionamiento externo a grupos políticos y empresariales internos. Los *think tank* empresariales, arguyendo algunos de los argumentos relacionados con las exigencias de políticas de consolidación fiscal, tratan de introducir

---

116 En este contexto, tras la reforma constitucional, el sometimiento de España al PDE y el memorando de entendimiento, España ha adoptado la LO 6/2013, de 14 de noviembre, de creación de la Autoridad Independiente de Responsabilidad Fiscal, la LO 9/2013, de 20 de diciembre, de control de la deuda comercial en el sector público o, por ejemplo, la adaptación a las exigencias europeas de los principios económicos que rigen las competencias locales mediante la Ley 27/2013, de 27 de diciembre, de racionalización y sostenibilidad de la Administración Local.

las dinámicas del sector privado en el funcionamiento de las AAPP. El informe presentado por el Instituto de Estudios Económicos (2020, p. 26) recomendó "que se realice una mayor provisión de servicios públicos por parte del sector privado". Además, una de sus conclusiones en esta materia afirma que los estudios sobre el índice de eficiencia del gasto público que realizan en el informe indican que "la externalización contribuye a mejorar la eficiencia del gasto público" (IEE, 2020, p. 35).

El papel de la UE ha sido oscilante en la última década y marcadamente distinto a raíz de la crisis económica derivada de la crisis sanitaria de la Covid-19. Sin embargo, las estructuras permanentes de control y ajuste presupuestario y financiero de la UE desbordan la soberanía nacional y, además, la de la propia Unión, al dejar parte de sus mecanismos en el seno de instituciones extracomunitarias que, frecuentemente, velan por interesas corporativos ajenos al interés general (Guamán Hernández & Moreno González, 2017; Moreno González, 2019). En este sentido, se trata de entramados, internos y externos a la UE e, incluso, parcialmente constitucionalizados desde agosto de 2011 en el art. 135 CE, que pueden activar sus resortes en cualquier momento y en cualquier dirección, por lo que su influencia sobre las políticas privatizadoras entendidas *lato sensu* continúan latentes.

3.3. La liberalización de los servicios públicos

Las dos últimas décadas del siglo XX traerían un viraje trascendental en la política económica europea y española que afectaría frontalmente a la configuración del sector público y los servicios públicos. La concepción del servicio público como una actividad prestacional que asumía el sector público para satisfacer necesidades de interés general ha sido alterado por los procesos de liberalización económica que, por otra parte, han tenido efecto a escala mundial y europea. El objetivo de la UE de generar un mercado único interior en el que se garanticen la libre circulación de mercancías, servicios, capitales y personas, han influido de forma decisiva en la actuación pública prestacional (Gamero Casado y Fernández Ramos, 2016).

La confirmación del objetivo de lograr la Unión Económica y Monetaria en 1988 (y la puesta en marcha de la primera fase en 1990), la aprobación del Tratado de Maastricht en 1992 y la imposición de medidas restrictivas de política presupuestaria como el Pacto de Estabilidad y Crecimiento de 1996 fueron las variables que potenciaron la política de privatizaciones de empresas públicas y liberalizaciones de sectores económicos. El fundamento normativo de este proceso se aprecia en el artículo 60 TFUE (heredero directo de otros preceptos de los anteriores tratados), en el que se señala que los EM "se esforzarán por proceder a una liberalización de los servicios más amplia que la exigida en virtud de las directivas adoptadas en aplicación del apartado 1 del art. 59, si su situación económica general y la del sector afectado se lo permiten. La Comisión dirigirá, a este fin, recomendaciones a los Estados miembros interesados". En este sentido, y aunque se trata de una consigna transversal en el texto, el art. 106 TFUE ejemplifica cómo se obliga a los EM a que "las empresas encargadas de la gestión de servicios de interés económico general o que tengan el carácter de monopolio fiscal" se sometan íntegramente a las normas sobre libre competencia, "en la medida en que la aplicación de dichas normas no impida, de hecho o de derecho, el cumplimiento de la misión específica a ellas confiada".

Respecto de la liberalización de los sectores económicos, como señalan Guamán Hernández y Noguera Fernández (2015, p. 30), la construcción del mercado interior de la UE requiere una intervención en dos direcciones: una de ellas, se orienta a la "liberalización del tráfico económico en el mercado (estableciendo las cuatro libertades económicas fundamentales y prohibiendo las discriminaciones por razón de origen, nacionalidad o domicilio)"; la segunda de las sendas implica la ordenación de la competencia evitando que se falsee por "la actuación de los Estados ni por las prácticas restrictivas de los propios particulares".

Esto ha dado lugar a una *despublificación* de los servicios públicos que diera entrada a la empresa privada en sectores económicos hasta el momento reservado a las administraciones y las entidades empresariales públicas. El sector público se despoja de la titularidad pública (exclusiva o no) de dicho servicio, pasando a estar regulado por las propias "leyes del mercado" y a generarse un escenario de potencial concurrencia competitiva de empresas privadas. Ahora bien, por lo general esta situación no supone la renuncia a establecer organismos de control, instrumentos de autorización, etc. Lo pretendido con este proceso liberalizador es la entrada de las empresas privadas, no como meras gestoras, sino como actores u ofertantes del servicio, evitando incluso la concurrencia de la empresa pública como otro competidor más.

La conexión entre las distintas facetas de la privatización se expresa de forma explícita por la Comisión Nacional de la Competencia (2007) que entiende que la liberalización de sectores económicos ha contribuido a la apertura de los mercados, no solo a las empresas privadas en régimen de libre mercado, sino que ha supuesto la apertura de la contratación pública a las empresas introduciendo también en este ámbito las ventajas competitivas empresariales.

La tendencia liberalizadora de los SEIG es la ola que permite vislumbrar las estrategias privatizadoras complementarias que jurídicamente se han ido configurando desde la UE, pero también desde otros organismos como el Banco Central Europeo, el Banco de España y el FMI. Uno de los puntos de partida, inmediatamente posterior a la aprobación del Tratado de Ámsterdam (1996), es la *Comunicación de la Comisión "Los servicios de interés general en Europa"* de 1996[117]. En ella se advertía que los servicios de interés general contribuyen a la competitividad europea, al tiempo que menciona también la solidaridad social. Esta competitividad se contextualiza en la apertura de los mercados, sector por sector, a nivel mundial, lo que contribuye, en opinión de la comisión a aprovechar ventajas competitivas de diversa naturaleza. Por su parte, el Comité Económico y Social responde en 1999, mediante su dictamen sobre los SIG (1999/C368/17), llamando la atención sobre la respuesta que deben dar estos servicios a necesidades relacionadas con la protección de derechos y libertades fundamentes. Efectivamente, menciona el modelo social europeo como exigencia de no dejar únicamente a las fuerzas del mercado las necesidades económicas y sociales de los ciudadanos.

---

117 Modificada por la *Comunicación de la Comisión Europea "Los servicios de interés general en Europa"* (COM, 2001b).

La realidad y las reflexiones críticas con el mayor protagonismo dado a las sociedades mercantiles, llevó a la Comisión a admitir en su Comunicación sobre los SIG en Europa (COM, 2001b) que tanto los proveedores tradicionales como los poderes públicos habían puesto de manifiesto que las disposiciones de la Unión en materia de servicios públicos podrían "poner en peligro las estructuras" de tales servicios. De cualquier modo, la Comisión señaló que el objetivo común era el desarrollo de un mercado único competitivo y que esto requería, entre otros objetivos, la "liberalización en los ámbitos del gas, la electricidad, el transporte y los servicios postales". Así, junto a las referencias reiteradas a la cohesión social, lo cierto es que la competitividad se ha constituido en un eje fundamental de los procesos liberalizadores.

Más patente queda este aspecto en el *Libro Verde de la Comisión Europea "Los Servicios de Interés General"* (COM, 2003), en el que, literalmente, se apunta que el fin de los procesos de liberalización de servicios públicos es "asegurar una economía más competitiva y un acceso eficaz y equitativo de todos los ciudadanos a servicios de calidad que satisfagan sus necesidades", un mensaje en el que inciden todos los instrumentos de *soft law* de la Comisión sobre los SIG.

3.4. La privatización de entes empresariales

La privatización puede ser comprendida de forma amplia, como una categoría en la que se diseñan distintos mecanismos específicos para dotar de protagonismo a los sujetos privados en diversos ámbitos. Al tiempo, no es menos cierto que existe una asociación histórica con la enajenación de empresas públicas, aunque el término amplio se haya impuesto en otras disciplinas académicas y foros sociales. Ciertamente, incluso desde los postulados que defienden un concepto estricto de privatización, se reconoce que este proceso y el de liberalización de sectores económicos han sido compatibles y complementarios. En este sentido, los procesos liberalizadores descritos en el apartado anterior, más aún a partir de la década de 1970, han coincidido con el auge de la privatización de entidades públicas empresariales y sociedades mercantiles públicas (Martín-Retortillo, 1991).

La forma de gestión de prestaciones o actividades por el sector público está directamente relacionada con la titularidad de dichas actividades o de los sectores en los que se inserta. Ya se ha hecho referencia al protagonismo de las actividades de obra pública en la actividad económica del Estado. Pues bien, durante el siglo XIX la proyección y ejecución de obras públicas había sido asumida directamente por las AAPP o bien se habían encargado a empresas privadas de forma subsidiaria. A medida que avanzaban las décadas decimonónicas la concesión y la contrata fueron adquiriendo un papel más preponderante. Sea como fuere, la Administración no había desarrollado eficaces potestades de control e intervención durante la ejecución en cualquiera de los mecanismos de gestión.

En el siglo XX se publificaron importantes servicios y sectores económicos que la mayoría de los Estados europeos consideraron fundamentales o estratégicos para el desarrollo social y económico. De este modo se operó con los servicios postales, servicios de transporte aéreo, por carretera y por ferrocarril, servicios portuarios, la radiodifusión y la televisión, etc. En España, tan solo algunos sectores como el de la producción y comercialización de tabaco, los servicios telefónicos, el servicio de correos, tratamientos del petróleo y radiodifusión, mantuvieron una decidida titularidad pública. En estos contextos económicos estratégicos se simultanearon diversas técnicas: el arrendamiento de servicios, la concesión a empresas mixtas y la prestación directa; aunque dando preferencia a técnicas con implicaciones de la empresa privada (Muñoz Machado, 2016a).

Lo propio ocurrió con los servicios municipales de abastecimiento de agua, recogida de residuos, alumbrado, transporte, etc. Además de esta publificación, el sector público se mantenía como prestador directo del servicio a través de la creación de entidades empresariales públicas. Se pueden diferenciar, por un lado, aquellos sectores en los que opera el sector público manteniendo un régimen de titularidad pública exclusiva y, por otro lado, la titularidad pública de entidades empresariales que operan una actividad ya sea en régimen de libertad de empresa y competencia, ya sea en régimen de exclusividad. En cualquiera de los casos, la propiedad o el control de empresas y entidades es una forma de gestión directa, sobre todo en materia de servicios, que al reducir su dimensión cuantitativa y cualitativa da paso a formas de gestión a partir de una colaboración público-privada institucional o contractual.

A comienzos de los años 80, al margen de las prestaciones de Seguridad Social, la educación, la sanidad y la asistencia social, así como de la regulación de sectores económicos de diversa índole, las empresas de capital público representaron una variable más en la ecuación en lo que se refiere a las actividades económicas. Así como las concesiones y los contratos con operadores privados son un instrumento clásico en el Derecho y en la economía, la privatización de empresas públicas empieza a ser una realidad relevante en la década de 1980 en España, si bien respecto del contexto europeo este proceso empieza más tarde, debido, probablemente, a la extensión de la dictadura franquista hasta el año 1977. Países como Francia, Italia, Alemania y Reino Unido comenzaron las operaciones de privatización de empresas públicas de forma sistemática y planificada, en mayor o menor medida (Vergés, 1999).

El Instituto Nacional de Industria (INI), creado en 1941, representaba todavía el papel empresarial del Estado dedicado a sectores de diversa índole, como los astilleros, el transporte, el gas, el carbón, el aluminio, los fertilizantes, la óptica, los petróleos, la siderurgia, la industria aérea y aeroespacial o los automóviles. Junto al INI, otras empresas integraban el Instituto Nacional de Hidrocarburos (INH), dependiente del Ministerio de Industria y del Grupo Patrimonio[118], dependiente del Ministerio de Hacienda. En torno a 130 empresas públicas eran propiedad del Estado; unas 850 si se tienen en cuenta filiales y subfiliales de aquellas (Vergés, 1999).

La configuración del Derecho económico europeo llevó a que durante la segunda mitad de la década de los 80 y en la década de los 90 los Estados miembros como España impulsaran una política

[118] Este Grupo empresarial, que se ha mantenido activo desde su creación, constituye junto a la SEPI (sucesora parcial del INI, uno de los pilares del entramado empresarial del Sector Público estatal. Las empresas que lo integran actualmente están dedicadas a actividades no industriales y operan como instrumentos flexibles de ejecución de políticas públicas o como herramienta al servicio de Departamentos ministeriales. Algunos ejemplos son: Loterías y Apuestas del Estado, Paradores de Turismo de España o el Grupo TRAGSA.

de privatizaciones (entre otras políticas reestructuradoras). En España la reconversión industrial se fijó como objetivo la reorientación de sectores industriales diversos, como la minería, la construcción y reparación de buques, etc., pero también la reducción de la "participación de los costes de personal en los costes de producción [...] sobre la base de la modernización del sistema productivo para garantizar una mayor competitividad" (Baylos Grau, 2023a, p. 33). La primera etapa privatizadora, con el Partido Socialista en el Gobierno, lleva desde 1985 a 1991[119]. En efecto, en 1985 se comienza un proceso de privatización de empresas que integraban el INI, con el objetivo manifestado públicamente de convertir en viable, rentable y competitivo al sector público empresarial (Costas Comesaña & Bel Queralt, 2001). En cualquier caso, una parte importante de autores consideran que el objetivo inmediato de la venta parcial de empresas en los años 80 no era otro que el de aumentar los ingresos públicos y, consecuentemente, reducir el déficit presente y futuro como objetivo coadyuvante del cumplimiento de los criterios de convergencia y estabilidad económica exigidos por la UE[120].

Se venden grandes empresas mediante Ofertas Públicas de Venta, pero sin abandonar enteramente el capital social[121]. Con todo, esta privatización de la empresa pública no puede entenderse sin situarse en el contexto del proceso de liberalización de los sectores económicos en los que se insertan.

---

119 Las primeras grandes privatizaciones de sociedades de capital público se dieron respecto de sociedades del *Grupo Rumasa*, el cual fue expropiado en 1983. A pesar de ello, la motivación de esta decisión política no radica propiamente en la reducción del déficit, las exigencias liberalizadoras de organismos internacionales o las estrategias de gestión empresariales que sí caracterizaron los planes de privatización de la década de los 90. Más bien se trataba de devolver al mercado un holding integrado por 800 empresas en el que trabajaban 45.000 personas y cuya expropiación se debió a las consecuencias que tuvo la crisis en la que se sumió (Gármir, 2001).

120 Se calcula que las OPV realizadas entre 1986 y 1994 supusieron 76 millones de saldo negativo para el Estado, conforme señala Gármir (2001) a partir de los estudios de Comín Comín (1996).

121 El método escogido no era otro que la privatización parcial del capital social, manteniendo el Estado un grado de control relativo (no mayoritario) con porcentajes en torno al 10 %.

De otro lado, la etapa que abarca desde el 1992 al 1995 estaría marcada por el espíritu del Tratado de la UE y las privatizaciones se dirigían a cumplir con los objetivos de reducción del déficit[122]. En esta década se sitúa en el disparadero el ejercicio privatizador de mayor envergadura, lo que ocurre al albor del Informe de Jackes Delors (nombre del por entonces presidente de la Comisión Europea) en el que se recomendaba situar la competitividad interior y global en el contexto de un mercado abierto, libre y competitivo. Entre los factores principales para la modificación de la estructura empresarial española estuvieron la competitividad, la introducción de reglas del mercado y la desvinculación de los presupuestos del Estado de los recursos disponibles.

La Ley 31/1991, de 31 de diciembre, PGE para el año 1992 autorizó al INI a constituir una sociedad anónima a la que se transferiría las acciones de sociedades mercantiles que todavía detentaba aquel. A mediados de ese año se autorizó por el Consejo de Ministros la creación de la sociedad TENEO que, 3 años más tarde (en 1995), pasaría a ser la Sociedad Estatal de Participaciones Industriales (SEPI)[123]. El Acta Única Europea restringía la concesión de subvenciones o ayudas públicas a empresas y, con este acto, se pretendía crear un grupo empresarial que pudiera operar de forma solvente y autosuficiente.

De este modo, los *holdings* empresariales estatales fueron acomodados a las exigencias de la Unión Europea, sobre todo, a mediados de los años 90. Así, se elimina el INI y, paralelamente se crean la

---

122 El proceso primigenio de privatizaciones dio comienzo con empresas del sector de la automoción, como SEAT (automóviles) y Enasa/Pegaso (camiones), y otras del sector textil, químico, electrónico, alimentación, turismo, etc. (Gármir, 2001). En el año 1986, se aplica esta fórmula en la empresa SEAT. Tras ser saneada financieramente y reducida su plantilla, el grupo empresarial automovilístico alemán Volkswagen adquiere la participación mayoritaria de la compañía. Es más, en este caso, la privatización de la empresa pública se realiza mediante precio negativo. Es decir, el Estado abonó más de 300.000 millones de pesetas para que se produjese tal adquisición y la correspondiente reestructuración y saneamiento.

123 La SEPI fue creada por el RD-ley 5/1995, de 16 de junio. Fue aprobado como ley ordinaria mediante la Ley 5/1996, de 10 de enero, de Creación de determinadas Entidades del Sector Público.

Agencia Industrial del Estado[124] y, la ya referenciada, Sociedad Estatal de Participaciones Industriales (SEPI)[125]. En el caso de la Agencia, se caracterizaba por beneficiarse de transferencias previstas en Presupuestos Generales del Estado destinadas a las empresas integrantes y, en el caso de la SEPI, por el contrario, las empresas integrantes no podían recibir subvenciones ni ayudas económicas públicas para el funcionamiento empresarial, salvo para el segmento de actividad correspondiente a servicios universales; aspecto relacionado con el concepto de servicio público al que se ha aludido *ut supra.*

A partir de mayo de 1996, con la formación de Gobierno por el Partido Popular, las decisiones de privatización de grandes y medianas empresas de capital total o mayoritariamente público se sistematizan en un plan de privatizaciones denominado Programa de modernización del Sector Público empresarial del Estado aprobado en el mes de junio[126]. Desde 1996 el proceso privatizador se agravó concluyendo las privatizaciones de la etapa precedente y realizando privatizaciones totales y parciales de otras empresas[127]. Los objetivos manifestados se basaban en la reducción del déficit y la deuda pública (Guamán Hernández y Noguera Fernández, 2015). Las privatizaciones, en este punto, revitalizan aún más el espíritu liberalizador, por cuanto se plantean abiertamente como instrumentos dirigidos a "incrementar la utilización del mercado en la economía española como medio para aumentar su eficiencia y competitividad" (Gármir, 2001, p. 4)[128].

---

124 Se trataba de un organismo dedicado al saneamiento de empresas que, o bien tenían previsto un plan de reestructuración o bien eran consideradas no rentables.

125 Las empresas reestructuradas o rentables que el Estado decidía mantener se integraban en la SEPI.

126 El programa fue aprobado por Acuerdo del Consejo de Ministros de 28 de junio de 1996. A su vez, se crea el Consejo Consultivo de privatizaciones, encargado de controlar el proceso y valorarlo respecto de cada empresa a privatizar.

127 La SEPI gana un mayor protagonismo, pues las empresas que constituían la Agencia Industrial son absorbidas por aquella a partir de 1997, y se constituyó el Grupo SEPPA para gestionar parte de las empresas del Grupo Patrimonial. El Grupo SEPPA fue disuelto en 2001, pero se ha mantenido el Grupo Patrimonial hasta la actualidad.

128 El propio Programa de privatizaciones señala que "es voluntad del Gobierno profundizar en el proceso de privatizaciones, como un elemento complementario de objetivo general de política económica de liberalizar la economía española".

En definitiva, en los últimos 5 años del s. XX se privatizaron conocidas empresas como Argentaria, Endesa, Indra, Iberia o Enagas, entre otras[129]. En esta ocasión el Estado recurre al mercado secundario para que, de forma progresiva, el capital social de las empresas sea adquirido por operadores privados (Martín Urriza, 1996). Junto a las empresas mencionadas coexistían también, mediante sistemas de monopolios fiscales[130], empresas como CAMPSA (en sus orígenes fue una empresa mixta y concesionaria del Estado, pero fue comprada el 50 % en 1977. El monopolio finalizó en enero de 1993 y fue disuelta al mismo tiempo, repartiéndose su cuita entre Repsol, Cepsa y BP), RENFE (monopolio al que se pone fin el 1 de enero de 2005, y en el que operará Renfe operadora y Adif), Telefónica o Tabacalera (Muñoz Machado, 2016a).

Actualmente, se mantienen dos grandes grupos de gestión empresarial estatales. En primer lugar, la SEPI, desde cuya creación se han privatizado unas 120 compañías y que actualmente cuenta con 15 empresas[131]. En segundo lugar, por el Grupo Patrimonial, con empresas como TRAGSA[132]. En cualquier caso, se trata, únicamente, de

---

[129] Desde junio de 1996 hasta el año 2001, cuando el Partido Popular había vuelto a formar Gobierno tras volver a ganar las elecciones en el 2000, se privatizan 39 empresas a través de métodos diversos, tales como los concursos, concursos restringidos, subastas, venta directa negociada, operaciones de amortización, ampliaciones de capital, OPA; sin embargo, las OPV fueron el instrumento predilecto y se emplearon en el caso de Gas Natural, Telefónica, Repsol, Endesa, Argentaria, Tabacalera, Indra, Red eléctrica, Iberia, etc. (Gámir, 2001; Comín, 1995; Vergés, 1991)

[130] El Diccionario de la RAE define el monopolio fiscal como la "técnica de gestión tributaria que consiste en la venta de un producto o la prestación de un servicio de manera exclusiva por la Administración del Estado o por una entidad controlada por esta para asegurar la recaudación de determinados tributos y además obtener ingresos patrimoniales, siempre y cuando sean compatibles con el derecho comunitario al no suponer, en ningún caso, discriminación entre los nacionales de los Estados miembros respecto de las condiciones de abastecimiento y de mercado".

[131] En el año 2022, forman parte de la SEPI Red eléctrica (20 %), Ebro foods (10,36 %), Enagas (5 %), Hispasat (7,41 %), Indra (18,71 %), Alestis Aerospace (24,05 %), Airbus (4,12 %), Enresa (20 %), Internacional Airlines Group (2,52 %), Grupo Correos, Navantia, Tragsa, Mercasa, Hunosa, Enusa, ENSA, EFE, SEPIDES, MAYASA, CETARSA, Hipódromo de la Zarzuela, SAECA.

[132] Lo integran empresas de prestación de servicios como CESCE, EXPASA, Paradores de Turismo de España, SME, SA, Sociedad Estatal de Loterías y Apestas

los conglomerados estatales, a los que hay que sumar las entidades públicas empresariales y las sociedades mercantiles autonómicas y locales, entre otras, que se constituyen en multitud de ocasiones en medios propios personificados, tal y como se señala en el punto 1 del capítulo II.

3.5. La descentralización productiva en el sector privado

La descentralización productiva define de forma vaga a "un variado conjunto de realidades heterogéneas y, con frecuencia, incluso contradictorias" (AAVV, 2000, p. 20). Además, puede afirmarse que cada táctica adoptada en el plano organizativo y productivo de las AAPP encuentra un marco jurídico en el que se desarrolla (administrativo, mercantil o laboral) mediante figuras jurídicas típicas o atípicas. La descentralización productiva y organizativa es uno de los fenómenos que mejor han representado la reconfiguración de las empresas en el último tercio del s. XX. Entre sus herramientas destaca la externalización en forma de contrata y subcontrata entendida como "la forma de organizar el proceso de elaboración de bienes y de prestación de servicios mediante el recurso a la contratación de proveedores y suministradores externos para la ejecución de ciertas fases o actividades" (Valdés Dal-Ré, 2002, p. 49). Si se parte de un ciclo productivo determinado, la externalización conlleva, por un lado, la segmentación del ciclo y, por otro lado, el recurso a otras empresas externas para la intervención en ciertas fases, funciones o actividades que lo integran (Cruz Villalón, 1994).

Como sucede con múltiples conceptos de incidencia mundial, existe una diversidad de significantes para aludir al fenómeno que se conoce en España con la dicción *externalización*; en otros países de habla española, también con el término *tercerización*; en los países

---

del Estado, SME, SA; empresas de inversión como Aguas de las cuencas mediterráneas, SME, SA; SIEPSE, Sociedad mercantil estatal del Canal Navarra, SA, entre otras; una empresa de actividades culturales: la Sociedad Estatal de Acción Cultural, SA; empresas instrumentales como SEGIPSA, SEGITUR, SENASA; y otras como CELEESA, Empresa Nacional de Innovación, Estado de la Cartuja de Sevilla, SA, RUMASA, SECEGSA o TRAGSA, entre otras.

francófonos con el de *externalisation* y, en los países anglosajones se emplea el de *outsourcing*. Todos ellos se refieren a un proceso de rediseño de alguna parte de la cadena de valor que pasa a ser adquirida o gestionada por terceros (Merino de Lucas, 2008).

Desde la perspectiva de la economía aplicada se suele emplear más el concepto de *externalización*, mientras que en disciplinas como la dirección de empresas se precisa el concepto incluyéndose en el término *desintegración vertical*[133]. La desintegración empresarial es una decisión que, generalmente, corresponde a un nivel estratégico o táctico, dependiendo de la importancia y el ámbito territorial y funcional de la actividad externalizada y de la duración de la externalización. En este nivel de decisión se encuentran las externalizaciones productivas, comerciales o de *marketing*, logísticas, de recursos humanos y de tecnológico o de I+D, entre otros[134]. En el ámbito del sector público, la externalización corporiza el auge de algunos axiomas político-económicos, como los propugnados por la escuela de la Elección Pública, que preconizan la retirada del Estado ante algunos fallos de mercado, arguyendo que los errores de las AAPP pueden ser superiores a las consecuencias de aquellos. Esta clase de pensamientos han llevado, sobre todo desde los años 80, a que el sector público adopte mecanismos de gestión basados en la empresa privada, como el análisis coste/beneficio o la contratación de actividades en favor de la "eficiencia" (Mazzucato, 2019).

No existe un límite cuantitativo o cualitativo que delimite cuándo se está frente a una externalización, tercerización u *outsourcing*, y cuándo ante una desaparición de la estructura productiva de la

---

133 La traslación automática y acrítica de la descentralización y flexibilización productiva al marco conceptual del sector público puede ser relativamente discutible, ahora bien, una de sus manifestaciones, la externalización o tercerización, sí es predicable del sector público. Incluso, puede decirse que el Estado ha sido pionero en las mismas. En el caso de la desintegración horizontal se aludiría a la decisión de dejar de producir determinados bienes o servicios nucleares del negocio de la empresa.

134 La *externalización*, en cierta literatura económica, se diferencia de la *subcontratación*. En estos casos, la subcontratación operaría como adquisición de uno o varios elementos que la empresa es capaz de desarrollar internamente, mientras que la externalización obedecería a la adquisición de aquellos ítems que no es capaz de producir con sus propios medios (Van Mieguem, 1999).

empresa, ya que estas estrategias productivas pueden llegar a que la externalizadora encargue a terceros todas sus actividades, tanto accesorias como principales, siendo únicamente propietaria de marcas o derechos de propiedad fundamentales. Y es que, desde una perspectiva jurídica, la externalización que se lleva a cabo mediante contratos mercantiles entre empresarios privados está permitida y no existe una limitación ni cuantitativa ni cualitativa en este aspecto, como sí ocurre en el campo del sector público.

Puede resultar de utilidad, como refuerzo de la explicación expuesta, ofrecer una definición desde una perspectiva negativa, respondiendo a qué no es una externalización. Por un lado, no debe hablarse de externalización, en sentido estricto, cuando el encargo o la transferencia de actividades se realiza hacia una entidad o persona jurídica situada bajo el control de la empresa en cuestión. La externalización conlleva, por un lado, la pérdida del control directo de actividades o funciones que, previamente, han pertenecido o correspondido a una empresa dada y, por otro lado, un acuerdo con la tercera persona de realizar dichas actividades en beneficio de la empresa principal.

Entre alguna de las clasificaciones económicas se aprecia la distinción entre externalizaciones públicas y privadas, atendiendo a la naturaleza jurídica de la organización o entidad que realiza la externalización o de aquellas personas que la controlan. Se trata de una diferenciación útil en el contexto de la economía aplicada, pero resulta excesivamente amplio e impreciso cuando se realiza un estudio jurídico en el propio ámbito del Derecho público o cuasipúblico.

Con todo este entramado inconcluso de conceptos y fenómenos se pretende dejar patente que no existe una categorización que pueda ser empleada de forma exhaustiva en el ámbito de los contratos del sector público. Las contratas del sector público tienen una trayectoria de más de dos siglos en la era contemporánea del Estado protoliberal en adelante. Este fenómeno se extiende al sector privado ya en el siglo XX tras las transformaciones organizativas y directivas empresariales del *postfordismo.* Sobre todo, el auge de los sistemas de contratación y subcontratación en el ámbito de la empresa privada se ponen de manifiesto a partir de la década de los 70 del s. XX (Pedrosa González, 2008). Las dinámicas sinérgicas y mimetizadoras entre el sector público y el privado coadyuvan junto al resto de catalizadores de la gestión indirecta a una transformación relevante: el aumento cuantitativo y cualitativo de la externalización en las AAPP. La ubicuidad las estrategias de externalización mediante contratas y subcontratas en el sector público se han referido, hasta el último tercio del s. XX a obras públicas y servicios públicos (además de a suministros de diversa índole). Sin embargo, no solo aumenta su cuantía, sino que desde la década de 1990 la gestión indirecta permea a servicios complementarios o auxiliares del mismo modo que en el sector privado: limpieza de instalaciones (y limpieza especializada), servicio de mantenimiento (equipos, instalaciones, informática), seguridad, restauración colectiva, transportes auxiliares, conserjerías, jardinería, reprografía, formación, etc.[135].

El paradigma organizativo empresarial privado se venía caracterizando en la primera mitad del s. XX mayoritariamente por la integración vertical, entendida como concentración del poder o control sobre las fases del proceso productivo; la gestión funcional directa de los organigramas y jerarquías; y elevados niveles de autonomía empresarial en el concreto entorno competitivo. Desde la década de 1970, este prototipo iba siendo sustituido, sobre todo en las empresas medianas y grandes, por la desintegración vertical o fragmentación del ciclo productivo; la gestión de las relaciones organizativas internas desde la autonomía funcional; y la dependencia entre empresas, debido, en parte, a la falta de autosuficiencia y del aumento de las relaciones entre empresas (Castells, 2006)[136].

La descentralización productiva y organizativa supone la traslación o delegación de competencias, funciones, tareas o cometidos del centro de imputación inicial de las mismas a unidades alejadas en el organigrama, la estructura o la empresa en su conjunto. La externalización, tercerización u *outsourcing*, como los propios signifi-

---

135 Debe señalarse que estos servicios públicos pueden no haberse prestado de forma directa por AAPP y sus organismos, sino que pueden diseñarse ab initio, como una prestación indirecta.

136 Estas notas características de los modelos organizativos empresariales que empiezan a hegemonizar el panorama internacional definen a los denominados por Castells (2006) modelos de "empresa-red". Por supuesto, los instrumentos o mecanismos empleados para lograr tal configuración son diversos desde la perspectiva económica y jurídica.

cantes permiten vislumbrar, viene referida a la encomienda de tales aspectos a agentes externos a la empresa. En cierto modo, y siempre partiendo de consideraciones generales, puede afirmarse que toda externalización es una forma de descentralizar la producción o la organización, pero no necesariamente estas últimas se canalizan a través del recurso a operadores externos a la empresa.

El impulso de las estrategias empresariales de este tipo, que tiene lugar desde la década de 1970 en el sector privado, consolida en deslocalizaciones de factorías propias a otros países[137], en la contratación de empresas para la cesión de mano de obra y en contratas y subcontratas de parte del ciclo productivo con empresas externas (nacionales o extranjeras). La contrata como forma de externalización, explorada y practicada por el sector público desde tiempo atrás, es el paradigma de dicho fenómeno en el sector privado desde la segunda mitad del s. XX. No obstante, pueden quedar excluidas de ambos conceptos la colaboración interempresarial en relación con la comercialización, la explotación de derechos y la distribución de productos y servicios: es el caso de la franquicia, la agencia o la comisión mercantil, entre otras (Gárate Castro, 2018).

Paralelamente, y al margen de los supuestos de deslocalización, las dinámicas de los polos productivos mundiales generan una suerte de dependencia productiva que obliga, en muchos casos, a recurrir a suministros de distintos países, ampliando el carácter mundial de las cadenas de valor. A su vez, la elección del contexto jurídico y económico por parte de las empresas privadas conlleva situaciones de *dumping social*[138] con implicaciones en diversas facetas de los bienes jurídicos protegidos[139]: derechos humanos de quienes desempeñan

---

137 Un concepto estrechamente relacionado con el de externalización es el de deslocalización (*offshoring* en inglés o *délocalisation* en francés). De nuevo sucede que no se está ante un término de corte jurídico, sino ante un concepto de construcción económica.

138 Definido por Grossman & Koopman (1996, p. 20) como "la reducción de costes sociales por medio de la opresión social más allá del nivel «natural», lo que favorece estrategias desleales de precios inferiores por parte de los competidores ".

139 Vocablo que se extrapola del Derecho Penal y que el *Diccionario panhispánico del español jurídico* define como "bien tutelado por el Estado con ocasión de la tipificación de una determinada conducta como delito o falta".

los trabajos para las empresas contratitas, afectación de la competencia, riesgos y perjuicios medioambientales, etc. Precisamente, estos apuntes ayudarán, más adelante, a entender la problemática de la CPSR en las cadenas de valor. Además de mimetizarse con las estrategias del sector privado mediante diversos procesos de privatización, las entidades del sector público introducen directamente a los sujetos privados en la prestación de actividades de relevancia pública o titularidad pública, con la comunicación aparente y real de responsabilidad por las acciones de aquellos.

Como ocurriera con los condicionamientos presupuestarios en el ámbito público, una de las motivaciones más reconocidas para optar por una gestión externa en el ámbito privado es la reducción de costes a partir de la encomienda a una empresa especializada de tareas que forman parte del núcleo del negocio de la contratista, por lo que se le presupone la realización de la actividad en cuestión de forma más eficaz (Cantero Martínez, 2010, p. 3). Paralelamente, la empresa o entidad que contrata a la empresa externa evita realizar inversiones en bienes materiales e inmateriales y, en cierto modo, puede ajustar más fácilmente la oferta a la demanda y centrar sus recursos disponibles o futuros en determinadas partes del negocio (Quinn & Hilmer, 1994; Rueda, 1995)[140].

En el último medio siglo los instrumentos de externalización de fases, funciones, tareas u operaciones empresariales han afectado de forma creciente a, prácticamente, cualesquiera de ellas. Al mismo tiempo, ha supuesto el surgimiento de empresas especializadas en proveer de servicios a las empresas; la aparición, legalización y regulación de las ETT; la creación de empresas multiservicios que ofrecen un elenco diverso de actividades generalmente de carácter auxiliar o complementario al núcleo de las actividades empresariales; la aparición de empresas de base digital, en el contexto de la economía de plataformas, que facilitan o gestionan la contratación de personas de forma individualizada para la realización de tareas, etc. (Martínez Moreno, 2018).

---

140 La globalización económica ha contribuido a una reducción tanto de los costes como de los riesgos de externalizar actividades debido al aumento y casi omnipresencia de los agentes económicos dedicados a tales cometidos (Stuckey & White, 1994).

La trayectoria de las contratas en el sector público alcanza más de dos siglos, pero su maximización en el último medio siglo ha venido de la mano de la configuración de las estrategias productivas del sector privado. En efecto, todas las variables presentadas en relación con el auge de la externalización empujan al sector público a una acción de mimetización; más si cabe cuando existen condicionantes como la limitación presupuestaria y las reglas que restringen la actividad económica pública. A mayor abundamiento cabe referirse a un contexto normativo que ha sido progresivamente propicio para que las empresas privadas puedan trasladar riesgos operacionales al factor trabajo y que puedan externalizar funciones de cualquier índole a otras empresas sin atribuir significativamente responsabilidad respecto de las condiciones de trabajo de quienes las desempeñan.

En efecto, las sucesivas reformas laborales, con especial énfasis en las de 1994, 2010 y 2012, han dotado de herramientas de traslación al factor trabajo de algunos de los riesgos empresariales de carácter organizativo, contable, económico o técnico[141]. En ellas cristaliza la legalización y regulación de las ETT, las agencias de colocación privadas, la institucionalización del contrato de obra o servicio como recurso ordinario ante la existencia de contratas, la reducción del control administrativo *ex ante* en despidos colectivos, la merma de los niveles de los condicionantes para el despido y la modificación de condiciones de trabajo como en el caso de la movilidad funcional y geográfica, la modificación sustancial o la ordenación flexible de la jornada de trabajo. Las AAPP, en este entorno, ponen en marcha diversos mecanismos de huida del Derecho administrativo, como el empleo de instituciones o entes de forma jurídico-privada y, además, el aumento del personal laboral en detrimento de figuras estatutarias o funcionariales.

En definitiva, las oportunidades empresariales de una normativa más flexible desde el punto de vista organizativo y productivo, en combinación con el contexto de las estrategias de competitividad y

---

141 Tras la crisis de 2008 las mecanismos interinstitucionales y multinivel de la UE y el FMI propiciaban que las políticas de los Estados se orientaran a "contraer el coste del trabajo [...] a descentralizar la negociación colectiva y a precarizar el mercado laboral" (Borelli, 2023, p. 21).

los posicionamientos político-económicos de los *think tank* empresariales, abonan el camino a las AAPP para optar, ya sea en términos de oportunidad política o de condicionamiento legal, por la externalización de la gestión de prestaciones.

3.6. El entramado de complejidades de la reversión

Los catalizadores de la externalización operan de forma conjunta y sinérgica, por lo que su análisis compartimentado se debe a razones expositivas y no a su comprensión aislada e independiente. Uno de los factores potenciadores de la externalización radica en las dificultades que, desde la perspectiva jurídica, plantea la reversión de prestaciones otrora descentralizadas y externalizadas. No se entra a analizar con detenimiento las razones que llevan a las AAPP a tomar tal decisión, pero sí existe cierto consenso en entender que radican en aspectos relacionados con la asunción de mayor responsabilidad pública asociada a aspectos axiológicos o ideológicos; el mayor control sobre la calidad de la prestación; la conflictividad y precariedad laboral, sobre todo, en servicios intensivos en mano de obra y auxiliares; y la necesidad de evitar sobrecostes y problemas de corrupción; entre otras (Alfonso Mellado, 2017). No obstante, la reversión fundada en consideraciones estrictamente laborales se ha puesto en tela de juicio por diversos autores por considerarse una motivación ajena al interés general[142].

---

142 Sobre este aspecto, Castillo Blanco (2017) previene de que las "decisiones adoptadas sobre la forma de gestión del servicio, en función de la estabilidad en el empleo a la mejora de las condiciones laborales de los trabajadores que prestan servicios no han sido sino tachadas en algunos casos de desviaciones de poder". La razón sería que la justificación de la "remunicipalización" debe descansar en la mayor calidad y eficiencia y "no será correcto el argumento de que se garantiza una estabilidad de empleo o se dignifica las condiciones laborales, pues tal motivación resulta ajena a los motivos que justifican una posible "remunicipalización", lo que comporta un vicio de desviación de poder" (Gimeno Feliú, 2016, p. 51). En cuanto al interés general concurrente para fundamentar una reversión (Mestre Delgado, 1992), además de la justificación actual de la mayor eficiencia de la prestación directa, no considera procedente que la motivación se base exclusivamente en que la entidad pública se haga cargo de una explotación lucrativa.

Como se ha indicado en el punto inmediatamente anterior, en la década de los 80 del s. XX, junto al impulso de la externalización en el sector privado, dio comienzo un conjunto desordenado, pero intencionado, de contrataciones con empresas privadas de la ejecución de prestaciones públicas. En la última década, no obstante, coincidiendo con la salida de la recesión económica desde el punto de vista técnico del PIB y de la tasa de desempleo, y al albur del cambio en la composición ideológica de múltiples gobiernos autonómicos y locales, se han alumbrado decisiones políticas y administrativas tendentes a la *republificación* o reversión de algunas de estas decisiones privatizadoras de la gestión, sobre todo, de prestaciones dirigidas frontalmente a los ciudadanos, como la gestión sanitaria (Nores Torres, 2016; Yagüe Blanco, 2023)[143].

El conjunto de problemas que plantea la reversión de prestaciones afecta, entre otros, a aspectos laborales y administrativos que resultan, si no determinantes, condicionantes de la decisión de revertir la gestión privada de una prestación (Alfonso Mellado, 2017; Castillo Blanco, 2017; Menéndez Sebastián, 2018). Se sintetizan, a continuación, los desafíos expuestos como más relevantes por la doctrina administrativista y laboralista.

En lo relativo a los aspectos administrativos debe diferenciarse si se está ante un supuesto de rescate o bien la reversión se lleva a término tras la finalización de la duración del contrato. En el primero de los supuestos debe atenderse a las exigencias que se contienen en el art. 279 LCSP dirigidas a sentar las causas de resolución del contrato de concesión. En ellas se prevé el rescate de las obras o del servicio por parte del OC como medida unilateral, por razones de interés público, para asumir la gestión directa. La adopción de dicha decisión, lejos de ser discrecional, debe estar guiada por el interés público, de un lado, y debe acreditarse que la "gestión directa es más eficaz y eficiente que la concesional".

---

143 No se trata únicamente de criterios de oportunidad política tendentes a la publificación en relación con la reversión de contratas o concesiones en ámbitos como el sanitario, la gestión de autopistas, los servicios municipales, las ITV, etc., sino al cuestionamiento de otras formas de colaboración público-privada o de externalización en el ámbito educativo o el transporte de pasajeros, por ejemplo.

En primer lugar, en el caso de las remunicipalizaciones se advierte la necesidad de dilucidar cuándo es preceptivo activar la tramitación del expediente al que aluden los art. 86.1 LBRL y el art. 97 RD-Leg. 781/1986[144]. En segundo lugar, cabe cuestionarse de qué modo y a través de qué entidad o unidad pasaría a prestarse el servicio o a realizarse las obras en cuestión (dejando a un lado los contratos de suministros). La elección entre, por ejemplo, una sociedad mercantil pública, una entidad pública empresarial u otra clase de entidades del sector público lleva aparejados requisitos presupuestarios y justificativos determinados por la LRBRL (para el caso de las EELL), la Ley General Presupuestaria y, en ocasiones, las leyes de presupuestos generales del Estado. En tercer lugar, los problemas o conflictos surgidos en la determinación misma de los supuestos fácticos que desencadenan la aplicación del art. 44 ET y otras figuras jurídicas a las que se les asocia una consecuencia subrogatoria en materia laboral. En cuarto lugar, como derivada de este último factor, la incertidumbre, litigiosidad y desafíos jurídicos y económicos surgidos en relación con la internalización, sea cual sea la institución contractual empleada, de las plantillas subrogadas (Castillo Blanco, 2018).

La existencia de un conflicto potencial entre las reglas y los principios instituidos de un lado, por el Derecho administrativo, y, de otro lado, por el Derecho del trabajo, mantiene tensiones interpretativas y aplicativas en los procesos de reversión de servicios de titularidad pública. La doctrina judicial, sobre todo la jurisprudencial, ha tenido un papel protagonista en la resolución de tales disputas en orden a señalar de qué modo puede compatibilizarse la aplicación de las consecuencias previstas en el art. 44 ET y en la Directiva 2001/23/CE para las sucesiones de empresas de índole laboral y los principios constitucionales inherentes a la contratación de los empleados públicos laborales, estatutarios y funcionariales[145]. La complicación se

---

144 RD-Leg. 781/1986, de 18 de abril, por el que se aprueba el texto refundido de las disposiciones legales vigentes en materia de Régimen Local.

145 El artículo 44 ET y la Directiva 2001/23/CE del Consejo, de 12 de marzo de 2001, sobre la aproximación de las legislaciones de los Estados miembros relativas al mantenimiento de los derechos de los trabajadores en caso de traspasos de empresas, de centros de actividad, de partes de empresas o de centros de actividad, ordenan qué y cómo sucede en caso de transmisiones de empresas

manifiesta en armonización de las exigencias propias de la subrogación laboral cuando se da un supuesto de sucesión de empresas con instituciones jurídico-administrativas como las Ofertas de Empleo Público, la Relación de Puestos de Trabajo, las tasas de reposición de efectivos o las reglas de déficit y gasto público ya señaladas, entre otras (Castillo Blanco, 2018; Yagüe Blanco, 2023).

Algunos de los conflictos planteados son el producto de una normativa que confina parte de las capacidades públicas debido a la aplicación reglas presupuestarias. Otras pugnas, como las relativas a la falta de regulación jurídica de los efectos subrogatorios, obedecen a carencias palmarias del Derecho positivo en la resolución de supuestos de hecho ordinarios. En consecuencia, tales complejidades se convierten en una variable que mantiene la tendencia privatizadora y, al mismo tiempo, es posible que contribuyan a explicar el auge de las cláusulas sociolaborales en la contratación pública como una vía secundaria para adquirir mayores facultades de control sin asumir la gestión directa.

cuando las contratas son entre sujetos privados y cuando se realizan entre un ente del sector público y un operador externo privado; así lo determinaron las SSTJUE de 26 de septiembre de 2000, *caso Mayeur* (asunto C-175/99) y de 29 de julio de 2010, *caso UGT, FSP* (asunto 151/09). Al margen quedan las reorganizaciones administrativas o el traspaso de funciones administrativas, en virtud del art. 1.1 c) de la Directiva.

Capítulo II

EL RÉGIMEN JURÍDICO GENERAL DE LOS CONTRATOS DEL SECTOR PÚBLICO

1. FORMAS DE GESTIÓN DE ACTIVIDADES DE TITULARIDAD PÚBLICA

La titularidad pública de una actividad, ya se trate de una prestación auxiliar o de todo un servicio público, permite a las entidades públicas titulares tomar decisiones en materia de gestión de la prestación en cuestión. La diversidad de formas de gestión empieza a tomar forma con el surgimiento del Derecho administrativo en el siglo XIX. Por entonces, la regulación de los mecanismos gestores se realizó de forma sectorial y poco sistemática. Hasta el primer tercio del siglo XX no se ofreció una legislación sistemática del abanico de posibilidades de gestión de servicios públicos que, por otro lado, se ha realizado con mayor precisión en la normativa aplicable a las entidades locales, aunque los textos de ámbito estatal han permitido un esquema amplio y genérico de tales mecanismos.

La génesis de la regulación sistemática de las formas de gestión de prestaciones públicas se remonta a varios textos normativos: el Estatuto Municipal de 1924 (base 18); las leyes de Bases de Régimen Local de 17 de julio de 1945 (base 17, titulada "formas de prestación de los servicios municipales") y 3 de diciembre de 1953 (arts. 156 a 163, con el mismo título); y al Reglamento de Servicios de las Corporaciones Locales, todavía en vigor, en la que se ha consolidado el esquema fundamental de formas de gestión de actividades de titularidad pública. Actualmente, desde un plano general, las posibilidades y formas de gestión de prestaciones públicas vienen normadas en el nivel legislativo, a falta de normas constitucionales concretas, por la Ley 40/2015, de 1 de octubre, de Régimen Jurídico del Sector Público[146] y la Ley 7/1985, de 2 de abril, Reguladora de las Bases del Régimen Local. En el plano más específico, aunque atravesando y condicionando la normativa general, se encuentran, por un lado, la normativa ya analizada que incumbe a los SIG en el marco del Derecho de la UE y, por otro lado, la LCSP como texto en el que radica la regulación fundamental y legal de los contratos del sector público; ambos núcleos normativos señalan condicionantes de gran magnitud en la organización de la gestión.

Si uno se atiene al mapa conceptual básico, puede diferenciarse entre gestiones públicas (directas y delegadas) y privadas (indirectas). La gestión directa implica la asunción de la dimensión ejecutiva de la actividad. Para ello puede emplearse un órgano gestor especial, mediante la creación de una persona jurídica de naturaleza privada sin ánimo de lucro (como una fundación pública) o a través de una sociedad mercantil creada conforme a la Ley de Sociedades de Capital, siendo entera o mayoritariamente pública la propiedad de sus participaciones. Por otro lado, las formas de gestión indirecta pueden resumirse en los contratos del sector público de servicios, obras o suministros y los contratos de concesión de servicios y obras. Todos ellos están actualmente regulados en sus fundamentos generales en la Ley 9/2017, de 8 de noviembre, de Contratos del Sector Público (LCSP) y, en el ámbito del Derecho derivado de la UE, en las Directivas 2014/23 y 24/UE; a este cuerpo normativo se adicionan los textos legislativos de las CCAA. Su finalidad es la de encargar a un operador externo la ejecución de un servicio, obra o suministro en beneficio del interés general.

Este esquema general de estructuras jurídicas de gestión de prestaciones de titularidad pública (incluso, si se quiere, de servicios públicos en cualesquiera de sus acepciones) en países jurídicamente semejantes como Francia, en el que el servicio público se ha constituido en mito, fundamento y justificación del poder público, se resume en tres figuras: *régie*, *quasi-régie* y *marchés publics* (Chevallier, 2022;

---

146 Aunque no todo el articulado tiene el carácter de normativa básica, sí puede emplearse su esquema conceptual e institucional para vislumbrar las formas de gestión que se manifiestan como extrapolables al sector público de las CCAA.

Esplugas-Labatut, 2023)[147]; instituciones cuyo estudio se acomete en los siguientes subapartados.

La Constitución Española mantiene una posición expresamente favorable a una libertad autoorganizativa y económica del Estado (especial mención merecen los arts. 128 y ss.). En el plano de la UE, y tratándose de aspectos sometidos a la competencia de esta, el considerando 5 de las Directivas 2014/23 y 24/UE puntualiza que sus disposiciones no obligan a los EM "a subcontratar o a externalizar la prestación de servicios que deseen prestar ellos mismos o a organizarlos de otra manera que no sea mediante contratos públicos". A pesar de ello, la simbiosis entre la libertad de empresa en un escenario de economía de libre mercado, proclamada por el art. 120 TFUE como limitación o condicionante a la actividad económica del Estado, supone una suerte de *vis atractiva* que reduce las capacidades autoorganizativas por diversas vías en los términos ya expuestos[148].

En primer lugar, se advierte de la exclusión de los análisis de las formas de gestión directa que, por otro lado, se sitúan en una posición de constante simbiosis con la evolución de la gestión indirecta. Además, el modo en que mutan normativamente estos instrumentos amplía o reduce el radio de acción de las potestades públicas en torno a los contratos del sector público. Los instrumentos fundamentales en el Derecho positivo de gestión directa son: la encomienda de gestión a entidades u órganos de naturaleza pública dependientes de la entidad que atribuye la encomienda; los convenios de colaboración con otras entidades públicas (cooperación horizontal) y, finalmente, los encargos a medios propios (cooperación vertical).

En segundo lugar, puede resultar, por momentos, confusa la distinción entre estos instrumentos y el arrendamiento de bienes patrimoniales y concesiones sobre bienes demaniales que se regula en

---

[147] Se da un paralelismo estructural y conceptual que tiene su trasunto, además, en las vicisitudes que atraviesan los catalizadores sociales, económicos, jurídicos y políticos de la privatización de la gestión de servicios y otras prestaciones públicas.

[148] El art. 120 TFUE proclama que los EM han de llevar a cabo sus políticas económicas 'respetando el principio de una economía de mercado abierta y de libre competencia, favoreciendo una eficiente asignación de recursos [...]'.

la Ley 33/2003, de 3 de noviembre, del Patrimonio de las Administraciones Pública y otras[149]. Por ello, se elabora un breve estudio sobre las diferencias entre las contratas públicas como instrumentos de gestión indirecta y los contratos patrimoniales, cuya finalidad no es, salvo con ciertos matices, realmente la gestión de prestaciones en beneficio de las entidades públicas.

En tercer lugar, como preludio al estudio más pormenorizado de los contratos del sector público, se perfila el modo en que la *delegación* de la ejecución de obras o servicios puede tener lugar a través de la externalización total o parcial a entidades privadas.

1.1. Gestión directa de prestaciones y fórmulas de cooperación pública

1.1.1. Gestión directa simple

La gestión directa *simple*, *pura* o, si se permite, *directísima* de prestaciones supone utilizar las capacidades y los recursos propios (organizativos, humanos, patrimoniales y financieros, fundamentalmente) de una entidad del sector público para ejecutarlas. Esto se concreta, en el aspecto subjetivo, en una gestión que se articula bajo la responsabilidad y con la autonomía de una de las siguientes entidades del sector público. Conforme a lo establecido en la LCSP: AGE, administración de las CCAA y Ciudades Autónomas y EELL; Entidades Gestoras y Servicios Comunes de la SS; Organismos autónomos, Universidades Pública y autoridades administrativas independientes; consorcios con personalidad propia; fundaciones[150] y asociaciones públicas; Mutuas Colaboradoras de la SS; Entidades Públicas Empre-

---

149 La Ley 7/1999, de 29 de septiembre, de Bienes de las Entidades Locales o el RD 1372/1986, de 13 de junio, por el que se aprueba el Reglamento de Bienes de las Entidades Locales, además de normas de ámbito autonómico.

150 Las fundaciones deben, para ser consideradas como entidad del sector público, reunir algunas de las siguientes condiciones: que sean constituidas de forma inicial o posterior con una aportación mayoritaria de una o varias entidades que integran en el sector público; que su patrimonio se integre de un 50 % de bienes o derechos cedidos permanentemente por las entidades citadas; y, por último, que la mayoría de los derechos de voto en su patronato corresponda a aquellas (artículo 3.1, e LCSP).

sariales[151]; sociedades mercantiles de capital social íntegra o mayoritariamente público; y entidades con personalidad jurídica sin carácter industrial o mercantil afectas a una finalidad de interés general controladas mayoritariamente por entidades del sector público (art. 3 LCSP).

En España, el régimen jurídico de la gestión directa radica —en sus distintas modalidades, aunque con ciertas excepciones respecto de los conocidos como medios propios—, en términos generales, en la LRJSP y, por lo que se refiere a las EELL, en la LRBRL. A su vez, múltiples normas sectoriales recogen aspectos específicos según la materia en cuestión[152]. Por lo que se refiere a algunos aspectos de cooperación horizontal y vertical, la norma que resulta de aplicación es la propia de la gestión privada: la LCSP.

Las entidades del sector público relacionadas en el primer párrafo de este apartado pueden gestionar prestaciones de forma pública mediante distintas fórmulas. En el primer nivel de gestión pública directa (que también podría denominarse *directísima*) la entidad emplea los recursos propios sin delegación alguna en organismos o entidades con personalidad jurídica diferenciada[153]. El significante del que se sirve el ordenamiento jurídico francés es el de *régie*. Por un lado, se encuentra la *régie simple*, como una gestión asumida por las AAPP con sus medios humanos, financieros, materiales e inmateriales sin una específica personalidad jurídica ni autonomía financiera respecto de la actividad en cuestión. En un plano similar, la *régie avec autonomie financière* implica que la administración gestiona una actividad con un "presupuesto anexo" autónomo, aunque sin atribuir una personalidad jurídica.

---

151 Su régimen jurídico se encuentra en la LRJSP.

152 Ley Orgánica 2/2006, de 3 de mayo, de Educación; Ley Orgánica 2/2023, de 22 de marzo, del Sistema Universitario; Ley 14/1986, de 25 de abril, General de Sanidad; Ley 39/2006, de 14 de diciembre, Promoción de la Autonomía Personal y Atención a las personas en situación de dependencia, etc.

153 Consideran la LRJSP y la LCSP que se trata de gestión pública directa igualmente cuando existe una delegación de competencias en otros órganos de la misma Administración o en Organismos públicos o Entidades de Derecho Público vinculados o dependientes de ellas (art. 9 LRJSP).

En un segundo nivel se sitúa la gestión pública directa (según la LCSP y la LJSP) a la que puede denominarse *delegada*. Consiste en recurrir a técnicas de cooperación público-pública previstas los artículos 31 y 32 LCSP. Esta cooperación puede desarrollarse horizontalmente, de tal modo que intervienen entidades pertenecientes al sector público a partir de la celebración de convenios —art. 31— (véase el apdo. II), o verticalmente[154], a través de lo que la legislación bautiza como encargo a medios propios personificados que son de propiedad o control público —art. 32— (véase el apdo. III). Ambos medios pueden constituirse en una alternativa al recurso al contrato del sector público con operadores externos privados. La locución francesa es la de *quasi-régie* (gestión directa mediante *cooperación público-pública*). Ilustra cómo las AAPP pueden emplear los elementos mencionados para ejecutar una actividad con su potencial directo y aglomerado en la entidad o con elementos organizativos desgajados de ella, aunque controlados por esta (una suerte de encargo a medios propios personificados).

1.1.2. Cooperación horizontal entre entidades públicas

La cooperación horizontal es un modo de referirse a la labor conjunta de diversas entidades del sector público para la ejecución de una prestación (Almoedo-Souto, 2018). El instrumento jurídico acordado entre entidades dirigido a articular la cooperación horizontal a la que se refieren los artículos 11 LRJSP y 32 LCSP es el convenio (o convenio interadministrativo). Acerca de la procedencia legal de este instrumento han existido dos posturas desde la perspectiva política, aunque también desde la jurídica habida cuenta de la ambigüedad normativa en esta materia. Por un lado, la que se opone a la utilización de convenios interadministrativos para la asunción de actividades que podrían ser adquiridas a través de contratos. Por otro

---

[154] La gestión directa puede tener lugar mediante la creación de un ente instrumental, descentralizando la función especializada. Para ello se crearía un ente de naturaleza pública (organismos autónomos o entidades públicas empresariales, por ejemplo) o privada (pudiendo crearse sociedades de carácter mercantil o fundaciones) que se encargará de realizar la prestación (Gamero Casado & Severiano Fernández, 2022).

lado, la que defiende apelación a los convenios entre entidades del sector público como una herramienta alternativa, aunque puedan versar sobre objetos "contractualizables" (Huergo Lora, 2017). Tras recoger una doctrina del TJUE consolidada[155], tanto el considerando 33 como el art. 12.4 de la Directiva 2014/24/UE permiten que estos convenios se lleven a cabo sin aplicarse la normativa de contratos —y, por tanto, tampoco el principio de libre concurrencia y licitación— conforme a determinados requisitos[156]. Sin embargo, tanto la LRJSP como la LCSP son consideradas normas "atrasadas" o ajustadas al contenido de la norma europea al no contemplar que los convenios públicos puedan tener el mismo objeto que un contrato del sector público (Huergo Lora, 2017; Noguera de la Muela, 2022). Cabe destacar la incongruencia jurídica que supondría asumir la posibilidad de realizar encargos a medios propios o la existencia de consorcios íntegramente públicos para los objetos potencialmente contractuales y, a pesar de ello, obstaculizar su canalización a través de la cooperación horizontal vía convenio (Huergo Lora, 2020).

Estos debates traslucen la latencia del principio de libertad de empresa vinculado a la libre concurrencia que se encuentra presente en todas las disquisiciones acerca de la gestión pública o privada de actividades de interés general. Buena muestra de ello son las vacilaciones del TJUE, no ya en resoluciones anteriores al Tratado de Lisboa como la citada de 13 de enero de 2005, sino en el último lustro. Si bien la STJUE de 28 de mayo de 2020, asunto C-796/18 (caso *ISE-*

---

155 Corrigiendo una postura ambigua plasmada en la STJUE de 13 de enero de 2005 (asunto C-84/03), el tribunal se presenta partidario de permitir tal figura administrativa para objetos potencialmente contractuales en las SSTJUE de 9 de junio de 2009 (asunto C-480/06); de 19 de diciembre 2012 (asunto C-159/11); de 13 de junio de 2013 (C-386/11); o, de 21 de diciembre de 2016 (asunto C-51/11).

156 Ha de cumplirse de forma conjunta los siguientes requisitos. En primer lugar, "que el contrato establezca o desarrolle una cooperación entre los poderes adjudicadores participantes con la finalidad de garantizar que los servicios públicos que les incumben se prestan de modo que se logren los objetivos que tienen en común"; en segundo lugar, "que el desarrollo de dicha cooperación se guíe únicamente por consideraciones relacionadas con el interés público"; y, por último, "que los poderes adjudicadores participantes realicen en el mercado abierto menos del 20 % de las actividades objeto de la cooperación" (art. 12.4 Directiva 2014/24/UE).

Colonia) permite cesiones de ciertos bienes de una entidad pública a otra, la STJUE de 4 de junio de 2020, asunto C-429/19 (caso *Remondis 2*) se opone a la compartición de infraestructuras para la gestión de residuos. Y ello, porque el TJUE considera que, conforme al citado art. 12.4 de la Directiva 2014/24/UE, sólo puede coincidir en objeto un convenio y un contrato cuando en aquel existe una definición conjunta de necesidades y soluciones. Puede decirse que el TJUE requiere darle una plenitud exacerbada al término cooperación (público-pública horizontal) para no confundir esta con lo que algunas autoras han denominado "fórmulas de autoprovisión administrativa" (Noguera de la Muela, 2022). En efecto, este último significante evoca una discrecionalidad que, no obstante, el TJUE reduce, en mayor o menor medida, al exigir una suerte de colaboración reforzada.

1.1.3. Cooperación vertical: medios propios personificados

Junto a las formas más puras de gestión directa por parte de AAPP territoriales, organismos públicos, Universidades Públicas, etc., se asiste a la creación de sociedades mercantiles mixtas mayoritariamente públicas[157] (y, por tanto, de Derecho privado) o, incluso, entidades del sector público, como es el caso de los consorcios (entidades de derecho público que pueden integrar entidades privadas)[158], para la

---

157 En el ámbito estatal existen ejemplos como Red Eléctrica de España (operaciones y mantenimiento de la red de transporte de energía); Aena (gestiona los aeropuertos de España); Hispasat (gestión de satélites de comunicaciones); Iberia; etc. Son ejemplo EMIVASA (entre el Ayto. de València y Global Omnium) o Empresa Mixta Municipal de Abastecimiento y Servicios de Calpe, S.A. También existen empresas como Hidraqua, de naturaleza y propiedad privada, que participan en empresas mixtas y en procesos de contratación pública.

158 Los consorcios son entidades de Derecho público, dotadas de una personalidad jurídica propia, que son creadas por entidades del sector público y que permiten la participación de entidades privadas, con el fin de llevar a cabo actividades de interés común a ellas. Además del ámbito local, es frecuente esta clase de entidades en el campo científico y, a modo de ejemplo, puede citarse el Centro Nacional de Supercomputación de Barcelona; Laboratorio Subterráneo de Canfranc; Centro Nacional de Investigación sobre la Evolución Humana; Sincrotrón ALBA; Plataforma Oceánica de Canarias; Centro Nacional de Investigaciones Oncológicas; etc.

gestión de servicios públicos[159], sobre todo en el ámbito municipal y provincial. En este sentido, no deben confundirse entidades del sector público con formas de gestión de prestaciones. Precisamente, la sociedad mercantil de propiedad mixta mayoritariamente pública o, incluso, el consorcio de participación público-privada podrían ser consideradas como fórmulas de gestión situadas en algún punto intermedio entre la *directa* y la *indirecta*. A pesar de ello, el Derecho contempla tales entidades como integrantes del sector público, por lo que se hablará de gestión pública y directa cuando aquellas ejecuten la prestación en cuestión con sus propios recursos, organigramas y capacidades, aunque tales instrumentos hayan sido articulados con el fin primigenio de realizar actividades de titularidad pública (exclusiva o no).

La normativa de contratos del sector público contempla la cooperación vertical (citada en el art. 32 LCSP) que se produce entre una entidad pública y una persona jurídica, de configuración pública o privada, que aquella controla. Resulta paradigmático, a la vista de las disquisiciones expuestas en el punto inmediatamente anterior, que se denomine *cooperación* a una relación de encargo que no supone un ejercicio de determinación y ejercicio conjunto de recursos y capacidades en la dimensión planteada desde el TJUE para los convenios horizontales; tal vez se trate de un aspecto puramente estético relacionado con la intención de bifurcar en horizontal y en vertical las técnicas de cooperación basadas en una especie de delegaciones.

En principio, los poderes públicos adjudicadores tienen "la posibilidad de realizar las tareas de interés general que le correspondan con sus propios medios" como ya señalaba el TJUE en el *caso Stadt Halle* (2003), conforme al Derecho consagrado en los tratados fundacionales europeos. El punto crítico se sitúa en el recurso a medios con personalidad jurídica propia que realizan actividades económicas iguales o similares a las que desempeñan operadores económicos

---

159 No es necesariamente una entidad del sector público local, sino una forma de gestión de servicios públicos como ente instrumental del sector público de corte institucional. Sin embargo, las legislaciones autonómicas sí podrían reconocer la naturaleza de entidad local, como lo son las Mancomunidades (STS 1341/2019, de 9 de octubre y 603/2020, de 28 de mayo).

privados. Es decir, se torna a las inquietudes de la libre competencia (o concurrencia) que, hasta donde se lleva analizado, se adivinan omnipresentes, aunque no omnipotentes.

Existen dos tiempos en la puesta en marcha de este mecanismo de cooperación público-pública. El primero lo constituye la creación del medio propio personificado y, el segundo, la atribución del encargo. Respecto del primero, el art. 86 LRJSP exige que se justifique que la creación de medios propios personificados es, o bien una opción "más eficiente que la contratación" y que "resulta sostenible y eficaz aplicando criterios de rentabilidad económica" (apdo. 3); o bien, que se revele necesaria "por razones de seguridad pública o urgencia en la necesidad de disponer de los bienes o servicios, suministros por el medio propio o servicio técnico" (apdo. 2). Estas premisas legales sobre las condiciones que han de darse para la creación de medios propios suponen, en cierto sentido, no solo un imperativo justificativo, sino un límite a la discrecionalidad o criterio de oportunidad política a través de la materialización de un principio de subsidiariedad pública que, por otro lado, no prevé la Constitución. Más aún, como se irá descubriendo, la CE atribuye a los poderes públicos amplias facultades económicas directas que, por mor de la mutación constitucional instituida a través de los tratados europeos, ha quedado cercenada en cierta medida.

Una vez armado el medio propio cabe preguntarse cuáles son los condicionantes de su funcionamiento. No es baladí resaltar que parte de la doctrina (Fernández Ramón & Pérez Monguió, 2022) y la RTACRC 696/2022, de 16 de junio, han advertido que el art. 86 LRJSP "no regula los encargos sino la adquisición de la condición de medios propios", por lo que los requisitos para la concreción de cada encargo deben buscarse en otros preceptos de la LRJSP y la LCSP. Encargar a medios propios prestaciones de servicios, obras o suministros no es un mecanismo excepcional desde un enfoque jurídico formal, sino un instrumento ordinario, tal y como se refleja en el Derecho vigente (STJUE de 3 de octubre de 2019 —*caso Irgita*— y la RTACP de la Comunidad de Madrid 309/2021, de 8 de julio). En otras palabras, no se requiere una concurrencia de hechos urgentes y excepcionales en todo caso, sino que se configura como una potestad discrecional de autoorganización administrativa (Fernández Ramón

& Pérez Monguió, 2022)[160]. Cuestión distinta es que la virtualidad de los requisitos exigidos, tanto para la creación del medio propio como para la materialización de la específica encomienda, convierta a esta opción en técnicamente compleja en comparación con el recurso a la gestión indirecta.

Desde los casos *Teckal (1999)* y *Stadt Halle* (2003) abordados por el TJUE se viene recordando a los EM que "no es obligatoria la licitación de un contrato cuando el co-contratante es una persona jurídica distinta del poder adjudicador sobre la que este ejerce un control análogo al de sus medios ordinarios y siempre que la actividad de la entidad diferenciada se realice especialmente para los poderes adjudicadores" (Fernández Ramón & Pérez Monguió, 2022).

Las encomiendas de gestión, reguladas fundamentalmente en el art. 11 LRJSP, se realizan respecto de actividades de carácter material o técnico competencia de órganos administrativos o de las entidades de Derecho público en cuestión. Esta encomienda se ha de justificar, y así se ha recogido tradicionalmente en la normativa, con base en una mayor eficacia o en la carencia de medios técnicos idóneos para su desempeño (Colás Tenas, 2016). Ahora bien, del mismo modo que ocurre con los contratos del sector público, la encomienda de gestión no conlleva una cesión de la titularidad de la competencia ni de los elementos sustantivos de su ejercicio. En definitiva, aunque es un elemento común el constituido por el encargo de la gestión de una actividad o función a un tercero distintos del titular de esta, son distintos tanto los sujetos a los que se dirige la encomienda como su régimen jurídico (Menéndez Rexach, 2016)[161].

En cualquier caso, esta encomienda no afecta a la titularidad de la competencia o actividad en cuestión, tal y como advierte el art.

---

160 La STJUE de 3 de octubre de 2019, *caso Irgita* (asunto C-285/18) asumió que los requisitos a los que el Derecho europeo, también las directivas de contratos del sector público, atiende preponderantemente son los asociados a la creación del medio propio, sin condicionar las decisiones de los poderes públicos de decidir cuándo recurren a aquel. Ahora bien, nada impide, por otra parte, que los Estados determinen en su normativa restringir esta posibilidad.

161 Mientras que la contratación pública se rige por la LCSP (arts. 32 y 33, fundamentalmente,), las encomiendas de gestión están reguladas en la legislación básica del Estado por la LRJSP (art. 11).

8.2 LRJSP, por lo que el órgano que realiza la encomienda debe encargarse, por regla general, de dictar las resoluciones jurídicas que sostengan o den soporte a la actividad[162].

Puesto que la naturaleza de los órganos o entidades intervinientes en la encomienda han de ser de naturaleza jurídico-pública, se excluye de esta institución los encargos a entidades de Derecho privado. En efecto, los acuerdos con entidades jurídico-privada, como lo son las sociedades mercantiles o las fundaciones, se rigen, normalmente, por la LCSP. Ahora bien, esta norma excluye de su ámbito objetivo los convenios y encomiendas de gestión en su art. 6 (Espinar Maat, 2016; Hernández Jiménez, 2016).

Es un instrumento de gestión presente normalmente en otros ordenamientos jurídicos, aunque en países como Francia recibe el nombre de *quasi-régie*, para diferenciarla de la *régie* simple o pura que encarna la gestión directa sin personificación. Podría ser entendida como una gestión pública directa, pero a través de una persona jurídica creada al efecto para desarrollar una prestación, cercana a la figura española de "encomienda de gestión a medios propios". Se realiza mediante la creación de una persona jurídica con autonomía financiera sobre la que ejerce el control la administración creadora y que se constituye en una suerte de delegación pública. Es una figura amplia en la que no juega un papel la figura los contratos del sector público, al tratarse de entidades instrumentales controladas por la administración a la que se encuentran vinculada. Pueden encomendarse prestaciones a sociedades de capital íntegramente público, sociedades de economía mixta, *établessiments publics*[163].

Como ocurre en el contexto francés reseñado, cuando la encomienda se pretenda realizar a entidades de Derecho privado debe

---

162 A pesar de ello, la STS de 8 de octubre de 2013 (rec. 5847/2011) admite que el órgano receptor de la encomienda adopte decisiones "estrictamente interlocutorias, solo de mero impulso o de mero trámite" (F.J. 6).

163 Se trata de *contrats public-public* que deben realizarse con una entidad sobre la que se ejerce "un contrôle comparable à celui qu'il exerce sur ses propes services" por "détenir 1005 du capital" o "une participation privée au capital exclut toute relation de quasi-régie". Es frecuente que de este modo se gestionen servicios municipales, tales como el transporte público, los museos o instituciones de enseñanza.

dirigirse la atención a la LCSP (*Le code de commande publique*, en el Derecho francés). Ahora bien, aunque es donde radica el núcleo de la regulación de las gestiones indirectas de prestaciones de las entidades públicas, hay fundamentalmente dos matices en relación con los conocidos como encargos de gestión a medios propios. En primer lugar, la LCSP, en su Libro I, aborda una regulación novedosa, respecto de la anterior normativa, del tradicional *medio propio* de la Administración, que, desde la LCSP, pasa a denominarse *encargos a medios propios*. Paradójicamente, la misma exposición de motivos afirma que se está ante "supuestos de ejecución directa de prestaciones a través de medios propios personificados". En segundo lugar, no todos los encargos de una entidad del sector público a una entidad de Derecho público se regulan en la LRJS como encomienda de gestión, puesto que también la LCSP entiende que estas relaciones pueden constituir un encargo a medios propios personificados.

La regulación del encargo de prestaciones a medios propios tiene dos vertientes principales dependiendo de si la entidad pública que realiza el encargo tiene (art. 32) o no (art. 33) el carácter de poder adjudicador. Aunque en apartados posteriores se efectuará una breve explicación de este concepto, puede anticiparse que las entidades públicas que tiene tal carácter están determinadas en el art. 3.3 LCSP y son las AAPP[164], las fundaciones públicas, las Mutuas Colaboradoras de la Seguridad Social y, finalmente, las asociaciones que constituyan cualquiera de las anteriores entidades.

A partir de la determinación de los sujetos que realizan el encargo, es preciso definir el concepto de *medio propio personificado*. El art.

---

164 A efectos de la LCSP se consideran AAPP (art. 3): las Administraciones Territoriales; las Entidades Gestoras y los Servicios Comunes de la Seguridad Social; los Organismos Autónomos, las Universidades Públicas y las autoridades administrativas independientes; las Diputaciones Forales y las Juntas Generales de los Territorios Históricos del País Vasco en lo que respecta a su actividad de contratación; y, finalmente, los consorcios y otras entidades de Derecho público, en las que dándose las circunstancias establecidas en la letra d) del apartado siguiente para poder ser considerados poder adjudicador y estando vinculados a una o varias Administraciones Públicas o dependientes de las mismas, no se financien mayoritariamente con ingresos de mercado. Se entiende que se financian mayoritariamente con ingresos de mercado cuando tengan la consideración de productor de mercado de conformidad con el Sistema Europeo de Cuentas.

32.2 LCSP establece los requisitos que ha de reunir una persona jurídica, de Derecho público o de Derecho privado, para merecer tal calificación. Podrían resumirse en cuatro las características básicas: en primer lugar, que el órgano que realiza el encargo tenga el control, directo o indirecto, sobre el medio[165]; en segundo lugar, que más del 80 % de las actividades del medio propio sea en el ejercicio de cometidos del poder adjudicador que realiza el encargo; en tercer lugar, cuando el medio propio tiene naturaleza jurídico-privada, además, la totalidad de su capital o patrimonio tendrá que ser de titularidad o aportación pública; y, en cuarto lugar, la condición de medio propio personificado debe reconocerse en los estatutos del mismo o en sus actos de creación. La consecuencia jurídica en caso de realizar un encargo a medios propios personificados sin observar los requisitos legales establecidos en la LCSP es la anulabilidad (art. 40.c).

Se llama la atención sobre uno de los casos paradigmáticos de esta clase de gestión: la empresa TRAGSA que, junto a otras sociedades mercantiles de carácter estatal, autonómico y local, conforman el conjunto de medios propios personificados de las AAPP[166]. La sociedad denominada Empresa de Transformación Agraria SA, Sociedad Mercantil Estatal (TRAGSA), y su filial TRAGSATEC, encuentra su regulación, precisamente, en la DA 24ª de la Ley 9/2017. La citada ley determina que ambas empresas tienen como función principal la de "prestar servicios esenciales en materia de desarrollo rural, con-

---

165 El precepto define el control sobre el medio propio "un control análogo al que ejerce sobre sus propios servicios o unidades cuando él mismo o bien otro u otros poderes adjudicadores o personas jurídicas controlados del mismo modo por el primero puedan conferirle encargos que sean de ejecución obligatoria para el ente destinatario del encargo por así establecerlo los estatutos o el acto de creación, de manera que exista una unidad de decisión entre ellos, de acuerdo con instrucciones fijadas unilateralmente por el ente que puede realizar el encargo" (art. 32.2 LCSP).

166 En el ámbito autonómico destaca por su importancia desde el punto de vista cuantitativo y cualitativo el caso de la empresa Valenciana de Aprovechamiento Energético de Residuos, SA (VAERSA), cuya normativa de constitución y desarrollo le reconoce la condición de medio propio personificado y servicio técnico de la Administración de la Generalitat, de las diferentes entidades que integran la Administración local y de las entidades del sector público dependientes de cualquiera de ellas que tengan la condición de poderes adjudicadores y cumplan con lo dispuesto en el art. 32.2.d.2º LCSP.

servación del medio ambiente, adaptación y mantenimiento de aplicaciones informáticas, control sanitario animal, atención a emergencias, y otros ámbitos conexos".

Lo relevante en este asunto es que TRAGSA se constituye en medio propio personificado y servicio técnico de la AGE, de las CCAA, de las Ciudades Autónomas, de los Cabildos y Consejos Insulares, de las Diputaciones Forales del País Vasco, de las Diputaciones Provinciales y de las entidades del sector público dependientes de cualesquiera de ellas que tengan la condición de poderes adjudicadores. Consecuentemente, la relación entre TRAGSA y los poderes adjudicadores no tiene la naturaleza de contractual, sino de instrumental. Así, no le es de aplicación la normativa de contratos del sector público ni se estaría frente a un supuesto de gestión privada de servicios. En efecto, el propio art. 32 LCSP señala que las entidades públicas pueden organizar los servicios ejecutando de manera directa las prestaciones necesarias para su desarrollo, incluso, a cambio de compensación tarifaria, a través de otra persona jurídica diferenciada, pública o privada, que tenga el carácter de *medio propio personificado*, conforme a lo dispuesto en el apartado 2 del citado precepto[167].

1.2. *La gestión indirecta o privada a través de contratos del sector público*

Las formas de gestión de actividades desde el sector público son diversas y complejas. La gestión indirecta, en un sentido reducido, alude al encargo de prestaciones a operadores privados por medio de figuras negociales contractuales. Con todo, algunos autores consideran que de entre estas formas de gestión indirecta se hallan no solo los contratos del sector público, sino además los consorcios, los convenios, las subvenciones, la participación pública en empresas privadas o la participación de capital privado en sociedades mercan-

---

167 Sobre TRAGSA ha de señalarse que el carácter de medio propio se predica del conjunto de entidades del sector público que se menciona en la LCSP y, por tanto, no existe un control de la sociedad mercantil de parte de una sola entidad, sino que toma efecto el art. 32.4 LCSP en el que se prevé la posibilidad de que un grupo de poderes adjudicadores ejerzan control conjunto sobre un ente.

tiles públicas (Álvarez Rubio, 2021). No obstante, si bien es posible aproximarse conceptualmente a la gestión indirecta cuando se da una participación privada en tales figuras, no es menos cierto que la preponderancia de la intervención pública resta entidad a la adjetivación *indirecta*.

En el apartado inmediatamente precedente se ha recurrido al término *delegar* para aludir informalmente, aunque con una intención gráfica y explicativa, a la gestión pública que se vale de otros medios públicos laterales o subsidiarios. Sin embargo, otros ordenamientos jurídicos como el francés han venido empleando el término *délégation de service public* en el contexto de las concesiones de servicios públicos[168]. De cualquier modo, el Derecho europeo ha contribuido a la progresiva convergencia terminológica y *les gestionnaires privés* engloban a todo operador externo.

La gestión indirecta a través de operadores externos a las entidades del sector público se materializa a través de actos jurídicos que desembocan en contratos de las entidades del sector público con aquellas. El texto normativo que representa la clave de bóveda de tales instituciones jurídicas es la Ley 9/2017, de 8 de noviembre, de Contratos del Sector Público (LCSP) —en el ámbito interno— y las Directivas 2014/23/UE[169] y 2014/24/UE —en el ámbito europeo—. Ahora bien, los negocios jurídicos cobijados por estos textos normativos no son cualesquiera que pueda realizar una entidad del sector público.

Desde una perspectiva amplia, la LCSP incluye primeramente en su ámbito de aplicación los contratos onerosos privados o administrativos celebrados por las entidades del sector público; definidas estas conforme al art. 3 LCSP[170]. Posteriormente, afina esta delimitación

---

168 Dentro de esta figura el Derecho francés ha venido distinguiendo tipos de instituciones contractuales como *concession, affermage, régie intéressée,* o *gérance* (Chevallier, 2022, p. 106).

169 Directiva 2014/23/UE del Parlamento Europeo y del Consejo, de 26 de febrero de 2014, relativa a la adjudicación de contratos de concesión y Directiva 2014/24/UE del Parlamento Europeo y el Consejo de 26 de febrero de 2014 sobre contratación pública y por la que se deroga la Directiva 2004/18/CE.

170 Tal y como se venía señalando, en el primer párrafo del capítulo II.1.1: AGE, administración de las CCAA y Ciudades Autónomas y EELL; Entidades Gestoras y

restringiendo el objeto básico de los contratos onerosos que conforman su ámbito de aplicación a obras, servicios y suministros.

Son los contratos del sector público la herramienta paradigmática de gestión privada o indirecta de prestaciones de titularidad pública. Estos contratos no solo se emplean para la construcción de obras públicas de gran envergadura[171] o servicios públicos orientados a ofrecerse directamente a los ciudadanos, sino de actividades, funciones o tareas que desempeñan o podrían desempeñar las entidades públicas para sostener su actividad normal: suministro de materiales de ofimática y oficina, construcción de edificaciones, servicios de limpieza, jardinería, mantenimiento, restauración, conserjería, reprografía, biblioteconomía, etc.; todas ellas en el ámbito de la actividad *ad intra* de consistorios, instituciones de educativas y sanitarias, universidades, polideportivos, bibliotecas, etc. Se advierte la diferencia entre la gestión indirecta que se da cuando la empresa privada asume la gestión de un servicio público al completo —como es el caso de la recogida de residuos urbanos, los centros sanitarios concertados o el transporte público de viajeros— y cuando lo que se externaliza son facetas, funciones o fases del ciclo productivo sin llegar a asumir la gestión de un servicio público al completo —ejemplo de ello son los contrato de limpieza, mantenimiento o vigilancia de edificios públicos— (Cruz Villalón, 2016).

En fin, la omnipresencia de la externalización no empieza y acaba en grandes obras y proyectos que requieren inversiones de gran magnitud económica y complejidad técnica ni en la encomienda de servicios públicos dirigidos frontalmente a los ciudadanos, sino en una gran panoplia de servicios, obras y suministros para los cuales las

---

Servicios Comunes de la SS; Organismos autónomos, las Universidades Pública y autoridades administrativas independientes; los consorcios con personalidad propia; fundaciones y asociaciones públicas; las Mutuas Colaboradoras de la SS; las Entidades Públicas Empresariales; las sociedades mercantiles de capital social íntegra o mayoritariamente público; entidades con personalidad jurídica sin carácter industrial o mercantil afectas a una finalidad de interés general controladas mayoritariamente por entidades del sector público.

171 Como se viera anteriormente, uno de los paradigmas originarios de la actuación pública está relacionado con la construcción y manteniendo de infraestructuras urbanas, interurbanas y rurales de diversa índole (transporte, tratamiento y distribución de agua, generación y distribución de energía, etc.).

AAPP pueden disponer real o potencialmente de capacidades jurídicas, organizativas, técnicas y económicas de gestión. El límite absoluto establecido por la LCSP radica en la prohibición de externalizar "los servicios que impliquen ejercicio de la autoridad inherente a los poderes públicos" (art. 15.2 LCSP).

En efecto, del ejercicio ejemplificativo del párrafo anterior puede inducirse una conclusión fundamental: los contratos del sector público se dirigen a la gestión de prestaciones públicas, tales como servicios, obras y suministros. Sobre estos objetos se erigen tres tipos de contratos: los contratos de obras[172], los contratos de servicios[173] y los contratos de suministros[174]. Junto a ellos, la ley determina otros dos tipos de contratos denominados *de concesión* de servicios o de obras. La diferencia de estos con los meros contratos de servicios o de obras radica en la contrapartida: las concesiones presuponen el derecho del contratista concesionario a explotar asumiendo el riesgo operacional[175] los servicios objeto del contrato o bien se acompaña tal prerrogativa a la de percibir un precio (arts. 14 y 15 LCSP). Consecuentemente, se distinguen cinco tipos de contratos del sector público según los ejes *objeto* y *riesgo de explotación*: obras, servicios, suministros, concesión de obras y concesión de servicios.

---

172 Entendiéndose por obra los "trabajos de construcción o de ingeniería civil, destinado a cumplir por sí mismo una función económica o técnica, que tenga por objeto un bien inmueble" (art. 13.2 LCSP). Se incluyen los trabajos de modificación de la forma o sustancia del terreno o de su vuelo, o de mejora del medio físico o natural.

173 Son prestaciones de hacer consistentes en el desarrollo de una actividad o dirigidas a la obtención de un resultado distinto al de una obra o suministro (art. 17 LCSP).

174 Consiste en "la adquisición, el arrendamiento financiero, o el arrendamiento, con o sin opción de compra, de productos o bienes muebles" (art. 16 LCSP).

175 El riesgo operaciones conlleva la asunción riesgo de demanda o el de suministro, o ambos, de tal modo que "no esté garantizado que, en condiciones normales de funcionamiento, el mismo vaya a recuperar las inversiones realizadas ni a cubrir los costes en que hubiera incurrido como consecuencia de la explotación de las obras que sean objeto de la concesión. La parte de los riesgos transferidos al concesionario debe suponer una exposición real a las incertidumbres del mercado que implique que cualquier pérdida potencial estimada en que incurra el concesionario no es meramente nominal o desdeñable" (art. 14.4 LCSP).

Una vez sentada esta aclaración, es preciso advertir de que existen contratos onerosos que se encuentran excluidos, ya sea de forma declarativa o constitutiva[176]. Por otro lado, no todos los contratos que la ley incluye en su ámbito de aplicación están afectados en toda su dimensión por la misma, pues a algunos de ellos les resultan de aplicación, parcialmente, disposiciones del Derecho privado. Con todo y con eso, a los contratos onerosos de carácter prestacional que entran en el ámbito de aplicación de la LCSP les es de aplicación este texto legislativo con una intensidad y extensión diferente según si son calificados como contratos administrativos o privados.

Se realiza un primer interludio para aclarar la diferencia entre contratos administrativos y contratos privados celebrados por entidades del sector público; ambos tipos de contratos son, por tanto, "del sector público" y, en mayor o menor medida, les resulta de aplicación la LCSP. De un lado, la adscripción a una u otra naturaleza depende, sobre todo, de la naturaleza jurídica de la entidad del sector público contratante. Por otro lado, la consecuencia de la caracterización es, en resumen, la aplicación total o casi total (contratos administrativos) o parcial (contratos privados) del régimen jurídico instituido por la LCSP a las fases de la contratación o la ejecución.

Los contratos administrativos son los celebrados por las AAPP cuando tienen por objeto obras, concesiones de obras, servicios, concesiones de servicios y suministros (arts. 24 y 25 LCSP)[177]. Ahora bien, se exceptúan algunos contratos —que sí tendrán carácter privado, aunque estén celebrados por AAPP y tengan tales objetos— cuando

---

176 Cuando las características *in natura* de una figura contractual quedan extramuros de la definición positiva del ámbito de aplicación de una ley se habla de una exclusión constitutiva, mientras que cuando un contrato, *a priori*, y a la vista de la definición expuesta por un texto normativo no cumple con tal delimitación del objeto, la mención de tal figura en el apartado de exclusiones es meramente declarativa.

177 Se definen como AAPP las siguientes: Administraciones territoriales (AGE, CCAA, Ciudades Autónomas y EELL), Entidades gestoras y servicios comunes de la Seguridad Social, Organismos Autónomos, Universidades y Autoridades administrativas independientes, organismos constitucionales y diputaciones forales y Juntas Generales. A estas habría que añadir las entidades de Derecho público que sean controladas por las AAPP y que no tengan la consideración de productores de mercado.

estén dirigidos a adquirir ciertos servicios financieros[178], algunos relativos a la creación e interpretación artística y literaria[179] y todos los de suscripción a revistas, publicaciones periódicas y bases de datos. Además de esta primera premisa, la LCSP prevé que también serán administrativos los contratos a los que denomina contratos administrativos especiales[180]. Cuando la entidad pública contratante no es una Administración Pública o, a pesar de serlo, el objeto del contrato no es alguno de los señalados en este párrafo, el contrato tendrá carácter privado según lo dispuesto en el art. 26.1 b) y c) LCSP.

La trascendencia práctica de decantar el régimen jurídico como privado o administrativo es el que sigue. Los contratos administrativos se someten al Derecho administrativo y, en mayor medida por la LCSP, mientras que los contratos privados están solo parcialmente regulados por tal rama del ordenamiento, dependiendo de si se sujetan o no a regulación armonizada (según los umbrales económicos establecidos en los arts. 20 y ss. LCSP). Los contratos administrativos se caracterizan, además, porque se rigen por la LCSP respecto de las fases de preparación, adjudicación, ejecución, modificación y extinción. Por otro lado, y simplificando la cuestión, puede decirse que los contratos privados se someten en sus fases de preparación y adjudicación por lo dispuesto en la LCSP —aunque no necesariamente por el mismo régimen jurídico dentro de la misma— mientras que, respecto de los efectos, modificación y extinción de los contratos, se someten a las normas del Derecho privado[181]. Esta diversidad de

---

178 Con número de referencia CPV de 66100000-1 a 66720000-3.

179 Con número de referencia CPV de 79995000-5 a 79995200-7, y de 92000000-1 a 92700000-8, excepto 92230000-2, 92231000-9 y 92232000-6.

180 Los contratos administrativos especiales son aquellos que tienen una regulación jurídica *ad hoc*, generalmente con una legislación específica que se encarga de establecer su caracterización y régimen jurídico. Algunos autores consideran que en tal figura entran los contratos patrimoniales con regulación especial (OBCP, 2018; Vázquez Lacunza, 2017).

181 Los contratos privados celebrados por las AAPP se rigen solo respecto de su preparación y adjudicación por las Secciones 1ª y 2ª del Capítulo I del Título I del Libro Segundo LCSP, supletoriamente el Derecho administrativo o, en su caso, el Derecho privado; pero hasta esta regla tiene su excepción para ciertos contratos privados de las AAPP. Respecto de los contratos privados cabe decir que todos los celebrados por poderes adjudicadores sin ser AAPP y aquellas que sean entidades del sector público no siendo poder adjudicador se regirán por

regímenes jurídicos[182] repercute en la virtualidad de los aspectos de trascendencia sociolaboral que constituyen el *quid* de la presente investigación, aunque no suponga un hándicap de primer orden en la articulación de las cláusulas sociales[183].

En el capítulo IV se abundará en el examen pormenorizado de la implementación de cláusulas sociolaborales en distintas fases de la contratación. Por lo que a los contratos administrativos se refiere, no hay duda de la posibilidad legal de poner en funcionamiento tales estipulaciones en todas las fases desde la selección inicial hasta la ejecución. Otro cariz se puede apreciar en el caso de los contratos

---

lo dispuesto en el Libro Tercero LCSP (como advierten los arts. 26.3 y 4 LCSP). Así, los concertados por poderes adjudicadores que no tienen la condición de AAPP se regulan por el Título I (Libro Tercero) y los concertados por entidades públicas que no son poderes adjudicadores se rigen por lo dispuesto en el Título II (Libro Tercero).

182 La complejidad de la regulación de este aspecto fundamental es explicada Saz Cordero (2018, pp. 561-562) de este modo: "Los contratos privados no se corresponden con un régimen jurídico único, sino con tres regímenes jurídicos diferenciados, dependiendo del tipo de entidad que los celebre y si está sujeta o no a regulación armonizada. Si, además, tenemos en cuenta que dentro de los contratos privados de la Administración hay que distinguir según se trate de contratos de servicios o no y que cuando se trata de poderes adjudicadores hay que distinguir a su vez según se trate de contratos armonizados o no, nos encontramos con cinco regímenes jurídicos distintos para los contratos privados. Y si aún añadimos a lo anterior que los contratos administrativos tienen su propio régimen jurídico, y que dentro de ellos aún cabe distinguir entre contratos nominados y contratos administrativos especiales, nos encontramos ni más ni menos que con siete regímenes jurídicos distintos para los contratos del sector público".

183 Según el art. 26.3 LCSP "Los contratos privados que celebren los poderes adjudicadores que no pertenezcan a la categoría de Administraciones Públicas mencionados en la letra b) del apartado primero del presente artículo, cuyo objeto esté comprendido en el ámbito de la presente Ley, se regirán por lo dispuesto en el Título I del Libro Tercero de la misma, en cuanto a su preparación y adjudicación. En cuanto a sus efectos y extinción les serán aplicables las normas de Derecho privado, y aquellas normas a las que se refiere el párrafo primero del artículo 319 en materia medioambiental, social o laboral, de condiciones especiales de ejecución, de modificación del contrato, de cesión y subcontratación, de racionalización técnica de la contratación; y la causa de resolución del contrato referida a la imposibilidad de ejecutar la prestación en los términos inicialmente pactados, cuando no sea posible modificar el contrato conforme a los artículos 204 y 205".

privados. En aquellos suscritos por poderes adjudicadores[184] que no son AAPP las condiciones para su adjudicación varían dependiendo de si el valor estimado del contrato supera determinado umbral: si se supera se aplicarán, generalmente, las mismas normas que para los contratos administrativos, si no se supera, pueden adjudicarse directamente, pero nada impide que se arbitren igualmente los criterios en esta fase. En todo caso, el art. 319 LCSP sí afirma que en fase de ejecución es aplicable lo dispuesto en la ley respecto de las obligaciones en materia social, sobre las condiciones especiales de ejecución que se establezcan y sobre condiciones de subcontratación.

Por último, el contrato es de carácter privado si se adjudica por una entidad que no es un poder adjudicador (art. 26 LCSP). Es el caso de sociedades mercantiles mixtas o ciertos organismos y entidades públicos empresariales. En estos casos la adjudicación se desarrollará en los términos previstos en los arts. 321 y 322 LCSP[185]. En definitiva, se aplican parcialmente las reglas de la LCSP para la ad-

---

184 El apartado 3 del artículo 3 LCSP enumera los poderes adjudicadores: AAPP, Fundaciones públicas, Mutuas colaboradoras de la Seguridad Social, entidades con personalidad jurídica constituidas para satisfacer necesidades de interés general sin carácter mercantil siempre que algún poder adjudicador la controle; y asociaciones constituidas por las entidades anteriores.

185 Se trata de un supuesto distinto al de la adjudicación a una empresa de economía mixta de capital público mayoritario. La DA 22ª regula la adjudicación directa de un contrato de concesión de obras y de servicios directamente a una sociedad mercantil de propiedad mixta de capital público mayoritario "siempre que la elección del socio privado se haya efectuado de conformidad con las normas establecidas en esta Ley para la adjudicación del contrato cuya ejecución constituya su objeto, y siempre que no se introduzcan modificaciones en el objeto y las condiciones del contrato que se tuvieron en cuenta en la selección del socio privado". Se trata de un contenido positivo en la línea de la STUE del 15 de octubre de 2009, *caso* ACOSET (asunto 196/08) y en la *Comunicación Interpretativa de la Comisión relativa a "la aplicación del derecho comunitario en materia de contratación pública y concesiones a la colaboración público-privada institucionalizada"* (2008). La diferencia entre el contrato de servicios y el contrato de concesión de servicios descansa en dos elementos: por un lado, la traslación al contratista del riesgo operacional y, por otro lado, el desarrollo por el contratista de un servicio dirigido directamente al público; este último punto, no obstante, goza de menor precisión a la hora de definir las diferencias entre ambas instituciones jurídicas. Sobre la diferencia entre la creación de sociedades mixtas en el ámbito local, véase Santiago Iglesias (2021).

judicación cuando el valor estimado supere determinados umbrales, pero nada obsta para que puedan implementarse criterios sociales o medioambientales. Por contra, la fase de ejecución está sometida en todo caso al Derecho privado, sin que, del mismo modo, esto obste para que los órganos de contratación lleven a efecto criterios sociolaborales.

1.3. Pseudogestión indirecta: títulos patrimoniales, autorizaciones y licencias

Uno de los elementos concurrentes en los contratos que tienen por objeto obras o servicios (no así los suministros) es la posible cesión temporal de bienes y derechos materiales e inmateriales de las AAPP que integran el patrimonio público (bienes de dominio público y patrimonial)[186]. Convencionalmente, y en virtud de la Ley 33/2003, de 3 de noviembre, del Patrimonio de las Administraciones Públicas, la utilización o aprovechamiento especial de bienes o derechos demaniales, al margen del uso general, requiere como título habilitante una autorización o concesión, mientras que el uso de derechos patrimoniales se realiza, generalmente, mediante contratos de carácter privado orientados al arrendamiento. A pesar de este último apunte, el arrendamiento de bienes patrimoniales a terceros no puede tener como finalidad servicios de beneficencia, asistencia sanitaria, incendios o establecimientos de crédito.

Pues bien, como se señalaba en el subapartado 1.2, en mayor medida los contratos del sector público abordados por la LCSP versan sobre prestaciones que se requieren de un operador externo consistentes en una obligación de hacer (servicios y concesiones de servicios; obras y concesiones de obras) o en una obligación de dar (suministros). Cuando lo que tiene lugar es la contratación de la ejecución de una prestación de obras o servicios es frecuente que el operador externo deba

---

186 La diferencia entre bien demanial y patrimonial radica en la afectación del bien en cuestión. Mientras que los bienes demaniales están afectos al uso público o a algún servicio público, los de carácter patrimonial tan solo forman parte del patrimonio de las AAPP sin haber sido dotados de una finalidad específica de las expresadas.

hacer uso de bienes que integran el patrimonio de AAPP y, por ello, la ya mentada Ley 33/2003 considera que la autorización, concesión o cesión debe ir implícita o estar subsumida en el contrato del sector público prestacional (arts. 87, 88 y 89 de la Ley 33/2003).

La idiosincrasia proyectada por el ordenamiento sobre los contratos del sector público permite a los poderes públicos acogerse a una discrecionalidad parcelada por una legislación que atiende al interés general y a un procedimiento de elevado grado de tasación. Los compromisos mutuos, tanto del sujeto privado como de las AAPP, no tienen una entidad siquiera similar en el contexto de las dos instituciones en liza: contratos patrimoniales y contratos prestacionales.

Las concesiones demaniales y los arrendamientos de bienes patrimoniales permiten a las AAPP proporcionar a entidades privadas la facultad de utilizar un bien que pertenece a aquella. La distinción de las citadas instituciones jurídicas de los contratos del sector público es de crucial importancia para definir el escenario del presente estudio. Por un lado, los contratos del sector público tratan de prestaciones requeridas por las entidades del sector público para cumplir con sus objetivos. Por otro lado, los contratos sobre bienes patrimoniales y demaniales repercuten en las AAPP en forma de rédito económico por la utilización privativa, exclusiva o especial que realizan los sujetos privados. Así, entre otras diferencias, toma especial relevancia la finalidad de ambos tipos de contratos.

Los títulos de explotación o cesión patrimoniales se canalizan a través de la ya citada Ley 33/2003, en términos generales, y, cuando se trata de bienes de entidades locales, del RD 1372/1986, de 13 de junio, por el que se aprueba el Reglamento de Bienes de las Entidades Locales. La atribución de autorizaciones por usos o aprovechamientos temporales inferiores a 4 años y de menor entidad pueden ser atribuidas de forma directa (art. 92), mientras que en el resto de los casos rige generalmente el sistema de concurso (art. 96). La adjudicación de contratos patrimoniales se articula, por regla general, a través de un procedimiento de concurso (art. 107 de la Ley 33/2003) que, no obstante, apenas contiene reglas legales predeterminas como, por el contrario, sí se dan en la adjudicación de contratos prestacionales en la LCSP. Por lo demás, también las concesiones deben atender "al mayor interés y utilidad pública de la utilización o aprovechamiento solicitado, que se valorarán en función de los criterios especificados en los pliegos de condiciones" (art. 96 Ley 33/2003).

Los contratos patrimoniales se rigen por una libertad de pactos menos limitada que en el ámbito de los contratos del sector público (art. 111) y en ellos rige, entre otros, el principio de rentabilidad económica del bien o derecho en cuestión (art. 8). Esta libertad permite establecer obligaciones accesorias a las obligaciones principales del negocio jurídico en cuestión (art. 111).

En los contratos del sector público prevalece la finalidad pública al cumplirse, de forma directa, con un interés público, mientras que en los contratos patrimoniales es el interés privado el que predomina en la utilidad del bien objeto del contrato[187]. A su vez, al tratarse de autorizaciones, concesiones o contratos patrimoniales no operan principios y reglas de los contratos del sector público con las AAPP: la oferta más ventajosa en términos amplios, las prohibiciones de contratar de los sujetos privados concurrentes con motivo de incumplimientos en materia social, las obligaciones de las entidades del sector público respecto de los trabajadores que puedan prestar servicios en las instalaciones (obligaciones principales, subsidiarias y solidarias contenidas en el art. 42 del Estatuto de los Trabajadores), las reglas de la sucesión de empresas laboral del 44 ET, etc.[188].

La confusión, e incluso la situación de fraude de ley, suele darse en los supuestos en los que la utilización del bien de titularidad pública consiste en un negocio desarrollado por el sujeto privado. En cualquier caso, para desentrañar la voluntad de la Administración Pública contratante y, con ello, la finalidad del contrato debe pres-

---

187 La RTACP de la Comunidad de Madrid 49/2017, de 15 de febrero, rechaza que la concesión del uso privativo de espacios sanitarios en unas instalaciones deportivas constituya esencialmente un contrato regido por la Ley de patrimonio de las AAPP, ya que prevalece el interés público en la voluntad de la entidad pública de prestar el servicio subyacente.

188 Sí resulta relevante apuntar que el art. 94 de la Ley 33/2003 prevé la prohibición para ser titular de concesiones demaniales de quienes incurran en prohibiciones de contratar en la LCSP, pero no así respecto de las autorizaciones sobre bienes demaniales o respecto de los contratos patrimoniales.

tarse atención a la causa de este[189]. Para dilucidar dicha causa son significativos dos indicios: la regulación de condiciones en las que debe ejecutarse un servicio y la realización del contrato por iniciativa del poder adjudicador al tiempo que se estipulan o demandan condiciones de prestación en el negocio objeto del contrato patrimonial. Por lo que se refiere al establecimiento de las condiciones de ejecución, los contratos de servicios, obras o suministros no se limitan a autorizar el uso privativo de bienes, sino que el proceso contractual o el contenido del negocio jurídico prevé el establecimiento de condiciones de la prestación, las especificaciones técnicas del objeto del contrato, la determinación de horarios, la evaluación de las capacidades técnicas y económicas del contratista, etc.[190]. De este modo, la gestión de actividades propias de las AAPP se realiza a través, fundamentalmente, de los contratos del sector público en los que la entidad contratante requiere la prestación y, por tanto, determina las características de esta; no obstante, en un contrato patrimonial empleado por el sujeto privado para establecer o explotar un negocio, es este el que, conforme al principio de libertad de empresa, puede determinar las características de dicho negocio[191].

Los servicios son las prestaciones en las que concurren una mayor proporción de fraudes en este sentido. Ejemplo de ello es la multitud de supuestos abordados por los tribunales de recursos administrativos en los que se emplea el arrendamiento patrimonial de locales para establecer cafeterías o restaurantes en instalaciones públicas como aeropuertos, hospitales, universidades o polideportivos[192]. Y es que, se

---

189 Acuerdo 316/2017, de 2 de noviembre, del TACP de la Comunidad de Madrid y Recomendación 1/2011, de 6 de abril, de la JCCP de Aragón.

190 Además de la crucial distinción entre concesiones demaniales y concesiones de servicios, es la propia Directiva 2014/23/UE, relativa a la adjudicación de contratos de concesión, la que, en su considerando 14, advierte de que no deben considerarse concesiones contractuales en el sentido de la directiva las autorizaciones o licencias por las que las autoridades públicas establezcan condiciones mínimas para realizar una actividad económica privada y se establecen procedimientos que se a solicitud del operador externo.

191 IJCCP de Aragón 13/2018, de 30 de mayo, y RTACP de Andalucía 276/2018, de 10 de octubre.

192 Algunos ejemplos que afrontan resoluciones como la de 411/2007, de 5 de mayo, del TACRC (respecto del servicio de restaurante del aeropuerto Barcelona-El Prat gestionado por AENA) o la resolución 203/2019, del 25 de junio del

trata, por lo general, de servicios en los que está interesada la entidad pública contratante para dotar de servicios complementarios o auxiliares que proporcionan un valor añadido a la actividad principal.

Junto a esta clase de contratos patrimoniales o autorizaciones y concesiones demaniales existen instrumentos o títulos administrativos de habilitación para ejercer actividades económicas que no tienen lugar en el marco de la cobertura que otorgan los títulos patrimoniales señalados ni del encargo a través de contratos del sector público; se trata de las autorizaciones (no demaniales) y licencias. La cantidad y variedad de actividades sometidas a estos instrumentos y regímenes jurídicos es de tal entidad que, debido al objeto de esta investigación, no se considera adecuado ni necesario traer a colación un análisis de los distintos ejemplos. Con los procesos de liberalización de sectores económicos la labor reguladora del Estado se ha valido, no obstante, de la licencia y la autorización (también de las declaraciones responsables) para ordenar y controlar la puesta en marcha de múltiples actividades económicas.

Resultan representativos, en primer lugar, los sectores económicos que otrora eran considerados actividades de titularidad pública en forma de monopolios económico-productivos. En el marco de los SIEG es frecuente que algunas actividades económicas que previamente eran de titularidad pública exclusiva (o, a secas, de titularidad pública)[193], de un tiempo a esta parte sean desempeñadas también por empresas privadas. La actividad puede estar sujeta a autorizaciones, licencias o, incluso, concesiones de servicios. Esta última opción se predica, sobre todo, en aquellas actividades que se desarrollan necesariamente sobre infraestructuras de dominio público, como en el sector ferroviario de mercancías y de pasajeros (hasta el momento de media y larga distancia) y del transporte por carretera[194], incluso en la construcción y explotación de las

---

TARC de Andalucía (en lo referente al servicio de cafetería y de instalación de máquinas expendedoras en el Hospital Universitario de Puerto del Real).

193 Como se ha apuntado anteriormente, una parte de la doctrina entiende que la titularidad pública de una actividad es sinónimo de la potestad exclusiva del sector público para ejercerla, mediante una gestión directa o indirecta.

194 Para el caso del transporte público por carretera —autobuses— se opera mediante la concesión de servicios conforme a la LCSP, mientras que en el transporte discrecional —VTC y taxi— la atribución del título habilitante tiene lugar a través de licencias, como señala la Ley 16/1987, de 30 de julio, de Ordenación de los Transportes Terrestres y la Ley 5/2018, de 19 de mayo, del taxi, entre otras.

carreteras y las áreas de servicios[195]. Del mismo modo, la liberalización ha acarreado regímenes de autorizaciones y licencias en SIEG como el transporte aéreo, la radio[196] y la televisión[197] que, a su vez, requieren de concesiones del espacio radioeléctrico. También se encuentran autorizaciones y licencias en sectores sometidos a monopolio fiscal (como la venta de tabaco[198] y, anteriormente, las oficinas de loterías y apuestas del Estado[199]); sectores que suscitan riesgos de diversa índole de trascendencia social como los establecimientos de juego[200]; o, actividades que, de forma directa o indirecta, se relacionan con SSIG: las oficinas de farmacia[201], los centros educativos[202], los centros sanitarios[203], etc.

195 La adjudicación de la concesión se hará atendiendo a la oferta económicamente más ventajosa conforme a la Ley 37/2015, de 29 de septiembre, de carreteras que, asimismo, se remite a la LCSP para la gestión indirecta de carreteras y de áreas de servicios.

196 Para el caso de las radios de ámbito estatal se requiere concesión de servicio por parte del Estado y, de forma anexa, se atribuye la concesión demanial sobre el dominio público radioeléctrico. En ocasiones requiere de una licencia y la concesión demanial. Las referencias normativas son básicamente la Ley 51/1987, de 18 de diciembre, de Ordenación de las Telecomunicaciones y, para la frecuencia modular, el RD 964/2006, de 1 de septiembre.

197 Ley 13/2022, de 7 de julio, General de Comunicación Audiovisual instituye como título de actividad la licencia para la utilización de ondas hertzianas terrestres que llevaría aparejada la concesión para la realización de un uso privativo del dominio público radioeléctrico.

198 En este caso las expendedurías de tabaco y timbre está sometida a una concesión que se resuelve mediante subastas al mejor precio que se regulan, fundamentalmente, en el RD 1199/1999, de 9 de julio.

199 Desde 2010, Loterías y Apuestas del Estado es una sociedad anónima propiedad del Estado en un 100 % de sus acciones y su adjudicación se rige actualmente por la LCSP.

200 La Ley 13/2011, de 27 de mayo, de regulación del juego y el RD 1614/2001, de 14 de noviembre, someten la actividad a licencias y autorizaciones según las modalidades de juego.

201 La Ley 16/1997, de 25 de abril, de Regulación de Servicios de las Oficinas de Farmacias y el RD 909/1978, de 14 de abril, establecen la autorización por parte de las CCAA.

202 La creación de centros educativos privados requiere de autorización en virtud de la LO 2/2006, de 3 de mayo, de Educación y el RD 332/1992, de 3 de abril, sobre autorizaciones de centros educativos.

203 Requieren autorización de instalación y actividad conforme al RD 1277/2003, de 10 de octubre, por el que se establecen las bases generales sobre autorización de centros, servicios y establecimientos sanitarios.

2. EL CONCRETO DISEÑO E IMPLEMENTACIÓN DE LAS CLÁUSULAS CONTRACTUALES

Cuatro instituciones claves sirven para comprender el modo en que se articulan las cláusulas contractuales: el órgano de contratación (OC) como apéndice de la entidad contratante; los Pliegos de Condiciones Administrativas (PCA) y los Pliegos de Prescripciones Técnicas (PPT) como instrumentos jurídicos contractuales que ordenan e impulsan el procedimiento; las reglas y principios que determinan la adecuación y validez jurídica de la actuación del OC en la articulación del pliego; y, finalmente, los órganos jurídico-administrativos que se erigen en foro de doctrina administrativa en el marco de la resolución de recursos y de emisión de informes de consulta.

La primera de estas instituciones se ha citado en relación con las distintas entidades del sector público contratante en el punto 1.2 de este capítulo y a él me remito. Se deja para el punto tercero el tratamiento de las reglas y principios jurídicos fundamentales y generales que condicionan y determinan la validez de las actuaciones, así como del entramado institucional determinante para la construcción de la doctrina administrativa. La segunda de ellas, los PCA, su estructura y finalidad, es objeto de este punto 2 del capítulo II y sus subsiguientes apartados.

Los pliegos son los documentos de naturaleza jurídica contractual *sui generis*, debido a sus características específicas recogidas en la LCSP[204], redactados y aprobados por el OC, que tienen por finalidad ordenar el procedimiento administrativo para adjudicar el contrato al operador externo que proponga la oferta económicamente más

---

204 La naturaleza jurídica de los PCA ha sido ampliamente debatida y bascula entre su consideración como acto administrativo y como reglamento. La postura mayoritaria, y la defendida en el seno de esta investigación, es la que no opta por catalogarlos íntegramente como ninguna de estas categorías, sino que asume su naturaleza compleja y, si se quiere mixta, con una identidad jurídica propia contenida en la LCSP, pero que alberga un carácter contractual. Todo ello descansa sobre la siguiente constatación: los PCA disponen de contenido innovador, pero no normativo, les es aplicable un régimen jurídico impugnatorio más cercano a los actos administrativos (aunque no necesariamente asimilable totalmente) y vinculan a quienes participan en el procedimiento (García Luengo, 2022).

ventajosa y, en general, regular los pactos y condiciones que definen los derechos y obligaciones de las partes (García Luengo, 2022). Si bien es cierto que no siempre la normativa requiere la adopción de pliegos, lo cierto es que en algunos de esos casos excepcionales se deberán —o se podrán, en determinadas ocasiones— adoptar pliegos o documentos similares que permitirán articular, por ejemplo, criterios cualitativos o cuantitativos estratégicos de tipo social[205].

Además de los PCA, otro documento adquiere importancia en esta fase preparatoria que condiciona absolutamente todo el proceso contractual: el pliego de prescripciones técnicas (PPT). El PPT, en virtud del art. 124 LCSP, es el documento que alberga las reglas que deben "regir la realización de la prestación y definan sus calidades, sus condiciones sociales y ambientales". En otras palabras, es el documento aprobado por el OC dirigido a determinar las características operativas precisas de la prestación a contratar y, consecuentemente, a las que debe responder el contratista; características a las que se denomina especificaciones o prescripciones técnicas. Junto a esta aproximación conceptual, es posible descubrir en el artículo 125 LCSP una transcripción absoluta del Anexo VII de la Directiva 2014/24/UE al ofrecer una definición de "prescripción o especificación técnica" diferenciando según se refieran a contratos de obra, suministro o servicios[206]. Por todo ello, la relación entre los PCA y los PPT no es

---

205 Desde una perspectiva materia, no requieren PCA los contratos menores, los procedimientos con diálogo competitivo (art. 167 y 174.1 LCSP) y los concursos por proyectos (art. 184 LCSP). En el primer caso por su simplicidad y en los otros dos por su complejidad dinámica. En estos dos últimos casos el órgano de contratación adoptará un documento descriptivo en el caso del diálogo competitivo y bases del concurso en el caso restante. Desde la perspectiva subjetiva, las entidades del sector público que no tengan el carácter de poder adjudicador no tienen tal obligación (art. 321.2 LCSP). Tampoco los poderes adjudicadores que no sean AAPP cuando se trate de contratos que no estén sujetos a regulación armonizada.

206 El art. 125 define las especificaciones o prescripciones técnicas cuando se trate de contratos de obras, como las contenidas, sobre todo, "en los pliegos de la contratación, en las que se definan las características requeridas de un material, producto o suministro, y que permitan caracterizarlos de manera que respondan a la utilización a que los destine el poder adjudicador; asimismo, los procedimientos de aseguramiento de la calidad, el impacto social, laboral, ambiental y climático de dichos materiales, productos o actividades que se desa-

de rango o jerarquía, sino de competencia material y, *por ende*, ha de aplicarse el principio de especialidad para dilucidar a qué funciones obedece cada uno[207].

De cualquier modo, los PPT no solo describen la prestación que se pretende adquirir, sino que, indefectiblemente, debe abordar el modo en que el contratista debe llevarla a cabo o los objetivos que debe cumplir para entenderse realizada. En este ejercicio concretizador y desarrollador de la prestación es posible que el OC haga alusión "al proceso o método específico de producción o prestación [...] o a un proceso específico de otra fase de su ciclo de vida[208], [...], incluso cuando dichos factores no formen parte de la sustancia material de las obras, suministros o servicios, siempre que estén vin-

---

rrollen durante la elaboración o utilización de los mismos, el diseño para todas las necesidades (incluida la accesibilidad universal y diseño universal o diseño para todas las personas), la terminología, los símbolos, las pruebas y métodos de prueba, el envasado, marcado y etiquetado, las instrucciones de uso y los procesos y métodos de producción en cualquier fase del ciclo de vida de las obras; incluyen asimismo las reglas de elaboración del proyecto y cálculo de las obras, las condiciones de prueba, control y recepción de las obras, así como las técnicas o métodos de construcción y todas las demás condiciones de carácter técnico que el poder adjudicador pueda prescribir, por vía de reglamentación general o específica, en lo referente a obras acabadas y a los materiales o elementos que las constituyan". En el caso de los contratos de suministros o de servicios, son las especificaciones que consten "en un documento en la que se definan las características exigidas de un producto o de un servicio, como, por ejemplo, los niveles de calidad, los niveles de comportamiento ambiental y climático, el diseño para todas las necesidades (incluida la accesibilidad universal y diseño universal o diseño para todas las personas) y la evaluación de la conformidad, el rendimiento, la utilización del producto, su seguridad, o sus dimensiones; asimismo, los requisitos aplicables al producto en lo referente a la denominación de venta, la terminología, los símbolos, las pruebas y métodos de prueba, el envasado, marcado y etiquetado, las instrucciones de uso, los procesos y métodos de producción en cualquier fase del ciclo de vida del suministro o servicio, así como los procedimientos de evaluación de la conformidad".

207 Se trata de un aspecto abordado por el RD 1098/2001, de 12 de octubre, por el que se aprueba el Reglamento general de la Ley de Contratos de las Administraciones Públicas, y en este sentido se pronuncian las resoluciones del TACRC 448/2017, de 26 de mayo; 905/2019, de 1 de agosto; o 1225/2020, de 13 de noviembre, así como las SSTS de 19 de mayo de 2021 (rec. 5436/2019) y de 24 de marzo de 2021 (rec. 5570/2019).

208 El ciclo de vida viene definido por el artículo 148.

culados al objeto del contrato y guarden proporción con el valor y los objetivos de este" (art. 126.2 LCSP).

Es habitual que tanto la ley como los manuales distingan en los fenómenos concretos de contratación pública cuatro fases: la preparación (arts. 115 a 130 LCSP), integrada por el inicio del expediente, la redacción de los PCA y PPT, así como otros documentos señalados en la ley; la adjudicación (arts. 131 a 187 LCSP), en la que, en su caso, se selecciona[209] qué operadores pueden concurrir el proceso, se presentan las ofertas y son valoradas para realizar la adjudicación; la ejecución, en la que se realiza la prestación y se controla su cumplimiento (arts. 188 a 207 LCSP) y la extinción; que puede tener lugar por "causas naturales", por rescate o, por ejemplo, como resolución por incumplimiento grave (arts. 208 a 213 LCSP). Esta diferenciación tiene importancia a efectos, por ejemplo, de atribuir un régimen jurídico a cada una de estas fases. Y es que, como se apuntaba, dependiendo de si el contrato está promovido por un tipo u otro de entidad del sector público, dicho negocio jurídico tendrá el carácter de administrativo o privado y, en consecuencia, se le aplicará un régimen jurídico u otro a cada una de las fases mentadas (arts. 25 y 26 LCSP).

Sin embargo, es la fase preparatoria la más importante por cuanto en ella el OC determinará todo aquello que ordenará el procedimiento de contratación. Lo materializará en múltiples documentos, tales como el acto administrativo de inicio del expediente[210], el PCA, el PPT y, por otro lado, el expediente incorporará documentos como el certificado de existencia de crédito público y, en los contratos de servicios, el informe de insuficiencia de medios.

---

209 Podría diferenciarse una fase entre la preparación y la adjudicación consistente en la fase de selección de operadores, sin embargo, si se ciñe el análisis a la nomenclatura y a la división material y procedimental que realiza la ley, es posible incluir esta subfase en la adjudicación o, incluso, en la fase preparatoria.

210 Desde el inicio del expediente deberá determinarse el objeto del contrato y se pondrá de manifiesto la necesidad, características e importe de la prestación (art. 73 RGLAP). Nada dicen ni la LCSP ni la Directiva de la información que debe recogerse en el inicio del expediente de forma inmediata, como sí señala el reglamento de contratación pública en los preceptos señalados. No obstante, la legislación se ocupa de establecer qué contenido deberá constar en el expediente de contratación mediante el PCA.

En los puntos subsiguientes, se abordan aspectos del clausulado o de las condiciones que rigen el procedimiento contractual de forma cronológica, a los que debe atender el OC y que tienen una incidencia en la actuación empresarial, pasada, presente y futura[211]. Los aspectos que se sitúan en la génesis del proceso contractual son el objeto del contrato —prestación— y el montante económico —contraprestación—. Posteriormente, entrando en la fase de adjudicación[212], se comenzará por atender a si el operador económico puede participar en el procedimiento arbitrado conforme a tres factores. El primero, debe tenerse presente que el órgano puede reservar contratos a una clase específica de operadores económicos que reúnen las características que la normativa contempla: generalmente, Empresas de Inserción y Centros Especiales de Empleo de iniciativa social. En segundo lugar, pueden concurrir en el operador eventuales prohibiciones para contratar con el sector público. El último factor de (pre) selección se refiere al cumplimiento de los requisitos o condiciones de solvencia económica y técnica o profesional. Tras estas materias, el órgano debe valorar las ofertas presentadas por los distintos licitadores que no sean excluidos del procedimiento de tal modo que, aquella que reciba una mayor puntuación conforme a los criterios de valoración de ofertas prescritos en los PCA, resultará adjudicataria del contrato (por tanto, no se valora las características de empresa sino las de la oferta). Además, en caso de que exista un empate entre distintos empresarios como resultado de la valoración realizada mediante los criterios de adjudicación, se aplican los criterios de desempate —anteriormente denominados criterios de preferencia— para resolver la adjudicación que pueden atender a características de la oferta o bien del operador. En último lugar, y una vez adjudicado el contrato, este se ejecutará conforme a las condiciones de ejecución estipuladas previamente en los pliegos de contratación. Pues bien,

---

211 Es frecuente que este *iter* que se expone se utilice entre la doctrina académica y en las guías públicas de contratación pública socialmente responsable para explicar la implementación de cláusulas sociolaborales. De hecho, algunos de los componentes o pasos pueden ser incluidos como subfases de las ya relatadas, el objetivo de esta investigación es profundizar en aquellos puntos que permiten desarrollar el potencial de cláusulas sociolaborales.

212 Aunque podría incluirse este paso en una fase denominada *selección de operadores o participantes.*

estas condiciones serán relevantes, además de a la hora de ejecutar efectivamente el contrato, para vigilar o controlar el posible incumplimiento y, con ello, tomar medidas consistentes en aplicar penalidades o la extinción del contrato.

2.1. Definición del objeto del contrato

La decisión de iniciar un expediente administrativo de contratación viene dada, primeramente, por obtener una prestación (consistente en hacer o dar) de un operador económico externo; esta prestación que motiva la puesta en marcha del proceso contractual es lo que se denomina *objeto del contrato.* Junto a la mención del objeto contractual en la decisión de inicio del expediente y en los pliegos, la LCSP exige que se justifique la decisión de adquirir tal prestación, la decisión de externalizarla o la división en lotes[213].

La determinación del objeto del contrato se ha considerado decisiva para el desarrollo de criterios sociales en el resto de las fases contractuales. En primer lugar, porque el objeto del contrato se constituye en la razón de ser del proceso de contratación. En segundo lugar, porque cualquier exigencia que se realice a la empresa licitadora y a la adjudicataria durante y tras el proceso contractual debe estar vinculada al objeto del contrato (cuestión estudiada en el punto 3 de este capítulo). En tercer lugar, porque a pesar de que el adjudicador puede tener una gran facultad discrecional a la hora de definir el objeto del contrato, se ha acotado tal discrecionalidad para evitar que el objeto alcance a aspectos colaterales relacionados con cómo se desarrolla la prestación contratada; las limitaciones a cláusulas sociolaborales, precisamente, se relacionan con estas reglas que acotan lo que se considera en sí mismo, en su esencia, el objeto del contrato[214].

---

213 No obstante, el art. 67.2 a) RGLAP sí señala la obligación, no solo de definir de forma clara y precisa el objeto del contrato en los PCA, sino que se exige una correcta codificación de este, además de establecer la necesidad de la prestación.

214 Más claras resultan las fronteras si se repara en otros principios como el de igualdad de trato, pues el resultado desemboca en que no es posible definir un objeto del contrato de tal modo que solo puedan acceder a él empresas nacionales en perjuicio de otros operadores económicos de otros EM o de países con derechos equivalentes.

Del modo advertido en la introducción de este punto 2, son los PPT los encargados de detallar las características o especificaciones operativas (técnicas, en términos de la ley y la normativa europea) de la prestación que se pretende obtener del operador externo. Así, en frecuente que el objeto se grafíe en un enunciado de una o más líneas, pero este enunciado debe operativizarse de tal modo que se conozca qué prestación por parte del operador externo responde al objeto contractual al que se refieren el anuncio de licitación, el PCA y el PPT. Si la definición en un enunciado básico del objeto del contrato son sus rasgos fenotípicos, los PPT son una suerte de desarrollo genotípico del mismo.

El artículo 35.1.c) LCSP impone que los documentos en los que se formalicen los contratos incluyan la definición del objeto y el tipo de contrato, teniendo en cuenta en dicha definición las consideraciones sociales, ambientales y de innovación[215]. Esta última alusión se justifica en la necesidad de impulsar la responsabilidad social en todo el ciclo contractual de la contratación pública como un elemento estratégico del contrato. En un sentido similar se expresa el art. 99.1 LCSP señalando que, aunque el objeto contractual debe ser determinado, se puede definir atendiendo a las necesidades o funcionalidad que se pretendan satisfacer e, incluso, pueden definirse de forma amplia en "los contratos en los que se estime que pueden incorporarse innovaciones tecnológicas, sociales o ambientales que mejoren la eficiencia y sostenibilidad de los bienes, obras o servicios que se contraten". De nuevo, se da con líneas que aluden a objetos sociales, medioambientes o innovadores como ejes de la contratación estratégica que se incorporan *ex novo* a la LCSP de 2017[216].

---

215 Hasta la tramitación de las enmiendas en el Congreso de los Diputados, la redacción de este apartado 1 y letra c) en el Proyecto de Ley solo hacía alusión a la necesidad de definir objeto y señalar el tipo de contrato. La enmienda 43 del Grupo Parlamentario Confederal de Unidos Podemos-En Comú Podem-En Marea, adicionó este último inciso.

216 Responde su formulación a una enmienda propuesta en el Congreso de los Diputados por el Grupo Parlamentario Socialista, aunque similar en su redacción y motivación a la del GP vasco, y, si bien es cierto que la expresión "innovaciones sociales", que no sería otra cosa que introducir cambios novedosos de carácter social, puede no parecer la más acertada, no puede negarse que incluso en la fase de definición del objeto se ha buscado introducir los aspectos sociales con

La relación entre *lo social* y el objeto del contrato puede tener lugar en tres niveles diferenciados que, a su vez, representan un grado de desarrollo de la CPSR diversa. En un primer nivel se encuentra la determinación de un objeto contractual que, de forma inmediate, trata de satisfacer necesidades sociales en sentido estricto (ya que, en términos amplios toda satisfacción del interés general constituiría la satisfacción de una necesidad social). El segundo nivel lo constituiría el que permitiría que, sea cual sea la necesidad pública que se busque saldar, se incorporen objetivos complementarios y accesorios a la prestación principal que terminen por beneficiar a los ciudadanos, en concepto de consumidores y usuarios, que acceden a las obras, servicios o productos adquiridos. El tercer nivel lo configuran las consideraciones sociales que se incluyen en el contrato, no ya como objeto mismo de la prestación o como utilidad dirigida a los usuarios directos de la prestación, sino que el beneficio puede ser difuso o concreto dirigido a múltiples actores de la sociedad (a modo de grupos de interés).

Por lo que al primer nivel se refiere, es una forma de actuación pública que corresponde, casi por entero, a un ámbito extracontractual. De cualquier modo, hace casi tres décadas, cuando comenzaba a plantearse oficialmente la responsabilidad social en los contratos

---

el fin de promover un crecimiento económico sostenible. La motivación de la enmienda 553 —similar a la enmienda 861 del Sr. Homs Molist (GMx)— del Grupo Parlamentario Socialista es la siguiente: "La «innovación» es uno de los ejes de «Estrategia Europa 2020» para un crecimiento inteligente, sostenible e integrador, donde se considera la contratación pública una herramienta crucial para impulsar la innovación, que es de gran importancia para el crecimiento futuro de Europa. Con ese objetivo las nuevas Directivas [...] señalan que los poderes públicos deben hacer la mejor utilización estratégica posible sobre la contratación pública para fomentar la innovación, como medio para mejorar la eficiencia y la calidad de los servicios públicos, a la vez que impulsar nuevas ideas, plasmarlas en productos y servicios innovadores y, de ese modo, fomentar un crecimiento económico sostenible. [...]. Potenciar la innovación en los bienes, servicios y suministros que contrata el sector público requiere no solo facilitar con una regulación precisa y sencilla figuras específicas como la compra pública de innovación o la compra pública pre-comercial, sino permitir introducir aspectos que incentiven a los licitadores la presentación de ofertas con componentes de innovación tecnológica, social y/o ambiental, en todas las fases de la contratación, desde la definición del objeto de los contratos, a los criterios de valoración de las ofertas y a la ejecución de los contratos ".

públicos, la Comisión entendió que el primer paso que puede dar un órgano administrativo a la hora de considerar aspectos sociales en la contratación es definir un objeto del contrato con trascendencia social (COM, 2001a)[217]. Lo cierto es que, sobre este asunto, la *Comunicación sobre inclusión de aspectos sociales en la contratación pública* (COM, 2001a) se remitía a la Comunicación sobre cuestiones medioambientales del mismo año, aunque señalaba algunos ejemplos específicos en materia social. Para referirse a un contrato de servicios con un objeto del contrato con características sociales cita contratos que tienen por objeto actividades formativas y de asesoramiento destinadas a desempleados de larga duración o a personas en condiciones desfavorecidas. Por lo que a los contratos de obra se refiere, se puede ofrecer como ejemplo la construcción de una escuela infantil municipal que contribuirá a la conciliación de la vida personal y profesional de los ciudadanos. Y en lo relativo a un contrato de suministro, cabe plantear que pueden adquirirse medios de transporte para un servicio público o material de estudio para alumnado. Por supuesto, como señala la Comisión, fuera de toda duda queda la determinación del *uso social* del contrato, como puede ser la construcción de hospitales o residencias para personas de la tercera edad (COM, 2001a).

Nos detenemos ahora en el segundo modelo de objetos contractuales de trascendencia social a partir de los primeros ejemplos proporcionados. El servicio de formación de desempleados puede verse potenciado por la formación de sus trabajadores en perspectiva de género y con perspectivas contra la aporofobia, la homofobia o la xenofobia. La obra de una escuela infantil podría contemplar un diseño de accesibilidad para personas con movilidad reducida, con ceguera o deficiencias visuales o con trastornos psiquiátricos. En el caso de un contrato de suministro, podría ser la compra de productos in-

---

217 A pesar de ello, en interpretaciones previas a las directivas de cuarta generación, entendió que integrar aspectos sociales depende del tipo de contrato: contrato de obras, de suministro o de prestación de servicios. La Comisión confundía la inclusión de aspectos sociales con la determinación del objeto de finalidad social, cuando dice que las posibilidades de integrar los aspectos sociales varían según los diversos tipos de contratos; lo que ha contribuido a generar bastante confusión en relación con la formulación del objeto.

formáticos o mobiliario adaptados a las necesidades de las personas con discapacidad.

En los albores de la CPSR, ejemplos como los expuestos de este segundo modelo de objeto con trascendencia social, similares a los de la Comisión Europea (2001a), se identifica el objeto del contrato con la concreta obra, servicio o materiales suministrados y el aspecto social de dicho objeto lo relaciona con las personas usuarias o beneficiarias del resultado de la prestación. O, dicho de otro modo, no se contempla que las necesidades sociales se satisfagan durante el contrato en relación con los factores materiales o personales intervinientes.

Al tercer modelo, más propio de la concepción contemporánea de la CPSR, responden los contratos que satisfacen requerimientos sociales de interés general, no los que representa en sí mismo el objeto, sino de forma, si se quiere, colateral, y a partir de la instrumentalización del proceso contractual. Es decir, en esta concepción se busca, aun manteniendo la vigencia del primer y segundo modelo, validar y fomentar el tercero de ellos. Así, puede construirse un edificio para albergar un garaje municipal y combatir las altas tasas de desempleo de larga duración exigiendo o incentivando que el contratista contrate para la ejecución del contrato personas que llevan más de cuatro años en situación de desempleo. De este modo, y dejando para los próximos capítulos las problemáticas inherentes a tales planteamientos, se permite que, aunque la motivación contractual primaria sigue siendo un objeto que no necesariamente es social en sentido estricto, el modo en que se ejecuta el proceso contractual o dicha prestación contribuya a la satisfacción de objetivos sociales concretos, pero de consecución difusa.

En ciertas ocasiones, los órganos de contratación que quieren incorporar consideraciones sociales en el contrato (ya sea conforme al primer modelo expuesto o conforme al segundo) optan por dejar constancia de esta voluntad en la definición del objeto del contrato. Aunque la LCSP no recoge pautas para definir el objeto contractual, más allá de la utilización de ciertos códigos, podría afirmarse que la incorporación de aspectos sociales, en los sentidos relatados, no requeriría dejar constancia de ello en la somera definición que se plasma en el anuncio de licitación, los PCA y los PPT, sino que se podrían desarrollar tales aspectos sociales sin dicha constancia. Ahora bien, la necesaria vinculación con el objeto del contrato de cualquier cláusula contenida en los pliegos, tal y como se estudiará en el punto 3 del presente capítulo III, llevó a las AAPP a hacer mención en la misma definición del objeto del contrato de esta latencia social.

Las AAPP se han hecho eco de esta tendencia a través de sus PCA e, incluso, sus guías prácticas de contratación suelen plantear ejemplos. Aunque sobre estas guías profundizaré en los capítulos III y, sobre todo, IV, cabe citar un ejemplo especialmente gráfico. Teniendo en cuenta consideraciones sociales en un contrato con un objeto que no es en sí mismo de carácter sociolaboral, se trae a colación un supuesto de la Guía elaborada por la Xunta de Galicia de 2016 (p. 9). En ella, aludiendo a la definición del objeto, se recomienda decidir cuál es la obra, servicio o suministro a contratar e identificar una necesidad social que pueda satisfacerse en orden a beneficiar socialmente a usuarios que vayan a hacer uso del producto o servicio, a quienes intervienen en la ejecución de la prestación e, incluso, a la sociedad. Esta necesidad, en el marco de la contratación con una empresa para realizar folletos explicativos para unas jornadas, puede identificarse en relación con los asistentes a la jornada; pero la definición del objeto hace referencia, además, a un objetivo social adicional. De tal modo que pueda definirse el objeto del siguiente modo:

> "Folletos elaborados, además de con criterios de ecoedición, en cumplimiento de los objetivos de compra pública ecológica impuestos por la ley de racionalización, con criterios que faciliten la accesibilidad universal, por ejemplo, mediante letras con tamaño razonable, con colores que faciliten su lectura a personas daltónicas y con ejemplares en sistema braille; elaborados, además, en condiciones de trabajo digno".

Como se ha advertido, al margen de las interpretaciones realizadas por la Comisión en comunicaciones y libros verdes (anteriores a las directivas de 2014), ni las directivas ni la ley acotan el objeto del contrato a una prestación objetiva principal consistente estrictamente en definir la obra, suministro o servicio. Es por esto por lo que las redacciones de los anuncios de licitación y los PCA conciben las consideraciones sociales como objeto de contrato o, al menos, como un objetivo accesorio al principal, no necesariamente relacionado con los usuarios o beneficiarios finales de la prestación.

Sobre este particular es elocuente el Informe 16/2015, de 4 de noviembre, de la JCCP de Aragón en su consideración jurídica tercera, que juzga como válidas las formulaciones del objeto del contrato sobre las que se solicita su opinión: "Servicio de XXXX con desarrollo de programas de inserción socio laboral del colectivo X", o "Constituye el objeto del contrato xxx, y el desarrollo de acciones positivas de género". Entiende la Junta que de este modo se incorpora formalmente la preocupación social en el objeto, lo que no supone otra cosa que una anticipación de las obligaciones que deberán recogerse en los PCA[218]. En un sentido no idéntico pero similar, Bernete García (2013) recomienda que, en lugar de establecer como objeto "el mantenimiento de zonas verdes" se exprese como "proyecto de empleo para personas con discapacidad, mediante la actividad de mantenimiento de zonas verdes".

Además, puede entenderse que en la definición del objeto del contrato conviene hacer referencia expresa a estas finalidades sociales, sobre todo, para salvaguardar la exigencia de que las cláusulas que se pretendan hacer valer estén relacionadas con el objeto del contrato. Esto podría dar a entender que, de no hacerlo, quedarían invalidadas las obligaciones redactadas posteriormente. No obstante, entiendo, como pone de manifiesto la Guía de la Generalitat Valenciana (2018, p. 11) que "no sería lógico que un contrato cuyo objeto sea el suministro de papel, redactado tal cual, porque no recoja la frase 'con requisitos medioambientales' en su definición, impidiera a esta contratación exigir estos requisitos ". Y es que, no es necesaria

---

218 Asimismo, se planteó la posible incompatibilidad de tales formulaciones con el Vocabulario común de contratos públicos (CPV) pues los códigos enumeran "prestaciones objetivas" y de este modo no se contempla la posibilidad de definir aspectos sociales junto a ellas. Sobre este extremo la Junta afirma que la propia Comisión en su Guía de 2010 considera que los poderes adjudicadores tienen libertad para definir el objeto de forma que satisfaga sus necesidades. Por ello, aunque el art. 23 Directiva 2014/24/UE señala que ha de emplearse la nomenclatura de los contratos conforme a los códigos de CPV para facilitar mayor apertura del mercado, dichos códigos no se corresponden exactamente con la descripción del objeto. Por ello, entiende el órgano consultivo que realizar precisiones sociales en el objeto del contrato ni afecta al principio de transparencia que pretende el CPV ni desnaturaliza ni esconde el "objeto principal" o "prestación objetiva".

tal redacción, siempre que exista una relación entre el objeto del contrato y las exigencias sociales en los términos que veremos más adelante (punto 3.2.1. del presente capítulo).

En efecto, a efectos prácticos no puede considerarse que el mayor o menor tino a la hora de redactar el objeto del contrato pueda constituir una limitación a la inclusión de exigencias sociales, ya que pueden desarrollarse en la fase posterior de descripción de las especificaciones técnicas y porque se continúa considerando que el objeto principal recae en la obra, el material suministrado o el servicio prestado y entender que pueden añadirse adjetivos tendentes a la sostenibilidad social y medioambiental no altera el requisito de vinculación con el objeto del contrato. Con todo, los poderes adjudicadores han tendido a incluir en la descripción del objeto del contrato estos aspectos, quizás previendo posibles reticencias. En efecto, algunos autores han venido considerando conveniente desde los albores de la compra pública social incluir en el objeto del contrato detalles que evoquen la inclusión de criterios sociales en los PCA para validarlos (Lesmes Zabalegui & Rodríguez Zugasti, 2010, p. 45).

Es por esto por lo que se escriben recomendaciones como la que encontramos en la Guía de contratación pública social de la Generalitat Valenciana (2016, p. 12) a la hora de definir el objeto del contrato, en la que se pone el siguiente ejemplo: "El objeto del contrato es el servicio de limpieza de los edificios municipales incluyendo la contratación de personas en situación o riesgo de exclusión social". Por su parte las AAPP están redactando los PCA en dichos términos. El Ayuntamiento de Getxo, definía en los Pliegos el objeto de un contrato destinado al servicio de recogida selectiva de textil del siguiente modo:

> "[...] servir de base a la contratación de los trabajos de recogida selectiva de textil en el municipio de Getxo por medio de los contenedores instalados al efecto. Asimismo, constituye objeto del contrato el fomento y promoción de colectivos con dificultades para el acceso al mundo laboral o que se encuentren en situación de riesgo de exclusión [...]".

Estas formulaciones son una realidad incontestable en la contratación pública y, a pesar de que no se corresponde exactamente con las indicaciones de la Comisión, no han encontrado grandes oposiciones porque, tal y como se apuntaba anteriormente, la trascendencia práctica de la inclusión o no de estos aspectos sociales no debería influir en la posibilidad de incluirlos y desarrollarlos en las distintas fases contractuales.

Dicho esto, en mi opinión, las recomendaciones de la Comisión más restrictivas pueden adelantarse a la posible litigiosidad que suscite el requisito de la relación con el objeto del contrato, ya que, como se ha expuesto, hay quien señala que para garantizar dicha relación basta con incluir en el objeto del contrato las consideraciones sociales que se pretendían desarrollar en proceso contractual. Así, la Comisión (2011a, p. 23), ha entendido, partiendo del ejemplo de un contrato de obras que tiene por objeto la construcción de una escuela[219], que:

> "[...] las condiciones laborales de los trabajadores que construyen la escuela no pueden formar parte del objeto del contrato, ya que no están vinculadas al objeto, sino sólo a la forma en la que se llevará a cabo el contrato público. Sin embargo, bajo determinadas circunstancias, podrían incluirse requisitos relacionados con las condiciones laborales en las cláusulas de cumplimiento del contrato".

En definitiva, es importante clarificar el objeto del contrato, pero la realidad es que este primer paso en la preparación del contrato no debería condicionar excesivamente la posibilidad de incluir criterios sociales en fases posteriores puesto que lo relevante es que exista una relación con el objeto del contrato. Asimismo, lo trascendente en la actualidad es que la norma da una cobertura mucho más amplia a las cláusulas sociales que la que dio lugar al ejercicio interpretativo restrictivo de la Comisión Europea. Es por ello por lo que las limitaciones a la determinación del objeto que se definen dejando extramuros la consideración de aspectos laborales deben, a fuerza de la

---

219 Esto contrasta significativamente con la postura no tan restrictiva mantenida en la *Comunicación interpretativa de la Comisión "la legislación comunitaria de contratos públicos y las posibilidades de integrar los aspectos medioambientales en la contratación pública"* (COM, 2001a). Al referirse a los contratos de prestación de servicios afirma que puede exigirse un método concreto de limpieza de edificios que sea menos perjudicial para el medioambiente. Tratándose de contratos de obras los poderes adjudicadores podían fijar requisitos sobre la utilización de la electricidad o del agua, o sobre la gestión de los residuos y sobre el lugar de las obras.

constatación de una trascendente novación normativa, no deberían tener los efectos pretendidos. Y es que, la interpretación restrictiva de la Comisión se despliega sobre el resto de las fases de la contratación, y las cláusulas laborales no salen bien paradas.

2.2. La determinación de los conceptos económicos del contrato

Tanto el valor estimado, como el precio y el presupuesto base de licitación son conceptos jurídico-económicos trascendentes a la hora de preparar el contrato que se va a licitar. En primer lugar, el valor estimado del contrato es relevante, sobre todo, a efectos de la determinación del régimen jurídico aplicable (Peña Ochoa, 2018). Este concepto se define en el art. 101 LCSP[220] como el importe total descontando el IVA que, según estime el OC, podrá abonarse al adjudicatario teniendo en cuenta los posibles incrementos eventuales que se produzcan durante la ejecución de la prestación[221], a excepción de las revisiones de precios que procedan. En el cálculo del valor estimado deben tenerse en cuenta, al menos, "los costes derivados de la aplicación de las normativas laborales vigentes" y otros costes derivados de la ejecución material, los gastos estructurales y el beneficio industrial. Una de sus implicaciones prácticas es la determinación de si el contrato en cuestión se sujeta o no a regulación armonizada: es decir, si se somete a las directivas de contratos de la UE. Así lo señala el mismo considerando 1 de la Directiva 2014/24/UE a fin de asegurar que los principios del Derecho de la Unión tengan efecto práctico y exista una competencia efectiva[222].

---

220 Tiene su origen en el art. 9 de la Directiva 2004/18/CE y fue recogido por vez primera por la Ley 30/2007.

221 Sobre la posibilidad de variación del precio del contrato, el art. 102.6 LCSP permite que, en determinados casos, puedan incluirse "cláusulas de variación de precios en función del cumplimiento o incumplimiento de determinados objetivos de plazos o de rendimiento, debiendo establecerse con precisión los supuestos en que se producirán estas variaciones y las reglas para su determinación, de manera que el precio sea determinable en todo caso".

222 El artículo 4 de la Directiva 2014/24/UE establece umbrales económicos, diferenciados según tipo de contrato y poder adjudicador, que son revisados periódicamente y que originariamente no descendían, en el supuesto más bajo, de los 134.000 euros para los supuestos de contratos de suministro y servicios adjudicados, en el caso español, por la AGE y sus entes u organismos. Esta frontera

En segundo lugar, el concepto que tiene mayor trascendencia desde la perspectiva contractual es el del precio del contrato. En este concepto, el art. 102.1 LCSP incluye el importe a abonar al contratista por la prestación teniendo en cuenta en el montante el IVA. Deben estar incluidos todos los costes asociados a la prestación en cuestión, por lo que es indispensable que OC estime de forma correcta su importe en el momento de fijar el presupuesto base. Y, por último, el presupuesto base de licitación hace referencia al gasto máximo consignado en los presupuestos por el que se licita el contrato por encima del cual no pueden presentar ofertas los licitadores.

Estos conceptos podrían no tener mayor trascendencia a efectos del objeto de estudio, además de la indicada, si no fuera por la significación de los costes laborales asociados a la prestación en orden a determinar las cuantías a las que se aludía. Uno de los elementos novedosos introducidos por el art. 100.2 LCSP lo constituye la obligación de desglosar en el PBL los costes laborales de carácter salarial estimados conforme al "convenio laboral de referencia", con desagregación de género y categoría profesional, siempre y cuando en el contrato en cuestión "el coste de los salarios de las personas empleadas para su ejecución forme parte del precio total del contrato". Ahora bien, tal obligación sólo resulta para los contratos en que el coste de los salarios forme parte del precio total del contrato. Asimismo, el artículo 101 LCSP, sobre el valor estimado en los "contratos de servicios y de concesión de servicios en los que sea relevante la mano de obra", obliga a realizar el cálculo, basándose "en la aplicación de la normativa laboral vigente [y teniendo] especialmente en cuenta los costes laborales derivados de los convenios colectivos sectoriales de aplicación"[223]. Respecto de la determinación del precio del con-

---

del ámbito aplicativo también es referenciada en los artículos 19 y ss. LCSP, de tal modo que se alude a los contratos sujetos a una regulación armonizada en términos similares a los de la directiva.

223 Respecto del artículo 101, se presentaron enmiendas por varios Grupos Parlamentarios, pero solamente una con trascendencia en aquello que ocupa a la presente investigación, presentada por el GP-Vasco. La enmienda 1058 del GP PNV añade un nuevo apartado —el 10— al precepto del Anteproyecto de tal modo que se incluye como criterio para estimar el valor del contrato las cuantías del convenio colectivo de sector. Esto se justifica, en palabras del propio GP, por la prevención que supone de eventuales maniobras para reducir los precios de

trato, de nuevo, se señala la obligación del órgano de contratación de considerar, en el cálculo del importe, los convenios sectoriales nacionales, autonómicos y provinciales aplicables en el lugar de prestación de los servicios "en aquellos servicios en los que el coste económico principal sean los costes laborales" (art. 102.3.II LCSP)[224].

Como puede apreciarse en la literalidad de la ley, el estándar convencional de sector entra en juego sólo si concurren en el escenario servicios intensivos en mano de obra en la determinación de los tres conceptos económicos fundamentales del contrato[225]. Sobre qué debe entenderse

---

mercado y, con ello, los costes vinculados al contrato con posible perjuicio para los derechos de los trabajadores y, además —señalan—, de la competencia. Finalmente, esta enmienda consolida en el texto remitido por el Congreso de los Diputados al Senado, aunque ubicándose, no ya en el apartado décimo, sino en el lugar donde hoy radica (art. 101.2.c. LCSP) y con la misma redacción.

224 De nuevo, este párrafo —con una fórmula literaria similar a la expuesta anteriormente— no se encontraba en el Anteproyecto. Las enmiendas en torno a este precepto y, en concreto, a la cuestión relativa a la aplicación del convenio de sector para valorar el precio, llegan en la primera fase de enmiendas en el Senado. En esta ocasión, varios Grupos Parlamentarios aportan sus redacciones y sus justificaciones o motivaciones. El GP-Unidos Podemos (enmienda 90) la justifica debido a la necesidad de que los precios tengan siempre en cuenta las normas laborales que fijan los salarios. El GP-ERC (enmienda 245), entiende que se trata de una mejora técnica para garantizar las obligaciones laborales de los contratistas y los subcontratistas. Por su parte, el GP-Socialista (563) señala que se trata de una mejora técnica que supone tener en cuenta los salarios y costes laborales determinados conforme a las normas que emanan de la negociación colectiva. Por último, el GP-Mixto (enmienda 868), en una justificación más extensa que las anteriores argumenta que debe tratarse de determinar el precio atendiendo a los costes laborales como un criterio que permita el efectivo cumplimiento del contrato. Asimismo, continúa haciendo referencia a dos resoluciones de los tribunales administrativos de recursos contractuales del siguiente modo: "Parece en todo caso conveniente, [...] que «en casos en el que el coste económico principal lo constituye la retribución del personal, este coste sea el concepto básico desde el punto de vista económico del contrato» (resolución 728/2014), o que «los convenios colectivos del sector económico del sector correspondiente... sí pueden tomarse en consideración como indicadores a tener en cuenta al elaborar el presupuesto de licitación especialmente en aquellos servicios en los que el elemento personal es fundamental en la prestación objeto del contrato» (resolución 66/2012) ".

225 La referencia respecto del PBL en el art. 100 es que el coste del personal "forme parte del precio total del contrato ". Pues bien, se entiende de este modo por el TACRC (por todas, la resolución 633/2019, de 13 de junio) y una parte de la doctrina,

por *intensivo en mano de obra* es apropiado remitirse a la doctrina judicial y académica de las actividades desmaterializadas o despatrimonializadas construida con motivo de la aplicación de la institución de la sucesión de empresas laboral (art. 44 ET y Directiva 2001/23/CE). La remisión, en este punto, se realiza al capítulo IV en el cual se profundiza en esta cuestión al abordar las cláusulas de subrogación laboral.

Con todo, con motivo del abordaje administrativo del PBL este aspecto se complica por cuanto se alude a que "el coste de los salarios de las personas empleadas para su ejecución forme parte del precio total del contrato". En otras palabras, además de que los costes laborales deban ser los relativos a las personas que participan de forma directa en el contrato y de que dichos costes sean cuantitativamente preponderantes[226], el TACRC, y otros órganos como el Tribunal Català de Contractes del Sector Públic[227], exigen un tercer requisito complejo: tales costes de personal deben forman parte del precio del contrato y, por tanto, no basta con que tan solo contribuyan a determinar el precio. En consecuencia, "solo los contratos de servicios en que la ejecución del contrato requiere el empleo de trabajadores para la ejecución y su coste pasa a formar parte del precio total, bien como un factor del precio (por ejemplo, número de trabajadores por categoría y por unidad de tiempo), bien por un precio unitario por trabajador por unidad de tiempo de trabajo adicional, y tal cosa solo ocurre en las prestaciones directas a favor de la entidad pública, que es la que recibe la prestación, como es el caso de los servicios de seguridad y vigilancia, limpieza y otros semejantes"[228]. Es decir, se refiere a servicios accesorios o complementarios de la actividad pública.

En efecto, tras la entrada en vigor de la LCSP, el TACRC comenzó a pronunciarse sobre estos artículos reconociendo la mayor vincu-

---

que no se aplicará a los contratos de suministro, ni a los contratos de obras por proyectos que deban expresar precios unitarios. En definitiva, solo se aplica contratos de servicios en los que la mano de obra proporcionalmente sea preponderante desde la perspectiva del coste y, a su vez, que los trabajadores desempeñen su labor de forma exclusiva en el servicio contratado (Canales Gil et al., 2022).

226 Como se aplica al precio del contrato y al valor estimado.

227 Resolució 239/2022, de 13 de desembre.

228 RRTACRC 861/2018, de 1 de octubre; 506/2019, de 9 de mayo; 659/2019, de 1 de agosto; 633/2019, de 13 de junio; y, 739/2019, de 4 de julio, entre otras.

lación del OC y los PCA a las normas laborales[229]. De su doctrina destacan dos aseveraciones: por un lado, el TACRC ha reconocido que "las normas convencionales no pueden resultar ajenas al poder adjudicador a la hora de fijar el presupuesto base de licitación y el valor estimado del contrato"[230]. Por otra parte, precisa que la toma en consideración del convenio sectorial solo se aplica a "contratos de servicio en los que [...] existe una prestación directa para la entidad contratante y solo para ella" por parte de los trabajadores a los que afecta. Este punto es realmente trascendente y lo trataré, respecto de otro tipo de cláusulas contractuales, más adelante.

La referencia a los costes laborales, y sobre todo a los de índole salarial, son una constante en múltiples puntos de la normativa y del contenido preceptivo de los PCA. No solo integran el cálculo de los conceptos económicos aludidos, sino que se constituye, al margen de las eventuales cláusulas sociales incluidas discrecionalmente por el OC, en obligaciones contractuales. En este sentido se pronuncian el art. 201 (en cuanto a las condiciones de ejecución) y el art. 122.2 (relativo al contenido mínimo de los PCA). El punto jurídicamente controvertido en este asunto es el valor de referencia para determinar tales montantes salariales. En efecto los PCA han de recoger la "obligación del adjudicatario de cumplir las condiciones salariales de los trabajadores conforme al Convenio Colectivo sectorial de aplicación" (véase el punto 2.8 de este apartado).

Se asiste a dos virtualidades para las facultades del OC en esta materia: por un lado, la relativa a la toma en consideración de los costes laborales al determinar el valor económico del contrato conlleva el rechazo de aquellas ofertas que no atiendan a la normativa laboral y de SS. Por otro lado, la eventual incursión en incumplimientos contractuales durante la prestación por parte de la contratista al vulnerar lo dispuesto en la normativa laboral aplicable a la contratista empleadora.

---

229 RRTACRC 861/2018, de 1 de octubre; 145/2019, de 22 de febrero; 506/2019, de 9 de mayo; 633/2019, de 13 de junio; o 1007/2019, de 31 de julio.

230 La RTACRC 966/2023 de 20 de julio advierte de que resulta razonable que los OC se ciñan a los convenios colectivos que han sido aprobados y publicados al momento de elaborar el PBL.

Para que esta exigencia tenga algún tipo de virtualidad la normativa contempla aquellas situaciones en las cuales el OC presume que una oferta presentada resulta inviable por ser su precio anormalmente bajo. Respecto de aquellos contratos sujetos a regulación armonizada el art. 69 de la Directiva 2014/24/UE prescribe que los poderes adjudicadores exijan a los operadores económicos que expliquen el precio ofrecido cuando la oferta presentada parezcan anormalmente bajas. Se establece así un procedimiento contradictorio en el que la administración evalúa la información proporcionada por el licitador pudiendo rechazar la oferta solo cuando la información derivada de los documentos aportados no explique satisfactoriamente el bajo precio. Pero, además, el art. 69.2 establece la obligación de que el poder adjudicador rechace la oferta cuando incumpla las obligaciones en materia social y medioambiental.

Esta materia es abordada, además de por la exposición de motivos en su labor explicativa y motivadora[231], por el artículo 149, que señala —a modo de obligación y no de potestad discrecional— que los OC deben rechazar las ofertas "si comprueban que son anormalmente bajas porque vulneran la normativa sobre subcontratación o no cumplen las obligaciones aplicables en materia medioambiental, social o laboral, nacional o internacional, incluyendo el incumplimiento de los convenios colectivos sectoriales vigentes, en aplicación de lo establecido en el artículo 201"[232]. Resulta importante señalar que el art. 201 LCSP menciona los convenios colectivos, sin aludir a su carácter sectorial. Es decir, existe una incoherencia patente en los

---

231 En este sentido, la exposición de motivos de la LCSP señala que esta norma introduce "normas más estrictas tanto en beneficio de las empresas como de sus trabajadores, de manera que las nuevas normas endurecen las disposiciones sobre esta materia en las denominadas ofertas «anormalmente bajas»". Además, la ley española lleva a su articulado la necesidad de un procedimiento contradictorio, también para los contratos no sujetos a regulación armonizada, similar al prescrito por la norma europea.

232 Del mismo modo que ocurriera con los apartados estudiados hasta el momento, nada se decía en el Anteproyecto sobre los convenios colectivos sectoriales, aludiendo de forma general a la normativa aplicable. Una enmienda transaccional aprobada por unanimidad en la fase de enmiendas del Congreso da lugar a la redacción apuntada en el artículo 149.4 *in fine* LCSP.

términos empleados por la normativa con consecuencias prácticas que se verán en los párrafos subsiguientes.

Si tras el procedimiento de audiencia se llegase a la conclusión de que no existe justificación del bajo precio ofertado porque en el mismo no se han contemplado las cuantías salariales derivadas del convenio sectorial aplicable, no podrá adjudicarse el contrato a la empresa en cuestión. De tal modo que no llegaría a activarse el instrumento habilitado por el apartado 7 del artículo 149 que obliga a establecer mecanismos adecuados para realizar un seguimiento pormenorizado de la ejecución del contrato cuando la empresa adjudicataria hubiese estado incursa en presunción de anormalidad.

La cuestión relativa a la aplicación del convenio de sector fue debatida en el trámite parlamentario hasta el último momento. Justo antes de votarse el Proyecto de Ley en la cámara alta el GP-Popular plantea una enmienda (n.º 254), eliminando el término "sectorial" que adjetiva a los convenios colectivos. Las enmiendas cambiaban el término "convenio colectivo de sector" por el de "convenio colectivo de aplicación" tanto para la estimación del valor y precio del contrato como para considerar una oferta como anormalmente baja. Las enmiendas, sin embargo, no fueron finalmente aprobadas y se mantuvieron las redacciones analizadas[233].

---

[233] Resulta clarificador el discurso de la senadora del GP-Socialista, Valentín Navarro que reprocha al Grupo Popular las enmiendas propuestas, entre otros motivos de índole parlamentaria, por su finalidad. Señala la senadora que "lo único que hacen es dar una vuelta más de tuerca a su dañina reforma laboral para hacer prevalecer los convenios de empresa en lugar de los convenios colectivos, y con un agravante más ". Continúa más adelante, en una intervención posterior, explicando que en este caso se da un problema de concurrencia de convenios, aludiendo a la posibilidad que brinda la última reforma laboral de acordar convenios de empresa con prioridad aplicativa respecto de los convenios de sector que, en palabras de la parlamentaria, "son superiores en general al convenio de empresa; convenios de empresa [...], motivo por el cual creemos que en el Proyecto de Ley de contratos debe figurar la necesidad de aplicar el convenio sectorial correspondiente. El texto aprobado en el Congreso, por tanto, incluía que la obligación del adjudicatario es la de cumplir las condiciones salariales establecidas en ese convenio, en el sectorial de aplicación". El senador Martínez Arcas, del Grupo Popular responde a la senadora que la "referencia a los convenios sectoriales es errónea y contradictoria con lo establecido en los artículos 84 y 85 del Estatuto de los Trabajadores que [...] establece la prevalen-

Existen argumentos válidos para concluir que la referencia para la determinación de los conceptos económicos del contrato, en las prestaciones intensivas en factor trabajo, es el convenio colectivo sectorial correspondiente al objeto del contrato cuando este existe y se encuentre en vigor al momento de redactarse los PCA. No obstante, resulta igualmente razonable extraer que el art. 149 LCSP tan solo menciona los convenios colectivos sectoriales como referencia básica y refuerzo simbólico, más que normativo, del valor de los convenios estatutarios de sector. Coherentemente con esto último, para el TACRC resulta "evidente que el órgano de contratación no se encuentra vinculado, a la hora de elaborar el presupuesto base de licitación, al convenio colectivo de empresa que pueda existir". El modelo para tal cometido será el convenio colectivo de sector; cuestión distinta es si el OC puede rechazar la oferta por anormalmente baja si no se atiene al convenio sectorial, pero sí respeta la letra del convenio de empresa (RTACRC 961/2022, de 28 de julio —FJ 6º—)[234].

La trascendencia de estos debates puede exacerbarse debido a que el ET permite a las empresas excepcionar lo dispuesto en el convenio colectivo sectorial en relación con el sistema de remuneración y la cuantía salarial a través de la institución de la inaplicación del convenio colectivo sectorial, por acuerdo adoptado conforme al art. 82.3 ET. Hasta el RD-ley 32/2021, de 28 de diciembre, había otra posibilidad de exceptuar la aplicación del convenio sectorial, pues la adopción de un convenio colectivo estatutario de empresa permitía dar prioridad a su contenido en materia de salario base y sistema de remuneración independientemente del momento en que entrase en vigor este. En la actualidad esta facultad ha sido derogada, pero la posibilidad de inaplicar el convenio bajo determinadas circunstancias se mantiene en vigor siempre que se realice conforme al art. 82.3 ET[235].

---

cia del convenio de empresa sobre el convenio sectorial en algunos ámbitos, y en concreto en el ámbito de los sueldos y salarios ".

234 Respecto del rechazo de una oferta por incumplir la jornada máxima laboral, ex ante, como consta en el desglose presupuestario de la empresa concurrente, véase el Acuerdo del TACP de Madrid 123/2023, de 23 de marzo.

235 Tanto la RTACRC 270/2021, de 18 de junio, como la posterior STSJ de Madrid 221/2024, de 3 de abril, dictada tras el recurso a aquella, advierten en sus fun-

En definitiva, la aplicación del convenio de sector en la determinación de los elementos económicos del contrato solo tendría lugar en algunos sectores intensivos en mano de obra (concepto no fácil de concretar en todo caso) y cuando los costes laborales se integren directamente, pero más dudas suscita su aplicación para resolver qué ofertas son anormalmente bajas[236]. A mi parecer, la posición del TACRC es la más ajustada a la literalidad y a la sistematicidad de la ley. El convenio sectorial será la referencia del valor estimado y el PBL en los casos señalados y, por ende, la presunción de anormalidad de la oferta solo puede tomar como base dicho textos convencionales. Sin embargo, esta presunción decaería si se demuestra en el proceso que la oferta ha tomado en cuenta lo dispuesto en un convenio colectivo estatutario de empresa o si existe un acuerdo de inaplicación del sectorial. Debe recordarse, a pesar de ello, que para los casos que se susciten tras la reforma laboral aprobada el 28 de diciembre de 2021 no cabe la prioridad aplicativa del convenio de empresa, por lo que estos debates quedan, al menos parcialmente, más desdibujados (véase el punto 2.8.1. del presente capítulo).

2.3. Reserva de contratos a entidades de inserción sociolaboral

Los órganos administrativos no disponen de facultades discrecionales para determinar las empresas que pueden participar en los procesos contractuales, esto contravendría los principios de igualdad, transparencia y libre competencia. La limitación *ex ante* a la participación se da, principalmente, por la incursión de un operador económico en situaciones que determinan la prohibición de contrata (véase el punto 2.5 de este capítulo). Además, los operadores pueden

---

damentos jurídicos y en sus fallos que no pueden confundirse los acuerdos de inaplicación de convenio con acuerdos colectivos extraestatutarios que rebajan las condiciones salariales.

236 Además, se plantea la cuestión de cómo se articularía el procedimiento cuando concurren empresas a las que, por su actividad se les aplica un convenio sectorial distinto. Al margen del convenio colectivo sectorial que pueda resultar de aplicación a la empresa, la actividad contratada responde a un ámbito de aplicación que podría tomarse en consideración para determinar los conceptos económicos.

resultar rechazados en la fase de selección de contratistas y no participar en la fase de valoración de ofertas por no responder las características de la empresa a los criterios de solvencia establecidos por el órgano de contratación (puntos 2.4 y 2.5 de este capítulo).

De ello se deriva la regla del art. 132.1.II LCSP que establece que no puede limitarse la participación en el proceso por la forma jurídica o el negocio de lucro en la contratación, salvo en los contratos reservados para entidades que determine la ley. Y es que, una de las instituciones clásicas en materia de consideraciones sociales en la contratación pública es la que pretende reservar contratos a entidades de naturaleza jurídica y finalidad vinculadas a la inclusión sociolaboral.

En el ordenamiento español esta materia viene regulada fundamentalmente por la LCSP que consolida la figura de los contratos reservados que impulsó la Directiva 2004/18/CE y que incorporó la Ley 30/2007 (Andrés Pérez, 2018). Para su estudio es preciso atender tanto a la DA 4ª como a la 48ª LCSP como al art. 20 de la Directiva 2014/24/UE.

El considerando 36 de la Directiva 2014/24/UE reconoce que los talleres protegidos y las empresas sociales que tienen como objetivo apoyar la integración social y profesional o la reintegración de personas desfavorecidas o con discapacidad pueden desempeñar un papel esencial en la integración en la sociedad para garantizar la igualdad de oportunidades. Por ello, considera conveniente que los EM puedan reservar a dichas entidades el derecho a participar en los procedimientos de adjudicación o de determinados lotes o a reservar su ejecución en el marco de programas de empleo protegido.

Se trata de una institución jurídica propia del Derecho de contratos del sector público que conlleva la limitación de la participación en un proceso de licitación y, por ende, de adjudicación de un contrato (o lotes de este), a determinados operadores económicos. De este modo, las organizaciones (o empresas) que tengan el carácter y la naturaleza que la ley establece podrán participar y, en su caso, resultar adjudicatarias del contrato público en cuestión.

Cuando las AAPP califican como reservado un contrato excluyen a operadores que no respondan a las características que determine la LCSP para esta clase de reservas. Respecto de la naturaleza jurídico-administrativa de estas cláusulas se ha pronunciado la JCCP de Aragón en su Informe 16/2011 (Consideración Jurídica III) al señalar que "no se trata de un requisito de solvencia, sino de una condición legal de aptitud". Además, la tipología de las entidades solo puede ser determinada por una norma con rango de ley, existiendo por ello un régimen de *numerus clausus*. No obstante, la reserva de contratos puede llevarse a cabo en cualquier objeto contractual, sea cual sea su importe y procedimiento (Lesmes Zabalegui, 2018, p. 6). La tramitación del contrato se realizaría como cualquier otro, aunque advirtiendo de la reserva desde el propio anuncio de licitación. En un sentido similar cabe pronunciarse sobre los requisitos a los que deben responder las entidades que reúnan las características que las habiliten para acceder al procedimiento, ya que deberán igualmente cumplir con los requisitos de aptitud y solvencia técnica y económica que determinen los PCA para que sus ofertas sean posteriormente valoradas y, en su caso, el contrato sea adjudicado.

El artículo 20 de la directiva, además de referirse a los talleres protegidos, no alude a *empresas sociales* sino a "operadores económicos cuyo objeto principal sea la integración social y profesional de personas discapacitadas o desfavorecidas"; al menos el 30 % de los empleados de estas entidades o programas deben ser trabajadores con discapacidad o desfavorecidos. Su traducción en la legislación interna se consolida, por un lado, en la DA 4ª LCSP (respecto de la reserva en favor de Centros Especiales de Empleo[237] de iniciativa social[238] y de Empresas de

---

237 Por Centros Especiales de Empleo el art. 43 del RD-Leg. 1/2013 entiende a "aquellos cuyo objetivo principal es el de realizar una actividad productiva de bienes o de servicios, participando regularmente en las operaciones del mercado, y tienen como finalidad el asegurar un empleo remunerado para las personas con discapacidad". El régimen jurídico de los CEE viene establecido por el RD 2273/1985, de 4 de diciembre, por el que se aprueba el Reglamento de los Centros Especiales de Empleo definidos en el art. 42 de la Ley 13/1982, de 7 de abril, de Integración Social del Minusválido.

238 La posibilidad de acceder a contratos reservados no se brinda a todos los CEE, pues solo se contempla para aquellos de *iniciativa social* que se definen en la DF 14ª. La DF 14ª añade el apartado 4 al art. 43 del RD-Leg. 1/2013, de 29 de noviembre, y señala las características a las que deben responder este tipo de entidades: "Tendrán la consideración de Centros Especiales de Empleo de iniciativa social aquellos que cumpliendo los requisitos que se establecen en los apartados 1.° y 2.° de este artículo son promovidos y participados en más de un 50 por ciento, directa o indirectamente, por una o varias entidades, ya sean públicas o privadas, que no tengan ánimo de lucro o que tengan reconocido su

Inserción[239]) y, por otro lado, en la DA 48ª, en la que se contempla la reserva cuando se trata de contratos de servicios sociales, culturales y de salud (los referenciados en el Anexo IV de la LCSP) a determinadas organizaciones que reúnen características vinculadas a la economía social.

Por el momento entiendo adecuado exponer la información proporcionada acerca de la reserva de contratos, ya que profundizaré en el capítulo IV.1 al analizar las cláusulas sociolaborales en materia de inserción sociolaboral o de fomento del empleo.

2.4. Prohibición de contratar con el sector público

La Administración, generalmente, no puede escoger libremente al contratista, sino que habrá de basarse en una valoración de la oferta conforme a unos criterios previamente fijados en el PCA. Siendo esto cierto, no lo es menos que el ofertante ha de ser una persona física o jurídica que siguiendo las exigencias de la normativa de contratos sea considerada apta para participar en el proceso de contra-

---

carácter social en sus Estatutos, ya sean asociaciones, fundaciones, corporaciones de Derecho público, cooperativas de iniciativa social u otras entidades de la economía social, así como también aquellos cuya titularidad corresponde a sociedades mercantiles en las que la mayoría de su capital social sea propiedad de alguna de las entidades señaladas anteriormente, ya sea de forma directa o bien indirecta a través del concepto de sociedad dominante regulado en el artículo 42 del Código de Comercio, y siempre que en todos los casos en sus Estatutos o en acuerdo social se obliguen a la reinversión íntegra de sus beneficios para creación de oportunidades de empleo para personas con discapacidad y la mejora continua de su competitividad y de su actividad de economía social, teniendo en todo caso la facultad de optar por reinvertirlos en el propio centro especial de empleo o en otros centros especiales de empleo de iniciativa social".

239 Son definidas por el art. 4 de la Ley 44/2007 como: "Aquella sociedad mercantil o sociedad cooperativa que [...] realice cualquier actividad económica de producción de bienes y servicios, cuyo objeto social tenga como fin la integración y formación sociolaboral de personas en situación de exclusión social como tránsito al empleo ordinario ". No obstante, dichas empresas deben cumplir con otros requisitos establecidos en el art. 5 de la citada Ley. Por último, los talleres y programas de empleo protegido son programas de carácter público que se ejecutan a través del empleo y la formación con finalidades de inserción de personas con dificultades para acceder al empleo.

tación. La aptitud se estudia por el OC en la fase de selección de los participantes atendiendo a los denominados "criterios de selección cualitativa": la capacidad de obrar y la solvencia del potencial contratista (véase el punto inmediatamente siguiente). Pero a estos criterios positivos habría que añadir el criterio negativo en que se constituyen cualesquiera de los supuestos de hecho de la prohibición de contratar (Morrell Ocaña, 1996).

Las prohibiciones de contratar pueden definirse como "impedimentos legales para poder contratar con una entidad del sector público al descalificar de los procedimientos de adjudicación a quienes incurran en una serie de supuestos y circunstancias recogidos en la normativa contractual, pero que técnicamente, no suponen una incapacidad de obrar" (Medina Arnáiz, 2018, p. 752). Esta medida es aplicada por los órganos administrativos competentes y, en cierto modo, presuponen una falta de fiabilidad del operador económico que participa o pretende participar en la adjudicación del contrato o bien presupone la imparcialidad en la selección y adjudicación. En efecto, no se trata de superar el mínimo señalado por la legislación sino de evitar *ex ante* y *ex post*, mediante la facultad punitiva de los poderes públicos, el incumplimiento normativo[240]

Esta indicación se ha venido entendiendo como perteneciente al género de las cláusulas sociales por cuanto suponía, en cierto modo, una sanción no pecuniaria asociada a la infracción de normas sociales, lo que se interpreta como un mecanismo de disuasión, de cara al cumplimiento general del ordenamiento —desincentivando el incumplimiento—, y de prevención, tratando de asegurar que el contrato podrá ser ejecutado correctamente por el licitador o candidato idóneo y fiable; excluyendo a los empresarios que la Comisión Europea (2011e) denomina "operadores económicos deshonestos". El

---

240 Su carácter de sanción administrativa ha sido manifestado por el TS en sentencias como la de 30 de octubre de 1995 o la de 30 de abril de 2014; mientras que esta naturaleza ha sido negada en sentencias de 30 de enero y 31 mayo de 2007 (Medina Arnáiz, 2018). Sea como fuere, lo que sí es cierto es que se trata de medidas restrictivas de derechos, que parten de supuestos taxativamente contemplados por la ley, y que impiden la contratación con los poderes públicos en aras del interés público y que su vulneración conlleva la nulidad absoluta de lo actuado conforme al art. 39.2.b) LCSP.

modo en que la Directiva 2014/24/UE ha regulado en sus artículos 57 y ss. la prohibición de contratar distingue aquellos supuestos en los que los EM tienen la obligación de contemplar en su legislación la prohibición taxativa y absoluta y aquellos otros en los que tal prohibición es facultativa.

Respecto de la primera de las opciones, el artículo 57.1, f) alude a la condena mediante sentencia firme por trabajo infantil y otras formas de trata de seres humanos, tal y como se definen en la Directiva 2011/36/CE. Por lo que se refiere a la posibilidad de prescribir la prohibición de contratar con la administración, la directiva comienza por señalar en el considerando 101 que "se debe dar a los poderes adjudicadores la posibilidad de excluir a los operadores económicos que hayan dado muestras de no ser fiables, por ejemplo, debido a que han incumplido las obligaciones medioambientales o sociales [...]". La causa de exclusión se formula por el artículo 57.4 apuntando al incumplimiento de las obligaciones aplicables en materia social y laboral a la que se refiere el artículo 18.2 cuya dicción literal es la que sigue: "Los Estados miembros tomarán las medidas pertinentes para garantizar que, en la ejecución de contratos públicos, los operadores económicos cumplen las obligaciones aplicables en materia medioambiental, social o laboral [...]".

La transposición de la directiva se ha realizado, por un lado, optando por dar vigencia a la posibilidad otorgada por la normativa europea y, por otro lado, concretando aquellos supuestos de incumplimiento relevantes a efectos de materializar la prohibición. Así, el artículo 71 LCSP recoge en su apartado 1, a) los casos en los que un operador ha sido condenado mediante sentencia firme por delitos contra la Seguridad Social o delitos contra los derechos de los trabajadores. La letra b), por otra parte, se refiere a las sanciones con carácter firme que se haya impuesto contra la empresa por infracción muy grave en materia laborar o social de acuerdo con la LISOS, así como por infracción grave del artículo 22 de dicha Ley[241]. Por último, puesto que la directiva no se refiere exclusivamente a las

---

241 El considerando 101 advierte de la necesaria atención al principio de proporcionalidad, debiendo evitarse, por ello, que irregularidades de carácter leve lleven a la exclusión del operador económico, salvo casos excepcionales. Sin

conductas que acarreen sanción sino a aquellas que supongan un incumplimiento, la letra d) también contempla aquellos supuestos en los que la empresa no se halle al corriente de las obligaciones de SS, no cumpla el requisito de tener en plantilla, al menos, a un 2 % de empleados con discapacidad (cuando se trata de empresas de 50 o más trabajadores) y el incumplimiento de "la obligación de contar con un plan de igualdad conforme a lo dispuesto en el artículo 45 de la Ley Orgánica 3/2007, de 22 de marzo" (en el caso de empresas de 50 o más trabajadores)[242].

A lo largo de este trabajo emergerán múltiples conflictos suscitados por la tensión que, por momentos, genera la interacción entre instituciones administrativas y laborales. También por las problemáticas doctrinales inherentes a cada disciplina individualmente considerada. Buen ejemplo de estas tesituras son las derivadas de la obligación legal de contar con un plan de igualdad. La normativa plasmada en el RD 901/2020 de 13 de octubre, que asume la regulación de los planes, obliga a las empresas de 50 o más trabajadores a negociar[243], aprobar e inscribir estos en el Registro de Planes de Igualdad[244]. La controversia radica en que la LCSP, en su ya citado art. 71.1, d), emplea la fórmula "la obligación de contar con un plan de igualdad conforme a lo dispuesto en el artículo 45 de la Ley Orgánica 3/2007". Esta literalidad ha conducido al TACRC, en su resolución 1664/2022, de 29 de diciembre, a una solución dispar a la de las RR-

---

perjuicio de que la reiteración de este tipo de irregularidades pueda llegar a justificar dicha exclusión.

242 En palabra del *Informe anual de supervisión 2023 de Oirescon* relativo a la fase de licitación del contrato "en 2022, el 58,23 % de las causas de tipo "social" que han justificado una prohibición para contratar aprobada por la JCPPE se refiere a la "cesión ilegal de trabajadores" y al "impago de salarios o retrasos injustificados".

243 La negociación que debe realizarse con los representantes de los trabajadores no supone una mera previa. Ahora bien, la jurisprudencia del Alto Tribunal ha abierto una espita para la adopción unilateral del Plan de Igualdad obligatorio para supuestos de bloqueo negociador que sean excepcionales, como el bloqueo imputable a la contraparte de forma exclusiva (SSTS de 13 de septiembre de 2018 —rec. 213/2017— y de 26 de enero de 2021 —rec. 50/2020—). Sobre este aspecto, véase el análisis de la jurisprudencia realizado por Rivas Vallejo (2021).

244 Sobre el registro, véanse los arts. 11 y 12 del RD 901/2020 y el RD 713/2010, de 28 de mayo.

TACP de Madrid (res. 69/2023, de 16 de febrero) y Andalucía (res. 647/2023, de 22 de diciembre). Mientras que el primero, entiende que "contar con un plan" significa tan solo su adopción, los segundos consideran que cumplir con el art. 45 LO 3/2007 implica, además, su inscripción en el registro. Lo cierto es que el art. 45 no menciona en momento alguno la obligación de inscripción, a la que sí alude el art. 46.6 remitiéndose, para el establecimiento de las condiciones para el registro, a la regulación reglamentaria que, por otra parte, se materializa en el RD 901/2020. En mi opinión, la naturaleza declarativa de la inscripción no impide aseverar que el cumplimiento de la normativa legal y reglamentaria solo cabe completando la inscripción. Esto no obsta para admitir que la LCSP resulta vaga en sus términos, pues juzgo que es razonable concluir, más allá de la interpretación estrictamente literal, que lo coherente es exigir el cumplimiento de la normativa en su conjunto, y no solo el art. 45. Dicho lo cual, la confusión que se percibe, a la vista de la controversia doctrinal, puede aconsejar la flexibilización del requisito de registro hasta que el precepto sea modificado.

Tras este breve excurso destinado a ejemplificar la conflictividad, no solo axiológica, sino técnico-jurídica, y al margen de estos supuestos directa y explícitamente relacionados con aspectos laborales, es posible señalar otras dos causas de prohibición de contratar que son tangenciales a estos. Se trata de los supuestos de la letra e) consistentes en incurrir en falsedades[245]. Y es que, cuando el empresario haya de acreditar mediante declaración responsable que no está incurso en prohibición de contratar, o a la hora de acreditar criterios de capacidad o solvencia, puede faltarse a la verdad constituyéndose el ardid en causa de prohibición de contratar. Tampoco pasa por alto la LCSP la posibilidad contemplada en el considerando 101 de la directiva consistente en excluir a los licitadores cuya actuación en anteriores contratos públicos hubiera demostrado graves deficiencias como, por ejemplo, por incumplir condiciones esenciales del contrato. La

---

[245] Dice el precepto: "Haber incurrido en falsedad al efectuar la declaración responsable a que se refiere el artículo 140 o al facilitar cualesquiera otros datos relativos a su capacidad y solvencia, o haber incumplido, por causa que le sea imputable, la obligación de comunicar la información prevista en el artículo 82.4 y en el artículo 343.1".

esencialidad podría predicarse en relación con el contenido sociolaboral de cláusulas como las condiciones especiales de ejecución, pero también de otra clase de estipulaciones contractuales (art. 71.2.c)[246].

En cuanto a la duración de la prohibición de contratar, es un asunto abordado por el artículo 72, diferenciando entre los casos en que la resolución sancionatoria —penal o administrativa— establece la duración de la consecuencia jurídica y aquellos otros en los que no existe tal previsión en la resolución sancionatoria. En el primer supuesto, y en otros como el citado artículo 71.1, d), el reconocimiento de la prohibición se aprecia directamente por el OC. En otros casos, como sucede cuando la resolución administrativa o la sentencia no contempla expresamente la prohibición de contratar o su duración, ha de instruirse un procedimiento administrativo *ad hoc* para declarar la prohibición, su alcance y su duración[247].

---

246 Siempre y cuando "dicho incumplimiento hubiese sido definido en los pliegos o en el contrato como infracción grave, concurriendo dolo, culpa o negligencia en el empresario, y siempre que haya dado lugar a la imposición de penalidades o a la indemnización de daños y perjuicios" (art. 71.2.c).

247 Se trata de supuestos en lo que la normativa específica, como la Ley de Infracciones y Sanciones del orden Social (LISOS) o el Código Penal, no contempla la sanción de prohibición de contratar o ha sido obviada por el órgano sancionador. En ambos casos, si concurrieran supuestos de hecho recogidos por la LCSP se da el supuesto de hecho al cual, mediante un procedimiento administrativo, se aplicaría la consecuencia jurídica que constituye la prohibición de contratar. Con todo, si se dirige la atención al articulado del Código Penal y de la LISOS, se encuentra una ausencia de referencias a la consecuencia jurídica que constituye la prohibición de contratar con el sector público, salvo para el delito contra la Seguridad Social recogido en el artículo 310 bis del CP en el que se expresa taxativamente la imposición de esta pena hasta un máximo de seis años. El art. 33.7 f) del Código Penal contempla como penas graves aplicables a las personas jurídicas la inhabilitación para obtener subvenciones y ayudas públicas, para contratar con el sector público y para gozar de beneficios e incentivos fiscales o de la Seguridad Social, por un plazo que no podrá exceder de quince años. Este procedimiento viene desarrollado parcialmente por el art. 72 LCSP y por el RD 1098/2001 en sus arts. 17 y ss. Cuando la sentencia o la resolución administrativa no contemple la prohibición de contratar o su duración, corresponde al ministro de Hacienda previa propuesta de la JCCP declarar tales extremos. En estos casos, la duración máxima es de 5 años para los supuestos resueltos por sentencia y de 3 años para el resto. Ahora bien, el artículo 72 LCSP contiene diversidad de excepciones, entre las que se encuentran el supuesto del 71.1, d) en el que la duración se limita al tiempo que se mantenga el incumplimiento (pero

La Ley no contempla un período mínimo en la duración, sino que se limita a establecer un límite máximo, no obstante, sí contempla los factores que han de modular la duración, tales como la existencia de dolo, manifiesta mala fe del empresario y la entidad del daño causado a los intereses públicos (art. 19.4 RD 1098/2001)[248].

Por último, respecto del ámbito del sector público en el que opera la prohibición de contratar del operador externo, ha de decirse que la declaración de prohibición debe ser comunicada para su inscripción en el Registro Oficial de Licitadores y Empresas Clasificadas del Sector Público o el equivalente en el ámbito de las CCAA, siempre en función del ámbito de la prohibición. En casos en los que, como ocurre para los supuestos de incumplimientos en materia social, la prohibición se declara por el ministro de Hacienda, los efectos son sobre todo el sector público. Estas reglas se alteran respecto de los incumplimientos del 71.1, e) o del 71.2 en los que puede limitarse el efecto al OC o a la Administración autonómica y sus organismos, conforme a lo dispuesto en el art. 73.1 LCSP.

2.5. Solvencia técnica de la empresa

La especificación pormenorizada del objeto del contrato en términos aplicativos se realiza mediante las prescripciones o especificaciones técnicas (contenido) que se hacen patentes a través del Pliego de Prescripciones Técnicas (continente) incorporado al expediente de contratación. El OC ha de describir un conjunto de criterios mínimos que toda oferta presentada debe cumplir en relación con las características del servicio o producto.

Además, el OC es el responsable de determinar a qué exigencias de solvencia económica o financiera y técnica o debe responder el

---

decaerá cuando se abone la cantidad adeudada en el caso de deudas con la SS o cuando se contrate al tanto por ciento exigible de personas con discapacidad, por ejemplo).

248 La prohibición de menor duración registrada fue de un mes y un día, registrada en la resolución de 1 de septiembre de 2005, de la Dirección General de Patrimonio del Estado, y se dirigió a una persona física (Medina Arnáiz, 2018, p. 791).

operador económico, escogiendo uno o varios de los medios de acreditación que, para cada tipo de contrato, se explicita en los arts. 88 a 90 LCSP (art. 92.I LCSP). El proceso de elección y articulación de dichos criterios ha de realizarse conforme a los principios de transparencia, igualdad de trato y proporcionalidad que inspiran la formulación de esta fase de la contratación. Esta clase de prescripciones, como cualesquiera otras, debe estar vinculadas al objeto del contrato, lo que, según la expresividad del art. 126 LCSP, puede concretarse en su relación con "el proceso o método específico de producción o prestación [...], o a un proceso específico de otra fase de su ciclo de vida, incluso cuando dichos factores no formen parte de la sustancia material de las obras, suministros o servicios [...]".

Por un lado, en este estudio únicamente se centra la atención en analizar la solvencia técnica y no la económica, puesto que es la que directamente se relaciona con las personas que ejecutan el contrato y sus condiciones laborales. Por otro lado, cabe adelantar que la mayor potencialidad de las cláusulas sociales no se halla necesariamente en esta configuración, ya que supone exigir la solvencia técnica *suficiente* para participar en el proceso y permitir que el licitador pueda devenir contratista. Aunque aumentar la efectividad del Derecho vigente es también una forma de articular aspectos sociales en la contratación pública, en esta ocasión la virtualidad de los aspectos sociales depende de unos criterios mínimos de aptitud. Ahora bien, este último apunte no obsta para que sea una posibilidad para tener en cuenta y, sobre todo, imprescindible para prestar atención a las modalidades de contratación empleadas, el volumen de contratación, la tasa de rotación de la empresa, la jornada laboral de la plantilla o la formación, entre otros aspectos que se adivinan de gran importancia.

La doctrina del TACRC considera que las condiciones de solvencia han de determinarse tanto en el anuncio de licitación como en el pliego, debiendo guardar una lógica vinculación con los medios legales para acreditarla escogidos por el OC. Una mala técnica a la hora de establecer los requisitos o una posición laxa —en ocasiones adoptada para ampliar los licitadores— podría dar lugar a una imposibilidad de excluir a los empresarios que no se encuentren en condiciones objetivas de prestar el servicio.

No obstante, aunque los criterios para determinar la solvencia han de escogerse y acreditarse por los medios contemplados por la norma para cada tipo de contrato, la ley introduce unos criterios supletorios en caso de que los PCA no concreten lo suficiente (arts. 87 a 90 LCSP). Los medios para acreditar la solvencia técnica y profesional son, por tanto, exhaustivos; un *numerus clausus* de entre los cuales el OC escoge uno o varios.

Respecto de la solvencia técnica es trascendente la doctrina *Beentjes*. En esta sentencia el TJUE entiende que la apreciación de la aptitud de los licitadores y la adjudicación son operaciones que se rigen por normas diferentes (párrafo 16). El examen sobre la solvencia del licitador ha de efectuarse con arreglo a criterios de capacidad económica, financiera y técnica o profesional (párrafo 17), mientras que los criterios de adjudicación deben basarse en el precio más bajo o en la valoración de distintos criterios. Respecto de la exigencia de solvencia técnica basada en estar en condiciones de emplear a trabajadores desempleados de larga duración el tribunal entendió que no guarda relación ni con la verificación de la solvencia ni con los criterios de adjudicación que, en aquel momento, regulaba el art. 29 de la Directiva (párrafo 28). Es por ello por lo que "mientras la solvencia se refiere al elemento subjetivo (licitadora) los criterios de adjudicación atañen al contenido de la oferta (oferta)" (Vázquez Mantilla, 2018, p. 171).

Con estos requisitos acreditados, y una vez estudiados los posibles motivos de exclusión, concluye la fase de selección de los licitadores. Restan, principalmente, las fases de adjudicación y ejecución.

2.6. Criterios de adjudicación o valoración de ofertas

Los criterios de adjudicación y valoración de ofertas se han venido erigiendo, junto a las condiciones especiales de ejecución, en la clave de bóveda de la estructura jurídica en torno a la CPSR en su vertiente discrecional. Y es que, mediante este tipo de criterios, el OC valora de forma tasada cual es la oferta que más se ajusta a sus necesidades y requerimientos. En palabras de las propias normas europeas e internas, mediante los criterios de valoración de ofertas se trata de identificar cuál es la *oferta económicamente más ventajosa*, término que requiere realizar unas consideraciones previas.

Tradicionalmente se ha venido empleando la subasta como el instrumento de adjudicación preeminente. La subasta consistía en establecer como criterio decisivo de adjudicación del contrato el precio de este. Así, la empresa que ofreciese la prestación exigida por el poder adjudicador a cambio del menor precio era directamente la adjudicataria del contrato. Por otro lado, cuando la Administración tenía en cuenta diversos criterios para adjudicar el contrato se hablaba de concurso y no de subasta.

Esta terminología dual —subasta y concurso— era la que empleaba la normativa española hasta la Ley 30/2007, momento a partir del cual se eliminan dichos términos para señalar que las entidades del sector público han de escoger la *oferta económicamente más ventajosa* que se determinará, bien mediante el precio más bajo bien mediante la utilización de varios criterios. En efecto, la propia exposición de motivos de dicha Ley señalaba, en su apartado IV, que:

> "El concepto legal de «oferta económicamente más ventajosa» es, sin embargo, más amplio que el manejado en la Directiva 2004/18, englobando tanto la noción estricta presente en la norma comunitaria —que presupone la utilización de una multiplicidad de parámetros de valoración—, como el criterio del «precio más bajo», que dicha disposición distingue formalmente de la anterior; la Ley ha puesto ambos conceptos comunitarios bajo una misma rúbrica para evitar forzar el valor lingüístico usual de las expresiones utilizadas (no se entendería que la oferta más barata, cuando el único criterio a valorar sea el precio, no fuese calificada como la «económicamente más ventajosa»)".

En el ámbito jurídico de la UE, desde la Directiva 71/305/CEE, sobre coordinación de los procedimientos de adjudicación de los contratos públicos de obras, hasta la Directiva 2004/18/CE, la normativa establecía principalmente dos sistemas de adjudicación con base en el tipo de criterios a valorar: el precio más bajo ofrecido por el operador (un solo criterio estrictamente económico) y la oferta económicamente más ventajosa (empleando diversos criterios)[249]. Es a partir de la aprobación de las directivas de 2014 cuando, adoptando la misma fórmula que la normativa española desde 2007, se da el

---

249 A pesar de la discordancia terminológica entre los textos españoles y europeos, en ningún momento el TJUE apreció, por tal motivo, vulneración alguna de la normativa europea.

cambio conceptual que acaba por unificar en la locución *oferta económicamente más ventajosa* el recurso tanto a la adjudicación sobre la base del precio o coste (aunque se añade la posibilidad de considerar la relación coste-eficacia) como sobre la base de la mejor relación calidad-precio (posibilidad en la que se atiende a varios criterios). De esta forma, puede afirmarse, como hace el propio considerando 89 de la Directiva 2014/24/UE, que la oferta económicamente más ventajosa significa algo distinto y más amplio que aquello que significaba en la Directiva 2004/2018/CE; la antigua nomenclatura se correspondería con la actual *mejor relación calidad-precio* de la que se hablará a continuación.

Si el significado de la fórmula *oferta económicamente más ventajosa* se aferrara a una noción puramente semántica sería factible sostener que el concepto jurídico consta únicamente de criterios estrictamente económicos como el precio, el coste o la rentabilidad. A pesar de ello, el concepto normativo se acerca más a aquello que el ordenamiento español denominaba, sencillamente, "oferta más ventajosa" o que décadas atrás el ordenamiento jurídico francés denominaba "offre la plus intéressant"[250] (Lajoye, 2023). Este amplio margen conceptual queda reflejado, precisamente, en la variedad de criterios cualitativos de adjudicación y, consecuentemente, en las condiciones de ejecución de naturaleza similar o idéntica.

En el ámbito interno español la transposición de las directivas mediante la Ley 9/2017 mantiene este esquema conceptual e incide en que una de las finalidades nucleares de la normativa de contratos es la de garantizar la selección de la oferta económicamente más ventajosa (art. 1)[251]. La norma parece dar por solventada y explicada la

---

250 La oferta económicamente más ventajosa como parámetro a partir del cual determinar la empresa a la que adjudicar el contrato, al hilo de las directivas europeas, también se incorporó al Derecho francés, en el año 2001, dejando atrás el término *offre la plus intéressant* que permaneció vigente desde el *Code des marchés publics* de 1964.

251 Se deja a un lado por el legislador español la posible fórmula "oferta económica y social más ventajosa" que proponía el Plan Nacional de Reformas del año 2014. Por tanto, sin perjuicio de la avidez de la ley española en su redacción en comparación con la norma europea, sí mantuvo un perfil conceptual más apegado a las directivas (Rodríguez Escanciano, 2017).

vieja dicotomía, por lo que no alude posteriormente al significado de esta fórmula, salvo en la regulación de la subasta electrónica[252].

Al analizar la esencia y la razón de ser de los criterios de adjudicación la doctrina administrativa, como quedará patente en el capítulo IV, emplea con asiduidad las palabras de los considerandos 90 y 92 (primer párrafo, en ambos) de la Directiva 2014/24/UE, en los que se conjugan el modo en que los criterios deben desempeñar su rol evaluador de ofertas y la finalidad de descubrir la económicamente más ventajosa. Por ello, deben sumarse estos considerandos a los análisis del art. 67 de la directiva (sobre criterios de adjudicación) y el artículo 145 LCSP:

Considerando 90:

> "La adjudicación de los contratos debe basarse en criterios objetivos que garanticen el respeto de los principios de transparencia, no discriminación e igualdad de trato con el fin de garantizar una comparación objetiva del valor relativo de los licitadores que permita determinar, en condiciones de competencia efectiva, qué oferta es la oferta económicamente más ventajosa. [...] conviene recordar que los poderes adjudicadores gozan de libertad para fijar normas de calidad adecuadas utilizando especificaciones técnicas o condiciones de rendimiento del contrato".

Considerando 92:

> "Al evaluar la mejor relación calidad-precio [...] [los] criterios deben, pues, permitir efectuar una evaluación comparativa del nivel de rendimiento de cada oferta respecto del objeto del contrato tal como se define en las especificaciones técnicas. En el contexto de la mejor relación calidad-precio, la presente Directiva incluye una lista no exhaustiva de posibles criterios de adjudicación que incluyen aspectos sociales y medioambientales [...]".

---

252 Es tan solo en el artículo 123, relativo al procedimiento de subasta electrónica, donde se señala que la oferta más ventajosa económicamente puede determinarse, exclusivamente, sobre la base del precio; partiendo de estos términos, la ley considera que, ya sea mediante una pluralidad de criterios (el antiguo concurso), ya sea mediante la elección del precio más bajo (la antigua subasta), se consigue el objetivo de adjudicar el contrato al licitador que haya ofrecido la propuesta económicamente más ventajosa.

La LCSP advierte de que, como regla general, la adjudicación se ha de realizar empleando una pluralidad de criterios con base en la mejor relación calidad-precio. Sin embargo, la realidad es que solo en algunos supuestos (enumerados en el artículo 145.3 LCSP) debe utilizarse una multiplicidad de criterios, mientras que, en el resto, de forma justificada, puede emplearse el criterio del precio o del coste-eficacia. Esta previsión concuerda con la habilitación que realizan las directivas europeas a los Estados miembros para disponer que los poderes adjudicatarios no tengan la facultad de utilizar solo el precio como único criterio o puedan limitar su aplicación a determinados contratos (art. 67.2 *in fine* Directiva 2014/24)[253].

Las cláusulas sociales hacen su aparición, respecto de esta fase del procedimiento, en el constructo denominado *la mejor relación calidad-precio*. Y es que, por un lado, la norma europea entiende que la relación calidad-precio supone evaluar las ofertas en funciones de aspectos cualitativos, medioambientales y/o sociales. Por otro lado, la LCSP (art. 145.2) señala que la evaluación se realizará con arreglo a criterios económicos y cualitativos, integrando parte de estos últimos los aspectos medioambientales o sociales vinculados al objeto del contrato. Por ello, queda fuera de toda duda, por un lado, que los criterios de adjudicación deben permitir adquirir obras, suministros y servicios de gran calidad que respondan lo mejor posible a las necesidades del órgano de contratación (art. 145.4 LCSP) y, por otro lado, que los criterios sociales, siempre y cuando sean razonables y proporcionados, integran el término calidad.

La aprobación de la Directiva 2014/24/UE afrontó los criterios de valoración de ofertas con poca concreción (cuestión solventada en cierto modo por el ejercicio de transposición), pero con un ánimo social más decidido. El considerando 99 apunta algunos supuestos específicos como las medidas de protección de la salud de los trabajadores que participan en el contrato, medidas de integración de personas desfavoreci-

---

253 Ahora bien, ya el art. 150.3 del RD-Leg. 3/2011 establecía una serie de supuestos que determinaban la necesaria utilización de varios criterios de adjudicación. Actualmente, cuando no se esté ante uno de los supuestos en los que es preceptivo el empleo de criterios adicionales al precio o coste, solo con previa justificación en el expediente del contrato, se puede realizar la adjudicación sobre la base del mejor precio o coste (art. 148 LCSP).

das[254], el fomento del empleo o la formación de desempleados de larga duración, durante la ejecución del contrato que vaya a adjudicarse.

Si bien es cierto que, tanto el artículo 67.2 de la Directiva 2014/24/UE como el artículo 145.2 LCSP, enumeran una serie de criterios basados en la relación calidad-precio, ya el considerando 92 de la Directiva advierte de que se trata de una lista no exhaustiva. Tanto es así que el propio precepto 67.2 de la directiva comienza la enumeración con la locución adverbial *por ejemplo* del siguiente modo (la negrita de la literalidad es nuestra):

> "2. La oferta económicamente más ventajosa [...] se determinará sobre la base del precio o coste, utilizando un planteamiento que atienda a la relación coste-eficacia, [...] y podrá incluir la mejor relación calidad-precio, que se evaluará en función de criterios que incluyan aspectos cualitativos, medioambientales y/o sociales vinculados al objeto del contrato público de que se trate. Dichos criterios podrán incluir, **por ejemplo**:
> a) la calidad, incluido el valor técnico, las características estéticas y funcionales, la accesibilidad, el diseño para todos los usuarios, las características sociales, medioambientales e innovadoras, y la comercialización y sus condiciones [...]".

Por su parte, mucho más reformista se manifiesta el legislador español en el artículo 145 LCSP, en el que se emplea la expresión *entre otros* para pasar a relacionar una serie de posibles criterios sociales:

> "[...] la inserción sociolaboral de personas con discapacidad o en situación o riesgo de exclusión social; [...] los planes de igualdad de género que se apliquen en la ejecución del contrato y, en general, la igualdad entre mujeres y hombres; el fomento de la contratación femenina; la conciliación de la vida laboral, personal y familiar; la mejora de las condiciones laborales y salariales; la estabilidad en el empleo; la contratación de un mayor número de personas para la ejecución del contrato; la formación y la protección de la salud y la seguridad en el trabajo; la aplicación de criterios éticos y de responsabilidad social a la prestación contractual; o los criterios referidos al suministro o a la utilización de productos basados en un comercio equitativo durante la ejecución del contrato"[255].

---

254 La dicción literal del considerando se refiere tanto a *criterios de adjudicación* como a *condiciones de adjudicación*. No obstante, este último término podría tratarse de un error al referirse a las condiciones de ejecución.

255 El art. 145 fue objeto de decenas de enmiendas durante la tramitación parlamentaria. El artículo vigente es, fundamentalmente, el resultado de la aprobación por

Como puede apreciarse, estos criterios aluden tanto a cuestiones relacionadas directamente con la relación laboral como a otras que tienen un carácter más amplio como es el caso del fomento del comercio justo. No obstante, para apreciar la potencialidad de las cláusulas sociales y la posibilidad de su articulación como criterios de adjudicación, es necesario coger una perspectiva más amplia que abarque el camino recorrido hasta la LCSP. De este modo es posible apreciar que la trayectoria ha ido aumentando la virtualidad de este instrumento. Contrasta con esta dicción de la normativa española la elección realizada por el legislador francés que subsumió en la calidad aspectos estéticos, innovadores, sociales y medioambientales, tales como "las características estéticas o funcionales, la accesibilidad, el aprendizaje, la diversidad, [...], la garantía de una remuneración justa para los productores, el carácter innovador, los resultados en materia de protección del medio ambiente, [...], la integración de los grupos desfavorecidos en el mercado laboral, la biodiversidad, el bienestar de los animales, etc." (art. R2152-7 *Code Commande Publique*)

De cualquier modo, lo cierto es que existe una diferencia entre el abordaje de los criterios de adjudicación por parte de la LCSP y de la Directiva que genera algunas disonancias interpretativas. El impulso reformista del legislador español sobre la base de una directiva que, aunque tímidamente, supone un punto de inflexión en responsabilidad social ha tenido ciertos obstáculos en su aplicación práctica. En efecto, en foros de doctrina administrativa, como el TACRC o la JCCP del Estado, y algunos órganos autonómicos, la interpretación sistemática de los considerandos 90 y 92 y el art. 67.2 de la Directiva ha conducido a considerar que los criterios de adjudicación no pueden consistir en aspectos sociales con la misma extensión que permite la ley estatal española.

Desde la posición de los órganos administrativos de recursos y consulta, lo que se deriva de la normativa europea es que el OC debe de-

---

unanimidad por parte de la Ponencia de una nueva redacción como consecuencia de la aceptación de las enmiendas 366 del GP Ciudadanos, 1066 del GP Vasco (EAJ-PNV), 616, 619 y 800 del GP Socialista y de la enmienda transaccional procedente de las enmiendas 70, 96, 99 y 118 del GP Confederal de Unidos Podemos-En Comú Podem-En Marea, 365 y 367 del GP Ciudadanos y 1064, 1065, 1067 del GP Vasco (EAJ-PNV), 435, 617, 621, 625 y 626 del GP Socialista.

finir el objeto en los PPT[256] conforme a unas especificaciones técnicas vinculadas *directamente* al contrato. Aunque no lo explican de este modo, tanto el TACRC como la JCCP del Estado se refieren a que las prescripciones o especificaciones técnicas deben tener una relación directa para con los resultados inmediatos de la prestación que benefician a la entidad pública o a los usuarios de esta, según el tipo de contrato. Según esta perspectiva, las consideraciones sociales tienen una potencialidad mínima en la fase inicial en la que se evalúa la aptitud para contratar y, como vemos, en la fase en la que se evalúan las ofertas.

Esto se debería a que las especificaciones técnicas se definen de tal modo restrictivo y, a su vez, los criterios de adjudicación deben permitir avaluar comparativamente el nivel de rendimiento de cada oferta respecto del objeto del contrato tal y como se define en las especificaciones técnicas[257] que recoge el PPT. En consecuencia, los criterios de adjudicación no serían la ubicación adecuada para cláusulas sociales, aunque, como se verá, sí medioambientales. Ahora bien, no solo es la LCSP la que contradice esta interpretación, sino que, aun siendo una realidad que la Directiva 2014/24/UE es, por momentos, ambigua, el TACRC y la JCCP del Estado no explican cómo se conjuga esta conclusión con un reconocimiento que hace el art. 67.3 de la Directiva sobre cómo se entienden relacionados los criterios de adjudicación vinculados al objeto del contrato (véase el punto 3.2.I de este capítulo):

---

256 En virtud de la directiva y de la LCSP, las especificaciones técnicas se deben formular mediante: términos de rendimiento o de exigencias funcionales; normas técnicas estandarizadas; rendimiento o exigencias funcionales mencionadas en normas técnicas; o, combinación de rendimiento o exigencias funcionales.

257 En el caso de los suministros y los servicios, se entiende por especificaciones técnicas "las características exigidas de un producto o de un servicio, como, por ejemplo, los niveles de calidad, los niveles de comportamiento ambiental y climático, el diseño para todas las necesidades (incluida la accesibilidad de las personas con discapacidad) y la evaluación de la conformidad, el rendimiento, la utilización del producto, su seguridad, o sus dimensiones; asimismo, los requisitos aplicables al producto en lo referente a la denominación de venta, la terminología, los símbolos, las pruebas y métodos de prueba, el envasado, marcado y etiquetado, las instrucciones de uso, los procesos y métodos de producción en cualquier fase del ciclo de vida del suministro o servicio, así como los procedimientos de evaluación de la conformidad" (Anexo VII de la Directiva 2014/24/UE).

"Se considerará que los criterios de adjudicación están vinculados al objeto del contrato público cuando se refieran a las obras, suministros o servicios que deban facilitarse en virtud de dicho contrato, en cualquiera de sus aspectos y en cualquier etapa de su ciclo de vida, incluidos los factores que intervienen:
a) en el proceso específico de producción, prestación o comercialización de las obras, suministros o servicios, o
b) en un proceso específico de otra etapa de su ciclo de vida,
incluso cuando dichos factores no formen parte de su sustancia material".

Si los criterios de adjudicación han de estar vinculados al objeto del contrato en términos amplios, y no directamente a los resultados de los que se beneficia la entidad adjudicadora (o los usuarios si se trata de un servicio directo al público) de forma inmediata, es ajustado a Derecho considerar que el rendimiento[258] de la oferta respecto del objeto especificado en el PPT puede tener lugar con criterios sociales. Con todo, no puede negarse que sí existe cierto grado de ambigüedad en la literalidad de la directiva en lo que se refiere a las especificaciones técnicas, debido a que no advierte de que sea necesario hacer constar aspectos sociales en las especificaciones técnicas para poder validar los criterios de adjudicación, mientras que en el considerando 92 menciona la evaluación conforme a dichas especificaciones.

En definitiva, al margen de algunas ambigüedades derivadas de la interpretación sistemática y finalista de las especificaciones técnicas y los criterios de adjudicación en el plano europeo, existen argumentos cuantitativa y cualitativamente más trascendentes en orden a considerar la validez jurídica de los criterios de adjudicación que no guardan una relación directa con el resultado de la prestación en términos inmediatos. Del mismo modo, el avance jurídico normativo y práctico en materia de CPSR es un motivo para replantear la interpretación de instituciones clásicas, incluso, bajo la literalidad precedente. De cualquier modo, la brecha entre la normativa interna y la

---

258 Sobre la fórmula *rendimiento del contrato* (*performance of contract*, en inglés) cabe señalar que tanto la Directiva 24 como la LCSP la entiende como una forma, entre otras, que pueden adoptar las especificaciones o prescripciones técnicas que contiene el PPT. El término *performance* utilizado en la versión original de la Directiva se traduce en español como *rendimiento*, pero también como *ejecución*.

europea ha contribuido a mantener abiertos debates que, aunque no son irresolubles, son de abordaje complejo.

2.7. Criterios de desempate

La aplicación de los criterios de valoración de ofertas puede dar lugar a un empate en puntuación entre dos o más ofertas. Esta situación se solventa mediante la aplicación de los llamados criterios de desempate (conocidos anteriormente por la ley como criterios de preferencia) cuya utilidad y funcionalidad se circunscriben exclusivamente al momento posterior a la valoración.

La LCSP 2017 dio un vuelco significativo a esta cuestión respecto de la regulación anterior de la DA 4ª RD-Leg. 3/2011 titulada "Contratación con empresas que tengan en su plantilla personas con discapacidad o en situación de exclusión social y con entidades sin ánimo de lucro" (de redacción similar a la contenida en la Ley 30/2007). La citada y derogada disposición permitía a los OC incorporar en los PCA la preferencia en la adjudicación para las personas físicas o jurídicas[259] que, en el momento de acreditar la solvencia técnica, tuvieran en su plantilla una proporción de trabajadores con discapacidad superior al 2 %. Continuaba su apartado 3 señalando la misma posibilidad de preferencia para las ofertas presentadas por empresas de inserción reguladas en la Ley 44/2007, de 13 de diciembre. En un sentido similar se pronunciaba el apdo. 4, pero esta vez acotando su virtualidad a los contratos relativos a prestaciones de carácter social o asistencial, pues podía otorgarse la preferencia en caso de empate a las ofertas de entidades sin ánimo de lucro. Por último, también se mencionaba la posible preferencia de las ofertas que tuviesen como objeto productos de comercio justo. Como señalaba en su análisis la consideración jurídica cuarta del Informe 7/2010 de la JCCP de Aragón, no se establecía ni un único criterio ni criterios ordenados para que se aplicaran subsidiariamente, sino que se trataba de alternativas a elección del OC. Tampoco se establecía un criterio subsidiario para

---

[259] El IJCCP 14/2013 aclaraba este extremo en su consideración jurídica primera tras un planteamiento realizado por el poder adjudicador que partía de negar la aplicabilidad de la DA 4ª RD-Leg. 3/2011 respecto de las personas físicas.

aquellos casos en los que el órgano no hubiese articulado criterio de desempate alguno.

Pero el RD-Leg. 3/2011 no era la única norma que le dedicaba espacio a este tema. La LO 3/2007, de 22 de marzo, para la igualdad efectiva de mujeres y hombres, en su art. 34, relativo a los contratos de la AGE, establece el derecho de esta de incluir, además de condiciones especiales de ejecución, criterios de preferencia tendentes a promover la igualdad efectiva entre mujeres y hombres en el mercado de trabajo. Posteriormente, además, la STS de 17 de julio de 2012 (rec. 5377/2009) consideró válido un criterio de desempate, que concretaba esa promoción de la igualdad efectiva, consistente en adjudicar el contrato a aquella empresa con mayor porcentaje de personal femenino fijo en la empresa[260].

A partir de la literalidad de estas normas surgían algunas controversias como la posibilidad de establecer supuestos de desempate distintos a los contemplados por la DA 4ª o la solución en caso de que el OC no desarrollase en los pliegos ningún criterio de desempate. La cuestión ha sido controvertida por cuanto se ha advertido por el TC que las CCAA que hayan asumido competencias en materia de contratación pública en sus Estatutos de Autonomía tienen permitido únicamente el desarrollo y ejecución de la legislación básica. La práctica legislativa se ha adivinado relativamente flexible.

Respecto de la primera de ellas debe prestarse atención a la facultad tanto de los órganos de contratación al elaborar los PCA como de las CCAA para regular el diseño y aplicación de este tipo de cláusulas. Existen múltiples ejemplos en los que la legislación autonómica incorpora innovaciones normativas. La posibilidad de que las Comunidades pudieran ampliar el elenco de criterios fue afrontada por el Informe 16/2015, de 4 de noviembre, de la Junta Consultiva de Contratación Administrativa de la Comunidad Autónoma de Aragón.

[260] El precepto aplicable al resto de AAPP que no fuera la AGE es el 33 LOI que solo señalaba la posibilidad de implementar condiciones de ejecución (omitiendo los criterios de desempate que sí mencionaba para la AGE). No obstante, la STS de 17 de julio de 2012 afirmaba la validez de establecer este tipo de cláusulas no solo en el ámbito de la AGE ya que la cláusula en liza se articulaba por la Junta de Extremadura.

Partiendo de considerar que el precepto en cuestión se constituía en legislación básica[261] entiende que la legislación autonómica permite dar preferencia a "cooperativas, sociedades laborales, empresas de carácter social, UTE de microempresas, empresas que contraten en condiciones laborales no precarias, y a empresas que produzcan con energías renovables o hayan invertido en procesos de eficiencia energética ". A su vez, la Ley 3/2011, de 24 de febrero, de medidas en materia de Contratos del Sector Público de Aragón (art. 12) previó criterios para los supuestos en los cuales "no se hayan previsto criterios de desempate, o cuando previstos y aplicados el empate persistiera ", relacionados con la contratación de personas con discapacidad, con una menor proporción de contratación temporal o las medidas de igualdad de género. Resulta llamativo que algunos de ellos se incorporasen, de algún modo, en la LCSP de 2017.

Por otro lado, se vislumbra cierto margen de maniobra de los PCA para articular distintos criterios de desempate. Es recurrente dirimir el empate empleando, por ejemplo, una cláusula en virtud de la cual el contrato se adjudique al licitador que haya obtenido mayor puntuación en el criterio de adjudicación con mayor peso en la ponderación o en el consiguiente orden de importancia (FJ 8° RTACRC 2/2014, de 10 de enero).

Además, se dan cláusulas que alteran en cierto modo la redacción exacta de la norma o incluyen factores ajenos tanto a lo dispuesto

---

261 El TC se ha pronunciado sobre esta cuestión de forma reiterada, siendo de especial relevancia las sentencia 84/2015, de 30 de abril, y 237/2015, de 19 de noviembre que apuntan: "[...] los dos elementos, subjetivo —quién contrata— y objetivo —lo que se contrata—, sirven para determinar qué reglas del TRLCSP resultan de aplicación [...] tanto las que regulan los actos de preparación y adjudicación, como las que disciplinan los derechos y deberes de las partes en el mismo. Las normas reguladoras de los actos de preparación y adjudicación del contrato pretenden garantizar los principios de libertad de acceso a las licitaciones, publicidad y transparencia de los procedimientos, así como la no discriminación e igualdad de trato entre los candidatos, en conexión con el objetivo de estabilidad presupuestaria y control del gasto, una eficiente utilización de los recursos públicos [...] En definitiva, estas reglas pueden considerarse materialmente básicas, pues constituyen el mínimo común uniforme que permite garantizar, de un lado, la igualdad de los licitadores y su tratamiento común ante las Administraciones".

en la DA 4ª del derogado RD-Leg. como a los criterios de adjudicación, como la propuesta de la *Guía de contratación pública de la Junta de Andalucía* (2016, p. 30): "tendrán preferencia [...] las empresas que presenten un adecuado compromiso medioambiental conforme al apartado de Acreditación del cumplimiento de las normas de garantía de la calidad y de gestión medioambiental"[262]. Incluso, al margen de cualquier consideración social, ambiental o innovadora, se han arbitrado criterios en los pliegos como el sorteo "echando una moneda al aire", considerado válido por la SAN 978/2013, de 7 de marzo, a pesar de no venir contemplado en la norma para el supuesto aplicable.

Así, ya con la extinta normativa se apreciaba una tendencia de flexibilidad en cuanto a la capacidad innovadora de los PCA, por la que autoras como Burzaco (2016) entienden que si bien es cierto que Informes de la JCCP (44/04 y 1/05) eran restrictivos respecto de la posibilidad de ampliar el elenco de criterios de desempate, esta posición ha ido cambiando con el tiempo.

Además de esta discusión del grado de autonomía y discrecionalidad de la legislación autonómica y de los PCA, puede cuestionarse el modo de solventar el empate cuando el órgano de contratación no establecía los mecanismos oportunos habilitados por la Ley. Podía darse el caso de que el OC no articulara criterio de desempate alguno. Lo que parece claro es que no es posible arbitrar las medidas de desempate una vez se produce el mismo sin haberlo contemplado

---

262 No debe pasarse por alto que no es infrecuente que los Tribunales (administrativos) no puedan pronunciarse sobre la legalidad de determinados criterios, pues la presentación de las ofertas por parte de los operadores económicos privados supone la aceptación incondicionada de los pliegos, que se constituyen como la Ley que rige el contrato. De tal forma que, si la entidad no impugna los pliegos en tiempo y forma, deben aplicarse íntegramente, salvo que incurran en nulidad de pleno derecho; aunque no suele ser el caso (RRTACRC 142/2012, de 28 de junio; 271/2012, de 30 de noviembre; 193/2013, de 23 de mayo; o 152/2013, de 18 de abril). Es el caso de una cláusula para el desempate, cuestionada por una entidad recurrente, que transcribía solo una parte del primer criterio contemplado en la ya derogada DA 4ª permitiendo el desempate a favor de la empresa que acreditara mayor porcentaje de trabajadores *fijos* con discapacidad, obviando la parte previa que aludía al mayor porcentaje de trabajadores con discapacidad (RTACRC 95/2016, de 5 de febrero).

en los PCA, pues incurriría en arbitrariedad. Tanto en esta situación como en la situación en la que tras la aplicación de los criterios de desempate se mantiene la situación de igualdad de puntuaciones ha existido una manifiesta controversia y la solución orillada ha sido el sorteo.

Aunque esta posibilidad se contemplaba en el RCAP para los supuestos en los que el precio es el único criterio de valoración, nada se ha dicho hasta el momento respecto de la aplicación de diversidad de criterios con elementos cualitativos que integran la relación calidad-precio. La doctrina administrativa y judicial se ha visto dividida en este punto, aunque la posición del TACRC en su resolución 31/2014, de 17 de enero, ve en el sorteo la fórmula idónea para solventar empates en caso de ausencia de previsión, la solución judicial ha tomado el sentido opuesto[263]. La JCCP en su Informe 14/2013, de 25 de julio, entendió que, en caso de empate en esta circunstancia, no podría articularse el sorteo ya que el empate habría de resolverse iniciándose un nuevo procedimiento con nuevos PCA. Ahora bien, no es aventurado pensar que sea como fuere, ya sea *a priori* o *a posteriori*, los pliegos podrían contener el sorteo como forma de articular el desempate.

Al menos parte de las incógnitas que se presentaban con la anterior normativa han podido quedar resueltas por el contenido del artículo 147 LCSP titulado *criterios de desempate*. Por primera vez la norma dedica un artículo exclusivamente a los criterios de desempate. Las novedades se despliegan sobre una cuestión fundamental: el precepto regula las situaciones en las que el OC prevé en los PCA los criterios de desempate (debiendo atenerse a los establecidos por la Ley) y aquellas otras en la que no se han previsto; de tal modo que regula una serie de criterios de aplicación subsidiaria.

Los PCA pueden regular los criterios de desempate siempre que estén vinculados al objeto del contrato —cuestión que se retoma al final de esta apartado— y se refieran a alguno de los enumerados

---

[263] Esta resolución se emite después de otras opiniones contrarias a esta posibilidad como la SAN 978/2013, de 7 de marzo, que anulaba precisamente una resolución del TACRC en la dirección opuesta, o el Informe JCCP 14/2013, de 25 de julio, que se manifiesta a favor de la resolución judicial mencionada.

en el apartado 1 del art. 147 LCSP: el porcentaje de trabajadores con discapacidad superior al que imponga la normativa y, si hubiese empate en este punto, el porcentaje de trabajadores fijos con discapacidad en la plantilla de la empresa; la presentación de la oferta por parte de empresas de inserción; las propuestas presentadas por entidades sin ánimo de lucro cuando se trata de contratos relativos a prestaciones de carácter social o asistencial; las ofertas de entidades de Comercio Justo; y las proposiciones que incluyan medidas sociales y laborales que favorezcan la igualdad de oportunidades entre hombres y mujeres. En efecto, como puede apreciarse, la LCSP ha mantenido intactos los criterios a los que debe atenerse el OC que ya recogía la legislación tanto en la DA 4ª RD-Leg. 3/2011 como los artículos 33 y 34 LOI.

Pero es el apartado dos del precepto el que recoge una de las novedades más trascendentes: los criterios de desempate en defecto de revisión en los PCA. En esta ocasión establece tanto el contenido de los criterios como su orden de aplicación, referidos al momento en el que finaliza el plazo para la presentación de las ofertas:

> "a) Mayor porcentaje de trabajadores con discapacidad o en situación de exclusión social en la plantilla de cada una de las empresas, primando en caso de igualdad, el mayor número de trabajadores fijos con discapacidad en plantilla, o el mayor número de personas trabajadoras en inclusión en la plantilla.
> b) Menor porcentaje de contratos temporales en la plantilla de cada una de las empresas.
> c) Mayor porcentaje de mujeres empleadas en la plantilla de cada una de las empresas.
> d) El sorteo, en caso de que la aplicación de los anteriores criterios no hubiera dado lugar a desempate"[264].

Atendiendo a esta nueva dicción puede afirmarse que se mantienen latentes algunas de las controversias y problemas de los estudiados al tiempo que aparecen otros. En primer lugar, se acotan las facultades del OC, aunque con ciertos matices. Respecto de este

---

264 Se advierte cierta semejanza entre este apartado y el ya transcrito artículo 12 de la Ley 3/2011, de 24 de febrero, de medidas en materia de Contratos del Sector Público de Aragón, relativo a Criterios de resolución de empates en la valoración de las ofertas.

asunto, por un lado, puede decirse que el último de los criterios del apartado 1 mantiene la duda en torno al alcance y tipos de cláusulas relativas a la igualdad, ya que la redacción es menos específica que el resto de ellas. Por otro lado, resultaría, en cierto modo, incongruente que el OC no estuviera facultado para escoger los criterios que se señalan como subsidiarios. En segundo lugar, respecto de la situación de bloqueo que podría darse por el empate tras la aplicación de los criterios, la LCSP resuelve esta cuestión en sus cláusulas subsidiarias imponiendo el sorteo, pero no respecto de los casos en los que el OC escoge los criterios de entre los redactados en el apartado 1. Por tanto, a pesar de los evidentes cambios que ha producido la nueva norma respecto de los criterios de desempate, puede apreciarse que se mantienen vivos parte de los debates tradicionales ya analizados *ut supra.*

2.8. Condiciones de ejecución

Las condiciones de ejecución o cláusulas de cumplimiento del contrato son las obligaciones que asumen los licitadores y a las que se sujetan como contratistas durante la ejecución de la prestación. Por tanto, tales obligaciones no han de cumplirse al momento de presentar la oferta. La regulación de los requisitos fundamentales de las condiciones de ejecución del contrato se efectúa en la horquilla que abarca desde el art. 192 al 202 LCSP. Se dan previsiones específicas en los arts. 201 y 202 en relación con los aspectos sociales, medioambientales y laborales que, por el objeto de esta investigación, pueden citarse someramente en este apartado; sin perjuicio de su tratamiento analítico, casuístico y prospectivo del capítulo IV.

2.8.1. Obligaciones establecidas en la normativa laboral y de SS

Una de las obligaciones del OC es la de "tomar las medidas pertinentes para garantizar" que durante la ejecución del contrato las empresas cumplen la normativa aplicable; entre otras materias, las de naturaleza laboral (art. 201 LCSP). El modo en que ello se lleva a término no está especificado en la ley y, a buen seguro, entra en el margen de las facultades discrecionales del OC que podrían materializarse en cláusulas sociales de efectividad, control o garantía. Además, se contempla especialmente el deber de sancionar durante la ejecución del contrato "los incumplimientos o los retrasos reiterados en el pago de los salarios o la aplicación de condiciones salariales inferiores a las derivadas de los convenios colectivos que sea grave y dolosa", pudiendo la entidad optar por la resolución del contrato o por la imposición de las penalidades que se determinen en el PCA (art. 201.3)[265].

Se trata de un extremo coherente con el contenido mínimo que han de recoger los pliegos, consistente en una condición mínima del cumplimiento por parte de la adjudicataria de "las normas y condiciones fijadas en el convenio colectivo de aplicación" (art. 35, n LCSP). La posible confusión se deja ver en el art. 122.2, relativo a la regulación de los PCA, al advertir la aplicación de "las condiciones salariales de los trabajadores conforme al Convenio Colectivo sectorial de aplicación" y, por tanto, ciñéndose la dicción literal únicamente al convenio de sector. Pues bien, se ha rechazado por el TC el carácter de legislación básica de este precepto que, por otra parte, es el más claro de entre los que mencionan la aplicación del convenio de sector en el contexto de las condiciones ejecutivas[266].

En resumen, las menciones son las que siguen: art. 35 (contenido mínimo del contrato): convenio colectivo de aplicación; art. 100 (presupuesto base de licitación): convenio laboral de referencia; art. 101 (valor estimado del contrato): convenios colectivos sectoriales de aplicación; art. 102 (precio del contrato): convenios colectivos sectoriales; art. 122 (pliego de condiciones administrativas particulares): convenio colectivo sectorial de aplicación; art. 149 (oferta económicamente más ventajosa): convenios colectivos sectoriales vigentes; y art. 201 (condiciones básicas de ejecución): convenios colectivos. Como puede apreciarse, se omite la referencia al sector en tres preceptos: el contenido mínimo del contrato, el establecimiento del PBL y, por último, la determinación de la oferta anormalmente baja.

Se trae a colación la doctrina del TACRC que vertebra la dinámica de los convenios colectivos y su rol en los PCA. Este órgano de recur-

---

265 Véase el punto 2.9. de este capítulo.

266 STC 68/2021, de 18 de marzo.

sos viene señalando desde 2018 que los costes salariales derivados de las disposiciones convencionales, sobre todo desde la LCSP 2017, ya no se limitaban a ser una mera referencia informativa para establecer el precio de mercado del contrato, sino que debían tomarse en consideración "tanto en la preparación del contrato, al elaborar los Pliegos, como con posterioridad, una vez adjudicado, en fase de ejecución" (RTACRC 632/2018, de 29 de junio —FJ 8º—)[267]. Se trata del reflejo absoluto de una característica esencial y funcional asumida por la normativa: "existe una vinculación y deber de cuidado por el respeto a la normativa laboral, del que se derivan para el órgano de contratación un deber de vigilancia" (RTACRC 3/2019, de 3 de enero —FJ 6º—). A pesar de esta aseveración, y fruto de las reiteradas citas al convenio de forma diversa, la decisiva RTACRC 1464/2019, de 19 de diciembre (rec. 1275/2019), a la que han seguido otras en el mismo sentido en órganos autonómicos[268], entiende que a efectos de las obligaciones mínimas salariales que debe cumplir el contratista, y también a la hora de determinar si incurre en oferta anormalmente baja, hay que estar al convenio en vigor para el contratista que, por otra parte, puede ser el de empresa (Ballina Díaz & Gil Van Beberen, 2021)[269]. Además, la mención al convenio colectivo sectorial vigente en el art. 149 (oferta anormalmente baja) puede aludir a la regla aplicable en caso de concurrencia de convenios plasmada en el art. 84 ET y no a la supremacía de aquel, lo que complica más aún la solución (Rodríguez Escanciano, 2017; Vallecillo Gámez, 2017).

Una parte de la doctrina considera que este planteamiento se asienta sobre una reinterpretación contraria a la finalidad de la norma manifestada, además, en la voluntad expresa del legislador que opta por la aplicación del convenio de sector respecto de los trabajadores adscritos a la contrata (de Heredia Ruiz, 2019; García Luen-

---

[267] En el mismo sentido las posteriores RRTACRC 633/2018, de 13 de junio; 861/2018, de 1 de octubre; y 506/2019, de 9 de mayo.

[268] Por todas, la RTACP de la Junta de Andalucía 207/2021, de 8 de julio (sobre aplicación de convenio a CEE) y la RTACP de la Comunidad de Madrid 474/2021, de 14 de octubre.

[269] Los informes de la JCCPE 29/2019 y 35/2019, sin embargo, entienden que es posible recurrir a otras normas cuando los convenios colectivos no basten para adecuar los conceptos económicos del contrato a los precios del mercado.

go, 2022; Preciado Domènech, 2018; Rodríguez Escanciano, 2017; Rojo, 2017; Todolí Signes, 2018). Este razonamiento ha llevado a interpretar que instituciones jurídicas como la "prioridad aplicativa del convenio de empresa" (cuando la normativa la contemple) y la "inaplicación del convenio de sector" (Todolí Signes, 2018) no pueden ejercerse por los contratistas.

Por el contrario, otro sector de la doctrina considera que es totalmente válido jurídicamente compaginar las disposiciones de la LCSP con las del ET (Martínez Saldaña & Codina García-Andrade, 2017; Vallecillo Gámez, 2017). A modo de ejemplo, nada impide que la mención del art. 122 LCSP, sobre el contenido de los PCA, se realice en orden a señalar la necesidad de que se *recuerde* en el pliego, en términos generales, las obligaciones que potencialmente pueden incumbir a las empresas, como son las derivadas del convenio de sector en materia salarial cuando resulte aplicable conforme a las normas del Derecho del trabajo. Así, por ejemplo, se ha determinado legalmente para las obligaciones de subrogación aplicables según los convenios sectoriales (véase el capítulo IV.2.1.).

A efectos prácticos se repara en tres conclusiones. En primer lugar, la referencia al convenio de sector de algunos preceptos se ciñe, solo, a las obligaciones salariales y, por tanto, queda extramuros cualquier otra materia del convenio de sector, incluida la referida a los emolumentos extrasalariales. En segundo lugar, si bien la interpretación auténtica parece apuntar en la dirección de aplicar, como mínimo, las condiciones salariales del convenio de sector a las personas adscritas a la contrata, la técnica legislativa es manifiestamente mejorable y puede dar lugar a interpretaciones diversas como la manifestada por el TACRC. En principio el convenio colectivo que el OC toma como referencia para elaborar los conceptos económicos del contrato y que hace constar en los PCA como referencia normativa convencional es una aproximación apriorística. Y es que, a las empresas concurrentes les puede ser de aplicación un convenio de sector distinto al correspondiente, según el criterio del OC, al objeto del contrato. En tal caso, y según la doctrina mayoritaria de los órganos de recursos contractuales, el OC deberá tomar en consideración el convenio de sector o de empresa que se le aplique al operador en cuestión a efectos de entender si concurre una oferta anormalmente baja o a efectos de comprobar si el contratista final cumple con sus obligaciones laborales. La virtualidad se reduce más si cabe por cuanto los preceptos relativos a los elementos económicos del contrato mencionan en reiteradas ocasiones la toma en consideración de los costes laborales sectoriales únicamente en actividades intensivas en mano de obra y no en general; por lo que en virtud de una interpretación sistemática pierde fuerza en este punto la casi omnipotencia del convenio sectorial (véase el punto 2.2. de este capítulo). En tercer lugar, con la reforma operada en el año 2021 sobre el art. 84.2 (concurrencia de convenios) se suprime la prioridad aplicativa del convenio de empresa en materia de cuantía salarial. Por ello, ha decaído una parte de la potencia práctica de las interpretaciones de la LCSP que ha realizado el TACRC cuando el convenio en vigor para la empresa ya es el convenio de sector.

Resta por apuntar otro aspecto trascendente, pues esta consideración se suma a las situaciones en las que el órgano de contratación realiza el PBL y los PCA en atención a un convenio colectivo de sector según el objeto del contrato y, sin embargo, alguna empresa concurrente se rige legalmente por otro convenio de sector. En tal caso, el TACRC ha entendido que el OC debe proceder con "extrema cautela" pues no le incumbe determinar qué convenio resulta aplicable a la empresa y su labor se relaciona con la de "proporcionar a todos los candidatos interesados una información sobre los eventuales costes laborales asociados a la prestación del servicio" (RTACRC 327/2020, de 5 de marzo —FJ 8º—); añadimos: y la de proteger la viabilidad del contrato y el interés general. El convenio empleado para calcular el PBL "no prejuzga las acciones de la autoridad laboral ni de los órganos jurisdiccionales del orden social sobre la aplicación de los convenios colectivos, sino que se limita a seleccionar" el que resulte congruente con el objeto contractual (RTACRC 928/2020, de 26 de agosto —FJ 8º—).

2.8.2. Cláusulas de revisión salarial en convenios colectivos[270]

Los convenios colectivos tienen, en la inmensa mayoría de los casos, una vigencia temporal plurianual, lo que acrecienta el interés

---

270 Para un estudio en profundidad sobre las cláusulas de revisión salarial y salvaguarda en cientos de convenios en España véanse las exposiciones del capítulo

sobre el tratamiento que aquellos le otorgan a la eventual alteración de la cuantía salarial durante los distintos años de vigencia (Todolí Signes, 2015). Las conocidas como cláusulas de revisión salarial son los dispositivos jurídicos por antonomasia que se incorporan a los convenios colectivos y que asumen el papel de revisar los salarios de las personas bajo su ámbito de aplicación.

Mediante este tipo de cláusulas los agentes sociales señalan en el texto del convenio (o en un acuerdo colectivo de la misma naturaleza jurídica) la concreta cuantía salarial correspondiente a cada año de vigencia de este o la forma en que deben determinarse periódicamente dichos salarios. El objetivo principal de esta clase de estipulaciones es el de mantener o incrementar el poder adquisitivo de los trabajadores a lo largo del tiempo, sin perjuicio de la concurrencia de otros objetivos subyacentes como la reducción de los conflictos colectivos (CCOO, 2009). En este contexto adquieren especial protagonismo dos tipos de cláusulas: las de incremento salarial y las cláusulas de salvaguarda.

Para el inicio de la vigencia del convenio este suele señalar el salario aplicable. De existir cláusulas de incremento salarial estas indicarán cuantías superiores (o porcentajes de aumento) para el inicio de cada uno de los años posteriores de vigencia. En segundo lugar, es posible que los convenios arbitren una cláusula de salvaguarda por la cual al final de cada año de vigencia se revisen los salarios de ese año ya agotado para *ajustarlos* a algún índice (generalmente el IPC real[271]) que revele la pérdida, ganancia o mantenimiento del poder

---

de libro de los autores Todolí Signes et al. (2024), entre los que me encuentro, del Observatorio de Negociación Colectiva de Comisiones Obreras. De ellos derivan buena parte del análisis de los convenios colectivos concretos.

271 El Índice de Precios de Consumo (IPC) es un indicador coyuntural que mide la evolución de los precios de los bienes y servicios de consumo adquiridos por los hogares residentes en España. Los bienes y los servicios que son objeto de análisis se establecen a partir del consumo de las familias y la importancia la determina la forma y el nivel de consumo. En cualquier caso, a lo largo de las últimas tres décadas los convenios colectivos han hecho frente a situaciones económicas de diversa índole y, en algún caso testimonial, han arbitrado cláusulas de incremento que han tomado en consideración parámetros ajenos a los índices de poder adquisitivo general de los trabajadores, como índices vinculados a la situación económica de la empresa. Esta dinámica se ha venido frenando en los últimos años, sobre todo desde el aumento de la inflación. Cabe señalar que, en el ámbito de la Seguridad

adquisitivo o cualquier otro aspecto relevante para la determinación de los salarios. Los convenios, sectoriales y de empresa, que prevén cláusulas de incremento son proporcionalmente inferiores en número a aquellos que no las contemplan. Las cláusulas de salvaguarda son incluso menos numerosas.

El *V Acuerdo pare el Empleo y la Negociación Colectiva* (2023-2025) contempla expresamente la regulación de cláusulas de revisión salarial[272]. En el punto 2 capítulo VI (retribución) se establecen criterios para la determinación de los incrementos salariales y en el punto 3 la actualización de precios durante la vigencia de contratos públicos[273].

Algunos convenios colectivos afectan con mayor incidencia a sectores o a empresas en los que la presencia de las licitaciones de contratos del sector público son una constante. Es el caso de sectores como el de obras públicas, transportes o el de actividades auxiliares como la limpieza, la jardinería o la asistencia técnica informática. Es frecuente que los convenios sectoriales dispongan de consideraciones relacionadas con las condiciones laborales en la ejecución de contratos, aunque los aspectos salariales no se prodigan demasiado. Con todo, pueden identificarse tres características en los convenios que abordan las vicisitudes salariales de la contratación pública. En primer lugar, los convenios colectivos de esta índole ajustan su período de vigencia a la duración del contrato en cuestión. En segundo lugar, algunos de ellos condicionan las revisiones salariales al alza a la previsión en los PCA y en el contrato de la revisión de los precios. En tercer lugar, algunos textos sugieren a las AAPP la inclusión en los pliegos de determinadas cláusulas de revisión de precios y su fórmula.

Social, el ya sin efecto Índice de Revalorización de Pensiones introducido en 2013 por la Ley general de Seguridad Social, tenía como objetivo de contribuir al equilibro entre ingresos y gastos de las cuentas de la Seguridad Social. En la actualidad, sin embargo, la revalorización de las pensiones se ha realizado atendiendo al IPC.

272 Resolución de 19 de mayo de 2023, de la Dirección General de Trabajo, por la que se registra y publica el V Acuerdo para el Empleo y la Negociación Colectiva. El Acuerdo se suscribe entre, de un lado, la Confederación Española de Organizaciones Empresariales y la Confederación Española de la Pequeña y Mediana Empresa y, de otro lado, por las Confederaciones Sindicales de Comisiones Obreras y de la Unión General de Trabajadoras y Trabajadores de España.

273 Se incluyen incrementos salariales iniciales para los años 2023 (4 %), 2024 (3 %) y 2025 (3 %).

I. Cláusulas de incremento salarial inicial

Un rasgo característico de los convenios colectivos de empresas y sectores vinculados a contratos del sector público es que establecen como punto de partida de los incrementos salariales la fecha de comienzo de la licitación o la ejecución del contrato, debido al nexo congénito de dichos convenios con la vida de la contrata[274]. En ellos se señala un porcentaje para el incremento inicial de carácter anual e, incluso, un porcentaje distinto dependiendo de la fecha de inicio de la prestación de servicios. Además, ciertos textos prevén que los efectos del incremento inicial dependan de que el PCA contemple sendos incrementos en el precio y el PBL del contrato. En tal caso no se aplicaría el incremento a menos que se haya repercutido íntegramente el coste de los salarios en el canon y el estudio económico del futuro contrato (Todolí Signes et al., 2024).

Por otra parte, es posible que el convenio recoja, a meros efectos declarativos, el contenido del art. 100 LCSP dirigido a regular el PBL como cuantía máxima de gasto que puede llegar a comprometer el OC, generalmente, incluido el IVA (apdo. 1)[275]. El mentado precepto exige que tales órganos tengan en cuenta los precios de mercado y que, en el

---

274 A modo de ejemplo: el Convenio Colectivo del sector de transportes interurbanos de viajeros en autobuses de la provincia de Sevilla, cuyo ámbito personal y funcional de aplicación alcanza, además, a las empresas que "opten a concursar licitando frente a la Administración Pública" conmina a aquellas "como mínimo a aplicar las tablas salariales y cláusulas normativas del presente convenio para toda la provincia de Sevilla" (art. 38). El Convenio Colectivo del Sector de Servicios de Educación Ambiental de la Comunidad de Madrid establece que los incrementos previstos en las tablas salariales para los años de vigencia del convenio se aplican solo a las empresas cuya licitación y procedimiento de contratación comiencen una vez publicado el convenio colectivo en el Boletín Oficial respecto del personal que preste servicios en dichos contratos y licitaciones y de la parte concreta de su jornada de prestación de servicios en el contrato. Por ende, no serán aplicables cuando el contrato haya sido licitado con anterioridad o las sucesivas prórrogas de contratos públicos de servicios anteriores a dicha publicación En estos casos se aplicarán las tablas que venían siendo efectivas con fecha de efectos de la fecha de inicio del convenio (2022), con un incremento del 1,5 %. Lo mismo para 2024, que se aplicará la tabla de 2022 pero con un aumento del 3,5 %. Lo mismo para 2025 pero con un aumento del 4,5 %.

275 Conveni col·lectiu autonòmic de Reforma Juvenil i Protecció de Menors de les Illes Balears.

caso de las actividades en las cuales el coste salarial forme parte del precio total, se desglose con desagregación por género y categoría profesional la estimación de aquellos a partir del convenio laboral de referencia (apdo. 2). En un sentido similar, en convenios como el anotado (nota a pie 312) se transcribe el artículo 211 LCSP, el cual afirma que el impago de los salarios o el incumplimiento de las condiciones establecidas en el convenio colectivo es una causa de resolución del contrato.

Junto al transporte de viajeros o los servicios de protección de menores, directamente vinculado a un servicio que puede ser de titularidad pública que se presta a los ciudadanos, destacan otros sectores de actividades auxiliares o complementarias, aunque necesarias para el normal y eficaz funcionamiento de las AAPP. Es frecuente, por tanto, la existencia de empresas especializadas en desarrollar tales obras y servicios o, incluso, de empresas multiservicios que desarrollan todo o buena parte de su negocio en el ámbito de los contratos del sector público que negocian convenios de centro con vigencia limitada a la contrata. De entre los convenios que regulan revisiones salariales encontramos los de empresas como el Grupo Fomento, Construcciones y Contratas (FCC)[276], en el ámbito de las obras públicas, o los Grupos empresariales Eulen[277],

---

276 FCC, SA. Es un grupo empresarial dedicado a actividades relacionadas con los servicios medioambientales; la gestión integral del agua; el diseño, planificación, construcción y mantenimiento; o, el negocio inmobiliario dedicado a promover, gestionar y explotar bienes inmuebles. Este grupo empresarial tiene su germen en el 1900 con el nombre Fomento de Obras y Construcciones (aunque se fusionaría con Construcciones y Contratas en 1992) y desde sus inicios se dedica a trabajar en el ámbito de los contratos públicos; la construcción de varios muelles del puerto de Barcelona fueron la primera de sus obras. Información extraída de la página web corporativa www.fcc.es.

277 Un grupo empresarial dedicado a prestar servicios de limpieza, seguridad, mantenimiento, servicios informáticos, gestión ambiental, recursos humanos o servicios sociosanitarios. Se trata de una empresa especializada en servicios externalizados por parte de empresas privadas, pero que participa, a su vez, con asiduidad como licitadora en contratos del sector público. Información extraída de su página web: www.eulen.com. El Convenio Colectivo para el personal de la empresa *Eulen* en los servicios de limpieza del puerto de Vigo (2022-2025), incluye el 2 % para el año 2022; 3 % en el 2023; 2,5 % en el 2024; y, 2,5 % en el 2025. También el Convenio de empresa *Eulen* sociosanitarios para ejecutar el contrato de ayuda a domicilio en Oñati (2022-2024) Las cláusulas de incremento inicial de 2022 en adelante plantean aumentos del 10 % (2022), del 6% (2023) y 5 % (2024).

Gimeno[278] o la empresa FOBESA[279], en el ámbito de las empresas de multiservicios externalizados.

Se dan especificidades de diversa índole en la regulación de dichas cláusulas, como la que incumbe a supuestos en los que el expediente de adjudicación concluya con un plazo de retraso de un mes respecto de la entrada en vigor del convenio, en la que sería la empresa la que habría de hacerse cargo de forma retroactiva de los salarios (y su respectivo incremento) en dicho mes.

En cuanto al mantenimiento del incremento inicial en período de ultraactividad, la mayoría de los convenios analizados mantienen la tabla salarial del último año de vigencia del convenio, pues prácticamente todos prorrogan su vigencia en todo su contenido, aun no especificando el aspecto salarial. No obstante, en este ámbito cabe destacar que existen convenios que expresamente excluyen la cláusula de los incrementos salariales en el período de la prórroga del convenio[280]; otro que una vez denunciado se limita la ultraactividad como máximo durante un período de 24 meses; o la ausencia de previsión alguna de efectos ultraactivos[281].

II. Cláusulas de salvaguarda salarial

Además de revisar los salarios al comienzo de cada año, la tradición convencional en España ha previsto en una parte de los conve-

---

278 Grupo empresarial surgido en el s. XIX dedicado al ciclo integral del agua, servicios de jardinería, energía, mantenimiento, restauración, logística portuaria, etc.

279 Benicasim, SA. (FOBESA) es una empresa multiservicios del Grupo Gimeno dedicada a la gestión de residuos, jardinería, limpieza viaria y de agua potable, sobre todo, en poblaciones de la provincia de Castellón, Alicante y Albacete. El Convenio Colectivo de la empresa FOBESA para el centro de trabajo de saneamiento Urbano de Xixona (2022-2025) establece un incremento anual. Ahora bien, se trata de un ejemplo de convenio de empresa con una duración superior al primer contrato del sector público (2023-2024) y que, por consiguiente, ha de prever mecanismos de transición desde el contrato anterior (un contrato puente en el año 2022) y para posibles adjudicaciones futuras.

280 Convenio Colectivo de la empresa Fomento de Benicasim, S.A., del centro de trabajo de Xixona.

281 Convenio colectivo de Fomento, Construcciones y Contratas medio ambiente S.A.U. (limpieza viaria de Almansa) para el Ayto. de Almansa.

nios, sectoriales y de empresa, cláusulas denominadas *de salvaguarda*. Juegan un rol de compensación del poder adquisitivo ante eventuales o estructurales incrementos del IPC cuando el resultado de este indicador supere, generalmente a final de año, el incremento salarial de inicio de año que se hubiera pactado en el convenio[282]. La mayoría de los convenios colectivos que establecen cláusulas de salvaguarda salarial toman como índice de referencia el IPC real (y acumulado) y no así otros índices como el IPC subyacente[283]. El efecto es el de reconocer de forma automática —anual, plurianualmente o al final de la vigencia de la contrata— la diferencia salarial positiva que pueda resultar al final de cada período en relación con el incremento previsto inicialmente. Ante esta clase de escenarios propios del fenómeno de las contratas, existen diversas posibilidades que, en la práctica, viene explorando la negociación colectiva.

Es frecuente que los convenios de empresa planteen que el producto de la revisión de los salarios se abone una vez concluido el nuevo expediente, previendo la propia empresa su participación en el subsiguiente proceso de adjudicación. En caso de que dicha empresa no resultare adjudicataria se abonaría en la fecha establecida[284]. Otros, en cambio, pueden determinar que en el supuesto de que

---

282 Un estudio realizado para el Banco de España señaló en 2022 que la incidencia de las cláusulas de salvaguarda se había incrementado respecto de los años precedentes, llegando a afectar a 1 de cada 4 trabajadores cubiertos por convenios colectivos en España. No obstante, en atención a los datos históricos, sí se aprecia una disminución en comparación con el establecimiento de estas cláusulas a finales de la década de 1990 y comienzos de los años 2000 (Izquierdo & Herrera, 2022). Este fenómeno se explica, entre otras razones, por la existencia en décadas pasadas de niveles de inflación más elevadas y la precaución mostrada en los procesos negociales entre agentes sociales ante *shocks inflacionistas* (Jareño Cebrián, 2007). Tanto es así que las cláusulas de salvaguarda, tradicionalmente, han previsto niveles de amortiguación de los efectos de la inflación más efectivos que los actuales, rebasados por la realidad, pues los topes estaban ajustados.

283 El índice que mide la inflación subyacente parte de la metodología aplicada al IPC sin tomar en consideración los alimentos no elaborados (legumbres, verduras, frutas, etc.) ni los productos energéticos (electricidad, gas, petróleo, gasolina, etc.), con el fin, entre otros, de conocer cómo reacciona o en qué situación se encuentra el IPC sin los elementos de mayor volatilidad.

284 El Convenio Colectivo de la empresa Eulen Sociosanitarios, S.A. (ayuda a domicilio de Oñati) establece que el abono del saldo positivo tendría lugar tras adjudicarse el nuevo contrato si así fuera el resultado de la próxima licitación,

el expediente no esté adjudicado a una determinada fecha, sea la empresa adjudicataria la que se haga cargo del abono de los salarios con carácter retroactivo desde el mes siguiente a la fecha de la firma del convenio.

Por último, cabe señalar que los convenios citados en estos apartados, a pesar de haber actuado en escenarios de IPC negativos, no han previsto tal situación, por lo que no encontramos alusión alguna al comportamiento de los salarios de darse una caída del IPC por debajo de cero.

III. Revisión de los precios de los contratos

Los convenios colectivos de sector o empresariales, sin embargo, no vinculan a las AAPP, por lo que estas, aunque deben atender al cumplimiento de las condiciones laborales que resulten de aplicación, no están obligadas en el procedimiento administrativo por otra normativa que no sea la de contratos del sector público. El convenio, por lo tanto, se mantiene como una norma que regula las relaciones entre empleadores y empleados, pero no alarga sus efectos a quienes no forman parte de su ámbito y a quienes no han participado en su negociación, redacción y aprobación.

Es una demanda reiterada la realizada por los agentes sociales, en general, y con mayor vehemencia por las centrales patronales que los precios de los contratos del sector público se acompasen al eventual aumento de los costes laborales[285]. Este asunto queda patente en el *V Acuerdo para el Empleo y la Negociación Colectiva* (AENC). En el apartado 3 del V AENC las partes instan al Gobierno a modificar la normativa relativa a la revisión de precios de los contratos realizados

---

pero se indica una fecha específica de abono en caso de no resultar la empresa como siguiente adjudicataria.

285 Buen ejemplo de esta pulsión es la literalidad de la DF 2ª del Convenio Colectivo de trabajo para el sector de limpieza de edificios y locales de Palencia y Provincia. En dicha disposición se afirma que las mejoras salariales que se puedan pactar en el convenio "se encuentran dentro del marco de los acuerdos de política salarial y de empleo acordadas por la Administración y tendrán repercusión en los precios de los servicios de limpieza para terceros".

al amparo de la LCSP con el fin de permitir la revisión de precios, al menos, "ante el acaecimiento de cambios normativos, acuerdos de negociación colectiva o circunstancias que no pudieses preverse en el momento de la licitación que impliquen incrementos de costes laborales". Los episodios de inflación de los últimos tres años y el aumento del SMI desde el año 2019 han reavivado dicha demanda especialmente por parte de las confederaciones empresariales.

El art. 103 LCSP es el que se encarga de regular la procedencia y los límites para la revisión de precios que nos ocupa[286]. Como regla general, sólo puede tener lugar en los contratos de obra, los de suministros de fabricación de armamento y equipamiento de las AAPP y, finalmente, los de suministro de energía. Seguidamente, el precepto recoge una cláusula de cierre que establece que también serán revisables los precios de los contratos "en los que el período de recuperación de la inversión sea igual o superior a cinco años". Ahora bien, se producen diversas excepciones a la regla general.

En primer lugar, no son revisables los costes asociados a amortizaciones, costes financieros, gastos generales o de estructura y el beneficio industrial. Por el contrario, sí lo son los asociados a costes laborales siempre y cuando "el período de recuperación de la inversión sea igual o superior a cinco años y la intensidad en el uso del factor trabajo sea considerada significativa, de acuerdo con los supuestos y límites establecidos en el Real Decreto" (art. 103.2, II LCSP). Es decir, se deja la puerta abierta a la posibilidad de revisar precios por alteraciones en los costes laborales, pero condicionando la opción al período de recuperación de la inversión, por un lado, y a la significativa intensidad o preponderancia de la mano de obra en la prestación en cuestión.

El art. 103.2 III LCSP[287] amplía las posibilidades de revisión de precios de prácticamente todo tipo de contratos siempre y cuando

---

286 Se trata de un precepto cuyo contenido está condicionado indefectiblemente por la Ley 2/2015, de 30 de marzo, de desindexación de la economía española y el RD 55/2017, de 3 de febrero, por el que se desarrolla dicha ley.

287 La novedad en esta materia radica en la DF 7ª de la Ley 11/2023, de 8 de mayo que modificó el artículo 103 LCSP y cuya entrada en vigor data del 10 de mayo de 2023; el mismo día en que se presentó el V AENC.

se hubiera ejecutado el 20 % de su importe, hubiese pasado 1 año desde la formalización[288] y que la suma de la participación en el PBL del contrato "de las materias primas, bienes intermedios y energía que se hayan de emplear supere el 20 por ciento de dicho presupuesto". Uno de los puntos clave es el que sigue: el aumento de los costes salariales no es un motivo de revisión, por lo que no podrá llevarse a cabo la revisión por el mero hecho de que exista un incremento de los costes salariales por efecto de cláusulas de revisión y salvaguarda salarial en el convenio colectivo aplicable a la empresa[289].

En virtud de la regulación que se viene exponiendo, y dentro de los casos permitidos para la revisión, el OC puede (es decir, 'está facultado para') establecer en el pliego el derecho de revisión periódica y predeterminada de precios y, en su caso, debe detallar la fórmula de revisión. No obstante esta opción, en los PCA y en el contrato puede no preverse la revisión de precios, incluso, aunque los convenios aplicables lo exijan o, simplemente, establezcan cláusulas de revisión de salarios. Precisamente, el 205 LCSP que lleva por título *modificaciones no previstas en el pliego de cláusulas administrativas particulares: prestaciones adicionales, circunstancias imprevisibles y modificaciones no sustanciales*, ofrece una salida a la falta de previsión en los pliegos de la revisión.

En definitiva, la inmutabilidad del contrato por los motivos señalados se fundamenta en el contenido del art. 197 LCSP que afirma que "la ejecución del contrato se realizará a riesgo y ventura del contratista, sin perjuicio de lo establecido para el contrato de obras en el artículo 239". En consecuencia, entiende la JCCPE que "la variación de las circunstancias derivadas de la negociación colectiva laboral deba ser soportada o absorbida por la entidad contratante pues esto no es un imperativo legal"[290].

---

288 Frente a los dos años que se preveían antes de la reforma de 2023.

289 Sobre este asunto se pronuncian, entre otros, el IJCCP de Cataluña 10/2019, de 28 de noviembre, y la Recomendación de la JCCPE de 10 de diciembre de 2018.

290 Recomendación de la JCCPE, de 10 de diciembre de 2018, a los órganos de contratación en relación con las consecuencias de la alteración sobrevenida de las condiciones salariales de los trabajadores de una empresa contratista de servicios por causa del cambio en el convenio colectivo aplicable durante la ejecución del contrato público. Clasificación del informe: 32. Recomendaciones,

A pesar de esta doctrina, en la Comunitat Valenciana tanto la patronal como los dos sindicatos mayoritarios alcanzan el II Acuerdo sobre materias concretas para la subrogación de los trabajadores en la contratación pública de la Comunitat Valenciana[291]. Su art. 7 recoge las *Cláusulas sobre la indexación de precios en la contratación con las administraciones públicas* en las que se conmina a las AAPP a "establecer una cláusula que prevea la modificación del precio del contrato conforme a lo establecido en el artículo 204 LCSP, con el fin de que el adjudicatario pueda cumplir las cláusulas establecidas en futuros convenios colectivos sectoriales [...] o en normas legales que supongan un incremento retributivo sin ocasionar una carga económica mayor al precio establecido de concesión". Por ello, en los casos en los que el OC debe hacerse cargo del contenido de un convenio colectivo y, por su parte, no existen cláusulas de revisión de precios en el contrato, la verificación de que los costes laborales previstos en las ofertas permiten atender correctamente la normativa convencional se efectuará teniendo presente la vigencia completa del contrato, contando con sus posibles prórrogas[292].

2.8.3. Condiciones especiales de ejecución de carácter social

Además de la obligación de la entidad pública de garantizar, durante la ejecución contractual, que la empresa adjudicataria cumple con la normativa laboral aplicable, el art. 201 LCSP contempla que su contravención pueda ser objeto de sanción a la empresa y, en consecuencia, pudiendo la Administración optar por la resolución del contrato o por la imposición de las penalidades que se determinen en el PCA si "los incumplimientos o los retrasos reiterados en el pago

---

acuerdos y circulares. La resolución entiende que "la modificación de los costes laborales derivados de la firma de un nuevo convenio colectivo aplicable a un contratista es un riesgo propio del contrato público de servicios que no justifica la modificación del contrato. Como consecuencia de lo anterior, no se considera necesario que los órganos de contratación adopten medida alguna ante esta circunstancia".

291 Registrado el 9 de mayo de 2023.

292 IJCCPE 29/2019 en materia de análisis de los costes salariales y de las obligaciones medioambientales.

de los salarios o la aplicación de condiciones salariales inferiores a las derivadas de los convenios colectivos que sea grave y dolosa". Junto a esta obligación de la entidad pública, que integra la CPSR de extracción o raíz legal, se encuentran las facultades potestativas del órgano que se mueven, sobre todo, en el margen de lo *decidible* o de lo discrecional, aunque con ciertos matices.

Aunque pueden considerarse como cláusulas sociales los mecanismos articulados para controlar el cumplimiento de dicha normativa, sin duda es el art. 202 el que recoge las cláusulas con mayor potencial innovador y mayor grado de discrecionalidad. Este precepto, titulado *Condiciones especiales de ejecución del contrato de carácter social, ético, medioambiental o de otro orden*, permite establecer tales condiciones e, incluso, obliga a la inclusión de, al menos, una condición de las que enumera el apartado 2 del precepto, es decir: condiciones de innovación, medioambientales o sociales. Se trata de una obligación cuya omisión podría invalidas los PCA que no la contemplen y, al mismo tiempo, de un deber abstracto y de cumplimiento ligero, ya que cualquier medida, por el mínimo efecto y trascendencia que tenga, daría por satisfecha la norma.

Por lo que a las condiciones de tipo social se refiere, el párrafo tercero del art. 202.2 enumera en régimen de *numerus apertus* de finalidades que tienen la consideración de sociales. Así, señala que las condiciones especiales que se determinen pueden tener algunas de las siguientes finalidades:

> "Hacer efectivos los derechos reconocidos en la Convención de las Naciones Unidas sobre los derechos de las personas con discapacidad;
> contratar un número de personas con discapacidad superior al que exige la legislación nacional;
> promover el empleo de personas con especiales dificultades de inserción en el mercado laboral, en particular de las personas con discapacidad o en situación o riesgo de exclusión social a través de Empresas de Inserción;
> eliminar las desigualdades entre el hombre y la mujer en dicho mercado, favoreciendo la aplicación de medidas que fomenten la igualdad entre mujeres y hombres en el trabajo;
> favorecer la mayor participación de la mujer en el mercado laboral y la conciliación del trabajo y la vida familiar;
> combatir el paro, en particular el juvenil, el que afecta a las mujeres y el de larga duración;
> favorecer la formación en el lugar de trabajo;

> garantizar la seguridad y la protección de la salud en el lugar de trabajo y el cumplimiento de los convenios colectivos sectoriales y territoriales aplicables;
> medidas para prevenir la siniestralidad laboral;
> otras finalidades que se establezcan con referencia a la estrategia coordinada para el empleo, definida en el artículo 145 del Tratado de Funcionamiento de la Unión Europea;
> o garantizar el respeto a los derechos laborales básicos a lo largo de la cadena de producción mediante la exigencia del cumplimiento de las Convenciones fundamentales de la Organización Internacional del Trabajo, incluidas aquellas consideraciones que busquen favorecer a los pequeños productores de países en desarrollo, con los que se mantienen relaciones comerciales que les son favorables tales como el pago de un precio mínimo y una prima a los productores o una mayor transparencia y trazabilidad de toda la cadena comercial".

Como puede apreciarse, la práctica totalidad de las finalidades citadas por el precepto afrontan cuestiones de carácter laboral y su virtualidad se despliega no solo respecto del contratista, pues el art. 202.4 LCSP obliga a que las condiciones especiales sean exigidas igualmente a todos los subcontratistas que participen en la ejecución. Sobre este extremo, que está más relacionado con capacidades discrecionales y de superación de los estándares normativos preestablecidos, se extienden la investigación en el capítulo IV al tratar las cláusulas sociolaborales desde un plano más específico.

2.9. Cláusulas de control y de sanción del incumplimiento

Las actuaciones de los adjudicadores no empiezan y acaban con el señalamiento de exigencias sustantivas, sino que gozan de facultades de control y sanción del incumplimiento. Véanse dos clases: la determinación de obligaciones y de sanciones, por un lado, y las facultades de control del cumplimiento de tales obligaciones, por otro.

En este orden de cosas, antes de adjudicado el contrato, es posible solicitar informes técnicos para verificar que las ofertas presentadas cumplen con las especificaciones técnicas del pliego. Además, respecto de otras exigencias, no necesariamente ínsitas en la definición que del objeto realizan las prescripciones técnicas, pueden requerirse informes. El art. 71.5 LCSP permite a las entidades públicas, con el objeto de verificar que los operadores externos cumplen con las cláusulas sociolaborales (y ambientales), recurrir a organizaciones sociales de usuarios destinatarios de la prestación, a las representativas del ámbito de actividad al que corresponda el objeto del contrato, a las centrales sindicales o a las que defiendan la igualdad de género, entre otras[293].

Para la fase ejecutiva los órganos de contratación pueden regular consecuencias jurídicas consistentes en penalidades para los supuestos de incumplimiento de las obligaciones contractuales. Esta posibilidad la contempla el artículo 192 LCSP, en términos generales, así como el art. 202 LCSP, respecto de las condiciones especiales de ejecución, que permite aplicar penalidad e, incluso, llegar a la resolución del contrato ante determinados incumplimientos[294]. En efecto, cuando una cláusula sociolaboral ha sido catalogada por el PCA como esencial su incumplimiento puede dar lugar a sanciones máximas[295].

En cuanto al requisito formal, el Informe de la JCCP 63/2011, de 17 de julio, advertía ya con la anterior legislación en vigor que la resolución del contrato como sanción exige la calificación explícita de "esencialidad" en los PCA o en el contrato, aunque la interpretación literal del actual art. 211.1 f) requiere de su previsión en los PCA clara e inequívocamente y no *ex novo* en el contrato (García Luengo, 2022). Por lo que al requisito material se refiere, uno de los

---

293 Respecto de este tipo de obligaciones, el art. 129 LCSP también establece la posibilidad de señalar el organismo del que los candidatos pueden obtener información relativa a tales requisitos.

294 El carácter esencial de la obligación no afecta únicamente a algunas condiciones de ejecución del contrato, pues los órganos de contratación pueden atribuir tal carácter a algunos compromisos como los contemplados en el art. 76.2, relativo a la concreción de las condiciones de solvencia. Así, el compromiso dirigido adscribir a la ejecución del contrato los medios personales suficientes se debe integrar en el contrato. Los PCA deben considerarla obligación esencial a los efectos de resolver el contrato por incumplimiento o bien establecer penalidades.

295 Las penalidades deben ser proporcionales a la gravedad del incumplimiento y las cuantías de cada una de ellas no podrán ser superiores al 10 por ciento del precio del contrato, IVA excluido, ni el total de estas superar el 50 por cien del precio del contrato. Además, se contempla que, al atribuir a determinadas obligaciones el carácter de esenciales, incluidas las de cariz sociolaboral, pueda aplicarse el artículo 211.1, f) relativo a la resolución del contrato fundada en el incumplimiento de la obligación principal del mismo o de obligaciones esenciales.

aspectos técnico-jurídicos más complejos en este punto es dilucidar qué obligaciones, sobre todo en el marco de las de carácter socio-laboral y medioambiental, pueden ser instituidas como esenciales. Actualmente este asunto debe ser abordado desde una Dictamen del Consejo de Estado 3428/1999, de 18 de mayo, la mera declaración de esencialidad no convierte a una obligación en esencial, sino que la obligación debe estar vinculada al objeto de tal forma que "constituya un aspecto esencial en el contexto de la relación jurídica entablada entre las partes contratantes".

La aplicación de las causas de resolución no se acaba en estas obligaciones especiales. La letra i) sanciona el impago, durante la ejecución, de los salarios de los trabajadores participantes en la contrata por parte del contratista o bien el incumplimiento de las condiciones establecidas en los convenios que resulten aplicables a las relaciones laborales en cuestión.

Además de la resolución del contrato y la aplicación de penalidades, no debe soslayarse la prohibición de contratar como consecuencia jurídica *punitiva* al incumplimiento de obligaciones esenciales. Se trae, de nuevo, a colación el art. 71.2 c) LCSP en el que se señala como circunstancia determinante de la prohibición de contratar el incumplimiento de cláusulas de carácter esencial, incluyendo las condiciones especiales de ejecución, siempre que "dicho incumplimiento hubiese sido definido en los pliegos o en el contrato como infracción grave, concurriendo dolo, culpa o negligencia en el empresario, y siempre que haya dado lugar a la imposición de penalidades o a la indemnización de daños y perjuicios". No obstante, si tales condiciones especiales de ejecución no hubiesen sido definidas como obligaciones esenciales o no viniesen tipificadas como causa de resolución, reglamentariamente podrá considerarse su incumplimiento como infracción grave a efectos de aplicar el art. 71.2 c).

Durante la ejecución del contrato ni la LCSP ni la Directiva determinan exhaustivamente el modo de controlar el cumplimiento, por lo que se presume cierta discrecionalidad por parte del OC para establecer los mecanismos en los PCA y para dictar "las instrucciones oportunas para el fiel cumplimiento de lo convenido" (art. 94 RD 1098/2001). El responsable del contrato es el órgano administrativo encargado formalmente, en virtud de la LCSP y el Reglamento de contratación, para controlar el cumplimiento del contrato. Esto no obsta para que se arbitren otros mecanismos o garantías que, en el caso de las obligaciones sociolaborales, podrían implicar a los agentes sociales, a los representantes de los trabajadores y empresarios e, incluso, a entidades externas orientadas a la realización de auditorías sociolaborales (Calvo Palomares et al., 2021). En cualquier caso, se revela el aspecto más complejo en la práctica, por cuanto las obligaciones de carácter laboral requieren de conocimientos y procedimientos de control especiales.

3. PRINCIPIOS, REGLAS E INSTITUCIONES DE LOS CONTRATOS DEL SECTOR PÚBLICO

Las entidades del sector público han de ceñirse a las disposiciones de la LCSP y, para los supuestos de contratos SARA[296], de las Directivas 2014/23 y 24/UE para obtener servicios, obras y suministros de operadores externos privados. Los actos jurídicos tendentes a sustanciar los procesos de contratación son impulsados y ordenados por las entidades del sector público por medio de los órganos de contratación (OC): representación, unipersonal o colegiada, de las entidades que tiene atribuidas por estas la facultad de celebrar los contratos en su nombre (art. 61 LCSP). El procedimiento se articula documentalmente mediante los pliegos de condiciones administrativas —generales o particulares— (PCA) que ordenan los requisitos y condiciones de los operadores, las prestaciones y las ofertas presentadas.

Los pliegos, aun jugando en un espacio de discrecionalidad, deben someterse a los principios y reglas del Derecho de contratos del sector público como los que actúan en pro de la transparencia, igualdad, publicidad, objetividad, eficiencia o elección de la oferta económicamente más ventajosa. En este proceso, generalmente[297], el

---

296 Sujetos a regulación armonizada.

297 En primer lugar, esto tendrá lugar cuando la competencia en la contratación no corresponda al OC, sino a una Junta de Contratación. En segundo lugar, la asistencia de la mesa será preceptiva en los procedimientos abiertos, abierto simplificado, restringidos, de diálogo competitivo, de licitación con negociación y de asociación para la innovación. Será facultativa en los procedimientos

OC se vale de la mesa de contratación como un órgano de asistencia técnica especializada en la calificación y selección de los licitadores o en valoración de ofertas, entre otras funciones técnicas (art. 326 LCSP). Asimismo, y ya como órgano consultivo —no así de asistencia técnica— las juntas consultivas de contratación pública servirán en términos generales a la promoción de normas y medidas que consideren procedentes y se pronunciarán sobre asuntos que le sean sometidos por las entidades del sector público. Por último, en un plano del control de legalidad, tanto los PCA como su sustanciación en el posterior contrato están bajo la observación, no solo del poder judicial, sino, en vía administrativa, de los tribunales administrativos de recursos contractuales (arts. 238 LCSP) cuando se les requiera mediante recursos.

3.1. La discrecionalidad de los órganos de contratación

Las potestades discrecionales, aun exigiendo una sumisión absoluta al principio de legalidad y a la norma que la atribuye, permiten a quien la detenta un margen de maniobra o decisión valorativa. Los dos puntos fundamentales a la hora de analizar esta materia son, por un lado, la extensión o perímetro de la potestad y, por otro, el modo en que se atribuye esta.

Las entidades y, en concreto, los órganos de contratación vienen amparados en su labor por el principio de libertad de pactos que desarrolla el art. 34 LCSP. Advierte Cosculluela Montaner (2011) que en ningún caso esto ha de confundirse con la autonomía de la voluntad que rige en el Derecho privado[298]. Por tanto, el citado precepto sitúa los límites de la libertad de pactos, cláusulas y condiciones en aquel contenido contrario al interés público, al principio de igual-

negociados en que no sea necesario publicar anuncios, salvo que se fundamente en una necesidad imperiosa urgente, y en ciertos procedimientos abiertos simplificados con valor estimado inferior a 80.000 euros (obras) y 60.000 euros (servicios y suministros).

298 El principio de autonomía de la voluntad es un principio nuclear del Derecho civil y, frente a aquello que ocurre en el Derecho Público e, incluso en ramas reguladas y de un fuerte componente tuitivo, se instituye en la regla general de actuación (art. 1255 CC).

dad de trato, a los principios de la buena administración y, en definitiva, al ordenamiento jurídico.

La contratación pública está embebida de potestades administrativas atribuidas a las entidades del sector público y, más concretamente, a los OC que se desplazan en el terreno de la discrecionalidad plasmada en los PCA y el contrato. En efecto, en el espectro del margen de maniobra se presentan, y por momentos se entrelazan, las potestades discrecionales[299] con las regladas[300]; todas ellas encaminadas a realizar el interés general como *ratio essendi* y misión del Estado y, más concretamente, de las AAPP[301]. Tanto es así que podría considerarse que el ordenamiento jurídico representa la concreción y realización del interés general desde lo general a lo particular y que, mediante las previsiones legislativas, se acotan las potestades administrativas de forma más o menos reglada y, con ello, se delimita la capacidad decisoria de las AAPP en la determinación del interés general en el caso concreto[302]. Con todo, no siempre existe una pre-

---

299 El diccionario panhispánico del español jurídico define la discrecionalidad como la "potestad atribuida a los órganos administrativos por las leyes sin predeterminar por completo el contenido u orientación que han de tener sus decisiones, por lo que el titular de las potestades o competencias queda habilitado para elegir dentro de las diversas opciones decisorias que se le presentan".

300 A la vista de las disquisiciones doctrinales, parece infructuoso cualquier debate terminológico en torno a la calificación de las potestades como *regladas* o *discrecionales*; tal vez por su pretensión dual y maniquea. Las diferencias descansan en la capacidad de libertad de elección (discrecionalidad) y la preconfiguración de reglas más o menos estrictas para la determinación de la decisión o solución (reglamentación). El síntoma definitivo que refleja cuándo se está ante potestades regladas o cuando se trata de una potestad con mayor o menor margen de maniobra para el operador, es la intensidad con la que puede manifestarse el control jurisdiccional y la capacidad de los jueces y magistrados para enjuiciar materialmente la decisión adoptada por el órgano administrativo.

301 Las SSTS de 17 de julio de 2001 (rec. 2147/1996) y de 9 de abril de 2002 (rec. 2675/1996) establecen el interés público como un límite a la elección de criterios y a la configuración del proceso, pero reconociendo en este término otro concepto jurídico indeterminado que, no obstante, es concretado por las reglas y principios fundamentales de la normativa de contratos. Dentro del perímetro delimitado por dichas fronteras normativas, la Administración cuenta con discrecionalidad con base en "los elementos de oportunidad y conveniencia".

302 El interés general, en el marco del Estado social, debe latir en todas las decisiones del ejecutivo, en general, y de las AAPP contratantes, en particular. A pesar de esta afirmación, el marco legislativo, el cual dispone de su propio

determinación legal clara y precisa de qué solución obedece al interés general de entre diversas posibles o el concepto empleado para concretarlo no resulta determinado[303].

Sea como fuere, la premisa básica es la que asevera que los OC disponen de una relativa capacidad discrecional[304]. Las entidades pue-

---

margen de discrecionalidad tiende a proporcionar a los poderes públicos administrativos una concreción del citado interés general dentro de la cual estos deben desenvolverse mediante las potestades que el ordenamiento les atribuye. Incluso, puede afirmarse que la asunción o arrogación por parte de la ley de la regulación específica y concreta de potestades administrativas cuando la Constitución no contempla tal desarrollo supone, en ocasiones, una vulneración o contravención de ciertos principios constitucionales. Esto sucede, por ejemplo, respecto del artículo 140 CE, en el que se proclama la autonomía local y el correspondiente reconocimiento de las potestades y competencias necesarias para cumplir con los fines que la Carta Magna les atribuye. En el plano legislativo, el artículo 25 LRBRL resulta paradigmático en este asunto: "El Municipio, para la gestión de sus intereses y en el ámbito de sus competencias, puede promover actividades y prestar los servicios públicos que contribuyan a satisfacer las necesidades y aspiraciones de la comunidad vecinal en los términos previstos en este artículo". El ejercicio legislativo que pudiera consistir en una merma o anulación de la autonomía local no solo supondría una invasión competencial, sino que restaría discrecionalidad administrativa en aspectos que reconoce la propia constitución. En otros supuestos, aunque en atención a las previsiones del texto constitucional y a la realidad jurídica dada puede no resultar necesaria la intermediación legislativa, el principio de primacía de la ley determina la validación de dicha intervención. Sobre la conveniencia de que algunas materias se regulen en el nivel administrativo se pronunció la STC 104/2000, de 13 de abril (rec. 2300/93). FJ 9° "Hemos de recordar que nuestro sistema constitucional, aparte de una regla de atribución de la potestad reglamentaria en el art. 97 C.E., no contiene una «reserva de reglamento», lo cual no impide, cierto es, que una determinada materia, por su carácter marcadamente técnico, resulte más propio que sea objeto de una regulación por una norma reglamentaria que por una con rango legal. En el mismo sentido, véanse las SSTC 76/1983, de 5 de agosto, FJ 24°; y 77/1985, de 27 de junio, FJ 16°.

303 Sobre esto, unas líneas de Muñoz Machado (2015a, p. 224) en las que se afirma que "es bastante común en las exposiciones doctrinales sobre la significación del principio de legalidad, pretender que todas las actuaciones administrativas están precedidas de una ley que las habilita, lo que, sin embargo, al no resultar preciso en términos constitucionales, no es cierto".

304 Aunque es frecuente hablar de la potestad discrecional exclusivamente en el contexto del poder ejecutivo, cabe señalar que el poder del Estado que dispone de mayor capacidad de discrecionalidad a la hora de formar su voluntad y de plasmarla en principios y reglas de actuación no es otro que el legislativo. Se

den escoger entre diversas opciones igualmente válidas en Derecho en su diseño del procedimiento y del contrato. Por otra parte, esta discrecionalidad no es absoluta, como no lo es ningún derecho en el marco del Estado de Derecho[305]. La flexibilidad decisoria es una atenuación de la intensidad regulatoria a la que se sujeta las AAPP, pero no una *patente de corso* para adoptar decisiones arbitrarias y al margen de la ley y la Constitución (Muñoz Machado, 2015b; Ponce Solé, 2001).

El perímetro de una facultad administrativa está conformado por múltiples y diversas normas jurídicas constitucionales y legales, generales y específicas, de la rama en cuestión. En el punto subsiguiente de este capítulo se detallan algunos elementos que condicionan la discrecionalidad de las potestades del OC y la validez de las decisiones en el procedimiento de contratación. Antes de ello es conveniente referirse a la regla general de discrecionalidad condicionada.

En el plano puramente administrativo la potestad discrecional ha sido definida en multitud de ocasiones por el TS como "una libertad de elección entre alternativas igualmente justas [...] porque la decisión se funda en criterios extrajurídicos (de oportunidad, económicos, etc.) no incluidos en la Ley y remitidos al juicio subjetivo de la Administración "[306]. Esta capacidad de basculación entre alternativas igualmente justas es lo que se ha denominado desde la doctrina académica y judicial elección entre *indiferentes jurídicos*, porque el campo de juego sería otro, ajeno al mundo jurídico[307]. La elección es siem-

---

trata del criterio de oportunidad política o potestad discrecional política, precisamente, porque solo tiene como sujeción la Constitución, a la que se sujetan todos los poderes del Estado (artículo 9.1 CE).

305 Salvo, en concordancia con la doctrina del TC, la prohibición de la tortura (art. 15 CE).

306 STS (Sala Tercera, Sección 1.ª) de 29 de mayo de 2016 (rec. 137/2005). La sentencia aborda un recurso contra un acuerdo del Consejo General del Poder Judicial por el cual se acordaba devolver al parlamento vasco la propuesta para cubrir vacantes de un turno de juristas en la Sala de lo Civil y Penal del Tribunal Superior de Justicia del País Vasco.

307 La historiografía de la legislación puede resultar útil a la hora de realizar una aproximación conceptual a la potestad discrecional de las AAPP. Las leyes de Jurisdicción Contencioso-Administrativa de 1888 y 1894 positivizaron aquello que venía practicándose por los tribunales jurisdiccionales hasta el momento:

pre relativa, puesto que se somete a exigencias constitucionales diversas: el principio de interdicción de la arbitrariedad de los poderes públicos (art. 9.3 CE), la ley habilitante de la discrecionalidad (art. 103.1 CE) o los principios generales del Derecho (a los que alude el art. 1.4 del Código Civil). Además, el respeto a tales reglas y principios está controlado por el poder jurisdiccional, aunque la operatividad de la discrecionalidad se desarrolle dentro de "márgenes de apreciación que permitan adoptar decisiones definitivas, no sustituibles por ningún otro órgano" (Muñoz Machado, 2015a, p. 236)[308].

---

el control judicial de los actos de la administración tan solo podría referirse a potestades regladas. La definición de esta clase de facultades aludía a la exigencia de acomodación de la actividad administrativa a las disposiciones legales o reglamentarias. En el Reglamento de desarrollo del mismo año (RD de 22 de junio de 1894) se relacionaron una serie de potestades que el texto reglamentario denominó "potestades discrecionales" y que quedaban extramuros del control judicial. Así, por su amplio margen de decisión entre distintas opciones, las potestades discrecionales no podían ser impugnadas o cuestionadas en sede judicial. Sobre los aspectos históricos, véase González Pérez (1999).

308 El debate en torno al control judicial de este tipo de potestades es consustancial al estudio de su concepto, a la vista de buena parte de los tratamientos doctrinales, académicos e, incluso judiciales, de las discrecionalidades administrativas. Si bien hubo décadas en las que las potestades discrecionales de las AAPP no podían ser impugnadas ni controladas en vía judicial, actualmente ningún reglamento o acto administrativo está exento del control judicial. Ahora bien, el control de los órganos jurisdiccionales no se extiende igualmente en el ámbito de las potestades regladas y de las discrecionales, ni se realiza del mismo modo en potestades discrecionales habilitadas expresamente por la ley que en aquellas otras que vienen dadas por la utilización por el legislador de lenguajes vagos o amplios; en este último caso, sobre todo, la labor hermenéutica del órgano judicial es la encargada de completar y rellenar las lagunas del ordenamiento (Posner, 2013; Rivero Ortega, 2018). Esto conecta con la perspectiva dinámica de la potestad discrecional, mediante la que se trata de explicar este poder dependiendo de la actuación de los tribunales a la hora de juzgar las decisiones administrativas en su ejercicio. Por tanto, la naturaleza o no discrecional de una potestad dependerá, por un lado, de lo que haya determinado la jurisprudencia hasta el momento sobre tal calificación respecto de la potestad en liza y, por otro lado, del posicionamiento adoptado por los Tribunales en el caso concreto por lo que se refiere a los parámetros legales (e, incluso, administrativos) preestablecidos para su ejercicio. No obstante, es posible que, además del control de legalidad, los órganos jurisdiccionales lleguen a considerar que una determinada potestad que era aparentemente discrecional, realmente no lo es. Por esto la perspectiva dinámica de la potestad discrecional no deja de recordar que, en último término, los Tribunales

En el otro extremo, las potestades totalmente regladas no dejarían grado alguno de maniobra, pues exige que una concreta consecuencia jurídica se active al comprobarse que concurre el supuesto de hecho asociado a la misma; un supuesto de hecho que está formulado mediante conceptos jurídicos perfectamente determinados. Entre ambos extremos (criterio de oportunidad y regulación plena[309]) se desenvuelve la inmensa mayoría de las potestades administrativas; entre ellas, las de los OC respecto de los pliegos y el contrato.

Pues bien, como se advertía, uno de los puntos fundamentales a la hora de abordar esta materia es el que se deriva de cuestionarse de qué modo la LCSP delimita a los órganos de contratación el margen de decisión volitiva motivada. La atribución de discrecionalidad se realiza, en primer lugar, de forma expresa o tácita al permitir a las entidades determinar múltiples aspectos del contrato; en segundo lugar, se encuentra en la regulación de tales facultades la presencia de conceptos jurídicos indeterminados (CJI) que complican la reglamentación e interpretación de las habilitaciones. Por otro lado, las potestades se constriñen mediante tres mecanismos: en primer lugar, tal y como analizamos en el punto 3.2, el Derecho de contratos se rige por principios y reglas (igualdad de trato, vinculación con el objeto de contrato, motivación, transparencia, etc.) que condicionan o determinan la validez jurídica de las actuaciones administrativas; en segundo lugar, cuando la LCSP emplea conceptos jurídicos indeterminados (CJI) es frecuente que ofrezca elementos que los reglamentan; en tercer lugar, las entidades públicas pueden (auto) acotar la discrecionalidad de los OC a medida que se concreta el

determinarán cuándo el órgano administrativo tenía tal facultad o si, por el contrario, se encontraba, ante una facultad reglada (Galligan, 1990; García de Enterría, 1964).

309 La concreción depende también del mayor o menor recurso a conceptos jurídicos indeterminados y del carácter de estos. Sin embargo, en contra de esta consideración se pronuncia De Laubadère (1967), quien afirma que la discrecionalidad aparece cuando es la ley de forma intencionada la que permite al órgano administrativo tomar decisiones mediante libertad de apreciación entre varias soluciones justas: desde esta perspectiva también critica las posiciones que consideran la existencia de la discrecionalidad técnica, pues en los supuestos en cuestión la potestad sería reglada.

procedimiento (en reglamentos, acuerdos, pliegos de condiciones generales[310], etc.)[311].

Por lo que se refiere a la atribución expresa puede realizarse una remisión a lo visto en el apartado 2 de este capítulo. En cuanto al empleo de CJI, debe partirse de entender que estos se constituyen en términos amplios, vagos o abstractos que la ley alberga y que únicamente serán concretados mediante el ejercicio aplicativo, debido a que la enunciación fuera del contexto específico no permite una comprensión rigurosa. En cierto modo, una parte de la doctrina académica opina que su utilización sin la correlativa concreción trae causa de la voluntad del legislador de permitir ciertos márgenes de maniobra y adaptación en el plano administrativo (Cosculluela Montaner, 2014; García de Enterría & Fernández, 2017a; Sánchez Morón, 2016, 2021)[312]. Como ha señalado Cassagne (2009), es el lugar

---

[310] Puede ser recomendable recordar que los PCA de carácter general, según el art. 66 del RGLCAP, contienen "las declaraciones jurídicas, económicas y administrativas, que serán de aplicación, en principio, a todos los contratos de un objeto análogo además de las establecidas en la legislación de contratos de las Administraciones públicas".

[311] De forma similar, Bacigalupo (2009, p. 85) entiende que la atenuación de la vinculación reglada de las AAPP "se logra reduciendo la densidad con la que las normas programan el contenido de la actividad administrativa". Según explica el citado autor, existen tres modos de programar potestades que, en sentido amplio, pueden llamarse *discrecionales*. En primer lugar, mediante normas de programación condicional que otorgan al operador administrativo, una vez comprobada la subsunción fáctica, aplicar o no aplicar la consecuencia jurídica prevista (discrecionalidad en la actuación) o bien le permite elegir entre distintas consecuencias jurídicas (discrecionalidad en la elección); en segundo lugar, la ley puede optar por establecer normas de programación condicional con supuestos de hecho integrados por conceptos jurídicos indeterminados; por último, hay casos en los que se opta por una programación finalista, de tal modo que se dota a las AAPP de la mayor de las discrecionalidades al permitirle escoger la configuración de la programación operativa; se trataría de una discrecionalidad estrechamente vinculada a la potestad reglamentaria y, su más concreta exteriorización sería la potestad de planificación.

[312] La temprana sentencia, en este asunto, del TS (28 de abril de 1964), apreció que conceptos como *precio justo* y *utilidad pública* daban lugar a diferentes y posibles soluciones válidas. Frente a esta consideración la doctrina alemana *Rechtsfolgeermessen* de mediados del s. XX expresaba que los conocidos como "elementos jurídicos indeterminados" juegan su papel en el campo de lo puramente cognitivo, pero no de lo volitivo (Muñoz Machado, 2017; Soto, 2017;

donde "reina la ambigüedad" el terreno en el que operador jurídico administrativo ha de asentar la respuesta o solución que más se ajusta a Derecho.

Los CJI juegan un papel importante en la capacidad de los órganos de contratación de arbitrar cláusulas como las sociolaborales. El tipo de CJI (de cariz técnico, científico o político), y la concreción que pueda realizar el ordenamiento de los elementos que jurídicamente lo componen, delimitarán un perímetro más o menos

Vega, 2020). Dicho de otro modo, los CJI no otorgan márgenes de discrecionalidad, sino que la correcta interpretación de cada uno de ellos en el caso específico debería desembocar en "una única solución justa" (Mejía Turizo, 2019). Dicha doctrina arriba a España en la obra clásica de García de Enterría "la lucha contra las inmunidades del poder" de 1962. Su recepción jurisprudencial queda patente, por ejemplo, en la STS (Sala de lo Contencioso) de 30 de mayo de 2000 (rec. 6755/1994): resolución en la que se aborda un recurso sobre el acuerdo del Ayto. de Barakaldo, por el que se resuelve el concurso convocado para la contratación bajo la forma de gestión indirecta del servicio de limpieza urbana. De entrada, en la resolución se entiende que "las decisiones basadas en el principio de discrecionalidad han de partir del supuesto de la existencia de diversas soluciones alternativas jurídicamente indiferenciadas entre las que ha de efectuarse la elección, mientras que en los supuestos en los que la habilitación legal para seleccionar se confiere mediante el mandato de aplicación de un concepto jurídico indeterminado [...] la decisión del órgano actuante requiere un proceso intelectivo en el que, atendiendo a la realidad de las circunstancias que se le muestran, y no a su libre juicio, ha de concluirse en cuál [...] es el único supuesto de solución justa". Específicamente, el tribunal aborda el significado del concepto jurídico indeterminado "proposición más ventajosa" que, actualmente, se corresponde con el concepto de "oferta económica más ventajosa". En el FJ 5° se niega la existencia de una facultad discrecional en el momento de la adjudicación y precisa que: "En los supuestos en los que la habilitación legal para seleccionar se confiere mediante el mandato de aplicación de un concepto jurídico indeterminado, cual es el de la "proposición más ventajosa", la decisión del órgano actuante requiere un proceso intelectivo en el que, atendiendo a la realidad de las circunstancias que se le muestran, y no a su libre juicio, ha de concluirse en cuál de las ofertas presentadas es subsumible en el único supuesto de solución justa, que se corresponde con la necesidad de seleccionar entre aquéllas precisamente la única que pueda merecer la calificación de "proposición más ventajosa", lo que ha de verificarse de conformidad con los criterios establecidos en los pliegos de cláusulas administrativas particulares del concurso". En mi opinión, no existe una contraposición dicotómica entre potestad discrecional y concepto jurídico indeterminado, sino que la relación entre ambos es más compleja.

dimensionado, e incluso nulo, de discrecionalidad[313]. Sin duda, el grado de discrecionalidad depende de cómo se atribuya la misma y qué tipo de CJI se utilice: básicamente la doctrina ha diferenciado entre conceptos indeterminados que se descifran mediante normas de experiencia, científicas o técnicas (que vislumbran elementos reglados) y aquellos que evocan un juicio valorativo e, incluso, volitivo por su significación políticosocial o axiológica (García de Enterría, 1962; Mejía Turizo, 2019; Muñoz Machado, 2015a; Sánchez Morón, 2021)[314]. Aunque la distinción no siempre parece clara en la prácti-

---

313 El contraste se realiza en esta ocasión mediante el conocido como "margen de apreciación" que reconocía un espacio dentro de los conceptos jurídicos indeterminados que proporcionaba, *per se*, un cierto margen de maniobra volitiva al operador administrativo. Estos elementos de ajuste permiten afirmar que, dentro del margen de apreciación o maniobra administrativa, existen diversas posibilidades de la única solución justa que son legales y constitucionales. En este punto, se abre una espita en la perspectiva monozonal del CJI según la cual se diferenciaba entre el núcleo del concepto en cuestión (donde existe una perfecta subsunción de la realidad en el significado del término) y, alrededor, un halo de incertidumbre. Resulta revelador el desarrollo de la teoría trizonal de los conceptos jurídicos que se ha empleado tradicionalmente para transmitir la aprehensión de tales conceptos y hacer manifiestos tales márgenes aplicativos. Desde esta metodología hermenéutica, el CJI, a la hora de ser interpretado y aplicado, consta de tres zonas: la zona de certeza (o certeza positiva), la zona de certeza negativa y, por último, una zona o halo de incertidumbre (Koch, 1976). La zona de certeza o el núcleo fijo del concepto estaría integrado por la certidumbre de la configuración del concepto. Dicho de otro modo, es esa zona en la que la indeterminación se desvanece al realizar una interpretación básica de la realidad. En la zona de certeza positiva se incluirían todas aquellas aplicaciones u operatividades del concepto que se corresponden con una aplicación certera del mismo. Entre ellos, la zona de penumbra o halo de indeterminación es lo que realmente hace de estos conceptos unos constructos imprecisos.

314 Para García de Enterría constituyen conceptos de valor los conceptos "buen padre de familia", "buena fe" u "orden público", mientras que en el ámbito de los conceptos que remiten a normas de experiencia alude a "fuerza irresistible", "uso natural de las cosas" o "respeto". Para Sánchez Morón (2021) un claro ejemplo de concepto jurídico indeterminado de tipo técnico sería "Valor artístico, histórico y antropológico" en el contexto de la Ley de Patrimonio Histórico Español. En palabras de Mejía Turizo (2019, p. 362) "en los de valor se ofrece mayor posibilidad de volición que en los de experiencia, porque estos últimos se relacionan más con realidades prácticas". Esta clase de conceptos han sido denominados por una parte de la doctrina "conceptos indirectamente determinados", al considerar que la remisión conceptual a la "experiencia (común y general o técnica y profesional)" no es más que una remisión a la ciencia, el

ca[315], la consecuencia directa es la de reconocer, dependiendo del tipo de CJI, un elemento volitivo, y no solo meramente cognoscitivo (García de Enterría & Fernández, 2017b; Igartua Salaverría, 2000)[316].

La norma puede, además, reconocer expresamente una atribución de capacidad discrecional empleando CJI que están parcialmente determinados o reglados por la misma norma o por otras a las que se remite expresamente. En efecto, cuando la LCSP expresa que los procedimientos de contratación deben adjudicar el contrato a la oferta económicamente más ventajosa basándose, como regla general, en la relación calidad-precio, está reglando, parcialmente y en

---

arte o la experiencia (Martín González, 1967). En este sentido, desde la teoría de los CJI ha sido preciso realizar distinciones entre "conceptos indeterminados técnicos" —o reglados, empleando la terminología de Rodilla Martí (2021)— relacionados con aspectos de interpretación técnico-jurídica o el recurso a ciencias auxiliares extrajurídicas, y "conceptos indeterminados valorativos" (o no reglados), relacionados con juicios o elementos de valor basados, sobre todo, en la consecución concreta del interés general. Los conceptos indeterminados con un contenido reglados conducirán, según la interpretación expresada, a un margen de discrecionalidad más estrecho (discrecionalidad técnica, en el caso de los conceptos relacionados con técnicas ajenas a lo jurídico) y, los conceptos no reglados, permitirían una discrecionalidad más fuerte.

315 El aspecto más complejo es tratar de diferenciar los conceptos jurídicos indeterminados que otorgan potestades discrecionales débiles (que se pueden identificar con las discrecionalidades técnicas y técnico-jurídicas) de las discrecionalidades fuertes, más cercanas a los criterios de oportunidad. A esto cabe añadir que otro de los problemas en relación con los CJI es la dificultad de clasificar un concepto como perteneciente o no a la disciplina jurídica, ya que, o su situación en un campo o en otro no es precisa, o tanto el Derecho como una ciencia auxiliar han tratado de dotar a un significante de significados diversos. Es por ello por lo que, aun sin encontrarnos ante conceptos exclusivamente de valor subjetivo por parte del operador jurídico-administrativo, tampoco puede obviarse que es frecuente que algunos conceptos indeterminados de la experiencia, sobre todo en el ámbito de las ciencias sociales, estén sujetos a una interpretación diversa en el plano operativo y táctico de las AAPP. Por tanto, la sujeción de las AAPP a CJI como *calidad* o *eficiencia*, como en el caso de la contratación pública, no obsta para que se admita por parte de los operadores jurídicos de diversa índole que existe un margen razonable de discrecionalidad a la hora de operativizar dichos conceptos.

316 El juego práctico se manifiesta cuando el operador jurídico concreto valora distintas opciones que se sitúan en cada una de esas zonas. El punto crítico se encuentra en esa zona de incertidumbre en la que pueden existir intereses encontrados que, sin embargo, pueden ser lícitos y válidos igualmente.

mayor o menor medida, una potestad discrecional. La adjudicación y los criterios que pueden emplearse deben basarse en ciertos principios y reglas legales, pero permiten un amplio margen de actuación a los OC a pesar de utilizar CJI como *interés general, oferta económicamente más ventajosa, calidad, consideraciones sociales,* etc.[317].

En resumen, frente a las teorías más restrictivas del CJI que niegan en ellos la concurrencia de espacios de discrecionalidad, estamos de acuerdo con las posiciones que reconocen la existencia de un cierto margen de apreciación que sí podría dar lugar a diversas opciones de solución justa; lo que supone, en mayor o menor grado, la presencia del elemento volitivo de la administración cuyo control por el poder judicial es limitado[318]. En ocasiones esta discrecionalidad tiene lugar por un grado de inconcreción, pero, en otras, los CJI en los que se formulan ciertos parámetros o principios debe atenderse a una metodología para operativizar el interés general en el caso concreto (Fernández, 1991; Martínez-Vares, 1994)[319].

---

317 El ordenamiento jurídico, en cualquiera de sus ramas, recoge multitud de términos como "diligencia de un buen padre de familia", "justo precio", "oferta económicamente más ventajosa", "interés público", "maquinaciones insidiosas", "ensañamiento", "utilidad pública", "interés público", etc. frente a conceptos que son fácilmente identificables, aprehensibles y concretables.

318 Cuando se habla del control jurisdiccional de la discrecionalidad pueden citarse, entre otros, dos criterios clasificatorios. El primero de ellos distingue los controles judiciales según su objeto: la ejecución de la potestad o la atribución de la potestad. El segundo criterio de distinción versa sobre el alcance del control jurisdiccional; si se extiende a cualquier aspecto material y formal o si, de otro modo, limita su actuación a determinados aspectos. Las leyes procesales determinan qué aspectos pueden ser revisados en instancias superiores respecto de aquella instancia que conoció del asunto, pero el control limitado al que se hace referencia parte de lo ya acotado desde la primera de las instancias.

319 No en vano, la ocasión para debatir de forma más decidida sobre el CJI "la ha dado, muy especialmente, la incorporación a la nómina de los conceptos jurídicos indeterminados el del "interés general", una noción completamente central para explicar las funciones y de los objetivos de los poderes públicos tanto en la Constitución como en la legislación ordinaria" (Muñoz Machado, 2015a, p. 246). Es indudable que detrás de cualquier decisión o actuación administrativa debe existir una verdadera justificación en el interés general. Por ello, tanto en las normas habilitantes de la discrecionalidad (más o menos reglada) como en las que construyen potestades estrictamente regladas debe latir el interés general. Y, del mismo modo, también debe hacerlo en el ejercicio de las potestades administrativas. Ahora bien, cuando se da en la norma reguladora de la

Llegados a este punto puede comprenderse con más claridad que una parte de la doctrina considere que los CJI, como "oferta económicamente más ventajosa" o "calidad de la prestación", puedan, en su ámbito de practicidad, permitir a los OC ciertos márgenes de discrecionalidad si la normativa o las instancias ejecutivas no concretan minuciosamente su significado (Bacigalupo, 2009; Mejía Turizo, 2019; Muñoz Machado, 2015a).

Hasta ahora se ha incidido en cómo las palabras empleadas para regular la potestad de los órganos administrativos pueden servir a otorgar mayor o menor discrecionalidad; se trata de un aspecto relativo al contenido. Asimismo, los órganos de contratación, en su actividad ordinaria, deben ceñirse a la ley y a otros instrumentos normativos aprobados por el ejecutivo o, incluso, por el mismo OC. El estrechamiento de la discrecionalidad administrativa no solo viene dado por la ley habilitante u otras normas complementarias, sino que puede darse por la propia actuación relativamente discrecional de la Administración, a través de múltiples instituciones jurídicas: guías, disposiciones, acuerdos, planes, circulares, etc. e, incluso, los PCA generales. Y es que, estas herramientas coadyuvan a delimitar el ejercicio futuro de la potestad discrecional, incluso, aunque esa no sea la intención o la motivación de los órganos al redactar tales documentos (Cosculluela Montaner, 2014; Muñoz Machado, 2015a). En estos casos, como se revelará posteriormente al estudiar los acuerdos de las entidades públicas para la implementación de cláusulas sociales en

---

potestad una preconfiguración jurídica que pauta y parametriza la operatividad del interés general en el caso concreto, se presume, salvo que incurra en inconstitucionalidad, que dicho interés solo puede alcanzarse bajo los términos normados. La cuestión nuclear en este asunto estriba en que, si se asume la teoría clásica de los CJI desde una perspectiva reduccionista y se considera el concepto *interés general* como un CJI, puede concluirse que, cuando existan potestades discrecionales fuertes, las decisiones que se tengan que adoptar en virtud de esta deberán estar orientadas al interés general y, por tanto, se encontrarán en una situación de paradójica. Si partiéramos de entender que los CJI solo dan lugar a una solución justa, la aplicación del interés general (como paradigma de ellos) en las potestades discrecionales podría desembocar en una decisión final que solo sería considerada inválida si fuera irrazonable o arbitraria, lo que equivale a mantener cierto margen volitivo (Sainz Moreno, 1976).

la contratación pública, es la Administración la que, de un modo u otro, está regulando sus propias potestades[320].

El margen de discrecionalidad de los OC juega su papel, fundamentalmente, en la fase de realización de los PCA en cuanto a aspectos como, por ejemplo, la fijación de criterios de selección del contratista, criterios de valoración de las ofertas (en términos cualitativos y cuantitativos) y condiciones de ejecución. Es en esta fase previa de preparación en la que las administraciones, de forma motivada, deben concretar y parametrizar los criterios definitorios de la prestación de tal modo que del procedimiento de selección y adjudicación resulte la opción considerada más ventajosa conforme a las pautas señaladas[321]. Es por ello por lo que esta última fase, una vez aprobados y publicados los PCA, comprende facultades regladas con las que se selecciona a los candidatos y se puntúan las ofertas conforme a la documentación presentada y su cotejo con base a los parámetros establecidos en los pliegos (Burzaco, 2010; Monedero Gil, 1986). En fin, la normativa de contratos y la jurisprudencia han caminado en el sentido de impulsar que el ejercicio previo de discrecionalidad en la preparación del contrato acote de tal modo el margen de maniobra que pueda hablarse de una potestad autorreglada[322].

Pues bien, una vez establecidos en los PCA los requisitos para acceder al procedimiento y para la valoración de ofertas, es posible que algunos aspectos puedan ser valorados en atención a la denominada discrecionalidad técnica mediante valoraciones cualitativas comple-

---

320 Es posible que en esta actuación se dé la situación antijurídica de que un órgano superior jerárquico reduzca las facultades de un órgano dependiente hasta el punto de vulnerar otros principios o reglas constitucionales o legales que atribuían tales facultades al órgano inferior.

321 Por lo que se refiere a la motivación en el ejercicio de la potestad discrecional, el TS recuerda que, precisamente, esta "se legitima explicitando las razones que determinan la decisión con criterios de racionalidad y, en lo que ahora importa, de buena administración" (FJ 4° de la STS —sala de lo Contencioso-administrativo— de 11 de junio de 1991).

322 En esta sintonía en torno a la facultad discrecional en la elaboración de los PCA se manifestaron las SSTS de 18 de mayo de 1982; de 13 de abril de 1983; de 9 de febrero 1985; de 14 de abril de 1987; de 19 de julio de 2000 (rec. 4324/1994); de 17 de octubre de 2000 (rec. 3175/1995); de 24 de junio de 2004 (rec. 8816/1999) y de 27 de mayo de 2009 (rec. 4590/2006).

jas[323]. Además de respetar los elementos reglados, el órgano encargado de la evaluación puede moverse en una apreciación que no se encuentre estrictamente tasada. El TC ha señalado que la valoración técnica válidamente adoptada conforme a lo establecido en las líneas precedentes no puede ser sustituida por los órganos administrativos de control o los órganos jurisdiccionales, sino solo retrotraer las actuaciones en liza[324].

En definitiva, la vinculación entre la discrecionalidad de los órganos de contratación y los elementos reglados de la determinación de la oferta económicamente más ventajosa son puntos fundamentales en la articulación de una contratación pública socialmente responsable. Al mismo tiempo, el OC debe respetar una serie de principios y reglas jurídicas de extracción constitucional con proyección en la normativa de contratos o que, directamente, guardan una especial relación con las características de este segmento del Derecho.

3.2. Principios y reglas en la materialización de los pliegos y el contrato

Este punto se detiene en los aspectos generales que delimitan la actuación de los OC en los pliegos y, más concretamente, en el ejercicio de la libertad de pactos y las facultades discrecionales de que están dotados para articular cláusulas de cualquier tipo; también las de ámbito sociolaboral. Esto exige atender a los principios clásicos del Derecho de contratos interno y europeo.

---

323 Junto a los debates en torno a la distinción entre facultad discrecional y reglada o al rol y aprehensión de los CJI, se presenta otro punto crítico en el término *discrecionalidad técnica*. Además de poder ser expresamente atribuida por normas legales y reglamentarias, es frecuente que en su reglamentación se empleen CJI cuya zona de incertidumbre conceptual produce un margen de apreciación que puede alcanzar, en cierto grado, lo volitivo. Pero, aquello que caracteriza la discrecionalidad técnica es la remisión que exigen esos conceptos indeterminados a "reglas, criterios o parámetros propios de conocimientos especializados" (Bacigalupo, 2009). La locución *discrecionalidad técnica* ha sido constantemente criticada desde la doctrina ya sea por entender que se trata, generalmente, de una potestad lo suficientemente acotada como para negar su carácter discrecional, ya sea porque la adjetivación como *técnica* no siempre se corresponde con la materia (Bacigalupo, 2009).

324 SSTC 17/2009, de 26 de enero (FJ 5°), y 219/2004, de 29 de noviembre (FJ 6°).

En la normativa legal española, la exposición de motivos de la LCSP señala que, mediante la legislación de contratos, se persigue "en todo momento la eficiencia en el gasto público y el respeto a los principios de igualdad de trato, no discriminación, transparencia, proporcionalidad e integridad ". Asimismo, recuerda el art. 132.1 LCSP que los OC han de dar a los licitadores y candidatos "un tratamiento igualitario y no discriminatorio y ajustarán su actuación a los principios de transparencia y proporcionalidad". Complementan tales previsiones, además de múltiples preceptos de la ley estatal a los que se hace mención en otros apartados de este trabajo, el art. 18 Directiva 2014/24/UE, el cual señala que los poderes públicos han de tratar a los operadores privados "en pie de igualdad y sin discriminaciones", actuando "de manera transparente y proporcionada" sin "restringir artificialmente la competencia, bien favoreciendo o perjudicando indebidamente a determinados empresarios".

Y es que, todos los contratos públicos, estén o no sujetos a regulación armonizada[325] han de respetar los principios básicos del Derecho originario de la UE[326] que también despliegan importantes efectos en el ámbito de las cláusulas sociales. Tanto la normativa europea como la española aluden recurrentemente a este tipo de principios fundamentales. El considerando 1 de la Directiva 2014/24/UE es paradigmático en su formulación:

> "La adjudicación de contratos públicos por las autoridades de los Estados miembros o en su nombre ha de respetar los principios del Tratado de Funcionamiento de la Unión Europea (TFUE) y, en particular, la libre circulación de mercancías, la libertad de establecimiento y la libre prestación de servicios, así como los principios que se derivan de estos, tales como los de igualdad de trato, no discriminación, reconocimiento mutuo, proporcionalidad y transparencia. Ahora bien, para los contratos públicos por encima de determinado valor, deben elaborarse disposiciones que coordinen los procedimientos de contratación nacionales a fin de asegurar que estos principios tengan un efecto práctico y que la contratación pública se abra a la competencia"[327].

---

325 Con esta expresión se refiere la LCSP a los contratos que deben ajustarse a las directivas UE.

326 Con especial mención a los artículos 26, 34, 53.1 56, 57, 62 y 114 TFUE.

327 Este último inciso del considerando se refiere a los contratos que están sujetos a regulación armonizada. Sin embargo, tal y como se apreciará en el análisis a

Ejemplo concreto de ello es el 145.5 LCSP, relativo a los criterios de valoración de ofertas. Este precepto determina que los criterios han de establecerse en los pliegos y deben figurar en el anuncio de la convocatoria debiendo cumplir con otros requisitos: la vinculación al objeto del contrato, la formulación objetiva, el respeto a los principios de igualdad, no discriminación, transparencia y proporcionalidad, y la garantía de que las ofertas se evalúan en condiciones de competencia efectiva. Por su parte, el art. 202, relativo a las condiciones especiales de ejecución, establece que podrán establecerse tales condiciones: "[...] siempre que estén vinculadas al objeto del contrato, en el sentido del artículo 145, no sean directa o indirectamente discriminatorias, sean compatibles con el derecho comunitario y se indiquen en el anuncio de licitación y en los pliegos".

En fin, toda actuación administrativa en el marco contractual debe respetar los principios de igualdad de trato, transparencia, objetividad, justificación, proporcionalidad, la vinculación con el objeto del contrato, la libre concurrencia o competencia o la eficacia en el gasto público[328].

3.2.1. Vinculación con el objeto del contrato

Las cláusulas contenidas en los PCA y en el contrato deben estar vinculadas al objeto del contrato, con alguna excepción, en todas sus fases. Desde el establecimiento de las especificaciones técnicas (art. 126.1 LCSP) hasta las condiciones especiales de ejecución (art. 201.2 LCSP), pasando por los criterios de adjudicación (art. 145.2 LCSP) la normativa —española y europea— exige que exista una vinculación

---

lo largo del texto, las normas de la competencia se aplican, por regla general, a todos los contratos que no estén sujetos a regulación armonizada.

328 La ficha técnica del Parlamento Europeo titulada *Los contratos públicos* (publicada en el año 2023) señala literalmente que: "Todos los procedimientos deben respetar los principios del Derecho de la Unión, y en particular la libre circulación de mercancías, la libertad de establecimiento y la libre prestación de servicios, así como los principios que se derivan de ellos, tales como los de igualdad de trato, no discriminación, reconocimiento mutuo, proporcionalidad y transparencia. También deben respetarse la competencia, la confidencialidad y la eficiencia".

de estas cláusulas con el objeto del contrato. Además, la vinculación se aplica a cualquier cláusula y, por tanto, no exclusivamente a las cláusulas sociales, sino, además, a las medioambientales, innovadoras, técnicas o de cualquier materia.

En la práctica, este requisito se ha erigido en uno de los principales límites a la toma en consideración de los aspectos sociales. Ha ido cobrando importancia a medida que se han puesto en marcha tanto las cláusulas sociales como las medioambientales. Precisamente, las directivas aluden de forma más reiterativa que sus predecesoras a la necesidad de que todas las exigencias que se hagan por parte del OC al licitador o contratista y su oferta estén relacionados con el objeto del contrato.

I. Una cronología imprescindible

Para entender el motivo por el que la relación con el objeto se ha constituido en un importante condicionante de la CPSR es relevante remontarse a la interpretación que la Comisión Europea, antes de las directivas de tercera generación, hacía en la temprana Comunicación sobre la inclusión de aspectos sociales en la contratación pública (2001a, p. 11), al recalcar que "las distintas exigencias impuestas deben [...] estar directamente relacionadas con el objeto del contrato". Con todo y con eso, la posterior aprobación de la Directiva 2004/18/CE no trajo consigo la adopción por parte del legislador europeo de la posición manifestada por la Comisión, pues tanto el considerando 1 como el art. 53 de la directiva (versando ambos sobre los criterios de adjudicación) hablaban de "vinculación con el objeto del contrato"; omitiendo el adjetivo "directa". Sin embargo, el legislador español, en la transposición realizada por la Ley 30/2007, sí adoptaría la fórmula utilizada por la Comisión. De tal modo que el artículo 132, relativo a los criterios de adjudicación, cuyo contenido se mantuvo intacto en el RD-Leg. 3/2011, entendía que "para la valoración de las proposiciones y la determinación de la oferta económicamente más ventajosa deberá atenderse a criterios directamente vinculados al objeto del contrato [...]".

No solo puede decirse que la norma europea no hacía referencia a la vinculación *directa* en relación con los criterios de adjudicación, sino que dicha referencia se predicaba tan solo respecto de los criterios de adjudicación y hasta la Directiva 2014/24/UE no se encuentra la exigencia de tal vinculación en los preceptos relativos a las condiciones especiales de ejecución del contrato, ni hasta la aprobación de la LCSP la exigencia para los criterios de desempate; la confusión generada por la ambigüedad, vaguedad e incoherencia de la normativa europea y por la deficiente transposición de las directivas es palmaria.

Al margen del juego que, gramaticalmente, pueda dar la incorporación de la palabra "directa" en las interpretaciones literales de la normativa interna española desde 2007, lo cierto es que ya se partía de una interpretación restrictiva de la *necesaria vinculación con el objeto del contrato*. Ciertamente, dichas interpretaciones han llevado a que los criterios ambientales o sociales solo pudieran ser aplicados en caso de que el objeto contractual constituyera en sí mismo una finalidad primaria medioambiental o social. Es decir, si, por ejemplo, se contrataban servicios integrales de gestión forestal y del medio natural o si se contrataba un servicio de formación para la integración sociolaboral. Sin embargo, esta posición ha variado con el tiempo y la práctica.

Uno de los puntos de inflexión doctrinal más importantes se halla en la STJUE de 17 de septiembre de 2002 (asunto C-513/99, *caso Concordia Bus Finland*) que, en su apdo. 69, señala lo siguiente:

> "Cuando, en el marco de un contrato público relativo a la prestación de servicios de transporte urbano en autobús, la entidad adjudicadora decide adjudicar un contrato al licitador que ha presentado la oferta económicamente más ventajosa, puede tener en cuenta criterios ecológicos, como el nivel de las emisiones de óxidos de nitrógeno o el nivel de ruido de los autobuses, siempre que tales criterios estén relacionados con el objeto del contrato".

Dicho de otro modo, en este supuesto, a pesar de que el objeto de la prestación (transportar personas) podría llevarse a término con autobuses convencionales, se estima que los criterios medioambientales están relacionados con dicho objeto al vincularse con un factor de los que intervienen en el servicio: los autobuses. Además, el TJUE añade la expresión "siempre que tales criterios estén relacionados con el objeto del contrato", por lo que debe concluirse que tal relación no es aquello que se entendía en la Comunicación de la Comisión de 2001. Esto se traduce en que las entidades del sector público no pueden valorar o exigir que los licitadores empleen toda su flota, incluso la ajena a la prestación contratada, con características menos contaminantes, sino, únicamente, aquellos vehículos de los que se servirán para ejecutar aquella.

En un sentido similar se posiciona un año más tarde la jurisprudencia emanada de la STJUE de 4 de diciembre de 2003 (asunto C-448/01, *caso EVN y Wienstrom*), apdo. 34, respecto de un contrato de suministro de energía:

> "La normativa [...] no se opone a que una entidad adjudicadora establezca, para la determinación de la oferta económicamente más ventajosa a efectos de la adjudicación de un contrato de suministro de electricidad, un criterio consistente en exigir el suministro de electricidad generada a partir de fuentes de energía renovables".

No se podrá valorar que se suministre energía derivada de fuentes renovables a todos los clientes, sino que se realice en el ámbito estricto del contrato. En cierto modo, se trataba de casos adelantados por la Comisión en 2001 cuando juzgaba que era conforme a Derecho una prescripción técnica consistente en que la empresa adjudicataria utilice papel reciclado o un método concreto de tratamiento de residuos en todas sus oficinas. De este modo, como entiende Alonso García (2015, p. 282), los contratos pueden incluir cláusulas medioambientales:

> "[...] tanto si los mismos tienen por objeto desarrollar un contenido de esta naturaleza —elaboración de un plan o proyecto para implantar un sistema de gestión ambiental, o alcanzar un mayor ahorro energético, o gestionar la calidad del aire, o determinar técnicas para la preservación de un determinado hábitat o especie animal, etc.— como de otra tipología: por ejemplo, en el contrato de suministros, imponiendo la adquisición de productos fabricados con materiales reciclados o que provengan de materias primas conforme a criterios medioambientes [...]".

Finalmente, tras esta clase de resoluciones del TJUE, el tercer paquete de directivas de contratación pública (especialmente la Directiva 2004/18/CE) reconoce la capacidad para hacer uso de condiciones sociales en los criterios de adjudicación (considerandos 1 y

46) y condiciones de ejecución (considerando 33 y art. 26). Llama la atención que el considerando 33 especificara que las condiciones de ejecución permitían exigir:

> "favorecer la formación profesional en el lugar de trabajo, el empleo de personas que tengan especiales dificultades de inserción, combatir el paro o proteger el medio ambiente. Como ejemplo se pueden citar, entre otras, las obligaciones —aplicables a la ejecución del contrato— de contratar a desempleados de larga duración o de organizar acciones de formación para los desempleados o los jóvenes, de respetar en lo sustancial las disposiciones de los convenios fundamentales de la Organización Internacional del Trabajo (OIT) en el supuesto de que éstos no se hubieran aplicado en el Derecho nacional, de contratar a un número de personas discapacitadas superior al que exige la legislación nacional".

Tanto la labor del TJUE, respecto de los criterios medioambientales, como el leve impulso de las directivas, llevó a la Comisión a admitir en la primera edición de la *Guía de Adquisiciones Sociales* (COM, 2011a) que los argumentos sobre los aspectos medioambientales podían extrapolar su contenido y argumentación a las cláusulas sociales. No obstante, la realidad es que estas últimas no han corrido la misma suerte que las cláusulas medioambientales. En dicha Guía se recogen distintos métodos con los que cuentan los poderes públicos adjudicadores para considerar exigencias sociales en la contratación. Incluso, se advierte de que la enumeración que se realiza no tiene un carácter exhaustivo y que será el poder adjudicador el que determine qué aspectos ha de tener en cuenta en función del objeto del contrato y de los objetivos que se plantee alcanzar.

Es el caso de la alusión que hace la *Guía de Adquisiciones Sociales* de 2011 a la promoción de oportunidades de empleo[329], de trabajos dignos[330], del cumplimiento de los derechos sociales y laborales o del

---

329 Se alude, a modo de ejemplo, a la promoción del empleo de jóvenes, la promoción de equilibrio de género, de oportunidades de empleo para trabajadores desempleados por períodos prolongados y trabajadores mayores, políticas sobre diversidad y oportunidades de empleo para personas de grupos con desventajas y a la promoción de oportunidades de empleo para personas con discapacidad.

330 Fomentando el cumplimiento de las normas fundamentales de trabajo, los salarios dignos, la salud y seguridad laboral, el diálogo social, el acceso a cursos de formación, la igualdad de género y no discriminación o el acceso a protección

respaldo a la inclusión social. No debe olvidarse que el término *aspectos sociales* también comprende la consecución de objetivos de política social relacionados con la integración de colectivos desfavorecidos, la mejora de las condiciones de vida de personas con discapacidad o, incluso, las exigencias vinculadas al comercio justo o ético[331]. Advertía la Comisión Europea (2011a) de que los criterios que versan sobre el haz de derechos y obligaciones laborales no se encuentran en relación directa con el objeto del contrato, sino, en el mejor de los casos, en relación con la ejecución del contrato y, por ello, solo pueden incluirse este tipo de criterios en la fase de ejecución, en la que las directivas no exigen una vinculación con el objeto[332].

Se esgrimía este argumento conforme a lo dispuesto en la Directiva 2004/18/CE, que en su considerando 33, similar al contenido actual de los considerandos 97 y 98 de la Directiva 2014/24/UE, señalaba como posible finalidad de las condiciones de ejecución:

> "[...] favorecer la formación profesional en el lugar de trabajo, el empleo de personas que tengan especiales dificultades de inserción, combatir el paro o proteger el medio ambiente. Como ejemplo se pueden citar, entre otras, las obligaciones —aplicables a la ejecución del contrato— de contratar a desempleados de larga duración o de organizar acciones de formación para los desempleados o los jóvenes, de respetar en lo sustancial las disposiciones de los convenios fundamentales de la Organización Internacional del Trabajo (OIT) en el supuesto de que éstos no se hubieran aplicado en el Derecho nacional, de contratar a un número de personas discapacitadas superior al que exige la legislación nacional".

---

social básica. Sin obviar que la Comisión alude para referirse a estas cuestiones a los objetivos de los Programas de trabajo decente de la OIT en el marco de la Agenda 2030.

331 Aquello que se entiende por comercio ético o justo se determina en la *Comunicación de la Comisión Europea "Contribución al desarrollo sostenible: el papel del comercio justo y de los sistemas no gubernamentales de garantía de la sostenibilidad comercial"* (COM, 2009). Entre los caracteres del comercio justo se halla el abono de un precio justo al productor, el pago por adelantado al mismo, el establecimiento de una relación estable y a largo plazo con los productores, el respeto a los convenios fundamentales de la OIT, etc.

332 No obstante, la Comisión sí ha considerado que existe vinculación con el objeto del contrato en el caso de exigir condiciones tendentes a garantizar y mejorar la seguridad de los trabajadores adscritos al contrato, lo que mantiene más si cabe la ambigüedad terminológica.

Ahora bien, la vinculación con el objeto del contrato era el único requisito no exigido expresamente respecto de esta fase. Es por ello por lo que es especialmente significativo que, previamente a las directivas de cuarta generación, la Comisión (2011a, p. 32) advirtiese de que los criterios sociales pueden tomar forma de “condiciones de cumplimiento del contrato, siempre que estén vinculados al cumplimiento del contrato en cuestión (por ejemplo, salario mínimo y condiciones de trabajo digno de los empleados involucrados en la ejecución del contrato)”. La mención al salario mínimo no implica señalar una cantidad en los PCA, sino exigir que durante la ejecución del contrato los contratistas cumplan con las exigencias mínimas que resulten aplicables conforme a la normativa laboral aplicable. Es coherente, por tanto, que se comprenda que las cláusulas laborales, en opinión de la Comisión Europea en las comunicaciones emitidas hasta 2014, solo puedan emplearse como condiciones de ejecución, ya que se conciben tan solo como el cumplimiento de estándares legales o convencionales.

Incluso, al aludir a las condiciones laborales dentro del marco de exigencias de comercio ético o justo, advierte la Comisión de que no podrían considerarse especificaciones técnicas o criterios de valoración, debiendo incluirse en otras fases del contrato, refiriéndose específicamente a la de ejecución. Desde su primera guía oficial de CPSR la Comisión (2021a, p. 32) recomendaba que si un OC pretende comprar productos de comercio justo, ético o equitativo puede emplear cláusulas de ejecución que exijan al adjudicatario “pagar a los productores un precio que les permita cubrir sus costes de producción sostenible, tales como salarios y condiciones laborales dignas para los trabajadores involucrados, métodos de producción ecológicos y mejoras del proceso de producción y las condiciones laborales”. Aunque no estamos ante condiciones laborales en sentido estricto las consideraciones de comercio justo no dejan de hacer referencia, de un modo u otro, a condiciones de trabajo.

Y es que, si se partiese de este pretérito esquema conceptual, las cláusulas medioambientales o las de integración sociolaboral tampoco podrían haber tener cabida como la han tenido desde comienzos del siglo XX, incluso, en el seno de la jurisprudencia del TJUE. Ahora bien, los rescoldos de estas interpretaciones han mantenido parte de su viveza y han traído hasta el presente pavesas que han influido en las interpretaciones del vigente paquete de directivas. Por tanto, este requisito se sigue planteando, por momentos, como un obstáculo a la implementación de obligaciones que afecten a las relaciones entre el adjudicatario y sus trabajadores.

No en vano, en el mismo año 2011 en el que se publicó la *Guía de Adquisiciones Sociales*, se adopta el *Libro Verde de la Comisión sobre "la modernización de la política de contratación pública de la UE Hacia un mercado europeo de la contratación pública más eficiente"* (COM, 2011e) en el que, sobre el requisito de vinculación con el objeto del contrato, se dice expresamente que su flexibilización puede permitir a los poderes públicos "avanzar en la realización de los objetivos políticos de Europa 2020 a través de la contratación pública". Más concretamente, se expresa la oportunidad y capacidad que brinda a los poderes públicos para "influir en el comportamiento de las empresas con independencia del producto o el servicio adquiridos".

Uno de los afianzamientos jurisprudenciales más relevantes, incluso antes de la normativa actual, de la interpretación amplia de la vinculación con el objeto, la representa la STJUE de 10 de mayo de 2012 (asunto C-368/10, *caso Comisión c. Países Bajos*) (Gallego Córcoles, 2017b). Esta resolución versa sobre un caso en el que el objeto del contrato lo constituye el suministro del café, el té y otros ingredientes necesarios para la elaboración de bebidas de máquinas expendedoras. Lo que el TJUE analiza es la vinculación con el objeto del contrato y la viabilidad jurídica a la hora de exigir etiquetas ecológicas y de comercio justo como especificación técnica, solvencia técnica o como criterio de adjudicación.

En el supuesto concreto se rechaza tal posibilidad para ambas etiquetas. Para el caso de la etiqueta EKO porque no puede exigirse una etiqueta en concreto, sino que han de detallarse las especificaciones de dicha etiqueta con el fin de que se cumplan. Para el caso de la etiqueta de comercio justo, se estima que las especificaciones técnicas se predican del proceso propio del contratista y no de aquella materia que le es suministrada. Pero la resolución aporta importantes apuntes respecto de la vinculación de los criterios de adjudicación con el objeto del contrato. Véanse sus apartados 89 y 90:

"Para apreciar el fundamento de la imputación relativa a la falta de un vínculo suficiente entre el criterio de adjudicación controvertido y el objeto del contrato, es preciso, por una parte, tener en cuenta los criterios en que se basan las etiquetas EKO[333] y MAX HAVELAAR[334]. Como se desprende de los apartados 34 y 37 de la presente sentencia, dichos criterios caracterizan productos procedentes de la agricultura ecológica y del comercio justo, respectivamente. [...]. De estas indicaciones se desprende que el criterio de adjudicación controvertido se refería a características medioambientales y sociales comprendidas en el ámbito de aplicación del artículo 53, apartado 1, letra a), de la Directiva 2004/18[335].

[...]

se refería a los ingredientes que se suministraran en el marco de dicho contrato, sin ninguna implicación con respecto a la política general de compras de los licitadores. Por consiguiente, esos criterios se referían a productos cuyo suministro constituía una parte del objeto de dicho contrato.

[...]

no es necesario que un criterio de adjudicación se refiera a una característica intrínseca de un producto, es decir, a un elemento incorporado materialmente en éste".

---

333 Designa productos procedentes de una forma de comercio justo, comprados a organizaciones constituidas por pequeños productores de países en desarrollo a un precio y en condiciones favorables con respecto a los determinados por la competencia. De los autos resulta que esa etiqueta se basa en cuatro criterios, a saber, que el precio pagado debe cubrir todos los gastos y comprender una prima adicional con respecto a los precios del mercado, que la producción debe ser objeto de una prefinanciación y que el importador debe mantener relaciones comerciales de larga duración con los productores (apdo. 73 de la sentencia).

334 Etiqueta privada neerlandesa que se concede a productos que contengan al menos un 95 % de ingredientes procedentes de la agricultura ecológica. Está gestionada por una fundación de Derecho civil neerlandesa, cuyos objetivos son favorecer la agricultura ecológica (apdo. 36).

335 El artículo, dedicado a los criterios de adjudicación, señalaba lo siguiente: "[...] los criterios en que se basarán los poderes adjudicadores para adjudicar los contratos públicos serán: a) bien, cuando el contrato se adjudique a la oferta económicamente más ventajosa desde el punto de vista del poder adjudicador, distintos criterios vinculados al objeto del contrato público de que se trate: por ejemplo, la calidad, el precio, el valor técnico, las características estéticas y funcionales, las características medioambientales, el coste de funcionamiento, la rentabilidad, el servicio posventa y la asistencia técnica, la fecha de entrega y el plazo de entrega o de ejecución [...]";

Ya en la antesala de la adopción de las Directivas 2014/23 y 24/UE, en relación con criterios medioambientales, la STJUE de 19 de septiembre de 2013 (asunto T-402/06, *caso Comisión c. España*), introduce una interpretación que, aun respaldando la introducción de consideraciones ecológicas, puede parecer un tanto confusa cuando afirma que "[...] los criterios de adjudicación [...] deben ser criterios objetivos relacionados directa y exclusivamente con las características de la oferta y con las cualidades intrínsecas de un producto o de un servicio, y no con la capacidad de los licitadores" (apdo. 107). De nuevo, se adjetiva como "directa" la relación con el objeto del contrato y, para hablar de la calidad, se hace alusión a las "cualidades intrínsecas del producto" por lo que a los criterios de adjudicación se refiere; ninguno de los vocablos señalados fue recogidos por las posteriores directivas, que permitieron una amplia capacidad a los órganos de contratación.

Antes de pasar al siguiente punto, en el que se estudia el sentido contemporáneo del requisito en cuestión, consideramos oportuno advertir de que, en su estudio, se entremezclan diversos elementos que pueden dar lugar al desconcierto argumentativo. Y es que, ha sido una constante desde algunos foros administrativos confundir (no en el sentido peyorativo del término) la vinculación con el objeto del contrato con el examen de la denominada *calidad intrínseca de la oferta*, haciendo depender una de la otra. Ejemplo de ello son el IJCCP del Estado 31/03, el Acuerdo 64/2013 y el Informe 6/2014 del TACP de Aragón o la RTARC de Andalucía 46/2016, entre otras. Se ha dicho que los criterios de adjudicación deben servir al objetivo operativo primario de determinar cuál de las ofertas presentadas es la más ventajosa. Esta finalidad no se compadece con la necesaria vinculación con el objeto del contrato, pero son, claramente, dos exigencias diferentes. Se estudiará más abajo (capítulo IV, fundamentalmente) que, a pesar de que los criterios sociales, en virtud de la concepción estratégica y socialmente responsable, queda subsumida en la calidad como factor de valoración, todavía existe renuencias por parte de múltiples actores administrativos y académicos a aceptar dicha realidad. Algo similar ocurre, como analizamos en este punto, con la evolución del requisito de vinculación con el objeto del contrato como criterios de adjudicación, pero también en otros puntos de los PCA.

II. Los términos actuales de la vinculación con el objeto

Las directivas de cuarta generación, como se ha indicado, exigen que criterios de solvencia, criterios de adjudicación y condiciones de ejecución estén vinculados al objeto del contrato. Sin embargo, en todas estas fases se permite la incorporación de aspectos sociolaborales, incluso, por encima de los estándares legales. Podría decirse que, tomando el relevo de la STJUE sobre el *caso Comisión c. Países Bajos* (2012), las directivas dan un vuelco al concepto de relación con el objeto del contrato en distintos planos. Uno de los planos viene dado por la plasmación en el texto de la directiva de una definición expresa y pormenorizada de lo que debe entenderse por "vinculación con el objeto del contrato". El otro plano es que la propia directiva asume implícita y explícitamente que los criterios sociolaborales pueden tener tan vinculación con el objeto contractual al señalar, no solo la posibilidad de incorporarlos, sino ejemplos concretos que para la otrora renuente doctrina estaban proscritos por sobrepasar las fronteras del objeto.

Por lo que se refiere al concepto, brillan con fuerza el considerando 104 (en cuanto a las condiciones de ejecución) y el art. 67 (sobre los criterios de valoración). El considerando 104 advierte de que la relación cláusula-objeto "comprende todos los factores que intervienen en el proceso específico de producción, prestación o comercialización". Ya en el artículo 67, y por tanto en el marco de la regulación concreta de los criterios de adjudicación, se considera que:

> "[...] los criterios de adjudicación están vinculados al objeto del contrato público cuando se refieran a las obras, suministros o servicios que deban facilitarse en virtud de dicho contrato, en cualquiera de sus aspectos y en cualquier etapa de su ciclo de vida, incluidos los factores que intervienen:
> a) en el proceso específico de producción, prestación o comercialización de las obras, suministros o servicios, o
> b) en un proceso específico de otra etapa de su ciclo de vida, incluso cuando dichos factores no formen parte de su sustancia material".

Esta literalidad se transpone íntegramente por la legislación española en el artículo 145.6 LCSP relativo a los criterios de adjudicación. En cuanto a que la definición en cuestión se ubique en preceptos relativos a los criterios de valoración, no hay motivos para entender que esta conceptualización no pueda extrapolarse al resto de fases de la contratación en las que pueden tenerse en cuenta aspectos sociales; efectivamente, así se ha entendido de forma unánime por la doctrina (Palacín Sáenz, 2020).

Incluso, tras la aprobación y entrada en vigor de la directiva (aunque sin haberse aprobado la transposición) la confusión inherente a esta cuestión ha dado lugar a diversas formulaciones del concepto de vinculación con el objeto del contrato. Ejemplo de ello es la RTACRC 600/2016 (FJ 6°) en la que se afirma que

> "el criterio primordial para saber si una determinada mejora o criterio de adjudicación guarda relación directa o no con el objeto del contrato resulta que del mismo derive una mejor prestación del servicio ofertado. En definitiva, atendiendo a la prestación propia que constituye el objeto de cada contrato (servicio, entrega de bienes, obra...) la mejora o el criterio de adjudicación debe aportar un valor añadido a la ejecución de las mismas".

Sin embargo, esta interpretación sigue caracterizándose por una gran ambigüedad. En primer lugar, porque sigue manteniendo la expresión "*relación directa*" a pesar de que la norma no la emplea, manteniendo una interpretación restrictiva no autorizada ni por la Directiva ni por la actual Ley. En segundo lugar, porque la "mejor prestación del servicio" puede lograrse de diversidad de formas. Tanto es así que todas las posibles políticas de recursos humanos dirigidas a una mejor motivación intrínseca y extrínseca de los trabajadores pueden dar lugar a un mejor desempeño de las funciones y tareas y, con ello, un mejor servicio. Y es que, como decíamos, entender que la vinculación con el objeto del contrato supone apreciar la contribución del requisito a la mejora de la calidad de la prestación no es correcto, pues se trata de dos aspectos distintos[336].

---

[336] Siguiendo una dinámica similar, la RTARC de Madrid 16/2016 entendía que contribuía a la mejor prestación del servicio un criterio de adjudicación que valoraba la aplicación del convenio colectivo de sector estatal en lo concerniente a las condiciones salariales. No obstante, este criterio es rechazado por la STSJ de Madrid 220/2017, de 7 de junio de 2017, que resuelve el recurso especial contra la resolución del TACP de Madrid, en coherencia con el criterio de la RTACRC 1059/2016, de 16 de diciembre. Para mayor abundamiento en este aspecto, véase el capítulo IV.2.

Como señala Díez Sastre (2017), este posicionamiento, tras la adopción de las directivas y a las puertas de Ley 9/2017, supone un freno a la tendencia favorable en España al empleo de cláusulas sociales. En cualquier caso, además del cambio normativo en lo relativo a la definición de "vinculación con el objeto del contrato", no puede obviarse la redacción del art. 145 LCSP relativo a los criterios de adjudicación. En efecto, este precepto, establece que es posible establecer criterios sociales dirigidos a mejorar las condiciones laborales y salariales, promover la estabilidad en el empleo o la contratación de personas desempleadas, entre otras finalidades.

Parece evidente que estos órganos administrativos y los órganos jurisdiccionales habrán de adaptar sus pronunciamientos a una definición del objeto del contrato más amplia y a una relación con este que no solo no debe ser directa e intrínseca a características de factores patrimoniales, sino que se puede referir a factores intervinientes en la prestación y a cuestiones de carácter laboral.

Junto a estas vicisitudes, es necesario advertir la novedad sobre la exigencia de vinculación de los parámetros de desempate con el objeto del contrato. Es sorprendente que el legislador estatal determine que los criterios de desempate han de relacionarse con el objeto cuando lo que se desvela al leerlos es que los criterios recogidos en la norma se vinculan a la plantilla o estructura del licitador y no a la oferta (Tejedor Bielsa, 2018). Y es que, aunque la normativa precedente también hacía referencia al total de la plantilla de la empresa cuando articulaba la preferencia de empresas que emplearan a mayor porcentaje de trabajadores con discapacidad, no exigía tal vinculación con el objeto del contrato.

Lo cierto es que estos criterios de desempate siempre se han vinculado o bien a las características de la empresa —como su forma jurídica o sus fines— o bien a su estructura. No solo se trata de una interpretación literal de la norma, sino que la aplicación de la misma desemboca en esta solución, como ha indicado la RTACRC 95/2016, de 5 de febrero (FJ 7°), donde se aprecia, respecto de la aplicación del criterio de mayor porcentaje de trabajadores con discapacidad, que "en palabras del propio artículo, el cómputo mencionado anteriormente se realizará sobre la plantilla total de la empresa correspondiente, cualquiera que sea el número de centros de trabajo de aquélla"[337].

Una consecuencia fundamental derivada de la exigencia de relación de las cláusulas con el objeto del contrato se halla en el considerando 97 de la Directiva, en su último párrafo. Se trata de la prohibición de exigir una política general de responsabilidad corporativa (política de responsabilidad social o medioambiental). Posteriormente, el considerando 104, respecto de las condiciones especiales de ejecución, señala que la vinculación con el objeto del contrato "incluye las condiciones relativas al proceso de ejecución del contrato, pero excluye los requisitos relativos a la política general de la empresa". En efecto, aunque el texto normativo no vuelve a mencionar la RSE, se viene entendiendo por el legislador europeo y la Comisión que dicha política general no podría interpretarse como factor que caracterice el proceso específico de la prestación contratada.

El poder adjudicador ha de abstenerse de exigir una política o un certificado de RSE que abarque al sistema de gestión de la empresa. De este modo se pretende ceñir el efecto de las cláusulas al ámbito funcional y temporal del contrato público. No obstante, surgen dos cuestiones. El informe de la CNMC (2015, p. 63) que estudió el Anteproyecto de la LCSP, respecto de la implementación de cláusulas sociales como condiciones especiales de ejecución apuntaba que debían estar "necesariamente vinculada a la realización del contrato objeto de los Pliegos y no ser características propias de la empresa adjudicataria"[338]. Una orientación idéntica a la del IJCCP de Cataluña 18/2014, de 7 de diciembre, que advertía de que el requisito en

---

337 Además, como señala la resolución, no solo habría que atenderse a los trabajadores contratados por la empresa, sino también a aquellos que se encuentren trabajando en esta en virtud de contratos de puesta a disposición.

338 Ponía como ejemplo el informe: "el supuesto de que un contrato incluyese consideraciones de tipo social como pudieran ser la eliminación de desigualdades de género, el cumplimiento de esta condición debería estar directamente vinculado a la ejecución del contrato en el que se incluye dicha condición, y no en términos generales a la proporción de cierto número de personas de un sexo determinado contratadas en la empresa adjudicataria. De lo contrario, la inclusión de estas cláusulas podría discriminar indebidamente a determinados operadores a favor de otros sin finalmente cumplir el objetivo para el cual fueron impuestas".

liza "excluye la posibilidad de valorar [...] condiciones de salud en el trabajo de, en general, todas las personas trabajadoras de una empresa o la realización, también en general, de actividades de fomento de hábitos saludables o de promoción del desarrollo personal por parte de las empresas licitadoras al margen del servicio que conforme el objeto"[339].

En definitiva, el requisito omnipresente de vinculación con el objeto establece como límite absoluto a la articulación de cláusulas sociales el ámbito temporal y funcional del contrato público. Sin embargo, queda en entredicho considerarlo como un mandato finalista consistente en establecer exigencias que beneficien a los usuarios o consumidores de la prestación. Conclusión a la que puede llegarse, no solo si se tienen en cuenta las interpretaciones ambiguas de la Comisión y el cambio de definición de aquello que se entiende por objeto del contrato y la vinculación con el mismo, sino porque resultaría contradictorio que la normativa entendiese que los criterios de adjudicación deben estar vinculados al objeto del contrato al tiempo que entiende que pueden seguir, por ejemplo, la finalidad de garantizar la estabilidad en el empleo o la mejora de las condiciones salariales.

3.2.2. Igualdad de trato y prohibición de discriminación

Los principios de igualdad de trato y de no discriminación integran una parte de los argumentos contra algunas cláusulas sociales. Los motivos esgrimidos son, básicamente, tratar de forma desfavorable a operadores de otras regiones o países o a aquellos con menor capacidad económica o técnica. La prohibición no solo se extiende a las preferencias o agravios relacionados con la nacionalidad, el origen o el establecimiento de los empresarios, sino a cualquier forma encubierta de discriminación con arreglo a otros criterios de distinción (STJUE de 26 de septiembre de 2000). Incluso, el Informe 6/2009 JCCP de Aragón llegó a entender que no puede considerarse

---

339 Asimismo, la RTACRC 600/2016, de 22 de julio, entiende que no es conforme a derecho exigir o valorar la aportación de fondos para la formación en un ámbito más amplio que el del contrato en cuestión.

como social una cláusula que premia o exige que una empresa o sus trabajadores estén radicados en un determinado lugar.

Como ya afirmara el TJUE en el *caso Beentjes*, al resolver sobre la procedencia de incluir la exigencia de emplear trabajadores en paro prolongado durante la ejecución del contrato, estas cláusulas solo serían discriminatorias en caso de que "se comprobara que solo los licitadores nacionales pueden cumplir tal condición o bien que su cumplimiento resulta mucho más difícil en el caso de los licitadores de otros Estados miembros" (párrafo 30). Por ello, idéntica solución negativa se daría si los desempleados a contratar debieran estar inscritos en las oficinas de empleo de un territorio determinado (RTACRC 103/2015, de 30 de enero).

Por su parte, el Informe 16/2015 de la JCCP de Aragón rechaza una cláusula en virtud de la cual los empresarios que resulten adjudicatarios deben repercutir los beneficios derivados del contrato en el territorio en el que se suscribe el contrato (en este caso en territorio aragonés). Se entiende, aunque no se exija que el domicilio social esté radicado en dicho territorio, que este tipo de cláusulas es discriminatorio por cuanto hace más fácil la licitación a las empresas que están arraigadas en una comunidad autónoma determinada y, por tanto, más difícil al resto de las empresas.

En definitiva, las diferenciaciones basadas en la variable nacional o territorial de las empresas y los factores intervinientes en la prestación son difícilmente justificables conforme a la doctrina judicial europea y española. Y ello, sin perjuicio de algunas salvedades: entendía la RTACRC 1026/2015, de 6 de noviembre, que la consideración de un requisito que exigía un arraigo territorial de las empresas supone una limitación de la concurrencia que "debe estar justificada por razones imperiosas de interés general, necesarias para garantizar la realización del objetivo que con el contrato se persigue".

Pero la nacionalidad o los requisitos vinculados al elemento territorial no son los únicos motivos alegados para determinar si un criterio social vulnera o no el principio de igualdad de trato. La STSJ de Madrid (contencioso) 136/2018, de 23 de febrero, que estudia la posibilidad de emplear un criterio de adjudicación consistente en valorar positivamente la aplicación de las condiciones salariales del convenio de sector, entiende que tal criterio puede ser discriminatorio en relación con aquellas empresas que no se rijan por el convenio de sector estatal y que tengan suscrito un convenio de empresa[340]. Añade el tribunal que se trata de una discriminación entre empresas con mayores o menores posibilidades económicas. Incluso, llega a considerar tal discriminación, no ya respecto de los operadores económicos licitadores, sino respecto de los propios trabajadores, pues entiende que se ocasiona una discriminación injustificable entre trabajadores de la misma empresa ya que los que vayan a prestar los servicios objeto de este contrato pueden tener una remuneración superior a los que pese a prestar el mismo servicio lo realicen adscritos a otros contratos. Este posicionamiento del TSJ de Madrid fue adoptado también por la RTACRC 885/2017, de 5 de octubre, estimando que se trata de un criterio discriminatorio y susceptible de crear desigualdades.

En todos los casos los criterios empleados pueden cumplirlos con mayor facilidad unas empresas sobre otras, algo que sucede en todos los supuestos. Sin embargo, lo trascendente es analizar la existencia o no de razonabilidad y proporcionalidad en el criterio. El TJUE dilucidaba en su sentencia de 17 de septiembre de 2002 (*caso Concordia Bus*) si el principio de igualdad de trato se opone a que se tome en consideración un criterio medioambiental que valora que la empresa licitadora ofrezca vehículos con características ecológicas. El recurrente alegaba que la empresa adjudicataria era una de las pocas empresas de transportes que podían proporcionar vehículos que cumplían con el criterio de óxidos de nitrógeno. Entiende, no obstante, el tribunal (párrafo 85) que:

> "El hecho de que solo un número reducido de empresas entre las que se encontraba una que pertenecía a la entidad adjudicadora pudiera cumplir uno de los criterios aplicados por dicha entidad para deter-

[340] Puede señalarse que con la valoración positiva de la aplicación del convenio de sector se ha pretendido favorecer a aquellas empresas que no llevan a cabo procedimientos de inaplicación de convenios de sector, como faculta el art. 82.3 ET, o que no negocian convenios de empresa con condiciones salariales inferiores a las del convenio sectorial aplicables, ya que, con base en el art. 84.2 ET, estos convenios tenían prioridad aplicativa respecto de algunas materias entre las que se encuentran las cuantías salariales. Estas cláusulas han sido, como veremos, ampliamente debatidas e, incluso, la LCSP afecta a los efectos de estas.

> minar la oferta económicamente más ventajosa no puede, por sí solo, constituir una violación del principio de igualdad de trato".

Acoge, así, la posición del Gobierno sueco que entendía que nada impedía que el resto de los licitadores adquiriesen los autobuses que funcionaban con gas o con alcohol como aquellos de los que disponía la adjudicataria, ya que tales vehículos se encontraban disponibles en el mercado desde hacía años. Por tanto, no toda diferenciación que sitúe en posición de ventaja *de facto* a algunas licitadoras es discriminatoria o vulnera el principio de igualdad de trato, pues puede estar justificada y, además, ser una diferencia claramente salvable que permita situarse en igualdad de condiciones.

Pero el significado decisivo del principio de igualdad de trato que puede limitar, en cierto modo, la efectividad de las cláusulas sociales se define en la Sentencia TJUE de 16 de septiembre de 2013 (*Comisión contra Reino de España*), donde se indica (párr. 66):

> "El principio de igualdad de trato entre licitadores, que no es más que una expresión específica del principio de igualdad de trato [...] y que pretende favorecer el desarrollo de una competencia sana y efectiva entre las empresas que participan en una licitación, impone que todos los licitadores dispongan de las mismas oportunidades al formular los términos de sus ofertas e implica, por tanto, que éstas estén sometidas a las mismas condiciones para todos los competidores [...]
> De este modo, la entidad adjudicadora está obligada a respetar, en cada fase del procedimiento de licitación, el principio de igualdad de trato de los licitadores [...] y éstos deben encontrarse en igualdad de condiciones tanto en el momento en que preparan sus ofertas como en el momento en que éstas se someten a la evaluación de la entidad adjudicadora [...]".

Pero los órganos administrativos y jurisdiccionales españoles han llevado el principio de igualdad de trato más allá, soslayando la validez de las facultades —incluso obligaciones— para desarrollar condiciones sociales de las que disponen los poderes adjudicadores conforme a la Ley. Por ello, puede considerarse, no ya desproporcionado, sino contrario al Derecho vigente tratar como discriminatorias cláusulas que pretenden, sin vulneración de la normativa europea, promover condiciones sociales y laborales favorables; lo que no obsta para que, en su caso, este tipo de cláusulas pudieran contravenir otros principios u otros extremos de la norma, pero no el principio de igualdad de trato.

A mayor abundamiento, es preciso advertir de que lo que se estaría vulnerando, virtualmente, al agraviar a unas empresas por cuestiones de nacionalidad o establecimiento, no es tanto la prohibición de discriminación como el principio de igualdad de trato. Efectivamente, aunque en el contexto europeo a menudo se confunden ambos principios, no es diligente omitir las diferenciaciones constitucionales fundamentales entre ambos institutos jurídicos. En un sentido jurídico, la discriminación es definida como la diferencia desfavorable e injustificada de trato por motivos generalmente determinados mediante un sistema de *numerus apertus* y basados en causas enraizadas de exclusión y restricción de derechos[341]. Pero si seguimos la doctrina constitucional interna, tampoco es válido, en opinión del TC, realizar una subsunción laxa de cualquier condición personal o social, pues se desdibujaría el término *discriminación*[342].

Pues bien, múltiples factores de diferenciación analizados no ocasionan agravios a personas o grupos por motivos estructurales como el sexo, raza u origen étnico, religión o convicciones, discapacidad, edad u orientación sexual, como los enunciados tanto en el art. 10 TFUE como en el art. 14 CE. Lo que se pone en tela de juicio en la doctrina judicial es, verdaderamente, si el poder público está o no brindando un trato igual ante situaciones iguales. Además, la razonabilidad y la justificación social de la medida, así como su fundamento

---

341 STC 166/1988, de 26 de septiembre (FJ 2). El TC ha advertido en numerosas resoluciones que la alusión expresa a determinados factores no implica que la CE establezca un sistema de lista cerrada (o *numerus clausus*) de supuestos discriminatorios, debido a la cláusula de apertura con la que termina el precepto.

342 Desde una perspectiva contraria lo entendió, no obstante, el TC en el comienzo de su andadura (SSTC 59/1982, de 28 de julio —FJ 3º— y 34/1984, de 9 de marzo —FJ 2º—), lo que llevó a Rodríguez-Piñero y Bravo-Ferrer y a Fernández López a afirmar que al comprender de forma excesivamente abierta dicho *numerus apertus*, el TC le arrebataba a la prohibición de discriminación "el original sentido 'emancipatorio' o 'antisegregacionista', al equiparar los supuestos específicos a cualquiera otros", de tal modo que, al menos en un inicio, el Tribunal no contemplaba definiciones "prenormativas" o sociales asociadas generalmente a la tutela antidiscriminatoria (Rodríguez-Piñero Bravo-Ferrer & Fernández López, 1986, p. 69). La posición, no obstante, fue corregida en los años 90.

jurídico en las Directivas 2014/23 y 24/UE y la LCSP, podrían ser suficientes para entender que no se da una diferenciación injustificada e injustificable[343].

3.2.3. Libre concurrencia o competencia

El recorrido histórico-jurídico que articulado desde el capítulo I contribuye a situar la importancia relativa de la institución jurídica de la contrata (denominada históricamente *concesión*) y caracterizar su papel y su naturaleza (objetiva y subjetiva). De esta forma, se aprecia el modo en que han evolucionado paralelamente el papel económico general del Estado, las potestades reguladoras económicas y los mecanismos de gestión de las actividades de titularidad pública, qué clase de reglas y principios jurídicos se han ido desarrollando en dicho proceso evolutivo y cómo operan e interfieren con la evolución del Estado social. Y es que, estas tendencias se encuentran en constante simbiosis, pues la infiltración de las históricas libertades económicas de propiedad, comercio e industria en la configuración del papel constitucional y económico del Estado ha mutado, aunque no de forma lineal, el conjunto empresarial propiedad del Estado y, a su vez, su papel como prestador.

El sistema de recurrir a un operador exterior conduce, indefectiblemente, a los contratos del sector público y a las reglas de la libre

---

343 La STC 216/1991, de 14 de noviembre (FJ 5) recuerda que "no puede reputarse discriminatoria y constitucionalmente prohibida —antes, al contrario— la acción de favorecimiento, siquiera temporal, que aquellos poderes (públicos) emprendan en beneficio de determinados colectivos, históricamente desprotegidos y marginados, a fin de que, mediante un trato especial más favorable, vean suavizada o compensada su situación de desigualdad sustancial". El Tribunal entiende "que la referencia al sexo en el art. 14 CE implica también la decisión constitucional de acabar con una histórica situación de inferioridad atribuida a la mujer también en el ámbito del empleo y las condiciones de trabajo, por lo que son constitucionalmente legítimas aquellas medidas que tienden a compensar una desigualdad real de partida, de modo que el precepto constitucional que prohíbe la discriminación por razón de sexo ha de ser interpretado sistemáticamente con otros preceptos constitucionales, en particular con el art. 9.2 CE que obliga a los poderes públicos a promover las condiciones para que la igualdad de las mujeres en relación con los hombres sea real y efectiva" (FJ 5°).

concurrencia o competencia tratando de conciliarse, por un lado, la libertad administrativa y, por otro lado, la lógica concurrencial[344]. El principio de libre competencia es una expresión de la libertad de empresa en una economía de libre mercado que, además, integra los pilares primigenios de la UE y de los principios económicos que configuran el Mercado Único. No es menos cierto que una parte de los argumentos jurídicos de tribunales administrativos y judiciales sobre los que se sustenta la anulación de PCA por considerar que vulneran el principio de igualdad de trato se basan, verdaderamente, en la consideración de que se dificulta o entorpece las oportunidades de concurrencia y competencia efectiva.

Por tanto, igualdad de trato y libertad de concurrencia suelen confundirse en sus términos aplicativos. No obstante, la libertad de competencia trae su causa de la existencia del Mercado Único como fenómeno jurídico y económico propio de la UE y de las estrategias económicas de liberalización de sectores. La libertad para concurrir al procedimiento no sería más que una advertencia contingente si no fuera porque, por un lado, los Estados tienden a ofrecer una posición a sus actores nacionales de la que no necesariamente gozan actores económicos de otros Estados; y, por otro lado, porque los Estados también se reservan una facultad de democratización económica que la liberalización disminuye.

En el ámbito de la contratación pública, la dimensión económica de las transacciones es de tal magnitud en el Mercado Interior de la UE que el Derecho europeo tiene un especial interés por evitar que los EM favorezcan a operadores económicos nacionales o distorsionen la competencia entre empresas privadas, sobre todo, en la fase de selección y adjudicación del contrato (Díez Sastre, 2017). De la lectura de las directivas y la legislación se extrae que "el principio de competencia es el núcleo en torno al que se deben articular las reglas europeas de contratos públicos" (Díaz Sastre, 2017, p. 267). Ya el documento aprobado en 2010, denominado *Estrategia Europa 2020*, permitió reforzar este enfoque *procompetitivo* a partir del cual se construyen las reglas de la contratación pública (Sánchez-Granells,

---

344 En este sentido se pronuncia la Resolución del Conseil d'État, de 6 de abril de 2007, *commune d'Aix-en-Provence*.

2016). Ahora bien, junto a una libre competencia que conlleva el aumento de la libertad de la empresa y la reducción de las facultades de los Estados, se aprecia un contrapeso en el enfoque estratégico de la contratación. De este modo, plantear el logro de objetivos sociales y económicos[345] mediante las estrategias y políticas de contratación pública debe ser compatible con esta visión *procompetitiva.*

La falta de posibilidades reales de concurrir y competir efectivamente en el proceso contractual ha sido el motivo por el cual se han afrontado reformas en la ley de contratos públicos. Por ejemplo, se ha entendido que algunas categorías de operadores económicos tienen más difícil el acceso al mercado de la contratación pública, como es el caso de las pymes. Pues bien, se pone de manifiesto en la normativa el conjunto de excepciones a la libre concurrencia y, por ello, al principio de igualdad de trato formal, en diversos puntos: contratos reservados a entidades de inserción sociolaboral o cláusulas de desempate en favor de operadores que reúnen determinadas características[346].

Reiteradamente advierte el articulado sobre el necesario respeto a múltiples principios en las distintas fases del proceso contractual. Así, por ejemplo, el considerando 74 señala que las especificaciones técnicas deben permitir la apertura de la contratación a la competencia, pero también la consecución de objetivos de sostenibilidad establecidos por las AAPP. Los considerandos 90 y 92, por su parte, advierten de que los criterios de valoración de las ofertas presentadas por los

---

345 Aunque es recurrente señalar que el enfoque estratégico plantea conseguir objetivos no económicos, resultaría incoherente tal expresión con la consecución de objetivos que tienen naturaleza social y económico, pero también incongruente con un planteamiento de la contratación pública que parte de considerar que la oferta económicamente más ventajosa supone considerar ese tipo de objetivos.

346 Además de ello, *la Guía de Adquisiciones Sociales* (COM, 2011, p. 25) recomienda estimular la participación de diversos proveedores, organizar eventos para "conocer al comprador" que estén abiertos a todos los posibles candidatos, alentar a las grandes organizaciones a abordar la diversidad de proveedores de manera voluntaria, desarrollar programas de apoyo empresarial para mejorar la capacidad de pequeños y diversos proveedores y ofrecer orientación sobre el proceso de contrataciones pública, subdividir los contratos en lotes (siempre que no se subdividan con el objeto de evitar la aplicación de las directivas).

empresarios deben servir a la determinación de la oferta económicamente más ventajosa en condiciones de competencia efectiva, real y equitativa.

Los límites jurídicos relacionados con la libre competencia y la libre prestación de servicios se encuentran, a menudo, profundamente relacionados con el respeto al resto de los principios que se analizan en este punto. Incluso cuando se pretenden atajar los efectos del *dumping social,* el fundamento jurídico se hace descansar por una parte de la doctrina judicial y académica, no ya en los efectos precarizadores sobre las relaciones laborales, sino en la lucha contra los actos de competencia desleal (Contreras Hernández, 2021).

Esta relación entre derechos laborales y otros beneficios colaterales lleva a argumentar que la incorporación de mejoras en las condiciones laborales del personal del contratista puede tener un retorno positivo directo para el adjudicador, mediante el aumento de la recaudación tributaria vinculada a salarios más elevados o la recepción de menor número de prestaciones sociales por parte de los trabajadores (Díez Sastre, 2017). Con todo, una parte de la doctrina considera que los beneficios de los criterios sociales para valorar ofertas en los procesos de contratación deben superar a los perjuicios que de los mismos puedan derivarse para la libertad empresarial (Doménech Pascual, 2012).

El conjunto de principios que condicionan el papel de la contratación pública y, con ello, la potencialidad tuitiva de las cláusulas sociales en el marco de la CPSR no acaba en la libertad de empresa y competencia en el marco tanto de la economía de mercado como del Mercado Único europeo. En efecto, otra serie de principios de trascendencia jurídica en el ámbito del Derecho de contratos públicos advierten la actuación de los poderes públicos con el fin de evitar arbitrariedades, vulneraciones de derechos fundamentales o una gestión inadecuada de los fondos públicos. Es el caso de la prohibición de la arbitrariedad de los poderes públicos, la prohibición de discriminación, el respeto al principio de igualdad de trato de los licitadores, de transparencia en la toma de decisiones o el de proporcionalidad, entre otros.

3.2.4. Objetividad de la actuación administrativa

La labor del OC debe ajustarse a parámetros objetivos que no le permitan un poder arbitrario una vez iniciado el expediente y que otorgue seguridad jurídica a sus actuaciones. No es más que una concreción del deber constitucional de objetividad que afecta a las AAPP (art. 103.1 CE) y de la prohibición de la interdicción de la arbitrariedad de los poderes públicos (art. 9.3 CE). En la materia concreta que ocupa esta investigación, los criterios sociales que el OC tome en consideración durante el impulso del expediente deben adoptar una formulación tendente a una cuantificación objetiva dentro del límite ya estudiado de la proporcionalidad sin contener elementos arbitrarios (véanse, entre otros, los art. 145.5 y 148.3 LCSP). Se ha revelado especialmente sensible o crítica a las decisiones arbitrarias la fase de adjudicación, por lo que la redacción de los criterios de valoración "no puede implicar la atribución a la entidad adjudicadora de una libertad incondicional de elección para la adjudicación del contrato a un licitador" (STJUE 17 de septiembre de 2002, *caso Concordia Bus Finland*, párrafo 61).

Asimismo, el diseño de las cláusulas contractuales debe adecuarse a la fase del procedimiento en la que se inserta y formularse de tal modo que no conceda una facultad plenamente discrecional a los órganos encargados de la contratación. Por un lado, debe comprenderse que las prescripciones técnicas, los criterios de solvencia, los criterios de adjudicación o las condiciones de ejecución tienen una finalidad determinada y los condicionantes o exigencias (incluidas las sociales) deben servir a dicho objetivo, sin obviar nunca la vinculación con alguno de los factores que intervienen en la prestación. En este sentido, las prescripciones técnicas deben determinar las características de la prestación a contratar; los criterios de solvencia no deben atender a las características de la oferta sino de la empresa licitadora; los criterios de adjudicación, sin embargo, sí se dirigen a evaluar la oferta presentada y, de ese modo, identificar la económicamente más ventajosa etc. Es una realidad constatada que al menos un tercio de las estimaciones de recursos especiales contra PCA se debe a la inadecuación en la determinación de los criterios de adjudicación o sus reglas de valoración[347].

---

[347] La oficina Independiente de Regulación y Supervisión de la Contratación (Oirescon).

En definitiva, el cumplimiento con esta clase de requisitos de formulación, como ocurre con otros derivados de los principios como el de transparencia y publicidad, no suponen en sí mismos un límite a la potencialidad tuitiva y promocional de las cláusulas sociales, sino de garantías para hacer efectiva la igualdad de trato y la objetividad con la que las AAPP han de servir al interés general.

3.2.5. Transparencia y publicidad

El principio de transparencia (art. 132 LCSP) implica el deber de los poderes adjudicadores de indicar con una antelación razonable los requisitos y características del procedimiento contractual. Junto a ello resulta imprescindible que dichos requisitos permanezcan inalterados (considerando 45 de la Directiva 2014/24/UE). Se trata de un principio necesario para garantizar la igualdad de trato y la competencia entre operadores, ya que estos deben estar razonablemente informados, por ejemplo, de los criterios y modalidades que se aplican en la decisión relativa a la adjudicación.

El principio de publicidad es funcional al principio de transparencia y está prescrito a lo largo de toda la normativa de contratos; aunque se establecen excepciones a este principio en el caso, por ejemplo, de contratos menores[348], con diálogo competitivo y en concurso de proyecto. Desde la determinación del objeto hasta los criterios de ejecución han de indicarse en el anuncio de licitación y en los pliegos. El art. 63 LCSP, relativo al perfil del contratante, concreta, en cierto modo, la información fundamental que, en términos ge-

[348] Los contratos menores regulados en el art. 118 LCSP son aquellos de escaso volumen económico (menos de 40.000 euros en contrato de obras y de 15.000 en contratos de suministro o servicios) que, en virtud de lo dispuesto en el art. 131.3 LCSP, pueden ser adjudicados "directamente a cualquier empresario con capacidad de obrar y que cuente con la habilitación profesional necesaria para realizar la prestación". Esta clase de figuras administrativas, cuya utilización ha de estar debidamente justificada en el expediente, trae causa de la consideración política de que las AAPP puedan atender necesidades de relativa pequeña entidad de forma rápida y sencilla exceptuando los principios de publicidad y concurrencia (véase el Informe 19/2013, de 25 de septiembre, de la JCCP de Aragón).

nerales y salvando las excepciones propias de los procedimientos sin publicidad, debe publicarse por parte del OC. Son especialmente significativos los documentos relativos a:

- La memoria justificativa del contrato.
- El informe de insuficiencia de medios en el caso de contratos de servicios[349].
- La justificación del procedimiento escogido[350].
- El pliego de cláusulas administrativas particulares y el de prescripciones técnicas.
- Y el documento de aprobación del expediente.

Junto a esta clase de documentación, el precepto exige que se publiquen otros extremos que debe contener el propio PCA o aspectos relativos a la marcha del proceso contractual, como el informe sobre las ofertas incursas en presunción de anormalidad o el informe de valoración de los criterios de adjudicación cuantificables mediante juicio de valor.

El principio de transparencia es un instrumento fundamental para garantizar el resto de los principios y los derechos de los operadores económicos; en particular, el derecho a un trato igual. En este sentido se pronunció la STJUE de 16 de septiembre de 2013 (*caso Comisión contra Reino de España*), donde se indica (párr. 67):

> "El principio de transparencia, que constituye el corolario del principio de igualdad de trato, tiene esencialmente por objeto garantizar que no exista riesgo de favoritismo y arbitrariedad por parte de la entidad adjudicadora [...] y controlar la imparcialidad de los procedimientos de Adjudicación [...]. Implica que todas las condiciones y modalidades del procedimiento de licitación estén formuladas de forma clara,

---

349 La ley de contratos de 1995, en su art. 203, requería que se incorporara al expediente de contratación un informe del órgano interesado en realizar un contrato con entidades externas en el que se "justificara debidamente la insuficiencia, la falta de adecuación o la conveniencia de no ampliación de los medios personales y materiales con que cuenta la Administración para cubrir las necesidades que se trata de satisfacer a través del contrato". Actualmente, la LCSP mantiene el informe de insuficiencia de medios, pero los limita a los contratos de servicios, tal y como señala el art. 166.

350 Cuando se utilice un procedimiento distinto del abierto o del restringido.

> precisa e inequívoca en el anuncio de licitación o en el pliego de condiciones, con el fin de que, por una parte, todos los licitadores razonablemente informados y normalmente diligentes puedan comprender su alcance exacto e interpretarlos de la misma forma y, por otra parte, la entidad adjudicadora pueda comprobar que efectivamente las ofertas presentadas por los licitadores responden a los criterios aplicables al contrato de que se trata [...]".

Posteriormente, el TJUE razonó en un sentido similar y añadiendo la cuestión del principio de libre prestación de servicios en un contexto de competencia efectiva en la Sentencia de 6 de abril de 2016 (asunto C-410/04, *caso ANAV*), en su apdo. 21:

> "Los principios de igualdad de trato y de no discriminación por razón de la nacionalidad implican, en particular, una obligación de transparencia que permita que la autoridad pública concedente se asegure de que los mencionados principios son respetados. Esta obligación de transparencia que recae sobre dicha autoridad consiste en garantizar, en beneficio de todo licitador potencial, una publicidad adecuada que permita abrir a la competencia la concesión de servicios y controlar la imparcialidad de los procedimientos de adjudicación".

El acceso a la información y la posibilidad de conocer la actuación de los poderes públicos es un mecanismo de control y garantía de la igualdad de trato de los licitadores. En ámbito de la CPSR, la labor divulgativa de las instituciones, el papel de las Juntas Consultivas y la profesionalización del personal de los órganos y mesas de contratación son fundamentales para dar cumplimiento al mandato de la transparencia que, por otro lado, no supone en modo alguno un obstáculo al potencial de las cláusulas sociales.

3.2.6. Proporcionalidad de los requerimientos

Junto a los principios básicos de la contratación pública que constituyen el de igualdad de trato y el de transparencia hace aparición el principio de proporcionalidad que valora cualitativa y cuantitativamente la carga relativa que supone una determinada exigencia o condición para los operadores económicos. Aunque suele asociarse tal principio al diseño de los criterios de valoración, entendiéndose en este contexto que "se traduce en la exigencia de que el criterio en cuestión no tenga un valor ponderado excesivamente amplio" (Gallego Córcoles, 2017b, p. 103), despliega sus efectos sobre todo tipo de cláusulas.

Por ejemplo, la RTACRC 1030/2016, de 16 de diciembre, entiende desproporcionado un criterio de solvencia técnica que exige acreditar durante los últimos tres años un mínimo de 250 empleados en la empresa, cuando la realidad es que se requerían en torno a 39 personas en el centro para prestar el servicio a contratar[351]. De otro lado, respecto de una condición de ejecución, la STJUE de 18 de septiembre de 2014 (*caso Bundesdruckerei*) juzgó desproporcionado, basándose en el *caso Rüffert*, la aplicación de un salario mínimo a los subcontratistas de un adjudicatario que está establecido en un país distinto al del poder adjudicador "y en el que los salarios mínimos sean inferiores constituye una carga económica adicional que puede impedir, obstaculizar o hacer menos interesante la ejecución de sus prestaciones en el Estado miembro de acogida".

Con todo, la realidad es que la mayoría de los pronunciamientos que cuestionan la proporcionalidad de una cláusula suelen referirse a criterios de valoración de ofertas. La RTACRC 355/2017, en su FJ 7°, indica que ha de existir proporcionalidad de los criterios sociales en comparación con los demás criterios, tanto subjetivos como objetivos. Entiende, de este modo, como desproporcionada la reserva de 20 puntos para la calidad en el empleo, pues "resulta notablemente superior al otro, el plan de trabajo para la prestación del servicio y supone también un porcentaje muy alto de la puntuación total que puede resultar determinante para la adjudicación del contrato".

Resulta algo más gráfica la RTACP de Madrid 17/2017, que considera proporcionado valorar con 10 puntos el precio sobre un total de 75 puntos, otorgando el resto a criterios de carácter sociolaboral. Argumenta el tribunal que dicha proporcionalidad se determina "por la tipología del contrato y la necesaria correspondencia entre la

---

351 La RTACRC 58/2015, de 13 de febrero, citando la resolución 60/2011, de 9 de marzo, dispone que: "La determinación de los niveles mínimos de solvencia deberá ser establecida [...] con un respeto absoluto al principio de proporcionalidad, de forma que no deberán exigirse niveles mínimos de solvencia que no observen la adecuada proporción con la complejidad técnica del contrato y con su dimensión económica [...]".

oferta económica y las condiciones laborales de los trabajadores", y en el contrato en cuestión, con el objeto de prestar servicios de vigilancia, existe un componente de mano de obra importante cuantitativa y cualitativamente. Pero esta posición fue rechazada por desproporcionada (además de entender que infringe otros principios de la contratación) por la STSJ de Madrid 136/2018, de 23 de febrero, argumentando que existe una "gran desproporción "en el criterio de valoración de ofertas que señalaba 10 puntos relativos al precio y 50 a los criterios sociales. Entiende el TSJ que, si bien no ha de existir un predominio absoluto del elemento económico, sí es de gran importancia, ya que se trata de determinar la oferta económicamente más ventajosa, lo que estima que no es posible con dicha ponderación. Así, la proporcionalidad se apoyaría sobre otros límites como la funcionalidad de los criterios de adjudicación a la determinación de la oferta económicamente más ventajosa; no obstante, el tribunal parece obviar que este concepto no se asienta sobre la cuestión estrictamente monetaria.

Aunque desde una ponderación más moderada, la STJUE de 4 de diciembre de 2003 (asunto C-448/01, *caso Wienstrom*) determinó que no podía considerarse desproporcionado un criterio medioambiental (consistente en ofrecer suministro de energía a través de fuentes renovables) al que se le otorgaba una puntuación del 45 % sobre el total, siendo el precio el 55 % de la puntuación. Esta diferencia de 10 puntos supone, según la fundamentación jurídica, dar prioridad al criterio que se expresa en cifras (el precio) y, por tanto, no puede afirmarse que genere una distorsión injustificada (párrafo 18).

En cierto modo, la Comisión Europea (2016, p. 49) acogió positivamente los criterios medioambientales juzgando, respecto de la proporcionalidad de la ponderación, que se debe considerar "cuan importantes son los objetivos medioambientales para el contrato o cuántos puntos correspondientes a la fase de adjudicación pueden permitirse asignar, lo que variará según los productos/servicios y las condiciones del mercado". La Comisión señala que nada impide que estas cuestiones puedan trasladarse a los criterios sociales, aunque, a pesar de esa aserción, la realidad se haya manifestado más controvertida (retomaré esta cuestión en el capítulo III.3). No existe una regla general que permita determinar la valoración máxima que puede darse a los criterios de valoración, por lo que habrá que estarse al caso concreto, sin obviar que deben servir al fin de determinar la oferta económicamente más ventajosa (Gallego Córcoles, 2017a, 2017b).

3.2.7. Eficiencia del gasto y calidad de la prestación

La actividad administrativa debe realizar un gasto público que responda a criterios de eficiencia y economía (art. 31 CE), además de atender al criterio básico de eficacia (art. 103.1 CE). La perspectiva más economicista de estos principios evoca en el imaginario colectivo una asimilación a pautas de restricción del gasto público. No obstante, esta no es una concepción acorde con nuestro Estado social de Derecho ni con la literalidad de nuestra Carta Magna, a la vista del resto de principios y derechos consagrados en ella. Debe conjugarse la eficiencia con las misiones y deberes de las AAPP. Tanto es así que la calidad de la prestación se revela, entre muchos otros factores, como un elemento determinante de la configuración de los procesos contractuales (art. 1.3 LCSP).

Desde las primeras normas de contratos del sector público en el s. XIX[352] se determina por parte de los poderes públicos que el criterio fundamental de adjudicación de los contratos y concesiones públicas habría de basarse en el precio más bajo que se ofrezca por parte de los licitadores[353]. Esta solución parte de la problemática generada

---

352 Coherentemente con la importancia dada en el incipiente Estado constitucional al papel de este en la obra pública, al tiempo que se prevé la participación activa de los sujetos privados, aparecen de forma primigenia las primeras normas generales de contratos públicos en el citado sector. Los antecedentes descansan en el RD de 10 de octubre de 1845, que aprueba la Instrucción de Obras Públicas y, unos meses más tarde, la Real Orden de 18 de marzo de 1846, por el que se aprueba el Pliego de Condiciones Generales de Obras Públicas. Faltaría, entonces, un lustro para que se promulgase, en primer lugar, el RD de 27 de febrero de 1852 y, en segundo lugar, el RD de 17 de julio de 1853, dirigidos a ordenar, con carácter general (por tanto, no en exclusiva en el ámbito de las obras públicas), los sistemas de subasta, licitación y remate de los contratos del sector público (Colás Tenas, 2013a).

353 En sentido estricto, los textos normativos señalados definían los términos de forma diversa a como se entenderán a finales del siglo XX. La subasta alude al

por la arbitrariedad con la que las AAPP adoptaban decisiones de encomienda a empresas privadas, mediante fórmulas diversas, de prestaciones de trascendencia pública. La motivación con base en el criterio económico y la imparcialidad que de ella se deriva, convertían a la subasta en un mecanismo que limitaba, al menos en apariencia, el poder administrativo[354].

La limitación del poder discrecional llevó consigo el surgimiento de debates sobre la idoneidad de la subasta económica. En este sentido, cobran relevancia las palabras de Antonio Maura a comienzos del s. XX con las que advertía de que este mecanismo de adjudicación contribuye a "preservar los intereses depositados en ajenas manos de las flaquezas humanas y de las deficiencias que la acción misma puede en su camino suscitar", y entiende, por ello, que no suponen una limitación a la autonomía local, sino un servicio a esta (Colás Tena, 2013a).

Como puede apreciarse, ya en los albores de la normativa de contratos del sector público, el criterio de la subasta basculaba entre dos posicionamientos: aquel en el que se argumentaba que el criterio económico permitía mantener apreciaciones imparciales y objetivas de tal modo que se prevenían actos de corrupción en las AAPP y, por otro lado, el argumento por el cual se reprochaba una merma considerable de la discrecionalidad, sobre todo, de los entes locales.

El RD de 26 de abril de 1900 aprueba la Instrucción para la contratación de los servicios provinciales y municipales y hace aparición formalmente el concurso como mecanismo de valoración de ofertas cuando la subasta, atendiendo al tipo de contrato o necesidad a satisfacer, no fuera el método más adecuado. De tal forma que el concurso suponía adjudicar el contrato a la oferta "más conveniente" y no la "más ventajosa". Las primeras normas de contratos públicos del s. XX abren la veda definitivamente al concurso como mecanismo de

---

acto público que dirige la administración licitante, la licitación es el concreto acto de evaluar y pujar durante el acto de la subasta y, por último, el remate es la adjudicación que se realiza con base en las dos fases anteriores.

354 A su vez, además del requisito del precio, el RD de 1852 ya instituía obligaciones de publicidad por parte de los entes públicos, mediante anuncios, así como el secreto de las proposiciones.

adjudicación, como se aprecia en la Ley de Administración y Contabilidad de la Hacienda Pública de 1911[355]. La subasta pública continuará aplicándose como regla general para adjudicar las obras y servicios del Estado. Excepcionalmente, el concurso procederá respecto de contratos para los que se deban proponer proyectos o porque se requieran diseños técnicos especiales, entre otros motivos. También de forma extraordinaria, y atendiendo a circunstancias de urgencia, precio del contrato o ausencia de concurrencia competitiva, se otorgaba la posibilidad de realizar una adjudicación directa (Colás Tenas, 2013b). Ya en los años 60, tanto la ley como el reglamento de contratación pública reconocían, junto a la subasta, el concurso y el concurso-subasta, como mecanismos alternativos, aunque, de nuevo, se hacía servir como instrumento para supuestos expresamente determinados en la ley y, por tanto, de forma excepcional[356].

Las primeras normas aprobadas tras la entrada de España como Estado miembro en la Unión Europea fueron la Ley 13/1995, de 18 de mayo, de Contratación de las Administraciones Públicas y, posteriormente, el RD-Leg. 2/2000, de 16 de junio, que aprueba el texto refundido de contratos de las AAPP. Por vez primera, la normativa de contratos se decidía a hacer del concurso una regla general. La Ley de 1995, en su art. 209.2 y 3 ya establecía que la subasta por precio únicamente podría utilizarse cuando se tratara de contratos de escasa cuantía y en aquellos en los que su objeto "esté perfectamente definido técnicamente y no sea posible introducir modificaciones de ninguna clase en el mismo, quedando el precio como único factor

---

355 Desde el RD de 7 de diciembre de 1900 se han sucedido diversas normas: la Ley de Administración y Contabilidad de la Hacienda Pública de 1 de julio de 1911, el Estatuto Municipal de 8 de marzo de 1924, el Estatuto Provincial de 20 de marzo de 1925, el RD de 2 de julio de 1924, por el que se aprueba el Reglamento para la contratación de las obras y servicios a cargo de las entidades municipales; la Ley de Bases de 10 de julio de 1935; la Ley de Bases de Régimen Local de 17 de julio de 1945 y de 3 de diciembre de 1953, refundidos más tarde por el Decreto de 24 de junio de 1955; la Ley de 20 de diciembre de 1952 y su desarrollo mediante el Reglamento de 9 de enero de 1953 de Contratación de las Corporaciones Locales; la Ley 923/1965, de 8 de abril de Bases de Contratos del Estado y el subsiguiente Reglamento General de 25 de noviembre de 1975 de Contratación del Estado.

356 Así consta en el art. 28 de la Ley 923/1965, de 8 de abril, de Bases de Contratos del Estado.

determinante de la adjudicación". Sin embargo, el concurso se tornaba decididamente la solución predilecta para la adjudicación de contratos cuando sobrepasaba determinado montante económico.

El reconocimiento explícito de la posibilidad —incluso obligación— de incluir consideraciones de tipo social en los contratos y la enumeración tanto de criterios cualitativos de valoración como condiciones especiales de ejecución relacionadas con aspectos de la relación laboral y las políticas de empleo, dejan fuera de toda duda que estas cláusulas pueden tener una incidencia decisiva en la calidad. El propio art. 1.3 LCSP señala el mandato de incorporar de manera transversal y preceptiva criterios sociales, "en la convicción de que su inclusión proporciona una mejor relación calidad-precio en la prestación contractual, así como una mayor y mejor eficiencia en la utilización de los fondos públicos".

Y es que, a propósito de este último apunte realizado por el precepto, la CPSR supone, en cierto modo, un rechazo a las posiciones que consideran este tipo de cláusulas como una forma de encarecer el contrato sin una mejora razonable de la prestación. Por otro lado, la adjudicación del contrato, que puede realizarse sobre la base de la mejor relación calidad-precio, siempre incluirá un elemento precio o costes sin soslayar, en ningún caso, el principio de proporcionalidad. La cuestión estriba en determinar los límites a las facultades del OC para diseñar e implementar las cláusulas sociales como un instrumento fundamental para la CPSR.

No obstante, al margen de subsumir las mejoras de las condiciones sociales y laborales en la mejor calidad del servicio, la LCSP ha pretendido dar un protagonismo propio a los objetivos de política social. De este modo se busca que la contratación pública sirva para dar a los fondos públicos un fin que no se limite a satisfacer las necesidades elementales y perentorias de la entidad en cuestión, sino que, desde un enfoque estratégico, sirva al conjunto de objetivos propios de los poderes públicos.

3.2.8. Justificación de la actuación administrativa

Una de las reglas transversales en la contratación pública es la justificación en el expediente de, prácticamente, cualquier aspecto que lo integre y que parta de una decisión, entre otros actores, del OC o la mesa de contratación. El gran trasunto e indicador de esta obligación es el contenido del art. 116 LCSP (sobre la iniciación y el contenido del expediente de contratación), que apunta el deber de justificar la necesidad de la entidad pública que se pretende satisfacer, la elección del procedimiento, los criterios de solvencia técnica y económica, los criterios de adjudicación, los criterios de desempate o las condiciones especiales de ejecución, el valor estimado del contrato y de los elementos económicos que lo integran, el informe de insuficiencia de medios (para los casos de contratos de servicios)[357] o la decisión de no división en lotes del objeto contractual.

Puede llamarse la atención sobre la importancia, en caso de tomar en consideración aspectos no necesariamente ínsitos en los aspectos técnicos del objeto del contrato —como es el supuesto de las consideraciones ambientales, sociales o innovadoras—, de la realización de estudios previos sobre su justificación y proporcionalidad. En la preparación del contrato es posible, por ejemplo, realizar consultas preliminares del mercado (art. 115 LCSP) con la finalidad de preparar el procedimiento y de informar a los potenciales licitadores sobre el mismo. Para ello es posible valerse de asesoramiento externo de expertos, autoridades independientes, colegios profesionales e, incluso, operadores externos de la actividad que se pretende contratar.

3.3. Supervisión, consulta y control administrativo de la contratación pública

El amplio, diverso y complejo entramado institucional de la contratación pública se refleja en la entrópica doctrina administrativa emanada de las diversas juntas consultivas y tribunales administrativos de recursos contractuales, estatales y autonómicos. Tanto es así

---

357 Podría decirse que esta obligación que incumbe en exclusiva a los contratos de servicios se debe al reconocimiento del legislativo de que las instituciones públicas no cuentan con el material necesario para hacer frente, generalmente, a obras públicas y que no cuentan con todas las empresas necesarias para abastecer o suministras a las AAPP. Sin embargo, esta lógica es diferente en el caso de los servicios, sobre todo los intensivos en mano de obra.

que en el capítulo IV se manifestarán evidencias de múltiples opiniones y argumentos jurídicos y políticos desde estos órganos, nucleares en nuestro sistema de contratos, para con la validez de las cláusulas sociolaborales.

El control administrativo o judicial de los actos administrativos busca dilucidar si la actuación en cuestión es legal y se enmarca en el "interés general específico en el que opera la potestad administrativa" (Rodríguez-Arana, 2012). Esto es, el concreto ámbito en el que una entidad del sector público ha de ejercer sus poderes determina la "fracción" del interés general por el cual debe velar en el ejercicio de sus competencias, incluso cuando estamos ante poderes discrecionales.

La discrecionalidad administrativa se manifiesta en los procesos de contratación pública de diversas formas y con intensidad variable. Mientras que el proceso de elaboración de los PCA está caracterizado por un mayor nivel de discrecionalidad, una vez aprobados dichos documentos, los OC han visto acotada su discrecionalidad, precisamente, por la capacidad (e incluso la obligación) que tiene la administración de regularse a sí misma en determinadas instancias. En este sentido se pronunció la STS de 27 de mayo de 2009 (rec. 4580/2006), en la que el Alto Tribunal recordaba que desde la ley de contratos del sector público del año 1997 se exige que los criterios en los que se basa un órgano para adjudicar contratos se formulen de forma objetiva y, con ello, se "obstaculiza la discrecionalidad administrativa en la adjudicación", ya que la administración debe "sujetarse a la baremación previamente determinada por la misma" (FJ 5°)[358]. Posteriormente, las decisiones deben estar motivadas en los términos normativos.

En ningún caso se les exime o se les *libera* de los límites formales y materiales que puedan ser aplicables, y la revisión administrativa y jurisdiccional tendrá lugar atendiendo a dichos límites. Sea como fuere, existe consenso doctrinal en considerar que toda potestad discrecional cuenta con parámetros que deben ser respetados: los hechos que determinan la actuación administrativa[359]; los aspectos

---

358 En un sentido similar se pronuncian las SSTS de 17 de octubre de 2000 (rec. 3171/1995) y de 24 de junio de 2004 (rec. 8816/1999).

359 Cuando el supuesto de hecho lo integran CJI debería atenderse al carácter de estos, ya que es posible que la clase de concepto dé lugar a la atribución de po-

reglados de la potestad (competencia, procedimiento y motivación de la decisión); la ausencia de desviación de poder; y, por último, el respeto a los principios constitucionales de trascendencia administrativa (principio de igualdad, interdicción de la arbitrariedad, seguridad jurídica, cumplimiento del interés general, fundamentalmente) (Bacigalupo, 2009).

Así, aunque los tribunales, generalmente, no pueden sustituir por entero la decisión administrativa cuando existan potestades discrecionales, a tenor de lo dispuesto en el art. 71.2 LJCA, el control de legalidad al que pueden someterse las decisiones del OC debe anclarse a lo señalado en los PCA. En estos casos, lo más probable es que no existan diversas opciones entre las cuales elegir válidamente[360]. Por ello, el diseño de potestades en el plano legislativo y administrativo que reduzcan legítima y constitucionalmente a cero la discrecionalidad en el ejercicio de algunas potestades, pueden conducir, no solo a la nulidad de la decisión en caso de ilegalidad, sino de la determinación por el órgano jurisdiccional de la única decisión válida[361].

---

testades discrecionales de mayor o menor grado. La STS de 12 de diciembre de 2000 (rec. 233/1999) se pronuncia sobre este extremo del siguiente modo: "la libre apreciación es inherente a la individualización de los conceptos jurídicos indeterminados".

360 Lo que caracteriza como negativo al control judicial de las potestades con componentes de discrecionalidad es la imposibilidad de determinar la única decisión válida que el órgano debe adoptar. El resultado del enjuiciamiento, en caso de que se considerase en sede judicial que la administración vulnera los elementos ya señalados, sería la anulación de la decisión en liza, pero no la sustitución de la decisión adoptada; tan solo cuando el contenido de la decisión esté lo suficientemente reglada podrá darse esa efectiva sustitución.

361 En este sentido se pronuncia Muñoz Machado (2017), quien estima que el debate en torno a la capacidad de los jueces para sustituir la decisión del órgano administrativo por medio de sentencia es parcialmente artificioso. Entiende el autor que la virtualidad de las potestades regladas es, precisamente, la nula capacidad de elección entre varias opciones, mientras que cuando una facultad se califica como discrecional existirán diversas opciones dentro de ciertos márgenes. Todo ello en virtud del artículo 71.2 de la Ley 29/1998, de 13 de julio, de Jurisdicción Contencioso Administrativa, en el que se apunta que "los órganos jurisdiccionales no podrán determinar la forma en que han de quedar redactados los preceptos de una disposición general en sustitución de los que anularen ni podrán determinar el contenido discrecional de los actos anulados".

El conjunto de instrumentos articulados por las administraciones, como acuerdos o guías, tratan de dar cumplimiento al mandato tanto de las directivas como de la LCSP respecto de las consideraciones sociales. Pero las Administraciones territoriales, poderes adjudicadores y otros órganos contratantes si bien son los actores principales con capacidad para elaborar los PCA no son aquellos que finalmente delimitan dicha capacidad conforme a los preceptos de los textos normativos europeos y españoles. En este punto cobra importancia la labor interpretativa realizada, por un lado, por los órganos administrativos encargados de resolver los recursos especiales que se interponen contra las actuaciones de los adjudicadores y, por otro lado, de los órganos consultivos.

Este conjunto institucional creado en torno a la contratación pública se revela fundamental para entender el modo de desarrollar la CPSR en España, pues su ejercicio interpretativo de la normativa europea y española ha delimitado las facultades de las AAPP y los OC. Con todo, del mismo modo que existe una evidente dispersión de instrumentos de desarrollo y ejecución de cláusulas sociales, se ha generado en torno a la labor hermenéutica de los órganos consultivos y de recursos un entorno entrópico debido a la amplia disparidad de criterios entre ellos.

3.3.1. Los Tribunales Administrativos de recursos

Los Tribunales administrativos son órganos administrativos cuyas resoluciones son impugnables ante el orden jurisdiccional contencioso-administrativo. Ahora bien, estos órganos deben ser, no únicamente independientes del poder adjudicador, sino de cualquier otro órgano administrativo que intervenga en el proceso contractual, garantizando la independencia e inamovilidad de sus miembros. Además, como señala Merino Gómez (2011, p. 126), la denominación "resulta incompleta, toda vez que no solo se pronuncian acerca de los 'recursos contractuales' [...]. Por ello, hubiera sido más adecuado elegir una denominación general referida a la 'contratación administrativa', al estilo de la denominación de Juntas consultivas de Contratación Administrativa" (art. 328 LCSP).

En efecto, estos Tribunales son órganos administrativos especializados competentes para el conocimiento y resolución de los conocidos como recursos especiales (regulados por el art. 44 LCSP, el RD 814/2015, de 11 de septiembre, y la Ley 49/2015, de 1 de septiembre), pero también de las reclamaciones y cuestiones de nulidad reguladas en la Ley 31/2007, de 30 de octubre (respecto de sectores especiales). El recurso especial se erige como el principal instrumento jurídico que motiva la mayoría de las resoluciones de los tribunales administrativos con relevancia en la articulación de aspectos sociales en la contratación. Con este recurso se pretende la revisión de la legalidad de los actos administrativos en el marco de procedimiento precontractual de preparación y adjudicación del contrato. No obstante, esto debe ser matizado a la luz de la Directiva de recursos[362] que establece que estos han de alcanzar a la infracción de la normativa de contratos de la UE (Directivas 2014/23 y 24/UE), por lo que son susceptibles de recurso cuestiones relativas a la ejecución, la modificación, la subcontratación o las decisiones de resolución del contrato (Pardo García-Valdecasas, 2018). Respecto de aquellos actos que no sean recurribles, el art. 44.6 advierte de que podrán ser objeto de recurso conforme a la Ley 39/2015, de 1 de octubre, del Procedimiento Administrativo Común de las Administraciones Públicas y la Ley 29/1998, de 13 de julio, Reguladora de la Jurisdicción Contencioso-administrativa[363].

En el ámbito de la AGE, el órgano competente para la resolución de estos recursos es el Tribunal Administrativo Central de Recursos Contractuales (TACRC). Su regulación básica se encuentra en el plano legal en el art. 45 LCSP y, en el reglamentario, en el RD 814/2015,

---

362 Directiva 89/665/CEE del Consejo, de 21 de diciembre de 1989, relativa a la coordinación de las disposiciones legales, reglamentarias y administrativas referentes a la aplicación de los procedimientos de recurso en materia de adjudicación de los contratos públicos de suministros y de obras.

363 No cualquier acto relacionado con los contratos públicos puede ser recurrido mediante recurso especial. En primer lugar, la limitación subjetiva acota el recurso a actos de las AAPP y las restantes entidades que ostenten la condición de poderes adjudicadores. En segundo lugar, tan solo los actos y decisiones enumerados en el art. 44.2 pueden ser recurridos. Y, en tercer lugar, el apartado primero establece los umbrales de valor estimado por tipo de contrato a partir del cuales puede emplearse el recurso especial.

de 11 de septiembre; ambos establecen su adscripción al Ministerio de Hacienda y Función Pública, aunque goza de plena independencia funcional en el ejercicio de sus competencias. Ahora bien, en el ámbito competencial de la AGE pueden constituirse, al amparo de lo dispuesto en la DA 29ª LCSP, distintos tribunales administrativos de recursos contractuales con sede en la capital de las CCAA con competencia para la resolución de recursos interpuestos contra actos de la Administración territorial del Estado o bien de sus Organismos y Entidades dependientes del mismo que desarrollen sus competencias en la comunidad autónoma.

Cuestión distinta es determinar qué órgano es el competente en las CCAA respecto de la Administración autonómica y sus Organismos y Entidades dependientes. Es el artículo 46 LCSP el que señala que en este ámbito la competencia para resolver el recurso especial será el órgano que determine la normativa autonómica[364], debiendo cumplir con los requisitos jurídicos de independencia ya apuntados. Estos órganos ni dependen del TACRC ni deben confundirse con la posibilidad que brinda la ley para crear tribunales territoriales en el ámbito de la AGE.

Puesto que la constitución de esta clase de órganos administrativos es una potestad de las distintas comunidades y ciudades autónomas, la LCSP contempla una alternativa. El art. 46.2 señala que tienen la posibilidad de atribuir la competencia de resolución de los recursos al TACRC. A tal fin debe celebrarse un convenio entre la comunidad autónoma y la AGE, en el que se estipulen las condiciones

---

364 Más de la mitad de las CCAA han creado órganos con diversidad de nomenclaturas encargados de resolver recursos especiales: Tribunal Administrativo de Contratación Pública de la Comunidad de Madrid; Tribunal Administrativo de Contratos Públicos de Aragón; Órgano Administrativo de Recursos Contractuales de la Comunidad Autónoma del País Vasco; Tribunal Administrativo de Recursos Contractuales de la Junta de Andalucía; Tribunal Administrativo de Recursos Contractuales de Castilla y León; Tribunal Administrativo de Contratos Públicos de Navarra; Tribunal Catalán de Contratos del Sector Público; Tribunal Administrativo de Contratos Públicos de la Comunidad Autónoma de Canarias; Comisión Jurídica de Extremadura; y, Tribunal Administrativo de Contratación Pública de la Comunidad Autónoma de Galicia. Puede consultarse la lista de órganos y sus datos básicos en http://www.hacienda.gob.es/es-ES/Areas%20Tematicas/Contratacion/tacrc/paginas/otrostribunales.aspx.

en las que aquella sufragará los gastos derivados de la atribución contractual al TACRC[365]. Tales convenios suelen suscribirse por un plazo de tres años que se prorroga por otros tres por falta de denuncia o por acuerdo expreso.

A estos dos niveles territoriales se añade el local. Cuando no exista previsión alguna por las normas autonómicas por lo que hace a las competencias en materia de régimen local y contratación pública, el órgano competente para resolver los recursos será el mismo que corresponda para el caso de los poderes adjudicadores autonómicos. Quizás el apunte más especial lo realiza el tercer párrafo del apartado 4 que permite a los ayuntamientos de los municipios de gran población (según los umbrales del art. 121 de la Ley 7/1985, de 2 de abril), así como a las Diputaciones Provinciales, crear un órgano especializado. Respecto de las Corporaciones Locales, lo ordinario ha sido que los tribunales administrativos de recursos contractuales con competencia en las CCAA asuman también esta misión (Bernal Blay, 2012, 2013). En el ámbito de los Territorios Históricos Forales (Araba, Bizkaia y Gipuzkoa) la competencia para resolver los recursos corresponde a órganos creados por las Diputaciones Forales[366].

3.3.2. Las Juntas Consultivas de Contratación Pública

Las juntas consultivas son órganos de carácter administrativo que desempeñan un papel consultivo en materia de contratación pública. El esquema institucional estudiado respecto de los tribunales admi-

---

365 Es el caso, entre otras, de la Comunidad Valenciana, que suscribió, el 5 de mayo de 2021, el Convenio de colaboración entre el Ministerio de Hacienda y Administraciones Públicas y la Generalitat Valenciana sobre atribución de competencia de recursos contractuales. Pueden consultarse los distintos convenios en la página web del TACRC.

366 En virtud de la habilitación que para ello concede el art. 46.5 LCSP, han creado aquellos mediante Decretos Forales (22/2010 de 9 de agosto; 102/2010, de 29 de septiembre y 24/2010, de 28 de septiembre, respectivamente). Además de las Diputaciones Forales, otro ejemplo deriva del Decreto 332/2011, de 2 de noviembre, por el que se crea el Tribunal Administrativo de Recursos Contractuales de la Junta de Andalucía, que contempla la creación de estos órganos en el ámbito local. Al amparo de dicha norma se creó por parte del Ayto. de Granada el tribunal de recursos contractuales del Ayuntamiento de Granada.

nistrativos no puede trasladarse íntegramente a dichas juntas. En el ámbito estatal se articula la Junta Consultiva de Contratación Pública del Estado (en adelante, JCCPE), la cual se adscribe al Ministerio de Hacienda y actúa en materia de contratación pública del sector público estatal, con independencia de que las entidades operen en los sectores del agua, la energía, de los transportes o de los servicios postales (es decir, sectores especiales sometidos a Ley 31/2007, de 30 de octubre). Su régimen jurídico básico se ubica tanto en el artículo 328 LCSP como en el RD 20/1991, de 18 de enero, sobre régimen orgánico y funcional de la Junta Consultiva de Contratación Administrativa[367]. Es el precepto citado el que atribuye unas funciones que, en todo caso, ha de asumir el órgano, aunque el RD puede ampliarlas a promover la adopción de normas o medidas de carácter general que considere procedentes para la mejora de la contratación; aprobar recomendaciones generales o particulares a los OC; informar sobre las cuestiones que se sometan a su consideración así como sobre las normas legales y reglamentarias en materia de contratación; coordinar el cumplimiento de las obligaciones de información que imponen las Directicas; y elaborar y remitir a la Comisión los informes preceptivos.

Las CCAA, en virtud de lo dispuesto en el art. 331 LCSP, tienen la potestad de crear órganos consultivos propios en materia de contratación pública[368]. Estos órganos ejercen su competencia en su ámbito territorial en relación con las Entidades que integran el sector público de la comunidad autónoma. Además, sus normas reguladoras

---

[367] La composición de sus órganos colegiados se establece en la DA 5ª del Reglamento General de la Ley de Contratos de las Administraciones Públicas aprobado por el RD 1098/2001, de 12 de octubre, y en la Orden HAP/1406/2012, de 15 de junio, por la que se modifica la composición de los órganos colegiados integrados en la JCCPE.

[368] Comisión Consultiva de Contratación Administrativa (Andalucía); Junta Consultiva de Contratación Administrativa (Aragón, Canarias, Castilla y León, Cataluña, Extremadura, Islas Baleares, Galicia, Madrid); Servicio de Contratación y Compras (Cantabria); Servicio de Contratación Consejería de Hacienda (La Rioja); Sección de Contratación (Navarra); Junta Superior de Contratación Administrativa (Comunidad Valenciana); y Junta Asesora de Contratación Administrativa (País Vasco). Pueden consultarse los distintos órganos en la página web del Ministerio de Hacienda.

pueden ampliar tal competencia respecto de la actividad contractual de las Entidades Locales.

De las funciones enumeradas por el art. 328.3 LCSP asumidas necesariamente por las juntas consultivas la que tiene un mayor impacto interpretativo y práctico en el ámbito de las cláusulas sociales es la relativa al deber de informar a los órganos administrativos respecto de las cuestiones que se le planteen. Por ello, en el estudio de la inclusión de criterios sociales en la contratación pública es de gran importancia el análisis de los informes emitidos por las juntas, sin perjuicio de la potencial trascendencia de las recomendaciones emitidas cuando lo estimen oportuno y conveniente o de las comunicaciones, circulares y acuerdos adoptados en el seno de estas.

3.3.3. Oficina Independiente de Regulación y Supervisión de la Contratación

Junto a los tribunales administrativos y las juntas consultivas, en los últimos años ha ganado protagonismo la labor de la Oficina Independiente de Regulación y Supervisión de la Contratación (Oirescon) que, aunque es independiente orgánica y funcionalmente, se incardina organizativa y presupuestariamente en la Subsecretaría del Ministerio de Hacienda y Función Pública y su regulación específica radica en el RD 342/2023, de 9 de mayo, tras ser recogida su existencia en el art. 332 LCSP.

Tanto la LCSP como el RD 342/2023 atribuyen a la Oirescon funciones de apoyo a la regulación y a la supervisión de la correcta implementación práctica de la contratación pública. Tanto es así, que se trata del órgano encargado de aprobar la Estrategia Nacional de Contratación y el Informe Anual de Supervisión. Asimismo, la Oirescon viene publicando, aunque con limitaciones metodológicas trascendentes, informes sobre la aplicación por parte de todas las administraciones territoriales de una contratación pública estratégica.

El objetivo expresado en su norma reguladora básica es el de "velar por la correcta y eficaz aplicación de la legislación y, en particular, promover la concurrencia y combatir las ilegalidades en relación con la contratación pública" (art. 2 RD 342/2023). Para ello, el art.

3 afirma que la oficina tiene atribuidas, entre otras, funciones de coordinación de la supervisión en el conjunto del sector público, elaboración de informes sobre incumplimientos, apoyo y asistencia, aprobación de instrucciones de interpretación y aplicación de la legislación, participación en iniciativas de mejora de la normativa, etc.

Capítulo III
CONTRATACIÓN PÚBLICA ESTRATÉGICA Y SOCIALMENTE RESPONSABLE

1. CONTRATACIÓN PÚBLICA ESTRATÉGICA

Lo estratégico evoca, para el diccionario de la Real Academia Española, el arte de dirigir y, en efecto, es un significado que se ha extrapolado, en mayor o menor medida, a foros como la economía, la administración y la política. El término *contratación pública estratégica* (en adelante, CPEs, ha sido empleado formalmente en instrumentos de *soft law* de diversas instituciones y en normas jurídicas internas y europeas. Uno de los factores determinantes del recurso al vocablo *estrategia* es la toma de conciencia de que los poderes públicos han perdido en el último medio siglo capacidad de dirigir sus acciones ejecutivas para la realización del interés general con motivo de las políticas generales de privatización en múltiple planos y dimensiones.

Precisamente, hace seis décadas el politólogo estadounidense Andrew Harcker (1961, p. 302), acerca del poder de los gobiernos, se planteaba las siguientes cuestiones:

> "¿Puede algún organismo determinar el nivel de los salarios, de los precios, de las utilidades? Y lo que es más importarte ¿Puede acaso especificar el nivel y la dirección de las inversiones del capital? ¿Puede algún departamento gubernamental asignar materias primas o controlar la situación geográfica de una fábrica? ¿Puede, de alguna manera, garantizar la ocupación plena o la tasa de crecimiento económico? ¿Se ha emprendido alguna acción *antitrust* de sobre alguna de las empresas gigantesca que la haya afectado de manera apreciable?".

Tales preguntas ponen de manifiesto una pérdida de capacidades y responsabilidades públicas como síntoma de un sistema político de raíz liberal-privatista que no traslada las instituciones democráticorepresentativas al campo económico, pues son las fuerzas del mercado las que rigen principalmente (Bobbio, 1986).

1.1. Contratación pública: zona estratégica

La concepción de la contratación pública entendida como una zona estratégica de influencia pública para la realización del interés general parte de un análisis de base: la delegación de la realización del interés general en las fuerzas del mercado conduce a que las AAPP detenten, sobre todo, un poder de mera regulación apriorística[369] y a una merma en las funciones asumidas por las entidades del sector público. Consecuentemente, este proceso se traduce en una reducción de las capacidades, recursos y responsabilidades (Mazzucato & Collington, 2024)[370].

La privatización de los cometidos propios de las AAPP[371] tiene múltiples aristas y vértices. El escenario específico de esta investigación da luz a la intersección entre el interés general tutelado por las AAPP licitadoras, la conducta empresarial del contratista y el trabajo de quienes contribuyen a ejecutar el contrato. El diagnóstico de partida de la problemática que planteamos se resume en las dos premisas subsiguientes.

---

369 En consonancia con aquello que Muñoz Machado denomina *función de regulación* de las AAPP y que define como "la utilización de instrumentos normativos y ejecutivos [...] para orientar el funcionamiento de los mercados hacia la competencia e imponer obligaciones de servicio público a los operadores para que su natural afán de beneficio fuera compatible con las exigencias del interés general" (2016c, p. 25).

370 "Cuanto más externalizan los gobiernos y las empresas, menos saben hacer, lo que provoca el vaciamiento de las organizaciones, es decir, que se queden detenidas en el tiempo y sean incapaces de evolucionar", ya que la externalización no es propiamente una colaboración público-privada (Mazzucato & Collington, 2024, p. 20). Estas autoras señalan sectores como: transporte, centros penitenciarios, controles fronterizos, seguridad en puertos y aeropuertos, sanidad, educación, recogida y gestión de residuos o defensa.

371 Este fenómeno solo es un sector más de la actividad administrativa en la que se hacen operar principios de libre mercado o de su protección jurídica con el fin de preservar la libertad de las empresas para organizarse, competir y participar en la actividad contratada.

En primer lugar, la normativa de contratos públicos se ha orientado hasta hace, aproximadamente, 25 años a tratar, en mayor medida, de garantizar la adquisición de prestaciones de utilidad pública al precio más bajo y con una calidad técnica suficiente. Ello teniendo presentes los principios de igualdad y libre acceso al proceso, así como los principios tradicionales inherentes al derecho de contratos. En segundo lugar, la concepción reduccionista de la contratación ha supuesto una severa *desresponsabilización* y una pérdida de capacidades organizativas y jurídicas del sector público para con los factores productivos que se emplean. Las consecuencias se manifiestan en términos de justicia y eficacia para la realización del interés general en el marco del Estado social en planos operativos y estratégicos.

La puesta en valor de la contratación pública como un escenario de gran importancia para las políticas públicas no es una realidad del s. XXI. El sociólogo Ralph Miliband (1970, p. 144), en alusión a las políticas económicas estratégicas y a largo plazo, rescataba el discurso del político laborista Robert Maxwell, en 1967, en el que se argüía "que los gobiernos tienen [...] un arma extremadamente efectiva en relación con el mundo de los negocios": la contratación pública. Afirmaba el autor citado que los Estados "son [...], con mucho, los mayores clientes de la empresa privada y tienen un instrumento tan importante [como] rápido [...] para influir en las decisiones de la industria y del comercio privado [y] alcanzar a tiempo sus principales objetivos industriales nacionales".

Incluso, desde el interés hacia las condiciones de trabajo y los derechos de las personas trabajadoras en contratas públicas, el jurista Gallart Folch (1936, p. 98) hacía énfasis, en 1936, en el cometido del poder público como baluarte del interés general:

> "La justificación de esta reglamentación especialísima para los contratos de trabajo de servicios públicos debe buscarse, sin duda, en una mayor protección a que el Estado se cree obligado para con los trabajadores que colaboran a tales servicios y son pagados con fondos del Estado y a ellos, sin duda, también obedecen otras disposiciones legales anteriores dirigidas a evitar los abusos de los contratistas".

Estos planteamientos eran coherentes con un contexto normativo en el que los operadores privados ganaban espacio en la titularidad, gestión y ejecución de actividades de interés general. No son, pues, completamente innovadoras las propuestas o ideas tendentes a instrumentalizar los contratos del sector público para alcanzar objetivos públicos diversos, más allá de la utilidad directa de la prestación. En cualquier caso, la CPEs trata de influir, no ya directamente en la conducta empresarial de los operadores privados en el plano macroeconómico, sino en la actuación de los mismos respecto de los factores productivos que intervienen en dicha prestación.

1.2. Armonizar lo operativo y lo estratégico

Qué prestación se obtiene y en qué condiciones son las dos cuestiones a las que ha prestado atención tradicionalmente el Derecho de contratos del sector público. El cómo se contrata es un proceso funcional a tales objetivos y, además, a principios legales de la contratación pública: igualdad y libertad de concurrencia al proceso.

La CPEs sugiere redimensionar el *qué* y, por tanto, reconfigurar el *cómo.* Desde esta perspectiva, los poderes públicos tratan de aumentar cuantitativa y cualitativamente la funcionalidad de los procesos contractuales partiendo de las instituciones clásicas (contratos reservados, criterios de selección, criterios de adjudicación, condiciones especiales de ejecución…). La CPEs no altera las instituciones o elementos estructurales de los contratos del sector público, sino que lo que varía, en cierta medida, es su funcionalidad y finalidad.

En términos generales, si se repara en la estructura del proceso contractual, los parámetros que determinan si un empresario está legalmente habilitado y es *merecedor* de convertirse en contratista versan sobre aspectos de la organización empresarial concurrente (criterios subjetivos relativos a la capacidad de contratar y a la solvencia técnica y económica) y de la propuesta u oferta presentada (criterios objetivos que atienden a la valoración de la oferta). Pues bien, el carácter estratégico en el plano apriorístico y teórico se filtra, principalmente, en estas fases, tratando de señalar requisitos e incentivos dirigidos a los empresarios siempre que estén relacionados con el objeto del contrato.

Si bien las causas de exclusión derivadas de la prohibición de contratar obedecen a un rechazo de los operadores que obran de forma antijurídica, los criterios de solvencia técnica y económica están, en cierto modo, orientados a medir la capacidad empresarial de cumplir con los objetivos operativos del contrato. Con todo y con eso, el elemento nuclear del proceso contractual, si nos atenemos al Derecho positivo, lo constituye la fase de valoración del elemento objetivo encaminada a determinar la oferta económicamente más ventajosa. La subsunción de la oferta presentada por un licitante en las variables que conforman este factor determinará qué oferta responde mejor al interés general definido, en términos amplios, en la LCSP y, en el plano específico, por los PCA y los PPT. Ahora bien, ello no impide que el resto de las fases puedan adquirir un papel trascendente y estratégico.

La esencia estratégica se revela en la redimensión de las funciones y finalidades de las adquisiciones públicas de tal modo que sirvan a objetivos operativos y estratégicos de diversa índole planteados por los poderes públicos. La distinción que se propone en esta sede entre tales objetivos de la contratación pública es un modo, como podría haber otros, de explicar los planos complementarios de actuación de las AAPP según la trascendencia y responsabilidad de lo que se pretende conseguir. Mientras que los objetivos operativos (ordinarios o especiales como los sociales y ambientales) pueden ser satisfechos directamente en toda su dimensión a través de la ejecución del contrato, los objetivos estratégicos (ordinarios o especiales) son complementarios, difusos y mediatizados; la ejecución del contrato tenderá a la contribución general de dar cumplimiento a ellos, pero no determinantemente, ya que son objetivos más amplios de cumplimiento a medio y, sobre todo, largo plazo.

Los objetivos estratégicos ínsitos en el objeto del contrato (ordinarios) son, tradicionalmente, los asumidos por la normativa de contratos del sector público: un ayuntamiento puede contratar la creación de parques y jardines con el objetivo estratégico de lograr que el conjunto del municipio cuente con una cantidad, unas dimensiones y una distribución de zonas verdes determinada en un período determinado. La cuestión clave en la presente investigación estriba en aprehender los objetivos estratégicos especiales (particularmente los sociales) como la reducción del desempleo de larga duración, la integración sociolaboral de personas vulnerables ante el (des)empleo, la lucha contra la precariedad laboral, la potenciación de cadenas de valor sostenibles, etc.

Los objetivos sociales estratégicos son, en primer lugar, complementarios porque su existencia depende de que preexista la necesidad de un objeto consistente en una obra, servicio o suministro cuya finalidad directa no tiene por qué tener un carácter social, medioambiental o innovador. En segundo lugar, son difusos y mediatos porque el cumplimiento por parte de los contratistas de las obligaciones o incentivos en pro del objetivo estratégico no conlleva la satisfacción inmediata de este, sino que coadyuva o contribuye a su consecución general en tanto en cuanto se da satisfacción a los ítems de los pliegos y el contrato.

Tanto el objeto del contrato como las cláusulas sociales constituyen objetivos operativos. Es más, el objetivo operativo esencial y principal es el de satisfacer una necesidad principal, específica e inmediata de la entidad pública. Los objetivos operativos sociales se conseguirán determinando qué concretas exigencias o condiciones deben cumplir los empleadores en orden a mejorar la valoración de las ofertas o a ejecutar el contrato.

De nuevo, a modo de ejemplo: una universidad pública decide contratar el servicio de cafetería y restaurante con una empresa privada (objetivo operativo primario), pudiendo plantearse un objetivo estratégico (o no) relacionado con la salud y el bienestar social de la comunidad universitaria. Al mismo tiempo, como Administración Pública, y aunque su función específica es la de proporcionar formación, investigación, divulgación y transferencia de conocimiento, su rol es también el de velar por los intereses generales. De tal modo que una universidad puede plantear como objetivo la inserción sociolaboral; razón por la cual también disponen de fundaciones y órganos para fomentar el empleo o agencias de colocación. Puede imaginarse que una universidad se plantee fomentar la inclusión de personas desempleadas de larga duración o de más de 55 años (objetivo social estratégico). Al licitar el servicio de cafetería podría señalar criterios de adjudicación o condiciones especiales de ejecución tendentes a que las empresas contratistas del servicio de cafetería contribuyan a emplear a un número o proporción de personas de estos perfiles para reducir la situación de vulnerabilidad en términos cuantitativos y cualitativos (objetivo social operativo).

No sólo se pretende obtener la obra, el servicio o el suministro al mejor precio y con una *calidad técnica* dentro de los parámetros señalados en los pliegos, sino que se toman en consideración aspectos (medioambientales, sociales e innovadores) sobre el modo en que los contratistas logran proporcionar a las AAPP el objeto del contrato. Se influye en la conducta empresarial de tal modo que la organización externa puede ser considerada una suerte de colaboradora con los intereses generales en el marco del Estado social. Consecuentemente, las entidades del sector público deben hacer una labor adicional de estudio sobre aquello que quieren incentivar o desincentivar, a través de qué figuras jurídicas de las fases de contratación, con qué contenido específico y mediante qué elementos de control del cumplimiento.

La articulación de una CPEs no implica que en el ejercicio de la actividad administrativa las AAPP dejen de actuar como operadores para pasar a actuar como poderes públicos, sin embargo, se amplía la virtualidad de sus facultades tradicionales (Gimeno Feliú, 2018)[372]. El sector público no toma un papel ejecutor, sino que, como operador en el mercado, aunque con sus especificidades, se erige en impulsor activo, innovador y responsable de la conducta empresarial privada en el seno de prestaciones públicas.

La visión de las AAPP como entes "aburridos y letárgicos" frente al sector privado "dinámico" condiciona las normas sobre libertad de empresa y, con ello, las normas que protegen las estrategias de competitividad empresarial (Mazzucato, 2019, p. 32). En cierto modo, la estrategia que asumen las AAPP permite que la creación de valor público no se logre únicamente corrigiendo fallos de mercado, au-

---

372 El rol de las AAPP se relaciona más de cerca con facultades o prerrogativas exorbitantes que articulan el poder público (Álvarez García, 1996). En el ámbito de los contratos del sector público se ha adoptado una perspectiva objetiva para identificar cuándo una entidad del sector público actúa como poder público y cuando como operador económico. Así, para aplicar una u otra norma debe atenderse, no a la naturaleza del sujeto interviniente, sino a las facultades que realmente ejerce en el contrato en cuestión. De este modo entidades como las universidades públicas, no son solo poderes públicos (administraciones públicas independientes) que actúan con *auctoritas*, sino operadores que actúan también como prestadores de servicios en el mercado, aun con sus peculiaridades (Gimeno Feliu, 2018).

sencias o problemas, sino que la puesta en valor del capital público se revela "tan importante como el resultado final"[373](Mazzucato, 2019, p. 20). Cuando la sociedad se enfrenta a retos de gran envergadura, como crisis bancarias, inmobiliarias, climáticas, sanitarias, insuficiencia de recursos económicos para el sostenimiento de pensiones, etc. el papel activo del Estado se torna crítico. Lejos de la actitud letárgica que se le atribuye desde la economía neoclásica, el Estado puede crear y modelar activamente nuevos mercados y regular los existentes[374].

No obstante, la CPEs presupone una decisión de externalizar o mantener como privada la gestión de una prestación, lo que, en cierto modo, podría no corresponderse con una posición puramente activa de las AAPP, sino más bien como una acción alentadora o de fomento a través del operador externo. Y es que, como pudiera ocurrir con la actividad de inversión o intervención directa del Estado en materia de investigación e innovación, la concepción más ambiciosa —o, si se quiere, más completa— de la CPEs entiende que las AAPP no solo deben alentar, empleando mecanismos de incentivos, sino exigir.

La innovación administrativa y las dificultades inherentes forman parte de un riesgo que las AAPP pueden asumir para enfrentarse a retos importantes. Incluso, los agentes de innovación que pueden ser entidades creadas para ello por entidades locales, por gobiernos autonómicos o, incluso, en el seno de las universidades han sido sus-

---

373 En esta obra, la autora toma como ejemplos las agencias gubernamentales estadounidenses como la NASA, DARPA, ARPA-E y NIH como catalizadoras fundamentales de tecnologías como Internet, el GPS, los semiconductores, las baterías, la creación de fármacos, etc.

374 La posición y las funciones económicas que atribuye la economía neoclásica al poder público lleva a la consideración de que la entrada o el mantenimiento del Estado en determinadas actividades contribuye a desplazar a los agentes privados actuales o potenciales (fenómeno que se sintetiza en la expresión en inglés *crowding out*). No obstante, la actividad pública puede incentivar o estimular la concurrencia de los sujetos privados a un foro o mercado determinado (*crowding in*), como sucede cuando se realizan políticas por el lado de la demanda e, incluso, de la oferta. Algunos autores reclaman papeles activos del Estado en materia de inversión teniendo presentes previsiones económicas como la del "estancamiento secular" (Summers, 2020).

tituidos a lo largo del último medio siglo por empresas consultoras[375] que, frecuentemente, recomiendan estrategias privatizadoras[376] (Mazzucato & Collington, 2024).

1.3. La CPEs: una realidad en tres dimensiones

Los dos conceptos clave que se analizan en este tercer capítulo son los de *contratación pública estratégica* (CPEs)[377] y *contratación pública socialmente responsable* (CPSR); sin obviar la existencia de otro término aglutinante como el de *contratación pública sostenible* que, no obstante, no ha gozado del mismo predicamento en el Derecho positivo y la doctrina[378]. Mientras que el término CPSR, al que se dedica el apartado 3 de este capítulo, tiene una trayectoria extensa y asentada que

---

375 Estas consultoras no se limitan únicamente a aumentar la formación y el conocimiento y a reducir los costes de transacción, sino que tienen impactos diversos en los Estados en cuanto a la debilitación de las estructuras, las competencias y los recursos públicos de aprendizaje y actuación. La externalización de servicios de consultoría a empresas como Deloitte, PwC, EY o Accenture, sin embargo, se ha dado por parte de instituciones de diversa naturaleza como, por ejemplo, el FMI, el Banco Mundial o la Unión Europea.

376 Algunas de las recomendaciones de las consultoras más contratadas a nivel mundial son la reforma de la gestión pública basada en la Nueva Gestión Pública, la financiación privada, la externalización de servicios públicos o la reducción del gasto público. La Nueva Gestión Pública se basa en la doctrina expuesta en el libro *La reinvención del Gobierno. La influencia del espíritu empresarial en el sector pública* (1992) escrito por David Osborne y Ted Gaebler. En dicha obra se defiende que la función del Gobierno es garantizar la disponibilidad de los servicios que desean los ciudadanos, pero no necesariamente prestándolos a través del sector público, sino a través de mecanismos propios del mercado (Mazzucato & Collington, 2024).

377 Opto por la sigla CPEs y no por CPE debido a que esta última es utilizada en algunos foros institucionales y académicos para aludir a la Contratación Pública Ecológica, como es el caso de la guía de la Comisión Europea en materia de contrataciones públicas medioambientalmente sostenibles.

378 Se venía empleando el concepto de contratación pública sostenible, como deja patente la Guía práctica de la OIT publicada en 2008 denominada *Convenio (núm. 94) y Recomendación (núm. 84) sobre las cláusulas de trabajo en los contratos celebrados por las autoridades públicas*. La contratación sostenible se definía como "la mejora de la eficacia de la contratación pública utilizando al mismo tiempo los recursos del mercado para lograr importantes beneficios ambientales y sociales, tanto en el ámbito nacional como mundial".

se remite a la década de los 90 del s. XX, la CPEs surge en el argot jurídico, aproximadamente, hace 15 años.

A pesar de ello, se empieza por explicar este último concepto en un primer momento por dos motivos. Primero, porque se trata de una categoría más amplia que aglutina diversas dimensiones según la clase de objetivos estratégicos planteados: sociales, medioambientales e innovadores. Segundo, porque la exposición de la CPSR, que es el objeto de esta investigación, requiere de un detenimiento mayor que puede postergarse una vez explicado el significado y la trascendencia de la CPEs. Es por ello por lo que se avanza cronológicamente para hacer alusión a la aparición del término *contratación pública estratégica* asentado en los foros doctrinales (Medina Arnáiz, 2020).

En 2010 se aprobó por la Comisión Europea la *Estrategia Europa 2020* que conminaba a los Estados a "desplegar instrumentos basados en el mercado, como incentivos fiscales y contratación pública, para adaptar los métodos de producción y consumo"[379]. Efectivamente, aunque para entonces ya se venía teorizando y practicando la CPSR, la UE comienza a plantear la contratación pública como un instrumento estratégico basado en el (y funcional al) mercado y al Mercado Único.

El primer documento que hace referencia expresa a la *utilización estratégica de la contratación pública* no está dirigido específicamente a tratar la naturaleza o las problemáticas asociadas a la contratación, a saber: la *Comunicación de la Comisión Europea "Iniciativa emblemática de Europa 2020. Unión por la innovación"* (COM, 2010c). En esta comunicación —al Parlamento, al Consejo, al CES y al Comité— la Comisión presenta planteamientos que, en favor de la innovación en múltiples facetas de la política económica, proponen compaginar medidas "audaces, integradas y estratégicas", extrayendo virtudes por medios nuevos y productivos para mantener los "cimientos económicos en que se basan nuestra calidad de vida y nuestro modelo social a medida que la población envejece" (COM, 2010c, p. 2). Para ello, una de las actuaciones consideradas es hacer "uso estratégico de nuestros

---

379 Cuatro años más tarde se aprobaban las Directivas 2014/23, 24 y 25/UE sobre contratación pública en cuyos considerandos se establecía que "la contratación pública desempeña un papel clave en la Estrategia Europa 2020".

enormes presupuestos de contratación" para facilitar la introducción de "ideas al mercado" desde las PYMES. Sin embargo, el significado de esta expresión no queda aclarado en el texto.

Uno año más tarde esta expresión adquirió una elevada importancia, cuantitativa y cualitativamente, en el *Libro Verde sobre la modernización de la política de contratación pública de la UE. Hacia un mercado europeo de la contratación pública más eficiente* (2011e). Por vez primera un actor tan importante en esta materia como la Comisión Europea se refiere al carácter y uso estratégico de las adquisiciones públicas en un Libro Verde[380] que, junto a otros documentos en materia de contratación pública social, influirá en los procesos legislativos europeos e internos posteriores, tal y como se verá en el punto 3 de este capítulo.

Pues bien, en dicho Libro Verde se apunta que las autoridades públicas pueden atender a los objetivos estratégicos de la *Estrategia Europa 2020* a través de la contratación pública adquiriendo "bienes y servicios con un alto 'valor social' en términos de promoción de la innovación, respeto del medio ambiente [...], reducción del consumo energético, mejora del empleo, la salud pública y las condiciones sociales, y la promoción de la igualdad mejorando la inclusión de los grupos desfavorecidos" (COM, 2011e, p. 37). De este modo, se influye en "las tendencias de la producción y el consumo", aunque evitando la reducción de la eficiencia en la contratación y la vulneración del principio de transparencia, seguridad jurídica y proporcionalidad.

Llama la atención que la literalidad trascrita cite el valor *social* para pasar a mencionar una serie de aspectos que, ciertamente, pueden ser subsumidos en las tres dimensiones que siguen: la social, la medioambiental o ecológica y la innovadora. Resulta, por otro lado, evidente, que la referencia al valor social no es más que una cuestión puramente ontológica: todo concierne a la sociedad.

---

380 Según la página web de la Unión Europea *eur-lex.europa.eu*: "Los libros verdes son documentos publicados por la Comisión Europea para estimular una reflexión a nivel de la Unión Europea (UE) sobre un tema concreto. Invitan a las partes interesadas (organismos y particulares) a participar en un proceso de consulta y debate sobre las propuestas. Los libros verdes pueden dar origen a desarrollos legislativos que se reflejan en libros blancos".

El carácter estratégico dispone de dos vías: la influencia en la conducta de los adjudicadores y los servicios, obras o bienes que se decide adquirir. Se trata de una afirmación coherente con lo expuesto, aunque lo verdaderamente relevante en este asunto es cómo se adquiere y no tanto qué, puesto que este último extremo se ha caracterizado por una amplia libertad de los poderes adjudicadores e, incluso, la normativa de contratos no se adentra en tal elemento.

En definitiva, esta propuesta inicial en cuanto a una nueva concepción de la contratación pública, su tridimensionalidad y las vías y modos de implementarla se mantuvo en comunicaciones, guías y directivas posteriores al mentado Libro Verde de 2011. Efectivamente, son aspectos que han sido acogidos por las Directivas de contratación pública de 2014 (cuarto paquete o de cuarta generación), así como, parcialmente, por la Ley 9/2017, de 8 de noviembre, de Contratos del Sector Público que la traspone al ordenamiento español, ya que pese a no hacer uso del adjetivo *estratégica*, pero dispone de una regulación más ambiciosa en dicha concepción. Asimismo, ahondan en la CPEs la legislación autonómica, múltiples instrumentos de divulgación y profesionalización administrativa (guías prácticas y plantillas) e incluso, estrategias de análisis e implementación como la Estrategia Nacional de Contratación Pública (2023-2026)[381] y los informes de supervisión de la contratación pública.

Respecto de estos últimos informes, la Oficina Independiente de Regulación y Supervisión de la Contratación (Oirescon) viene realizando estudios específicos en CPEs el último lustro. Entre las funciones de este órgano están las de participar en la elaboración de la estrategia quinquenal de contratación pública y la de redactar los informes anuales de supervisión de esta. La revisión de la perspectiva estratégica de la contratación pública formaba parte de dichos informes hasta el de 2021. Es entonces cuando el Oirescon decide dedicar un informe específico a este asunto y elabora el Informe Especial de Supervisión relativo a la contratación estratégica en el 2020. Desde

381 Ha acogido la definición de la CPEs como "herramienta jurídica apropiada para el cumplimiento efectivo de las políticas de los poderes públicos mediante la satisfacción de ciertos objetivos complementarios de la contratación, como es el apoyo a las políticas ambientales, sociales y de innovación".

el informe citado hasta el año 2024 ya son 3 los informes específicos en esta materia[382].

Es posible dar con el uso indistinto de las fórmulas *contratación pública estratégica* y *contratación pública sostenible* cuando, en realidad, constituyen ideas complementarias, debido a que la contratación estratégica que ahonde en soluciones sostenibles en términos sociales, económicos y medioambientales[383]. No es infrecuente encontrarse con el concepto contratación pública sostenible como "concepto paraguas" en el que aglutinar los fines ambientales y sociales de diversa naturaleza y alcance (Fuertes Giné, 2021), tal y como se dejaba ver en las primeras guías prácticas que se publicaron en España sobre contratos del sector público y sostenibilidad (Lesmes Zabalegui, 2006). Por otra parte, al menos dos documentos del marco internacional hacen uso de esta última expresión. Por un lado, la *Guía práctica de la OIT publicada en 2008 sobre el Convenio (núm. 94) y recomendación (núm. 84) sobre las cláusulas de trabajo (contratos celebrados por las autoridades públicas).* Por otro lado, dos instrumentos que desarrollan los ODS de la Agenda 2030[384] en España: la *Estrategia de Desarrollo Sostenible*

---

382 Los elementos analizados en los informes son tres: el desarrollo de los contratos reservados; la implementación de criterios estratégicos como condiciones de admisión, criterios de adjudicación y condiciones especiales de ejecución; y, por último, la actuación de las pymes en las licitaciones.

383 El desarrollo sostenible ya se definió en 1987 por la Comisión Mundial para el Medio Ambiente y Desarrollo de las Naciones Unidad como "la satisfacción de las necesidades de la generación presente sin comprometer la capacidad de las generaciones futuras para satisfacer sus necesidades" en el Informe denominado *Nuestro futuro común.*

384 En el año 2000, en el marco de la ONU, se acordaron los Objetivos de Desarrollo del Milenio, que proporcionaron un marco importante para el desarrollo, y se han hecho progresos considerables en diversas esferas. Tres lustros más tarde, y tras una profunda crisis económica, la Asamblea General de la ONU aprobó, el 25 de septiembre de 2015, la resolución *Transformar nuestro mundo: la Agenda 2030 para el Desarrollo Sostenible* en la que se establecían 17 Objetivos de Desarrollo Sostenible y 169 metas específicas que afectaban e incumbían a todos los países del mundo, de forma integrada, y que constaba de 3 dimensiones de desarrollo sostenible: económica, social y ambiental. En síntesis, los objetivos planteados persiguen "la igualdad entre las personas, proteger el planeta y asegurar la prosperidad". Los agentes involucrados en su ejecución son de diversos niveles y naturaleza: gobiernos, parlamentos, instituciones internacionales, autoridades locales, pueblos indígenas, sociedad civil, empresas, comunidad científica y académica, etc.

2030 y, en un nivel más concreto, las *Directrices Generales de la Estrategia de Desarrollo Sostenible 2030.* Estas últimas Directrices recomiendan que las AAPP lideren las acciones de desarrollo sostenible y pone de ejemplo la integración de los ODS en la contratación pública, a partir del marco que ofrece el Derecho de contratos del sector público, a través de las cláusulas sociales y medioambientales que permiten un desempeño más sostenible y social de las actividades económicas[385]. Se adivina una fundamentación política relevante a efectos de esta investigación en la aseveración del documento que vislumbra en los ODS una oportunidad para democratización de la economía y la industria con el fin de comenzar a "superar las anomalías del mercado de trabajo español"[386].

En definitiva, todo este juego de *matrioskas* terminológicas va, desde la más amplia y aséptica referencia a la *contratación pública estratégica,* pasando por la declaración de intenciones axiológica de la *contratación pública sostenible,* que conjuga múltiples materias —ambientales, sociales y económicas—, y acabando por cada una de las dimensiones de la sostenibilidad; en este caso, en la CPSR. De cualquier modo, queda patente que el trinomio *social, ambiental e innovador* del que se vale la CPEs y, en cierto modo, la contratación sostenible, es un modo de aglutinar aspectos con una importancia de primer orden en el interés general que debe preservar, promocionar y perseguir el poder público en el Estado de Derecho. Por otra parte, no es menos cierto que la dimensión sociolaboral de la CPEs, que tendremos la oportunidad de abordar de ahora en adelante, encuentra un baluarte y un importante *fuego de cobertura* en la esencia del Estado social y en la configuración constitucional española del mismo.

---

385 Resulta, por momento, confusa la distinción entre sostenible y social. Los ODS emplean el término "sostenible" de forma amplia, pero todavía se emplea en multitud de documentos e, incluso, en el imaginario colectivo, asociado a la "economía verde".

386 *Directrices generales de la estrategia española de desarrollo sostenible 2030* (págs. 36, 66 y 102).

2. LA FÓRMULA *SOCIAL* EN DISPUTA

2.1. El interés general en el Estado Social de Derecho

Es una premisa relativamente aceptada entre la doctrina administrativista que el interés general[387] es el gran catalizador y justificante de la actividad y de la existencia de las AAPP e, incluso, del propio Estado (Acosta Gallo, 2016). Tanto es así que diversos autores podrían identificarse con la frase de La Morena (1983, p. 849) que afirma que no concibe "una definición del Derecho administrativo que no lleve incorporada, explícita o implícita, una referencia neta y determinante al interés público"[388]. En efecto, este principio se encontraba ya en

---

387 El término interés general bebe de la doctrina republicana del contrato social difundida por Jean Jacques Rousseau. En algunos puntos de su obra se emplea el término *interés común* para referirse al punto de armonía en que se fundamenta la misma existencia de la sociedad, es decir, lo que hay de común en los intereses particulares; el de *bien común*, para aludir al fin de la institución del Estado; o, el resultado de la voluntad general como la *común conservación y el bienestar general*. El contrato social implica para este filósofo que "cada uno de nosotros pone en común su persona y todo su poder bajo la suprema dirección de la voluntad general, y nosotros recibimos además a cada miembro como parte indivisible del todo". Un todo que constituye el cuerpo político del que se afirma que "es llamado por sus miembros Estado, cuando es pasivo; soberano, cuando es activo; poder, al compararlo a sus semejantes; respecto a los asociados, toman colectivamente el nombre de pueblo, y se llaman en particular ciudadanos, en cuanto son participantes de la autoridad soberana, y súbditos, en cuanto sometidos a las leyes del Estado" (Rousseau, 1762).

388 Frecuentemente se emplean de forma indistinta los conceptos interés general e interés público. Para autores como Rodríguez-Arana (2012) el interés público se identifica con "el de la comunidad, el de la sociedad, el del conjunto", no así el de la propia Administración Pública ni el de sus entidades o miembros. Sin embargo, una parte de la doctrina trata al interés público como equivalente de interés público, admitiendo un concepto más amplio de aquel que no se corresponde con el interés institucional del Estado o de las AAPP (de la Morena, 1983). Este último posicionamiento es, probablemente, el que mayor compatibilidad guarda con el lenguaje coloquial y no por ello resulta menos válido. Con todo, existen argumentos fundados jurídicamente para considerar que desde una perspectiva teórica y práctica caben diferenciaciones específicas. Algunos autores reivindican que la equivalencia es triple: interés público, general y social son la misma cosa (Bandeira de Mello, 1986). La CE alberga los tres términos y, aunque se ha defendido por parte de la doctrina una posible diferenciación razonable entre interés público e interés general, lo cierto es que resulta lógico y razonable equiparar este último con el interés de los ciudadanos en su conjunto

la génesis constitucional representada en la Constitución francesa de 1791 o en la española de 1812, y desde entonces ha sido una constante constitucional[389]. Hasta en doce ocasiones menciona la Carta Magna española el interés general en diversos contextos[390], siendo el art. 103.1 CE el que exige que las AAPP sirvan con objetividad los intereses generales[391]. Así, el interés general se configura como

---

como integrantes de una comunidad política determinada y, en general, como seres humanos con derechos fundamentales formalmente reconocidos.

389 La Constitución francesa de 1791 señalaba en su art. 1.10 que "las normas que debían seguir los oficiales municipales en el ejercicio, tanto de las funciones municipales como en las que les hayan sido encomendadas para el interés general, serán fijadas por las leyes". En el caso de la Constitución de Cádiz de 1812, su artículo 241 no se refiere a propiamente al interés general, pero sí se refiere a la necesidad de que los consejeros de Estado (la equivalencia, desde las distancias constituciones, a los ministros actuales) han de aconsejar al Rey "lo que entendieren ser conducente al bien de la Nación, sin mira particular ni interés privado". Esto último no parece corresponderse, por entero, con una proclamación del interés general como valor constitucional que deba guiar la actividad administrativa, sino más bien parece corresponderse con la ausencia de intereses personales o espurios que, actualmente, podrían equivaler a la desviación de poder. No obstante, se observan otros términos como el *bien de la Nación*, por ejemplo, cuando en su preámbulo se justifica la promulgación de la constitución en la promoción de "la gloria, la prosperidad y el bien de toda la Nación".

390 De entre los preceptos de la parte dogmática de la CE, se descubre en la posibilidad de que los poderes públicos impongan servicios civiles (art. 30), en el derecho a crear fundaciones de interés general (art. 34), en la regulación de ciertos principios de la actividad económica y social, al contemplar el deber de los poderes públicos de promover la ciencia y la investigación científica en beneficio del mismo (art. 44) y, finalmente, en el deber de aquellos de promover la utilización del suelo, de acuerdo con el interés general, para impedir la especulación inmobiliaria (art. 47). Los preceptos de la parte orgánica de la constitución son más trascendentes: en el Título VII dedicado a la Economía y Hacienda, se establece que toda la riqueza del país en sus distintas formas y sea cual fuere su titularidad está subordinada al interés general y, más tarde, habilita la intervención de empresas en pro del interés general (art. 128).

391 Las descripciones más reduccionistas y liberales de las funciones públicas definen la defensa, el orden público, la justicia y la Hacienda pública como intereses públicos originarios (los que se dan por la existencia misma de una comunidad política), mientras que el resto de las funciones serían derivadas y dimanantes del intervencionismo público que exige el Estado social como evolución del Estado de Derecho puramente liberal originado en el s. XIX (de la Morena, 1983). La consideración de que existen intereses públicos originarios o derivados no deja de ser un artificio que, quizás, venga dado por una aproxi-

el *leitmotiv* de toda actuación administrativa y, por tanto, el Derecho administrativo ha de reconocer en él un punto cardinal. Por ello, mientras que la libre autonomía de la voluntad es el principio básico que rige la conducta privada, el servicio o sometimiento al interés general supone el principio que rige la conducta pública[392] (Rodríguez-Arana, 2012).

La razón de su grado de abstracción arraiga, entre otros motivos, en el alto valor jurídico-constitucional y en la trascendencia de la que goza la expresión *interés general* desde la perspectiva política; incluso, desde una dimensión fundacional del Estado de Derecho[393]. Tanto es así, que uno de sus debates inmanentes demanda discernir entre su sustrato político y jurídico. Algún autor entiende que de tratarse de un concepto de carácter eminentemente político su definición se configuraría de forma variable y táctica, mientras que si se está ante un concepto jurídico, aun indeterminado, su significado derivaría, sobre todo, del ordenamiento y la dogmática jurídica y, por tanto, quedaría "a salvo del capricho puntual de gestores de lo público" (López Calera, 2010, p. 133). Desde otras instancias, hay quienes entienden que su sustrato político es compatible con el jurídico, sin que eso suponga que dicho significante solo pueda llenarse y operar desde lo político, sino que con ello se afirma la esencia axiológica que tiene el constructo del interés general en el marco de los Estados de Derecho democráticos (Nieto, 1991).

---

mación puramente cronológica al constitucionalismo. El Estado mínimo o el minarquismo equivaldría a la definición de intereses públicos originarios; una concepción del poder público que nuestras constituciones, desde 1931, no solo no acogen, sino que rechazan. Y es que, desde esta perspectiva, unos intereses serían idiosincráticamente públicos (los originarios) y otros serían naturalmente privados y solo por ley adquirirían aquel carácter. Esto partiría de entender que el Derecho liberal, en sus albores, acogió como intereses generales unos y no otros. De ahí que toda ampliación posterior del catálogo de funciones de los poderes del Estado pueda ser considerada una adición.

392 No se trata del interés de la mayoría, ni la suma de intereses particulares de los ciudadanos, ni la consecución de utilidades materiales (Rodríguez-Arana, 2012).

393 La ausencia de una definición jurídica más o menos explícita y taxativa puede ser uno de motivos fundamentales por los que se trata de un término con un significado en disputa, pero no debiera pasarse por alto que esta clase de vocablos jurídicos no suele gozar de una determinación indiscutible.

El paso del Estado de Derecho liberal a su adjetivación social orienta jurídicamente la democracia al reconocimiento del conflicto social[394] y a la neutralización de las desigualdades sociales (Aparicio Tovar et al., 2023). La configuración constitucional del Estado social[395] otorga un capital material y formal a los intereses generales para cuya virtualidad práctica no es necesario que una ley los publifique (Rodríguez-Arana Muñoz, 2013)[396]. Los acicates para la acción pública y los estudios acerca de la vigencia y la validez del Derecho no pueden eludir en modo alguno el carácter que la Constitución imprime al Estado, así como los deberes que atribuye a los poderes públicos y los derechos que reconoce a la ciudadanía.

La génesis del Estado social constitucional[397], que se consolida en Europa en el período de entreguerras, es inescindible de la denominada *cuestión social*[398] que toma entidad en la segunda mitad del s.

394 Entre otras consecuencias, tal reconocimiento contribuye a contener las transformaciones radicales de la economía de libre mercado y de la democracia de sustrato liberal (Baylos Grau, 2013).

395 Las enseñanzas del filósofo y economista alemán Lorenz Von Stein (1815-1890), imbuido por las ideas hegelianas, esbozaron los primeros bosquejos intelectuales que dieron lugar a los planteamientos teóricos y prácticos de aquello que, en 1929, bautizaría como *Estado social de derecho*, Hermann Heller (1891-1933), uno de los máximos exponentes teóricos del Estado social que desde la socialdemocracia planteó la democracia política y económica. Asimismo, influyeron en el constitucionalismo social el pensamiento de Karl Marx y Ferdinand Lasalle, así como la obra de Léon Duguit o Carré de Malberg (AAVV, 1997; Asensi Sabater, 2014; Heller, 1985; Villar Borda, 2007).

396 El conjunto de intereses que deban o no ser desarrollados por las leyes ha de ser coherente con el texto constitucional y eso supone tener presente, al menos, tres aspectos de contenido dogmático y orgánico: la naturaleza del Estado de Derecho; el sometimiento de los poderes públicos al texto constitucional y, *por ende*, a los deberes garantistas que se le imponen en el Título I; y, por último, a los múltiples aspectos que regulan no sólo la concreta labor de las entidades territoriales y el Gobierno de la nación, sino también los que norman la constitución económica.

397 En sus inicios, a finales del s. XIX, el Estado social se configura en instrumentos legales y administrativos. Se recogen los derechos sociales en un sentido programático en los textos constitucionales o, incluso, en ausencia de referencia en la Carta Magna, en la legislación. Son el poder legislativo y el ejecutivo los que asumen su reconocimiento formal como derechos subjetivos y el desarrollo de las garantías.

398 Se agudiza el conflicto entre los intereses materiales de los actores sociales surgidos del capitalismo clases sociales: entre las propietarias y poseedoras de los me-

XIX (Rodríguez-Arana Muñoz, 2015); en palabras de Pisarello (2001, p. 84), el Estado social constitucional conlleva "la juridificación de intereses colectivos hasta entonces excluidos del contrato social". Sin pretender enmiendas revolucionarias al sistema económico liberal, se abogaba entonces por una política social que satisficiera buena parte de las necesidades humanas y un sistema fiscal progresivo a partir del cual realizar una distribución de la riqueza que garantizara la paz social entre clases o estratos sociales (García Pelayo, 1982; Köhler & Martín, 2010).

El núcleo dogmático jurídico inherente al Estado de Derecho social, por ello, reconoce como derechos subjetivos de la ciudadanía y principios constitucionales los conocidos como derechos sociales que atañen a la satisfacción de múltiples aspectos de la vida social atendiendo al acceso a los recursos, a la distribución de la riqueza y a la socialización de los beneficios derivados del progreso social: vivienda, alimentación, trabajo, educación, sanidad, dependencia o cultura (Asensi Sabater, 2014; Noguera Fernández & Guamán Hernández, 2014; Supiot, 2013).

Desde la perspectiva holística que se acoge en este trabajo de investigación, múltiples actores actuarían de "custodios de los derechos sociales" en diversos contextos (Pisarello, 2001, p. 93). La sustantivación de los derechos comenzaría, así, por la actuación multinivel, multifacética y coordinada de las instituciones públicas, los partidos políticos, los agentes sociales y las organizaciones sociales. Y es que, la complejidad socioeconómica precisa de una red normativa que asuma "la multiplicidad de ámbitos de socialización y conflicto en los que deben garantizarse [...] las necesidades [...] de los más débiles" (Pisarello, 2001, p. 92).

Ahondar en instrumentos públicos que amplían las facultades públicas vinculadas a la política social es una forma de dotar de mayor efectividad al Estado social y de instituir potenciadores o catalizadores de los derechos sociales. Al fin y al cabo, una de las misiones del Estado social es velar por el aumento de la igualdad real de forma ac-

---

dios productivos y los sectores no propietarios y empobrecidos que quedaban *de facto* y, en mayor o menor medida, *de iure* excluidos de las instituciones políticas del Estado de Derecho liberal.

tiva y, esto supone, indefectiblemente, explorar mecanismos de protección y garantía (Asensi Sabater, 2014). Pues bien, uno de los objetivos de esta investigación es dilucidar la función social de la CPSR y si, como se irá desgranando en estas páginas, puede constituirse en un dispositivo que contribuya a la valorización de los derechos sociales a través del trabajo decente.

2.2. *Simbiosis entre trabajo y derechos sociales*

Los derechos reconocidos en las constituciones de los Estados sociales requieren de mecanismos jurídicos eficaces para garantizar su respeto, cumplimiento y consecución. La protoliberal Declaración de los Derechos del Hombre y el Ciudadano (1798) señaló que "una Sociedad en la que no esté establecida la garantía de los Derechos [...] carece de Constitución" (art. 16)[399]. En el asunto de marras, la constitucionalización rígida o semirrígida de los derechos de la ciudadanía y de los deberes de los poderes públicos se erigen en la garantía primaria constitucional, pero se adivinan insuficientes para su materialización[400]. Por lo que se refiere a los conocidos como derechos sociales, la Constitución Española, de forma expresa o tácita, y el ordenamiento jurídico en su conjunto, vinculan el desempeño de una actividad económica, profesión o trabajo al efectivo acceso al cumplimiento de aquellos.

Es posible encontrar multitud de acepciones del término *trabajo*. El foro en el que desarrollamos este análisis exige escoger aquellas definiciones que se acercan a su significación utilitarista y social. En

399 En el constitucionalismo decimonónico, el centro del debate en torno a las garantías de los derechos civiles y político lo ocupaba la cuestión del valor de la ley. En un contexto jurídico en el que las constituciones eran un compendio de disposiciones programáticas, el papel concretizador y virtualizador de la ley adquirió en los países europeos, no así en el ordenamiento estadounidense, una situación de preeminencia respecto del resto de normas y, *por ende*, el poder legislativo gozaba de un poder al que se subordinaba la administración pública y el poder judicial.

400 El derecho al trabajo, en virtud de lo señalado en las garantías del art. 53 CE, sólo puede ser regulado por ley respetando su contenido esencial y la modificación constitucional del art. 35 debe realizarse mediante el mecanismo de reforma menor agravado previsto en el art. 167 CE que exige un voto favorable de tres quintas partes de cada cámara de las Cortes Generales.

este sentido, una primera idea es definir el trabajo como actividad humana de utilización y transformación de recursos para su aprovechamiento en múltiples formas; no obstante, se trata de un concepto que, en este ámbito, aporta un poco o nula problematización[401]. Si damos otra vuelta de tuerca a esta aproximación, es posible situar esta idea en un contexto político y económico determinado en el que el trabajo, además de evocar valores[402], traspasa el mero significado gramatical y utilitarista para adoptar una significación estructurante y legitimadora del sistema político y económico contemporáneo. En este sentido, el trabajo es "un elemento central para la cohesión social y la construcción de la seguridad de la existencia de las personas" (Baylos Grau, 2024, p. 24) y, al mismo tiempo, un factor de funcionamiento del sistema económico, pues "permite satisfacer nuestras necesidades básicas y ser consumidores" (Somavía, 2014, p. 24). De cualquier modo, el trabajo, sobre todo el asalariado, es un factor determinante para el acceso específico a la satisfacción de necesidades humanas y, por ello, la conexión entre Derecho del trabajo y derechos humanos es una realidad jurídica y económica (Baylos Grau, 2000).

La relación específica entre derechos humanos y trabajo es de simbiosis: lo que le ocurre al derecho al trabajo afecta a los derechos fundamentales y viceversa. La estrecha vinculación entre derechos fundamentales y trabajo es notoria al analizar los sistemas jurídicos, económicos y sociales europeos[403]. Sin soslayar la interdependencia

---

401 Esta concepción o aproximación al trabajo se constituye, prácticamente, en un trasunto de tipo social del concepto *trabajo* en la disciplina científica de la física que, no obstante, se centra en la energía producida por la actividad en cuestión: cantidad de energía que fluye de un sistema a otro por la acción de la fuerza que provoca un desplazamiento; simbolizado por el Sistema Internacional de Unidades con la notación "W".

402 La visión del trabajo queda también imbuida por valores de corte moral, derivados de corrientes religiosas como la de la Iglesia católica y la reforma protestante (luterana y calvinista), que lo dotan de un sentido de predestinación o de deber. Precisamente, Karl Marx consideró a Adam Smith como el "Lutero de la Economía Política" al considerar que había situado al trabajo productivo como valor supremo en la creación de riqueza. El sincretismo de estos dos valores esboza el pensamiento predominante sobre el trabajo productivo en la actualidad (Santos Ortega & Poveda Rosa, 2015).

403 Teniendo presente el escenario económico actual, el principio organizador de la sociedad contemporánea descansa en la relación entre trabajo asalariado y

de los derechos sociales con los conocidos en la literatura jurídica clásica como derechos civiles y políticos, la mención expresa en la rúbrica de este apartado a los de índole social permite incidir específicamente en el trabajo como vía para la satisfacción de necesidades materiales determinantes, a su vez, para dar cumplimiento al resto de los derechos humanos. Del mismo modo, estas premisas permiten vislumbrar la interdependencia entre los derechos laborales y el resto de los derechos sociales. Se trata de una realidad incuestionable que asumen algunos *protoEstados* liberales desde los primeros documentos políticos y jurídicos de trascendencia constitucional del siglo XVIII[404]. La mayoría de la población solo dispone de su trabajo para obtener la retribución que garantiza la seguridad de su existencia. Esta máxima asumida por los Estados sociales ha permitido que estos hayan *desmercantilizado* mediante mecanismos de protección social algunas de las necesidades de las personas que no pueden ser satisfechas por vía del trabajo y de la renta que de él se deriva.

No obstante, por lo que toca a los sistemas de protección social, estos no alcanzan a satisfacer los derechos de todas las personas independientemente de que realicen un trabajo subordinado o independiente. En este sentido, garantizar un trabajo decente es un requisito estructural y estructurante del acceso efectivo a los derechos fundamentales. Todo ello sin perjuicio de dos precisiones. En primer lugar, no es soslayable que las personas que disponen de bienes y derechos patrimoniales suficientes pueden prescindir de esta máxima. En segundo lugar, el fenómeno de *trabajadores pobres* revela que el trabajo no es siempre suficiente para dar satisfacción a las necesidades, pues

---

capital que hunde sus raíces en las concepciones propias del Derecho privado que rige las reglas fundamentales del libre mercado como mecanismo autorregulador de los intercambios económicos (Habermas, 1976).

404 Las ideas señaladas se dejan entrever en los primeros textos surgidos de la revolución francesa. La primera constitución francesa ya estableció en su preámbulo el deber de crear y organizar "un establecimiento general de ayudas públicas, con el fin de educar a los niños abandonados, socorrer a los pobres enfermos, y suministrar trabajo a los pobres válidos que no hayan podido conseguirlo". La posterior constitución de 1793 que no llegó a entrar en vigor, en su art. 21, consagró el deber social de sostener a los "ciudadanos desvalidos, bien procurándoles trabajo, bien asegurando los medios de subsistencia a aquellos que no están en condiciones de trabajar".

debe estarse a la situación específica del acceso a bienes y derechos como la vivienda, la alimentación, los servicios sanitarios, los servicios educativos, etc.

Sea como fuere, la relación simbiótica entre trabajo decente y derechos fundamentales exige a la dogmática garantista aproximarse a tales derechos desde la indivisibilidad e interdependencia de estos (Ferrajoli, 2019; Pisarello, 2007). A ello no puede dejar de añadirse la transversalidad, no solo de los derechos fundamentales en su conjunto, sino, especialmente del derecho a la igualdad. El derecho al trabajo decente de todas las personas implica establecer garantías de igualdad en el acceso al empleo y que el trabajo se desarrolle en condiciones de dignidad, estabilidad y promoción que, a su vez, puedan "augurar el logro de la igualdad real y efectiva en materia de pensiones y protección social" (Martínez Moreno, 2023, p. 83).

En fin, desde una perspectiva general y sin perjuicio de la existencia de ciudadanos con un nivel bajo o nulo de vulnerabilidades socioeconómicas estructurales, garantizar el acceso a un trabajo decente se erige, con el ordenamiento jurídico vigente, en una *paragarantía* que permite proteger a modo de carambola el resto de los derechos fundamentales y, especialmente, los derechos sociales. Un trasunto de esta dinámica sociojurídica es el reconocimiento en el plano internacional del derecho al trabajo (art. 23.1 DUDH) y a la obtención de una remuneración suficiente (art. 23.3 DUDH), positivizados en los Tratados de Nueva York de 1966; en el contexto normativo europeo, el derecho al trabajo en condiciones justas y equitativas (art. 31 CEDFUE); y, en el bloque de laboralidad constitucional español, la consagración como derecho fundamental en el art. 35 del derecho al trabajo y a una remuneración suficiente para el sostenimiento de la persona trabajadora y de su familia[405].

Actualmente, y coherentemente con la naturaleza del Estado social de Derecho, en la *Constitución del trabajo* o *bloque de laboralidad constitucional* el sistema de relaciones laborales se compone de tres

---

405 Artículo 35 CE: "Todos los españoles tienen el deber de trabajar y el derecho al trabajo, a la libre elección de profesión u oficio, a la promoción a través del trabajo y a una remuneración suficiente para satisfacer sus necesidades y las de su familia [...] ".

elementos: la integración del conflicto capital-trabajo, el sistema de fuentes del derecho que integra los convenios colectivos y, finalmente, el reconocimiento de la desigualdad social y jurídica de la parte trabajadora respecto de la empresarial (Guamán Hernández, 2014b). Los derechos sociales y económicos en torno al trabajo por cuenta ajena toman forma específica en dos ramas del Derecho: el sistema de seguridad social que integra los sistemas de protección social (junto a otros aspectos relevantes para los derechos de la ciudadanía como la sanidad, la educación, la vivienda o la dependencia) y las disposiciones del Derecho del trabajo individual (en la relación directa entre persona trabajadora y empleadora) y colectivo (entra otras, las relativas al papel constitucional de los agentes sociales, a los derechos de representación, al derecho a huelga o a la negociación colectiva)[406].

El derecho al trabajo y a una remuneración suficiente es un elemento nuclear del bloque de laboralidad constitucional, pero no el único, ya que se complementa con un haz de derechos de los ciudadanos y de deberes de los poderes públicos que atañen a diversas dimensiones del Derecho. En efecto, el bloque de laboralidad condensa en la regulación de aspectos laborales: derecho al trabajo (libertad de trabajar, estabilidad y promoción) en el art. 35, función constitucional de los sindicatos (art. 7), libertad sindical (28.1), derecho de huelga (28.2), derecho a la negociación colectiva y fuerza vinculante de los convenios (art. 37), deber público de promoción del pleno empleo (art. 40.1) y de la salud, la formación y el descanso en el trabajo (art. 40.2) o el deber de garantizar protección eficaz contra el desempleo (art. 41).

Junto al derecho al trabajo en su dimensión individual entendida como la libertad de trabajar, la protección de la estabilidad en el empleo y la promoción en el empleo (art. 35 CE), la Constitución sanciona su vertiente colectiva al reconocer el deber público de realizar una política orientada al pleno empleo (art. 40.1 CE) (Guamán

---

[406] La efectividad del Derecho del trabajo individual depende de la efectividad de los derechos de ejercicio colectivo, como el derecho a la negociación colectiva, la libertad sindical y el derecho de huelga.

& Sánchez, 2017; Pérez Rey, 2014)[407]. Asimismo, el bloque de laboralidad remite a los derechos de ejercicio colectivo (representación, derecho de reunión, libertad sindical, huelga y negociación colectiva) que integran el Derecho colectivo del Derecho laboral (Guamán Hernández, 2014b)[408]. Extramuros de esta rama quedan, *stricto sensu,* los deberes constitucionales de promoción del pleno empleo o la protección social, aunque se trata de una aserción con importantes matices, ya que múltiples instituciones laborales coadyuvan, sin lugar a duda, a objetivos de tal naturaleza.

Llegados a este punto, es posible afirmar que Estado social, derechos sociales y trabajo forman una *triple entente* constitucional. Las funciones tuitivas de los derechos fundamentales laten en el Derecho del trabajo, aunque no se trata de su único cometido si se toma en cuenta la idiosincrasia histórica y política del Estado social de derecho. Se expone a continuación una recapitulación somera de cuatro de las funcionalidades básicas del Derecho laboral[409].

---

407 Esta interpretación fue asentada por la STC 11/1981, en su FJ 8°: "el derecho al trabajo no se agota en la libertad de trabajar; supone también el derecho a un puesto de trabajo y como tal presenta un doble aspecto: individual y colectivo, ambos reconocidos en los arts. 35.1 y 40.1 CE, respectivamente. En su aspecto individual, se concreta en el igual derecho de todos a un determinado puesto de trabajo si se cumplen los requisitos necesarios de capacitación, y en el derecho a la continuidad o estabilidad en el empleo, es decir, a no ser despedidos si no existe una justa causa. En su dimensión colectiva el derecho al trabajo implica además un mandato a los poderes públicos para que lleven a cabo una política de pleno empleo, pues en otro caso el ejercicio del derecho al trabajo por una parte de la población lleva consigo la negación de ese mismo derecho para otra parte de esta".

408 La STC de 8 de abril de 1981 (rec. 192/1980) afirma que las organizaciones sindicales, como piezas centrales del Estado social y democrático de derecho, "están legitimados para emplear medios de defensa a los intereses de grupos y estratos de población socialmente dependientes" (FJ 9°). Por su parte, la STC 134/1994, de 9 de mayo, entiende, paralelamente, que las centrales sindicales están "objetivamente en una posición dialéctica de contrapoder respecto de los empleadores y la defensa de sus objetivos no se basa en fórmulas de composición de intereses o de colaboración, sino de autodefensa" (FJ 4°).

409 El Derecho laboral se ha alejado de la regulación del Derecho civil "para penetrar en el Derecho administrativo, al mismo ritmo y en la misma medida en que así lo iba exigiendo la ruptura de la previa igualdad formal" de poder jurídico entre las partes por efecto de la desigualdad real de poder económico entre ellas (de la Morena, 1983, p. 847).

En primer lugar, la regulación laboral, desde el último tercio del siglo XIX, no ha dirigido sus funcionalidades exclusivamente a la mejora de las condiciones de trabajo desde una perspectiva puramente humanista, sino que se ha ocupado, además, de proteger el buen fin de la actividad productiva (Köhler & Martín, 2010). Así, salvo por "el carácter radicalmente antiliberal" de la constitución de Weimar, el constitucionalismo social (como el impulsado por la constitución de la II República española), se ha caracterizado por la complacencia para con la economía de libre mercado y la compatibilidad de sus instituciones, como es el caso del Derecho del trabajo, con la libertad de empresa (Baylos Grau, 2014, p. 13). Por ello, la normativa laboral otorga al empleador prerrogativas que no son propias de las instituciones jurídico-privadas propias del Derecho civil. Se le confiere poderes de organización, dirección, control y disciplina que permiten desplegar acciones legítimas, incluso unilaterales, que interfieren en la esfera personal del trabajador.

En segundo lugar, la situación de subordinación organizativa y económica legitima que el Derecho del trabajo arbitre mecanismos y contenidos jurídicos orientados a reequilibrar el poder decisor y negociador de los trabajadores; en relación con los poderes unilaterales instituidos jurídicamente y la posición o situación socioeconómica prevalente. Me refiero, especialmente, a la indisponibilidad de derechos y a la defensa colectiva de estos. Respecto del primero, efectivamente, la Carta Magna y la ley establecen excepciones a las reglas de la libre autonomía de la voluntad y la libertad de empresa en lo que se refiere, por ejemplo, a la determinación del salario y del tiempo de trabajo (Baylos Grau, 1991) a través del derecho imperativo y el derecho mínimo. Desde un enclave heterocompositivo, la legislación regula derechos y deberes en la relación laboral que se clasifican en tres categorías según su grado de disponibilidad individual o colectiva: derecho necesario mínimo, imperativo y dispositivo. Mientras que el derecho imperativo es inmodificable y el dispositivo totalmente alterable (salvo supuesto de abuso de derecho), el derecho necesario mínimo es mejorable respecto del trabajador por parte de la negociación colectiva o el contrato individual. En virtud del principio de supletoriedad se instituye una relación de regulación de mínimos legales o reglamentarios que son mejorables por el convenio colectivo o el contrato, así como normas convencionales mejorables vía contractual (Ramos Quintana, 2002; Rodríguez-Piñero y Bravo-Ferrer, 2003).

Por otro lado, el ordenamiento introduce instituciones colectivas negociales y de acción que permiten aglutinar y socializar las capacidades de diálogo, presión y defensa. Desde un plano colectivo se reconoce en la CE y el ET el derecho a la representación de los trabajadores en los centros de trabajo, la libertad sindical, el derecho a la negociación colectiva y el derecho de huelga como dispositivos autocompositivos de negociación, autodefensa y resolución de conflictos[410]. Complementariamente, otras ramas jurídicas interactúan con el Derecho del trabajo para dotarlo de mayor efectividad: Derecho del empleo, Derecho de la protección social o Derecho procesal laboral.

En tercer lugar, el Derecho del trabajo dispone de su funcionalidad macroeconómica[411] a través de la regulación del mercado de trabajo para solventar o compensar fallos de mercado tales como la información imperfecta, la inelasticidad de la oferta de trabajo, los conflictos colectivos, el nivel de confianza, los costes de transacción y las externalidades negativas (Todolí Signes, 2021, p. 76)[412].

En cuarto, y último lugar, los principios inherentes a la justicia social exigen dos clases de estrategias jurídicas: por un lado, el reconocimiento y la garantía de derechos fundamentales específicos

---

410 La STC 217/1991 (FJ 6°) advirtió que el art. 37 CE, relativo a la negociación colectiva, "lleva implícito el [poder] de establecer medios autónomos de solución de los conflictos de trabajo, en especial en relación con las controversias que tengan su origen en la interpretación y aplicación del convenio".

411 En este eje, y a colación de la inclusión de aspectos laborales en los acuerdos comerciales internacionales, el autor González-Posada Martínez (2018) afirma que en un sentido puramente social las disposiciones laborales salvaguardan la protección social y, desde la perspectiva económica, se constituyen en instrumentos para combatir la competencia desleal. Ahora bien, esta última no es una finalidad explícita del Derecho del trabajo, sino que la potenciación de las regulaciones colectivas permitiría estandarizar los costes laborales e incentivar las ventajas competitivas derivadas de otros factores empresariales y no de la reducción de los costes del factor trabajo.

412 Junto a esta función el autor menciona una tercera que, ciertamente, admite que puede ser incluida en la segunda de ellas: repartir las ganancias teniendo en cuenta la segmentación y la polarización entre los distintos trabajadores.

que doten de efectividad a los derechos fundamentales inespecíficos como derechos de alcance subjetivo universal. Por otro lado, requiere de medidas tendentes al equilibrio en el campo de los derechos patrimoniales en lo que se ha venido denominando predistribución de la riqueza nacional a través de los salarios.

En definitiva, una vez señaladas las funciones tradicionales del Derecho del trabajo, se puede afirmar que la labor de los poderes públicos no está completamente compartimentada y segmentada, sino que existe un mecanismo de vasos comunicantes entre las potestades de política pública y las instituciones tuitivas del Derecho del trabajo, de la protección social y del empleo; de tal modo que los contratos públicos son un componente activo del Estado social y una "política palanca" para proteger los derechos sociales (Gimeno Feliú, 2022, p. 1). La armonización de sectores jurídicos es una exigencia propia de cualquier ordenamiento que, como sistema, aspira a la coherencia.

2.3. La economía social de mercado: el paradigma económico de la UE

La misión social de los Estados europeos ha estado condicionada, además de por los fenómenos mundiales, por el proceso de integración en la UE. Ha sido una constante, con escasas excepciones, la ausencia de un texto jurídico europeo en favor de los derechos sociales que no se concibiese como un servicio colateral a otros objetivos economicistas; en resumen, el modelo social europeo adolece de un raquitismo patente en comparación con los cometidos que los tratados de Derecho originario ordenan para la salvaguarda del libre mercado (Salcedo Beltrán, 2018a).

El *Convenio para la Protección de los DDHH* (1950) *y de las Libertades Fundamentales* y la *Carta Social Europea* (1961, y revisada en 1996) son instrumentos suscritos en el ámbito del Consejo de Europa[413] y, por

---

[413] En el caso de los derechos sociales, como en cierto modo ocurre con el conjunto institucional económico (UE, Banco Mundial, FMI, OCDE, etc.), también existe un mecanismo de reconocimiento y tutela multinivel que radica en la misma Europa representado tanto en UE como en el Consejo de Europa. Todo ello a pesar de que buena parte de los derechos citados en la CSE revisada en 1996 se incluyen en la Carta de Derechos Fundamentales de la UE, ya que aque-

tanto, su sustrato primigenio es ajeno al entramado institucional y normativo de la UE, a pesar de la mención simbólica a estos desde 1986 en el preámbulo del Tratado de la CEE. También lo es la *Carta Comunitaria de Derechos Sociales Fundamentales de los Trabajadores,* adoptada en 1989 por algunos EM, en la que se fijaban principios de política social[414]. Todos estos textos (no así la Carta Social Europea revisada, sino la original) fueron paulatinamente referenciados por el Derecho originario de la UE, aunque siempre sometidos a los condicionantes de las libertades económicas, como ilustra el art. 151 TFUE (pórtico del título de "política social")[415]. La *Carta de Derechos Fundamentales de la UE,* aprobada en diciembre de 2000, fue el primer instrumento de DDHH aprobado en la Unión y, desde la adopción del Tratado de Lisboa, tiene valor de Derecho originario (art. 6.1 TUE). A pesar de todo ello, las prioridades en políticas sociales en la UE no han consolidado en un modelo social europeo con con-

---

lla sirvió de inspiración a esta. Sobre este aspecto de los defectos de coordinación y posibles incompatibilidades entre el sistema de protección de derechos sociales en la UE y el Consejo de Europa, véase Salcedo Beltrán (2018b).

414 La libre circulación de los trabajadores; el empleo y las retribuciones; la mejora de las condiciones de trabajo; la protección social; la libertad de asociación y de negociación colectiva; la formación profesional; la igualdad de trato entre hombres y mujeres; la información, la consulta y la participación de los trabajadores; la protección de la salud y de la seguridad en el trabajo; la protección de los niños, los adolescentes, las personas de edad avanzada y las personas con discapacidad.

415 El artículo 151 TFUE es el pórtico del Título X denominado "política social" y dispone del siguiente contenido: "La Unión y los Estados miembros, teniendo presentes derechos sociales fundamentales como los que se indican en la Carta Social Europea, firmada en Turín el 18 de octubre de 1961, y en la Carta comunitaria de los derechos sociales fundamentales de los trabajadores, de 1989, tendrán como objetivo el fomento del empleo, la mejora de las condiciones de vida y de trabajo, a fin de conseguir su equiparación por la vía del progreso, una protección social adecuada, el diálogo social, el desarrollo de los recursos humanos para conseguir un nivel de empleo elevado y duradero y la lucha contra las exclusiones. A tal fin, la Unión y los Estados miembros emprenderán acciones en las que se tenga en cuenta la diversidad de las prácticas nacionales, en particular en el ámbito de las relaciones contractuales, así como la necesidad de mantener la competitividad de la economía de la Unión. Consideran que esta evolución resultará tanto del funcionamiento del mercado interior, que favorecerá la armonización de los sistemas sociales, como de los procedimientos previstos en los Tratados y de la aproximación de las disposiciones legales, reglamentarias y administrativas".

secuencias prácticas que reequilibren las prioridades economicistas (Guamán Hernández & Noguera Fernández, 2014).

Un modelo social puede ser entendido como el "conjunto de elementos que identifican la actuación institucional relativa a la protección social, al trabajo y al bienestar de la población" desde políticas, normas y actuaciones orientadas a corregir las desigualdades sociales (Guamán Hernández & Noguera Fernández, 2014, p. 18). Así las cosas, no puede hablarse de un modelo social europeo único ni, tan solo, común a todos los EM, sino que existe una serie de valores e instrumentos compartidos por los sistemas de protección social de estos (González Vázquez, 2012). La inexistencia de estándares sociales materialmente homogéneos desde la UE contrasta con las soluciones unívocas en materia macroeconómica.

En la implementación de la articulación normativa e institucional multinivel del reconocimiento y tutela de derechos sociales en Europa (por un lado, Consejo de Europa y, por otro lado, UE) se pueden apreciar las tensiones interpretativas y aplicativas que, en ocasiones, han surgido entre órganos de ambos cuerpos institucionales como entre el TJUE y el TEDH (Martínez Moreno, 2016)[416] o entre el Comité Europeo de Derechos Sociales (CEDS) y el TEDH (Salcedo Beltrán, 2018a). En relación con las medidas de restricción presupuestaria en época de crisis económica, el CEDS (como órgano propositivo y consultivo constituido por especialistas en el marco del Consejo de Europa) advirtió, en las Conclusiones XIX-2 de 2009, sobre la aplicación de la *Carta Social Europea* en el contexto de la crisis económica global, de que dicho contexto no podía servir de subterfugio para aplicar medidas que reduzcan las garantías de los derechos sociales[417]. Sin embargo, las estrategias de restricciones presupuestarias, merma de los derechos de los trabajadores, individualización de las

---

[416] A estos órganos añade la autora los eventuales conflictos entre la doctrina de la OIT y del TJUE en alusión, por ejemplo, a la STJUE de 18 de diciembre de 2007, *caso Laval* (asunto C-341/05), sobre el ejercicio del derecho de huelga promovida para mejorar las condiciones de trabajo por encima de lo señalado en la Directiva 96/71.

[417] Concluye el órgano que "la crisis económica no debe traducirse en una reducción de la protección de los derechos reconocidos por la Carta [...]; los Gobiernos deben por tanto adoptar todas las medidas necesarias para conseguir

relaciones laborales e instrumentalización del ordenamiento jurídico para la protección de los activos bancarios, entre otros extremos, sí afectaron, sin apenas contraprestación, a los derechos sociales de forma determinantemente negativa. Con todo, si bien el Comité Europeo de Derechos Sociales representa el elemento institucional con pronunciamientos proclives a la protección de los derechos sociales en tiempos de crisis, el TEDH dispone de jurisprudencia que opta por validar medidas como las adoptadas desde la UE y otras instituciones internacionales (Salcedo Beltrán, 2018b, 2018a).

Y es que, el conjunto de normas europea de protección de los derechos sociales ha sido considerablemente testimonial y supeditado a las políticas de regulación del Mercado Único[418] y, especialmente, a la libertad de empresa, de circulación y de competencia en el ámbito europeo. En el campo laboral la normativa comenzó a extenderse en torno al año 2000 —de forma fragmentada— para solventar problemáticas asociadas a las libertades empresariales y, en el contexto de las libertades estratégicas de la UE, a la libre circulación de personas y de prestación de servicios[419]. Coincide con los documentos e instrumentos de *soft law* en materia de CPSR o la apro-

---

que esos derechos sean efectivamente garantizados en el momento en que la necesidad de protección se hace sentir más"

418 La STJCE de 5 de mayo de 1982 (C-15/81) definió el Mercado Único como el "espacio económico comprendido por el territorio de los EM en el que los diferentes factores de producción están liberalizados en unas condiciones análogas a las de un mercado interno de un Estado, comprendiendo la eliminación de todos los obstáculos nacionales en un mercado único, realizando tanto como sea posible las condiciones similares a las de un mercado interior".

419 Las principales normas europeas en materia laboral son las siguientes: la Directiva 80/987 sobre protección de los trabajadores en caso de insolvencia empresarial; Directiva 98/59 sobre la aproximación de legislaciones en materia de despidos colectivos; Directiva 2001/23 sobre la aproximación de legislaciones relativas al mantenimiento de los derechos de los trabajadores en caso de traspasos de empresas; Directiva 2006/54 relativa a la aplicación del principio de igualdad de oportunidades e igualdad de trato entre hombres y mujeres en asuntos de empleo y ocupación (la cual refunde textos precedentes que se remontan a los años 70 y 80); Directiva 96/71/CE sobre desplazamiento de trabajadores en el marco de una prestación trasnacional de trabajo; Directiva 91/533 relativa a la obligación de que el empresario informe al trabajador de las condiciones aplicables al contrato; Directiva 2003/88 sobre la regulación del tiempo de trabajo (además, existen directivas que regulan el tiempo de trabajo

bación de la Carta de Derechos Fundamentales de la UE. La mejora de las condiciones laborales y, *por ende*, de las condiciones de vida de la ciudadanía, tendría lugar por la realización del mercado común europeo. Se consolidó en la CEE, la CE y la UE, lo que, desde hacía décadas, planteaban los postulados neoliberales del ordoliberalismo y la Escuela de la Elección Pública, entre otros (Baylos Grau, 2023a; Moreno González, 2019).

Ambos aspectos sirven para traer a colación uno de los términos empleados para definir el modelo económico europeo: el de *economía social de mercado*. Esta locución fue empleada por vez primera en 1946 por el economista y sociólogo alemán Müller-Armack para denominar los axiomas político-económicos de raíz ordoliberal del alemán Walter Eucken (1891-1950). Se trataba de un corpus ideológico bautizado anteriormente, en el Coloquio Lippmann de París de 1938, por el también economista y sociólogo alemán Alexander Rüstow como *neoliberalismo* (Jackson, 2010)[420].

Es frecuente, sin embargo, que se haga uso del vocablo *neoliberalismo* para remitirse a la construcción teórica de los pensamientos económicos de raíz liberal, como respuesta al intervencionismo estatal en la economía en los Estados europeos[421], que fue preconizada por economistas como Frederic Hayek, de la escuela austríaca; Walter Eucken, Franz Böhm o Alexander Rüstow, de la escuela alemana ordoliberal; o Milton Friedman, de escuela neoclásica de Chicago, en-

en sectores como el transporte por carretera y por mar, o en la aviación civil); y, la Directiva 94/45 sobre el comité de empresa europeo.

420 No obstante, el concepto de neoliberalismo fue retomado en relación con la doctrina neoclásica de la escuela de Chicago y, paralelamente, se extiende a las reformulaciones del liberalismo clásico y el minarquismo, aunque quienes se muestran partidarios de tales planteamientos tienden a rechazar el significante *neoliberalismo*.

421 El Estado, en el vigente sistema económico global y desde finales del primer tercio del s. XX, comienza a consolidar la satisfacción de numerosos imperativos tendentes a "regular el ciclo económico" y a "crear y mejorar las condiciones para valorizar el capital privado" asumiendo un papel más intervencionista del planteado originariamente por el pensamiento liberal clásico de los siglos XVIII y XIX (Jordán Galduf, 1977, p. 32). Con todo, en el proceso de nacimiento de los Estados sociales de derecho, si bien existía una desmercantilización parcial de algunos bienes y servicios, se asienta el libre mercado y la protección de la acumulación privada.

tre otros. Se da un cambio de valoración y concepción del Estado en el pensamiento neoliberal, sobre todo desde el ordoliberalismo, que toma conciencia de la importancia de las instituciones y regulaciones públicas para garantizar condiciones de competitividad y libre mercado que, en sí mismas, deben constituir los mecanismos principales de realización del interés social (Moreno González, 2019)[422].

Nos centramos en los planteamientos económicos de la economía social de mercado atribuidos a Walter Eucken. Puede decirse que bajo estas ideas los procesos económicos de producción, distribución, intercambio y consumo se desarrollan íntegramente bajo el funcionamiento del mercado según la concepción privatista. El Estado desarrolla la política monetaria y la regulación del mercado solo con el fin de proteger la libertad de empresa, la competencia y la eficiencia al tiempo que amplía los campos de actuación de los mercados privados en detrimento de la presencia del Estado como prestador, salvo en los supuestos de emergencia o fallo de mercado. En efecto, sería erróneo trasladar de plano al Derecho de la UE estas características sin analizar de forma crítica el modo en que estos principios neoliberales interaccionan con otros de la tradición socialdemócrata. Con todo y con eso, sí existe una confianza en el mecanismo del mercado como elemento principal de funcionamiento de la economía y, en cierto modo, un papel subsidiario del Estado (García Echevarría, 2018).

Existe una influencia comunicante y cruzada entre los axiomas neoliberales y socialdemócrata-keynesianos[423] que alcanza al ordena-

---

422 Señala Moreno González (2017, pp. 61-62) que la "«ilusión naturalista» en torno al mercado, como lo llamó el propio Walter Lippmann [...] se considera como el principal error ínsito en el liberalismo, ante el cual los neoliberales pretenden reconducir todo su andamiaje para poder seguir salvaguardando, con renovado vigor e intensidad, los ideales de libertad. Y para abandonar tal «ilusión» ingenua los primeros neoliberales se giran, metodológica y epistémicamente, hacia el Estado. El mercado no es algo natural, que funcione sin necesidad de marcos institucionales y jurídicos, no es inherente a los procesos económicos, sino que su supervivencia depende en todo momento del diseño estatal que se establezca".

423 La socialdemocracia, en opinión de Karl Marx, reflejada en su obra *18 brumario de Luis Bonaparte* (1852), pretende crear "instituciones democrático-republicanas, como medio no para abolir los dos extremos, capital y trabajo asalariado, sino

miento jurídico europeo. Es buena muestra de ello la terminología heredada por los tratados fundacionales de la UE, imbuida en mayor o menor medida por la ideología neoliberal, sin que ello suponga impugnar expresamente la importancia estructural del Estado social de Derecho en dichos documentos políticos y jurídicos.

Es una realidad notoria el *déficit social* de la otrora Comunidad Económica Europea y la tardanza en la puesta en marcha, siquiera tenue, de una política social europea. Y ello a pesar de que esta política dio comienzo en 1974 y consolidó jurídicamente en el Acta Única Europea de 1986, en cuyo preámbulo se aludía al Convenio Europeo de Derechos Humanos y a la *Carta Social Europea* (Guamán Hernández, 2014a). La heredera Unión Europea surgida del Tratado de Maastricht (1993) y "la creación de un espacio económico europeo comunitario [es] resultado de la victoria de la economía social de mercado" sobre las ideologías de corte intervencionista (Häberle, 1993, p. 8).

Existe cierto consenso en considerar que la tendencia al equilibrio socioeconómico tuvo un punto de fractura a finales de la década de los 90 y que, como afirma Baylos Grau (2013, p. 22), en el ámbito jurídico, la jurisprudencia del TJUE "mediante un juego de proporcionalidad entre libertades económicas y derechos fundamentales acabó estableciendo que las libertades económicas era la regla y los derechos fundamentales la excepción, en la tan conocida como criticada jurisprudencia Laval Quartet"; a la que puede añadirse la STJUE del *caso Viking*[424]. Y es que, el

---

para atenuar su antagonismo, convirtiéndolo en armonía". El keynesianismo, teorizado en la década de 1930, ha ido influyendo desde entonces en la ideología socialdemócrata y en la evolución del Estado de Derecho y sus funciones económicas. Keynes mostró la necesidad de que los estados minimizan las fluctuaciones económicas que daban lugar a las crisis. Así, los métodos democráticos del liberalismo político permitían alcanzar una reducción significativa del desempleo involuntario y un aumento del poder adquisitivo sin alterar los fundamentos del sistema capitalista mediante una orientación económica estatal (García-Pelayo, 1977). El crecimiento económico tras la segunda guerra mundial y el gasto público permitió en países europeo y otros como EE. UU. o Canadá asegurar ciertos niveles de "amortiguamiento de las desigualdades" hasta los desequilibrios macroeconómicos de finales de los 60 (Jordán Galduf, 1977, p. 49).

424 SSTJUE de 11 de diciembre de 2007, *caso Viking* (asunto C-438/05), y de 18 de diciembre de 2007, *caso Laval* (asunto C-341/05). En el caso *Laval* el TJUE, en contraposición con la doctrina del Comité de Expertos de la OIT y del CEDS, entendía ilegítima la huelga realizada para demandar una mejora de las condi-

papel del ordenamiento jurídico laboral y su inherente función tuitiva han sido cuestionados reiteradamente en instancias europeas como una suerte de escollo al Mercado Único desde una perspectiva liberal del Derecho de la competencia (Goerlich Peset et al., 2011).

La traslación del término *economía social de mercado* al Derecho sustantivo vigente se aprecia en el art. 3.2 TUE emanado del Tratado de Lisboa (2007), el cual exhorta a la UE a obrar "en pro del desarrollo sostenible de Europa basado en un crecimiento económico equilibrado y en la estabilidad de los precios, en una economía social de mercado altamente competitivo, tendente al pleno empleo y al progreso social, y en un nivel elevado de protección y mejora de la calidad del medio ambiente". Paralelamente, tanto el Derecho originario como el derivado hacen hincapié en múltiples preceptos a la cohesión o el progreso económico y social haciendo uso de fórmulas similares.

Con la crisis económica comenzada en 2008 la Comisión Europea presentó la *Comunicación "Hacia un Acta del Mercado Único. Por una economía social de mercado altamente competitiva"* (COM, 2010b) en la que se reivindicaba la potenciación del Mercado Único como espacio basado en la competencia y la competitividad que conjugase el rendimiento económico y la justicia social. Esta concepción, en opinión de la Comisión, parte de entender que el mercado único así concebido serviría de instrumento al servicio del conjunto de políticas públicas y del crecimiento económico sostenible[425].

Al mismo tiempo, múltiples comunicaciones de la Comisión, tomadas en consideración por el Parlamento Europeo[426], se han pro-

---

ciones de trabajo por encima de las que marca la Directiva 96/71/CE de desplazamiento de trabajadores. Sobre las libertades económicas, mercado de trabajo y derecho de la competencia, véase la obra de Goerlich Peset et al. (2011), en la que se aborda la trascendencia jurídica de las citadas resoluciones del TJUE.

425 De las cincuenta propuestas realizadas en tal documento, dos de ellas se refieren a aspectos de la contratación pública y ninguna de ellas se refería a sus aspectos sociales. Otras dos propuestas, las únicas que aluden a cuestiones sociales de forma explícita y directa, vienen referidas a la ampliación de la efectividad de los derechos de la Carta de los Derechos Fundamentales de la UE, la necesidad de analizar las repercusiones sociales de las propuestas normativas del mercado único y, finalmente, la mejora de la Directiva sobre desplazamiento de trabajadores.

426 Estas comunicaciones se tomaron en consideración en la *Resolución del Parlamento Europeo, de 6 de abril de 2011, sobre gobernanza y asociación en el mercado*

nunciado desde la aprobación del Tratado de Lisboa acerca de los beneficios de la economía social de mercado, como en el prefacio de la *Estrategia Europa 2020* (aprobada en 2010) o el *Acta del Mercado Único juntos por el nuevo crecimiento* (2011)[427].

Más recientemente se dan tres ejemplos que se han revelado especialmente gráficos. El *Pilar Social Europeo* se compone de veinte principios clave proclamados por el Parlamento Europeo, el Consejo y la Comisión en la Cumbre de Gotemburgo de 2017. Desde entonces, el Pilar Social se ha reafirmado en el *Plan de Acción de derechos sociales* de la Comisión ratificada por el Consejo europeo (marzo-junio de 2021) y en el *Compromiso social de Oporto* (mayo de 2021).

Tras la fase más dura de la pandemia por la Covid-19, el Parlamento Europeo adoptó la *Resolución, de 17 de diciembre de 2020, sobre una Europa social fuerte para unas transiciones justas*, en la que se profundiza en el concepto de economía social de mercado y los pilares en los que se sustenta: normas de competencia y política social. Señala el PE que su conciliación debe permitir alcanzar el pleno empleo y el progreso social desde el avance en tres materias: igualdad de oportunidades y acceso al mercado de trabajo, condiciones de trabajo justas y, por último, protección e inclusión social. De otro lado, se revela especialmente gráfica la *Comunicación de la Comisión "Construir una economía que funcione para las personas: un plan de acción para la economía social reconoce que la economía social"* (COM, 2021b) en la que expone la necesidad de "impulsar el desarrollo de la economía social y de las empresas sociales como parte de la economía social[428] de mercado europea". De este modo, las instituciones económicas alineadas con

---

único, que asumía también la "economía social de mercado" y la complementariedad de tales instrumentos.

427 La primera de ellas es la *Comunicación de la Comisión "Europa 2020. Una estrategia para un crecimiento inteligente, sostenible e integrador"* (COM, 2010a); la segunda, la *Comunicación de la Comisión Europea "Acta del Mercado Único. Doce prioridades para estimular el crecimiento y reforzar la confianza"* (2011).

428 Los principios básicos de la economía social serían, según el texto de la comunicación: "primacía de las personas y de la finalidad social o medioambiental sobre el beneficio, la reinversión de la mayoría de las ganancias y los excedentes para realizar actividades en favor de los miembros/usuarios («interés colectivo») o de la sociedad en general («interés general») y una gobernanza democrática o participativa".

valores sociales, como las entidades de economía social y solidaria, deben encontrar acomodo en el propio sistema económico y ser funcional a este.

Se deja entrever en la normativa y los documentos de *soft law* europeos que los principios de extracción neoliberal (ordoliberal) de la economía social de mercado se mantienen en un primer plano (Baylos Grau, 2023a). A pesar de los avances en política social que tienen lugar, sobre todo, desde el Tratado de Niza y hasta los fondos *Next Generation* de 2020[429], pasando por el *Pilar Social Europeo* proclamado en 2017[430], no se encuentra una estrategia que no se supedite al funcionamiento de las libertades económicas en el marco del Mercado Único (Ramos Quintana, 2017).

Tras el inicio de la salida de la recesión económica en torno a 2014 —en términos de tasa de desempleo, niveles de PIB y cumplimiento de las reglas de déficit—, el cambio de signo político de algunos gobiernos de los Estados miembros y la crisis sanitaria y económica derivada de la pandemia por la COVID-19 en 2020, el *Semestre Europeo* adopta un cariz menos economicista, pero en 2022 algunos autores advierten de la vuelta a ciertos criterios restrictivos de sostenibilidad fiscal y macroeconómica (Baylos Grau, 2023c; Borelli, 2023).

No puede obviarse que ciertos rasgos del Estado social han permeado en el engranaje normativo de la UE, pero no lo han hecho los mecanismos asociados a la democratización de los factores económicos. Ciertamente, es una representación de esta afirmación la mutación *de facto* que los tratados europeos han ocasionado en ciertos títulos de la parte orgánica de la CE que, dejando al margen el ordenamiento europeo, revelan un carácter ambivalente del texto constitucional en lo económico: es el caso del Título VII (Economía y Hacienda). En este título radican consignas básicas de la constitución económica como, por un lado, el art. 128.2, en el que se reco-

---

429 Un instrumento excepcional de recuperación temporal aprobado por el Consejo Europeo, dotado con 750.000 millones de euros para el conjunto de los Estados Miembros con la finalidad de hacer frente a las consecuencias económicas y sociales de la pandemia.

430 Para una profundización en los retos del modelo social europeo desde el mundo del trabajo, véase la obra de Villar Cañada & Molina Navarrete (2024).

noce "la iniciativa pública en la actividad económica" y la posibilidad de "reservar al sector público recursos o servicios esenciales así como acordar la intervención de empresas cuando así lo exigiere el interés general"; por otro lado, el artículo 131 indica que el Estado puede "planificar la economía para atender a las necesidades colectivas [...] y estimular el crecimiento de la renta y de la riqueza y su más justa distribución". No existe, entonces, ningún principio de subsidiariedad de la intervención pública; la actividad pública no debe preterirse en favor de *mejores fuerzas del mercado*. Dicho de otro modo, en el vigente sistema jurídico y económico constitucional no solo operan los principios vinculados a la economía de libre mercado como parámetro para medir la necesidad de la actuación pública. No resulta ajustada a la Constitución la perspectiva de la subsidiariedad de la actuación pública consistente en examinar si un fin en cuestión puede ser alcanzado de un modo distinto sin su intervención. Que los poderes públicos deban justificar sus actuaciones no implica que el contenido de tal justificación o las razones para la actuación estén tasadas por el ordenamiento en todo caso.

La economía social de mercado no valoriza la función productiva y distributiva del Estado. Es por ello por lo que el planteamiento de estrategias holísticas de corte social pasa por hacerse valer de factores económicos circundantes o con poco efecto disruptivo. En este sentido, a las normas protectoras de la competencia y la libertad de empresa en el Mercado Único se adhieren de forma accesoria correctores de las disfuncionalidades del mercado y legitimadores del pilar económico tales como las inversiones condicionadas, la economía social, la responsabilidad social empresarial o la contratación pública estratégica y socialmente responsable. Efectivamente, la Comisión dictó, a raíz de la adopción del *Pilar Social Europeo*, un conjunto de notas orientativas de soluciones innovadoras desde la contratación pública socialmente responsable. Se trataba de un reconocimiento explícito de la necesidad de instrumentalizar y redimensionar la contratación pública.

Como la inmensa mayoría del ordenamiento jurídico europeo, el conjunto de normas específicas aprobadas en el marco de la UE sobre contratación pública cumple con el objetivo establecido en el artículo 26 TFUE consistente en adoptar las medidas necesarias destinadas a establecer y garantizar el funcionamiento de un mercado interior que conlleve un espacio sin fronteras de libre circulación de mercancías, personas, servicios y capitales[431]. A pesar de la consolidación de los postulados de la economía social de mercado altamente competitiva, la construcción teórica y práctica de la CPSR se vislumbra compleja, en tanto en cuanto las fuerzas sociales y las instituciones jurídicas vindicativas del Estado social son significativas y prevalentes en el Derecho constitucional. Con ello, y como se apreciará en el punto 2 de este capítulo, la legislación y la práctica han realizado una síntesis nada maniquea.

3. CONTRATACIÓN PÚBLICA SOCIALMENTE RESPONSABLE

La política social evoca, en el imaginario colectivo, diversos elementos relacionados con la igualdad, el trabajo o la inserción. En efecto, la dimensión social de la contratación pública estratégica no se desvía demasiado de la temática o los asuntos mencionados, lo que no obsta para que el término *social* genere confusiones y distorsiones axiológicas y jurídicas en diversos campos del Derecho. El ejercicio inductivo sobre aquellos aspectos que tanto las directivas como la normativa interna consideran como sociales lleva a comprender que, efectivamente, entronca con las condiciones de trabajo, la prohibición de discriminación, la igualdad de género, la inserción sociolaboral o el cumplimiento de los derechos humanos en cadenas globales de valor.

Ahora bien, en torno al significado y la significación de lo que se considera *social* surgen dos cuestiones de interés. Una de ellas es que la adjetivación o adverbialización social(mente) es un recurso frecuente tanto en la normativa como en los instrumentos políticos y programáticos y, a su vez, tiene resultados vagos y ambiguos. La misma Comisión Europea, en la *Guía de Adquisiciones Sociales* de 2021,

---

431 La armonización de las normativas nacionales, en los términos del art. 114 TFUE, trata de hacer efectiva la libre prestación de servicios que se pretende alcanzar, proteger y garantizar, como sucede en el contexto de la contratación pública.

considera que hace falta una definición clara de lo que debe entenderse por CPSR. Otra de ellas es, dicho nuevamente, que los mecanismos de *numerus apertus* con los que se regula la CPSR permite operar aspectos sociales más allá de los señalados a modo descriptivo y ejemplificativo en la normativa.

Lo social y lo responsable, por tanto, requieren una mayor prospección terminológica. No es extraño debido a que, como social, se han compuesto y adjetivado diversos fenómenos de la economía y el Derecho. Así sucede con: Estado social, cuestión social, socialismo, socialdemocracia, derechos sociales, Derecho social, responsabilidad social empresarial, economía social de mercado... son algunos de los conceptos imbuidos por *lo social* que mayor predicamento han tenido y que más han influenciado la política y la economía en el último siglo. Los que mayor relación directa guardan con el término *responsabilidad social* o CPSR se desenvuelven en mayor o menor medida en el campo del Estado social y los derechos sociales, aunque en clara tensión conceptual y axiológica con otros dos, *responsabilidad social empresarial* y *economía social de mercado*. Estos tienen una carga significativa en la construcción de *lo social* en el mundo económico y empresarial. Se revela especialmente importante aproximarnos al término de responsabilidad social que surgió en el contexto de la dirección estratégica empresarial. En el próximo apartado profundizamos en los elementos fundamentales que integran el mapa conceptual de la CPSR y ello conduce, indefectiblemente, a referenciar el influjo de la RSE en el fenómeno que nos ocupa.

3.1. Los significantes y significados esenciales de la CPSR

En términos generales, la externalización implica una eliminación o reducción considerable de la capacidad directiva inmediata en el nivel estratégico y operativo; una merma en las posibilidades de supervisión y control de la organización empresarial y todos sus factores productivos intervinientes; o una reducción del desarrollo de capacidades internas de innovación, desarrollo, organización y prestación. Ante ello, si el carácter estratégico supone que las entidades del sector público, en el ámbito de los procesos de contratación, amplíen la zona de influencia de los poderes públicos para hacer política pública de interés general, el aspecto de la responsabilidad de índole social obliga a dirigir la atención a los aspectos ya mencionados en relación con los derechos sociales en el marco del Estado social.

El adverbio *socialmente* o *sociolaboralmente*, relativo a la responsabilidad de los poderes públicos, acarrea el compromiso de conocer y actuar para atender al conjunto de implicaciones que la externalización y su ejecución pueden tener para con materias de índole sociolaboral. Entre ellas, las relativas al cumplimiento de la norma laboral aplicable, la inserción e integración, la mejora de las condiciones de trabajo de quienes ejecutan las contratas o la aplicación de mecanismos de supervisión y control de las condiciones de trabajo en las cadenas de valor de la contratista.

3.1.1. La influencia de la responsabilidad social empresarial

La locución *responsabilidad social* está mayoritariamente asociada a la conocida como Responsabilidad Social Empresarial (RSE) o Corporativa (RSC) en alusión a una estrategia voluntaria empresarial de relación con los grupos de interés y la reducción de externalidades negativas. La responsabilidad social dispone de múltiples definiciones influenciadas o sesgadas por esa estrecha relación con la empresa privada y sus estrategias competitivas en el campo transnacional. La propuesta definitoria de Ochoa Monzó (2022, p. 1) parte de un enfoque general: "la relación ética de un sujeto con respecto a sus obligaciones o responsabilidades morales, esto es, las actitudes éticas basadas en criterios y normas de conducta del sujeto que este sigue por propia voluntad, y que van más allá de sus obligaciones legales". Los instrumentos que responden a las siglas RSE suponen una asunción voluntaria, generalmente por parte de empresas privadas, de hacerse cargo del respeto a los intereses de los sujetos con los que se relaciona, denominados grupos de interés o *stakeholders*[432] (como personas trabajadoras, proveedoras, miembros de la comunidad en la que opera, instituciones públicas, etc.), conforme a criterios for-

---

432 Los grupos de interés o *stakeholders* son las personas, colectivos, organizaciones e instituciones a las que afecta, de algún modo, la actividad de la empresa.

males o materiales que van más allá del cumplimiento de la legalidad (Beltrán Castellanos, 2019; Maira Vidal, 2015; Ochoa Monzó, 2022).

La Comisión Europea definió la RSE en el *Libro Verde "Fomentar un marco europeo para la responsabilidad social"* como "la integración voluntaria, por parte de las empresas, de las preocupaciones sociales y medioambientales en sus operaciones comerciales y sus relaciones con sus interlocutores" (COM, 2001d, 2002). La RSE entró en la década de los 2010 a formar parte del conjunto de instrumentos integrados en la *Estrategia Europa 2020* para un crecimiento sostenible e integrado y útiles en orden a dar cumplimientos a los tratados de la UE. Entonces, la comisión pasó a definir la RSE como "la responsabilidad de las empresas por su impacto en la sociedad" como cualidad añadida al cumplimiento de la normativa que resulte aplicable (COM, 2011d, p. 6).

Sin embargo, la expresión *responsabilidad social* adquiere una idiosincrasia sustancialmente distinta cuando se predica en relación con los poderes públicos que, *per se*, deben hacerse cargo de sus deberes constitucionales en el contexto del Estado social y democrático de Derecho. Es lo que permite considerar razonablemente que la responsabilidad social en el ámbito de las AAPP aparezca como una tautología (López Laguna, 2019). Por tanto, la asunción de una responsabilidad adicional y cualificada por parte de los poderes públicos conlleva resignificar sus deberes y obligaciones de forma transversal a todo el ordenamiento jurídico. Ciertamente, la referencia a la ética, la integridad, la responsabilidad, etc. alcanza a todo género de materias, esferas o ámbitos de la actividad pública. No en vano, la buena administración ha sido abordada en la última década en relación con la prevención de la corrupción en las AAPP (Ochoa Monzó, 2022)[433].

Una de las normas pioneras en materia de responsabilidad social global en las AAPP fue la Ley 18/2018, de 13 de julio, para el Fomento de la Responsabilidad Social en la Comunitat Valenciana. Se trae a colación esta ley, no solo por tratarse de un texto autonómico precursor

---

433 Alude el autor, por ejemplo, al informe surgido de la Comisión Nolan (que toma el nombre de su presidente, el Juez Nolan) en el que recogieron los principios de la Función Pública: altruismo, integridad, objetividad, responsabilidad, transparencia, honestidad y liderazgo.

de otros, sino por el conjunto de elementos axiológicos, institucionales, normativos y administrativos que implica en la construcción de la responsabilidad social desde el sector público, respecto de la actividad de las organizaciones privadas y en relación con su propia actividad. Las primeras líneas de su exposición de motivos se dirigen a afirmar que la responsabilidad social es "un sistema innovador de gestión de las empresas y organizaciones que se orienta a incrementar la competitividad de estas así como el fomento del desarrollo sostenible y la justicia social". Ya en su art. 3, dedicado a exponer una miríada de definiciones de conceptos empleados a lo largo de la ley, se aborda su significado como:

> "conjunto de compromisos voluntarios de diverso orden económico, social, ambiental y de buen gobierno adoptados por las empresas, las organizaciones e instituciones públicas y privadas, que constituyen un valor añadido al cumplimiento de la legislación aplicable y de los convenios colectivos, contribuyendo a la vez al progreso social y económico en el marco de un desarrollo sostenible".

Puede repararse en que en la RSE —y su versión pública— se engloban en *lo social*, también, las consideraciones medioambientales —a lo que en el contexto público se añade el buen gobierno—. Se trata de una fórmula que, *lato sensu*, puede ser válida. A pesar de ello, en el sentido expuesto en el punto 2 de este capítulo y en el punto 3.2.II subsiguiente se opta por una opción más estricta que, por otro lado, es la que se acoge desde el Derecho europeo y la LCSP. Sea como fuere, una de las evidencias que da pie a continuar el presente estudio tras esta disertación es el parangón entre la responsabilidad social del sector privado y el público: el elemento volitivo-discrecional, la transversalidad y la mejora de los derechos y obligaciones recogidos en la normativa marcan el tempo de todas las aproximaciones al concepto de responsabilidad social que se vienen aplicando a las entidades de sector público.

3.1.2. Una definición sintética de CPSR

Al analizar los acercamientos conceptuales administrativos, legales y doctrinales a la CPSR es indudable que podría hablarse de dos ámbitos diferenciados según el margen o no de discrecionalidad en su desarrollo e implementación. En primer lugar, una dimensión (*ex lege* y preceptiva) de la responsabilidad social consolidada en la legislación en forma de mandatos obligatorios y —en mayor o menor medida— tasados. El capítulo II.2 ha reparado en que algunas instituciones plasman, de forma obligatoria, la asunción de consideraciones de extracción sociolaboral: prohibiciones de contratar por incumplir normativa social; información en los pliegos del convenio colectivo aplicable y de posibles obligaciones de subrogación laboral; obligación de las AAPP de velar por el cumplimiento de la legislación laboral, etc. El legislador, sobre todo, es quien normativiza esta suerte de responsabilidad pública para con los adjudicatarios que, a su vez, colinda con preceptos del ET que también exigen conductas al adjudicador. Es el caso de los arts. 42 (sobre las responsabilidades en materia salarial y de SS del contratante), 43 (sobre cesión ilegal de trabajadores) o 44 (sucesión de empresas). Esta dimensión de la CPSR posee un grado menor de impugnación doctrinal en términos de legitimación y competencia; cuestión distinta es la técnica jurídica empleada o la posición política respecto de aspectos concretos (por ejemplo, las desavenencias en materia de convenio colectivo aplicable o sobre la revisión de precios cuando existen aumentos del SMI durante la vigencia del contrato; ambas analizadas en el capítulo II.2).

En segundo lugar, existe otra dimensión (administrativa y potestativa) de la responsabilidad social ejercida discrecionalmente por las AAPP y los OC respecto del *qué* y, sobre todo, el *cómo* de la contratación dentro de las posibilidades que brinda la legislación. Este es, precisamente, el fenómeno que adolece de la mayor conflictividad política y jurídica y, por ello, en el que centramos la mayor parte de esta investigación. En efecto, el diseño y la implementación de cláusulas sociolaborales en los PCA que definen cómo se realiza la prestación que se pretende contratar es donde descansan las críticas sobre oportunidad, conveniencia, eficacia y validez.

En definitiva, la CPSR dispone de dos dimensiones sintéticas. Una de ellas la de configuración legal e implementación preceptiva para las AAPP. La otra es de configuración administrativa o ejecutiva y, dentro de unos márgenes legal determinados, se ejercita de forma discrecional por las entidades del sector público y los órganos de contratación. Ambos planos, legal-preceptivo y ejecutivo-discrecional, son complementarios e indisolubles de una misma realidad.

Así las cosas, a modo de inicio, propongo una definición aglutinadora de las dos vertientes de la CPSR en los siguientes términos: es el gobierno y la gestión estratégica de los contratos del sector público por parte de los poderes públicos de tal modo que se asumen activamente responsabilidades en materia sociolaboral, respecto de la conducta propia y la del contratista, para solventar problemáticas, afrontar retos y cumplir objetivos difusos y concretos de políticas públicas.

Una vez realizada esta aproximación teórica, valoramos conveniente mencionar las referencias que se encuentran a la responsabilidad social en la contratación pública en ciertos instrumentos de *soft law* relevantes y precursores en esta materia. Listamos, por ello, el conjunto de comunicaciones de la Comisión Europea que, tras un estudio detallado, estamos en condiciones de afirmar que han influido en las directivas de contratación y en la legislación interna española.

- *Libro Verde, de la Comisión Europea, "La contratación pública en la UE: reflexiones para el futuro"* (1996).
- *Comunicación interpretativa de la Comisión Europea sobre la legislación comunitaria de contratos públicos y la posibilidad des de integrar aspectos sociales en dichos contratos* (2001).

Directivas 2004/17 y 18/CE sobre contratación pública (3er paquete o generación).

- *Guía de la Comisión Europea "Adquisiciones sociales. Una guía para considerar aspectos sociales en la contratación pública" —1ª edición—* (2011).
- *Libro Verde, de la Comisión Europea "La modernización de la política pública de la UE. Hacia un mercado europeo de la contratación pública más eficiente"* (2011).

Directivas 2014/23, 24 y 25/UE sobre contratación pública (4to paquete o generación).

- *Recomendación (UE) 2017/1985 de la Comisión Europea, de 3 de octubre de 2017, sobre la profesionalización de la contratación pública. "Conseguir una arquitectura para la profesionalización de la contratación pública"* (2017).

- *Comunicación de la Comisión Europea "Conseguir que la contratación pública funcione en Europa y para Europa"* (2017).
- *Resolución del Parlamento Europeo sobre el paquete de medidas de la estrategia de contratación pública* (2018).
- *Guía de la Comisión Europea "Making socially responsible public procurement work, 71 good practice cases" de la Comisión Europea* (2020).
- *Guía de la Comisión Europea "Adquisiciones sociales. Una guía para considerar aspectos sociales en la contratación pública —2ª edición—* (2021).
- *Estudio de Diligencia Debida en las instituciones de la UE. Adquisiciones propias: reglas y prácticas. Parlamento Europeo* (2024).

Decidimos anticipar algunos de los textos normativos, consultivos e interpretativos a efectos de ofrecer una aproximación a la norma y al concepto que permita asimilar y comprender con más precisión el análisis normativo cronológico posterior. Con todo, se emplearán someramente, en estas líneas que siguen, algunos de los apuntes de los citados textos a efectos introductorios, dejando para el próximo punto su desarrollo.

La primera gran referencia a los aspectos sociales en la contratación pública reside en el *Libro Verde de la Comisión europea "La contratación pública en la UE: reflexiones para el futuro"* (COM, 1996). En este primigenio texto se reivindica un mayor papel de la contratación pública para cumplir con la política social de la Unión y, en consecuencia, para velar por:

> "un elevado nivel de empleo y de protección social, la libre circulación de trabajadores, la igualdad de oportunidades entre hombres y mujeres, el refuerzo de la cohesión económica y social, la mejora de las condiciones de vida y de trabajo, un nivel elevado de protección de la salud, el fomento de una educación y una formación de calidad y la inserción social de personas con minusvalías y otras categorías desfavorecidas" (COM, 1996, p. 43).

Estos objetivos generales podían encontrar un reflejo concreto en los procesos contractuales al preocuparse los OC por el cumplimiento de "las exigencias legales en materia de protección del empleo y de las condiciones de trabajo, [...] o las denominadas 'acciones positivas', es decir, la utilización de un contrato público como medio de conseguir el objetivo deseado" (COM, 1996, p. 43). Esta actuación pública, no obstante, señalaba la Comisión, debía evitar el peligro de vulnerar "la motivación inicial" de la contratación pública y la competencia leal.

La literatura suele referirse a la consecución de fines sociales en el marco de la contratación pública con diferentes expresiones. Se hallan, por ejemplo, los conceptos de *compra social* y *compra ética*, que integran el de *compra pública responsable* y que, desde una perspectiva muy amplia, se referiría "al hecho de que la inversión pública que acompaña la contratación tenga en cuenta o impulse objetivos beneficiosos para toda la sociedad, incluyendo tanto los de carácter social como medioambiental" (Medina Arnáiz, 2012, pp. 4-5). Este autor considera que la contratación responsable se caracteriza por conseguir objetivos de política sociolaboral, adoptar medidas de protección de los trabajadores y, por último, abogar por un desarrollo sostenible a través del comercio justo. Incluso, la Comisión Europea se ha referido en reiteradas ocasiones a la *compra socialmente responsable* como el conjunto de medidas en el ámbito de la contratación pública que integra consideraciones relacionadas con las oportunidades de empleo, trabajo digno, derechos sociales y laborales, lucha contra la exclusión social, igualdad, accesibilidad o comercio ético (COM, 2011a).

La concepción estratégica y social de la contratación pública implica asumir un medio al servicio de fines públicos como los de carácter social, pero asumiendo dos realidades: la primera, que la CPSR no está pensada para suplir el resto de las medidas que deben satisfacer dichos objetivos sociales; la segunda, que los contratos del sector público no siempre son un instrumento útil para la responsabilidad social pública (Bernal Blay, 2008).

Por tanto, desde una perspectiva socialmente responsable, el contrato público no deja de tener como objeto el suministro de determinados bienes, la realización de una obra o la prestación de un servicio, pero a través de dicha prestación, y del proceso que lleva a la misma, se pretende lograr objetivos de política sociolaboral. De esta forma, habilita para dar cumplimiento a objetivos tendentes a la creación de empleo, mejora de condiciones de trabajo, fomento de la igualdad de oportunidades y de la igualdad de género, inclusión de personas en riesgo de exclusión social o con dificultades para acceder al mercado laboral, etc. No se trata de contratar con empresas que vayan a ocuparse de prestar un servicio directa y frontalmente dirigido a dichos objetivos, sino de garantizar que el proceso de contratación y el vínculo negocial con la empresa privada se constituya en una prolongación de las facultades del sector público durante la ejecución.

Esta reflexión se deriva del análisis inductivo de los elementos que integran las materias sociales que se recogen en las normativas europea e interna de contratos del sector público. No es menos cierto que existen foros en los que, desde una interpretación amplia de la CPSR, se subsume en *lo social* la contratación con pymes o la prevención y persecución de la corrupción. A pesar de ello, la dimensión social se vincula a las materias más cercanas al Derecho social (véase el capítulo III.1).

Como se ha apuntado, aunque la CPSR parece adoptar una terminología que podría generar reminiscencias del fenómeno de la RSE, los conceptos son diferentes y no es adecuado apreciar en la CPSR una versión pública de la RSE, pues más bien se aproxima a una relativa impugnación de esta[434]. La RSE se constituye como un conjunto de compromisos voluntarios adquiridos por las empresas para con sus grupos de interés. El contenido de estos pactos es diverso, pero generalmente están basados en aspectos sociales, laborales y medioambientales que afectan a aquellos. Mediante estos compromisos la empresa reduciría el impacto negativo en su entorno y potenciaría los efectos positivos[435]. Ahora bien, toda esta política, atendien-

---

[434] Sin embargo, los fenómenos se cruzan incluso en el plano normativo. Ejemplo de ello es la Ley para el Fomento de la Responsabilidad Social aprobada por la Generalitat Valenciana, con la que se pretende potenciar la RSE estrictamente empresarial, y, conjuntamente, la Responsabilidad Social del Sector Público.

[435] No obstante, la concepción de la RSE no se ha mantenido inalterada, y como como señala Maira Vidal (2015), el debate en torno a la RSE se está articulando a través de cuatro dilemas fundamentales: "voluntariedad-obligatoriedad, unilateralidad-multilateralidad, autorregulación-corregulación y su ámbito nacional-global". Con todo, la concepción que esta autora denomina "institucional" y

do a la naturaleza de la empresa privada, debe satisfacer los objetivos estratégicos de la misma y, con ello, los de rentabilidad. Por ello, las empresas solo asumen responsabilidades con sus *stakeholders* si con ello generan una ventaja competitiva que les permita reducir costes o aumentar sus beneficios. Esta realidad ha convertido a la RSE en una actividad propia de los departamentos de *marketing* de las empresas, sin un trasfondo tangible y trascendente socialmente que, además, genera un nocivo espejismo de autorregulación.

En primer lugar, si bien la RSE es implementada generalmente de forma unilateral y voluntaria por organizaciones que tienen como objetivo principal la rentabilidad de sus propietarios, la CPSR se articula desde instancias democráticas que tienen como fin último la satisfacción del interés general al que tienen la obligación de responder, y la conveniencia de actuar de forma holística, en el ejercicio de sus competencias. En segundo lugar, los instrumentos que articulan la CPSR son de carácter jurídico y, por tanto, vinculantes tanto para las AAPP como para las empresas; extremo que rechazan los planteamientos más extendidos de la RSE que solo contemplan los compromisos voluntarios y carentes de efectos normativos[436]. En tercer lugar, mientras que la RSE se basa en un perfil bajo del poder público —en cuanto a tu su papel prestacional y regulador— en defensa de la autorregulación empresarial, la CPSR reivindica, en mayor o menor medida, una mayor influencia pública en la regulación y la gestión de las prestaciones de interés general. Dicho de otro modo, la CPSR no parte de la premisa de propugnar procesos externalizadores (Maira Vidal, 2015).

Este es el escenario en el cual la CPSR trata de abrirse paso, sin erigirse en un instrumento transgresor que socave la economía de libre mercado, pero buscando dotar a los poderes públicos de he-

---

que está más próxima a la multilateralidad a la hora de llegar a acuerdos obligatorios de responsabilidad social que, a su vez, convivan con una mayor regulación sociolaboral, no goza de gran acogida práctica.

436 A modo de ejemplo, la organización patronal CEOE (2016) ha manifestado, refiriéndose a la CPSR que algunas AAPP como las CCAA “han adoptado leyes en materia de responsabilidad social empresarial (RSE) que exigen el cumplimiento de criterios en aspectos como la contratación pública o los incentivos al sector exterior, convirtiendo la RSE en obligatoria”.

rramientas eficaces de política social en el marco de la prestación de servicios públicos. A pesar del predicamento de la contratación socialmente responsable en la normativa europea y española, así como en la práctica administrativa, la realidad sociojurídica revela un terreno plagado de controversias por la innovación que supone respecto de los instrumentos tradicionales. Por ello, como se abordará, mayor contestación reciben aquellas exigencias y condiciones sociales relacionadas con las relaciones laborales, que son rechazadas repetidamente bajo el pretexto de que suponen una intromisión ilegítima en la libertad de las empresas para organizarse y competir.

3.1.3. Cláusulas sociales en los contratos del sector público

Hablar de cláusulas sociales en abstracto conduce a campos como el de los tratados internacionales de comercio, en los que constan *cláusulas sociales o laborales* orientadas a salvaguardar derechos y condiciones de trabajo ante estrategias empresariales y comerciales de *dumping social*. También ha sido empleado el término *cláusula social* para referirse a preceptos introducidos en la normativa sobre desplazamiento de trabajadores o, incluso, de sucesión de empresas que, igualmente, versan sobre medidas dirigidas a evitar el *dumping social* como táctica competitiva.

En los contratos del sector público, las cláusulas sociales insertas en el PCA[437], el PPT y el contrato representan el eslabón más gráfico y evidente del proceso de contratación pública socialmente responsable y se erigen en el principal dispositivo jurídico para su desarrollo práctico. Este término ha sido conceptualizado por diversidad de au-

---

[437] Los pliegos hacen referencia al documento de carácter administrativo que contiene las condiciones, pactos o estipulaciones del contrato público que corresponden a las partes (Administración y licitador o contratista), tanto durante el proceso de contratación como durante la ejecución del contrato. La LCSP distingue, a su vez, entre pliegos administrativos que contienen cláusulas generales —PCAG— (art. 121), por un lado, y pliegos que contienen cláusulas particulares —PCAP— (art. 122), por otro. Los primeros pueden ser aprobados de forma facultativa para ser aplicados a diversos procesos de contratación, mientras que los segundos deben ser aprobados por el OC antes de la licitación y conforman parte del expediente de contratación.

tores como Lesmes Zabalegui (2005, p. 62) que, desde la perspectiva de la consultoría y la redacción de guías de contratación pública social, las entiende como:

> "La inclusión de ciertos criterios en los procesos de contratación pública, en virtud de los cuales se incorporan aspectos de política social, como requisito previo para participar en la licitación (criterio de admisión), como elemento de valoración (criterio de puntuación) o como obligación a realizar en el contrato (exigencia de ejecución)".

Casi una década más tarde, múltiples actores, desde la academia, pero también desde la labor administrativa y jurisdiccional, pusieron el foco en el significado y la potencialidad jurídica y social de las cláusulas sociolaborales con motivo de la expansión normativa y administrativa de la CPSR en España.

Surgieron así propuestas conceptuales como la aportada por Martínez Fons (2014, p. 6), quien las comprende como "estipulaciones que obligan a los adjudicatarios de un contrato público a dar cumplimiento, junto con el objeto propio del contrato, a ciertos objetivos de política social que se estiman de interés general" o la de Rodríguez-Piñero y Bravo-Ferrer (2016, p. 3) que las define como "estipulaciones, de origen normativo o contractual, que imponen deberes específicos a cargo de los contratistas, mediante criterios, requisitos o condiciones que se imponen al contratista con el fin de promover objetivos sociales". Como puede verse, estos dos últimos autores reparan también en señalar que esta clase de exigencias se realiza de forma sistemática en las distintas fases del procedimiento. En definitiva, un concepto de las cláusulas sociales sería el de disposiciones jurídicas de los pliegos y los contratos del sector público que establecen condiciones o exigencias en materia social, accesorias al objeto contractual, dirigidas a los licitadores o adjudicatarios a través de las cuales se contribuye al cumplimiento de objetivos públicos sociales de interés general.

Sin perjuicio de la dimensión legal y preceptiva de la CPSR, la mayor virtualidad de las cláusulas sociolaborales se manifiesta cuando incentivan o exigen "un nivel de compromiso con la protección de los intereses sociales más allá de los mínimos [...] exigibles" (Bernal Blay, 2008, p. 3). Y es que, como ocurre en el campo de los derechos laborales, la potencialidad jurídica de las cláusulas discrecionales permite "ir más allá de la aplicación de la normativa legal [...] estableciendo condiciones o reglas más favorables" (Rodríguez-Piñero Bravo-Ferrer, 2016, p. 3).

Las cláusulas sociales no han de ser, necesariamente, materiales o sustantivas. La CPSR también implica arbitrar mecanismos para dotar de mayor efectividad a las fuentes del Derecho y de obligaciones preexistentes. Los OC tienen la posibilidad de incorporar medidas de información, comunicación, transparencia, supervisión, control, etc. que permitan un mayor seguimiento del cumplimiento de la normativa social y laboral o, incluso, de las cláusulas sociolaborales sustantivas señaladas en el pliego. En cierto sentido, puede decirse que también en estos supuestos los PCA van más allá de los mínimos normativos preestablecidos.

A pesar de que las cláusulas sociales disponen de su mayor potencialidad cuando impulsan o promueven mejoras de derechos o condiciones del *statu quo* jurídico, no solo este tipo de estipulaciones reciben el apellido de sociales. A modo de ejemplo, la legislación de contratos preceptúa la prohibición de contratar con aquellas empresas que hubiesen sido condenadas penalmente o sancionadas administrativamente por infracción de normas de carácter laboral. Pues bien, incluso esta clase de disposiciones de mandato legal pueden ser estimadas cláusulas sociales, aunque vengan señaladas desde el plano legislativo y no otorgue capacidades administrativas de innovación. En nada afecta este entendimiento a una definición amplia como la propuesta, pero su aproximación conceptual más rigurosa exigiría poner el acento en una labor proactiva de las AAPP y no del legislativo.

La expresión *cláusulas sociales* no se constituye en un concepto jurídico típico y, aunque el objeto de estudio de este trabajo es ahondar en su significado, es recomendable repasar los distintos significantes con los que se alude a dichas cláusulas, ya que las normas básicas en la materia no utilizan en ninguna ocasión el término en cuestión. En la Directiva 2014/24/UE de contratación pública (norma fundamental en este estudio, como se verá en el siguiente punto) se alude, desde una diversidad terminológica, a "aspectos" (considerando 45 y 95, entre otros), "consideraciones" (considerando 97) "requisitos" (considerando 37 y 95), "criterios" (considerando 73 Directiva 23/2014), "objetivos", "características" (art. 67.2,a), todas ellas referidas a cuestiones sociales o medioambientes, aunque en alguna ocasión se hace alusión a las "laborales" al margen de lo considerado "social". La LCSP, por su parte, emplea formulas idénticas o muy similares a las de la directiva[438].

Pero la cuestión terminológica no acaba en este extremo. Ciertamente, la adjetivación de las cláusulas también ha producido cierto grado de ambigüedad. El contenido de estas, que puede aludir a criterios adicionales de carácter cualitativo, es de diversa índole. El artículo 41.2 de la Directiva 2014/23/UE habla de "criterios sociales, medioambientales o relacionados con la innovación"; el art. 70 de la Directiva 2014/24/UE se refiere a las "consideraciones de tipo medioambiental, social, o relativas al empleo"; el considerando 45 alude a la inclusión de "aspectos sociales, medioambientales y laborales"; el considerando 37, por su parte, menciona los "requisitos medioambientales, sociales y laborales"; por último, la LCSP, en su exposición de motivos, afirma que pueden incluirse "consideraciones de tipo social, medioambiental y de innovación y desarrollo". Incluso, el art. 18 de la Directiva 2014/24/UE menciona la necesidad de que los Estados hagan cumplir las "obligaciones en materia social y laboral". Expresión que, en otros idiomas como el francés, el inglés o el italiano queda redactada como *Derecho social y laboral*. Podría parecer que se diferencia la materia social de la laboral o de las relativas al empleo. En mi opinión, esto se debe a la voluntad de explicitar y remarcar la importancia y posibilidad que en este terreno brinda la normativa; lo que no significa que la palabra *social* excluya, en absoluto, lo relativo al empleo[439]. Sea como fuere,

---

438 Si bien la propia Comisión Europea utiliza el término *cláusulas sociales* en su *Comunicación Interpretativa sobre "La legislación comunitaria de contratos públicos y las posibilidades de integrar aspectos sociales en dichos contratos"* (COM, 2001c), solo lo hace en una ocasión. Pero, además de la doctrina, en España, las normas autonómicas han asumido el término. Es el caso de la Ley Foral 6/2006, de 9 de junio, de Contratos Públicos, en su artículo 49. Otras fórmulas como "cláusulas de carácter social" o "cláusulas de responsabilidad social" son las escogidas por la Ley 18/2018, de 13 de julio, de la Generalitat Valenciana para el Fomento de la Responsabilidad Social. También muchos otros textos normativos autonómicos y locales.

439 Autores como Miranda Boto (2016) han visto en esta diferenciación un síntoma más del vaciamiento de lo que tradicionalmente se ha entendido como Derecho *social*, aunque la miscelánea pueda contribuir a horadar reivindicaciones laborales y de seguridad social fundamentales, no debe perderse de vista el ob-

sobre este aspecto me remito a lo ya señalado sobre la dimensión social de la CPEs (capítulo III.1.2.).

Las cláusulas sociales pueden ser clasificadas o agrupadas en distintos tipos o clases según distintos criterios. En primer lugar, los aspectos de política social a los que pueden aludir las cláusulas sociales son variados. En un sentido amplio, la Comisión Europea (2020, p. 5) entiende que la CPSR permite:

1. Fomentar del empleo y la inclusión social.
2. Promocionar la economía social.
3. Fomentar el trabajo decente.
4. Respetar los derechos humanos en las cadenas de valor.
5. Accesibilidad y diseños universales.
6. Ofrecer servicios sociales, sanitarios, educativos y culturales de alta calidad.

Las primeras andanzas de una concepción social de la contratación pública proponían la asunción de responsabilidad por parte de las autoridades respecto del impacto de las adquisiciones públicas, al tiempo que se ponía el foco en la obtención de servicios, obras y suministros con finalidades de alcance social amplio vinculadas a servicios sociales, sanitarios, educativos, culturales, etc. y con voluntad de que las instalaciones o servicios puestos a disposición de la ciudadanía fueran accesibles en términos físicos y económicos.

Dicho lo cual, a efectos clasificatorios, y a partir de un ejercicio inductivo y deductivo sintético, se opta en este trabajo por diferenciar fundamentalmente tres materias de cariz sociolaboral que cons-

---

jetivo de incidir en el potencial protector de los trabajadores de las cláusulas en estudio. Generalmente se entiende por Derecho social el conjunto normativo constituido por el Derecho del trabajo, el Derecho de la protección social y el de la asistencia social; cuestiones, todas ellas, relacionadas con la conocida como cuestión social en el s. XIX. En este sentido, Miranda Boto (2016) hace referencia a las palabras de Alonso Olea (1994, p. 37), en las cuales se asevera que "rechazar la afirmación Derecho Social con la mera afirmación de que se trata de un pleonasmo porque todo es derecho social, es ignorar las profundas implicaciones de lo que en su día se llamó problema o cuestión social".

tituyen el núcleo sustantivo de las consideraciones de trascendencia laboral amparadas actualmente en la CPSR:

1. Condiciones de trabajo o derechos laborales de las personas adscritas al contrato.
2. Políticas de contratación y de inserción sociolaboral de colectivos vulnerables en sentido amplio.
3. Derechos humanos en el trabajo desarrollado en las cadenas de valor de la contratista. A modo de ejemplo: obligaciones de diligencia debida, asunción de compromisos de conducta sostenible o posesión de etiquetas de comercio justo[440].

Estos tres grupos de materias serán los que se aborden con mayor detenimiento en el capítulo IV. Como puede apreciarse, las categorías remiten, indefectiblemente, al mundo del trabajo, razón por la cual puede afirmarse que las cláusulas sociales son, en realidad, sociolaborales. La elección taxonómica de esta investigación está basada en las materias sustantivas preponderantes y determinantes de la CPSR en la legislación; también es posible escindir algunas de ellas como las de igualdad de género. A modo de ejemplo: desde la *Direction des Affaires Juridiques* del gobierno francés[441] se ha publicado anualmente desde 2007 la *Guide sur les aspects sociaux de la commande publique* para recoger consejos y experiencias de implementación de cláusulas sociales en las Administraciones Públicas francesas. Pues bien, las materias que contiene se dividen en integración de personas alejadas del empleo, promoción de la igualdad de género y comercio justo (OECP, 2023). Otra propuesta similar, aunque añadiendo las condiciones laborales, es acogida por Burzaco (2010, 2016), quien distingue entre: *empleo y condiciones laborales,* que se relaciona con objetivos de políticas de empleo, de mejora de condiciones laborales de los trabajadores de las empresas licitadores y adjudicatarias o de estabilidad en el empleo; *políticas de igualdad de género,* ya se trate de

---

440 El comercio justo es "la relación de intercambio comercial basada en el diálogo, la transparencia y el respeto, que busca una mayor equidad en el comercio internacional"; así definida por *la Comunicación de la Comisión Europea "Contribución al desarrollo sostenible: el papel del comercio justo y de los sistemas no gubernamentales de garantía de la sostenibilidad comercial"* (COM, 2009, p. 215).

441 Específicamente, el Observatorio económico de la contratación pública.

mejorar el acceso al empleo o las propias condiciones de trabajo; *apoyo a colectivos en riesgo de exclusión social*; y, finalmente, *comercio justo*. A mi parecer, las medidas de igualdad de género pueden ser incardinadas como submateria de las categorías de condiciones de trabajo y derechos laborales, por un lado, y de los mecanismos de promoción del empleo y la inserción sociolaboral, por otro lado, puesto que es un eje sustantivo transversal.

En una línea similar, debe advertirse de que es adecuado y factible añadir una cuarta categoría constituida por el fomento de la economía social. Además, existe un camino paralelo que recorre el fomento de la economía social y la CPSR; caminos que, por momentos, se encuentran. De cualquier modo, el estudio de las entidades de economía social se acomete en los apartados destinados a la inclusión sociolaboral debido al papel que la LCSP les atribuye en materia de contratos reservados o, en general, como agentes de implementación de medidas de inserción sociolaboral (véase el capítulo IV.1).

En segundo lugar, junto a las materias que abordan las cláusulas sociales, es posible diferenciar estas según el modo que tienen de operar y de afectar a la esfera obligacional. De este modo, cabe distinguir las cláusulas que promueven una determinada actuación o disposición empresarial de aquellas que suponen una exigencia directa. Este criterio clasificatorio está íntimamente ligado al tercer grupo de criterios referido a continuación.

En tercer lugar, al afrontar la definición del término *cláusulas sociales* es inevitable aludir al momento o fases en que se insertan y, por tanto, al papel que cumplen en el procedimiento (Rodríguez-Piñero y Bravo-Ferrer, 2016). Y es que, tanto desde la normativa, como desde la aproximación doctrinal y administrativa, se admite que en todas las fases del proceso de contratación pueden tomarse en consideración aspectos de índole sociolaboral. Además, la ubicación de las cláusulas viene siendo la forma más extendida de tratar, exponer y analizar su implementación.

Cada una de las fases del proceso de contratación cumple una función y con ello se condiciona la validez de las exigencias del OC, que han de ser funcionales al trámite correspondiente del proceso. Así, el modo de articular las exigencias sociales y su funcionalidad en el proceso contractual son las características más adecuadas para estudiar su potencialidad protectora y sus límites. Esto permite atender a los requisitos que la jurisprudencia ha requerido cumplir para integrar aspectos sociales en cada una de las distintas fases de la contratación. Nuestra elección ha sido la de exponer en el capítulo II las funciones que la legislación atribuye a cada una de estas fases, por lo que ello permite centrarse en los aspectos específicos de cada una de las materias.

De cualquier modo, no es un requisito que las consideraciones sociales sean necesariamente incorporadas secuencial y simultáneamente en todas las fases del proceso, pues pueden diseñarse únicamente para alguna de las fases de este. En primer lugar, hace aparición la fase de preparación de los contratos, que cumple la función de determinar, entre otros extremos, el objeto contractual, las especificaciones técnicas que desarrollan las características de la prestación y la determinación de los conceptos económicos del contrato. Además, la normativa brinda la oportunidad de realizar una reserva de contratos a una clase específica de operadores económicos que reúnen las características que la ley contempla: generalmente, Empresas de Inserción y Centros Especiales de Empleo. En segundo lugar, se lleva a cabo la selección de los candidatos o participantes en el proceso contractual. De este modo se realiza una primera "criba" que determine qué empresarios pueden ser licitadores. Para esta labor el órgano de contratación atiende, fundamentalmente, a eventuales prohibiciones para contratar con el sector público o criterios de exclusión que puedan afectar a los empresarios concurrentes y, posteriormente, se examina si el licitador cumple con los requisitos o condiciones de solvencia económica y técnica; es decir, si la organización empresarial tiene las aptitudes necesarias para ejecutar el contrato. La tercera fase es la de adjudicación y consiste en valorar las ofertas presentadas por los distintos licitadores de tal modo que, aquella que reciba una mayor puntuación conforme a los criterios de valoración prescritos en los PCA, resultará adjudicataria del contrato (por tanto, no se valora las características de empresa sino las de la oferta). Además, en caso de que exista un empate entre distintos empresarios como resultado de la valoración realizada mediante los criterios de adjudicación, se aplican los criterios de desempate (anteriormente denominados criterios de preferencia) para resolver la adjudicación que pueden atender a características de la oferta o bien del operador. En último lugar, y una vez adjudicado el contrato, este se ejecutará conforme a las condiciones de ejecución estipuladas previamente en los pliegos de contratación. Pues bien, estas condiciones serán relevantes, además de a la hora de ejecutar efectivamente el contrato, para vigilar el posible incumplimiento y, con ello, tomar medidas consistentes en aplicar penalidades —también previstas en PCA— o, incluso, la rescisión del contrato.

Como se ha adelantado más arriba, no en todas las fases del procedimiento la configuración de exigencias y condiciones de tipo social es una facultad discrecional del OC; algunas fases de la contratación conducen a la adopción de cláusulas contractuales que integran la vertiente más reglada y tasada de la CPSR de extracción legal. Por ejemplo, respecto de la determinación del valor y precio del contrato, la ley señala el modo en que debe atenderse a consideraciones de índole laboral. Por lo que a las prohibiciones de contratar se refiere, el OC debe aplicar taxativamente la norma, excluyendo necesariamente a los operadores económicos que incurran en alguna de las causas previstas. Y es que, tanto la doctrina como las instituciones han asumido que hablar de inclusión de consideraciones sociales en la contratación pública, y con ello de cláusulas sociales, no es sólo hablar de aquellas exigencias de implementación voluntaria. Esta característica puede apreciarse en la *Guía de Adquisiciones Sociales* (COM, 2011a) de la Comisión Europea o en multitud de guías institucionales adoptadas mediante acuerdos de las CCAA.

Resta por preguntarse si la validez y la efectividad de las distintas cláusulas en función de la fase contractual difiere según el procedimiento empleado para adjudicar el contrato, así como el tipo de contrato según su objeto y según el sujeto contratante. En primer lugar, respecto de los procedimientos, salvo alguna excepción como la no necesidad de establecer criterios de solvencia en ciertos procedimientos abiertos, todos los procedimientos (abierto, restringido, negociado, etc.) que contempla la legislación de contratos públicos pueden incorporar cláusulas sociales (Bernete, 2013)[442]. En segundo lugar, por lo que a los tipos de contratos según su objeto se refie-

---

[442] En algunos casos pueden obviarse algunas fases del proceso como el establecimiento de criterios de solvencia técnica o puede adjudicarse el contrato sin establecer criterios de adjudicación.

re, cabe realizar dos apuntes. Por un lado, que tanto las Directivas 2014/23[443] y 24/UE como la LCSP contemplan la inclusión de aspectos sociales en los contratos y en los contratos de concesión. Por otro lado, y como quiera que en este trabajo únicamente se incide en los contratos de obra, suministro y servicio, hay que señalar que la LCSP matiza la inclusión de algunas cláusulas sociales dependiendo de la prestación contratada, pero no afecta a ello el análisis general que aquí se realiza. En tercer lugar, en lo relativo a la existencia de distintos regímenes jurídicos en función del sujeto público que contrata la prestación, reenviamos al lector a lo ya expuesto en el capítulo II; con todo, de nuevo, puede extrapolarse a cualesquiera de los regímenes jurídicos el tratamiento y las conclusiones que se desarrollan.

3.2. La CPSR en la normativa de contratos públicos

El acervo normativo erigido en torno a la contratación pública y, *por ende*, el marco jurídico otorgado para realizar el estudio de las cláusulas sociales viene constituido, fundamentalmente, por normas europeas y normas internas españolas. Resulta imprescindible acudir previamente al Derecho de Unión, tanto originario como derivado para, después, atender a la labor, principalmente de transposición, que ha asumido el legislador español.

Desde mediados del siglo XX existían preocupaciones o inquietudes en materia de contratación pública y condiciones sociolaborales

---

443 El considerando 64 de la Directiva 2014/23/UE muestra esta voluntad de extender los criterios sociales a cualquier tipo contractual al afirmar lo siguiente: "[...] a fin de lograr una mayor integración de las consideraciones sociales y medioambientales en los procedimientos de adjudicación de concesiones, los poderes y entidades adjudicadores deben estar autorizados a adoptar criterios de adjudicación o condiciones de ejecución de la concesión en lo que se refiere a las obras, suministros o servicios que vayan a facilitarse en el marco de un contrato de concesión en cualquiera de los aspectos y en cualquier fase de sus ciclos de vida, desde la extracción de materias primas para el producto hasta la fase de la eliminación del producto, incluidos los factores que intervengan en el proceso específico de producción, prestación o comercialización de dichas obras, suministros o servicios, o un proceso específico en una fase ulterior de su ciclo de vida, incluso cuando dichos factores no formen parte de su sustancia material".

que hacían evidentes, por ejemplo, el Convenio n.º 94 de la OIT sobre las cláusulas de trabajo en contratos celebrados por las autoridades públicas de 1949, y la Recomendación 84 sobre dicho texto. La intención de este convenio era la de garantizar el cumplimiento de las condiciones laborales propias del territorio en el que se ejecutan los trabajos en cuestión. Del mismo modo, en los términos expuestos más arriba (capítulo III.1.1), a mediados del siglo XX se entreveían opiniones políticas que planteaban la necesidad de condicionar en términos sociolaborales los compromisos negociales de los contratistas del sector público. El cumplimiento de las condiciones laborales del lugar en el que se realizaba la prestación era una exigencia que se articuló también en las normas estatales de contratos y, a su vez, en los primeros textos normativos europeos.

Tanto el Derecho originario de la UE como la Constitución Española otorgan cobertura suficiente para crear un armazón social en torno a los procesos contractuales públicos (véase el capítulo III.1.2 y 1.3). En el plano supranacional el instrumento normativo perteneciente al ordenamiento jurídico europeo que constituye la base para el estudio es la directiva, encaminada a regular específicamente los contratos del sector público y, con ello, a armonizar el Derecho interno de los Estados. En el ámbito estatal el desarrollo específico se ha realizado a través de sucesivas normas con rango de Ley (ordinaria) que, desde la entrada de España en la UE en el año 1986, han sido deudoras del mandato de las distintas directivas.

Desde hace tres décadas se han aprobado directivas que los Estados se han encargado de transponer con más o menos tino. La norma vigente de mayor trascendencia a efectos de este trabajo es la Directiva 2014/24/UE[444], cuyo considerando 1 explicita que se han de respetar los principios del TFUE, especialmente la libre circulación

[444] El fundamento jurídico de la inclusión de criterios sociales en la contratación pública radica directamente en la Directiva 2014/23/UE, relativa a la adjudicación de contratos de concesión y en la Directiva 2014/24/UE, sobre contratación pública. Asimismo, debe atenderse en el plano estatal español a la Ley 9/2017, de 8 de noviembre, de Contratos del Sector Público, por la que se transpone al ordenamiento jurídico español las Directivas 2014/23/UE y 2014/24/UE; la transposición fue llevada a cabo 18 meses después de la finalización del plazo de transposición ordenado por las Directivas.

de mercancías, la libertad de establecimiento y la libre prestación de servicios. En este contexto competencial los EM deben abstenerse de tomar medidas que perjudiquen o contraríen la consecución de los objetivos y principios de la UE, entre los que cobran especial trascendencia la economía de mercado y la libre prestación de servicios. Sin entrar en una exposición del marco normativo aplicable, que se desarrollará en el apartado posterior, corresponde continuar con el considerando segundo para apreciar que, además de ser funcionales a estos principios, los procesos de contratación y la normativa europea armonizadora deben fomentar un crecimiento inteligente, sostenible e integrador, así como un uso más eficiente de los fondos públicos y la utilización "mejor de la contratación pública en apoyo de objetivos sociales comunes".

Entrando en la esfera interna, el artículo 149.1. 18º CE atribuye al Estado la competencia exclusiva en legislación básica sobre contratos y concesiones administrativas. Por ello, la Ley 9/2017, 8 de noviembre, de Contratos del Sector Público se constituye en legislación básica estatal, salvo respecto de los preceptos excluidos en la DF 1ª. Las CCAA han adoptado legislación y reglamentos que abordan, desde las competencias que les son propias en virtud de la CE y sus estatutos de autonomía, no solo los contratos del sector público, sino su dimensión estratégica y social.

A continuación, se expone la evolución normativa de contratación pública haciendo énfasis en el contenido que ahonda en aquello que se ha definido como CPSR *lato sensu*. Entender la situación actual de la CPSR requiere prestar atención al trazado histórico que, por otro lado, ayuda a exponer la finalidad de la normativa actual. Como se verá de ahora en adelante, existe una progresión constante, aunque sutil, en favor de la incorporación de criterios sociales.

3.2.1. De la primera a la cuarta generación de directivas europeas

Las referencias jurídicas europeas en materia contractual se remontan a la década de los setenta, con tres textos fundamentales que pretendían homogeneizar, en cierta medida, los procesos estatales de formalización de contratos públicos: las Directivas 71/304/CEE y 71/305/CEE y la Decisión del Consejo de 26 de julio de 1971, de creación del Comité consultivo para los contratos públicos. Ya en los años noventa se aprueba la segunda generación[445] de directivas compuesta inicialmente por las Directivas 92/50/CEE, sobre contratos públicos de servicios y la Directiva 90/531, sobre contratos en el ámbito de los sectores del agua, la energía, de los transportes y las telecomunicaciones. Posteriormente, el Consejo culminaría el proceso de renovación de la normativa comunitaria con la aprobación de las Directivas 93/36/CEE (contratos de suministro), 93/37/CEE (contratos de obras) y 93/38/CEE (sectores especiales de la 90/531), de 14 de junio de 1993. Más allá del cumplimiento de condiciones laborales y de Seguridad Social, estas directivas no contenían mención alguna a las dos facetas de la contratación pública, tanto la legal-preceptiva como la administrativa-discrecional, en orden a ampliar la responsabilidad de las AAPP y a redimensionar los objetivos y funciones de la contratación pública[446].

El camino normativo europeo que toma en cuenta los aspectos sociales tiene como documento embrionario el *Libro Verde de la contratación pública en la Unión Europea: reflexiones para el futuro* publicado en 27 de noviembre de 1996 (COM, 1996). Lo cierto es que en este documento apenas se daba un trato somero a la inclusión de aspectos sociales en su capítulo V; con todo, se admitía que la normativa de contratación pública pudiera contribuir a lograr los objetivos de la política social orientando desde el poder público la actuación de los operadores privados. No es menos cierto que las aportaciones que exponía este texto partían del contenido de las Directivas de segunda generación y se basaban, en primer lugar, en la posibilidad de excluir del proceso de contratación a empresarios condenados por delitos o infracciones graves derivadas de la violación de legislación social; en segundo lugar, se aludía a la inclusión de condiciones aplicables durante la ejecución del contrato —aunque no prevista expresamen-

---

445 En el ámbito europeo las directivas de contratación pública se adoptaron por primera vez en la década de los setenta, considerándose esta la primera generación de directivas en la materia. Consiguientemente, las posteriores versiones de las directivas de contenido sustantivo se consideran una generación sucesiva.

446 Miranda Boto (2016) señala que esta realidad es un reflejo de la preponderancia de la Dirección General de Mercado Interior de la Comisión Europea sobre la Dirección General de Empleo y Asuntos Sociales, incluso en la época en la que se trataba de dar al mercado interior un alma social.

te en la norma— encaminadas a fomentar el empleo femenino o de personas en situaciones desfavorecidas, siempre respetando el principio de no discriminación, de trasparencia y de publicidad; en tercer lugar, se admitía que las directivas no contemplaban explícitamente la articulación de criterios sociales en las fases del proceso de contratación de preparación y adjudicación del contrato (no obstante, el TJUE había permitido tal posibilidad[447]). No obstante, sí avalaba la articulación de tales criterios en los contratos que no superaran los umbrales de aplicación de las directivas. Finalmente, en este texto la Comisión se plantea la necesidad de aclarar mediante una comunicación interpretativa la posibilidad de incluir criterios sociales en el marco, eso sí, de las directivas de segunda generación.

La *Comunicación de la Comisión Europea "Agenda de Política Social"* instaba a una mejora del modelo social europeo que promoviera el pleno empleo y la justicia social. En una de las tareas contempladas en dicha comunicación se mencionaba expresamente publicación de "una comunicación sobre los aspectos sociales de los procedimientos de contratación pública" (COM, 2000, p. 29). Pues bien, meses más tarde, y como antecedente inmediato en el contexto de la UE de la CPSR y de la aprobación de las Directivas de 2004, se dictaba la *Comunicación interpretativa de la Comisión Europea sobre la legislación europea de contratos públicos y las posibilidades de integrar aspectos sociales en dichos contratos* (COM, 2001a)[448]. La Comunicación de 2001 asumía que los objetivos inherentes a la política del mercado interior podían compaginarse con otros vinculados a la política social[449]. La propia

---

447 STJCE de 26 de septiembre de 2000 (asunto C-225/98). Se admite la inclusión de un criterio de adjudicación relacionado con la protección del empleo personas desempleadas de larga duración.

448 Miranda Boto (2016) apunta que el Libro Verde apenas menciona la posibilidad de incluir criterios sociales en la contratación y advertía, frente a esa posibilidad, de la necesidad de salvaguardar la competencia leal. La Comunicación interpretativa de la dimensión social no llegó hasta 2001, ya que la Comunicación de 1998, que se planteó abordar la cuestión social, básicamente admitía la posibilidad de excluir del proceso de contratación a contratistas que violasen la legislación vigente, aceptando además cláusulas de acción positiva.

449 A esta Comunicación de 2001 se remiten las menciones relativas a la contratación pública de la *Comunicación de la Comisión "la responsabilidad social de las empresas: una contribución empresarial al desarrollo sostenible"* de 2002.

Comisión reconocía que en última instancia es el TJUE el que debe interpretar las directivas examinando las posibilidades que exploraba teóricamente aquella. Y es que, resulta trascendente, sobre todo en una materia con un tratamiento tan prolijo en Comunicaciones interpretativas, señalar que se está ante un instrumento no vinculante o que no se constituye como acto jurídico de carácter normativo. No obstante, las interpretaciones efectuadas por las instituciones europeas influencian tanto el debate jurídico como el debate social. Además, distintas instancias académicas, administrativas y judiciales en los EM se han mostrado permeables a este tipo de actos, por lo que puede considerarse relevante desde el punto de vista hermenéutico dar a conocer el contenido y la motivación de las Comunicaciones de la Comisión.

Antes de la publicación de la última comunicación, se adoptó el 10 de mayo de 2000 la propuesta de modificación de las directivas de contratación pública. Aunque se admitía la insuficiencia de estas en materia de cláusulas sociales discrecionales, y se manifestaba públicamente que los nuevos textos podrían ahondar en aquello en lo que se entendían deficitarias en este asunto las Directivas de segunda generación, lo cierto es que tampoco las de la tercera darían un giro realmente trascendente. Finalmente se aprobaría la tercera generación de directivas, por un lado, la Directiva 2004/17/CE del Parlamento Europeo y el Consejo de 31 de marzo de 2004 sobre la coordinación de los procedimientos de adjudicación de contratos en los sectores del agua, la energía, los transportes y los servicios postales y, por otro, la Directiva 2004/18/CE del Parlamento Europeo y del Consejo, de 31 de marzo de 2004, sobre coordinación de los procedimientos de adjudicación de los contratos públicos de obras, de suministro y de servicios.

I. Los primeros avances de las cláusulas sociales

La carta de presentación de la Directiva 2004/18/CE es su considerando 1, en el que se afirma que su contenido está basado en la jurisprudencia del TJUE y traslada al texto la doctrina relativa a los criterios de adjudicación y clarifica las posibilidades de emplear la contratación pública para atender a necesidades también de carácter medioambiental o social. En el considerando 46 vuelve a citarse las exigencias sociales que pueden atenderse, pero poniendo el acento en personas especialmente desfavorecida, apunte que ha traído consigo problemas interpretativos, ya que hay instancias que han entendido de forma restrictiva esta indicación que, por otro lado, solo se contiene en un considerando.

Pero la realidad deviene bien distinta cuando el estudio se adentra en el articulado de esta norma europea ya derogada. Si bien es cierto que las cláusulas medioambientales ganan espacio en el mismo, se trata de un terreno todavía vedado a las cláusulas sociales. Tan solo llegan a apreciarse un detalle en el artículo 26, relativo a las condiciones de ejecución, el cual menciona la posibilidad de incluir consideraciones de tipo social y medioambiental. Por otro lado, y a pesar del anuncio del considerando 1, el artículo 53, referido a los criterios de adjudicación se limitan a añadir como posible criterio de adjudicación las características medioambientales. Ítem que se añade al precio, el plazo de entrega, el coste de explotación, la rentabilidad, la calidad, las características estéticas y funcionales, el valor técnico, el servicio postventa y la asistencia técnica; todos ellos ya contenidos en las anteriores directivas.

Por último, cabe citar que se mantienen las obligaciones y facultades de excluir de la participación en un contrato público a empresas que hayan sido condenadas o sancionadas por los ilícitos penales o administrativos que recogen los artículos 45 y 46, así como la posibilidad de reservar contratos (art. 19) a talleres protegidos o reservar su ejecución en el marco de programas de empleo en determinadas circunstancias.

Posteriormente a la aprobación de las Directivas de 2004 se publicaron dos documentos que, como ya ocurriera con el Libro Verde del año 1996, parecían anunciar nuevas reformas en materia de contratación socialmente responsable. En el año 2010 finalizaba la Comisión Europea el documento que lleva por nombre *Adquisiciones sociales: Una guía para considerar aspectos sociales en las contrataciones públicas* que fue publicada en 2011 (COM, 2011a). Esta guía tenía como funciones principales sensibilizar a los poderes adjudicadores sobre las ventajas de la CPSR y explicar de forma práctica el modo en que pueden incluirse criterios sociales en la contratación pública.

Durante ese mismo año 2010 se adoptaba la *Comunicación de la Comisión Europea "Hacia un Acta del Mercado Único: por una economía social de mercado altamente competitiva"* (COM, 2010b), poniendo de nuevo el acento en el impulso del mercado interior. Tan solo un año más tarde se publica el *Libro Verde de la Comisión "La modernización de la política de contratación pública de la UE: Hacia un mercado europeo de la contratación pública más eficiente"* (COM, 2011e).

A pesar de los déficits que se han ido apreciando, no tanto en la literatura de la Comisión como en la normativa, en lo relativo al desarrollo de aspectos sociales en las distintas fases de la contratación pública, lo cierto es que la Unión ha adquirido un papel crucial en esta materia al haber ido impulsando la armonización de los procedimientos de preparación, selección, adjudicación y ejecución de los contratos de carácter público. Este último impulso se dio en 2014 con la aprobación de las Directivas que derogan las Directivas 2004/17/CE y 2004/18/CE y que actualmente se encuentran en vigor[450].

II. La cuarta generación de directivas de contratación pública

Las dos comunicaciones de la Comisión Europea publicadas en 2011 ya referenciadas en el apartado anterior (COM, 2011e, 2011a) son el referente y antecedente inmediato del cuarto paquete de directivas. En este mismo año, además, se pronunciaba la Comisión Europea en la *Comunicación "Acta del Mercado Único juntos por el nuevo crecimiento"* (COM, 2011b) en la que se advertía al Parlamento Europeo de que debía revisarse y modernizarse el "marco normativo de los

---

450 El acervo jurídico europeo en torno a la contratación pública alberga, además de normas sustantivas, dos normas básicas de carácter procedimental que se mantienen en vigor: la Directiva 89/665/CEE del Consejo, de 21 de diciembre de 1989, relativa a la coordinación de las disposiciones legales, reglamentarias y administrativas referentes a la aplicación de los procedimientos de recurso en materia de adjudicación de los contratos públicos de suministros y de obras y la Directiva 92/13/CEE del Consejo, de 25 de febrero de 1992, relativa a la coordinación de los disposiciones legales, reglamentarias y administrativas referentes a la aplicación de las normas comunitarias en los procedimientos de formalización de contratos de las entidades que operen en los sectores del agua, de la energía, de los transportes y de las telecomunicaciones

contratos públicos para llegar a una política equilibrada que preste apoyo a una demanda de bienes, servicios y obras que sean respetuosos del medio ambiente, socialmente responsables e innovadores". Su instrumentalización se requiere por la Comisión al entender que "las necesidades del sector público ofrecen buenas oportunidades para aumentar la demanda de bienes, servicios y obras que, además de respetuosos del medio ambiente, sean socialmente responsables e innovadores. En otros términos, los contratos públicos pueden servir de instrumento para potenciar el desarrollo de un mercado interior más ecológico, social e innovador".

El fundamento jurídico vigente de la inclusión de criterios sociales en la contratación pública descansa en la cuarta generación de directivas, que la conforma la Directiva 2014/23/UE, relativa a la adjudicación de contratos de concesión y en la Directiva 2014/24/UE, sobre contratación pública. Por otro lado, entre las normas de carácter sustantivo, y aunque con un ámbito aplicativo más restringido, se halla la Directiva 2014/25/UE del Parlamento Europeo y del Consejo, de 26 de febrero de 2014, relativa a la contratación por entidades que operan en los sectores del agua, la energía, los transportes y los servicios postales. Como ya hiciéramos al repasar las directivas de tercera generación, en el presente trabajo se ahondará en la conocida como Directiva clásica[451], la Directiva 2014/24, al tratarse del núcleo fundamental en la materia, sobre todo, por radicar en los contratos de su ámbito de aplicación la mayoría de los pronunciamientos que se estudiarán más adelante sobre las cláusulas sociales y porque el análisis sobre estas puede extenderse a los contratos de concesiones. Respecto del ámbito aplicativo, precisamente, realizamos a continuación algunos apuntes.

Las directivas aprobadas en los últimos años se enmarcan en el concepto de *contratación estratégica* que, como ya se adelantaba en el Libro Verde de 2011 (COM, 2011e), busca implementar en la contra-

451 De este modo se refiere a ella la Comisión en documentos como la *Recomendación 2017/1805, de 3 de octubre de 2017, sobre la profesionalización de la contratación pública* (COM, 2017b). De esta forma se hace referencia a la directiva encargada de regular la contratación del sector público en relación con la Directiva 2014/23/UE encargada de regular las concesiones administrativas y, por tanto, siendo más específica.

tación con empresas privadas las políticas de la Unión en materia social y medioambiental en favor de los objetivos de la *Estrategia Europa 2020* (COM, 2010a, 2010d). Entre estos objetivos se identifica el de alcanzar un alto nivel de empleo e integración social. En este sentido, la propia Directiva 2014/24/UE en su considerando 36 apunta que "el empleo y la ocupación contribuyen a la integración en la sociedad y son elementos clave para garantizar la igualdad de oportunidades en beneficio de todos". Todo ello, sin soslayar que los Estados miembros, en virtud del art. 18, deben tomar medidas para garantizar que los operadores económicos con los que se contrata cumplen las obligaciones sociales y laborales del Derecho de la Unión y del Derecho nacional. Ahora bien, como apunta el considerando 37 *in fine*: "[...] ello no debe impedir en modo alguno la aplicación de condiciones de empleo y trabajo más favorables para los trabajadores".

El objetivo de las directivas sigue siendo garantizar que los fondos públicos se gestionan de forma eficiente, pero la perspectiva estratégica plantea dejar de entender la contratación pública como un fin en sí mismo que sirve únicamente para abastecer de servicios y bienes a la administración para pasar a considerarla, además, como un instrumento jurídico al servicio de las políticas públicas, y entre ellas, las políticas sociolaborales. En este sentido, Gimeno Feliú (2013, p. 43) señalaba, durante el proceso de adopción de las directivas de cuarta generación, que toma impulso la concepción instrumental de la contratación pública a través de la cual "los poderes públicos realizan una política de intervención en la vida económica, social y política del país, lo que convierte a la contratación pública en un ámbito de actividad a través del cual poder orientar determinados comportamientos de los agentes económicos intervinientes".

Tras más de un año desde la entrada en vigor de la Directiva 2014/24/UE, la Comisión incide de nuevo, a través de la *Comunicación al Parlamento Europeo, al Consejo, al Comité Económico y Social y al Comité de las Regiones "Conseguir que la contratación pública funcione en Europa y para Europa"* (COM, 2017a), en considerar la contratación pública como un instrumento estratégico que, partiendo siempre del desarrollo de un mercado único, abogue por la transparencia, le eficiencia y la responsabilidad y se convierta en una herramienta para gastar el dinero público de una manera eficiente, sostenible y estratégica, "especialmente en tiempos en los que los presupuestos nacionales están muy ajustado" (COM, 2017a, p. 2). Al margen de las continuas referencias a la competitividad resultan gráficas las siguientes líneas para definir el enfoque estratégico según esta institución europea (COM, 2017a, p. 3) la CPEs "exige pasar de un enfoque puramente administrativo a un enfoque con una perspectiva estratégica y basado en las necesidades" de la sociedad, con el fin de "contribuir a afrontar muchos de los principales retos de Europa, especialmente la consecución de un crecimiento sostenible y el crecimiento sostenible y la creación de empleo. [...] También puede [...] fomentar el desarrollo económico sostenible y sociedades más equitativas e inclusivas".

De forma coherente con este planteamiento estratégico que requiere un enfoque político proactivo se afirma que "el objetivo global es obtener una mejor relación calidad-precio para el dinero público, proporcionar mejores resultados para los objetivos sociales y de otras políticas públicas, al tiempo que se aumenta la eficiencia del gasto público" (COM, 2017a, p. 3). La propia Comisión, no necesariamente enmendando sus posiciones pasadas, reprocha que la contratación pública se siga viendo como un mero procedimiento administrativo con el que adquirir productos, servicios u obras básicos que precisen los poderes públicos para sus operaciones[452].

Podría afirmarse que, en esta ocasión, las palabras de la Comisión encuentran una base regulatoria, al menos, más sólida que la precedente que tendía a desdecir o a defraudar los mensajes de las instituciones. A pesar de ello, sigue manteniéndose una falta de concreción a la hora de delimitar las facultades de los poderes públicos que marca unos márgenes muy amplios que forman un gran campo en disputa. Tanto es así que ya el Parlamento Europeo, en la *Resolución el 18 de mayo de 2010, sobre nuevos aspectos de la política de contratación pública,*

---

452 La Comisión identifica seis áreas u objetivos prioritarios que pueden transformar la contratación pública convirtiéndola en un instrumento de política económica de los EM: garantizar una mayor aceptación de la contratación pública estratégica; la profesionalización de los compradores públicos; mejorar el acceso a los mercados de contratación; aumento de la transparencia, integridad y mejores datos; impulso de la transformación digital; y la cooperación para contratar de forma conjunta.

hace "hincapié en la falta de claridad en el ámbito de la contratación pública socialmente responsable y pide a la Comisión que facilite ayuda a este respecto en forma de manuales" (Parlamento Europeo, 2010, p. 7)[453]. No es menos cierto que la Comisión, aunque no termina de definir los criterios sociales, sí adopta, como también solicita el Parlamento, una recomendación en la misma fecha sobre la profesionalización de la contratación pública, orientada principalmente a la formación de las instituciones y los órganos de contratación.

Se trata de la *Recomendación, de 5 de octubre de 2017, de la Comisión Europea sobre la profesionalización de la contratación pública* que parte de considerar la contratación pública como un instrumento para alcanzar un crecimiento inteligente, sostenible e integrador. En su considerando 2 se presentan algunas referencias a la posibilidad que ofrecen las Directivas de realizar un uso más eficiente y estratégico de la contratación pública. Así, en un ejercicio de realidad entiende que la contratación ha de demostrar la mejor relación calidad-precio de las inversiones públicas "en entornos presupuestarios cada vez más restrictivos" para pasar a afirmar que debe contribuir estratégicamente a "los objetivos de política social horizontal y valores sociales como [...] la inclusión social" (COM, 2017b, p. 2). Con todo, el contenido de la Recomendación no explora el modo de alcanzar estos objetivos sociales, sino que insta a garantizar un uso más eficiente de los fondos públicos para lo que se requiere un respaldo político a las herramientas, métodos y normas más exigentes de profesionalidad dirigidas al personal encargado de la contratación pública. Esta resolución viene acompañada meses más tarde de la resolución sobre el paquete de medidas de la estrategia de contratación pública (Parlamento Europeo, 2018), en la que se reconoce el déficit de cláusulas sociales y medioambientales en las licitaciones (el 55 % no incluye), se reivindica la legitimidad y la necesidad de la CPSR y solicita a la Comisión una guía que dote de consejos de desarrollo y practicidad a las normas del cuarto paquete de directivas relacionadas con dicha concepción de las adquisiciones públicas.

---

453 Asimismo, pide a la Comisión que deje claro que "las autoridades públicas podrán tomar como base para los contratos públicos los criterios sociales, tales como el pago de salarios con arreglo a los correspondientes convenios y otros requisitos pertinentes" (Parlamento Europeo, 2010, p. 7).

El mayor espaldarazo a la concepción socialmente responsable, tras la aprobación de las directivas y de la solicitud del Parlamento Europeo, tiene lugar en el nivel del *soft law* con las siguientes dos guías de la Comisión Europea:

- *Guía de la Comisión Europea "Making socially responsible public procurement work, 71 good practice cases"* (COM, 2020)[454].
- *Guía de la Comisión Europea "Adquisiciones sociales. Una guía para considerar aspectos sociales en la contratación pública, 2ª edición"* (COM, 2021a).

La UE ha sido, en este aspecto, la principal impulsora a través de su Derecho derivado de la inclusión de criterios sociales en la contratación pública, aunque, como se ha podido analizar, esta apreciación se realiza en términos estrictamente relativos en relación con la normativa estatal española. No obstante, ello no significa que las Cortes Generales, debiendo adaptar la legislación a las directivas, hayan adoptado el oficio de copiar la literalidad del contenido de estas. Por un lado, en ciertos casos el legislador español ha realizado un recorrido más largo dando mayor margen a la inclusión de aspectos sociales, mientras que en otros la técnica de transposición o la voluntad política ha complicado su configuración. Por otro lado, encontramos instituciones jurídicas sobre las que, aun no pronunciándose la directiva de contratos públicos, la normativa española ha incidido, como ocurre con los convenios colectivos aplicables o las cláusulas subrogatorias.

3.2.2. La normativa estatal española en el contexto del Derecho europeo

En al ámbito español puede considerarse adecuado, atendiendo al objeto de este estudio, comenzar por aludir a la Ley 13/1995, de 18 de mayo, de Contratos de las Administraciones Públicas. Se trata de la primera norma desde la aprobación de la CE y quedaría refun-

---

454 La guía expone 71 casos europeos reales de 10 sectores: servicios de limpieza y gestión de instalaciones; construcción; servicios de alimentación; mobiliario; servicios sociales; TIC; textiles; y otros.

dida junto con otros textos en el RD-Leg. 2/2000, de 16 de junio. Norma que, a su vez, sería desarrollada reglamentariamente por el RD 1098/2001, de 12 de octubre, el cual se mantiene en vigor.

El papel jugado por estas leyes, en lo que a contemplar aspectos sociales se refiere, es similar al desempeñado por las directivas de primera y segunda generación; aunque la STS de 23 de mayo de 1997 —rec. 12365/1991— (FJ 3º), admitiese de forma explícita la posibilidad de incluir medidas de este tipo por considerar que "la Administración no está obligada a aceptar el mejor precio, sino la oferta más favorable al interés público".

A modo de ejemplo, el RD-Leg. 2/2000 definía, en su artículo 86, los criterios para la adjudicación del denominado, por entonces, concurso. En su apartado primero se citaban el precio, la calidad, la rentabilidad, el valor técnico, las características estéticas o funcionales, la asistencia técnica, entre otros criterios, entre los cuales no se encuentra criterio alguno referido a aspectos o exigencias sociales, como tampoco medioambientales; si bien es cierto que al final del apartado se empleaba la expresión "u otros semejantes". Esta ausencia en la enumeración de criterios laborales o sociales motivó durante años que se discutiera la posibilidad de incluir esta clase de criterios de valoración; no obstante, esta litigiosidad no finalizaría con los sucesivos textos normativos sobre contratación pública. Junto a las prohibiciones de contratar (art. 20) con determinadas empresas condenadas por determinados delitos, sancionadas por infracciones muy graves del orden social (o grave en materia de integración laboral de personas con discapacidad) o que no se hallasen al corriente en el cumplimiento de las obligaciones de SS, se encuentran cláusulas de preferencia ante la posible situación de empate en la valoración de ofertas. En efecto, la DA 8ª contemplaba dicho beneficio de desempate para empresas que tuviesen en su plantilla personas con discapacidad y para entidades sin ánimo de lucro. Y es que, más allá de lo que los OC practicaban en la redacción de los pliegos, la normativa era bastante laxa en materia de CPSR.

Los aspectos reglados y preceptivos relacionados con el trabajo tan solo pueden apreciarse en art. 20 d) de la Ley 13/1995 relativo a la prohibición de contratar con empresas condenadas por delitos contra la "seguridad e higiene en el trabajo" o "contra la libertad y la seguridad en el trabajo", así como con las que incumplan de forma grave sus obligaciones "en materia de integración laboral de minusválidos". En un punto intermedio quedan las capacidades potestativas de los OC para señalar en los PCA criterios de desempate en favor de empresas que tengan en su plantilla "un número de trabajadores minusválidos no inferior al 2 por 100" (DA 8ª) o para incluir en dichos pliegos la autoridad de los licitadores para obtener información sobre condiciones de trabajo en el territorio en el que se ejecute la prestación (DF 4ª). Este relato es extrapolable al posterior RD-Leg. 2/2000 que mantuvo esencialmente la regulación sobre el asunto.

Al margen de estas consideraciones legales, las capacidades más discrecionales de los OC no están expresamente reguladas en cuanto a tomar en consideración aspectos sociolaborales. Tanto es así que el IJCCP del Estado 5/02 admitía criterios de solvencia relativos a la estabilidad en el empleo y condiciones de ejecución de inserción sociolaboral, en consonancia con las comunicaciones de la Comisión Europea emitidas hasta la fecha. Un año después de aprobado el tercer paquete de directivas, la Abogacía del Estado emitió el Dictamen 43/2005 que apuntaba los argumentos empleados posteriormente por el TACRC por los que entendía que no estaba permitido emplear cláusulas sociales de carácter laboral en la contratación pública. En primer lugar, los PCA no pueden intervenir en una relación contractual ajena como es la laboral; en segundo lugar, supondría una modificación del sistema de fuentes establecido en el ET; y, por último, podría atentar contra la libre autonomía del trabajador.

I. La respuesta legislativa a las directivas de tercera generación

Habría que esperar a la Ley 30/2007, de 30 de octubre, de Contratos del Sector Público, que fue modificada en reiteradas ocasiones, para encontrar el resultado de la transposición que diera cabida, tímidamente, a mecanismos que permitiesen introducir consideraciones de tipo social como condiciones de ejecución del contrato o como criterios de valoración de ofertas (art. 134). Respecto de los criterios de valoración, el artículo 134 señalaba que podían tenerse en cuenta características que estén "vinculadas con la satisfacción de exigencias sociales que respondan a necesidades, definidas en las especificaciones del contrato, propias de las categorías de población especialmente desfavorecidas a las que pertenezcan los usuarios o beneficiarios de las prestaciones a contratar".

Aunque es cierto que, respecto de los criterios de valoración, añade las cuestiones de tipo social que la Directiva obviaba en su precepto dedicado a los criterios de adjudicación (pues solo contemplaba las medioambientales), no obstante, la redacción bebe del considerando 46 *in fine*, en el que se señalaba que las condiciones de ejecución podrían dirigirse a satisfacer exigencias sociales que respondan a necesidades propias de categorías especialmente desfavorecidas a las que pertenezcan los beneficiarios de las obras, suministros y servicios del contrato. Esta cuestión es de gran trascendencia, pues marcará la interpretación de los criterios de adjudicación en un sentido restrictivo[455].

Por lo que a las condiciones especiales de ejecución se refiere, en el artículo 102 se aludía a la posibilidad de atender a consideraciones de tipo social, *especialmente* —señalaba el texto—, con el fin de:

> "promover el empleo de personas con dificultades particulares de inserción en el mercado laboral, eliminar las desigualdades entre el hombre y la mujer en dicho mercado, combatir el paro, favorecer la formación en el lugar de trabajo, u otras finalidades que se establezcan con referencia a la estrategia coordinada para el empleo, definida en el artículo 125 del Tratado Constitutivo de la Comunidad Europea, o garantizar el respeto a los derechos laborales básicos a lo largo de la cadena de producción mediante la exigencia del cumplimiento de las Convenciones fundamentales de la Organización Internacional del Trabajo".

De nuevo, el legislador español, aunque ampliaba la redacción del precepto, parecía establecer un perímetro en torno al contenido de las cláusulas sociales, en este caso, de ejecución del contrato, po-

---

455 Además, la transposición no se realiza correctamente, a tenor de lo establecido en la propia directiva. Y es que, si bien la directiva exige que los criterios estén vinculados al objeto del contrato, el legislador español optó por emplear la fórmula "relación directa con el objeto del contrato"; lo que se ha erigido en un importante obstáculo para la implementación de criterios sociales en la fase de adjudicación; esta fórmula se ha mantenido en reformas posteriores hasta su modificación en la última Ley de Contratos del Sector Público.

niendo el foco en los colectivos más desfavorecidos y ampliando, eso sí, a objetivos relacionados con la igualdad entre sexos; con todo, la literalidad no necesariamente indicaba que no fuese posible ir más allá de los aspectos que, especialmente, podrían tenerse en cuenta.

Por último, las disposiciones adicionales sexta y séptima introducen en el texto dos novedades que irán evolucionando conforme se sucedan las diferentes reformas. La primera de ellas se refiere a la preferencia de determinadas ofertas en caso de empate de varias licitadoras tras la fase de valoración. Se mantenía, aunque con ciertas modificaciones, dicha preferencia para entidades sin ánimo de lucro o empresas que tuviesen en su plantilla personas con discapacidad y se ampliaba a aquellas que contrataran a personas en situación de riesgo de exclusión social; situaciones, todas ellas, que se concretaban en la DA 6ª. La segunda de las novedades se encontraba en la DA 7ª en la que se contemplaba la posibilidad de reservar la participación en determinados procesos de contratación a Centros Especiales de Empleo; posibilidad, esta última, que contemplaba la Directiva 2004/18/CE en su artículo 19.

Las múltiples modificaciones de la Ley 30/2007 y la dispersión de estas dieron lugar a la voluntad del legislador de refundir las distintas disposiciones, dando lugar al RD-Leg. 3/2011, de 14 de noviembre, por el que se aprueba el texto refundido de la Ley de Contratos del Sector Público. Esta norma mantenía los criterios de transposición en materia de criterios sociales de su predecesora. Sin embargo, aunque este texto es elaborado con la aprobación en ciernes de las directivas de cuarta generación que darán un mayor impulso a las cláusulas sociales, no puede obviarse que, respecto de la materia en liza, el contenido se mantiene prácticamente intacto. En tal sentido, como venía siendo constante, la prohibición de contratar (art. 62) con empresas en determinadas circunstancias seguía manteniéndose como un mecanismo de exclusión *ex lege* de los procesos de contratación. También queda consolidada la dicción literal de los preceptos relativos a los criterios sociales de valoración para la adjudicación del contrato (art. 150) y a las condiciones especiales de tipo social de ejecución del contrato (art. 118). Por otro lado, mantiene lo ya expuesto sobre criterios de preferencia ante situaciones de empate (DA 4ª) y sobre contratos reservados a determinadas entidades (DA 5ª).

Tras la aprobación de las directivas de cuarta generación (que entrarían en vigor en el año 2016) llegará el consiguiente acto de transposición por parte del legislador español. Por ello, actualmente, ha de dirigirse la atención a la Ley 9/2017, de 8 de noviembre, de Contratos del Sector Público, por la que se transpone al ordenamiento jurídico español las Directivas 2014/23/UE y 2014/24/UE (LCSP)[456]. Sobre la normativa española aplicable es necesario hacer dos precisiones: por un lado, al transponer ambas directivas la LCSP incluye en su ámbito de aplicación tanto los contratos de obra, de suministro y de servicio como los contratos de concesión de obra y de servicio; por otro lado, la transposición de la Directiva 2014/25/UE, relativa a los contratos públicos en sectores especiales, no se encuentra en la LCSP, sino en la Ley 31/2007, de 30 de octubre, sobre procedimientos de contratación en los sectores del agua, la energía, los transportes y los servicios postales.

Finalmente, no ha de pasarse por alto que las últimas directivas, y en concreto la 2014/24/UE, no se aplican respecto de cualquier clase de contrato, por lo que la LCSP establece distintos regímenes jurídicos dependiendo de si los contratos se sujetan o no a regulación armonizada. Esto tiene especial trascendencia desde el punto de vista normativo, pero también desde el puramente interpretativo, pues del mismo modo que el legislador español no está obligado a adoptar la directiva para todo contrato, tampoco supone que los límites que se señalan para el diseño e implementación de las cláusulas sociales deban tener el mismo efecto respecto de los contratos no sujetos a la directiva.

II. El último impulso del legislador estatal español a la CPSR

El estudio que se realiza en estas páginas está basado en el análisis y la descripción de la Ley 9/2017 (LCSP), siempre en relación con las Directivas 2014/23 y 24/UE, sin eludir la trayectoria jurisprudencial y doctrinal en torno a las distintas cláusulas sociales. Hasta el

---

456 Hasta la entrada en vigor de esta Ley, el 9 de marzo de 2018, se mantuvo en vigor el RD-Leg. 3/2011, de 14 de noviembre, por el que se aprueba el texto refundido de la Ley de Contratos del Sector Público.

momento puede decirse que la normativa europea ha asumido el protagonismo en esta materia, pero el papel del legislador español, aunque manteniéndose en la estela de aquella, ha aprovechado los textos de trasposición para ampliar, en mayor o menor medida, las posibilidades del órgano de contratación a la hora de implementar exigencias sociales a los operadores económicos. Así ha sucedido con la Ley 30/2007 respecto de la Directiva 2004/18/CE y, sobre todo, con la Ley 9/2017 respecto de la Directiva 2014/24/UE, pues no se limita a una transposición de mínimos. Con todo, el camino no ha estado exento de dificultades, pues desde un primer momento, tanto el texto propuesto por el Gobierno (presidido por Mariano Rajoy Brey, del Partido Popular) como la forma de tramitación provocaron objeciones entre los grupos parlamentarios de la oposición[457].

El Proyecto de Ley fue presentado por el Gobierno el 25 de noviembre de 2016, siendo calificado cuatro días más tarde por la Mesa del Congreso de los diputados. Esta encomendó la tramitación del Proyecto a la Comisión de Hacienda y Administraciones Públicas por el procedimiento de urgencia[458]; aunque finalmente el plazo de presentación de enmiendas se amplió en diez ocasiones y se prolongó hasta marzo de 2017[459] (Romero Ruiz, 2017). Las directivas objeto de

---

457 Algo similar ocurre Francia, aunque en distintas fases, pues tras la aprobación de las directivas, el Estado francés aprobó las *Ordonnances n.° 2015-899 du 23 juillet 2015 relative aux marchés publics* y *n.° 2016-65 du 29 janvier 2016 relative aux contrats de concession.* Abordaban de forma segmentada, en una lógica similar a la de las directivas europeas en esta materia, los contratos del sector público y los contratos de concesión. Seguidamente, en el año 2018, y de modo semejante a la normativa española, se aprueba la *Ordonnance n.° 2018-1074, du 26 novembre 2018, [...] du code de la commande publique*, en el plano legislativo y, el *Décret n.° 2018-1075, du 3 décembre 2018, [...] du code de la commande publique*, en su desarrollo reglamentario.

458 El Proyecto se acompañaba de los siguientes documentos: Certificado de la Comisión Nacional de Administración Local, Informe de la CNMC, Dictamen del CES, Informe del Tribunal de Cuentas, Informe del Consejo General del Poder Judicial, Dictamen del Consejo de Estado y el Acuerdo del Consejo de ministros de trámite parlamentario de urgencia. Estos documentos pueden consultarse desde el Dosier del proyecto de Ley de Contratos del Sector Público: http://www.congreso.es/docu/docum/ddocum/dosieres/sleg/legislatura_12/spl_1/dosier_sl_1_contratos_sector_publico_transparencia.pdf

459 Razquin Lizarraga (2016) opina sobre esta cuestión que el trámite de urgencia ha permitido un plazo breve para la presentación de enmiendas al texto

transposición entraron en vigor el 17 abril de 2014 (20 días después de su publicación en el Diario Oficial) pero los arts. 51 y 90 de las Directivas 2014/23 y 24/UE respectivamente contemplaban que los EM dieran cumplimiento a sus disposiciones a más tardar el 18 de abril de 2016 (con algunas excepciones que no afectan a la materia de esta investigación que permitía la transposición hasta el 2017 y 2018). Es decir, la tramitación dio comienzo seis meses después de la finalización del período de transposición habilitado. España, que opta por transponer la normativa europea mediante Ley orgánica, no la aprobó hasta el 8 de noviembre de 2017. No obstante, debido a la naturaleza de los preceptos de la directiva relativos a los criterios sociales, que no reconocen de forma incondicional y suficientemente precisa derechos a los particulares frente a los poderes públicos, no parece que la falta de transposición en el plazo debido haya debido comportar litigiosidad respecto al posible efecto directo de las directivas[460].

---

propuesto por el Gobierno que finalizaba el 14 de diciembre del mismo año, disponiendo los diputados tan solo de 8 días hábiles, lo que podía dar lugar a centrar el debate en cuestiones puramente técnicas dejando de lado el debate social de gran calado político; como ocurre con las cuestiones relacionadas con las cláusulas sociales de carácter laboral o, en otro orden de cosas, la previsión de mecanismos para combatir la corrupción.

460 El Derecho europeo goza de primacía, por lo que su valor es superior al del Derecho estatal pero el efecto de las Directivas, conforme al art. 288 TFUE, solo se despliega sobre los poderes públicos y no sobre terceros. El modo de entender tales efectos depende del plazo de transposición.

Antes de agotar dicho plazo y una vez entrada en vigor la Directiva, conforme a la STJUE de 4 de julio de 2006, *caso Adeneler y otros* (asunto C-212/04) —sosteniendo la postura ya adoptada por el Tribunal en el *caso Inter-Environmment Wallonie ASBL*— los Estados deben abstenerse de interpretar su Derecho nacional de un modo que pueda comprometer gravemente, la realización del objetivo perseguido por ésta. En este sentido Gimeno Feliu (2016) entiende que las Directivas de contratación pública han de jugar un papel interpretativo que los órganos jurisdiccionales no pueden eludir.

Cuestión distinta es el efecto del texto europeo cuando, como es el caso, España no adopta la ley de transposición dentro del plazo fijado por la Directiva. Pues bien, conforme a la STJUE de 26 de febrero de 1986, *caso M.H. Marshall* (asunto C-152/85), aunque la Directiva no puede crear por sí sola (por tanto, sin transposición) obligaciones a cargo de los particulares, tienen un efecto directo respecto de los Estados cuando: "Las disposiciones de una directiva revelen, desde un punto de vista de su contenido, como incondicionales y lo suficientemente

Con todo, de las intervenciones que pueden leerse en los diarios de sesiones de las Cortes Generales se deriva una satisfacción generalizada por parte de los distintos grupos parlamentarios con el resultado del texto, salvando la última parte de la tramitación en la que tres enmiendas aprobadas en el Senado suscitaron una controversia finalmente solventada.

La EM, tanto del Proyecto como de la LCSP —pues se mantiene en buena medida su redacción—, desvela el papel que parece asumir el legislador español. Además de considerar que la UE, con la aprobación de las últimas directivas, ha permitido a los poderes públicos emplear la contratación pública en apoyo de objetivos sociales comunes (apdo. I, último párrafo), afirma que la LCSP "trata de conseguir que se utilice la contratación pública como instrumento para implementar las políticas tanto europeas como nacionales en materia social, medioambiental, de innovación y desarrollo" (apdo. III, primer párrafo).

Y es que, a la vista del contenido de las directivas de cuarta generación, sobre todo en comparación con la laxitud de sus predecesoras, el legislador español reconocía la misión encomendada por aquellas. Incluso el informe adjunto al Anteproyecto emitido por el CES (2015, p. 3) consideraba que uno de los objetivos de la Ley era "incluir en los contratos públicos consideraciones de tipo social, medioambiental de innovación y desarrollo".

El Dictamen del CES consideraba que el Anteproyecto, a pesar de propugnar en su exposición de motivos el desarrollo de las cláusulas sociales y la lucha contra el *dumping social*, no realizaba una correcta transposición de la Directiva 2014/24/UE, mantenía expresiones

---

precisas, los particulares podrán invocarlas frente al Estado, ya sea cuando éste se abstenga de adaptar su Derecho nacional, en el plazo establecido, a la directiva, ya sea cuando realice una adaptación incorrecta" (párrafo 46). Además, el EM no puede, en estos casos, oponer a los particulares el incumplimiento. En resumen: solo en determinados casos el articulado de la directiva reconoce derechos a los particulares frente al poder público (efecto directo vertical ascendente) pero en ningún caso se reconoce un efecto directo horizontal pues no pueden crearse obligaciones de particulares frente a particulares ni efecto directo vertical descendente porque tampoco se generan obligaciones de los particulares frente al poder público.

ambiguas, redacciones imprecisas e indeterminadas y no contemplaba mecanismos para mejorar las condiciones sociales y laborales ni dirigidos a evitar el incumplimiento por parte de los licitadores de la normativa laboral. Tanto es así que, ante la insuficiencia de atino por parte del Gobierno, el CES recomendaba realizar una transcripción íntegra y literal de preceptos de la directiva europea como los relativos a los criterios de adjudicación o a los contratos reservados en los ámbitos de servicios sociales, culturales y de salud.

Pero los obstáculos encontrados por los sectores proclives al impulso de las cláusulas sociales no empiezan y acaban en las eventuales posturas restrictivas del Gobierno de turno. Si el CES veía en el Anteproyecto numerosas deficiencias en torno a los aspectos sociales, otras instituciones reguladoras e informadoras de las políticas públicas han apuntado en la dirección contraria; advirtiendo al Gobierno del riego que generan las cláusulas sociales para el ordenamiento y el correcto funcionamiento económico. Ejemplo de ello es el Informe de la CNMC (2015, p. 13) sobre el Anteproyecto de la LCSP, en el que señalaba:

> "Debe valorarse con elevado rigor la introducción de objetivos secundarios que, aunque bienintencionados, pueden amenazar los objetivos primarios de la contratación pública incrementando el coste de los contribuyentes y de los usuarios. [...]. Debe tenerse presente no perjudicar este marco con la introducción de variables ajenas a los principios contenidos en el mismo (como las consideraciones sociales, medioambientales o de investigación y desarrollo) [...]". "La CNMC considera que la contratación pública no es el instrumento correcto para el cumplimiento de los objetivos sociales comunes incluidos en las Directivas [...]. Es evidente que existen otros más apropiados y, en su caso, menos distorsionadores a priori de la competencia: exenciones fiscales, modificaciones regulatorias".

Finalmente, las novedades se despliegan sobre todas las modalidades de configuración de las exigencias de carácter social. Tanto es así que el art. 1 preceptúa la obligación de incluir en todos los procesos de contratación criterios sociales, medioambientales o de innovación. Los avances en la materia se dan, en cierto modo, en todas las fases y aspectos del proceso con las prohibiciones de contratar por incumplimientos en materia laboral, la reserva de contratos a algunas entidades, la preparación del contrato en lo relativo a la selección de los criterios de solvencia y en la determinación del precio del contrato, los criterios de adjudicación, los criterios de desempate, las condiciones especiales de ejecución o, incluso, respecto de las causas de resolución de los contratos.

La Directiva 2014/24/UE y la LCSP han cerrado dos posibles debates. Por un lado, queda claro que es posible, e incluso preceptivo, emplear criterios sociales y laborales en el proceso de contratación y, en particular, a la hora de valorar las ofertas[461]. Por otro lado, los criterios sociales a emplear no se reducen a los enumerados en la norma, sino que, lejos de tratarse de un listado *numerus clausus,* el OC dispone de libertad para establecer los aspectos sociales a valorar. Siempre con unos límites tales como la vinculación con el contrato o la formulación objetiva que respete los principios de igualdad, no discriminación, transparencia y proporcionalidad. Además, de estas dos conclusiones se deriva otra fundamental: no es necesario que las características sociales respondan a necesidades propias de las categorías de población especialmente desfavorecidas a las que pertenezcan los beneficiarios o usuarios del objeto del contrato.

Esto no significa que los límites tradicionales se supriman, pero sí alteran considerablemente su significado y dimensión. La LCSP mantiene los requisitos que deben cumplir los criterios de adjudicación: establecimiento en los PCA y en el anuncio de licitación, vinculación con el objeto del contrato, formulación objetiva y respeto a principios de igualdad, transparencia y proporcionalidad. Con todo, la posición que hasta el momento han mantenido tanto los tribunales administrativos como las juntas consultivas dejan entrever un camino nada libre de obstáculos, en mayor medida en lo tocante a materia como las condiciones mínimas de trabajo, la limitación del *ius variandi* del empleador, el tiempo de trabajo o el fomento de la contratación.

3.2.3. El impulso legal y ejecutivo en el ámbito autonómico y local

Cabe preguntarse si la avidez de la LCSP encuentra un impulso complementario en la legislación autonómica y en el desarrollo y prácticas administrativa. Por lo pronto, y antes de rendir cuentas sobre la

---

461 Incluso se validan finalidades sociales que antes estaban proscritas por la Comisión Europea y por la doctrina administrativa y judicial.

actividad promocional y reguladora de las AAPP y la labor práctica de los órganos de contratación, es necesario señalar que, sobre esta materia, no se halla el único referente legal en la legislación del Estado.

El papel en el ámbito administrativo que deriva de la AGE tiene una conexión cuasidirecta con la legislación señalada y se trasluce en diversas normas que tratan de implementar (y, en cierto grado, servir de ejemplo) los cometidos socialmente responsables que regula. Buenos ejemplos de ello son, en el plano normativo, el Acuerdo del Consejo de ministros, de 12 de abril de 2019, por el que se aprueba el Plan para el impulso de la contratación pública socialmente responsable[462] y el RD 667/2023, de 18 de julio, por el que se crea la Comisión Interministerial para el desarrollo y mejora de la inclusión de las cláusulas sociales en la contratación pública[463].

A su vez, las competencias legislativas del Estado vienen caracterizadas por la capacidad de dictar normas legales de carácter básico para las CCAA con competencias en materia de contratación. Ello conlleva que estas puedan ampliar, desarrollar y hacer efectivas las disposiciones del texto estatal siempre que hayan asumido tales competencias en sus respectivos estatutos de autonomía. Las CCAA no solo han asumido este papel, sino que, en ocasiones, han adoptado posiciones proactivas. Citamos a continuación los ejemplos más destacados, diferenciando entre las CCAA que han incorporado en su normativa general de contratos del sector público disposiciones sobre CPSR y aquellas otras que han aprobado textos normativos, legales o reglamentarios *ad hoc* (generalmente, decretos de los consejos de gobierno), orientados a la implementación de aspectos sociales en los contratos del sector público (véase la tabla del punto 2.2. del apartado de referencias). Esta dinámica, por sí misma, no tiene por qué revelar un esfuerzo normativo menor entre las CCAA que incluyen una regulación de la CPSR en su normativa general, sin embargo, en la práctica, sí se vislumbra este fenómeno, pues el desarrollo legal es más preciso y ambicioso entre las CCAA que han optado

---

462 Publicado en virtud de la Orden PCI/556/2019, de 21 de mayo.

463 Aunque ya en el año 2006 el Consejo de ministros, por Acuerdo de 22 de mayo, constituyó la "Comisión Interministerial para la Incorporación de Criterios Ambientales en la Contratación Pública".

por aprobar legislaciones sustantivas específicas en responsabilidad social pública en procesos contractuales.

I. Disimilitudes entre las CCAA y las entidades locales

De entre las CCAA que han incluido preceptos sobre cláusulas sociales en su legislación pueden citarse, por ejemplo, Navarra, Galicia o Cataluña. Desde una perspectiva amplia, las leyes en cuestión, aunque con un contenido diverso,

En el caso de la Comunidad Foral de Navarra, la Ley Foral 6/2006, de 9 de junio, de Contratos Públicos, fue modificada por la Ley Foral 1/2015, de 22 de enero, para la introducción de cláusulas sociales en los PCA. El fin de la norma era el de establecer requerimientos de carácter social que debían incorporarse con carácter obligatorio en los procesos contractuales en el ámbito de los órganos de contratación de la comunidad. Otras comunidades como Galicia o Cataluña son más comedidas en su legislación de contratos y tienden a mantener la latencia baja de la dimensión social de la contratación pública. La Ley 14/2013, de 26 de diciembre, de racionalización del sector público autonómico de Galicia, que regula en su art. 25 la contratación pública socialmente responsable, se limita a disponer que las AAPP tengan en cuenta criterios sociales, preferentemente como criterios de adjudicación y condiciones de ejecución. El art. 26 por su parte atiende a la posibilidad de reservar contratos a centros especiales de empleo y a empresas de inserción sociolaboral. De forma paralela y sectorial, la Ley 6/2016, de 4 de mayo, de la economía social de Galicia tan solo hace una breve referencia a objetivos de la Administración como la "introducción de cláusulas de carácter social que, habida cuenta de las características y valores de la economía social, favorezcan su participación en la contratación pública y permitan evaluar adecuadamente sus aportaciones y contribuciones a la sociedad ". En el caso de Cataluña, en el Decreto-ley 3/2016, de 31 de mayo, de medidas urgentes en materia de contratación pública las referencias a las consideraciones sociales se limitan, más allá de alguna mención al impulso de la CPSR en su preámbulo, a su uso en el marco de la externalización de prestaciones de servicios sociales que las directivas permiten que los Estados miembros regulen de forma flexible.

Mientras tanto, las CCAA que disponen de normativa específica legal o reglamentaria de CPSR o CPEs son la Comunidad Valenciana (ley y decreto)[464], Aragón (ley)[465], Extremadura (ley)[466], Cantabria (decreto)[467], País Vasco (ley)[468] o Canarias (decreto)[469]. Las cámaras legislativas de estas comunidades y los consejos de gobierno han adoptado normativa legal y administrativa que versa, concretamente, sobre aspectos de responsabilidad social en la contratación pública. Sin ánimo de estricta exhaustividad sobre el contenido de cada uno de estos cuerpos normativos pasamos a hacer breves apuntes sobre algunos de ellos.

En el País Vasco hay que atender a la Ley 3/2016, de 7 de abril, para la inclusión de determinadas cláusulas sociales en la contratación pública. Esta norma tiene por objeto establecer unas previsiones mínimas que los órganos de contratación deben incorporar obligatoriamente en los procesos contractuales como condiciones de ejecución. El cuerpo principal de la Ley viene constituido por los arts. 5 (referente a las condiciones laborales mínimas de las empresas contratistas) y 6 (cláusula de subrogación), y se refiere principalmente a cuestiones de índole laboral. No obstante, es preciso señalar que la norma va dirigida, sobre todo, a dotar de mayor efectividad a la normativa laboral vigente, sin que suponga un avance ambicioso en cláusulas sociales sustantivas de carácter administrativo y discrecional.

---

464 Ley 18/2018, de 13 de julio, para el fomento de la responsabilidad social y el Decreto 118/2022, de 5 de agosto, del Consell, por el que se regula la inclusión de cláusulas de responsabilidad social en la contratación pública y en las convocatorias de ayudas y subvenciones.

465 Ley 11/2023, de 30 de marzo, de uso estratégico de la contratación pública de la Comunidad Autónoma de Aragón.

466 Ley 12/2018, de 26 de diciembre, de contratación pública socialmente responsable de Extremadura.

467 Decreto 75/2019, de 23 de mayo, por el que se establecen las directrices de política general sobre la incorporación de criterios y cláusulas sociales en la contratación del sector público de la Comunidad Autónoma de Cantabria.

468 Ley 3/2016, de 7 de abril, del País Vasco, para la inclusión de determinadas cláusulas sociales en la contratación pública.

469 Decreto 84/2006, de 20 de junio, por el que se establecen medidas en la contratación administrativa para fomentar la integración laboral de colectivos con especiales dificultades de inserción laboral.

Otras comunidades han pasado por fases marcadamente diferentes. Si bien no se mostraron muy prolijas algunas de las primeras previsiones legislativas de Aragón en CPSR, las nomas más recientes han supuesto un giro considerablemente importante. La Ley 3/2011, de 24 de febrero, de medidas en materia de Contratos del Sector Público de Aragón, en su primer artículo, afirmaba que el objeto de la ley era el de señalar "medidas de racionalización y simplificación y de fomento de los objetivos sociales en la contratación del sector público"; únicamente contemplaba reservas de contratos o criterios de desempate de contenido sociolaboral, pero esta parquedad se ve corregida recientemente en la paradigmática Ley 11/2023, de 30 de marzo, de uso estratégico de la contratación pública de la Comunidad Autónoma de Aragón.

La comunidad autónoma de Extremadura aprueba un texto normativo, la Ley 12/2018, de 26 de diciembre, de contratación pública socialmente responsable de Extremadura, que apuesta por introducir criterios de adjudicación y de desempate sociales fomentando entidades de la economía social, como las cooperativas, y articulando mecanismos de control e información durante la ejecución del contrato.

Destaca, de entre todas las normativas, la de la Comunitat Valenciana, en cuyo ámbito se aprueba la Ley 18/2018, de 13 de julio, para el fomento de la responsabilidad social. En ella se recoge el modo en que han de implementarse criterios sociales en la contratación pública en el ámbito de la comunidad. En su Título II, titulado *La responsabilidad social en las administraciones públicas*, prescribe llevar a cabo políticas y acciones socialmente responsables y, en su art. 12, usar la contratación pública como instrumento estratégico para incorporar en los pliegos de contratación criterios sociales en el marco de la normativa básica estatal en materia de contratos públicos. Es el artículo 13 el que concreta, en cierto modo, las cláusulas que habrían de incorporarse. No obstante, no son más que una traslación del contenido de la normativa estatal. La verdadera norma con contenido virtualmente superior en términos cualitativos es el Decreto 118/2022 de 5 de agosto, del Consell, por el que se regula la inclusión de cláusulas de responsabilidad social en la contratación pública y en las convocatorias de ayudas y subvenciones[470]. El texto incorpora múltiples referencias prácticas y desarrolla las obligaciones impuestas por la Ley 18/2018.

La aprobación de normas de rango legal, tanto por parte del Estado como de las CCAA, no es la única labor que pueden (o deben) asumir los poderes públicos en relación con el desarrollo de una contratación responsable y sostenible. Además de la labor legislativa y reglamentaria ya señalada, en determinadas comunidades se han aprobado instrumentos jurídicos administrativos como Acuerdos e Instrucciones de ámbito más restringido, como también han realizado multitud de entidades locales con distintas herramientas de regulación[471]. Y es que, además de que el fomento y la regulación de las cláusulas sociales no ha sido abordada de forma coordinada y uniforme, los instrumentos jurídicos empleados para regular el modo de implementar son diversos.

En el ámbito del sector público de la AGE mediante la arriba referenciada Comisión Interministerial para la incorporación de criterios sociales en la contratación pública se intenta garantizar la coordinación de las distintas entidades que tengan la condición de poderes adjudicadores para la incorporación de cláusulas sociales conforme a la LCSP. En los ministerios se han probado tradicionalmente manuales de buenas prácticas sobre materias concretas que se han manifestado insuficientes respecto de lo que se entiende por

---

470 Sobre los problemas que plantea la aplicación del Decreto en cuestión se ha emitido el Dictamen 1/2024 de 29 de febrero de la Junta Superior de Contratación Administrativa de la GVA.

471 Entre otros, el Acuerdo de 18 de octubre de 2016, de Consejo de Gobierno, por el que se impulsa la incorporación de cláusulas sociales y ambientales en los contratos de la Comunidad Autónoma de Andalucía; el Acuerdo de 3 de mayo de 2018, del Consejo de Gobierno, por el que se establece la reserva de contratos públicos a favor de ciertas entidades de la economía social y se impulsa la utilización de cláusulas sociales y ambientales en la contratación pública de la Comunidad de Madrid; el Acuerdo del Consejo de Gobierno de 29 de abril de 2016 por el que se establecen directrices para la inclusión de cláusulas de carácter social en la contratación de la Administración de la Comunidad Autónoma de las Illes Balears y su sector público instrumental; o, el Acuerdo de 27 de marzo de 2015, del Consell, por el que se establecen directrices para la aplicación de cláusulas de carácter social en la contratación de la Administración de la Generalitat Valenciana, entre otros.

cláusulas sociales transversales. Y es que, el mayor potencial de desarrollo práctico radica en las AAPP autonómicas y locales.

En diversos ámbitos territoriales locales y forales se han elaborado instrumentos jurídicos para hacer efectiva la aplicación de las cláusulas sociales, en forma de guías, directrices o instrucciones (véase el punto 2.1. del apartado de referencias). A modo de muestra, es el caso la Junta de Gobierno local de Castellón que, el 22 de mayo de 2012, aprobó la Instrucción reguladora de la aplicación de cláusulas sociales en la contratación pública del Ayto. y sus organismos autónomos. También de la Diputación Foral de Guipúzcoa que aprobó la Norma Foral 11/2014, de 29 de octubre, de incorporación de cláusulas sociales relativas a la compra pública socialmente responsable en la contratación del sector público foral; en un sentido similar, la Diputación Foral de Bizkaia adoptó el Decreto Foral 33/2018, de 13 de marzo, que aprueba el Reglamento para la incorporación de cláusulas sociales, medioambientales y de otras políticas públicas en los procedimientos de contratación; o el Ayuntamiento de Madrid la Instrucción 1/2016 relativa a la incorporación de cláusulas sociales en los contratos celebrados por el ayuntamiento de Madrid, sus organismos autónomos y entidades del sector público municipal[472]. Con estas Instrucciones se pretende que las AAPP y sus organismos autónomos y las entidades del sector público incorporen, generalmente de forma preceptiva, cláusulas sociales (también ambientales) en los procesos de contratación pública.

Lo cierto es que estas guías suelen tener un contenido similar entre ellas y, partiendo de un esquema tradicional que atiende a las distintas fases contractuales, referencia la normativa aplicable y suelen ejemplificar diversas formas de inclusión de exigencias sociales. Su utilidad se proyecta sobre la divulgación, la formación y la profesionalización del sector público en materia de CPSR como, por otra parte, exigen las instancias europeas y estatales. A lo largo de este estudio se hace un repaso del contenido de algunas de ellas, pues se han revelado trascendentes en múltiples dimensiones.

---

472 La letanía de documentos similares adoptados con el fin expresado puede continuar con instrucciones como la de los Aytos. de Murcia y Zaragoza de los años 2016 y 2017 respectivamente o la del Cabildo Insular de Tenerife en 2017, entre otras.

II. Aspectos competenciales dirimidos por el TS

De entre los distintos documentos y textos que se han venido adoptando, debe prestarse especial atención a las normas aprobadas por las Diputaciones Forales del País Vasco que fueron enjuiciadas por el TSJ del País Vasco y, tras ser recurridas sus resoluciones, también por el TS. Por un lado, la Norma Foral 4/2013, de 17 de julio, de incorporación de cláusulas sociales en los contratos de obras del Sector Público Foral (Gipuzkoa) fue validada (salvo alguna excepción) por ambos tribunales. No corrieron la misma suerte ni la Norma Foral 1/2014 de 12 de febrero (Álava) ni la Instrucción de 29 de octubre de 2013 (Bizkaia), pues ambas fueron anuladas.

Respecto de la Instrucción de la Diputación Foral de Bizkaia, tanto la STSJ del País Vasco de 11 de julio de 2014 como la STS de 26 de noviembre de 2015 centraron su atención en la naturaleza jurídica del instrumento empleado en relación con el contenido de esta. Y es que, la Instrucción explicita ya desde la exposición de motivos o justificación (*in fine*) que su intención es atemperar los efectos producidos por los mecanismos introducidos por la reforma laboral[473] que puedan dar lugar a una modificación por parte del contratista de las condiciones laborales, y especialmente, por la finalización de la ultraactividad de los convenios de sector. Incluso, en su art. 4, se afirma que:

> "la Diputación Foral de Bizkaia considera que no resulta razonable que los empresarios contratistas procedan, durante la vigencia de un contrato, a rebajar de manera unilateral las condiciones de trabajo del personal adscrito al mismo que fueron tenidas en cuenta en el momento de la presentación de las ofertas y, por tanto, en la determinación del precio de adjudicación".

Pues bien, el TSJ del País Vasco afirma (y reafirma el TS) que las instrucciones o circulares, que carecen de la naturaleza y garantías de las disposiciones de carácter general, "no son medio idóneo para regular determinados derechos y deberes" (FJ 6° de la STS). Los tri-

---

473 Se refiere en este punto a la reforma en materia de convenios colectivos, tanto en lo relativo a la prioridad aplicativa de los convenios de empresa como a los casos de inaplicación de convenios colectivos superiores al de empresa; ambos mecanismos recogidos en el ET.

bunales niegan que la LCSP atribuya competencia en materia laboral a la Diputación y le reprochan que olvide que carece de competencia en legislación laboral y que emplee una Instrucción, no como instrumento de organización interna, sino con afán de innovar el ordenamiento y regular relaciones con terceros. En este sentido el TSJ del País Vasco declaraba que la ampliación del contenido de los PCA debe realizarse mediante un reglamento en la medida en que la intención no es dar pautas de actuación sino regular cómo deben actuar los distintos órganos de contratación[474].

En el caso alavés, cabe remarcar que la Norma Foral 1/2014 no fue tan lejos como la Instrucción comentada. Respecto de la norma alavesa, la STS 1154/2016, de 23 de mayo (que resuelve el recurso contra la STSJ-PV, la cual mantuvo la validez parcial de la norma), radica la cuestión central en el análisis sobre la competencia de las Juntas Generales de Álava para aprobar normas de carácter general en materia de contratación que impongan cláusulas concretas a los órganos de contratación.

Es preciso advertir algunas diferencias con el caso de la Instrucción de Bizkaia, como advierte Larrazabal Astigarraga (2017, p. 143): en esta no se obligaba a los operadores externos a aplicar el convenio "del lugar de trabajo, sino a mantener —o, por lo menos, a no minorar— las condiciones laborales que correspondan a cada trabajador en función del convenio colectivo que le fuese de aplicación al presentarse la oferta". Sin embargo, en el caso alavés el artículo 5.1 señalaba la obligación de incluir en los PCA una cláusula que exija al contratista cumplir con las "disposiciones legales, reglamentarias y convencionales vigentes en materia laboral. En particular, deberá aplicar las condiciones de trabajo del Convenio Colectivo de la Construcción y Obras Públicas de Álava o de los sucesivos convenios colectivos que lo revisen [...]".

---

474 Es por esto por lo que posteriormente la Diputación Foral aprobó el Decreto Foral nº.3/2017, de 17 de enero, para la incorporación de cláusulas sociales, medioambientales y relativas a otras políticas públicas en el procedimiento de contratación Foral de Bizkaia. Ahora bien, el contenido ha sido modificado considerablemente, eliminado de la norma todos aquellos extremos que suscitaron la controversia en el caso de la Instrucción.

El Tribunal, entendiendo que de este modo se neutraliza la prioridad aplicativa de los convenios de empresa, acoge la posición del Abogado del Estado que entiende que se realiza un desarrollo *contra legem* respecto del contenido del Estatuto de los Trabajadores. Al enjuiciar la cuestión competencial relativa al instrumento jurídico empleado afirma que la norma alavesa vulneraba el art. 118 RD-Leg. 3/2011 relativo a las cláusulas de ejecución en los contratos públicos, ya que este precepto faculta a los órganos de contratación para articular dichas cláusulas de tipo social mediante PCA y no a instituciones como la Diputación. Consideraba el TS que el modo más apropiado habría sido aprobar pliegos de condiciones administrativas de carácter general como sí permite la ley de contratos. Rechaza, de este modo, que pueda obligarse a los órganos de contratación mediante disposiciones de carácter general como la controvertida, ya que se trata de un desarrollo de la legislación básica del Estado cuya competencia es propia de las CCAA y no de las diputaciones forales.

No obstante, el Tribunal entra a valorar el art. 118 RD-Leg. 3/2011 afirmando que, en cualquier caso, este precepto no atribuye competencia normativa alguna en materia de trabajo y seguridad social, sino que "su finalidad es muy concreta, se trata de favorecer determinadas contrataciones laborales como las de las personas con dificultades de inserción en el mercado laboral, eliminar las desigualdades por razón de sexo en el mercado laboral, combatir el desempleo [...]" (FJ 2º *in fine*)[475].

De la conclusión de esta resolución, en cierta medida ambigua, derivan dos preguntas que advierte Larrazabal Astigarraga (2017, p. 146): la relativa a la validez de esta clase de cláusulas y la relativa a la capacidad del legislador autonómico para desarrollarlas en caso de responder afirmativamente a la primera cuestión. Considera esta autora que, aunque la respuesta a ambas parecen ser afirmativas, ya que el Tribunal no realiza más matizaciones que la de condicionar la validez a la determinación de la competencia en las materias afecta-

---

475 En este punto el Tribunal pasa por alto que dicho precepto en ningún momento establecía una lista exhaustiva de finalidades sociales de las cláusulas sociales. Además, la norma vigente (no aplicable al caso resulto) sí explicita tales finalidades de carácter laboral.

das, el TS "por lo que, una vez más, se sigue sin conocer la postura del alto Tribunal en esta temática concreta".

Finalmente, sin olvidarnos del último caso, la STS 1301/2016, de 2 de junio, se pronunció sobre la Norma Foral de Gipuzkoa[476] dando una solución distinta a un asunto, si no idéntico, similar. En esta ocasión la impugnación no se dirige a la cuestión relativa al instrumento empleado[477], sino a la obligación que imponía a los órganos de contratación de incluir en los PCA la necesidad de que los contratistas aplicaran el Convenio Colectivo de la siguiente cláusula:

> "Este contrato se halla sujeto al cumplimiento de las disposiciones legales, reglamentarias y convencionales vigentes en materia laboral, seguridad social, y seguridad y salud en el trabajo y, en particular, al último texto existente en cada momento del Convenio Colectivo de la Construcción y Obras Públicas de Gipuzkoa publicado en el Boletín Oficial de Gipuzkoa"

En opinión del recurrente, esto contraviene la normativa laboral al impedir la inaplicación del convenio colectivo, afecta a la libre competencia y vulnera el Derecho de la UE. Sin embargo, tanto el TSJ como el TS entienden que, en primer lugar, la norma ni innova el ordenamiento ni pretende derogar el Derecho vigente, sino que establece condiciones contractuales remitiéndose a la normativa en vigor. Esta resolución parece interpretar la cláusula controvertida de un modo distinto, sin embargo, no resuelve las cuestiones a las que hacíamos referencia respecto del caso alavés.

Sea como fuere, estos conflictos jurídicos muestran que, en ocasiones y en mayor o menor medida, algunas instancias públicas, además de tratar de potenciar las políticas sociales, han empleado la contratación pública como baluarte de los derechos laborales tratando de

---

476 Esta norma fue impugnada por la Autoridad Vasca de la Competencia, dictándose un fallo desestimatorio de sus pretensiones por parte del TSJ-PV (Sentencia 602/2014, de 30 de diciembre). Por ello, la Comunidad Vasca solicitaba la anulación de tal resolución.

477 Molina Navarrete (2016) considera sorprendente que el fallo sea distinto respecto del caso alavés teniendo en cuenta que el contenido de la norma es prácticamente análogo, lo cierto es que en el asunto de la Norma Foral de Gipuzkoa la cuestión de la competencia no se plantea, tal y como se señala en el FJ 6º de la sentencia.

eludir las facultades que la normativa laboral reconoce al empleador para variar las condiciones laborales. La labor que algunas EELL han realizado en la década de 2010 ha contribuido a la difusión teórica y práctica de las cláusulas sociales como una suerte de respuesta a los efectos precarizadores de las reformas laborales de 2010 y 2012, sobre todo en lo referente a la individualización de las relaciones laborales y el desplazamiento de los convenios colectivos sectoriales (Molina Navarrete, 2016, p. 9).

Asimismo, estas controversias revelan que, además de una evidente dispersión de instrumentos de naturaleza diversa que han tratado de dar difusión y dotar de aplicabilidad a las cláusulas sociales, existe un diferente *impulso social* entre las distintas AAPP que, de algún modo, tiene su repercusión en el contenido y diseño de aquellas. Así, mientras que algunas CCAA y administraciones mantienen un perfil bajo, otras han adoptado posiciones que, sin duda, han llevado a una mayor litigiosidad que, por otro lado, ha sido el catalizador fundamental para el estudio sobre la potencialidad de la CPSR.

3.3. Razones sociolaborales: una matriz de posibilidades

Cuando se habla de asunción de responsabilidades sociales en su dimensión laboral —por su conexión con los derechos sociales— se hace en relación, no solo a la actividad de la contratista, sino a la de la propia entidad del sector público. El fenómeno de la externalización de una prestación de titularidad pública enfrenta problemáticas y los poderes públicos determinan cómo se atajan, bien desde la ley, de forma tasada, bien desde la actuación administrativa de forma flexible y discrecional; bien desde la legislación específica laboral y de seguridad social, bien desde ramas y campos jurídicos distintos, pero con un nexo mediato con cuestiones sociolaborales.

Más allá de aquello que determinan las fuentes del Derecho y de obligaciones de índole sociolaboral (ET, Ley de Empleo, Ley General de derechos de las personas con discapacidad y de su inclusión social, reales decretos de relaciones laborales especiales, leyes y reglamentos en materias específicas, convenios colectivos, etc.), aquello que ocupa a esta investigación es el papel estratégico que pueden asumir las entidades del sector público y los OC.

Una vertiente de la contratación pública estratégica y socialmente responsable viene consolidada en la ley y cristaliza en obligaciones regladas y tasadas relacionadas con la responsabilidad de las entidades públicas respecto de la conducta propia y de las contratistas en materia sociolaboral en un sentido amplio y en su actuación al margen de la ejecución de la contrata. Por ejemplo, la exclusión del proceso de las empresas que hayan incurrido en infracciones graves en materia laboral y de seguridad social, entre otras, antes de constituirse en licitante[478]. A su vez, existe una serie de cláusulas que los OC deben incluir en los PCA por obligación de la ley que no se relacionan con problemáticas sociales generales, sino que encuentran un nexo directo con la ejecución contractual. Ejemplo de ello es la eventual obligación de informar y ejecutar la subrogación convencional en caso de que esta obligación exista (art. 130 LCSP).

Las problemáticas que se citan son las que, en cierto modo, ya tiene en cuenta la legislación laboral y de seguridad social y, para lo cual, prevé instituciones jurídicas tuitivas que pretenden contrarrestar los perjuicios que se derivan de las potenciales disfuncionalidades que, a juicio de la normativa, pueda acontecer. En este sentido, las cláusulas sociolaborales regladas y preceptivas ahondan en este tipo de problemáticas que el legislador ya ha previsto de antemano. Dicho de otro modo, el legislador ha juzgado jurídicamente relevantes los hechos porque sus implicaciones son lo suficientemente nocivos para los derechos y las condiciones de los trabajadores y porque puede generar distorsiones en el funcionamiento de las empresas.

Desde lo más decididle por parte de AAPP, se dibuja un amplio abanico de posibilidades en el que las cláusulas sociolaborales potestativas y discrecionales juegan en una dimensión sociojurídica distinta: surgen para potenciar la efectividad de las obligaciones regladas y para explorar medidas sustantivas y procedimentales complementarias y no preconfiguradas legalmente en todos sus términos.

---

478 En el 2022, el 58,23 % de las causas de tipo "social" que han justificado una prohibición para contratar se refiere a la "cesión ilegal de trabajadores" y al "impago de salarios o retrasos injustificados".

	Problemáticas y retos generales	Problemáticas y retos específicos
Cláusulas preceptivas y regladas	P. ej.: Prohibición de contratar con empresas que hayan incurrido en infracciones graves en materia sociolaboral aplicable (art. 71 LCSP).	P. ej.: La obligación de incluir en los PCA la eventual obligación de subrogación convencional en caso de que esta obligación exista (art. 130 LCSP).
Cláusulas potestativas y discrecionales	P. ej.: Condiciones especiales de ejecución sobre contratación de parados de larga duración durante la contrata para realizar sustituciones, con el fin de mejorar el acceso al empleo de personas en situación de vulnerabilidad.	P. ej.: Incentivar (como criterio de adjudicación) o exigir (condición especial de ejecución) la mejora de la jornada máxima de los trabajadores de la contrata de un sector de actividad intensivo en mano de obra y con condiciones laborales comparadas insuficientes.

3.3.1. Problemáticas y retos generales

La evaluación del contexto general en el que se desarrolla la actividad de las AAPP resulta imprescindible para ajustar las cláusulas sociolaborales discrecionales. El contexto general de la situación sociolaboral de la ciudadanía viene determinado por múltiples factores interactuantes sobre la estructura y la coyuntura socioeconómica de un país o región. Las evidencias pueden apreciarse en los resultados que arrojan estudios cuantitativos y cualitativos de investigación de diversa naturaleza. Son algunos ejemplos la tasa de desempleo (incluida la tasa de desempleo de larga duración o de mayores de 50 años); la cuantía de personas en riesgo o situación de exclusión social; la brecha salarial de género; la proporción de infrarrepresentación de sexos, grupos, colectivos o segmentos de población en una actividad económico o categoría profesional; la cobertura personal y funcional de los convenios colectivos; el salario medio y mediano; precio medio de la vivienda; índice AROPE, índice de siniestralidad laboral; etc.

La evaluación de esta clase de datos sociolaborales se deriva, generalmente, de documentos elaborados periódicamente por instituciones públicas (o privadas) como el Instituto Nacional de Estadística (INE), Eurostat, el Centro de Investigaciones Sociológicas (CIS), la Inspección de Trabajo y Seguridad Social (ITSS), la Comisión Consultiva Nacional de Convenios Colectivos (CCNCC), institutos y organismos públicos estatales y autonómicos, institutos universitarios, observatorios de los agentes sociales, etc. El acceso al conjunto de resultados es público y el canal de acceso es lo suficientemente expedito como para que las AAPP, sea cual sea su identidad y dimensión, puedan acceder, incluso, a datos desagregados que les puedan ser de utilidad.

A modo de ejemplo, y por lo que se refiere a los datos fundamentales, las entidades del sector público, como el resto de la ciudadanía, pueden acceder a encuestas y estudios publicados por el Ministerio de Trabajo sobre materias laborales generales, como la encuesta de población activa y la encuesta anual laboral, y otras más específicas, como las encuestas sobre despidos y su coste, formación para el empleo, políticas del mercado de trabajo o apoyo a la creación de empleo. También pueden consultarse encuestas coyunturales sobre el paro registrado y los contratos registrados, accidentes de trabajo, asuntos judiciales sociales, huelgas y cierres patronales, etc. En el ámbito autonómico se hallan herramientas propias como el mapa estadístico del mercado laboral de la Comunitat Valenciana que pone a disposición el servicio de empleo autonómico denominado *Labora*[479]. Al mismo tiempo, se publican informes anuales de la ITSS[480] en los que se presenta información esencial sobre la actividad, la organización y el funcionamiento de la ITSS en cada año, así como los informes, estudios y guías técnicas publicados por el Instituto Nacional de Seguridad y Salud en el Trabajo, especialmente, la encuesta anual de condiciones de trabajo y gestión preventiva.

En síntesis, el contexto general alude a múltiples elementos que perfilan la situación sociolaboral de los ciudadanos en un determinado territorio. Es decir, no se trata de factores inherentes al proceso administrativo de externalización y contratación específico, aunque desde una perspectiva cenital el conjunto de procesos de esta clase

---

479 Acceso a esta herramienta en el siguiente enlace: https://labora.gva.es/va/mapa-estadistic-del-mercat-laboral

480 En el siguiente enlace de la web del Ministerio de Trabajo y Economía Social puede accederse a cada uno de estos informes: https://www.mites.gob.es/itss/web/Que_hacemos/Estadisticas/index.html

condiciona, de un modo u otro, la situación del mercado laboral y las condiciones de trabajo generales. De cualquier modo, debe valorarse la utilidad del acceso a esta clase de datos y análisis a la hora de acometer cláusulas sociolaborales potestativas y discrecionales.

3.3.2. Problemáticas y retos específicos

Junto al contexto sociolaboral general, se manifiesta una serie de problemáticas y retos de cariz laboral que emergen de la subcontratación. A rasgos generales, las últimas tres décadas se ha identificado un "desdibujamiento de los sujetos" del Derecho del trabajo, la "desestandarización" del vínculo laboral y la "degradación de las condiciones de trabajo" con la generación de precariedad y vulnerabilidad sociolaboral (Goldín, 2018). La idiosincrasia normativa de los contratos del sector público no permite excluir al fenómeno externalizador público de las vicisitudes sociales y laborales de la subcontratación.

De entre las distintas situaciones de desequilibrio y vulnerabilidad que pueden afectar al mercado de trabajo y a las condiciones laborales algunas pueden traen causa directa de las dinámicas propias del proceso externalizador en el marco del sistema económico, el modelo productivo, el ordenamiento jurídico y la cultura empresarial. Lo más frecuente es que se trate de circunstancias que conciernen a las personas que, de forma mediata o inmediata, intervienen, han intervenido o intervendrán en la prestación objeto del contrato. Podría decirse que la creación de la contrata, el desarrollo de esta y su terminación son los tres tiempos fundamentales de los que extraer situaciones clave.

El inicio de una contrata lleva consigo problemáticas específicas con implicaciones sobre el empleo y las condiciones de trabajo del personal (actual y posterior). El acto específico de externalizar una prestación se relaciona directamente con medidas de reorganización laboral en las AAPP y en las empresas intervinientes: movilidades funcionales y geográficas, interrupciones del trabajo efectivo en contratos fijos discontinuos, modificaciones de condiciones de trabajo e, incluso, adopción de extinciones objetivas del contrato de trabajo, en términos individuales o colectivos. Es decir, el acto mismo de constitución de la contrata ya sea *ex novo* o a partir de una sucesión de contratistas[481], trae consigo una sismicidad que implica avatares sociolaborales.

Una vez constituido el contrato, del propio funcionamiento ordinario de las contratas se derivan (o pueden derivarse) distintas vicisitudes laborales; como, con salvedades, puede acontecer en contratas privadas (Gualda Alcalá, 2017). En primer lugar, el riesgo de cesión ilegal de trabajadores en el ámbito de la relación entre la entidad adjudicadora y la adjudicataria o entre la empresa adjudicataria y alguna de sus contratistas (véase el art. 43 ET). La dependencia organizativa que caracteriza la relación laboral permite al empleador ejercitar la dirección, organización, control y disciplina que la entidad del sector público no puede ejercer respecto de las personas trabajadoras. No obstante, la comunicación misma por parte de la entidad pública con los trabajadores para verificar sus condiciones de trabajo y el cumplimiento de los compromisos de la contratista en materia laboral no supone, *per se*, una cesión ilegal de trabajadores. En segundo lugar, otro de los avatares que pueden acontecer es la activación del régimen de responsabilidades subsidiarias y solidarias en materia salarial y de seguridad social que arbitran los artículos 42 ET y 168 LGSS por alguna clase de incumplimiento de la empresa contratista y que permitiría atribuir responsabilidad económica a las entidades del sector público. En tercer lugar, la concurrencia en los mismos espacios físicos de trabajadores de la contratista, de las AAPP y de otras empresas, exige medidas de coordinación de actividades empresariales en materia de prevención de riesgos laborales[482]. En cuarto lugar, pueden tener lugar incumplimientos de obligaciones legales, convencionales y contractuales de carácter laboral que incumben por entero al contratista, pero que pueden tener efecto en el contrato con el sector público. Así, las entidades del sector público

---

[481] Sobre la situación producida por la reversión de contratas públicas no se pronuncia el presente trabajo por cuanto supone una extinción del régimen de los contratos del sector público respecto de la prestación revertida. Para un estudio pormenorizado de las consecuencias que plantea este fenómeno, véase la tesis doctoral de Yagüe Blanco (2022).

[482] Véase el RD 171/2004, de 30 de enero, por el que se desarrolla el artículo 24 de la Ley 31/1995, de 8 de noviembre, de Prevención de Riesgos Laborales, en materia de coordinación de actividades empresariales.

deben tener presente el cumplimiento de la legalidad que les concierne directamente y deben tomar en consideración el cumplimiento de la legalidad y la generación de problemáticas específicas por parte del contratista.

A todo ello se añaden las contingencias que puedan tener lugar, aun dentro de la legalidad, entre trabajadores y empresarios. Durante la contrata las prerrogativas organizativas y directivas de variabilidad interna que el ordenamiento jurídico atribuye a los empleadores privados les permite tomar decisiones unilaterales en relación con la remuneración, el tiempo de trabajo, las funciones o el lugar de trabajo condiciones de trabajo, entre otros aspectos. Otras facultades, de variabilidad externa (también denominada flexibilidad externa) permite la adaptación organizativa aumentando o reduciendo la plantilla actuante a través, por ejemplo, de extinciones o suspensiones de contrato. De este modo, el Derecho del trabajo ha dotado a las empresas de capacidades para organizar la empresa de tal modo que el factor trabajo puede ser, cada vez, más contingente y alterable de forma relativamente unilateral[483].

En el marco del fomento del empleo, salvo por alguna excepción como la obligación de contratación de, al menos, un 2 % de personas con discapacidad, las decisiones de la contratista se rigen por la libertad de contratación. Consecuentemente, las contrataciones no se realizan basándose en el principio de igualdad de trato, la transparencia y la publicidad de las plazas o puestos o los principios de mérito y capacidad. Dejar fuera de juego estos principios no siempre trae consigo disfuncionalidades sociales, pues hasta los principios propios de las AAPP pueden dar lugar a injusticias e inoperatividades, pero suponen la atribución de una discrecionalidad casi absoluta (sin perjuicio de la prohibición de discriminación). En resumen, las políticas de contratación de la empresa (o la ausencia de políticas inclusivas) supone, en mayor o menor medida, un cercenamiento de potencia-

---

483 La adaptación de los modelos empresariales a las estrategias competitivas en libre mercado ha permitido distorsionar el método jurídico de protección del Derecho del trabajo, con el trabajador como figura esencial, mutando "de forma discreta pero constante" la organización del trabajo desde los años 70 (Valdés Dal-Ré, 2002, p. 48).

lidades que, en el contexto de la concepción socialmente de la contratación, debe atajarse.

Las posibles conductas ilegales del empresario en materia de Derecho social debieran conducir a la imposición de penalidades por parte de las administraciones y, de algún modo, se trata de una eventualidad absorbible por el sistema en el que la tutela administrativa y judicial son una vía ordinaria para los trabajadores afectados. Ahora bien, la libertad empresarial, aun con los límites establecidos en el Derecho administrativo y el Derecho del trabajo —entre otras ramas jurídicas—, es la que permite al empleador tomar decisiones que causen problemáticas sociolaborales de diversa índole.

En términos de la economía clásica los efectos indeseados socialmente podrían ser considerados fallos de mercado, aunque el concepto en sí mismo transpira las esencias de la economía liberal[484]. Por fallo de mercado puede entenderse una consecuencia negativa (en el sentido de perjudicial socialmente) que deriva del propio funcionamiento ordinario del mercado producido por la atribución ineficiente de recursos disponibles (Mochón, 2010). Algunos de estos fallos de mercado los representan las externalidades negativas, definidas como el coste o perjuicio que deriva de una actividad empresarial y que soporta una persona o colectivo. En este punto, el debate principal radicaría en dilucidar qué circunstancias se consideran negativas y cuáles no; una cuestión de carácter poliédricamente político, aunque los análisis cuantitativos y cualitativos ayudan a determinar su entidad.

Pues bien, múltiples factores económico-empresariales coadyuvan a generar precariedad laboral o situaciones de exclusión aun cumpliéndose con la normativa aplicable. La actividad en cuestión puede estar asociada a dinámicas de contratación de personas de un determinado sexo, condición social, económica, genealógica, etc. en detrimento, no ya de las exigencias de la prohibición de discri-

---

484 El término fallo de mercado se deriva de un cuerpo dogmático al que no responde necesariamente la Constitución económica ni los fundamentos de la CPSR, por lo que decidimos, aun citando este extremo, no introducirlo determinantemente en los análisis. Entiendo que la labor del Estado no se configura económicamente como subsidiaria a la labor de las empresas privadas.

minación, sino de los objetivos de políticas generales de igualdad e inclusión. Pueden darse en la concreta actividad elevados niveles de modificación de la jornada o el horario de trabajo, aun cumpliendo con las disposiciones legales y convencionales, que supongan trastornos personales desproporcionados; pueden darse salarios que, aun ajustándose al SMI o a la remuneración de convenio, se sitúe en niveles bajos para jornadas máximas superiores, por ejemplo, a las 38 horas semanales y que la actividad se desarrolle en territorios donde el coste de la vida sea excesivamente alto. En resumen, el cumplimiento de la legalidad no debe confundirse con los niveles exigibles de dignidad, aunque el TACRC en su resolución 325/2019, de 8 de marzo, apunte literalmente que la expresión *«socialmente sostenibles y justas»* se refiere al nivel mínimo establecido por la normativa de aplicación. Tanto es así que una de las esencias de la CPSR consiste, precisamente, en rebatir esa aseveración.

3.3.3. La acción desde las razones

En estas páginas no se plantean única y exclusivamente los retos que la externalización suponen para el Derecho del trabajo y la protección social, sino que el foco de la CPEs parte, sobre todo, de la consideración de que las AAPP tienen una responsabilidad cualificada absoluta para con los valores constitucionales del Estado social de la que no puede desentenderse sin poner en riesgo el cumplimiento de sus deberes. Con todo y con eso, es preciso recordar las sinergias que los aspectos laborales y de empleo generan respecto del sistema de protección social.

La responsabilidad social que, por un lado, se atribuye y, por otro lado, se exhorta a ejercer desde una posición estratégica a las AAPP en la contratación pública implica las siguientes acciones por lo que a la versión potestativa y discrecional se refiere: primero, recabar datos, analizar, diagnosticar y dialogar; en segundo lugar, plantear cláusulas sociolaborales de intervención en los PCA y el contrato; en tercer lugar, controlar y supervisar su implementación y cumplimiento; y, finalmente, evaluar, corregir y rediseñar. Estas actuaciones no se aprecian de forma expresa en la legislación, sino que se derivan de una interpretación literal, sistemática y teleológica de la LCSP.

Llegados a este punto de la investigación, estamos en condiciones de afirmar que sólo acogiéndose a este modo dinámico de implementación de las cláusulas sociolaborales puede contribuirse de forma clara a dotarlas de justicia, validez y eficacia. En cualquier caso, si bien no deben soslayarse los factores que afectan a la justicia y la eficacia de la CPSR, en el marco de este trabajo centramos el análisis en el conjunto de principios y reglas jurídicas que pueden determinar su validez en el ordenamiento jurídico español y europeo.

Si partimos de la vertiente más potestativa y discrecional de las AAPP puede aseverarse que hay, fundamentalmente, tres instrumentos o vías de acción para llevar a término una CPSR válida y eficaz:

1. Sujetos institucionales de supervisión, información, formación, apoyo, comunicación y coordinación.
2. Guías y directrices de planteamiento e implementación de una CPSR e, incluso, decretos y PCA generales.
3. Cláusulas sociolaborales, sustantivas y procedimentales, en PCA, PPT y el contrato dirigidas a exigir o promover actuaciones y disposiciones empresariales.

Si bien las AAPP cuentan con potestades para crear un *corpus* institucional *ad hoc* profesionalizado dentro de ciertos límites, competenciales y presupuestarios, la vía más sencilla es acudir al diseño de instrucciones, guías y directrices, así como cláusulas sociolaborales; aunque por sí solas estas no adquieren la eficacia y la efectividad deseada.

Hasta el momento, el estado de la CPSR, aunque logrando avances palmarios en el plano normativo y práctico, tiene déficits de implementación trascendentes. El estado de la contratación pública social es abordado por diversos informes públicos entre los que cabe destacar el *Informe trienal relativo a la contratación pública en España* (edición de 2021 sobre los años 2018, 2019 y 2020), en el que participa la JCCP y la Oirescon, y el *Informe especial de supervisión relativo a la contratación estratégica* (edición de 2023 sobre contratos de 2022) elaborado por la Oirescon.

La JCCP advierte de problemas normativos relacionados con la dispersión y complejidad normativa o la ausencia de una unidad de criterio en la adopción de cláusulas sociolaborales. Destacan las consideraciones que realiza sobre las dificultades que se presentan en relación con cláusulas que pretenden mejoras en las condiciones de trabajo o, en general, la afectación negativa de la libre concurrencia. Sobre estos aspectos profundizaré en el capítulo IV. En términos de operatividad de medios administrativos, la Junta Consultiva señala que existe una insuficiencia de medios personales y técnicos en los OC, así como una falta de formación del personal, para lo cual recomienda la adopción de guías e instrucciones y planes de formación y la creación de órganos como la posteriormente creada Comisión Interministerial para la incorporación de criterios sociales en la contratación pública del sector estatal.

El Informe de la Oirescon sobre contratación estratégica en el año 2022 supervisa el desempeño de esta concepción y parte de una muestra que se ciñe a 1.098 contratos de servicios (CPV 80) y 224 contratos de suministro (CPV 37), del ámbito estatal, autonómico y local, sujetos a regulación armonizada. En el informe se hace constar que, de los contratos de servicios abordados, tan solo 268 incluyen criterios de adjudicación de carácter social (más de la mitad de ellos sobre formación —en el 53 % de los contratos—) y 604 hacen uso de condiciones especiales de ejecución (la mayoría sobre perspectiva de género —en torno al 30 %—). Llama la atención de la Oirescon que ningún contrato de los analizados incluya condiciones de admisión (se entiende que como criterios de solvencia) de índole sociolaboral. Por lo que se refiere a los contratos de suministro consultados: 37 contienen criterios de adjudicación sociales (sobre todo relacionados con accesibilidad y formación —ambos suman 31 contratos—) y 67 contienen condiciones de ejecución, (mayoritariamente relativos a formación —en 20 contratos—, inserción de colectivos desfavorecidos —en 18— o igualdad de género —en 10—).

Existe un contraste significativo tanto con la información recogida como con los datos arrojados por informes homologables de países como Francia. Según los datos de la *Direction des Affaires Juridiques* del gobierno de Francia, en 2021 el 13,2 % de los contratos con un valor estimado superior a 90.000 euros (que representan el 17,6 % del total) incluye alguna cláusula social. El *Plan Nacional de Compras Sostenible 2022-2025* se fijó el objetivo de alcanzar el 30 % de contratos de dicho valor con consideraciones de tipo social (inserción sociolaboral, igualdad de género y comercio justo). Reconoce la guía de contratación pública elaborada por aquel organismo del gobierno francés que existen carencias en materia de contratación pública socialmente responsable en contratos que no son de obras y de todos los contratos de concesiones. El caso francés ha sido paradigmático en cuanto a las reticencias que han planteado su ordenamiento y sus tribunales a la implementación de cláusulas sociales en comparación con Bélgica (Przewoznik, 2017) o con España.

De vuelta al informe de la Oirescon, este documento porta una reflexión sobre la complejidad técnica de las cláusulas sociolaborales y el rol de los tribunales administrativos:

> "La inclusión de este tipo de criterios, especialmente los de carácter socio-laboral, ha implicado una especial complejidad para los órganos de contratación, en tanto que su adecuación o no a derecho no resulta de interpretación clara y unánime y, por tanto, ha sido objeto de recursos contractuales ante los Tribunales especializados que, a través de sus Resoluciones, han marcado los correspondientes criterios interpretativos sobre este asunto, debiendo ajustarse a estas pautas las propuestas que se incluyan en los pliegos de los procedimientos de contratación" (p. 104).

En este párrafo se vislumbra una falta de análisis crítico de las pautas interpretativas de los tribunales administrativos que, por otro lado, han sido discordantes si tomamos en consideración la pluralidad de órganos de este tipo. A su vez, tal y como veremos, resulta altamente incoherente la dicción literal de la ley de contratos vigente con la férrea doctrina del TACRC y la JCCP del Estado en materia de contratación pública estratégica y socialmente responsable.

Las recomendaciones que plantea la Oirescon en el informe en cuestión sobre la adopción de cláusulas sociolaborales consisten en requerir una mayor implicación de los poderes públicos, mayor formación y sensibilización de los OC, adopción de protocolos de verificación y control del cumplimiento y, finalmente, facilitación de guías, catálogos y buenas prácticas.

En fin, del informe se derivan datos que pueden ser parcialmente concluyentes sobre la escasez de criterios empleados por los OC, pero también se extraen conclusiones de la escasez metodológica empleada y de análisis cualitativos que puedan ser de utilidad a la hora de cumplir con los objetivos y las funciones legal y reglamentariamente encomendadas a la Oirescon.

Capítulo IV
LA IMPLEMENTACIÓN DE LOS DIVERSOS ASPECTOS SOCIOLABORALES

1. INSERCIÓN SOCIOLABORAL Y FOMENTO DEL EMPLEO

El *soft law* de la COM y la práctica administrativa española han ido consolidando y perfeccionando paulatinamente desde finales de los años 90 hasta las directivas de 2014 un tipo de cláusula social: la relativa a la inserción sociolaboral de colectivos desfavorecidos[485]. La andadura de las mismas en el ordenamiento europeo se remonta a las consideraciones del TJCE vertidas en la sentencia del *caso Beentjes* (STJCE de 20 de septiembre de 1988, asunto 31/87), en la que se descarta la posibilidad de establecer como criterio de solvencia técnica la lucha contra el desempleo, pero entendía que sí podría establecerse como criterio de ejecución. Algo más de una década después, la STJCE de 26 de septiembre de 2000, pronunciándose sobre la procedencia de un criterio de adjudicación sobre acciones contra el desempleo en el

---

485 La controversia estriba en considerar que los criterios de adjudicación deben centrarse en la valoración de la oferta más ventajosa, de tal modo que, además de cumplir con el requisito de vinculación con el objeto del contrato, los criterios sean funcionales a la fase de contratación en la que se insertan. Pues bien, aunque la Comisión se mostró reacia a la incorporación de criterios de adjudicación en su Dictamen de 21 de diciembre de 2001, resultaría inadecuada, de nuevo, una interpretación de las directivas aprobadas en 2014 conforme a resoluciones que se emitieron incluso antes de aprobarse las directivas de 2004 que daban entrada, aunque tímida, a la posibilidad de contemplar aspectos sociales en la contratación púbica; sobre todo en casos como en el que nos ocupa, pues la fase de adjudicación es de las facetas de la contratación que más han evolucionado en este aspecto. Por otro lado, la postura de la Comisión se suavizó adoptando la doctrina del TJCE del asunto C-225/98, en el Dictamen de 8 de febrero de 2002.

ámbito de una contrata local, falla a favor poniendo como condición que se evalúen las ofertas respetando los principios fundamentales del Derecho europeo. El impulso de la CPSR que tiene lugar en la década de los 90 y comienzo de los 2000 se circunscribe, casi por entero, a la configuración legal de cláusulas potestativas y preceptivas vinculadas a la promoción de la inclusión sociolaboral de personas con discapacidad y de personas en situación o riesgo de exclusión social.

Por vez primera, tras la Directiva 2004/18/CE, la ley española de transposición (Ley 3/2007) recogía en su artículo 134.1 (cuya literalidad se mantendría en el art. 150 del posterior RD-Leg. 3/2011) la posibilidad de atender a criterios vinculados a la satisfacción de exigencias sociales siempre que respondieran a necesidades previamente definidas en las especificaciones del contrato. Además, se realizaba un apunte, extraído del considerando 46 de la Directiva 2004/18/CE, que limitaba el contenido de las cláusulas sociales de adjudicación a aquellas que satisficieran "necesidades propias de las categorías de población especialmente desfavorecidas a las que pertenezcan los usuarios o beneficiarios de las prestaciones a contratar". Esta literalidad no era el resultado de la transcripción del art. 53 de la Directiva 2004/18/CE[486], en el que no se mencionaba la posibilidad de incluir criterios de carácter social, sino que se limitaba a enumerar una lista no exhaustiva de criterios de valoración que podían emplearse: la calidad, el precio, las características funcionales, las características medioambientales, etc.[487]. La correspondencia entre *cláusula social* e *integración sociolaboral* era casi absoluta.

La tendencia era todavía más marcada en el caso de Francia. En 2001 el Código de contratación pública introdujo, para los contratos

---

486 Por el contrario, Gallego Córcoles (2017c) entiende que el legislador español mostraba mayor sensibilidad hacia la introducción de criterios sociales al parafrasear el considerando 46 de la Directiva, ya que este aludía a aspectos sociales mientras que el artículo 53 de la directiva guardaba silencio sobre la cuestión.

487 Con todo, la mención expresa de la posibilidad de tener en cuenta exigencias sociales y la fórmula abierta con la que se cierra el apartado enunciativo facilitaron que se aceptara tal posibilidad, aunque no solventó la alta litigiosidad en torno a estas cláusulas en forma de criterios de adjudicación. Podría decirse que, por entonces, la formulación ambigua e insuficiente de la Directiva 2004/18/CE se agravaba por la deficiente transposición del legislador español.

de obra, cláusulas sociales de lucha contra el desempleo orientadas a personas vulnerables en términos sociolaborales y, desde entonces, se han ido regulando distintos mecanismos de integración sociolaboral de forma paulatina[488]. Las colectividades territoriales llevaron a cabo durante ambas décadas, y aún hoy, actuaciones de inserción dirigidas y organizadas bajo las instrucciones de circulares administrativas. Esta tendencia que se produce, en general, en Europa y, en particular, en países como España o Francia, va mutando a medida que se desarrolla la primera década del siglo XXI para introducir potestativamente aspectos prácticamente testimoniales en forma de sellos o etiquetas relacionados con la remuneración justa de los productores integrantes de la cadena de suministro de las empresas adjudicatarias.

A pesar de la tendencia general, tras la aprobación de las directivas de tercera generación, como se expondrá en el apartad 2 de este capítulo, la práctica administrativa de las AAPP españolas exploró sendas de la compra pública socialmente responsable concernientes al mantenimiento y la mejora de las condiciones de trabajo de las personas que participan directamente en la ejecución del contrato. Se sometía así a cierta tensión el segmento del ordenamiento dedicado a los contratos del sector público en el que hacían aparición instrumentos jurídicos públicos de naturaleza administrativa (desde PCA y contratos hasta instrucciones y acuerdos de consejos de gobierno autonómicos) que daban un tratamiento específico a cuestiones de índole laboral. Buen ejemplo de esta disonancia normativa, ejecutiva y contractual en el contexto europeo se revela en Francia. Las alusiones a la CPSR se limitan, como se apuntaba, a la inserción de colectivos desfavorecidos de diversa naturaleza y a la reserva de contratos en favor de empresas de economía social y solidaria, sobre todo cuando estas también se orientan a la integración sociolaboral de los trabajadores. Es común que los documentos públicos de

---

488 Desde esta regulación de 2001 se permitían las condiciones de ejecución, desde 2004 la reserva de contratos para empresas dedicadas a la inserción de personas con discapacidad y, desde 2015, reserva de contratos para empresas de inserción de trabajadores desfavorecidos y para empresas de economía social y solidaria respecto de determinados servicios y conforme a las directivas de cuarta generación.

divulgación, coordinación o ejecución de políticas de contratación pública socialmente responsable aludan preponderantemente a los distintos dispositivos de inserción y promoción del empleo[489]. En términos generales, las medidas que ha venido señalando la legislación francesa en cuanto a la integración no distan significativamente del esquema de la legislación española, pero sí hace una regulación más específica de sus mecanismos. Al fin y al cabo, la trayectoria francesa sigue la senda marcada por las directivas europeas y el *soft law* surgido de la labor interpretativa y propositiva de la Comisión Europea, al tiempo que se ha enfocado especialmente a esta clase de cláusulas sociales, por lo que su desarrollo está más perfeccionado.

Con la llegada del cuarto paquete de directivas llegan aseveraciones expresas, tanto en los considerandos como en el articulado, que ahondan en el camino marcado anteriormente desde la UE. Los considerandos 93 y 99 de la Directiva 2014/24/UE afirman con rotundidad que es recomendable incluir en los pliegos criterios de adjudicación y condiciones de ejecución orientados "a favorecer la integración social de las personas desfavorecidas o de los miembros de grupos vulnerables entre las personas encargadas de ejecutar el contrato" e, incluso, a facilitar formación específica para el puesto a desempeñar. De nuevo, como ocurriera con la directiva precedente, este apunte introductorio de los considerandos no encuentra un trasunto claro en el articulado, más allá de la referencia a los contratos reservados en favor de entidades de fomento de la inclusión o de la posibilidad de tomar en consideración aspectos sociales en las distintas fases contractuales[490].

Sea como fuere, la LCSP sí toma entre sus preceptos el mandato de las directivas de forma ambiciosa e incorpora orientaciones claras

---

489 Así de deriva, por ejemplo, de la guía de contratación socialmente responsable de 2022 y su versión revisada de 2023 de la Dirección de Asuntos Jurídicos, la Convention d'achats avec les Services de l'Etat de 2017, el documento *La clause d'insertion en quelques mots* publicado por la Maison de l'Emploi et de l'entreprise de Bordeaux en 2023 o *Les engagements de la Ville de Bordeaux en matière d'achat public responsable pour la période 2021-2026*, o la *Memo de clauses sociales* de 2018 de l'Observatoire BTP d'Insertion de l'Ile-de-France, entre otros.

490 Incluso, en el art. 70 (ejecución del contrato) se explicita como condiciones sociales las relativas al empleo.

en materia de inclusión y fomento del empleo de colectivos vulnerables: personas con discapacidad, de personas en situación o en riesgo de exclusión social, de mujeres cuando están infrarrepresentadas en un sector, de parados de larga duración, etc. Esta serie de objetivos encuentra tres vías fundamentales de canalización: en primer lugar, la relativa al cumplimiento obligatorio *ex lege* de las medidas de fomento de la contratación de personas con discapacidad a la que la ley obliga; en segundo lugar, la efectividad de la reserva de contratos en favor de entidades que tienen encomendadas, por su naturaleza jurídica y sus estatutos, la misión de integrar sociolaboralmente a personas vulnerables, discriminadas o desfavorecidas; en tercer lugar, mediante la inclusión de criterios de adjudicación y desempate, así como de condiciones de ejecución que exijan de los operadores económicos conductas empresariales de inclusión y fomento del empleo.

1.1. La reserva de contratos a entidades de inserción laboral

La regla general en materia de contratos del sector público es la determinada por los principios de igualdad, transparencia y libre concurrencia. Es decir, los OC han de otorgar a los licitadores un tratamiento igualitario y no discriminatorio y siempre ajustándose a los principios de publicidad y proporcionalidad. No obstante, casi toda regla general tiene sus excepciones en Derecho, y en este caso también. Esta excepción viene dada por lo que se conoce como *contratos reservados.* Se ha avanzado en el capítulo II el concepto y la finalidad básicos de los contratos reservados. Resta por desarrollar con mayor detenimiento tales extremos, así como los relacionados con las entidades a las que beneficia la reserva y con su implementación práctica.

Existen, fundamentalmente, dos tipos de modalidades de reserva de contratos. Por un lado, los contratos reservados a determinados operadores cuya misión es la integración social y profesional de personas con discapacidad o desfavorecidas, cuando se constituyan en Centros Especiales de Empleo (CEE) de iniciativa social o en Empresas de Inserción (EI) (regulados tales supuestos en la DA 4ª LCSP). Por otro lado, los contratos reservados a determinados operadores económicos, con características de organización y propiedad determinadas, para realizar uno de los servicios de carácter social, cultural o de salud enumerados en la normativa de contratos (art. 77 de la Directiva 2014/24/UE y DA 48ª LCSP).

Por lo que se refiere a la primera de las modalidades mencionadas, el DA 4ª LCSP (el cual toma el relevo de la DA 5ª RD-Leg. 3/2011) contempla la fijación de una proporción mínima de reserva del derecho a participar en los procesos a CEE de iniciativa social (regulados por el RD-Leg. 1/2013, de 29 de enero), así como a EI (reguladas en la Ley 44/2007, de 13 de diciembre, para la regulación del régimen de empresas de inserción) o un porcentaje mínimo de reserva de la ejecución de estos contratos en el marco de programas de empleo protegido.

La literalidad de la DA interna no se corresponde totalmente con la de la directiva. Mientras que esta emplea la "posibilidad" de realizar la reserva, aquella señala que "se fijará" dicha reserva (Burzaco, 2016)[491]. La obligación de reserva va dirigida tanto a la AGE, como a las CCAA y las Entidades Locales y ha de preverse en un acuerdo del Consejo de ministros o del órgano competente en el ámbito autonómico y local. El acuerdo en el ámbito de la AGE debe adoptarse en un plazo máximo de un año tras la aprobación de la LCSP y, de no hacerse en dicho plazo, entraría en vigor el régimen supletorio que en el citado párrafo se explicita[492]. En el ámbito de las CCAA, el órgano competente sería el Consejo de Gobierno en cuestión. Por su parte, en el ámbito de las Entidades Locales la Junta de Gobierno Local sería la encargada del cometido[493].

---

491 Hasta la reforma realizada por la Ley 31/2015 del derogado RD-Leg. 3/2011, la normativa española sí establecía la posibilidad de reserva desde la Ley 30/2007, de 30 de octubre.

492 El régimen sería el siguiente: "Los órganos de contratación del sector público estatal deberán aplicar el porcentaje mínimo de reserva de 7 por ciento, que se incrementará hasta un 10 por ciento a los cuatro años de la entrada en vigor de esta Ley, sobre el importe global de los procedimientos de adjudicación de suministros y servicios incluidos en los códigos CPV recogidos en el anexo VI celebrados en el ejercicio anterior a aquel al que se refiera la reserva, en los términos indicados en el primer párrafo de este apartado".

493 Pozo Bouzas (2018) plantea el problema en relación con aquellos municipios de régimen común en los que las competencias de contratación se distribuyen entre Alcaldía y Pleno en función del volumen económico y duración del contrato. Di-

Bajo la vigencia de la LCSP cada administración tiene atribuido el deber de fijar la cantidad o la proporción de reserva[494] para los CEE de iniciativa social y las EI. Además, son las AAPP las que determinan en los acuerdos en qué objetos contractuales podrán llevarse a término la reserva, la proporción o cantidad de contratos reservados, el factor que se tomará como referencia cuando se trate de una proporción (PBL, valor estimado del contrato, etc.), los sectores de la administración a los que alcanza la reserva, etc. (Mendoza Jiménez, 2018).

La regulación de la reserva de contratos no acaba en los preceptos estudiados. La DA 48ª, transposición del art. 77 de la Directiva 2014/24/UE, versa sobre la reserva de ciertos contratos que tienen por objeto servicios sociales, culturales y de salud (los referenciados en el Anexo IV de la LCSP) a determinadas organizaciones, sin perjuicio de lo señalado en la DA 4ª. Las organizaciones que pueden beneficiarse de dicha reserva deben reunir todas las condiciones que establece el apartado 2 de la DA 48ª y que pasamos a transcribir debido a la importancia de sus justos términos:

> "a) Que su objetivo sea la realización de una misión de servicio público vinculada a la prestación de los servicios contemplados en el apartado primero[495].
> b) Que los beneficios se reinviertan con el fin de alcanzar el objetivo de la organización; o en caso de que se distribuyan o redistribuyan beneficios, la distribución o redistribución deberá realizarse con arreglo a criterios de participación.
> c) Que las estructuras de dirección o propiedad de la organización que ejecute el contrato se basen en la propiedad de los empleados, o en principios de participación, o exijan la participación activa de los empleados, los usuarios o las partes interesadas.
> d) Que el poder adjudicador de que se trate no haya adjudicado a la organización un contrato para los servicios en cuestión con arreglo al presente artículo en los tres años precedentes".

---

cho autor considera que el Pleno del Ayto. debe ser el órgano competente en estos casos, y que debe establecer las condiciones de la reserva mediante instrucción dirigida a los órganos de contratación, ya que la voluntad del legislador parece orientarse hacia la existencia de un único acuerdo por Administración.

494 La reserva de mercado es un concepto doctrinal que define la estrategia adoptada por las AAPP dirigidas a reservar una parte de su contratación para favorecer y fomentar el desarrollo de entidades sociales (Mendoza Jiménez, 2018).

495 Los contratos de servicios sociales, culturales y de salud enumerados en el Anexo IV.

En esta ocasión, el legislador sí ha optado por determinar la posibilidad de tal reserva de contratos y se acotan los objetos contractuales. Adicionalmente, aumenta el radio de acción de la reserva a entidades que no se circunscriben a las estudiadas para la aplicación de la DA 4ª. Aunque las cláusulas relativas a los contratos reservados son de las pocas de validez indiscutida, presentan claras limitaciones, ya que los sectores en los que puede aplicarse dependen de la actividad de las entidades que pueden concurrir (la mayoría del sector servicios)[496]. Además, tanto la forma de computar los contratos como el mínimo establecido varía, por ejemplo, entre CCAA, así como el volumen final de contratos reservados[497].

Los Estados miembros, tras el empuje de la normativa derivada europea a los contratos reservados, tienen permitido establecer requisitos adicionales que permitan articular reservas en favor de operadores económicos que cumplan con lo establecido en la directiva respetando, en todo caso, el principio de igualdad de trato y de proporcionalidad (STJUE de 6 de octubre de 2021, Asunto C 598/19).

1.1.1. Contratos reservados de la DA 4ª

La DA 4ª LCSP permite reservar contratos del sector público de cualquier objeto a dos tipos de entidades: Centros Especiales de Empleo de iniciativa social y Empresas de Inserción. Comenzamos por el primero de ellos. Los Centros Especiales de Empleo están definidos por la Ley General de derechos de las personas con discapacidad y

---

496 La proporción de CEE es considerablemente superior a la de empresas de inserción. En 2024 en la Comunidad Valenciana radicaban 128 CEE mientras que tan solo 12 Empresas de Inserción: www.labora.gva.es/es/entitats/entitats-collaboradores.

497 A modo de ejemplo, el Acuerdo 44/2016, de 21 de julio, de la Junta de Castilla y León, sienta en su art. 5 que los contratos reservados "deberán representar en cómputo global el 6,8 % del presupuesto total adjudicado en el ejercicio presupuestario inmediatamente anterior, para el conjunto de actividades que por su naturaleza sean susceptibles de reserva a este tipo de centros y empresas". Por su parte, el Acuerdo de 27 de marzo de 2015, del Consell de la Generalitat Valenciana estableció en su art. 5 que los contratos reservados "representarán en cómputo anual, al menos, el 3 % del número de contratos adjudicados en el ejercicio inmediatamente anterior".

de su inclusión social[498]. Se trata de entidades públicas o privadas cuyo objetivo principal es el de realizar una actividad productiva de bienes o de servicios, participando regularmente en las operaciones del mercado, y tienen como finalidad el asegurar un empleo remunerado para las personas con discapacidad[499].

Esta definición es imprecisa, pues nada se dice en ella de la naturaleza jurídica, organización y propiedad de la entidad. Destacamos, a continuación, dos elementos jurídicamente relevantes para que la entidad sea considerada CEE y, a su vez, tenga el carácter añadido de *iniciativa social.*

---

498 Aprobada mediante RD-Leg. 1/2013, de 29 de noviembre y, además, por la norma de carácter reglamentario que constituye el RD 2273/1985, de 4 de diciembre.

499 El Decreto 227/2018, de 14 de diciembre, del Consell, por el que se regula la calificación e inscripción de los centros especiales de empleo en el Registro de centros especiales de empleo de la Comunitat Valenciana recoge los siguientes requisitos: a) Tener personalidad jurídica propia independiente de la de su titular, con estructura y organización diferenciada del resto de actividades del titular; b) Justificar, mediante el oportuno estudio económico, las posibilidades de viabilidad y subsistencia del Centro Especial de Empleo, en orden al cumplimiento de sus fines; c) Estar constituida su plantilla por personal con diversidad funcional o discapacidad con contrato laboral escrito, suscrito con cada una de las personas trabajadoras, conforme a la normativa vigente; d) Incluir en plantilla al personal técnico y de apoyo, en posesión de las titulaciones profesionales adecuadas que la actividad del Centro Especial de Empleo y el desarrollo personal y social de las personas trabajadoras con diversidad funcional o discapacidad precisen, para la prestación de las correspondientes medidas de ajuste personal y social que, en todo caso, y tras las correspondientes evaluaciones de las trabajadoras y trabajadores y detección de necesidades, con una periodicidad mínima anual, implicarán la suscripción de los correspondientes itinerarios individualizados con todo el personal con diversidad funcional o discapacidad de los CEE, donde se incluirán, entre otros, servicios destinados al tránsito a la empresa ordinaria; e) En el caso de que el solicitante o promotor sea persona jurídica, ésta deberá cumplir con la normativa sobre integración laboral de personas con discapacidad o la exención de dicha obligación; f) Comprometerse a aplicar al personal del CEE, en los centros de trabajo de la Comunitat Valenciana, y como norma mínima, el convenio colectivo del sector: "Convenio Colectivo de Centros y Servicios de Atención a Personas con Discapacidad de la Comunidad Valenciana". En su defecto, deberán acreditar mejoras de retribuciones o de jornada respecto del convenio colectivo a aplicar; y, g) Compromiso de elaboración de un plan de igualdad, debidamente visado, en los supuestos en que resulten obligados a ello.

En primer lugar, de lo anterior se deriva una realidad absoluta: no es necesario que los servicios prestados o situados en el mercado por el CEE estén relacionados con la integración económica y social de personas con discapacidad. Tampoco es preciso que los CEE no tengan ánimo de lucro. Cabe apuntar que estos centros son creados a partir de empresas u organizaciones tales como sociedades mercantiles limitadas o anónimas, sociedades cooperativas, sociedades laborales o, incluso, entidades públicas. En segundo lugar, los CEE están obligados a tener una plantilla constituida por el mayor número de personas trabajadoras con discapacidad que permita la naturaleza del proceso productivo y, en todo caso, por, al menos, el 70 por 100 del total de trabajadores por cuenta ajena. En este cómputo no se tiene en cuentan el personal sin discapacidad dedicado a la prestación de servicios de ajuste personal y social, conocidos por su abreviatura SAPS[500].

Además de los requisitos generales señalados hasta el momento ha de cumplirse con los requisitos específicos para que los CEE puedan ser considerados de iniciativa social y, en consecuencia, puedan acceder a los beneficios que la LCSP les brinda en esta materia. Esto es, la entidad ha de estar obligada por sus Estatutos o por acuerdo social a la reinversión íntegra de sus beneficios para la creación de oportunidades de empleo para personas con discapacidad y la mejora continua de su competitividad y de su actividad de economía social, teniendo en todo caso la facultad de optar por reinvertirlos en el propio centro o en otros (de iniciativa social). A esto hay que añadir que se den alguna de las siguientes situaciones relativas a su titularidad:

> "Que estén promovidos y participados en más de un 50%, directa o indirectamente, por una o varias entidades, ya sean públicas o privadas,

---

500 Son servicios que obligatoriamente han de prestar u ofrecer a los CEE a sus trabajadores con discapacidad. Dentro de esta categoría de servicios pueden diferenciarse dos tipos. Por un lado, los servicios que requiera la empresa para ayudar a superar las barreras, obstáculos o dificultades que puedan tener con razón del trabajo las personas trabajadoras con discapacidad que integran los centros especiales de empleo. Por otro lado, también se entienden por tales servicios los que se dirijan a la inclusión social, cultural y deportiva de los trabajadores con discapacidad de la empresa. Pues bien, esta clase de servicios "accesorios" no han de ser prestados necesariamente por trabajadores del CEE, sino que este puede externalizar tales cometidos, encargando a una tercera empresa tales funciones.

> que no tengan ánimo de lucro o que tengan reconocido su carácter social en sus Estatutos, ya sean asociaciones, fundaciones, corporaciones de derecho público, cooperativas de iniciativa social u otras entidades de la economía social. O bien,
> Que su titularidad corresponda a sociedades mercantiles en las que la mayoría de su capital social sea propiedad de alguna de las entidades señaladas anteriormente, ya sea de forma directa o bien indirecta a través del concepto de sociedad dominante regulado en el artículo 42 del Código de Comercio".

Esto supone un cambio respecto de la dinámica jurídica inicial que a lo largo de las décadas no ha otorgado beneficios tangibles al sector sin ánimo de lucro, ya que, aunque el beneficio inherente a la reserva de contratos no descansa sólo en este sector, se otorga, al menos en el plano teórico, una posibilidad mayor de participar en la contratación pública (Moratalla Santamaría, 2016). Además, una serie de personas jurídicas empresariales gozan de mayores facilidades de reconocimiento de su carácter social *a priori*, respecto de otras, por su propia naturaleza. Es el caso de las cooperativas, ya que pueden ser consideradas CCE de iniciativa social cuando tengan reconocido en sus Estatutos la finalidad o motivación social de su actividad o bien sean sin ánimo de lucro.

Los principios y objetivos principales de la *iniciativa social* que imprime la ley en los CEE, entroncan, al menos parcialmente, con los principios orientadores de la economía social definidos, entre otros puntos, en el artículo 4 de la Ley 5/2011 de Economía Social: primacía de las personas y del objeto social sobre el capital y la aplicación de los resultados obtenidos en beneficio de las personas y del interés general; organización y cultura empresarial participativa y democrática; compromiso con el desarrollo humano local, social y medioambientalmente sostenible; y generación de empleo de calidad y compromiso con su mantenimiento. Reuniendo tales extremos, los CEE de iniciativa social han de ser formalmente calificados y registrados como tales por las AAPP autonómicas, competentes en esta materia[501]. Puesto que previamente ha de calificarse la naturaleza jurídica

---

501 Acceso al trámite articulado por la Generalitat Valenciana para la calificación y registro de CEE de iniciativa social: https://www.gva.es/es/inicio/procedimientos?id_proc=19918&version=red

de CEE, será la primera de las realidades demostrables ante la Administración.

Dejamos al margen los CEE, para dirigir la atención a la otra de las entidades que pueden acceder a los contratos reservados: las Empresas de Inserción (EI). Su régimen jurídico está desarrollado en la Ley 44/2007, de 13 de diciembre, para la regulación del régimen de las empresas de inserción. El carácter de EI lo tienen aquellas sociedades mercantiles o sociedades cooperativas legalmente constituidas que realicen cualquier actividad económica de producción de bienes y servicios cuyo objeto social tenga como fin la integración y formación sociolaboral de personas en situación de exclusión social como tránsito al empleo ordinario. A estos efectos deberán proporcionar a los trabajadores en riesgo de exclusión, como parte de sus itinerarios de inserción, procesos personalizados y asistidos de trabajo remunerado, formación en el puesto de trabajo y habituación laboral y social. Asimismo, deben contar con servicios de intervención o acompañamiento para la inserción sociolaboral para la posterior incorporación al mercado de trabajo ordinario.

Llegados a este punto cabe preguntarse qué se consideran trabajadores en riesgo de exclusión social. El artículo 2 de la ley responde a esta cuestión. Decidimos resumir las causas de exclusión en: ausencia de rentas por debajo de determinado umbral y concurriendo determinadas circunstancias; personas que proceden de instituciones de protección de menores; personas con trastornos adictivos en proceso de rehabilitación; internos en instituciones penitenciarias; y personas que residen en alojamientos alternativos para la prevención y la inserción social[502].

---

[502] El contenido específico del art. 2 consigna literalmente las siguientes categorías: a) Perceptores de Rentas Mínimas de Inserción, o cualquier otra prestación de igual o similar naturaleza, según la denominación adoptada en cada Comunidad Autónoma, así como los miembros de la unidad de convivencia beneficiarios de ellas; b) Personas que no puedan acceder a las prestaciones a las que se hace referencia en el párrafo anterior, por alguna de las siguientes causas: falta del período exigido de residencia o empadronamiento, o para la constitución de la Unidad Perceptora o haber agotado el período máximo de percepción legalmente establecido; c) Jóvenes mayores de dieciocho años y menores de treinta, procedentes de Instituciones de Protección de Menores; d) Personas con problemas de drogodependencia u otros trastornos adictivos que

1.1.2. Contratos reservados en servicios sociales, culturales y de salud

La modalidad de reserva de contratos recogida en la DA 4ª LCSP descansa, fundamentalmente, en el elemento subjetivo que conforman los CEE de iniciativa social y las EI, lo que pasa por la constitución *ad hoc* de una entidad nueva con tal calificación por parte de entidades de diversa naturaleza. Al margen de esta modalidad ya analizada, la normativa europea y española prevén otra en la DA 48ª LCSP que se asienta en dos factores: en el objeto especial de tales contratos y en características funcionales de la entidad que lo desarrollaría. Esta modalidad de reserva de contratos está todavía por explorar en España si se compara con la atención recibida por la reserva en favor de CEE de iniciativa social y EI que, por otro lado, goza de importantes déficits de implementación. La DA 48ª LCSP permite que los órganos de contratación reserven tan solo contratos pertenecientes a determinados sectores sociales, culturales y de salud, y únicamente a operadores económicos en los que concurran determinadas características internas, sin referirse a una naturaleza o calificación jurídica concreta. Esta es la verdadera potencialidad para organizaciones empresariales como las sociedades cooperativas, las laborales o las participadas (Medina Arnáiz, 2020).

En resumen, en la DA 48ª LCSP se entrecruzan dos requisitos. El primero de ellos es que se trate de un servicio de los mencionados

---

se encuentren en proceso de rehabilitación o reinserción social; e) Internos de centros penitenciarios cuya situación penitenciaria les permita acceder a un empleo y cuya relación laboral no esté incluida en el ámbito de aplicación de la relación laboral especial regulada en el art. 1 del RD 782/2001, de 6 de julio, así como liberados condicionales y exreclusos; f) Menores internos incluidos en el ámbito de aplicación de la Ley Orgánica 5/2000, de 12 de enero, reguladora de la responsabilidad penal de los menores, cuya situación les permita acceder a un empleo y cuya relación laboral no esté incluida en el ámbito de aplicación de la relación laboral especial a que se refiere el artículo 53.4 del Reglamento de la citada Ley, aprobado por el RD 1774/2004, de 30 de julio, así como los que se encuentran en situación de libertad vigilada y los ex internos; g) Personas procedentes de centros de alojamiento alternativo autorizados por las Comunidades Autónomas y las ciudades de Ceuta y Melilla; y, h) Personas procedentes de servicios de prevención e inserción social autorizados por las Comunidades Autónomas y las ciudades de Ceuta y Melilla.

en el art. 77 de la Directiva o en la DA. 48ª LCSP (ambos preceptos tienen la misma redacción). La remisión a los servicios en cuestión se realiza a través de Códigos CPV (*Common Procurement Vocabulary*). Es decir, códigos empleados desde el Vocabulario Común de la Contratación Pública que se hallan en el Anexo IV de la LCSP[503]. El otro gran requisito reside en las características que deben concurrir en los operadores económicos y que deberán constar en los PCA como capacidad para contratar. De nuevo, tanto la LCSP como la Directiva 2014/24 mencionan las mismas:

> "a) Que su objetivo sea la realización de una misión de servicio público vinculada a la prestación de los servicios contemplados en los CPV citados.
> b) Que los beneficios se reinviertan con el fin de alcanzar el objetivo de la organización; o en caso de que se distribuyan o redistribuyan beneficios, la distribución o redistribución deberá realizarse con arreglo a criterios de participación.
> c) Que las estructuras de dirección o propiedad de la organización que ejecute el contrato se basen en la propiedad de los empleados, o en principios de participación, o exijan la participación activa de los empleados, los usuarios o las partes interesadas.
> d) Que el poder adjudicador de que se trate no haya adjudicado a la organización un contrato para los servicios en cuestión con arreglo al presente artículo en los tres años precedentes".

Con estos elementos subjetivos puede afirmarse que la reserva cae sobre entidades que fácilmente pueden pertenecer tanto a lo que se conoce como *economía social* y como *economía solidaria.* Determinadas formas societarias, como las cooperativas, son entidades u operadores económicos que disponen de una organización, unos principios y un funcionamiento que se incardinan a la perfección en estas exigencias.

Esta interpretación ha sido adelantada por la propia Directiva en su considerando 118. Los considerandos no constituyen normas o artículos del texto y, sin embargo, sí contribuyen a realizar una correcta interpretación literal y finalista de su articulado. En este caso,

503 A continuación, se relaciona el conjunto de servicios mediante codificados: 75121000-0, 75122000-7, 75123000-4, 79622000-0, 79624000-4, 79625000-1, 80110000-8, 80300000-7, 80420000-4, 80430000-7, 80511000-9, 80520000-5, 80590000-6, desde 85000000-9 hasta 85323000-9, 92500000-6, 92600000-7, 98133000-4 y 98133110-8.

la Directiva 2014/24/UE justifica la reserva regulada en su art. 77 (y en la DA 48ª de la LCSP) del siguiente modo:

> "Para garantizar la continuidad de los servicios públicos, la presente Directiva debe permitir que la participación en procedimientos de licitación de determinados servicios en el ámbito de los servicios sanitarios, sociales y culturales se reserve a organizaciones que son propiedad de su personal o en las que el personal participe activamente en la dirección, y a organizaciones existentes tales como cooperativas que participen en la prestación de dichos servicios a los usuarios finales".

Sin embargo, la LCSP ni exige que las AAPP realicen estas reservas ni obliga a una proporción o cantidad mínima de reserva, como sí se da en la DA 4ª. Además, no se trata de un precepto con un gran desarrollo práctico en las entidades públicas españolas, por lo que sus posibles efectos favorecedores en pro de empresas como las cooperativas se ve considerablemente mermado e, incluso, anulado.

1.1.3. La ineficacia de la previsión normativa de la reserva de contratos

El debate en torno a si los contratos reservados son una medida adecuada de política social en el plano teórico es una cuestión diferente a las deficiencias de su implementación. A modo de ejemplo, la JCCP de Canarias, en su Informe 4/2020, manifiesta que esta es "una herramienta, cada vez más extendida, pero todavía escasamente utilizada, para que el sector público refuerce su papel como garante del Estado del Bienestar a través de la contratación pública, función que encaja perfectamente con la exigencia del art. 1.3 LCSP de una contratación más social y que fomente las PYME y la Economía Social". Se aprecia cómo la valoración general de la junta citada es positiva respecto de la previsión legislativa de la reserva de contratos para alcanzar objetivos de inclusión, pero su ejecución es escasa.

Sobre la eficacia de este instrumento se pronuncia el *Informe especial de supervisión relativo a la contratación pública estratégica* en 2022 que, sin embargo, tan solo tiene en cuenta los contratos tramitados al amparo de la DA 4ª. Conforme a la metodología de búsqueda de contratos empleada, el Oirescon ha identificado 219 contratos reservados en el conjunto de AAPP españolas (9 en la AGE; 97 en las ciudades y CCAA; y 113 en las Entidades Locales. En cuanto a su objeto, mayoritariamente se está ante contratos de servicios (el 63 % del total) e, inmediatamente después, le siguen los contratos de suministros (el 33 %).

El Informe anual del año 2020 ya reconoció que en diversas CCAA no existe un listado de CEE en los que se indique, explícitamente, que se trata de entidades de iniciativa social. Esto supone una ralentización del proceso contractual y, además, dificulta la supervisión de esta institución jurídica. Respecto del grado de cumplimiento efectivo de la reserva, dejando a un lado el grado de cumplimiento de las EELL por una cuestión metodológica, el Oirescon ha cuantificado que en el ámbito de la AGE es del 0,95 % respecto total al que está obligada por ley. En el plano autonómico, si bien hay disparidad, el cumplimiento se sitúa en términos generales por debajo del 5 % de cumplimiento con algunas excepciones (Cataluña, el 92,23 %; Aragón, 59,92 %; País Vasco, 23,35 %; Galicia, 19,38 %; y Cantabria, 6,34 %). Incluso, seis CCAA presentan un grado de cumplimiento por debajo del 1 % (Madrid, 0 %; Extremadura, 0 %; Murcia, 0 %; La Rioja, 0 %; Castilla y León, 0,92 %; y Comunidad Valenciana, 0 %). Existe disparidades significativas en el porcentaje de reserva establecido por cada Administración debido, entre otros motivos, a que la LCSP no obliga a la reserva de un porcentaje determinado a las CCAA o a las Entidades locales, sino, tan solo, a la AGE. Es por ello por lo que las leyes autonómicas pueden, a su vez, acotar las facultades de las AAPP en esta materia y determinar la cantidad o porcentaje de contratos reservados en virtud de la DA 4ª. Es el caso de la ley valenciana: "Los contratos reservados representarán en cómputo anual, al menos, el 3 % del número de contratos adjudicados en el ejercicio presupuestario inmediatamente anterior, en cada una de las consellerias en que se estructura el Consell, así como en cada una de las entidades del sector público dependientes de la Generalitat [...]"[504].

---

[504] Acuerdo de 27 de marzo de 2015, del Consell, por el que se establecen directrices para la aplicación de cláusulas de carácter social en la contratación de la Administración de la Generalitat y su sector público, así como en materia de subvenciones de la Administración de la Generalitat.

Los datos del informe de 2022, aun cuando reflejan en términos absolutos una manifestación de ineficacia patente de la norma, muestran un aumento de la transparencia en los acuerdos autonómicos y su contenido, así como un ligero crecimiento de la reserva prevista normativamente respecto de años anteriores. Sin embargo, no se da un significativo incremento de los contratos efectivamente reservados. Podría decirse que se da una situación de relativo estancamiento en una medida que goza de amplia aceptación en términos políticos y jurídicos.

La previsión de la reserva de contratos a CEE y EI, aun siendo de escasa implementación práctica, se sitúa muy por delante en su desarrollo teórico y práctico respecto de la DA 48ª. De cualquier modo, en términos generales, es posible que una de las dificultades de implementación se relacione con la falta de obligatoriedad de establecer un porcentaje de reserva y, al mismo tiempo, por la presión que ejerce la obligatoriedad de la reserva en favor de CEE de iniciativa social y EI. En efecto, por lo que se refiere a esta última modalidad de reserva de contratos, la LCSP emplea la expresión "se fijarán porcentajes mínimos de reserva...". Por el contrario, la DA 48ª renuncia a esta fórmula y convierte esta acción en una opción: "los órganos de contratación de los poderes adjudicadores podrán reservar...". Por tanto, se trata de una posibilidad que, por dejarse a la voluntad de los OC, no ha encontrado un desenvolvimiento normativo y práctico significativo (Mendoza Jiménez, 2018).

1.1.4. Cláusulas que benefician a entidades por su naturaleza y funcionamiento

Los CEE y las EI son organizaciones económicas con marcadas finalidades sociales de integración que, sin embargo, pueden ser constituidas por entidades que no pertenecen a la economía social: entidades creadas por otras entidades o empresas que pueden tener naturaleza de organización sin ánimo de lucro, asociaciones, sociedad civil, sociedad mercantil capitalista, sociedad mercantil personalista, sociedad cooperativa, etc. A pesar de ello, en lo relativo a los CEE, la exigencia de caracterizarse por ser de *iniciativa social* imprime, necesariamente a tales entidades, dicho carácter social.

Por su parte, la reserva de contratos contemplada en la DA 48ª sí goza de una regulación que, aunque no destinada en exclusiva a las cooperativas, permite incluir en su régimen jurídico a las cooperativas con relativa facilidad. Tanto es así que la propia Directiva 2014/24/UE, en su considerando 118, establece que la normativa "debe permitir que la participación [...] se reserve a organizaciones que son propiedad de su personal o en las que el personal participe activamente en la dirección, y a organizaciones existentes tales como cooperativas que participen en la prestación de dichos servicios a los usuarios finales". Por ello, de entre los dos tipos de contratos reservados que alumbra la normativa, aquella con mayor potencial para beneficiar exclusivamente a entidades de finalidad empresarial con una organización propia de la economía social es la regulada en la DA 48ª que define entre las *beneficiarias* una serie de características que concurren, sobre todo, en las sociedades cooperativas, en sociedades laborales o participadas (Medina Arnáiz, 2020).

Una vez abordada la cuestión relativa a los contratos reservados, el asunto más controvertido, o si se quiere, nuclear estriba en determinar si es posible que las cooperativas de trabajo asociado resulten directa o indirectamente beneficiarias de preferencias en la contratación pública, principalmente en la fase de adjudicación o valoración de ofertas. Por un lado, las preferencias directas serían aquellas de las que gozaría la cooperativa, en el contexto de los procesos de contratación pública, por el mero hecho de constituirse en sociedad cooperativa de trabajo asociado. En definitiva, serían beneficios que la normativa de contratos otorgaría a esta clase de entidades, pero sin constituir propiamente una reserva de contratos. Por otro lado, las preferencias indirectas vendrían determinadas por todos aquellos beneficios que tendrían las cooperativas porque los OC deciden incentivar o exigir características que, precisamente, coinciden con las que concurren *in natura* en las cooperativas.

Pues bien, por lo que se refiere a las preferencias directas por tratarse de cooperativas de trabajo asociado la respuesta a la cuestión de si está legalmente permitido ha de ser negativa por dos motivos. El primer motivo es que si se exige como condición de ejecución una determinada naturaleza jurídica significaría, automáticamente, una exclusión de todas aquellas entidades que no participan de la naturaleza jurídica y, en ese sentido, constituiría una reserva de contratos. El segundo motivo es que si se establece un criterio de adjudicación que conlleve una valoración en favor de empresas que tenga la calificación de sociedades cooperativas no se estaría excluyendo, en sentido estricto, a ninguna entidad del proceso. No obstante, se situaría la naturaleza jurídica como motivo de incentivo y no, propiamente, una conducta, práctica u organización concreta que obedezca a finalidades sociales o laborales amparadas por la normativa. Dicho de otro modo, sin un amparo legal claramente explícito, la cláusula social podría estar haciendo abstracción de la finalidad social para hacer adoptar una confianza ciega en que toda empresa cooperativa va a responder a las necesidades sociales de la entidad adjudicadora. A su vez, el criterio de adjudicación resultaría impreciso y no atendería a una finalidad social específica, ya que las cláusulas sociales han de ser concretadas y fundamentadas. Tanto es así que resultaría ilícita, no ya por contravenir el principio de igualdad de trato sino el principio de transparencia, una cláusula social no motivada o que no concrete la finalidad social que trata de conseguir. En cualquier caso, es razonable afirmar que si el legislador hubiese querido que se *premie* explícitamente a determinadas entidades lo habría hecho constar y, sin embargo, lo que realiza no es una previsión de entidades sino de conductas, políticas o protocolos concretos aplicables, no ya toda la entidad, sino a la concreta contrata.

Hasta el momento se ha determinado en estas páginas que tratar de articular criterios de adjudicación o condiciones de ejecución que beneficien directamente a las entidades que tengan la naturaleza jurídica de sociedad cooperativa o sociedad laboral no resulta conforme a Derecho. Sin embargo, otra de las cuestiones recala en la posibilidad de que los criterios de valoración de ofertas valoren aspectos organizativos que concurren en las entidades de economía social.

En esta ocasión la respuesta es afirmativa, siempre y cuando resulte una formulación y puntuación justificada y proporcionada y, además, no incurra en fraude de ley. Asimismo, resulta imprescindible que se ciña estrictamente al objeto del contrato, significando esto que no puede existir un criterio de valoración, por ejemplo, que beneficia a organizaciones que redistribuyan beneficios en favor de una mejora de los derechos laborales en toda la entidad. Es decir, la redistribución debería darse, única y exclusivamente, en el ámbito temporal y funcional de la contrata. Ahora bien, consideramos que, si bien si se trata de una fórmula válida en el ámbito de los criterios de adjudicación, podría ser más dudoso establecer una condición especial de ejecución de esta clase, por cuanto podría actuar como un mecanismo de exclusión; por ello la fase más adecuada, atendiendo a la norma y a las interpretaciones jurídicas dadas hasta el momento, sería la fase de adjudicación.

En cualquier caso, y sin obviar la necesidad de mejorar los aspectos relacionados con la DA 4ª LCSP, existen las posibilidades constitucionales de que la ley prevea reservas de contratos más allá de la prevista en la DA 48ª LCSP. En este sentido, algunas instancias, como el Gobierno de España, han reconocido la importancia de introducir a entidades de la economía social en las estrategias y procesos de contratación pública; pero sin que haya tenido una gran trascendencia práctica. Es el caso del Acuerdo por el que se adoptaba la Estrategia Española de Economía Social 2017-2020 aprobado por el Consejo de ministros el 29 de diciembre de 2017. Pues bien, en este texto se establecía un compromiso de promover la inclusión de la economía social desde múltiples perspectivas. Entre ellas, se encuentra (en su eje 1, punto 5) la relativa a la transposición de la Directiva 2014/24/UE, desde el reconocimiento de la consideración de la contratación pública como un instrumento de generación de valor social, más todavía desde la aprobación de la ley española del año 2017.

En este marco jurídico se proponían, principalmente, dos líneas de actuación en el contexto de los contratos del sector público: En primer lugar, se insta a las AAPP para tener en cuenta, a la vista del interés general, distintas fórmulas que puedan considerar apropiadas en el marco de sus competencias para ofrecer oportunidades al "ecosistema de la economía social, con los principios de igualdad de competencia y concurrencia competitiva". En segundo lugar, apunta a la necesidad de fomentar "el desarrollo de cláusulas sociales de contratación que permitan que el valor diferencial de la Economía Social sea tenido en cuenta en los procesos de contratación pública por parte de las diferentes administraciones". Incluso en el Informe anual Oirescon de 2020 de supervisión de la contratación pública en España se otorga un tratamiento especial a los contratos reservados de la DA 4ª LCSP y se deja de lado la relativa a la DA 48ª.

Se trata de una línea afirmada por el documento de las *Directrices generales españolas para el desarrollo de la Agenda 2030*, en el que se expresa que "La Administración pública también debe tener un papel importante en la consecución de una mayor justicia social a través del impulso de la contratación pública responsable, mediante la utilización de cláusulas sociales en las contrataciones y de los procedimientos reservados de licitación".

Las cooperativas de trabajo asociado, como entidades pertenecientes a la economía social (y, en ciertas ocasiones, a la economía solidaria), comparten con la CPSR una parte significativa de los principios. A pesar de ello, los textos normativos no realizan, casi en absoluto, alusiones a las sociedades cooperativas o a las entidades de economía social ya referenciadas. Tan solo existen referencias significativas a esta clase de organizaciones económicas en la DA 14ª en la que se señalan las características que debe reunir un CEE para ser considerado *de iniciativa social* y, con ello, poder participar en los procesos contractuales reservados de la DA 4ª LCSP. En consecuencia, y de forma explícita y directa, las cooperativas no reciben de la normativa de contratos públicos un tratamiento especial que les otorgue beneficios u oportunidades especiales en los procedimientos de licitación por el hecho de tratarse de entidades con una naturaleza jurídica y económica *sui generis* y alineada, en cierto modo, con los ejes de la CPSR.

En fin, si tomamos como paradigma las cooperativas, estas pueden verse muy beneficiadas por cláusulas sociales en la contratación pública de diversas formas. En primer lugar, mediante la reserva de contratos de la DA. 48ª LCSP, ya que las organizaciones a las que define reflejan las características de los principios de la economía social. En segundo lugar, los criterios de adjudicación pueden considerar valorar positivamente características organizativas vinculadas al objeto del contrato y proporcionadas que concurren en las cooperativas. En tercer y último lugar, la concreta articulación de los principios de la economía social, a través de cláusulas de integración laboral y profesional, encuentran en las cláusulas sociales de empleo (entre otras) un elemento que puede potenciar la presencia de las sociedades cooperativas.

1.2. La acción positiva de cuotas de empleo

La desigualdad estructural y los actos discriminatorios actúan como una suerte de Hidra de Lerna con múltiples cabezas que ataca en diversos frentes a los derechos fundamentales. Uno de los instrumentos jurídicos que recoge la normativa interna, europea e internacional para reducir o eliminar esta realidad son las acciones positivas. Las acciones positivas actúan, por un lado, en pro de la igualdad formal, como mecanismos de prevención de discriminaciones directa e indirectas[505] y, por otro lado, desde el campo material, como instrumentos orientados al equilibrio, la equidad y la compensación de las desigualdades sociales y económicas.

Es doctrina reiterada del TC la que observa que los arts. 14 y 9.2 CE no instauran un derecho subjetivo de los ciudadanos a obtener de los poderes públicos un trato diferente ante situaciones desiguales[506]. De este modo, queda descartado que, incluso ante la constatación de la existencia de grupos de población especialmente desfavorecidos o vulnerables, la ausencia de una "singularidad normativa" compensadora o igualadora pueda ser considerada jurídicamente una "discriminación por indiferenciación"[507]. Esto no obsta para que el propio TC reconozca la injusticia que supone perpetuar situaciones desiguales por un exceso de igualdad formal[508].

Las actuaciones negativas o reactivas en nombre de la igualdad son útiles para identificar y combatir situaciones en las que no ha habido

---

505 El conjunto de disposiciones encaminadas a combatir la discriminación de colectivos, grupos o sectores poblacionales vulnerables o desfavorecidos es denominado, en algunos foros académicos, Derecho Antidiscriminatorio (Rey Martínez, 2019).

506 SSTC 86/1985, de 10 de julio (FJ 3°); 86/1985, de 10 de julio (FJ 3°); 135/1992, de 5 de octubre (FJ 9°); 308/1994, de 21 de noviembre (FJ 5°); 36/1999, de 22 de marzo (FJ 4°).

507 Por todas, las SSTC 86/1985, de 10 de julio (FJ 3°); 117/2006 de 24 de abril (FJ 2°); 69/2007, de 16 de abril; y, 30/2008, de 25 de febrero (FJ 3°).

508 STC 135/1992, de 5 de octubre (FJ 9°). Algunas de estas resoluciones y su doctrina han sido citadas en el Informe anual de 2021 del Defensor del Pueblo sobre solicitudes de recursos de inconstitucionalidad sobre la Ley 17/2020, de 22 de diciembre, por la que se modifica la Ley 5/2008, de 24 de abril, del derecho de las mujeres a erradicar la violencia machista de Cataluña.

un trato igual ante la concurrencia de circunstancias jurídicamente iguales o sustancialmente similares. El mandato del art. 9.2 CE está dirigido a dotar de justicia a las políticas sociales en favor de quienes ocupan una posición social de inseguridad y vulnerabilidad "en aras de la consecución de fines constitucionalmente legítimos"[509].

El término *discriminación* está en constante disputa y bascula entre concepciones que la circunscriben a elementos de restricción de derechos a partir de causas estructurales y sistémicas de determinados grupos o cohortes poblacionales, y aquellas otras que amplían el radio de acción de la discriminación a cualquier causa que determine la ley y de forma bidireccional. En cualquier caso, la tutela antidiscriminatoria se relaciona con "la corrección de situaciones discriminatorias objetivas existentes en la sociedad" y exige una interpretación sistemática de los arts. 14 y 9.2 CE (Rodríguez-Piñero Bravo-Ferrer & Fernández López, 1986, p. 82). La relevancia de las causas discriminatorias radica, en este punto, en que permiten delimitar o definir colectivos, grupos o sectores poblacionales que, por sus circunstancias, características o condiciones, están situados en una posición de vulnerabilidad (o riesgo de ella) de forma estructural y sistémica que requiere acciones positivas. Esto permite identificar los sujetos objetivo de políticas públicas incardinadas dentro de la tutela antidiscriminatoria del Estado en pro de la igualdad formal y material.

1.2.1. Síntesis de concepto y tipologías de acciones positivas

El término *acción positiva* es complejo desde sus mismas raíces. La primera referencia adoptó, realmente, el vocablo *acción afirmativa* (*affirmative action*) que contenía la ley estadounidense de carácter laboral denominada *National Labor Relations Act* del año 1935. Se tra-

---

[509] STC 69/2007, de 16 de abril (FJ 4°). En la doctrina académica, Rey Martínez (2011, p. 171) opina que los tribunales no deben negarse, de entrada, a "admitir que la igualdad constitucional prohíbe también la discriminación por indiferenciación" al tiempo que admite que existen motivos de índole constitucional para realizar una interpretación restrictiva al entender que los criterios y valoraciones de diferenciación le corresponde al legislador. Por el contrario, Cobreros Mendazona (2007) considera que la discriminación por indiferenciación debe entenderse comprendida en el contenido del art. 14 CE.

taba de una institución jurídica en virtud de la cual los empleadores, tras haber sido declarada una actuación discriminatoria (generalmente, un despido) por razón de asociación o sindicación, debían restablecer la situación de los trabajadores damnificados a la posición en la que se encontraría de no haber tenido lugar el acto discriminatorio. Podría decirse que la *affirmative action* era una suerte de norma orientada a deshacer los desmanes empresariales sin reparar el menoscabo producido (Martín Vida, 2003).

Con el transcurso de las décadas, la acción afirmativa pasó a definir las medidas de prevención de discriminaciones, transparencia en la actuación y fomento de la inclusión de personas que venían siendo discriminadas. Así, en los años 60 se empleó la expresión en diversas órdenes ejecutivas del Gobierno estadounidense que trataban de combatir y prevenir conductas discriminatorias por razón de raza, color, religión, sexo, orientación sexual, identidad de género u origen nacional en el acceso al empleo público y en el ámbito de las empresas contratistas del sector público[510]. Como muestra de ello, la *Civil Right* de 1991 instituyó presunciones de discriminación cuando los datos estadísticos mostraran la infrarrepresentación de un colectivo, debiendo el empleador destruir tal presunción[511].

---

510 La Orden Ejecutiva 10925, de Establecimiento del Comité del Presidente sobre Igualdad de Oportunidades en el Empleo (1961) y la Orden Ejecutiva 11246, de Igualdad de Oportunidades en el Empleo (1965), entre otras. En la primera de ellas, se señala que "El contratista no discriminará a ningún empleado o solicitante de empleo por motivos de raza, color, religión, sexo, orientación sexual, identidad de género u origen nacional. El contratista tomará medidas afirmativas para garantizar que los solicitantes sean empleados y que los empleados sean tratados durante el empleo, sin importar su raza, color, religión, sexo, orientación sexual, identidad de género u origen nacional. Dicha acción incluirá, pero no se limitará a lo siguiente: empleo, ascenso, descenso de categoría o transferencia; contratación o publicidad de contratación; despido o terminación; tasas de pago u otras formas de compensación; y selección para la formación, incluido el aprendizaje".

511 Incluso, la Proposición 209 del Estado de California, de 6 de noviembre de 1996, añadía a la constitución la prohibición de realizar u otorgar tratos preferentes a cualquier persona por cualquiera de los motivos de discriminación en el ámbito educativo, contractual o de empleo público. Esto, en opinión de la Corte Suprema de California (caso *Wilson v. State Personnel Board* de 1998), implicaba la inconstitucionalidad de las medidas denominadas de discriminación

Para entonces, las medidas de trato preferente empiezan a entrar en el debate político y jurídico en EE. UU. dirigidas a la inclusión de personas afrodescendientes, pero su aplicación, sobre todo en el ámbito educativo, no fue en absoluto incontrovertida. A este respecto, es especialmente trascendente el contenido de la *Equal Opportunity Act of 1995* que da una de cal y otra de arena. Esta ley, por un lado, informaba de que la interpretación de la prohibición de discriminación no debía impedir adoptar medidas públicas de reclutamiento de mujeres y minorías en el acceso al empleo público y en los contratos del sector público. Por otro lado, se encargaba de prohibir el uso de cualquier trato preferencial como, por ejemplo, el uso de cuotas, reservas u objetivos numéricos en el empleo público y en la contratación pública estadounidense.

Aunque sin emplear el término acción positiva, algunos textos internacionales y supranacionales ya venían previendo esta clase de actuaciones públicas. Es el caso de la Convención Internacional sobre la Eliminación de todas las Formas de Discriminación Racial del año 1965 que, en sus artículos 1.4 y 2.2, menciona las "medidas especiales adoptadas con el fin exclusivo de asegurar el adecuado progreso de ciertos grupos raciales o étnicos o de ciertas personas [...] con objeto de garantizarles, en condiciones de igualdad, el disfrute o ejercicio de los derechos humanos y de las libertades fundamentales". Además, se advierte de que estas normas de igualdad no constituyen, *per se*, un ejercicio de discriminación mientras no se consigan los objetivos igualitarios pretendidos. En el contexto de la OIT, el ya mentado Convenio 111 sobre la discriminación en el empleo y la ocupación de 1958 no hace alusión explícita a las acciones positivas ni a las medidas especiales y transitorias de compensación, pero sí los informes de la Comisión de Expertos de la OIT, la cual tiene encomendada su interpretación[512]. En los años 80 ya se empleaban tales conceptos en los

---

inversa. La misma suerte siguió la normativa en Washington y Florida los años siguientes (Martín Vida, 2003).

512 La Comisión de Expertos en Aplicación de Convenios y Recomendaciones de la OIT apostilló en 1995, respecto del Convenio 111 relativo a la discriminación en materia de empleo y ocupación, que "no basta con una igualación en los derechos, incluso garantizada en rigor, sino que el objetivo de lograr una igualdad más sustancial, de eliminación de efectivas discriminaciones requiere algo más, favorecer la igualdad de oportunidades mediante acciones o medidas de acción positiva, porque las discriminaciones en el pasado mantienen buena parte de

instrumentos normativos internacionales como el Convenio 158 de la OIT sobre la readaptación profesional y el empleo de las personas con discapacidad, del año 1983, en cuyo art. 4 se definían las acciones positivas como las "encaminadas a lograr la igualdad efectiva de oportunidades y de trato"[513].

En el ámbito europeo, a partir de la década de los 70 se incorporaba al acervo normativo comunitario este tipo de medidas dirigidas a la igualdad entre hombres y mujeres en la Directiva 76/207/CEE, a la que le sigue la Resolución del Consejo de 12 de julio de 1982, en la que se emplea el término *medidas positivas*, y la *Recomendación del Consejo, de 13 de diciembre de 1984, relativa a la promoción de acciones positivas en favor de la mujer*[514]. Entre las acciones propuestas por esta última es posible destacar, por su relación con el objeto de estudio, el "estímulo de candidaturas, contratación y promoción de las mujeres en los sectores, profesiones y niveles en los que están infrarrepresentadas, especialmente en los puestos de responsabilidad"[515].

En síntesis, en la década de los 80 el término acción positiva, u otros similares gramatical y semánticamente, se había abierto paso en planos normativos internos, supranacionales e internacionales. Ciertamente, la normativa era errática en cuanto al significado. Haciendo un ejercicio inductivo a partir de las distintas definiciones, puede afirmarse que las acciones positivas tenían una diversidad de finalidades y, por ello, hoy en día es un cajón de sastre en el que caben multitud de actuaciones antidiscriminatorias.

---

sus efectos que se reflejan en una notable y desproporcionada menor presencia de minorías o grupos discriminados en numerosos sectores o niveles de responsabilidad profesionales, económicos, político, etc.".

513 Fueron recogidas las medidas de acción positiva también en la posterior Convención sobre los derechos de las personas con discapacidad de 2006.

514 Directiva 76/207/CEE del Consejo, de 9 de febrero de 1976, relativa a la aplicación del principio de igualdad de trato entre hombres y mujeres en lo que se refiere al acceso al empleo, a la formación y a la promoción profesionales, y a las condiciones de trabajo. Ya en la década de los 80 se aprueba la Resolución del Consejo del 12 de julio de 1982 sobre promoción de la igualdad de oportunidades para las mujeres.

515 Sobre medidas de acción positiva para la igualdad de género y un repaso de los antecedentes normativos; véase Mendoza Navas (2014).

Las medidas del Derecho antidiscriminatorio abarcan desde las orientadas a detectar los actos discriminatorios hasta aquellas otras que tratan de eliminarla estructuralmente. En este orden de cosas, y desde una perspectiva puramente teórica, tomamos como referencia la labor taxonómica de la doctrina judicial estadounidense que ha diferenciado distintas clases de acciones positivas (EMAKUNDE, 2007, p. 10): *soft*, constituidas por aquellas que permiten y promueven el acceso en igualdad formal de condiciones a todas las personas, sin distinciones basadas en factores discriminatorios; *aggressive*, consistentes en otorgar a determinados colectivos o personas un beneficio adicional, aun permitiendo el acceso al derecho en cuestión a toda la población; y *hardball*, atribuyen derechos, única y exclusivamente, a las personas que integran los colectivos o grupos discriminados.

Algunas autoras han diferenciado las medidas de acción positiva de mayor aceptación y pertenecientes a la modalidad *soft* como instrumentos orientados a igualar condiciones de acceso a modo de "punto de salida" o de igualdad de oportunidades, constituyendo, por ejemplo, cursos de formación, sesiones informativas, orientación social y profesional, subvenciones, incentivos fiscales, etc. Las medidas de trato preferente (denominadas en algunos ámbitos discriminación inversa o positiva[516]) podrían incluirse en las categorías

516 El término discriminación positiva, con un significado notoriamente peyorativo, ha sido rechazado por parte de la doctrina y de diversas organizaciones sociales (por ejemplo, el CERMI). A pesar de ello, algunas normas internas, estatales y autonómicas continúan empleando esta expresión, como el art. 61 del EBEP y el mismo precepto de la Ley 4/2021, de 16 de abril, de la Función Pública Valenciana; la DA 6ª de la Ley 17/2015, de 21 de julio, de igualdad efectiva de mujeres y hombres; el art. 7 de la Ley 8/2017, de 28 de diciembre, para garantizar los derechos, la igualdad de trato y no discriminación de las personas LGTBI y sus familiares (Andalucía); el art. 28 de la Ley 8/2020, de 11 de noviembre, de Garantía de Derechos de las Personas Lesbianas, Gais, Trans, Transgénero, Bisexuales e Intersexuales y No Discriminación por Razón de Orientación Sexual e Identidad de Género; el art. 11 de la Ley 3/2016, de 22 de julio, de Protección Integral contra LGTBIfobia y la Discriminación por Razón de Orientación e Identidad Sexual en la Comunidad de Madrid; el art. 71 del Estatuto de Autonomía de Aragón. En el mismo sentido, la expresión "discriminación positiva" puede verse en múltiples referencias doctrinales, resoluciones judiciales del Alto Tribunal, el TC y de órganos constitucionales como el Consejo de Estado.

aggressive y *hardball* y procuran conseguir el resultado final imponiendo "directamente la obligación de contratar mujeres hasta eliminar su infrarrepresentación ("punto de llegada")" (Pérez del Río, 1997). En definitiva, las medidas de trato preferente son un tipo específico de acción positiva que tratan de corregir la situación de desventaja social y económica influyendo o controlando el resultado de determinados procesos de acceso a derechos (Rodríguez-Piñero y Bravo-Ferrer, 1996).

En términos legales, y reparando en que existen multitud de normas que abordan esta cuestión, se encuentra una definición de *acción positiva* en el art. 6.1 de la Ley 15/2022, de 12 de julio, integral para la igualdad de trato y la no discriminación: "diferencias de trato orientadas a prevenir, eliminar y, en su caso, compensar cualquier forma de discriminación o desventaja en su dimensión colectiva o social". Uno de los caracteres que se predican de tales diferencias es que "serán aplicables en tanto subsistan las situaciones de discriminación o las desventajas que las justifican y habrán de ser razonables y proporcionadas en atención a los medios para su desarrollo y los objetivos que persigan"[517].

De cualquier forma, no hay que confundir el concepto de acción positiva con el de acción protectora. Las acciones protectoras son medidas que, por momentos, se encuentran proscritas por cuanto su espíritu condescendiente y paternalista se materializa en tratos diferenciados sobre grupos o colectivos a los que se considera débiles.

---

517 La expresión es utilizada por multitud de normas en el ordenamiento jurídico español. Aunque existen leyes autonómicas que también lo emplean, a continuación se citan algunas de ámbito estatal: el RD 368/2021, de 25 de mayo, sobre medidas de acción positiva para promover el acceso al empleo de personas con capacidad intelectual límite; el art. 11 de la LO 3/2007, de 22 de marzo, para la igualdad efectiva de mujeres y hombres; la EM de la LO 1/2004, de 28 de diciembre, de medidas de protección integral contra la violencia de género; el RD 901/2020, de 13 de octubre, por el que se regulan los planes de igualdad y su registro; los arts. 2, 4, 63, 67, 68 y 80 del RD-Leg. 1/2013, de 29 de noviembre, por el que se aprueba el Texto Refundido de la Ley general de derechos de las personas con discapacidad y de su inclusión social. En el ámbito autonómico, destacan la EM y los arts. 6, 12, 17, 37 y 54 de la Ley 7/2018 de 28 de junio, de igualdad de oportunidades entre mujeres y hombres de la Comunidad Autónoma de Aragón.

Un ejemplo tradicional es el relativo a la protección de la mujer en el ámbito laboral. Se revela paradigmática la reglamentación que prohibía a las mujeres realizar trabajos que se consideraban insalubres o peligrosos[518]. No fue hasta 1995 cuando esta normativa se derogó en lo referente al trabajo de las mujeres por la Ley 31/1995, de 8 de noviembre. Otro ejemplo fue resuelto por la STC 81/1982, de 21 de noviembre, acerca de una norma reguladora de la profesión de enfermería que establecía, únicamente para las mujeres, un descanso de 24 horas cuando realizaran horario nocturno.

El abanico de medidas que pueden subsumirse en el término *acción positiva* es muy amplio. Tomaré como referencia la regulación legal de uno de los colectivos que, tradicionalmente, ha sido grupo objetivo de medidas aceptadas por el TC y por prácticamente todos los actores jurídicos y sociales: la Ley General de derechos de las personas con discapacidad y de su inclusión social. Este texto contempla expresamente acciones positivas tales como "medidas para facilitar el estacionamiento de vehículos, subsidios de movilidad y compensación por gastos de transporte, reserva de viviendas, la obtención de subvenciones para rehabilitar viviendas" en sus arts. 30 a 34. Por su parte, el art. 68 (titulado "contenido de las medidas de acción positiva y medidas de igualdad de oportunidades") señala que las medidas podrán consistir en apoyos complementarios, normas, criterios y prácticas más favorables.

Paradójicamente, la Ley, a pesar de recoger la cuota de reserva de puestos de trabajo para personas con discapacidad (art. 42), no la incluye en los apartados anteriores ni la denomina acción positiva. De cualquier forma, esta clase de mecanismos, a los que opto por denominar *de cuotas* o *de trato preferente*, son una de las medidas que han sido validadas por el TC. De hecho, algunas medidas no se califican o se clasifican como acciones positivas en la normativa, lo que no impide atribuirles tal carácter: es el caso de las cláusulas sociales en la contratación pública orientadas a fomentar el empleo de mujeres, personas con discapacidad, personas en riesgo o situación de exclusión social, etc. Estas cláusulas operan, en última instancia, fomen-

---

518 Decreto de 26 de julio de 1957 sobre Industrias y Trabajos prohibidos a mujeres y menores por peligrosos o insalubres.

tando o exigiendo respecto del operador externo que un número o un porcentaje de puestos de trabajo en el ámbito de la contrata sean ocupados por personas que pueden ser subsumidas en determinadas categorías de vulnerabilidad socioeconómica.

A mediados del s. XX se empezó a cuestionar desde una perspectiva social y jurídica la construcción que desde las democracias liberales se hacía del principio de igualdad formal. La acción positiva de trato preferente, precisamente, supone el cuestionamiento de estos postulados que, en opinión de Moses, no tienen "en cuenta la historia, el contexto y la discriminación pasada o presente" (Moses, 2010, p. 222). Esta misma académica, a propósito de la construcción de los sistemas de cuotas en los estudios superiores en favor de grupos étnicos históricamente discriminados, clasificó en cuatro categorías los argumentos que respaldan la utilización de dichos mecanismos igualitarios: justificaciones morales e instrumentales basadas en la discriminación en el pasado; la contribución social que supone la participación económica o productiva de estos grupos desfavorecidos o discriminados; los beneficios educativos y sociales derivados de la inclusión; y en última instancia, la mejora de los niveles de justicia social.

Estos argumentos, aunque construidos en el contexto del acceso a la educación superior, pueden extrapolarse a los sistemas de cuotas, reservas o puntuaciones preferentes en el contexto del acceso al empleo. Y es que, los mismos beneficios pueden apreciarse en ambos supuestos. No obstante, también se debe prestar la debida atención a aquellos contraargumentos que discuten la conveniencia o la legitimidad de esta clase de preferencias compensatorias (Fischer & Massey, 2007). En primer lugar, se apunta, disminuirían las posibilidades o probabilidades de acceso de los mejores a los puestos (educativos o laborales). En segundo lugar, generaría una brecha entre las competencias que se requieren para un puesto o plaza y las que tienen los candidatos que, finalmente, acceden. En tercer y último lugar, contribuirían a la estigmatización de los grupos o colectivos vulnerables o discriminados beneficiarios de los tratos preferentes.

De un país a otro los grupos desfavorecidos o discriminados que se benefician de las medidas de acción positiva son diversos. Sin embargo, sí existe cierta confluencia por lo que se refiere a los mecanismos de cuotas o reserva de puestos en dos ámbitos: el acceso al empleo y a la educación[519]. Del mismo modo, son diversas las razones que llevan a una comunidad política a articular tratos diferenciadores orientados a compensar las desigualdades, pero en todas ellas subyace el cuestionamiento de la construcción práctica del principio meritocrático. La canadiense Bacchi ha considerado que lo más efectivo no es calificar el trato compensatorio como "beneficio especial" en el acceso a la educación a los empleos para los colectivos objetivos, sino cuestionar lo que se entiende por los principios de mérito y capacidad, aplicables, sobre todo, en el contexto del acceso al empleo público (Bacchi, 2004)[520].

Las medidas de acción positiva se dirigen, generalmente, a personas que han sufrido diferenciaciones arraigadas e históricas debido a factores particulares de discriminación, tales como rasgos raciales, motivos asociados al sexo o situaciones de discapacidad; factores que algunos autores califican como "transparentes e inmodificables" para los individuos que sufren el trato discriminatorio. Las medidas pueden afectar tanto al sector público como al sector privado. Repárese en las que la ley directamente dirige al sector privado, como la obligación de incorporar a la plantilla una proporción determinada de

---

519 Respecto de la educación superior, estas medidas se han concretado en el ámbito educativo mediante "el establecimiento de cuotas numéricas o lugares reservados para grupos particulares (por ejemplo, India o Malasia) o el desvío de procesos competitivos normales y estándares de entrada calificados (por ejemplo, Australia) son dos enfoques comunes" (Jara-Labarthé, 2018, p. 335). Todo ello desde el convencimiento de que estos resortes, en la educación superior, modifican los cimientos de la selección individual basada, tradicionalmente, en la capacidad y el mérito en términos competitivos, abstrayéndose de las circunstancias sociales de las personas concurrentes. En países como EE. UU. y Brasil el sistema de cuotas en el acceso a la educación superior para personas afrodescendientes ha sido una realidad.

520 La autora citada, desde la perspectiva canadiense-australiana, afirma que "otros grupos que son apuntados para asignaciones regulares de fondos gubernamentales, como los veteranos de guerra, agricultores de trigo y fabricantes de coches, no son caracterizados como privilegiados", como, sin embargo, suelen ser caracterizados los grupos que resultan beneficiarios de medidas de trato preferente o compensatorio (Bacchi, 2004, p. 135). Por ello, aunque queda extramuros de la técnica jurídica, resulta importante la política discursiva a la hora de implementar normas legales o reglamentarias y prácticas administrativas de esta clase.

personas con discapacidad o de alcanzar el equilibrio de género en el Consejo de Administración de sociedades cotizadas[521]. Otras son articuladas en el ámbito del empleo público o dirigidas a operadores privados en el marco de los contratos del sector público.

A pesar de ello, en la práctica jurídica europea la configuración de acciones positivas de cuotas en materia de empleo solo ha sido desarrollada jurídicamente —en el empleo público y en el privado— en favor de personas con discapacidad y, en menor medida, de mujeres cuando se encuentran infrarrepresentadas. Por el contrario, otros vectores discriminatorios, como los atinentes a la cuestión racial y la socioeconómica, no ha sido desarrollada en el ordenamiento español, ni por la doctrina judicial, ni por la legislación. La legitimidad y constitucionalidad reconocida, por ejemplo, por STC 269/1994, de 3 de octubre, a la reserva de cuotas en el caso de personas con discapacidad, en opinión de una parte importante de la doctrina, justificaría la legitimidad hacia otros grupos desfavorecidos, tales como ocurre con mujeres o personas racializadas de colectivos minoritarios (Rey Martínez, 1995).

1.2.2. Personas en situación de vulnerabilidad social

Los tratos calificados como discriminatorios, al menos en el Derecho interno, afectan a una persona o grupo por concurrir en ellos alguno de los elementos diferenciadores más gravosos. Frente al catálogo de factores más reducido que contiene el art. 14 CE o diversos textos internacionales, algunas normas, como la Ley 15/2022, de 12 de julio, amplían ese elenco de características, condiciones o circunstancias sociales incluyendo edad[522], orientación sexual, expresión de género, enfermedad o situación socioeconómica, entre otras. Esta manifestación jurídico-normativa parte de la constatación de que

---

521 Directiva 2022/2381, de 23 de noviembre, relativa a un mejor equilibrio de género entre los administradores de las sociedades cotizadas y a medidas conexas.

522 Entendida la discriminación por edad como el trato perjudicial a una persona o a un grupo de personas por el hecho de que se toman decisiones basadas en la edad biológica de aquella o aquellas sin tomar en consideración las capacidades y las aptitudes reales de la misma. Los momentos estratégicos en los que suele manifestarse esta clase de discriminaciones en la relación laboral son el inicio y la finalización de esta (López Ahumada, 2024; Rodríguez Sanz de Galdeano, 2024).

tales motivos representan, hoy en día, elementos más o menos estructurales y estructurantes que contribuyen a generar situaciones de especial vulnerabilidad social y económica. En fin, ponen en entredicho el reconocimiento, goce y garantía de los derechos fundamentales y libertades públicas del individuo y de los grupos en que se integra (Suárez Llanos, 2013).

Por ello, la relación entre factores de discriminación y políticas sociales (entre ellas, las de igualdad) es marcadamente estrecha. Más aún, la identificación de "colectivos vulnerables" o, de forma más precisa, "colectivos en situación de vulnerabilidad" es el preludio a la configuración de medidas de igualdad que reduzcan o eliminen las vulnerabilidades en virtud de los valores, principios y derechos constitucionales (Rodríguez Sanz de Galdeano, 2024).

No existe un elenco cerrado de factores de discriminación como no existe una definición acotada e inmutable de colectivos en situación de vulnerabilidad en un sentido amplio. De hecho, el término *vulnerable* suscita recelos por la connotación estigmatizadora que se le atribuye. Sin embargo, la vulnerabilidad tiene un cariz puramente social y, por ello, es relativa y mutable; en contraposición al término más grave o grueso de *debilidad* (Fernández Villazón, 2016). Además, la igualdad material exige un rechazo al enfoque paternalista y una apuesta por la visión performativa[523]. La identificación de grupos o colectivos que padecen condiciones de vulnerabilidad permite objetivar, en mayor o menor medida, la dirección de las acciones que tendrán como función la igualación por diferenciación de quienes sufren las vulnerabilidades y no de toda la población[524].

De cualquier manera, las vulnerabilidades dependen de contextos generales y específicos. A modo de ejemplo, y desde una perspectiva internacional, las distintas relatorías de la ONU definen grupos o sectores de la población atendiendo al conjunto de derechos que pueden verse afectados y las circunstancias que los afectan. El Relator Especial sobre el derecho de toda persona a la salud física y mental de la ONU ha calificado como grupos en situación de vulnerabilidad

---

523 En un sentido similar se pronuncia Zota Bernal (2015).

524 *Ídem*, citando a Peces-Barba Martínez et al. (2004).

a niños y adolescentes, mujeres y niñas, personas con discapacidad, migrantes, refugiados y solicitantes de asilo, personas LGTBI y personas mayores. Por lo que se refiere a la Relatora sobre la violencia contra la mujer, apuntó en su Informe de 19 de abril de 2016 que las mujeres en zonas de conflicto armado son especialmente vulnerables ante la violencia en su grado máximo y en múltiples formas[525]. A estos colectivos se añaden otros como los migrantes forzados a huir de sus países de origen por lo que se refiere a la vulnerabilidad ante la trata de personas, como señaló la Relatora Especial sobre la trata de personas en su Informe de 31 de marzo de 2015. De nuevo, esta última Relatora ofrece un panorama más general de la vulnerabilidad en el que incluye a "migrantes, niños, minorías nacionales, étnicas o raciales, solicitantes de asilo y refugiados", como muchos otros informes de relatorías en el seno de la ONU.

Una de las constantes es la situación de pobreza como elemento material que decanta la situación de vulnerabilidad en múltiples planos (la salud, la educación o la probabilidad de sufrir violencia en el trabajo). Reflejo de ello es la exigencia de dar cumplimiento al primer objetivo de desarrollo sostenible de la Agenda 2030 (poner fin a la pobreza en todas sus formas y en todo el mundo) para poder acometer buena parte de los restantes (Quintero Lima, 2018).

En el ordenamiento interno español, a efectos de operativizar algunas políticas de inclusión y protección social, se delimitan jurídicamente los contornos de la vulnerabilidad. Es el caso de la Ley 23/1998, de 7 de julio, de Cooperación Internacional para el Desarrollo, en cuyo art. 7 se indican aspectos como la accesibilidad universal y no discriminación "de las personas con discapacidad, participación e integración social de la mujer y defensa de los grupos de población más vulnerables (menores, con especial atención a la erradicación de la explotación laboral infantil, refugiados, desplazados, retornados, indígenas, minorías)". En una dirección similar se pronuncia la Ley 3/2023, de 28 de febrero, de Empleo para atender a colectivos prioritarios en materia de políticas de empleo. En

[525] Entre otras violencias destaca la violación a manos de agentes estatales y no estatales, la amputación, la mutilación sexual, los matrimonios forzados o el secuestro.

su preámbulo y su art. 50 se menciona a personas sexual o afectivamente diversas, mayores de cuarenta y cinco años, migrantes, bajo protección internacional, en situación de exclusión social, a mujeres con baja cualificación o víctimas de violencia de género, las personas gitanas, o pertenecientes a otras minorías étnicas, así como las personas trabajadoras provenientes de sectores en reestructuración. Es decir, se ve cómo en este último caso se atiende a una vulnerabilidad específica en materia de empleo. Y es que, los avatares en torno al trabajo (acceso, estabilidad y condiciones en el empleo[526]), por su conexión con la situación patrimonial de las personas y con los sistemas de protección social, están fuertemente ligados a las situaciones de vulnerabilidad económica y social. En cualquier caso, es posible vislumbrar como telón de fondo en todas las construcciones posibles del término *vulnerabilidad* la interacción de factores como: origen, racialización, etnia, posición socioeconómica, sexo, identidad de género, edad, etc.; todos ellos factores incorporados a la Ley 15/2022, de 12 de julio, como elementos de discriminación.

En conclusión, el tipo de vulnerabilidad, por un lado, y el ámbito jurídico en el que se plantea la intervención (empleo, educación, salud, cultura, vivienda, accesibilidad, ocio, etc.), por otro lado, son dos de las variables fundamentales en la ecuación de las políticas de igualdad. Por lo que toca al *leitmotiv* de este punto, las vulnerabilidades se definen en relación con el acceso al empleo.

1.2.3. Desafíos y principios en liza ante los tratos preferentes

Las medidas de acción positiva pueden entrar potencialmente en tensión con algunos aspectos tradicionales de extracción liberal de

---

526 Felgueroso (2018) emplea dos dimensiones acumulativas para la calificación como colectivos especialmente vulnerables ante el empleo: la individual (determinada por la inactividad, el desempleo o las condiciones de pobreza de personas con trabajo) y la colectiva (vivir en hogar de bajos ingresos o de baja intensidad laboral). Ante esta última perspectiva colectiva Quintero Lima (2018) advierte de que emplear parámetros colectivos puede llevar a diluir la calificación de vulnerabilidad de personas como las mujeres potencialmente vulnerables que, sin embargo, viven en hogares que no cumplan con el requisito de bajos ingresos o baja intensidad laboral.

los siguientes principios constitucionales: igualdad formal, otras dimensiones de la igualdad material, seguridad jurídica, libertad de empresa (cuando afecta a la empresa privada) o la objetividad en la actividad de las AAPP. A su vez, el respeto a los principios de igualdad y libertad de empresa dependerá, en mayor o menor medida, de la justificación y la proporcionalidad de los mecanismos en cuestión.

Las medidas de acción positiva de acceso al empleo contribuyen a remediar parcialmente las dificultades socialmente injustas que padecen personas pertenecientes a un colectivo desfavorecido o vulnerable a la hora de alcanzar un puesto de trabajo. Probablemente, los conocidos como *sistemas de cuotas* sean los más conocidos. La experiencia práctica y los planteamientos teóricos en torno a las medidas de acción positiva de trato preferente o de cuotas sitúan en primer plano los conflictos jurídicos que surgen en su implementación. Sea cual sea el ámbito en el que se desarrollen (empleo público, empresa privada, sistema electoral, acceso a los estudios superiores o subvenciones públicas) e, incluso, el grupo al que se destine (mujeres víctimas de violencia de género, personas con alguna discapacidad, personas racializadas, personas en riesgo o situación de exclusión) el principio de igualdad material que se aspira a hacer valer puede entrar en tensión —generalmente resoluble— con otros principios y derechos constitucionales (Sánchez Ocaña, 2023b, 2023a).

I. Objetividad y seguridad jurídica: el reto de las categorías

La prohibición de discriminación se erige sobre categorías de extracción extrajurídica como "sexo", "raza", "género", "etnia", "discapacidad", "orientación sexual", "posición socioeconómica", etc. La declaración de la existencia de una vulneración de la prohibición de discriminación, por parte de órganos administrativos o jurisdiccionales, se realiza a partir de un análisis *ad hoc* de cada caso concreto, partiendo del examen de la conducta o hecho presuntamente desfavorable y de los efectos que se derivan. En efecto, el centro de la atención no radica en proporcionar una definición taxativa del factor discriminatorio. Sin embargo, cuando se habla de una atribución directa de derechos a quienes reúnen características, condiciones o circunstancias asociadas a tratos socialmente desfavorables, no tiene que ver únicamente con beneficiar a quienes, previamente, han obtenido una sentencia o resolución declarativa de haber sufrido discriminación. Las medidas de acción positiva amplían el radio de acción como lo haría una norma al configurar su ámbito subjetivo: extendiéndolo a quienes puedan subsumirse en el colectivo desfavorecido, vulnerable o socialmente discriminado.

Desde luego, no todas las medidas de acción positiva plantean problemas de categorización. Las más intrincadas son las que atribuyen derechos y, entre ellas, las de trato preferente compensatorio o de reserva difusa de derechos, como los sistemas de cuotas en el empleo privado. Algunas categorías son más fácilmente aprehensibles atendiendo a la tradición y técnica jurídica. Tomaré como ejemplo las categorías de *mujer* y *mujer víctima de violencia de género*. En el caso de categorías jurídicas como el sexo, a la hora de atribuir derechos a las mujeres, la acotación de sus márgenes ha sido sencilla, debido a la clasificación jurídica clásica de toda persona en uno de dos sexos: hombre y mujer. Sin duda, esta categorización no está exenta de problemas sociales y jurídicos, como puede apreciarse en los cuestionamientos y replanteamientos de las construcciones sociales sexogenéricas.

Como se tendrá la oportunidad de abordar, la naturaleza de los problemas es diversa, pero, básicamente, pueden ser reducidos a dos: en primer lugar, dotar de certeza, objetividad y transparencia la inclusión de una persona en uno de los conceptos que representan al colectivo al que se quiere beneficiar; en segundo lugar, respetar el derecho a la intimidad en el tratamiento de la información necesaria para hacer efectivo el derecho de quienes pretenden acceder al beneficio en cuestión.

Actualmente se dispone de una categorización jurídica de los términos *personas con discapacidad* y *personas riesgo o situación de exclusión social* en relación con acciones positivas de diversa índole. Pues bien, no es sencillo, *a priori*, determinar el concepto de persona con discapacidad o persona en riesgo de exclusión social; no tanto desde un enfoque sociológico o político, sino a efectos de crear institutos jurídicos a los que asociar un conjunto de derechos y obligaciones. A pesar de ello, la experiencia jurídica ha llevado a que, al margen de las críticas que puedan realizarse a los pormenores de la regulación normativa, exista una noción jurídicamente operativa. Algo similar se plantea respecto de términos como *personas racializadas, personas con situación socioeconómica vulnerable, personas discriminadas por su orientación sexual o su identidad de género*, etc. (Martín Vida, 2003). Para abordar el asunto de la construcción de categorías jurídicas *manejables* a partir de conceptos prejurídicos tomo como referencia esos dos paradigmas: personas con discapacidad y personas en riesgo o situación de exclusión social, ya que representan la concreción jurídica funcional a políticas de igualdad de atribución de derechos directamente o de forma difusa.

En cuanto a las personas con discapacidad, el art. 4.1 de la Ley General de Derechos de las Personas con Discapacidad y de su Inclusión Social las define como las que "presentan deficiencias físicas, mentales, intelectuales o sensoriales, previsiblemente permanentes que, al interactuar con diversas barreras, puedan impedir su participación plena y efectiva en la sociedad, en igualdad de condiciones con los demás".

La identificación e inclusión de personas en situación de pobreza y exclusión social es una de las técnicas jurídicas más arraigadas en el ordenamiento. Además, con ellos se permite llegar a segmentos de la población en los que pueden concurrir una interacción de factores discriminantes como la posición socioeconómica, el sexo o el origen. Aquellas que según la *Estrategia Europa 2020*[527] y los ODS se han venido considerando personas en riesgo o situación de pobreza y exclusión social responden a una aproximación distinta a la construcción jurídica que se realiza de tales situaciones. Para dicho cometido, la Ley 44/2007, de 13 de diciembre, para la regulación del régimen de

---

527 La *Estrategia Europa 2020* incorporó el indicador *At Risk Of Poverty and/or Exclusion* (AROPE) creado por la Red Europea de Lucha contra la Pobreza y la Exclusión Social según el cual se consideran personas en riesgo de pobreza y/o exclusión social a quienes encuentran en alguna de las tres situaciones siguientes: viven con bajos ingresos (60 % de la mediana del ingreso equivalente o por unidad de consumo en el año anterior a la entrevista), sufren privación material o social severa según, al menos, cuatro de los 9 ítems que se señalan o viven en hogares con una intensidad de empleo muy baja (por debajo del 20 % del total de su potencial de trabajo en el año anterior a la entrevista). Estos dos últimos subindicadores se utilizan también de forma independiente como un indicador de pobreza y exclusión social por el INE.

las empresas de inserción, se refiere a personas en riesgo o situación de exclusión social con especiales dificultades para su integración en el mercado laboral con base en categorías jurídicas definidas expresamente en su art. 2. Es decir, no excluye de la consideración de situación de exclusión social a otras personas, pero a efectos de la norma en cuestión sí se limita el alcance de las categorías. Se entienden incluidos en tal noción, según el art. 2: los perceptores de Rentas Mínimas de Inserción o de una prestación similar y los miembros de la unidad de convivencia; jóvenes procedentes de Instituciones de Protección de Menores; personas con trastornos adictivos en proceso de rehabilitación o reinserción; internos de centros penitenciarios, liberados condicionales y exreclusos; menores internos incluidos en el ámbito de aplicación de la LO 5/2000, de 12 de enero, Reguladora de la Responsabilidad Penal de los Menores, y los que se encuentran en situación de libertad vigilada y los ex internos; y por último, personas procedentes de centros de alojamiento alternativo y las que proceden de servicios de prevención e inserción social.

Algunas de estas situaciones, cuando se trata de condiciones meramente económicas, son más fácilmente mutables que otras asociadas a características personales. Eso puede generar reticencias y enconados debates en cuanto a la posibilidad de otorgar derechos de acceso a empleos públicos, siquiera de naturaleza temporal, a quienes pueden encontrarse en situaciones desfavorables transitorias. De cualquier forma, se trata de controversias que pueden suscitarse en torno a cualquier clase de acción de compensación. Por lo demás, aunque la categoría de persona en riesgo o situación de exclusión está acotada legalmente a los efectos oportunos de la ley en cuestión, nada obsta para que se amplíen sus márgenes a otras circunstancias a efectos distintos.

Estas construcciones jurídicas han resultado efectivas, en mayor o menor grado, sin perjuicio de las objeciones que pueden realizarse a su concreta implementación. Se hallan otras categorías que aluden a factores de discriminación que plantean, hoy por hoy, problemas de funcionalidad en el campo del Derecho. Los rasgos fenotípicos derivados del origen o la etnia de una persona pueden motivar discriminaciones y desigualdades que podrían, desde una perspectiva integral de las acciones positivas de trato preferente, exigir clasificaciones complejas. Es posible que en el imaginario colectivo el término *persona racializada* evoque a otros como *migrante* o *extranjera*, pero esa es una forma equívoca de verlo. Las personas racializadas son aquellas que reciben un trato desfavorable por serles atribuidos rasgos de origen étnico o cultural determinado o indeterminado; puede tratarse de nacionales o de extranjeros. No obstante, esta situación no puede ser categorizada jurídicamente de forma precisa en la actualidad en orden a atribuir un conjunto de derechos y obligaciones desde una norma general. Sí existen, por el contrario, otras categorías jurídicas precisas en las que es frecuente que concurra la condición de persona racializada: las personas extranjeras inmigrantes en España, las que hayan adquirido la nacionalidad española en los últimos 5 años, a las que se les haya reconocido ante los juzgados y tribunales ser víctimas de tratos discriminatorios, las personas extranjeras con condición de beneficiarias de asilo o protección subsidiaria, etc.[528]. Posiblemente, el diseño de medidas de trato preferente requiera explorar esta forma de categorizar al colectivo vulnerable, empleando una suerte de lista con ítems en los que suelan imbricarse personas que, conforme a la definición sociológica, son racializadas. Podría decirse que sería una suerte de técnica similar a la identificación de discriminaciones indirectas, pero orientada a reconocer y garantizar derechos y no a conculcarlos.

Por último, el ordenamiento contiene otras categorías que han sido empleadas para regular los sistemas de objetivos de contratación inclusiva en el ámbito de la contratación pública y, aunque podrían extrapolarse a las acciones positivas en el empleo público, plantean dificultades relacionadas con la conceptualización jurídica y con el acceso a datos personales para hacerlas efectivas: la más relevante es la que incumbe al colectivo LGTBI. Es verosímil que se presenten peligros para el derecho a la intimidad y un grave problema de seguridad jurídica cuando se está frente a supuestos de manifestación de la orientación sexual. También pueden concurrir problemas de exclusión de aquellas personas que, aun teniendo tales orientaciones, no pueden o no quieren manifestarlo. Menores problemas jurídicos

---

528 Definido de acuerdo con el artículo 4 de la Ley 12/2009, de 30 de octubre, reguladora del derecho de asilo y de la protección subsidiaria.

plantean, dentro del citado colectivo, la manifestación voluntaria y las pruebas que puedan requerirse en relación con las personas trans a la hora de acceder a beneficios de medidas de trato preferente, pero tampoco es una materia exenta de dificultades.

Como se ha podido advertir, el reto de la categorización o conceptualización jurídica se suscita, en mayor grado, en el ámbito de las acciones que atribuyen derechos en exclusiva o tratos preferentes a los miembros de los grupos o sectores poblacionales de que se trate. En suma, una traducción jurídica de los grupos vulnerables puede poner en aprietos al principio de seguridad jurídica y, además, poner en riesgo la efectividad de las medidas tradicionales que tienen en cuenta únicamente uno o dos factores de discriminación. Nada de ello significa que el estudio y la práctica jurídica no puedan vadear los obstáculos de un momento a otro.

II. Motivación y proporcionalidad de las medidas

Un buen ejemplo de la argumentación para adoptar políticas o sistemas de cuotas se aprecia en dos sentencias del TC que analizaron la validez constitucional de las disposiciones que, tras la aprobación de la reforma de la LO 5/1985, de 19 de junio, del Régimen Electoral General, obligaban a incorporar un mínimo de personas de ambos sexos en las listas electorales[529]. No se trata de una argumentación que pueda extrapolarse en toda su dimensión al ámbito en el que se desenvuelve la presente temática, sin embargo, algunas de las premisas sí sirven de cimientos constitucionales generales de las acciones positivas en el acceso al empleo. La pionera STC 12/2008, de 29 de enero, consideró que el art. 9.2 CE expresa la voluntad del constituyente de lograr, no solo una igualdad estrictamente formal, sino la conocida como igualdad real desde una óptica social, pues

529 SSTC 12/2008, de 29 de enero y 13/2009, de 19 de enero. La reforma incorporaba la regla según la cual cada uno de los sexos no podrán integrar las candidaturas electorales en una proporción inferior al 40 por 100 (o, en otro sentido, superior al 60 por 100); en definitiva, su efecto era bidireccional o simétrico, por lo que su virtualidad tuitiva ante la discriminación no es la misma que en las medidas que se exponen en estas páginas.

"únicamente desde esa igualdad sustantiva es posible la realización efectiva del libre desarrollo de la personalidad". En último término, la validez de la medida se hace depender del modo en que la ley configuraba, justificada y proporcionadamente, la exigencia paritaria de un mínimo de representación; en cualquier caso, la norma es simétrica y afecta tanto a hombres como a mujeres, por lo que el trato preferente es cuestionable[530]. Frente a esta línea argumental, el voto particular, formulado por el Magistrado Jorge Rodríguez-Zapata Pérez, se posiciona en contra del fallo de la Sala y asevera que, para el voto mayoritario, "el artículo 9.2 CE es el *deus ex machina* que habilita para modificar el modelo de democracia representativa vigente desde la aprobación de la Constitución de 1978".

Efectivamente, el art. 9.2 CE es una de las palancas jurídicas de carácter constitucional utilizada para fundamentar medidas encaminadas a lograr mayores cotas de igualdad. Pero, como ocurre con las decisiones realmente trascendentes, tras ellas se encuentran los grandes principios constitucionales, como explicaba la sentencia del TC. De cualquier modo, es evidente que la implementación de tratos preferentes compensatorios ocasiona dificultades políticas, axiológicas, constitucionales y técnico-jurídicas sobre las que cabe plantear y debatir las distintas opciones.

El modo en que debe resolverse este tipo de conflictos de derechos constitucionalmente protegidos, conforme a la doctrina clásica del TC y el TEDH, no es otro que la aplicación del denominado *juicio de proporcionalidad*. Esta técnica jurídica dirigida a mesurar la afectación de derechos y principios constitucionales permite enjuiciar una medida teniendo en cuenta tres componentes fundamentales de la misma: idoneidad, necesidad, y ponderación o proporcionalidad en sentido estricto. Dicho test de proporcionalidad resulta de aplicación en cualquier clase de proceso, norma, acto administrativo, actuación judicial, etc., por lo que no debiera ceñirse, única y exclusivamente, a

---

530 La literalidad de la sentencia señala que resulta válida constitucionalmente la medida "en primer lugar, porque es legítimo el fin de la consecución de una igualdad efectiva en el terreno de la participación política (arts. 9.2, 14 y 23 CE)" y, en segundo lugar, "porque resulta razonable el régimen instrumentado por el legislador".

configuraciones legales de derechos y libertades. El juicio de proporcionalidad parte de la consideración de que no existe una jerarquía de derechos o libertades constitucionales, por lo que la colisión que pudiera producirse entre dos o más de ellos debe resolverse mediante un ejercicio de ponderación[531].

En los casos de marras aparecen varios derechos en tensión. El derecho a la igualdad real o sustantiva de los grupos desfavorecidos o discriminados se articula mediante dispositivos jurídicos de trato preferente, tales como otorgar puntuación extra o dar preferencia a los individuos que lo integran, en un proceso de adjudicación determinada. Este tipo de medidas favorece a las personas de los grupos en cuestión agudizando la aplicación del principio de igualdad de oportunidades y adaptando al mismo los efectos de otros principios como los de libertad de empresa o el meritocrático.

Ante esta situación, la constitucionalidad de dichas medidas se examina atendiendo, en primer lugar, a la justificación de la medida adoptada. Una vez establecida dicha justificación habría de determinarse si cumple con los siguientes tres componentes: En primer lugar, la idoneidad o utilidad para alcanzar el fin perseguido. Dicho de otro modo, una vez sentada la razón por la que se adopta tal medida y la finalidad perseguida por ella, debe argumentarse que la preferencia otorgada sirve al objetivo planteado. En segundo lugar, la necesidad de la medida significa argumentar que no existen alternativas que tengan la misma eficacia o mayor que la escogida. Y, en tercer y último lugar, la proporcionalidad en sentido estricto supone atender al "grado de injerencia en el ámbito protegido, así como al carácter y al alcance del sacrificio que impone sobre los derechos o intereses afectados" (Roca Trías & Ahumada Ruiz, 2013, p. 2)[532].

---

531 Numerosas sentencias del TC se han referido a esta prueba de ponderación de medidas o normas que chocan con derechos protegidos como "proporcionalidad de los sacrificios de los derechos" (STC 26/1981, de 17 de julio), "relación de proporcionalidad entre los medios empleados y la finalidad perseguida" (STC 6/1984, de 24 de enero) o "injerencia o restricción proporcionada de los derechos" (STC 178/1985, de 19 de diciembre), entre otras expresiones (Roca Trías & Ahumada Ruiz, 2013, p. 12).

532 Asimismo, señalan dichos autores (p. 18) que "en la inmensa mayoría de los casos, es en el segundo paso (control de necesidad) en el que se ha determina-

En definitiva, el resultado de este examen determinará si el mecanismo enjuiciado resulta legítimo y proporcionado o si, por el contrario, impone un sacrificio de derechos inútil, innecesario o desproporcionado. De este modo, el juicio que se ofrece brinda una solución que se ajusta al caso concreto, sin prejuzgar la constitucionalidad en abstracto de un conjunto de normas, decisiones o medidas. En palabras del TC "la igualdad es sólo violada si la desigualdad está desprovista de una justificación objetiva y razonable"[533].

Si bien es cierto que en la CE no se recoge el juicio de proporcionalidad, ya en los años 80 el TC comenzó a advertir que los derechos constitucionalmente protegidos no son absolutos (salvo, dice el tribunal, el derecho a no sufrir torturas, consagrado en el art. 15 CE). Por ello, los derechos fundamentales y libertades públicas, pero también otros derechos y principios constitucionales pueden ser objeto de ponderaciones, incluso más allá de los límites que consagra explícitamente la Constitución[534].

Pero resulta importante tener presente que el art. 10.2 CE establece la necesidad de interpretar los derechos constitucionalmente protegidos conforme a lo establecido en los Tratados Internacionales en materia de Derechos Humanos[535]. Es representativo el art. 52.1 de la Carta de los Derechos Fundamentales de la Unión Europea, el cual determina que "cualquier limitación del ejercicio de los derechos y libertades reconocidos por la presente Carta deberá ser establecida por la ley y respetar el contenido esencial de dichos derechos y libertades. Sólo se podrán introducir limitaciones, respetando el principio de proporcionalidad, cuando sean necesarias y respondan efectivamente a objetivos de interés general reconocidos por la Unión o a la necesidad de protección de los derechos y libertades de los demás".

---

do el resultado del control, de tal manera que el tercer momento sirve como verificación o argumento a mayor abundamiento".

533 STC 22/1981, de 2 de julio (FJ 3º).

534 STC 11/1981, de 8 de abril (FJ 7º).

535 El juicio de proporcionalidad, aun no estando expresamente consagrado en la Carta Magna, ha sido fundamentado por el TC en el Estado de Derecho y el valor de justicia (art. 1.1 CE), la interdicción de la arbitrariedad de los poderes públicos (art. 9.3 CE), la dignidad de la persona (art. 10.1 CE) o el contenido esencial de los derechos fundamentales que establece el art. 53 CE.

1.3. Cláusulas de fomento del empleo

El fomento del empleo, en general, o del empleo de grupos o colectivos sometidos a situaciones o condiciones de vulnerabilidad social es la materia que, de entre las de índole sociolaboral, más hueco encuentra en la normativa de contratos del sector público. Llegados a este punto ya se ha dejado constancia de las dos vetas más trascendentes de la LCSP en materia de cláusulas sociolaborales potestativas: el art. 145.2 LCSP (criterios de adjudicación) y el art. 202 LCSP (condiciones especiales de ejecución). En el primero de ellos, el fomento del empleo como acción positiva en pro de la igualdad material encuentra acomodo preeminentemente al referirse a aspectos, tales como:

- El fomento de la integración social de personas con discapacidad, personas desfavorecidas o miembros de grupos vulnerables entre las personas asignadas a la ejecución del contrato y, en general, la inserción sociolaboral de personas con discapacidad o en situación o riesgo de exclusión social.
- La subcontratación con Centros Especiales de Empleo o Empresas de Inserción.
- El fomento de la contratación femenina.
- La contratación de un mayor número de personas para la ejecución del contrato.

Por lo que a las condiciones especiales de ejecución del contrato de carácter social se refiere, son particularmente reseñables las que siguen:

- Contratar un número de personas con discapacidad superior al que exige la legislación nacional.
- Promover el empleo de personas con especiales dificultades de inserción en el mercado laboral, en particular de las personas con discapacidad o en situación o riesgo de exclusión social a través de Empresas de Inserción.
- Favorecer la mayor participación de la mujer en el mercado laboral y la conciliación del trabajo y la vida familiar.
- Combatir el paro, en particular el juvenil, el que afecta a las mujeres y el de larga duración.

A estos puntos cabe añadir el contenido del apdo. 3 bis del art. 122 LCSP, en el que se exhorta a las AAPP a incorporar condiciones especiales de ejecución o criterios de adjudicación orientados a promover "la igualdad de trato y no discriminación por razón de orientación sexual, identidad sexual, expresión de género y características sexuales, siempre que exista vinculación con el objeto del contrato"[536]. Los mandatos o habilitaciones legales referenciados en los párrafos precedentes, en relación con la integración sociolaboral y fomento del empleo, se traducen, entre otras medidas, en acciones positivas como las que se analizan en este apartado 1.3.

Pero no solo la normativa específica de contratos se refiere a esta clase de medidas de acción positiva, pues las normas sobre igualdad y no discriminación han aludido a ellas en múltiples ocasiones. En primer lugar, por tratarse de la ley estatal más global en materia de igualdad, se cita la Ley 15/2022, de 12 de julio, integral para la igualdad de trato y la no discriminación. En ella, el precepto dirigido a las subvenciones y los contratos contempla que las AAPP "a través de sus órganos de contratación y en relación con la ejecución de los contratos que celebren, podrán establecer condiciones especiales con el fin de promover la igualdad de trato y no discriminación y fomentarán la inclusión de criterios cualitativos en la contratación pública que faciliten la participación de miembros de grupos vulnerables entre las personas asignadas a la ejecución del contrato, de acuerdo con lo establecido en la legislación de contratos del sector público" (art. 37.2). En el ámbito específico de la igualdad de género, la LO 3/2007 no contempla expresamente las medidas en cuestión, sino que su art. 33 viene referido genéricamente a la capacidad de los OC para "establecer condiciones especiales con el fin de promover la igualdad entre mujeres y hombres en el mercado de trabajo, de acuerdo con lo establecido en la legislación de contratos del sector público".

La norma administrativa que más lejos ha llegado en la concretización de esta clase de medidas es el Decreto 118/2022, de 5 de agosto, del Consell de la Generalitat Valenciana, por el que se regula

---

536 La Ley 4/2023, de 28 de febrero, para la igualdad real y efectiva de las personas trans y para la garantía de los derechos de las personas LGTBI añade el apartado 3 bis del art. 122 LCSP.

la inclusión de cláusulas de responsabilidad social en la contratación pública y en las convocatorias de ayudas y subvenciones. En su anexo I se recoge una letanía de criterios de adjudicación que contemplan acciones de fomento del empleo de personas con discapacidad, mujeres (incluidas las sometidas a situaciones de vulnerabilidad de diversa índole), personas en situación o riesgo de exclusión social, desempleados de larga duración, migrantes, etc.

Esta dinámica de inconcreción de los colectivos a lo que cabe orientar las medidas de fomento del empleo y de integración socioprofesional no es exclusiva de la LCSP, pues tanto la Directiva 2014/24/UE como el Código francés de contratación pública actúan de este modo. Se apuntaba más arriba que desde el gobierno francés[537] se ha publicado anualmente desde 2007 la *Guide sur les aspects sociaux de la commande publique*. Las materias que contiene se dividen en integración de personas alejadas del empleo, igualdad de género y comercio justo. La mayor parte de los esfuerzos se concentra en la inserción sociolaboral; lo que en palabras del *Code de la Commmande Publique* es "insertion professionnelle des publics en difficulté" (OECP, 2023). La especificación viene dada, sobre todo, en el *Cahier des clauses administratives générales des marchés publics de travaux* (2021) que recoge las categorías de lo que entiende por personas vulnerables ante el desempleo y personas que ya están protegidas por la estructura institucional del Estado. En el primer grupo incluye:

- Solicitantes de empleo de larga duración (más de 12 meses como desempleados) sin actividad o en actividad parcial (menos de 6 meses en los últimos 12).
- Beneficiarios del *Revenu de Solidarité Active* (renta de inserción).
- Personas que hayan obtenido el reconocimiento de trabajadores con discapacidad beneficiarios del subsidio de solidaridad específico, de adulto con discapacidad, de integración, de viudedad o de invalidez.

---

537 Específicamente, se trata de la Dirección de Asuntos Jurídicos representada en el Observatorio económico de la contratación pública en asociación con la Dirección de compras públicas del Estado y la Dirección general de empleo y formación profesional.

- Jóvenes menores de 26 años que buscan trabajo y que carecen de cualificación o que están graduados pero con un período de inactividad de 6 meses desde el abandono del sistema de educación.
- Jóvenes en seguimiento reforzado que salen del sistema de Garantía Juvenil.
- Residentes de barrios prioritarios de la política urbana alejados del empleo.
- Personas con condición de refugiados o beneficiarios de protección subsidiaria.
- Las personas que experimentan dificultades especiales, previa propuesta razonada de los centros de empleo, planes locales de integración y empleo y centros departamentales para personas con discapacidad.

Las personas alejadas del empleo son:

- Personas del sector adaptado o protegido.
- Las personas puestas a disposición por una asociación intermediaria o una empresa de trabajo temporal de integración y los empleados de una empresa o taller de integración.
- Personas empleadas por una autoridad distrital o territorial autorizada.
- Personas en Establecimientos Públicos de Integración de la Defensa y Escuelas de Segunda Oportunidad.
- Personas en proceso de integración dentro de grupos empresariales de integración y cualificación.
- Personas empleadas bajo tutela de la justicia, en el marco del servicio de empleo penitenciario de la Agencia de Trabajo de Interés General e Inserción Profesional o adscritas al servicio de un concesionario de la administración penitenciaria.

En un sentido operativo, la normativa es relativamente laxa en cuanto al modo en que puede llevarse a cabo la integración sociolaboral, pues permite la contratación directa a través de diversas modalidades contractuales, la provisión a través de EI o ETT y también la contratación o subcontratación de parte del proceso con EI. Es frecuente en el contexto normativo francés que la concreción de las obligaciones empresariales, en lo que a inserción sociolaboral se refiere, se lleve a cabo planificando o reservando una cantidad o proporción de horas de trabajo para personas que estén en proceso de integración (AAVV, 2013).

Uno de los puntos que contrasta con la legislación y la práctica española es que el legislador francés no incluye en la normativa o la guía gubernamental, medida alguna dirigida a la inclusión de mujeres en casos de infrarrepresentación en determinadas profesiones, categorías o grupos profesionales o puestos de trabajo. Sobre este aspecto, al que dedicamos el punto 1.3.2., tanto la práctica administrativa española como la legislación interna autonómica y estatal han adoptado una posición más ávida. Al fin y al cabo, desde antes de la aprobación del cuarto paquete de directivas se daba luz verde a establecer en los pliegos la obligación de los contratistas de aplicar “medidas destinadas a promover la igualdad de oportunidades entre hombres y mujeres o la diversidad racial o étnica, o de brindar iguales condiciones de acceso a personas con discapacidad” (COM, 2011a, p. 45). Sin embargo, tal y como se verá, a pesar de estas aseveraciones tanto las resoluciones y acuerdos de las juntas consultivas como de los tribunales administrativos mantienen opiniones jurídicas diversas.

1.3.1. Contratación de personas en situación de vulnerabilidad

Coherentemente con la normativa europea e interna, así como con el *soft law* emanado la Comisión Europea y el Parlamento Europeo, la doctrina administrativa española, reflejada en las resoluciones del TACRC o de la JCCPE, ha mantenido una línea relativamente favorable a las medidas de integración sociolaboral de personas pertenecientes a algunos colectivos desfavorecidos desde antes, incluso, de la entrada en vigor de la LCSP. En cierto modo es una correspondencia coherente con el considerando 33 de la Directiva 2004/18/CE, en el que se apuntaba a la posibilidad de que los OC emplearan condiciones de ejecución consistentes en “contratar a desempleados de larga duración o de organizar acciones de formación para los desempleados o los jóvenes, de respetar en lo sustancial las disposiciones de los convenios fundamentales de la Organización Internacional del Trabajo (OIT) en el supuesto de que éstos no se hubieran aplicado en el Derecho nacional, de contratar a un número de personas discapacitadas superior al que exige la legislación nacional"; a pesar de ello, como se ha señalado más arriba, el articulado de la directiva no resulta tan explícito, sino que cita únicamente y de forma abstracta, y tan solo en el precepto relativo a las condiciones de ejecución (art. 26), la previsión de "consideraciones de tipo social". Esta ambigüedad normativa, sumada a la otrora doctrina de la Comisión Europea sobre la vinculación con el objeto del contrato (véase el capítulo II.3.2), llevó a la JCCPE a pronunciarse en los Informes 3/2009 y 53/2008 a favor de la utilización de tales criterios como condiciones de ejecución, pero en contra de su configuración como criterios de adjudicación.

Sin perjuicio de todo ello, uno de los elementos críticos pasados y presentes en materia de fomento del empleo ha venido siendo el del arraigo o vinculación territorial de las personas o colectivos a los que pretende dirigirse la medida. En general, se condiciona la validez de toda cláusula al respeto de dos requisitos: "guardar relación directa con el objeto del contrato [...] y [...] no resultar discriminatorias, como por ejemplo cuando además introducen criterios de arraigo territorial" (RTACRC 210/2016, de 18 de marzo)[538]. Son difícilmente salvables, a la vista de la normativa europea vigente y la doctrina reiterada del TJUE y del TS, aquellas cláusulas que incentivan o premian la contratación de personas desempleadas que vivan o residan en lugares concretos; como la siguiente condición especial de ejecución de un contrato de obras de rehabilitación:

> "La empresa adjudicataria estará obligada a la contratación de al menos un 50 % de los trabajadores necesarios para la ejecución de las

---

538 La RTACRC 4/2015, de 30 de enero, declaró como discriminatorio y contrario a la Ley el criterio por el cual se incentivaba el compromiso de contratar personas desempleadas inscritas en el Servicio Valenciano de Empleo. El aspecto relevante en esta decisión era que las personas trabajadoras que se permitía contratar para poder adquirir tal ventaja en la licitación solo podrían ser desempleadas inscritas en un servicio autonómico determinado, lo que no permite la contratación de personas de otros territorios que puedan estar en la situación de desempleo. Y es que, tanto el arraigo territorial como el nacional son factores potencialmente antijurídicos.

obras de entre personas de la localidad en situación de desempleo de larga duración, con prioridad a los residentes del barrio objeto de la actuación".

Por regla general, es contrario al Derecho de la UE (se trate o no de contratos sujetos a regulación armonizada) premiar (incentivar) o exigir mediante criterios de adjudicación o como condiciones especiales de ejecución que la empresa contrate a personas de una determinada localidad o región, por entenderse que atenta contra el principio de igualdad de trato. Se trata de una medida que tanto el TJUE (sentencias de 20 de septiembre de 1988, *caso Beentjes* y de 26 de septiembre de 2000, asunto C-225/98), como el TACRC (entre muchas otras, resolución n.° 453/2019 —recurso n.° 249 y 251/2019 C. Valenciana— y resolución 897/2019 —recurso n.° 454/2019 Illes Balears—) y la JCCP (Informes 3/2009 y 53/2008) han rechazado en reiteradas ocasiones. En el caso puesto como ejemplo, además, fue declarada desproporcionada al tratarse del 50 % de empleados y de constituir una condición de ejecución (por tanto, obligatoria). La jurisprudencia del TJUE es clara y reiterada en medidas de fomento del empleo con un elemento territorial indubitado o inmediato.

Salvando el aspecto relacionado con el elemento territorial, como se decía, la tendencia parcialmente anuente en relación con las cláusulas de integración de personas vulnerables se ha mantenido en las resoluciones del TACRC tras la aprobación de la LCSP en 2017. En la RTACRC 1033/2022, de 9 de septiembre, en el contexto de la contratación de un "servicio de limpieza y recogida selectiva de residuos" de una Mutua Colaboradora de la Seguridad Social, queda validado el criterio de adjudicación por el que se otorgan 2,5 puntos a las ofertas en las que se acredite el compromiso de contratar mujeres en riesgo o situación de exclusión social para la prestación del servicio durante situaciones de suspensión del contrato de los trabajadores de plantilla. A mayor abundamiento, puede señalarse la RTACRC 57/2022, de 20 de enero, en la que se estudia la legalidad de un criterio de valoración en la licitación de un servicio de portería, control de accesos e información pública, así como de servicios de conservación y mantenimiento en las instalaciones municipales. Aborda un criterio que atribuye hasta 3 puntos a las ofertas en las que las empresas se comprometan a incorporar a sus plantillas a personas "en situación y/o riesgo de exclusión del mercado laboral, en los términos que la normativa aplicable determine". A modo de ejemplo se cita a las personas perceptoras de rentas activas de inserción, del salario social, jóvenes menores de 25 años sin enseñanza secundaria obligatoria, mujeres víctimas de violencia o personas inmigrantes. El Tribunal admite la validez de la cláusula tras comprender que está relacionada con el objeto del contrato, por su adscripción a la plantilla de la empresa durante la ejecución del contrato, y que contribuye a mejorar, potencialmente, el rendimiento de la prestación. En una línea parecida se pronuncian multitud de guías y reglamentos de contratación al aconsejar o promover la valoración de las ofertas que aporten a la ejecución del contrato un número o proporción de personas en riesgo o situación de exclusión social, desempleadas o que estén en dificultades para integrarse en el mercado de trabajo[539].

Mientras algunos tribunales administrativos, como el TACP de Madrid, han avalado multitud de cláusulas relacionadas con la política sociolaboral, como el criterio de adjudicación consistente en contratar, al menos, un 2 % de personas sordas, otros tribunales las han rechazado. Sucede en la resolución 21/2012 del TACP de Castilla y León, por considerar que lo adecuado era establecerlo como condición especial de ejecución, pues no considera que contribuyan a la calidad del contrato o estén vinculados a su objeto[540]. De cualquier modo, tras el cuarto paquete de directivas y la aprobación de la LCSP podrían entenderse corregidas posiciones como la manifestada en el IJCCPE 12/2011 de 28 octubre, que siendo consultada sobre el criterio de valoración consistente en valorar el porcentaje de trabaja-

---

539 El código de CPSR de la Generalitat de Catalunya contiene como ejemplo la siguiente cláusula: "Es valoraran amb xxx punts les noves contractacions de persones adscrites a l'execució del contracte entre col·lectius amb particulars dificultats d'inserció en el mercat laboral que estiguin inclosos en algun dels col·lectius destinataris de la inserció que representin, si escau, una millora respecte de les establertes al plec.".

540 Debe recordarse que hasta 2014 las directivas no exigían una vinculación con el objeto del contrato de las condiciones de ejecución, razón por la cual la Comisión Europea entendía que, puesto que las consideraciones sociales no guardaban tal relación, debían incluirse como condiciones de cumplimiento y no como criterios de adjudicación. Ahora bien, incluso como condiciones de ejecución el umbral de criterios sociales validados era realmente bajo.

dores desempleados que contrataría el adjudicatario para ejecutar el contrato, entendía que no era admisible; sin embargo, como se verá a lo largo de este capítulo, las reticencias en ciertas instancias administrativas de primer orden se han mantenido[541].

Tal y como se relataba en el punto 1.2.3 del presente capítulo, uno de los desafíos en materia de inserción sociolaboral deriva de la categorización jurídica de los grupos o colectivos a los que se dirigen las medidas. Por lo que se refiere la categorización jurídica de personas en riesgo o situación de exclusión social, se trata de un ítem que está dotado en prácticamente todos los ordenamientos europeos de gran seguridad jurídica. Sin embargo, hablar de personas racializadas o de personas con identidades y orientaciones sexuales determinadas suscrita graves problemas, no solo de interpretación, sino de aplicabilidad. En España han comenzado a introducirse colectivos que, hasta el momento, quedaban extramuros de las cláusulas sociales de fomento del empleo.

En el ámbito autonómico valenciano, el Decreto 118/2022, de 5 de agosto, aconseja introducir criterios de adjudicación consistentes en un compromiso empresarial de contratar, en caso de nuevas incorporaciones y cobertura de bajas, con personas de colectivos tales como minorías étnicas, especialmente población gitana, o entre personas trans. Conscientes de los peligros que entraña el manejo de datos personales, el Decreto establece, sin embargo, dos advertencias en aquellos supuestos en los que la obtención de tales datos suponga efectivamente un riesgo de discriminación. En primer lugar, se advierte de que "la entidad adjudicataria no podrá, en ningún caso, recabar esta información directamente de las personas interesadas que pertenezcan a los colectivos vulnerables". En segundo lugar, cuando se den esos supuestos de potencial discriminación, el Decreto señala un aspecto realmente relevante: "Se priorizará la acreditación mediante la aportación documental que justifique la participación en programas, planes u otros instrumentos públicos contra la discriminación en dichos ámbitos, o de que en la entidad se han implementado programas de formación y sensibilización o se han establecido protocolos propios para evitar situaciones discriminatorias".

---

541 Sin embargo, sí consideraba válida tal exigencia como condición de ejecución.

Más compleja se torna la cuestión estudiada por la RTACP de Galicia 76/2018, de 20 de septiembre, acerca de un criterio de adjudicación que valoraba la proporción de contrataciones de personas LGTBQI (mínimo el 25 %)[542]. El OC anula el procedimiento debido a que tal criterio se remite directamente a la esfera más íntima y protegible de la persona, lo que hace que sea difícilmente comprobable de manera efectiva su cumplimiento.

Este aspecto se suma a otros, como los relacionados con la racialización, que complican la potencialidad de las políticas de inclusión en el ámbito de la contratación pública si no se realiza una correcta traducción jurídica de los conceptos sociológicos. De cualquier modo, otras categorías generan menos complejidades en atención a la acreditación fehaciente de tales condiciones o circunstancias. Ejemplo de estos colectivos que se van asentado en distintos instrumentos ejecutivos como referencia para las políticas inclusivas son las personas en paro de larga duración; mayores de 45 años; migrantes; personas refugiadas o solicitantes de protección internacional; mujeres víctimas de violencia de género; personas exreclusas; menores de 30 años que hayan abandonado los estudios prematuramente; adolescentes o jóvenes que se encuentran, o se hayan encontrado, en situación de guarda o tutela por la Administración, provenientes de instituciones de protección de la infancia y de la adolescencia o del sistema de atención socioeducativa de personas menores de edad en conflicto con la ley o que participan en programas de preparación para la vida independiente, etc.

Para terminar este apartado, no puede dejarse de advertir de que una de las limitaciones viene dada por *el tempo* de las medidas que se tratan de arbitrar en los pliegos. La exigencia o el incentivo de contratar personas para la ejecución del contrato puede colisionar, dependiendo de su redactado, con la proporcionalidad debida o la igualdad de trato si no se toma en cuenta que el contratista puede disponer de sus propios vínculos laborales previos al inicio de la contrata o puede resultar obligado, en virtud del art. 44 ET o del conve-

---

542 En el caso en cuestión el criterio solo juega un papel relevante cuando la empresa contratista subcontrata una parte del proceso con otras; en cualquier caso, este aspecto no es relevante a efectos de analizar la validez del criterio.

nio colectivo sectorial, a la subrogación en la situación de empleador del contratista saliente. Así pues, en estos supuestos las medidas en cuestión, para ser redactadas atendiendo a la multiplicidad de situaciones críticas que pudieran concurrir, acogen, en algunos literales como en el caso del Decreto 118/2022, de 5 de agosto, del Consell de la GVA, fórmulas como: "incorporar en las nuevas contrataciones, bajas y sustituciones que se produzcan durante la ejecución del contrato…".

1.3.2. Proporción de mujeres en la plantilla

A pesar de que la legislación y los documentos estratégicos y operativos administrativos van ahondando poco a poco en ampliar los colectivos a los que se destinan las políticas de inclusión laboral en la contratación pública, ya se ha apuntado que los sectores tradicionales son las personas con discapacidad, desempleadas y en riesgo o situación de exclusión social. En cambio, cuando los criterios se dirigen al fomento de la contratación de mujeres la posición que adoptan algunos tribunales como el TACRC es más restrictiva.

El incentivo o la exigencia de contratar a un número o proporción de mujeres operaría de modo similar a lo señalado para los colectivos o grupos ya analizados. Asimismo, las perspectivas que aprecian formas de discriminación múltiple pueden materializarse, por ejemplo, a través de criterios de adjudicación que a las ofertas que se comprometan a ejecutar el contrato con mujeres con grado de discapacidad igual o superior al 33 %. A partir de esta regla los PCA pueden optar por señalar una escala de puntuación según las mujeres que se empleen o el grado de discapacidad. En sentidos similares puede tener lugar el incentivo de la contratación de mujeres víctimas de violencia de género, mujeres de familias monoparentales o paradas de larga duración. Otras de las posibilidades exploradas por diversos documentos divulgativos e instrumentos administrativos es la de la contratación de mujeres en determinados puestos o para realizar tareas con responsabilidades estratégicas, sobre todo cuando están infrarrepresentadas. Se trata de dicciones que pueden adaptarse a la redacción propia de las condiciones especiales de ejecución si así se decidiera por el OC.

Puede apreciarse esta clase de cláusulas en las ejemplificaciones de múltiples guías institucionales europeas, ministeriales, autonómicas y locales de contratación con perspectiva de género. Entre muchas otras cabe destacar la del Ministerio de Igualdad de 2022 o la del *European Institute for Gender Equality* del mismo año. Uno de los ejemplos reseñados en ambos documentos es el del Ayto. de Castellón en el que, en el marco de un servicio de atención a niños y niñas en horario extraescolar, se valora de 0 a 3 puntos la contratación de mujeres víctimas de violencia de género o de mujeres para las funciones de coordinación general de proyecto. La extensión de esta clase de medidas de igualdad de género que promueven la contratación de mujeres mediante sistemas de cuotas o de preferencias ante el empate —ya sea unidireccionalmente o con enfoques múltiples e interseccionales— han permeado incluso al personal del sector público en el que el principio de igualdad —y su reverso en el mérito y capacidad— son constitucionalmente más incisivos en ejercicio de justificación y proporcionalidad de medidas[543].

---

543 Se mencionan algunos ejemplos. Tanto el art. 27.2 de la Ley del Parlamento Vasco 6/1989, de 6 de julio, de la Función Pública Vasca como el 20.4 a) de la Ley del Parlamento Vasco 4/2005, de 18 de febrero, para la igualdad de mujeres y hombres, establece para los procesos selectivos que, a igualdad de capacitación, se dé prioridad "a la persona cuyo sexo, en la plaza de que se trate, tenga una representación inferior al 40 %, salvo que concurran en otros candidatos motivos, que no siendo discriminatorios por razón de sexo, justifiquen la no aplicación de la medida, como la pertenencia a otros colectivos con especiales dificultades para el acceso y promoción en el empleo". En cuando a la reserva de plazas para mujeres como una medida de acción positiva, en el plano estatal, la LO 2/2023, de 22 de marzo, del Sistema Universitario afirma en su art. 65 que "se podrán establecer medidas de acción positiva en los concursos de acceso a plazas de personal docente e investigador funcionario y laboral para favorecer el acceso de las mujeres". La Ley 7/2018 de 28 de junio, de igualdad de oportunidades entre mujeres y hombres de la Comunidad Autónoma de Aragón, en su artículo 50 establece el deber de las AAPP aragonesas de realizar un impacto de género en las Ofertas Públicas de Empleo y el de reservar el 2 % de las plazas para mujeres víctimas de violencia de género; el Decreto Leg. 1/2020, de 22 de julio, por el que se aprueba el texto refundido de la Ley de Policía del País Vasco, aunque el dispositivo fue introducido en la ley precedente en 2019. Esta ley obliga a las AAPP a elaborar planes de igualdad en los que, entre otros extremos, se deben señalar porcentajes de mujeres en la plantilla para corregir situaciones de infrarrepresentación mientras estas subsistan (art. 44). La Ley 4/2013, de 17 de julio, de coordinación de las policías locales de Baleares, en su DA 3ª, introducida en

De entre las distintas normas estatales, autonómicas y locales destaca, por su detalle en el desarrollo de cláusulas de contratación pública socialmente responsable, el ya referenciado anteriormente Decreto 118/2022, de 5 de agosto, del Consell de la GVA. Pues bien, el anexo I obliga a los órganos de contratación a seleccionar de entre los criterios de adjudicación que prevé y, entre ellos, destacan los de inserción sociolaboral y de igualdad de género como los siguientes:

Anexo I.1.

"El compromiso de emplear en la plantilla que ejecutará el contrato, y en los casos de nuevas contrataciones, bajas y sustituciones, a mujeres víctimas de la violencia de género, en el caso de que no se haya incluido como condición especial de ejecución o, de haberse hecho, en un número o porcentaje superior al que se haya establecido".

Anexo I.2.

"En aquellos sectores con menor proporción de ocupación femenina, el compromiso de emplear en la plantilla que ejecutará el contrato, y en los casos de nuevas contrataciones, bajas y sustituciones, mayor proporción de mujeres que el porcentaje de mujeres ocupadas en la rama de actividad del sector correspondiente, publicado en la encuesta de población activa del Instituto Nacional de Estadística, en los resultados anuales para España del último año disponible".

A pesar de las múltiples referencias divulgativas, instructivas y normativas en el ámbito de las AAPP, lo cierto es que esta clase de acciones positivas no son de validez incontrovertida a la luz de resoluciones de los tribunales administrativos. Son paradigmáticas

---

2017, se dirige a instituir "medidas de fomento de la igualdad en el empleo público" con el fin de conseguir una composición equilibrada en las plantillas. La Ley 17/2017, de 13 de diciembre, de coordinación de policías locales de la Comunitat Valenciana prevé en su DT 7ª lo que denomina "medidas correctoras de la desigualdad de género", en la que establece que hasta que los ayuntamientos no elaboren planes de igualdad previstos en dicha normativa con políticas de acción positiva en materia de igualdad de género, "en los municipios en los que el número de mujeres no alcance el 40 % de la plantilla de policía local, y hasta que se alcance el citado porcentaje, en las convocatorias para la escala básica se establece una reserva del 30 % de las plazas para mujeres, aplicable únicamente a las plazas a las que se acceda por turno libre, y siempre que se convoquen más de 3 plazas en dicho turno".

dos resoluciones del TACRC en esta materia. En primer lugar, la RTACRC 747/2020, de 26 de junio y 114/2022, de 27 de enero. En la primera de ellas se enjuicia diversas cláusulas que aprueba el Ministerio de Igualdad para la adjudicación del "servicio 016 de información y asesoramiento jurídico en materia de violencia de género". En el apartado de características de los medios humanos el PPT se refiere a alguno de los puestos o personal en femenino (p. ej. "Quince operadoras", "Ocho psicólogas", etc.). El órgano de contratación alega que el empleo de palabras en femenino se debe, especialmente, a que corresponde la subrogación laboral en el supuesto en concreto y que, los puestos citados en femenino, los desempeñan muñeres. Sea como fuere, el Tribunal considera en el FJ 5º que "los pliegos de la contratación que nos ocupa conculcan la igualdad de género, tal y como se ha examinado, pues la cláusula 3.2 del PPTP establece la exigencia de 15 operadoras, 8 psicólogas y 8 asesoras legales". Dicho de otro modo, en caso de que se exija, para un servicio de atención a mujeres víctimas de violencia de género, que los puestos de operadoras y psicólogas sean ocupados por mujeres, el tribunal entiende que se trata de una medida contraria al principio de igualdad de trato e, incluso, a la prohibición de discriminación. A mayor abundamiento, no existe planteamiento alguno en la resolución citada sobre la eventual justificación constitucional y proporcionalidad de la posible exigencia de presencia de mujeres en un servicio de ese tipo, ni siquiera, en términos de mejora de la calidad específica del servicio para las ciudadanas beneficiarias del mismo.

Se sitúa en la estela de la resolución analizada la RTACRC 114/2022, de 27 de enero, en la que se aborda el contenido de un PCA por el que se rige la contratación de un servicio de consultoría y apoyo jurídico técnico a la oficina de protección de datos de la Diputación de Valencia[544]. Una empresa no licitadora interpone un recurso, entre otros motivos, porque opina que algunos criterios de adjudicación impiden la concurrencia en condiciones de igualdad. Uno de estos criterios atribuía un máximo de 4 puntos (de un total de 100) a la oferta que tuviera un "mayor porcentaje de mujeres en el equipo mínimo asig-

---

544 RTACRC 114/2022, de 27 de enero.

nado a la ejecución del contrato", superior, en todo caso, al que ya se establecía como condición especial de ejecución[545].

La entidad pública arguyó que el índice de ocupación femenina en el sector de actividad (la consultoría en materia de protección de datos) era inferior al de ocupación masculina (27 % del total), tal y como arrojaban los datos de la EPA para el primer trimestre de 2021 para la rama relacionada con el objeto del contrato. A pesar de la justificación del criterio adoptado y de la fundamentación jurídica en diversos preceptos de la LCSP, como los ya estudiados al comienzo de este apartado, el TACRC se opone a la cláusula por un motivo fundamental: a su juicio la mayor proporción de mujeres en el equipo de asesoría no tiene incidencia alguna en "el nivel de rendimiento de la prestación" y, *por ende*, no afecta a la calidad de esta (FJ 9º).

Llama la atención la negativa del ya tan mentado TACRC teniendo presente, no solo la interpretación literal de las normas aplicables, sino cualquier técnica interpretativa sistemática y finalista. La propia Comisión Europea, otrora más restrictiva en su aproximación a criterios sociales como la integración de personal femenino en las plantillas, cita un ejemplo de tales medidas en la segunda edición de la *Guía Adquisiciones sociales: una guía para considerar aspectos sociales en las contrataciones públicas* (2021). En concreto alaba la labor del municipio francés de Nantes por haber centrado los esfuerzos en diversificar contratos con cláusulas inclusivas con el objetivo de incorporar a más mujeres desempleadas. Acto seguido, la Comisión llama la atención sobre la necesidad de realizar diagnósticos a la hora de diseñar cláusulas sociales y pone como ejemplo a aquellos sectores que "cuentan con una mayor proporción de trabajadores vulnerables o presentan una mayor desigualdad de género".

Es una posición similar a la de un sector de la doctrina que, incluso antes de la aprobación de las directivas de cuarta generación, defendía esta interpretación considerablemente restrictiva (Valcár-

---

545 Los pliegos establecían como condición especial de ejecución un 50 % de mujeres en el equipo. A partir de esta cifra, la escala de asignación de puntos era la siguiente: 2 puntos cuando el 75 % del equipo estaba integrado por mujeres y 4 cuando era el 100 %.

cel Fernández, 2013)[546]. Pese a ello, es común que las guías y normas administrativas en el ámbito interno inviten a prever tales cláusulas en los pliegos de condiciones. Quizás una de las normas más explícitas sea el ya mencionado Decreto 118/2022, de 5 de agosto, de la Generalitat Valenciana, en cuyo Anexo I se recoge un nutrido grupo de criterios de adjudicación, entre los que destaca el compromiso de emplear en la plantilla que ejecutará el contrato (en los casos de nuevas contrataciones, así como para cobertura de bajas y sustituciones) a mujeres cuando estén infrarrepresentadas y a mujeres víctimas de la violencia de género[547]. Sobre las dificultades asociadas a algunas de estas categorías me remito a lo dicho en el apartado anterior.

La tendencia española ha sido, en cierto modo, distinta a la explicitada por la Comisión Europea en las propuestas realizadas en sus comunicaciones y guías de 2021. Precisamente, un ejemplo de alineamiento con las posiciones más comedidas de la Comisión lo representa la normativa francesa. Para comenzar, se sitúa en el plano de la CPSR legal y obligatoria y, a lo sumo, en el establecimiento de cláusulas potestativas orientadas a dotar de eficacia al derecho positivo en materia de igualdad de género. Destacan entre ellas, por ejemplo, la solicitud de sellos, etiquetas o certificados de igualdad de género y respeto a la diversidad de género y orientación sexual[548] que, por otro lado, también han explorado las administraciones públicas españolas. Además, como ya se avanzara, ni la normativa ni la guía

---

546 Valcárcel Fernández (2013) ya proponía como válidos los criterios de adjudicación consistentes en el compromiso de las empresas de emplear para la ejecución del contrato a mujeres en determinada proporción o ampliar el contenido de los planes de igualdad.

547 Se transcriben dos modelos de cláusulas: "a) En aquellos sectores con menor proporción de ocupación femenina, el compromiso de emplear en la plantilla que ejecutará el contrato, y en los casos de nuevas contrataciones, bajas y sustituciones, mayor proporción de mujeres que el porcentaje de mujeres ocupadas en la rama de actividad del sector correspondiente, publicado en la encuesta de población activa del Instituto Nacional de Estadística, en los resultados anuales para España del último año disponible. b) En aquellos sectores de actividad notoriamente feminizados, el compromiso de emplear en la plantilla que ejecutará el contrato a un número de mujeres en puestos de responsabilidad superior al X% de los mismos".

548 Véase el tercer eje del plan de contratación responsable de Bordeaux Metropole ya referenciado o la guía de CPSR del gobierno francés (OECP, 2023).

gubernamental francesa habilitan medida alguna dirigida a la inclusión de mujeres en casos de infrarrepresentación en determinadas profesiones, categorías o grupos profesionales o puestos de trabajo.

1.3.3. Plantilla mínima durante la ejecución

El fomento del empleo de determinados colectivos, segmentos o grupos de población y las medidas de fomento del empleo (véase el punto 2.3 del presente capítulo) se complementan con aquellas medidas que pueden incentivarse o exigirse con el fin de aumentar los niveles cuantitativos de empleo o, dicho de otro modo, de ampliar la plantilla. La motivación inmediata de tales cláusulas puede ser la de dotar de eficacia y eficiencia a la ejecución del contrato, pero, a su vez, a medidas de reparto del trabajo[549] y de prevención de riesgos laborales.

El artículo 76.2 LCSP permite al OC —y, en algunos casos, obliga— exigir al licitador que se comprometa a adscribir a la ejecución medios personales suficientes. Estos compromisos se integrarían como obligaciones esenciales del contrato o establecerían penalidades en caso de incumplimiento. Incluso, esta posibilidad se convierte en un mandato cuando, atendida su complejidad técnica, en el contrato en cuestión sea determinante la concreción de los medios personales o materiales necesarios para la ejecución del contrato. Con todo, estos requisitos de solvencia también han de ser razonables, justificados y proporcionales a la entidad y características del contrato.

Paralelamente, la regulación de esta posibilidad, consistente en exigir una mayor dimensión de la plantilla en detrimento, por ejemplo, de la realización de horas extraordinarias, se halla en los arts. 87 a 90 LCSP por lo que se refiere a los criterios de solvencia. Los medios para acreditar la solvencia varían según el tipo de contrato. Respecto del contrato de obras podría emplearse el recogido en el apartado 1 b) que exige una declaración indicando el personal téc-

---

549 Buena muestra de ello son las cláusulas que contienen los convenios colectivos estatutarios o los acuerdos nacionales de empleo en los que la parte empresarial se compromete a no hacer uso de las horas extraordinarias en algunas de sus modalidades con el fin de repartir el empleo.

nico (esté integrado o no en la empresa) de los que se disponga para ejecutar la obra. Además, tanto en este tipo de contratos como en los de servicio, se permite emplear otro medio relacionado con el personal de la empresa que participará en la contrata. Se trata de la declaración sobre la plantilla media anual de la empresa durante los tres últimos años.

Desde hace dos décadas se advierte, como se resuelve en el Dictamen 59/2004 de la JCCPE, que los criterios de adjudicación pueden servir para valorar una aportación a la prestación de elementos materiales y personales en mayor número que los exigidos para determinar la solvencia técnica, "pues la calidad y la cantidad de los medios ofertados por los licitadores son elementos cualitativos de la oferta que influyen en su valor técnico, lo que justifica que pueden ser utilizados como criterios de adjudicación". Cuestión distinta es que pueda tomarse como referencia, por ejemplo, la dimensión de la plantilla en un período anterior a la contrata como criterio de adjudicación. Esta medida está vedada por la ley por no guardar vinculación alguna con el objeto del contrato[550].

Sin perjuicio de estas opciones que brinda la LCSP en relación con la fase de selección de licitadores, el articulado da cobertura al criterio de adjudicación consistente en valorar un umbral superior al exigido en el PCA o PPT como criterio de solvencia técnica o respecto a la plantilla media anual exigida en su caso. Y es que, la postura favorable a esta posibilidad viene avalada por la LCSP de forma explícita, pues el art. 145 señala como posible finalidad social de los criterios de adjudicación "la contratación de un mayor número de personas para la ejecución del contrato".

---

550 Un caso subsumible en este ejemplo lo aborda la RTACRC 394/2015, de 24 de abril (en coherencia con la RTACRC 264/2012). El criterio de valoración enjuiciado se articula en los PCA respecto de un contrato para el servicio de difusión de publicidad institucional de la Ciudad Autónoma de Melilla en medios radiofónicos y consistía en valorar la dimensión de la plantilla de la empresa en los últimos 3 años. El OC consideraba que la relación con el objeto se daba por cuanto el mayor número de trabajadores supone una capacidad mayor para prestar un servicio de más calidad y porque suponía una mayor prontitud a la hora de atender los encargos y órdenes de publicidad.

2. MANTENIMIENTO Y MEJORA DE DERECHOS LABORALES

Las directivas de cuarta generación y la Ley 9/2017 permiten dos afirmaciones. Por un lado, se afirma la posibilidad, e incluso la obligación, de emplear criterios sociales y laborales en el proceso de contratación y, en particular, a la hora de valorar las ofertas[551]. Por otro lado, los criterios sociales a emplear no se reducen a los enumerados en la norma, sino que lejos de tratarse de un listado *numerus clausus*, el OC dispone de cierta discrecionalidad material. Siempre con unos límites tales como la vinculación con el objeto, formulación objetiva, respeto a los principios de igualdad y no discriminación, transparencia y proporcionalidad. Sin embargo, se mantiene en vilo la multiplicidad de debates en torno a las cláusulas que incluyen consideraciones de tipo sociolaboral, en mayor medida las que influyen en el haz de derechos y obligaciones laborales.

El segundo gran grupo de cláusulas de materia sociolaboral de carácter administrativo y discrecional al que dirigimos nuestra atención son las que pretenden fomentar el trabajo decente entre las personas que participan directamente, por cuenta de la empresa contratista, en la ejecución del contrato con una entidad del sector público. Se ha optado en la presente investigación por acotar ítems que inciden en los derechos de las personas trabajadoras (presentes o futuras) que participan en la contrata: salario y sistema de remuneración, tiempo de trabajo, estabilidad en el empleo, políticas de igualdad de género, etc.

Descontando los requisitos derivados del Derecho de contratos del sector público, a los que se volverá más adelante, es el Derecho del trabajo una de las ramas que actúan como piedra de toque para determinar la validez y la eficacia de las disposiciones relativas a derechos laborales. En relación con tales derechos, existen dos aspectos jurídico-laborales que han adquirido una importancia determinante. El primero incumbe a la naturaleza jurídica de las cláusulas laborales previstas en el PCA. El segundo, dependiente estrechamente

---

551 Incluso se validan finalidades sociales que antes estaban proscritas por la Comisión Europea y por la doctrina administrativa y judicial.

del primero, pertenece al efecto que tiene la mejora de los derechos laborales derivada de cláusulas sociolaborales tras la finalización de la contrata.

Por lo que respecta al primero, la naturaleza mixta (en algunos aspectos administrativa y en otros contractual) de los pliegos y del contrato conduce a la creación de vínculos jurídicos entre los contratistas y las entidades del sector público (García Luengo, 2022). Por ello, las cláusulas relacionadas con el mantenimiento o la mejora de los derechos laborales no conllevan *ipso iure* una novación sobrevenida de las fuentes del Derecho ni de las fuentes de obligaciones laborales. La influencia de las cláusulas sociolaborales en el haz de derechos y obligaciones que constituyen el vínculo jurídico-laboral entre trabajadores y empleador se realiza de forma mediata a través de las obligaciones que asume el empresario con la entidad. Esto no obsta para que un sector doctrinal haya entendido que las normas generales del Derecho privado, como lo es el art. 1257.II CC, permiten una exigencia directa por parte de los trabajadores del cumplimiento de las cláusulas sociales (Goerlich Peset y Nores Torres, 2019). Ahora bien, la doctrina del TS ha considerado que, a menos que haya consolidado normativa o contractualmente el contenido de las cláusulas sociolaborales, las personas que participan en la ejecución de la contrata por cuenta de la contratista no pueden exigir ante la jurisdicción social el cumplimiento de los compromisos adquiridos por su empleador, sino que la vía judicial adecuada es la contencioso-administrativa con las correspondientes legitimaciones activas (véase la STS —sala de lo social— de 5 de marzo de 2024 —rec. 168/2021—)[552].

El segundo de los aspectos técnico-jurídicos sobre los que debe realizarse precisiones deriva de esta mediatez entre cláusulas sociales y derechos laborales. Una de las consecuencias se manifiesta en la carencia de efecto solidificador de derechos emergidos a causa de cláusulas sociales como condiciones más beneficiosas. Así lo entendió la STS 298/2019, de 9 de abril, que rechaza que las mejoras de las condiciones laborales de tracto sucesivo den lugar a la creación

---

552 Para un análisis y una valoración crítica de la resolución del Alto Tribunal, véase la entrada en el blog de Todolí Signes (2024). Sin embargo, compartimos, en este punto, las consideraciones jurídicas del TS.

de condiciones más beneficiosas de origen contractual que, en caso de existir voluntad de modificación unilateral, requeriría activar el art. 41 ET cuando suponga una alteración sustancial. Entiende el Alto Tribunal que la mejora no surge de una voluntad unilateral, consciente y clara por parte del empleador, sino que viene dada por una condición externa a dicha voluntad empresarial. En consecuencia, las mejoras que se realicen al amparo del PCA decaerán, si así lo considera el empresario, una vez finalizada la contrata.

Aunque la LCSP habilita a los OC a emplear criterios sociales en todas y cada una de las fases, algunas instancias administrativas y académicas entienden que la finalidad de las prescripciones técnicas y de los criterios de adjudicación condiciona de forma determinante la validez jurídica de buena parte de las cláusulas sociales y, sobre todo, de las que se relacionan con la mejora de condiciones de trabajo de las personas adscritas a la contrata (Gordo Cano, 2023).

El TACRC, aunque reforzado por algunos órganos autonómicos como el de la Comunidad de Madrid o el de Canarias, ha sido el órgano de recursos que mayor número de resoluciones ha emitido hasta el momento oponiéndose a la validez de la gran mayoría de cláusulas sociolaborales que ha analizado y, a su vez, es de las principales referencias doctrinales de otros tribunales administrativos, tribunales jurisdiccionales, órganos de contratación y autores de doctrina académica. Se emplearán en este punto numerosas resoluciones del TACRC, pero los dos grandes referentes más recientes que condensan la doctrina administrativa más aplicada y omnicomprensiva son las resoluciones TACRC 355/2017, de 21 de abril y 325/2019, de 8 de marzo. Junto a este tribunal, la JCCP del Estado, aunque apoyada fundamentalmente en la doctrina del TACRC, ha emitido un informe en el año 2022 con especial incidencia sobre las cláusulas laborales en los PCA: el Informe 38/22 titulado *validez de cláusulas sociales*. Pues bien, la brecha doctrinal es mínima entre la RTACRC 355/2017 dictada sobre un supuesto anterior a la aprobación de la LCSP, y la icónica, referenciada y canónica RTACRC 325/2019, sobre un caso al que se le aplicaba dicha ley; y apenas se aprecia movimiento doctrinal en el mentado informe de la JCCP. Desde la perspectiva jurisdiccional, la STSJ de la Comunitat Valenciana (sala de lo contencioso) de 22 de noviembre de 2023 aporta una nota discordante en términos sustantivos en materia de cláusulas sociales, tal y como se señalará en el punto relativo a las medidas de conciliación, aunque se realizarán los matices oportunos.

En este punto 2, se analizarán criterios sociolaborales relacionados con las mejoras salariales, tiempo de trabajo, conciliación laboral y familiar, protección social complementaria o prevención de riesgos laborales. Resulta complicado ordenar y sistematizar los argumentos a favor y en contra de la validez de cláusulas sociolaborales del TACRC diferenciando por materias como las citadas, ya que, en términos generales, existe un rechazo de plano por entender que, sobre todo las laborales, incumplen buena parte de los principios de la contratación pública. A pesar de ello, la razón por la que se ha resuelto diferenciar estas materias es, precisamente, que su idiosincrasia requiere de aproximaciones jurídicas y analíticas diferenciadas que, no obstante, obvia por completo el TACRC y buena parte de las salas de lo contencioso administrativo que han abordado las cláusulas sociolaborales. Es por todo ello por lo que, por momentos, el lector puede apreciar que repetimos resoluciones en varios apartados, pues tratan diversas cláusulas, y, además, que el TACRC no siempre aplica argumentos distintos a cada uno de ellos.

2.1. Las vicisitudes de la sucesión de contratas: cláusulas subrogatorias

La transmisión empresarial es una realidad jurídica polifacética y abordada, por ello, desde distintas ramas del Derecho. La aproximación desde el Derecho del trabajo trae causa de la trascendencia jurídico-laboral que tiene sobre el conjunto de derechos y obligaciones laborales y de SS. La subrogación del empresario adquirente de una empresa en las obligaciones laborales del transmitente es una de las obligaciones básicas que derivan de la transmisión de empresas, en aplicación del artículo 44 ET[553].

---

553 El elemento finalista que reside en la sucesión de empresas como institución jurídico-laboral concilia dos grupos de derechos constitucionales: el primero, constituido por el derecho al trabajo en su vertiente individual (art. 35 CE) y en su vertiente colectiva (art. 40 CE). Del segundo grupo forman parte el derecho

Al reparar en la función tuitiva de la sucesión de empresas laboral se vislumbran en ella diversas finalidades como la de garantizar que las transmisiones no afecten a la vigencia de los contratos laborales o asegurar el cumplimiento de las obligaciones derivadas de las relaciones laborales (Sempere Navarro, 2014)[554]. De este modo, se garantizaría la estabilidad en el empleo asegurando que las condiciones del vínculo jurídico-laboral no se vean afectadas directamente por la transmisión empresarial (Valdés Dal-Ré, 1998)[555]. De esta forma, las previsiones legales en esta materia pretenden la neutralización de los posibles efectos negativos laborales de la transmisión (Rodríguez-Piñero y Bravo-Ferrer, 2002).

El TS reconoce en aquella una regla constituida en derecho mínimo necesario que la negociación colectiva no puede modificar *in peius*[556]. Nada de esto supone obviar que las subrogaciones pueden tener efectos provechosos para el contratista saliente al no tener que asumir las extinciones indemnizadas, y para el contratista entrante, a quien permite contar con personal experimentado en la concreta prestación e, incluso, evitar al cedente hacerse cargo de posibles indemnizaciones (de Heredia Ruiz, 2018; Rodrigo Sanbartolomé, 2015).

En el ámbito de la sucesión de empresas articulada en el art. 44 ET, el modo de preservar la esfera de derechos laborales se deriva de dos mecanismos esenciales: por un lado, el efecto subrogatorio en la posición del empleador que en estas páginas nos interesa; por otro lado, la responsabilidad solidaria entre transmitente y adquirente por deudas laborales anteriores a la transmisión. En ambos casos, el hecho desencadenante es el mismo[557].

---

a la propiedad privada (art. 33 CE) y la libertad de empresa en el marco de una economía de mercado (art. 38 CE).

554 A estas añade implicar a los representantes legales en el proceso sucesorio, ordenar las modificaciones que puedan surgir tras la transmisión, evitar el fraude y, por último, transponer al ordenamiento interno el contenido de la Directiva en materia de sucesión de empresas.

555 En el mismo sentido, la STS (Social) de 22 de julio de 1988 (n.º 1.292), FJ 1º.

556 SSTS (Social, sec. 1ª) de 25 de febrero de 1988 y (sec. 4ª) de 19 de junio de 1989. Magistrado Ponente Aurelio Desdentado Bonete.

557 El supuesto de hecho que activa esta garantía viene descrito en el apartado primero del art. 44 ET y se concreta en el cambio de titularidad del elemento objetivo

2.1.1. La contrata como entidad económica transmisible

La relación entre la subcontratación y la sucesión de empresas radica en como la contrata pueden ser considerada, en sí misma, como una entidad económica y cómo la sucesión de contratistas[558] puede constituir un supuesto de transmisión empresarial. Las dificultades se constatan, en un primer momento, dirigiendo la atención al núcleo normativo laboral de la subcontratación: el artículo 42 ET. Este precepto tiene un alcance marcadamente limitado por cuanto sus previsiones aluden exclusivamente al régimen de responsabilidad en materia laboral y de seguridad social de comitentes y contratistas en los casos de contratas de propia actividad. El supuesto de hecho únicamente se refiere a la primera fase de la operación de descentralización, pero omite situaciones jurídicamente relevantes como la sustitución del contratista o, incluso, la reversión de una contrata (García Ortega, 2000; Gualda Alcalá, 2017).

A pesar de la falta de referencias a este fenómeno en el ET o la Directiva 2001/23/CE, el caleidoscopio de coyunturas por las que puede atravesar un contrato laboral en el curso de vida del proceso subcontratación tiene implicaciones evidentes sobre la estabilidad en el empleo. El factor más estudiado es el recurso al contrato de obra o servicio como herramienta de flexibilidad laboral que conllevaba un alto coste social por la precariedad que genera en el empleo (Goerlich Peset, 2001); aunque esta posibilidad fue vedada por la STS de

---

de la transmisión, es decir, de una "empresa, centro de trabajo o unidad productiva autónoma" definida, en último término, como un conjunto de medios organizados a fin de llevar a cabo una actividad económica. El apartado segundo precisa que la "sucesión de empresa" requiere, en todo caso, que la transmisión de dicha entidad económica (empresa, centro de trabajo o unidad productiva autónoma) "mantenga su identidad". Esta precisión fue introducida como ejercicio de transposición de la Directiva 2001/23/CE del Consejo, de 12 de marzo de 2001, sobre la aproximación de las legislaciones de los Estados miembros relativas al mantenimiento de los derechos de los trabajadores en caso de traspasos de empresas, de centros de actividad o de partes de empresas o de centros de actividad.

558 Concepto distinto al de *encadenamiento de contratas* que Cruz Villalón & Rodríguez Ramón (2016) describen como la situación por la que una "empresa principal [...] contrata una parcela de la actividad productiva con una empresa auxiliar, mientras que ésta subcontrata con una segunda auxiliar una subparcela de lo contratado, y así sucesivamente".

29 de diciembre de 2020 (rec. 240/2018) y, posteriormente, por el RD-ley 32/2021, de 28 de diciembre (Cavas Martínez, 2021). A este factor ha de sumarse el conjunto de dinámicas vinculadas a la vida misma de la contrata y al cambio de su titular[559].

A falta de una norma que solvente de forma explícita esta problemática, cobra importancia el modo en que la doctrina judicial, preferentemente, ha venido encajando estas dinámicas de cambio de responsable de una contrata en el supuesto transmisivo del art. 44 ET y de la Directiva 2001/23/CE. Las primeras respuestas a esta cuestión vinieron dadas por el TJUE en la década de los 80 y culminaron a finales de la década de los 90, consolidando, solo parcialmente, en el contenido de los textos normativos vigentes.

I. La doctrina de la sucesión de plantilla

La sentencia que abre la veda en este asunto es el *caso Spijker* (1986)[560], en el que se señaló que el primer paso para determinar si un hecho transmisivo es jurídicamente relevante es examinar si tras el mismo hay una entidad económica que conserva su identidad (apdo. 11)[561]. Entre otros aspectos, esta resolución destaca por exponer, en su apartado 13, una letanía de elementos no exhaustivos ni acumulativos que hay que tener presente para considerar si se mantiene la identidad empresarial tras el traspaso:

> "el tipo de empresa o centro de actividad en cuestión, la transmisión o no de bienes inmateriales, la asunción de la mayoría de la plantilla por parte del nuevo empresario, la transmisión de la clientela, la duración de la suspensión de las actividades económicas o, por último, el grado de analogía que pudiera haber entre la actividad anterior y posterior"[562].

---

[559] No resulta aventurado afirmar, por ello, que los trabajadores que prestan sus servicios adscritos a una contrata han venido asumiendo, mediante el contrato de obra un mayor riesgo de inestabilidad en el puesto de trabajo y en el empleo.

[560] STJUE de 18 de marzo de 1986, *caso Spijkers* (asunto C-24/85).

[561] Expresión que sería trasladada posteriormente al art. 1.1 b) Directiva 2001 y al apartado 2 del art. 44 ET y que fue empleada por las sucesivas resoluciones del órgano europeo.

[562] STJUE del caso *Spijkers*, apdo. 13. Como señala la doctrina emanada de *Spijkers* se constituyó en un "referente constante en la jurisprudencia comunitaria"

Posteriormente, se dictaron ocho sentencias realmente trascendentes para comprender el significado de "entidad económica" en el sentido que, actualmente, recoge la normativa[563]. En estas resoluciones el TJUE, no solo admite que la externalización de una actividad, incluso de carácter accesorio, pudiera considerarse una transmisión —casos *Stichting* (1992), *Watson Rask* (1992) *y Schmidt* (1994). Además, analizando supuestos de sucesión de contratas, se construye un concepto de entidad económica en el que cabe el desarrollo de actividades sin un elevado sustrato patrimonial: aquellas que han venido a considerarse "actividades desmaterializadas", "despatrimonializadas" o bien, intensivas en mano de obra[564].

El verdadero punto de inflexión en esta materia radica en el *caso Süzen* (1997), en el cual el tribunal parte de estimar que una entidad económica se constituye por un "conjunto organizado de personas y elementos que permite el ejercicio de una actividad económica que persigue un objetivo propio" (apdo. 13) y, continúa en el apdo. 18 aseverando que "en determinados sectores, sin elementos significativos de activo material o inmaterial, el mantenimiento de la identidad de dicha entidad [...] no puede, por definición, depender de la cesión de tales elementos". Siguiendo el hilo argumental, el párrafo 21 sentencia que en sectores como el de la limpieza, en los que la "actividad descansa fundamentalmente en la mano de obra, un con-

---

aportando la "argamasa sobre la que el TJUE ha ido delimitando el ámbito de aplicación de la Directiva" (Valdés Dal-Ré, 2000).

563 La primera de ellas, la STJUE de 19 de mayo de 1992, *caso Stichting* (asunto C-29/91). La segunda, de 12 de noviembre de 1992, *caso Watson Rask* (asunto C-209/91). La tercera, del 14 de abril de 1994, *caso Schmidt* (asunto C-395/92). La cuarta, del 19 de septiembre de 1995, *caso Rygaard* (asunto C-48/95). La quinta, del 7 de marzo de 1996, *caso* Merckx *y Neuhuys* (asuntos C-171/94 y 172/94). La sexta, de 11 de marzo de 1997, *caso Süzen* (asunto 13/95). Las séptima y octava son ambas del 10 de diciembre de 1998, *casos Hernández Vidal* (asuntos ac. C-127/96, 229/96 y 74/97) y *Sánchez Hidalgo* (asuntos ac. C-173/93 y 247/96).

564 En el ámbito doctrinal el término actividad desmaterializada ha sido empleado, entre otros, por De Heredia Ruiz (2017) y Monereo Pérez (2010, p. 131). También la doctrina judicial ha empleado este término: por todas, la STSJ Castilla-La Mancha de 28 de marzo de 2006 (rec. 967/2005); STSJ Galicia de 26 de julio de 2018 (rec. 2310/2016); y STSJ Madrid de 16 de diciembre de 2016 (rec. 869/2016).

junto de trabajadores que ejerce de forma duradera una actividad común puede constituir una entidad económica" el mantenimiento de dicha identidad se produce por la asunción de una "parte esencial de la plantilla en términos de número y competencia".

De esta forma, tras diversos fallos judiciales ve la luz de forma nítida la conocida como *doctrina de la sucesión de plantilla* que terminaría por consolidarse con los casos *Hernández Vidal* (1998) y *Sánchez Hidalgo* (1998), también ante el TJUE. Las premisas básicas son, en primer lugar, que, atendiendo al tipo de actividad desarrollada en la contrata, habrá de prestarse atención a la transmisión de unos u otros factores para determinar si se mantiene la identidad tras el cambio de titularidad. En segundo lugar, que en aquellas contratas que son intensivas en mano de obra, la transmisión de elementos patrimoniales no determinará la sucesión de empresas, sino que lo hará la asunción de la una parte esencial de la plantilla, siendo este un elemento decisivo y no meramente indiciario[565]. La recepción de esta doctrina por la jurisprudencia española no llegó hasta 2004 cuando el TS[566] realizó una rectificación sustancial y consciente de su doctrina con el fin de adaptarla al nuevo marco normativo e interpretativo que esbozaban, tanto la Directiva como los pronunciamientos del TJUE.

II. El rol de las cláusulas subrogatorias convencionales

La doctrina de la sucesión de plantillas, en el marco de la subcontratación, supone condicionar la existencia de una sucesión legal de empresas a la transmisión de unos u otros factores productivos dependiendo de si la actividad desarrollada en la contrata descansa fundamentalmente en la mano de obra o en los elementos patrimoniales. Existe una lista de sectores típicos perfilados jurisprudencial-

---

565 En los sectores materializados la sucesión en una parte esencial de la plantilla sí constituye un elemento indiciario más para considerar que se da un mantenimiento de la identidad económica activándose, con ello, la institución sucesoria.

566 STS de 21 de octubre de 2004 (rec. 5057/2003) en la que se aborda un supuesto de servicios de asistencia en tierra a aeronaves y STS de 27 de octubre de 2004 (rec. 899/2002) relativa a servicios de mantenimiento en instalaciones deportivas.

mente como intensivos en mano de obra, entre los que se hallan la limpieza de edificios y locales, la conserjería, la jardinería[567], el mantenimiento[568] la vigilancia y seguridad, la ayuda a domicilio[569], la información y atención al cliente[570], el control de la circulación en tierra de aeronaves (*handling*)[571], la gestión de aparcamiento público[572], etc. Sin embargo, es preciso dilucidar en cada caso si los elementos patrimoniales son de escasa relevancia y si el factor personal cobra mayor importancia, en términos relativos, en el desempeño de la actividad (Sánchez-Urán Azaña, 2018).

Por el contrario, en otras actividades predomina el sustrato patrimonial, como en el transporte público, el sector del control de pasajeros en aeropuertos o la restauración colectiva[573]. En estos casos es frecuente que los activos que se emplean para desarrollar la actividad se transmitan al nuevo adjudicatario en virtud de distintos negocios jurídicos, lo que determinaría la existencia de una sucesión de empresas en los términos descritos por el art. 44 ET[574].

Teniendo presente el tipo de actividad, en aquellos supuestos que no pueden ser incardinados en el art. 44 ET, el ordenamiento permite articular mecanismos tuitivos que se erigen en un *alter ego* de la sucesión legal de empresas. Los dispositivos jurídicos que pueden contemplar la subrogación laboral obedecen a naturalezas jurídicas distintas y, con ello, su régimen jurídico también es diferente. La ta-

---

567 STJUE de 29 de julio 2010, *caso UGT y La Línea* (asunto C-151/09), en la que se dilucidaba un caso de múltiples servicios de limpieza y consejería de edificios escolares, vías públicas, parques y jardines.

568 TJUE caso *Hernández Vidal y otros* (ya citada); STS de 9 de febrero de 2016 (rec. 400/2014) y de 16 de junio de 2016 (rec. 2390/2014) sobre mantenimiento y conservación de colegios.

569 STJUE, *caso Sánchez Hidalgo* (ya citada).

570 STS 26 de septiembre 2017 (rec. 3533/2015).

571 STS de 20 de octubre de 2004 (rec. 4424/2003).

572 STS de 4 de abril de 2004 (rec. 2423/2003).

573 Sucesivamente, STJUE de 25 de enero de 2001, *caso Liikeene* (asunto C-172/99); STJUE 15 de diciembre de 2005, *caso Güney-Görres* (asuntos ac. C-232/04 y C-233/04); y STJUE de 20 de noviembre de 2003, *caso Abler* (C-340/01).

574 La doctrina emanada de la STJUE 26 de noviembre de 2015, *caso ADIF* (asunto C-509/14) permite afirmar que el hecho de que los elementos patrimoniales no pertenezcan al contratista saliente sino a la entidad principal "no puede excluir la existencia de una transmisión de empresa" (apdo. 39).

xonomía clásica diferencia tres clases de subrogación[575]. En primer lugar, la derivada de la sucesión legal de empresas, arbitrada por el art. 44 ET. En segundo lugar, la subrogación convencional, articulada a través de la negociación colectiva que, generalmente, regula condiciones más laxas que las previstas en la disposición legal[576]. Y, por último, la subrogación contractual, acordada entre los empresarios que se suceden en la titularidad de la empresa; categoría en la que tradicionalmente se ha incluido la subrogación ordenada por el OC en los PCA[577].

En fin, la ausencia de una transmisión en los términos legales del art. 44 ET conlleva una ausencia, *a priori*, de la consecuencia subrogatoria, a menos que el convenio o un negocio jurídico hayan previsto tales efectos. Así, mientras que toda sucesión legal de empresas conlleva, indefectiblemente, la subrogación del adquirente en las obligaciones laborales del transmitente, no toda subrogación empresarial trae causa de la sucesión de empresas.

2.1.2. Subrogación laboral en virtud del pliego

Una de las razones por las cuales los convenios colectivos han venido articulando cláusulas de subrogación para los supuestos de sucesión de contratistas es, precisamente, las dificultades que puede suscitar su encaje en el art. 44 ET. Las cláusulas subrogatorias de carácter convencional son una realidad patente en la negociación colectiva sectorial, ya se trate de sectores patrimonializados o, sobre

---

575 Esta clasificación ha sido realizada tanto por la doctrina (Nores Torres, 2012) como la propia doctrina judicial: SAN de 25 de marzo de 2015 (rec. 188/2013).

576 La propia Sala de lo Social en la STS de 19 de septiembre de 2012 (rec. 3056/2011), FJ 5°, afirma que los convenios colectivos "suelen establecer una garantía de estabilidad en el empleo en favor de los trabajadores empleados en los centros de trabajo cuya limpieza se adjudica sucesivamente a distintas empresas contratistas" (en el mismo sentido las SSTS de 11 de marzo de 2003 —rec. 2252/02— y 28 de julio de 2003 —rec. 2618/02—). Así, el Tribunal reconoce y asume el carácter que los agentes sociales pretenden imprimir a este tipo de medidas.

577 Mientras que los dos primeros mecanismos son vinculantes para los trabajadores, la subrogación contractual ha de ser aceptada necesariamente por los trabajadores afectados.

todo, de sectores intensivos en mano de obra, tales como la vigilancia, la limpieza o el mantenimiento[578].

El contenido de dichas obligaciones no se corresponde, generalmente, con el que prescribe la sucesión legal de empresas. Se dan cláusulas que obligan al contratista entrante a asumir a los trabajadores con una antigüedad determinada en la empresa o, en general, en el servicio objeto del contrato; otras que preceptúan la contratación de un porcentaje de la plantilla anterior o aquellas que ordenan la subrogación excluyendo de la misma a familiares (Martínez Saldaña, 2017)[579]. Asimismo, el régimen jurídico que articula suele diferir del recogido en el art. 44 ET en aspectos como el régimen de responsabilidades, reconociendo, generalmente, la exclusiva responsabilidad por deudas laborales del contratista saliente y eludiendo de este modo la responsabilidad solidaria que establece el precepto legal (Llano Sánchez, 1999).

Resulta relevante, en este punto, traer a colación la doctrina judicial europea emanada del *caso Temco* (2002)[580], reafirmada en el *caso Somoza Hermo* (2018)[581], en virtud de la cual la asunción de una

---

578 La STSJ Madrid de 13 de enero de 2012 (rec. 4477/2011), FJ 9º, enumera los sectores que prevén cláusulas subrogatorias en las convenios colectivos sectoriales de ámbito estatal: "Acción social e intervención social, asistencia, atención, diagnóstico, rehabilitación y promoción de minusválidos, asistencia en tierra en aeropuertos, atención a las personas dependientes y desarrollo de la promoción de la autonomía personal, captación, elevación, conducción, tratamiento, depuración y distribución de aguas, Construcción, *Contact Center*, Contratas Ferroviarias, Empresas Concesionarias y privadas de aparcamientos de vehículos, entrega domiciliaria, hostelería, instalaciones deportivas, juego del bingo, limpieza de edificios y locales, limpieza pública, viaria, riegos, recogida, tratamiento y eliminación de residuos, limpieza y conservación de alcantarillado, mantenimiento de cabinas, soportes y teléfonos de uso público, puertos de Estado y autoridades portuarias, regulación de estacionamiento limitado de vehículos en la vía pública, reparto sin direccional, seguridad, transportes [...] en ambulancias".

579 Asimismo, tal y como señala la STSJ de Canarias (Sta. Cruz de Tenerife) de 19 de julio de 2001, si la cláusula únicamente ordena la subrogación podría entenderse que el efecto jurídico es similar al de la subrogación del art. 44 ET.

580 STJUE 24 de enero de 2002, *caso Temco* (asunto C-51/00), relativo a un servicio de limpieza de instalaciones.

581 STJUE de 11 de julio de 2018, *caso Somoza Hermo* (asunto C-60/17), dictada en el marco de un litigio entre una empresa de seguridad (Ilunion Seguridad S.A.)

parte esencial de la plantilla que se produzca como consecuencia de la aplicación de una cláusula subrogatoria convencional derivaría en la aplicación de la sucesión legal de empresas. De este modo, en un primer momento, la sucesión en una contrata (o una transmisión de elementos empresariales) podría no conllevar la activación del art. 44 ET por no encontrar acomodo en el supuesto de hecho del precepto. Ahora bien, si por ese motivo, un convenio ha previsto una cláusula subrogatoria y, en virtud de su aplicación, la empresa entrante asume una parte esencial de la plantilla, esto supondría finalmente la aplicación del régimen jurídico, no ya de la cláusula sino del precepto legal en toda su dimensión (Monereo Pérez & Ortega Lozano, 2019). Pues bien, esta realidad, que se ha manifestado en el ámbito de las contratas intensivas en mano de obra con relativa frecuencia, ha aumentado la importancia de las cláusulas que ordenan la asunción de la plantilla por el nuevo contratista, por las consecuencias que pueden derivar de ella.

Las entidades del sector público no han sido ajenas a esta realidad y en ciertas coyunturas han desarrollado en los PCA estas disposiciones. Dejando a un lado las distintas eventualidades que surgen de la expiración de una contrata, como la renovación de esta con el mismo contratista o la posible reasunción por la entidad pública de la actividad otrora descentralizada, las cláusulas subrogatorias despliegan sus efectos en los casos en los que otra empresa auxiliar desempeña la actividad desarrollada hasta el momento por la empresa saliente (sucesión de contratistas o contratas).

Así pues, las cláusulas subrogatorias de los PCA imponen la subrogación laboral de la empresa adjudicataria en las obligaciones laborales (al menos, el mantenimiento de los vínculos contractuales) de la empresa saliente. Esta realidad ha tenido mayor importancia en sectores intensivos en mano de obra, sobre todo en servicios de limpieza, mantenimiento y vigilancia, tal y como pone de manifiesto la

---

que resultó adjudicataria de la vigilancia de un museo en Santiago de Compostela (dependiente de la Xunta de Galicia) y uno de los trabajadores (Sr. Ángel Somoza) que, como consecuencia de la sucesión en la contrata, continuó la relación con dicha empresa. Esta resolución precipitó, tras más de una década de discrepancias judiciales, la adopción de la doctrina *Temco* por la STS (Pleno de Sala de lo Social) de 27 de septiembre de 2018 (rec. 2747/2016).

elevada litigiosidad en torno a los pliegos de estos contratos. Precisamente, la conflictividad suscitada ante los tribunales administrativos pone de manifiesto que los OC han explorado, en algunos casos, este tipo de cláusulas cuando el convenio aplicable a las empresas no establecía la subrogación[582].

La cuestión estriba en dilucidar si a las entidades públicas, a través de sus órganos de contratación, la ley les permite imponer en los pliegos la subrogación del adjudicatario entrante en las relaciones laborales del saliente, sin el respaldo de una cláusula convencional.

I. Los antecedentes de la discordia doctrinal

Durante años la doctrina académica y judicial ha debatido profusamente sobre la admisibilidad de este tipo de cláusulas contenidas en los PCA. La norma objeto de análisis ha residido en los sucesivos textos legislativos en materia de contratos del sector público que han abordado, en mayor o menor medida, la subrogación laboral en el marco de los procesos de contratación. Así lo han hecho tanto la Ley 30/2007, de 30 de octubre, de Contratos del Sector Público, posteriormente el texto refundido aprobado por RD-Leg. 3/2011 y, actualmente, la Ley 9/2017, de 8 noviembre, de Contratos del Sector Público, en vigor[583]. Hasta la aprobación y entrada en vigor de la Ley 9/2017, el precepto que correspondía analizar era el art. 120 RD-Leg. 3/2011, rubricado "información sobre las condiciones de subrogación en contratos de trabajo". Su contenido, casi idéntico a su antecesor y homónimo de la Ley 30/2007 (art. 104), comenzaba indicando que "en aquellos contratos que impongan al adjudicatario

[582] Esta clase de disposiciones tomaron mayor importancia tras la reforma laboral operada por el RD-ley 3/2012 sobre la ultraactividad de los convenios colectivos, ya que su pérdida de vigencia conllevaba la ineficacia de sus cláusulas subrogatorias (Nores Torres, 2014).

[583] La actual Ley 9/2017, de 8 de noviembre, de Contratos del Sector Público, deroga el texto refundido de la Ley de Contratos del Sector Público aprobado por RD-Leg. 3/2011 de 14 de noviembre. Texto, este último, que vino a sustituir, a su vez, a la Ley 30/2007, de 30 de octubre, de Contratos del Sector Público. A diferencia de las leyes de contratos públicos anteriores a 2007, estas tres contienen un precepto relativo a la subrogación laboral.

la obligación de subrogarse como empleador" el OC tendría la obligación de informar de las condiciones de tal subrogación.

Pues bien, el tenor literal del precepto dio pábulo a interpretar que los contratos del sector público, y *por ende* el pliego, podrían imponer por sí mismos la obligación del adjudicatario de situarse en la posición jurídico laboral del empleador saliente. Un sector de la academia venía considerando su licitud e, incluso, su conveniencia.

Su licitud se ha defendido teniendo presente que el tenor de los textos de 2007 y 2011 no descartaban ni prohibían expresamente la posibilidad de que los órganos de contratación diseñasen cláusulas subrogatorias, lo que ha llevado a concluir que la literalidad de los preceptos "era lo suficientemente contundente como para sostener la capacidad subrogatoria de los pliegos" (de Heredia Ruiz, 2017a; Martínez Fernández, 2012). En efecto, en este contexto se ha defendido su legalidad teniendo presente que las entidades públicas no ejercían facultades normativas de carácter laboral, sino que desarrollaban sus competencias en el estricto ámbito del proceso contractual, quedando sometidas en todo caso a la legislación laboral y a los convenios colectivos.

Igualmente, la conveniencia de estas disposiciones derivaría de la necesidad de proteger a los trabajadores en los supuestos en los que, ante un cambio de contratista, no se dan los presupuestos necesarios para considerarse una sucesión de empresas. Por ello, desde esta perspectiva se estima, incluso, que el legislador debería permitir y potenciar este tipo de cláusulas *ex* pliego en aras de la estabilidad en el empleo (Rodríguez Escanciano, 2010).

No obstante, otro sector de la doctrina ha rechazado la legalidad de esta clase de disposiciones negando la autosuficiencia del órgano para establecer la subrogación, siempre que no cuente con el respaldo de cláusulas subrogatorias convencionales, llegando a recomendar a las entidades "descartar" esa vía de imposición (Castillo Blanco, 2016; Madrigal Esteban & Martínez Saldaña, 2015; Nores Torres, 2014).

En el campo judicial no han faltado los pronunciamientos que se han decantado por reconocer, al amparo de los textos legales ya derogados, que el OC sí disponía de la capacidad para ordenar la subrogación *ex* pliego. Las Sala de lo Social del TS estimó en diversas resoluciones que el sentido del art. 104 de la Ley 30/2007 contemplaba "la posibilidad de que en los pliegos de condiciones se incluyan cláusulas de subrogación"[584]. Posición que mantuvo la SAN de 16 de marzo de 2015 (rec. 1009/2013) respecto del art. 120 RD-Leg. 3/2011.

Ahora bien, la jurisprudencia se mantuvo inicialmente, no ya oscilante, sino claramente bifurcada. Mientras que la Sala Cuarta del Alto Tribunal mantenía una posición favorable a la posibilidad de la subrogación *ex* pliego, la Sala de lo Contencioso-Administrativo sostenía una posición contraria a tal facultad en sentencias como las de 29 de septiembre de 2014 (rec. 2337/2013) y 16 de marzo de 2015 (rec. 1009/2013). Esta postura fue defendida por el TACRC, de forma constante, en multitud de ocasiones[585]. La argumentación se ha basado, tradicionalmente, en entender que la subrogación, al pertenecer a la esfera de las relaciones laborales, ha de regularse por las fuentes normativas laborales, ya sea el art. 44 ET o los convenios sectoriales. Desde esta perspectiva, se niega que el contrato pueda afectar a los derechos y obligaciones de terceros ajenos al mismo, como serían los trabajadores afectos al servicio.

Uno de los decisivos espaldarazos jurisprudenciales del TS a la posición contraria a la subrogación en cuestión, interpretando el RD-Leg. 3/2011, viene dado por la STS (Social) de 12 de diciembre 2017 (rec. 668/2016) que, en su FJ 2º, señalaba que el art. 120 revestía una cualidad "meramente instrumental" al pliego de cláusulas administrativas, el cual tiene como única misión informar de los términos de la subrogación, sin que sean las entidades públicas las que puedan ordenar tal institución jurídica sin un respaldo legal o convencional. Así, la Sala, acogiendo la doctrina de la Sala de lo Contencioso-Administrativo, modifica la doctrina que había mantenido en resoluciones anteriores que se presentaban como el último baluarte de la posición favorable a la subrogación *ex* pliego.

---

584 SSTS (Sala de lo Social) de 20 de septiembre de 2010 (rec. 17/2010), de 4 de junio y de 13 de noviembre de 2013 (recs. 58/2012 y 1334/2012) y 14 de septiembre de 2015 (rec. 191/2014).

585 RTACRC 75/2013, 608/2013, 14/2014, 321/2014, 879/2014, 88/2015, 813/2016, 861/2017 o 546/2018, entre otras.

Incluso, la STS (Sala de lo Contencioso-Administrativo) de 18 de junio de 2019 (rec. 702/2016) se pronuncia en aplicación del RD-Leg. 3/2011, tras un recurso interpuesto por la empresa adjudicataria de los "servicios de auxiliares de Servicio para la Universidad Rey Juan Carlos"[586]. Las disposiciones que derivan aplicables no son las de la Ley 9/2017, de 8 noviembre, sino los preceptos del RD-Leg. 3/2011, por ser este el texto en vigor al tiempo de adoptarse los PCA.

Previamente a analizar los distintos motivos casacionales alegados por la parte recurrente, el Tribunal entiende que resulta de interés abordar un aspecto fundamental en el FJ 2º de la resolución: el relativo al margen del que dispone el órgano de contratación para imponer la subrogación laboral *ex* pliego. En este punto advierte el Alto Tribunal que, en otras ocasiones, se ha venido negando desde la jurisprudencia que la obligación o no de subrogación únicamente puede venir impuesta por disposiciones legales o de eficacia normativa, pero no por el propio Pliego. De este modo prudente, viene a recordar que, al margen de las alegaciones y peticiones que pudiera hacer la empresa recurrente, la doctrina jurisprudencial rechaza la capacidad que esta le presume al OC.

En cualquier caso, esta resolución se suma a las sentencias que han ido decantando, hasta aprobación de la LCSP, la posición judicial hacia la interpretación que niega la autosuficiencia del OC para determinar la subrogación. Ahora bien, el motivo que conduce a esta interpretación parte de considerar que el contenido de esta obligación tiene una naturaleza jurídico-laboral, lo que, a juicio del TS, se incardina en un ámbito del Derecho que queda extramuros de las potestades administrativas.

---

586 La resolución se pronuncia respecto de los PCA particulares publicado el 10 de julio de 2014, estando en vigor el RD-Leg. 3/2011. La recurrente solicita la anulación de los PCAP y la incoación de un nuevo concurso con las mismas características incluyendo una cláusula de subrogación del personal adscrito con anterioridad a la contrata o bien, en caso de no proceder tal anulación, la modificación de la cláusula relativa al personal, (n.º 27) introduciendo tal obligación. Por tanto, la sentencia del TS en cuestión no deriva de un supuesto en el que la empresa adjudicataria solicita que se anule una cláusula subrogatoria con pretendidos efectos *ex* pliego, sino que demanda, lo que resulta poco usual, la inclusión de dicha cláusula en los PCA.

Sea como fuere, lo dicho hasta el momento sirve para interpretar la norma radicada en el extinto artículo 120 del ya derogado RD-Leg. 3/2011 y comprender los argumentos que pueden concurrir con ese estado de las cosas. No obstante, procede, de ahora en adelante, adentrarse en la interpretación del art. 130 de la vigente Ley 9/2017 cuya redacción, como se verá, permite resolver o zanjar, en mayor o menor medida, los debates suscitados hasta el momento.

II. La veda de la LCSP de 2017 a la subrogación **ex** *pliego*

La Ley 9/2017 abordó, entre muchos otros aspectos relacionados con las relaciones laborales, las capacidades del órgano de contratación respecto de la subrogación. Sobre este extremo se pronuncia el art. 130 LCSP, titulado, como su predecesor, "información sobre las condiciones de subrogación en contratos de trabajo", cuyo apartado primero señala que "Cuando una norma legal, un convenio colectivo o un acuerdo de negociación colectiva de eficacia general, imponga al adjudicatario la obligación de subrogarse como empleador [...] los servicios dependientes del OC deberán facilitar a los licitadores, en el propio pliego, la información sobre las condiciones de los contratos de los trabajadores".

Puede apreciarse cómo la fórmula empleada en esta nueva norma dista de la del art. 120 del RD-Leg. 3/2011 que comenzaba atribuyendo tal obligación de información de las entidades públicas en los "contratos" que impusieran al adjudicatario la subrogación como empleador en las relaciones laborales del empresario saliente. En la redacción vigente desaparece la alusión al contrato y se introduce la referencia a la ley y los convenios como textos articuladores de la subrogación.

La subrogación, en términos generales, puede generar ciertas distorsiones axiológicas en la aplicación de la normativa como, por ejemplo, la situación de tensión finalista que se produce cuando una entidad jurídica especial por su composición laboral o profesional sucede o es sucedida en una contrata aplicando una consecuencia subrogatoria. El caso paradigmático es el de la sucesión en la posición del contratista cuando este es CEE, bien como saliente, bien como entrante. El art. 130.2 señala que los términos del apartado primero de dicho precepto se aplican a los socios trabajadores de cooperativas y a las personas con discapacidad que trabajen adscritos a una contrata por un Centro Especial de Empleo. Así las cosas, se han planteado múltiples casos mediante recurso especial ante tribunales administrativos, tales como los resueltos por las resoluciones del TACP-CM 124/2019, de 28 de marzo y 213/2022, de 2 de junio. El órgano consideró que la subrogación, cuando tienen lugar para "sustituir" tales entidades, siempre tiene lugar *ex lege*, sin tener que entrar a dilucidar si concurre el supuesto de hecho del art. 44 ET o si existe regulación convencional en la materia, para activad la consecuencia subrogatoria. Sin embargo, la RTACRC 101/2020, de 23 de enero, entendió que este apartado es una redundancia especial de la regla general del art. 130 LCSP y, por tanto, sí debe analizarse para aplicar la subrogación si existe sucesión de empresas con los parámetros del art. 44 ET o del convenio colectivo sectorial (o intersectorial). Esta posición del TACRC ha sido rechazada por la Audiencia Nacional en su sentencia (Sala de lo Contencioso-administrativo) de 30 de marzo de 2023 que acoge, mediante una interpretación literal de la norma en liza, la doctrina del TACP-CM reseñada y entiende que "no nos encontramos ante una subrogación de tipo convencional, derivada del convenio o negociación, sino de tipo legal"[587]. La situación inversa, atendiendo a esta doctrina, debe ser tratada conforme a la regla general del art. 130 LCSP. De este modo, cuando la empresa entrante sea el CEE deberá estarse a las reglas ordinarias conforme al art. 44 ET o el convenio colectivo aplicable.

Deteniéndonos a analizar brevemente la tramitación parlamentaria de la actual norma, y sin ánimo de realizar una verdadera interpretación auténtica de la misma, en un primer momento el Proyecto de Ley[588] no contenía un artículo como el que conocemos. La pri-

---

587 Con anterioridad a la vigencia de la LCSP 2017 la doctrina del TS entendió que debía aplicarse la regla general de subrogación legal o convencional en las SSTS de 21 de octubre de 2010 (rec. 806/10), 4 de octubre de 2011 (rec. 4595/10), 26 de enero de 2012 (rec. 917/11), 7 de febrero de 2012 (rec. 1096/11), 11 de junio de 2012 (rec.1886/11), 4 de octubre de 2012 (rec. 3163/11), 10 de octubre de 2012 (rec. 3803/2011), 12 de diciembre de 2012 (rec. 750/2012) y 20 de febrero de 2013 (rec. 3081/2012), de 17 de abril de 2013.

588 Congreso de los Diputados (2018). "Proyecto de Ley de Contratos del Sector Público, por la que se transponen al ordenamiento jurídico español las Direc-

mera redacción tan solo aludía en su primera frase a "norma legal" y "convenios colectivos", pero omitía la referencia al acuerdo de negociación colectiva de eficacia general.

Una enmienda de modificación[589] propuesta por los Grupos Parlamentarios de Unidos Podemos[590] (enmienda n.º 109) y el Socialista (n.º 597) en el Congreso de los Diputados, añadía la expresión "acuerdo de negociación colectiva de eficacia general", en la primera frase del precepto, de tal modo que no solo una ley o un convenio colectivo pudiesen prescribir la subrogación en los contratos de trabajo, sino también un acuerdo de negociación colectiva de eficacia general; la enmienda fue aprobada por unanimidad.

Paradójicamente, el GP de Unidos Podemos justificaba la enmienda en cuestión señalando la importancia de incluir "los supuestos [...] en los que así lo haya decidido, como medida de fomento de la estabilidad en el empleo, el correspondiente adjudicador"[591]. Resulta llamativo que en esta justificación se aluda a aquellos casos en los que el adjudicador decida discrecionalmente la subrogación y, sin embargo, se omita en la literalidad del precepto, lo que podía contribuir a aumentar la incertidumbre sobre la cuestión.

Otra de las enmiendas, propuesta por el GP-Socialista (n.º 697), pretendía adicionar la obligación de incluir como condición de ejecución del contrato la subrogación de la plantilla, pero cuando legal

---

tivas del Parlamento Europeo y del Consejo, 2014/23/UE y 2014/24/UE, de 26 de febrero de 2014". Buscador de Iniciativas (consulta de expedientes públicos) extraído de la web congreso.es: http://www.congreso.es/portal/page/portal/Congreso/Congreso/Iniciativas?_piref73_2148295_73_1335437_1335437.next_page=/wc/servidorCGI&CMD=VERLST&BASE=IW12&FMT=INITXDSS.fmt&DOCS=1-1&DOCORDER=FIFO&QUERY=(122%2F000015*.NDOC.)

589 Enmiendas presentadas por los Grupos Parlamentarios en el Congreso de los Diputados en relación con el Proyecto de Ley de Contratos del Sector Público. Extraídas de la web congreso.es: http://www.congreso.es/portal/page/portal/Congreso/PopUpCGI?CMD=VERLST&CONF=BRSPUB.cnf&BASE=PU12&PIECE=PUWD&DOCS=1-1&FMT=PUWTXDTT.fmt&OPDEF=Y&QUERY=BOCG-12-A-2-2.CODI.

590 Grupo Parlamentario Confederal de Unidos Podemos-En Comú Podem-En Marea.

591 En un sentido casi idéntico se pronunciaba el GP Socialista en la motivación de su enmienda.

o convencionalmente proceda. Por lo que la interpretación sistemática de las propias enmiendas del GP-Socialista pueden llevar a entender que el resultado es el de evitar que los OC gocen de una habilitación discrecional para determinar la subrogación.

La interpretación contra la subrogación *ex* pliego sigue encontrando argumentos *a fortiori* en el hecho de que varias enmiendas que se adivinaban más explícitas en favor de dicha facultad no fueron finalmente acogidas. Así, en primer lugar, cabe citar la enmienda propuesta por los GP de Ciudadanos (n.° 360) y Esquerra Republicana (n.° 251), que pretendía una modificación que permitiese la subrogación "cuando una norma legal, el correspondiente Convenio Colectivo, o el propio pliego de cláusulas imponga al adjudicatario la obligación de subrogarse como empleador en determinadas relaciones laborales [...]". Con esta dicción ambos grupos tenían por voluntad "incorporar como posibilidad expresa el supuesto, habitual en la práctica, de que en los propios pliegos de contratación indiquen el deber de subrogar a los trabajadores, al margen de que una norma legal o los convenios de empresa, o bien los convenios sectoriales o territoriales lo exijan."

Por otra parte, los Grupos Parlamentarios Mixto y PNV también dispusieron de enmiendas que abiertamente incluían tal prerrogativa (n.° 878 y n.° 1.061, respectivamente). Incluso, en la propuesta del GP-PNV se eliminaba la alusión a la posibilidad que habilitaba al convenio y se refería a "cuando una norma legal o el propio pliego de cláusulas imponga al adjudicatario la obligación de subrogarse [...]"[592]. El rechazo a estas enmiendas permite afirmar que la literalidad resultante, cuando menos, no opta por reconocer la facultad al

---

592 La senadora Etxano Varela del GP-PNV explica la enmienda propuesta en la sesión plenaria del Senado, indicando que "[...] se plantea incorporar como posibilidad expresa el supuesto habitual en que son los propios pliegos o los órganos de contratación los que indican el deber de subrogar a las trabajadoras y trabajadores, al margen de que una norma legal o los convenios lo exijan, dando cabida, por tanto, a la subrogación contractual de forma condicionada a la voluntad del trabajador o trabajadora, con el objetivo de la defensa del interés público. A modo de ejemplo y fundamentación jurídica tendríamos la Ley Foral 6/1999, de contratos públicos de Navarra, en el artículo 49.3, que lo establece. Véase el Diario de sesiones del Senado. 27 de septiembre de 2017 p. 168 Extraído de www.congreso.es/public_oficiales/L12/SEN/DS/PL/DS_P_12_42.PDF

órgano de contratación para determinar por sí mismo la subrogación mediante su inclusión en los pliegos.

Finalizado el trámite de enmiendas en el Congreso, el texto que la cámara baja aprueba y remite al Senado sigue siendo debatido y enmendado en esta sede[593]. El propio GP-Unidos Podemos en el Senado propone, en un sentido autocorrectivo, la enmienda (n.º 36) del precepto en el sentido de reconocer abiertamente la posibilidad de que "los pliegos de condiciones generales impongan al adjudicatario la obligación de subrogarse como empleador". La enmienda fue rechazada y el texto queda tal y como llegó a su aprobación final[594]

La dinámica parlamentaria expuesta lleva a considerar que el artículo excluye la capacidad de los pliegos de establecer, por sí solos, a los adjudicatarios la subrogación laboral como una condición de ejecución del contrato. En este sentido se manifiesta parte de la doctrina al analizar la literalidad del precepto durante su tramitación entendiendo que "el sentido de la noma [...] no deja margen de duda" (de Heredia Ruiz, 2017b, p. 118) o que la redacción actual se "acomoda a la jurisprudencia del Tribunal Supremo y no deja ya lugar a dudas" (Martínez Saldaña & Codina García-Andrade, 2018).

En cualquier caso, tras la entrada en vigor de la Ley 9/2017 se han sumado a la doctrina académica reiterados pronunciamientos de la doctrina administrativa y judicial que confirman la aplicación de la doctrina que se había mantenido hasta el momento, aunque divergiendo en algunos extremos de la fundamentación jurídica respecto de la argumentación de la academia.

---

593 Enmiendas propuestas por los Grupos Parlamentarios del Senado al Proyecto de LCSP: http://www.congreso.es/public_oficiales/L12/SEN/BOCG/2017/BOCG_D_12_145_1199.PDF

594 La Ponencia acuerda proponer a la Comisión de Hacienda y Función Pública la aprobación las enmiendas del GP Popular en el Senado y mantiene, en lo restante, el texto remitido por el Congreso de los Diputados, por lo que esta enmienda no es aceptada. La Comisión de Hacienda aprueba, el 18 de septiembre de 2017, el texto propuesto por la Ponencia, que, a su vez, es aprobado por el Pleno del Senado en sesión del 27 de septiembre de 2017, con el texto que se remitirá al congreso para su aprobación definitiva: http://www.congreso.es/public_oficiales/L12/SEN/BOCG/2017/BOCG_D_12_155_1278.PDF

Tras la entrada en vigor de la LCSP, el TACRC, en su resolución 662/2018, de 6 de julio, acoge la opinión de un OC que consideraba que el art. 130 LCSP no otorgaba cobertura a la subrogación *ex* pliego como condición de ejecución. Posteriormente, el TACRC vuelve a pronunciarse en las 2 paradigmáticas Resoluciones 591/2019, de 30 de mayo (rec. 469/2019-C. Valenciana 91/2019) y 779/2019, de 11 de julio (rec. 490/2019-C. Valenciana 93/2019), entre otras.

En la primera de ellas, relativa a un contrato de mantenimiento y conservación de instalaciones públicas del Ayuntamiento de Valencia, uno de los motivos de impugnación es la inclusión en los PCA de las obligaciones de información respecto de las posibles condiciones subrogatorias contenidas en el convenio aplicable. Alega la empresa adjudicataria recurrente que ni el convenio provincial del sector de la construcción y obras públicas ni el VI convenio general del sector de la construcción establecían tal mandato respecto del personal que realiza las actividades contratadas de mantenimiento y conservación, entendiendo que el órgano trata de imponer la subrogación laboral. Sin embargo, el informe del propio órgano de contratación, transcrito en la resolución, afirma estar imponiendo una obligación de subrogación *ex novo*, reconociendo que esto sería "improcedente por tratarse de una cuestión ajena a la Administración".

La argumentación de TACRC se dedicó, precisamente, a respaldar este último apunte del OC. Para el tribunal, el art. 130 de la Ley 9/2017 es producto de la asunción por parte del legislador de que "la cláusula de subrogación empresarial excede del ámbito propio de los pliegos" (FJ 5°), en el sentido de que va más allá del ámbito subjetivo de los mismos al afectar a los trabajadores, quienes son ajenos al contrato con la entidad pública. De este modo, considera que "el legislador ha reforzado la idea de no poder ser impuesta vía pliegos la obligación de subrogación"[595].

Apenas dos meses después el TACRC aborda, de nuevo, esta cuestión en la mentada resolución 695/2019, en esta ocasión en el marco

---

595 Un mes más tarde se pronunció el TACRC en la resolución 695/2019, de 27 de junio (rec. 360/2019-C. Valenciana n.° 66/2019) sobre el mismo supuesto que la resolución 591/2019. Por ello, se remite, prácticamente por entero, al contenido del FJ 5° de aquella.

de un expediente de contratación de servicios de mantenimiento de alumbrado público de la Ciudad de Valencia. La Asociación Nacional de Empresas de Servicios Energéticos presentó recurso especial en el que se suplicaba la anulación de la subrogación que imponían los PCA.

El poder adjudicador defendía la legalidad de su inclusión por dos motivos. El primero de ellos, por cuanto el art. 49 bis del Convenio Colectivo del sector de la industria, tecnología y servicio del metal establecía que "siempre y cuando los [contratos licitados] impongan al adjudicatario la obligación de subrogarse en determinadas relaciones laborales, el presente convenio dará cobertura a las condiciones a que haga referencia la citada licitación". El segundo de los motivos esgrimidos por el adjudicador se basaba en el contenido de la Ley 18/2018, de 13 de julio, de la Generalitat valenciana, para el fomento de la Responsabilidad Social. Y es que, el Ayuntamiento de Valencia trae a colación tanto su preámbulo, en el que se ponen en valor las cláusulas sociales como disposiciones que mejoran las disposiciones legales y convenciones, como su art. 13.1, e) en el cual se señala la obligación de recoger en los pliegos la información relativa a una posible subrogación laboral.

El Tribunal reafirma los argumentos jurídicos empleados en decenas de resoluciones a lo largo de los últimos años, así como respalda la doctrina de la Junta Consultiva de Contratación contenida en informes como los de 31/1999, de 30 de junio y 33/2002, de 23 de octubre, en virtud de la cual se considera que las cláusulas subrogatorias exceden del ámbito subjetivo de los pliegos por generar obligaciones para terceros ajenos al vínculo contractual público (refiriéndose a los trabajadores de la empresa) y, de su ámbito objetivo, por abordar obligaciones de naturaleza laboral.

Puede apreciarse que las resoluciones del TACRC referenciadas y analizadas no solo mantienen la solución que se venía adoptando hasta ahora, sino que, incluso, afirman que la reforma legislativa valida la argumentación que sustentaba los fallos. En el mismo sentido se pronunció de forma temprana la STSJ de Madrid (Sala de lo Contencioso-Administrativo) de 26 de septiembre (rec. 589/2018) al abordar un supuesto de subrogación. Si bien los antecedentes de hecho de esta sentencia revelan que la norma aplicable es la contenida en el art. 120 del RD-Leg. 3/2011, esto no impide que los magistrados, en el FJ 3º, aludan a la doctrina manifestada en la STS 847/2019, de 18 de junio, y afirmen que la interpretación que esta realiza respecto del texto derogado "se ve corroborada por la redacción actual del art. 130 de la Ley 9/2017, de 8 de noviembre".

A la vista de todo lo indicado, puede afirmarse rotundamente que el legislador se decantó en 2017 por descartar la potestad del órgano de contratación para imponer *ex* pliego la subrogación laboral. La LCSP única y exclusivamente determina la obligación de los órganos de contratación de informar sobre las condiciones de la subrogación cuando esta venga establecida por una disposición legal, un convenio colectivo que resulte aplicable o un acuerdo colectivo de eficacia general. Además, se ha afirmado la legalidad de la inclusión de una cláusula que prevenga a los operadores de una posible obligación convencional de informar de dichas condiciones subrogatorias, pues no supone, propiamente, una imposición de la subrogación sino un recordatorio de su posible existencia.

Pero ha de distinguirse, por un lado, la conclusión y, por otro, la fundamentación sobre la que el TACRC y la doctrina judicial han erigido sus postulados. Ambos foros, antes y después de la entrada en vigor de la Ley 9/2017, se han pronunciado negando la legalidad de la subrogación *ex* pliego por considerar que supone una extralimitación subjetiva y objetiva de las competencias de las entidades públicas y sus órganos de contratación. La vigente ley, desde este punto de vista, ha venido a validar tales premisas y a concluir los debates previos.

Sin embargo, es aventurado considerar, sin que ello suponga realizar una afirmación apodíctica, que el legislador ha acogido tal fundamentación a la vista del proceso de tramitación parlamentaria. Y es que, como se ha expuesto con anterioridad, los PCA no son una norma de eficacia general, sino instrumentos jurídicos con eficacia limitada a los concurrentes al proceso contractual, por lo que no existiría la citada extralimitación. Por ello, desde esta perspectiva, se mantiene que la ley ha contribuido a solventar las controversias, aunque se rechaza la argumentación tradicional.

Lo que sí puede aseverarse es que la redacción del art. 130 LCSP, puesta en relación con la trayectoria jurídica de sus predecesores y con la voluntad de los legisladores manifestada a lo largo de la tramitación parlamentaria, es lo suficientemente clara como para conducir a la misma conclusión negativa: la prohibición de que el OC imponga *ex novo* la subrogación laboral.

Para terminar, resta hacer algunos apuntes relevantes sobre los instrumentos de naturaleza convencional que pueden prever cláusulas subrogatorias. De todo lo dicho en los párrafos inmediatamente precedente se deriva que los convenios y acuerdos de negociación colectiva pueden intervenir en una materia que está vedada a la unilateralidad de los OC. Por un lado, es evidente que existen cláusulas convencionales en múltiples convenios colectivos sectoriales que regulan la subrogación laboral en los casos de sucesiones de contratistas. Por otro lado, es menor la incidencia de los convenios interprofesional alcanzados en esta materia mediante los que se afecta indirectamente la actuación administrativa de los OC.

Pues bien, es buen ejemplo de esta intervención el que representan tanto el primer como el segundo acuerdo bipartito alcanzado entre los agentes sociales valencianos más representativos sobre materias concretas para la subrogación de los trabajadores en la contratación pública de la Comunitat Valenciana[596]. El fin manifestado en su preámbulo es el de "evitar la excesiva judicialización, otorgar seguridad jurídica, transparencia y eficacia" en las relaciones laborales en el marco de los contratos del sector público valenciano.

La cláusula principal en la materia que incumbe a este apartado es la relativa a la obligación de subrogación relativa a todos los trabajadores que presten servicios en las empresas contratistas del sector público en el ámbito de la Comunitat Valenciana. Cuando una empresa asuma una licitación de un contrato del sector público deberá subrogarse en la posición de empleador de los trabajadores que vinieran prestando sus servicios por cuenta de la anterior contratista al menos 6 meses antes de la fecha en la que se anunció la licitación y sin perjuicio de lo que puedan establecer los convenios sectoriales aplicables (art. 5).

---

596 Se trata de un acuerdo bipartito en el que intervienen, de una parte, la Confederación Empresarial de la Comunitat Valenciana y, de otra, Comissions Obreres del País Valencià y la Unió General de Treballadors del País Valencià.

Este acuerdo, que dispone de la naturaleza de convenio colectivo en virtud del art. 83.3 ET, sirve de "banco de pruebas de cara a posibles acuerdos similares en otros territorios" y, al tiempo, consigue abrir nuevos debates en torno a su eficacia normativa, a su ámbito de aplicación y a su validez jurídica en términos generales (Esteve Segarra & Ituren Oliver, 2022, p. 257). En cualquier caso, y pese a las reticencias mostradas por el TACRC, la doctrina laboralista considera que este último órgano administrativo confunde técnicamente los términos del acuerdo que es jurídicamente válido en todos sus extremos normativos (Mejías García, 2022)[597].

Concurren problemáticas de implementación práctica en diversas cuestiones, como la precipitación de la aplicación por entero del art. 44 ET y su régimen subrogatorio en materia de deudas laborales y de SS. Además, se aprecia una diferencia entre la sucesión de contratistas en el ámbito del sector público y en el ámbito privado, ya que en este último no existe un acuerdo intersectorial de un alcance territorial similar; asunto que, no obstante, incumbe a la voluntad de los agentes sociales negociadores. Ahora bien, la afectación de todas las contratas del sector público de la Comunidad Valenciana mediante el acuerdo de marras supone un incentivo (o, si se quiere, presión) para negociar en el nivel sectorial aspectos relacionados con la subrogación para evitar las consecuencias indeseadas por los sindicatos y las patronales en un sector de actividad en concreto.

2.2. Condiciones salariales y tiempo de trabajo

Puede decirse que los dos ejes principales del contrato de trabajo lo constituyen el salario y el tiempo de trabajo y, efectivamente, se trata de las dos materias que se han encontrado con mayor contestación en orden a su validez como objeto de cláusulas sociales en la contratación pública cuando pretenden la superación de los estándares mí-

---

597 La RTACRC 1952/2021, de 29 de diciembre, rechaza que pueda aplicarse a las empresas y trabajadores en el marco de los contratos de entidades locales valencianas ya que considera que la literalidad del acuerdo tan solo afecta a la Generalitat valenciana. Sin embargo, se trata de una interpretación que confunde el ámbito territorial con la entidad del sector público.

nimos legales y convencionales. En ellas se concentra buena parte de los obstáculos que, a pesar de la evolución legislativa y administrativa desde 2014, para el TACRC son prácticamente insalvables.

Algunos ejemplos de este tipo de cláusulas serían aquellas que promueven o exigen la aplicación del convenio de sector cuando no se aplique a la empresa, la realización de revisiones o actualizaciones salariales en convenio colectivo o el abono de una cuantía de salario mínimo marcado en el PCA para personas que participan en el contrato. Ante estas cláusulas el TACRC ha anulado pliegos por comprender que son consideraciones no vinculadas al objeto del contrato, son una injerencia ilegal en la relación de trabajo, no contribuyen a mejorar el rendimiento del contrato (o la calidad de la prestación) e, incluso, por entender que contravienen el principio de igualdad y la libertad de establecimiento.

2.2.1. Mejora de salario, jornada y medidas de conciliación

La introducción de criterios que busquen mejorar las condiciones laborales, en general, y las salariales y de tiempo de trabajo, en particular, ha sido enjuiciada reiteradamente por los órganos de recursos y por las juntas consultivas. El abordaje ha sido diferenciado, pero se aprecia cierto bloque monolítico en la dupla del TACRC y la JCCP del Estado, refractarios a este tipo de criterios, que tiene una significación trascendente en términos teóricos y prácticos. La doctrina de estos órganos encuentra paralelismos en órganos análogos radicados en distintas autonomías como el TACP de Canarias o la JCCP de Aragón. Su posición, sin embargo, como se verá, contrasta con la posición doctrinal de tribunales administrativos como los de Madrid, Aragón, Catalunya o Castilla y León. De cualquier forma, es relevante exponer la doctrina arrojada en dichas sedes administrativas según se trate de resoluciones dictadas en supuestos regidos por el RD-Leg. 3/2011 o por la Ley 9/2017.

Por lo que hace al compromiso consistente en aplicar las retribuciones mínimas conforme a los estándares establecidos en los PCA, en primer lugar, corresponde adentrarse en una cláusula que transcribe como condiciones salariales mínimas las determinadas en el Convenio Estatal de seguridad privada en el año de la licitación. El

TACP de Madrid, en sus Resoluciones 84, 85 y 86/2016, de 5 de mayo de 2016[598], argumenta que establecer un criterio de adjudicación como el debatido no implica atribuirse competencias normativas en materia laboral ni agraviar el derecho a la negociación colectiva. Además, el órgano de contratación se remite en todas ellas a la RTACP de Madrid 16/2016, de 3 de febrero, en la que se admite una cláusula en virtud de la cual el Ayto. de Madrid establecía en PCA la valoración del compromiso consistente en aplicar el Convenio Colectivo estatal del sector de la vigilancia de seguridad, tratando de evitar así la aplicación de condiciones salariales menores derivadas del convenio de empresa (en esta ocasión por remisión al convenio y no transcribiendo sus cláusulas). La misma solución se daría en un caso similar resuelto mediante resolución 17/2017, de 18 de enero[599].

Pues bien, para dar sustento y aprobación a estas cláusulas, el TACP de Madrid, en sus resoluciones 16[600], 84, 85 y 206/2016, argumenta (FJ 5° en todas), en primer lugar, que:

> "En el momento actual se aprecia una tendencia legislativa y jurisprudencial favorable a la inclusión de criterios sociales en la contratación, con el objetivo de conseguir una contratación socialmente más responsable, que necesariamente requiere incorporar en los procedimientos contractuales objetivos específicos de política social, como fomentar la estabilidad y calidad en el empleo, promoción de la igualdad efectiva entre hombres y mujeres, responsabilidad social de las empresas, las medidas de conciliación de la vida laboral y familiar, inserción de personas discapacitadas, etc. Esta tendencia se plasma

---

598 La mayoría de las resoluciones que se estudian en este foro se derivan de recursos especiales presentados por la Asociación de Compañías de Seguridad Privada contra los PCA aprobados desde distintas AAPP para el servicio de vigilancia de distintos tipos de instalaciones públicas.

599 Resulta imprescindible, respecto del fondo de estas resoluciones, advertir de que la aplicación del convenio de sector es una cuestión que ha podido dejar de ser objeto de criterios de adjudicación para convertirse en una aplicación preceptiva en algunos puntos, conforme a lo ya señalado en el capítulo II.2.

600 La RTARC de Madrid 16/2016 entendía que contribuía a la mejor prestación del servicio un criterio de adjudicación que valoraba la aplicación del convenio colectivo de sector estatal en lo concerniente a las condiciones salariales. No obstante, este criterio es rechazado por la STSJ de Madrid 220/2017, de 7 de junio de 2017, que resuelve el recurso especial contra la resolución del TACP de Madrid, en coherencia con el criterio de la RTACRC 1059/2016, de 16 de diciembre.

de forma expresa en las nuevas Directivas de contratación que se refieren a la "contratación estratégica", que permite implementar con la contratación pública las políticas públicas en áreas que se consideran esenciales, pudiendo plantearse atender este objetivo mediante la inclusión de cláusulas sociales o bien mediante el establecimiento de criterios de adjudicación al efecto".

Posteriormente, respecto de la cuestión principal entiende que:

"[...] no se están regulando las condiciones laborales de los trabajadores de la futura adjudicataria, ni estableciendo una obligación de carácter general para los licitadores, sino que lo que hace el Pliego es primar con determinada puntuación, el pago de los salarios establecidos en el convenio estatal, correspondiendo la opción al licitador".

Aunque otros órganos como el TACRC asumieron esta solución (resolución 210/2016, de 6 de marzo) lo cierto es que el TACP-M admite que se trata de una cuestión doctrinal no exenta de dificultad respecto de la cual no se da una posición unánime ni pronunciamiento jurisprudencial. Pues bien, aunque la respuesta no ha venido por parte de la jurisprudencia del TS, sino por parte de la doctrina del TSJ de Madrid.

Las STSJ de Madrid 220/2017, de 7 de junio, y 136/2018, de 23 febrero, anulaban respectivamente las RTACP de Madrid 16/2016 y 17/2017. En estas resoluciones se entiende que los criterios estudiados, además de no ofrecer una directa relación con el objeto del contrato[601], suponen una manifiesta e indebida injerencia en el ámbito de la regulación salarial, cuestión que en opinión del TSJ ha de quedar excluida de los criterios de valoración[602].

---

601 Respecto de la vinculación con el objeto del contrato, se trata de examinar si el criterio de valoración se ajusta al ámbito funcional y temporal de la prestación y no a la política general de la empresa, puesto que sería contradictorio afirmar que en todo caso los criterios sociolaborales están desvinculados del objeto cuando se reconocen abiertamente en la normativa y porque existe una concepción hasta cierto punto novedosa del concepto los conceptos de objeto del contrato y vinculación con el objeto del contrato; sin obviar que no se exige tal vinculación *directa*.

602 Otra cláusula controvertida en relación con las condiciones de empleo es la estudiada por la STSJ Baleares, Sala de lo Social, 150/2015, de 9 de junio, en virtud de la cual se extiende sobre los trabajadores por cuenta del contratista los

No obstante lo anterior, la LCSP da un vuelco a esta posición, no solo por la redacción del art. 145 que abiertamente hace referencia a la mejora de las condiciones laborales y salariales como posible finalidad de los criterios de valoración, sino por la regulación que se realiza acerca de la toma en consideración de la regulación convencional de las condiciones laborales para determinar el precio del contrato.

En la ya referenciada RTACP de Madrid 17/2017, el Tribunal también se pronunció favorablemente sobre un criterio de valoración consistente en prestar el compromiso de mejorar el sistema de remuneración abonando todos los conceptos retributivos en los 3 primeros días hábiles de cada mes y el compromiso del adjudicatario de incrementar el salario base estipulado en el convenio colectivo de sector estatal. Entiende el Tribunal que dichas cláusulas ni limitan la libre competencia ni son desproporcionadas, sino que, en los contratos donde prima el factor trabajo o mano de obra, garantizar unas adecuadas condiciones laborales redundan en mayor calidad del servicio.

Ambas cláusulas, sin embargo, también fueron consideradas no ajustadas a Derecho por la STSJ de Madrid 136/2018, de 23 de febrero, remitiéndose a los argumentos ya otorgados en la sentencia 220/2017, de 7 de junio. Sus fundamentos jurídicos señalan que los Pliegos vulneran el sistema de fuentes de la relación laboral, pues contempla el contrato público como fuente de derechos y obligaciones de las relaciones laborales, vulnerando el derecho a la negociación colectiva. Además, consideran que puede ocasionar una discriminación injustificable entre los trabajadores de la misma empresa, pues los que vayan a prestar el servicio en la contrata podrían tener un salario superior al resto. La misma dinámica se pudo apreciar en la RTACP-M 319/2017, de 2 de noviembre, y su contrapartida anulatoria de la STSJ de Madrid 181/2019, de 14 de marzo.

La mejora salarial respecto de lo establecido en el convenio colectivo aplicable ha sido también abordada por los tribunales admi-

---

beneficios sociales previstos para los empleados públicos del ayuntamiento en cuestión. Aunque el Tribunal admitió la condición, la resolución citada se dicta en un proceso laboral entre la empresa adjudicataria y una trabajadora de esta (Pozo Bouzas, 2018).

nistrativos de la Junta de Andalucía, en la res. 257/2019 (contrato de servicio de ayuda a domicilio), y el de Castilla y León, en la res. 94/2019 (contrato de servicio de limpieza). En la primera ocasión se rechaza la validez de un criterio de adjudicación de ese tipo por considerar que no contribuye a mejorar la calidad de la prestación, ni en sí misma ni por mejorar el desempeño laboral de las personas que intervienen en la ejecución. En la segunda, sin embargo, se condiciona la validez de un sistema de incentivos económicos en favor de los trabajadores a la constancia en el expediente de una justificación adecuada y suficiente de los motivos que llevan a su inclusión y de los criterios para su cuantificación. En el concreto supuesto se invalida la cláusula en liza, pero deja la puerta abierta a su justificación y proporcionalidad.

La RTACRC 355/2017, de 21 de abril, aborda una cláusula con tal finalidad respecto de los servicios de vigilancia de seguridad de instalaciones museísticas:

> "Se valorará hasta un máximo de 20 puntos las ofertas de las empresas licitadoras que impliquen un avance en las condiciones laborales y salariales respecto a lo dispuesto en el Estatuto de los Trabajadores y en el Convenio Colectivo Estatal para las empresas de seguridad en vigor, y que dichos avances se apliquen a todo el personal adscrito a la ejecución del contrato y durante toda la vigencia del contrato.
> Estos avances laborales y salariales podrán incluir además de aspectos retributivos otros referidos a la jornada laboral, períodos de descanso, permisos, conciliación de la vida laboral y familiar, avances en la prevención de riesgos laborales, avances complementarios, las prestaciones de la Seguridad Social, tales como seguros de vida, invalidez, planes colectivos de pensiones etc."[603]

El Tribunal rechaza la validez de la cláusula argumentando que el pliego puede regular las relaciones entre licitador y adjudicatario

603 Concretaba la cláusula los criterios del siguiente modo: "a) Avances de naturaleza salarial: hasta un máximo de 10 puntos; b) Avances en jornada laboral, períodos de descanso, permisos, conciliación de la vida laboral y familiar: hasta un máximo de 6 puntos. Avances complementarios a las prestaciones de la Seguridad Social, tales como seguros de vida, invalidez, planes colectivos de pensiones, etc., hasta un máximo de 3 puntos; c) Avances en la prevención de riesgos laborales: hasta un máximo de 1 punto".

con el OC, pero no así las relaciones laborales entre dichas empresas y sus trabajadores por cuenta ajena[604].

Se decía al comienzo de este apartado 2.2 que dos resoluciones del TACRC eran paradigmáticas a la hora de abordar la validez jurídica de las cláusulas sociolaborales y, especialmente, de las relativas a salario y tiempo de trabajo: la citada en el párrafo anterior (355/2017, de 21 de abril) y las sucesivas RRTACRC 324/2019 y 235/2019, ambas del 8 de marzo. En efecto se han revelado especialmente importantes las resoluciones que abordan recursos sobre PCA aprobados tras la entrada en vigor de la LCSP, como las del TACRC 234/2019 de 8 de marzo; 235/2019, de 8 de marzo; 344/2019, de 29 de marzo; 388/2019, de 17 de abril; 897/2019, de 31 de julio; 907/2020, de 26 de agosto; 858/2020, de 31 de julio; 471/2020, de 26 de marzo; 1672/2023, de 28 de diciembre, entre otras; todas ellas en relación con cláusulas sociales, en general, y con cláusulas laborales de mejora de condiciones salariales y de tiempo de trabajo, en particular.

Una parte de la doctrina considera que la LCSP, confirmando la línea interpretativa del TACP Madrid (adoptada en las resoluciones de 5 de mayo de 2016 que se estudian a continuación), acepta la toma en consideración de la mejora de las condiciones laborales como criterio de adjudicación; validando aquellas cláusulas que valoran los compromisos de mantenimiento de condiciones salariales mínimas (Gallego Córcoles, 2017c, 2017b).

La importancia de la RTACRC 235/2019, de 8 de marzo, radica, no solo en que fue de las primeras resoluciones en las que el TACRC trataba la incorporación de cláusulas laborales tras la entrada en vigor de la LCSP y sobre casos a los que ya se les aplicaba dicho texto legislativo. Además, es una resolución, junto a sus coetáneas, en las que se condensa de forma holística todos los motivos por los que, en opinión del órgano, debe rechazarse la validez de las cláusulas laborales en los PCA a pesar de la regulación explícita en la LCSP. Por estas razones se trata de resoluciones ampliamente estudiadas por la doctrina académica y, como se decía, referenciadas en documentos

---

604 Se remite para ello a la resolución 891/2014, de 5 de diciembre de 2014, la cual señala que los pliegos solo están llamados a regular la relación entre las partes del contrato público.

posteriores del TACRC y tribunales jurisdiccionales y administrativos con sede autonómica como el de Madrid.

En la RTACRC 235/2019, de 8 de marzo, se acometen dos criterios de adjudicación en un PCA de un servicio de limpieza de instalaciones: uno sobre la mejora de condiciones salariales (hasta 5 puntos) y otro sobre medidas concretas de conciliación[605] (hasta 5 puntos). El TACRC expone, en un sentido amplio, general y apriorísticos los requisitos que deben reunir las cláusulas. Pues bien, estas condiciones de legalidad y constitucionalidad, aludidas en el capítulo II, son mencionadas por el tribunal administrativo en consonancia, por otra parte, con la doctrina administrativa, judicial y académica:

1. Vinculación al objeto del contrato
2. Justificación
3. Publicidad
4. Igualdad y no discriminación
5. Objetividad, especificación y cuantificación

Junto a estos requisitos, y en relación con la naturaleza de los criterios de valoración de ofertas, se añade como condicionante que "no pueden generalizarse, de modo que debe poder evaluar en qué medida un criterio de adjudicación mejora el rendimiento del contrato en términos comparativos". Llama la atención este último añadido, ya que no tiene por qué tratarse de un requisito más, sino un resultado lógico del cumplimiento de los requisitos previos y de la definición propia de la fase de adjudicación (véase, sobre este asunto, el capítulo II.2.6)[606]. Sea como fuere, el TACRC anula los criterios de adjudicación por diversos motivos:

---

605 Las medidas de conciliación serían: la ampliación de la edad del menor para solicitar la reducción de jornada, expresado en días; la ampliación del permiso retribuido por maternidad expresado en días; la ampliación del permiso retribuido por paternidad expresado en días; la ampliación del período de excedencia por cuidado de hijos expresado en días; oferta de cheque servicio que facilite la atención de menores, indicado en importe por años y trabajador.

606 Ciertamente su redacción representa la síntesis de la dicción literal de los considerandos 92 y 104 de la Directiva 2014/24/UE al advertir de que los criterios de valoración han de cumplir con esa función de evaluación de la oferta. Con todo,

1. La "imposición de una retribución mínima" superior a la que señala la ley o el convenio colectivo de eficacia general. El TACRC, realizando un juicio político, y confundiendo "moral y derecho", entiende que lo socialmente sostenible y justo es el nivel mínimo de condiciones laborales que resulten de aplicación.
2. Contrarían el principio de oferta económicamente más ventajosa y la selección de la oferta con mejor relación calidad-precio; aunque, ciertamente, son lo mismo.
3. Vulneran el requisito de la vinculación con el objeto del contrato entendida de forma directa; al considerar que es la relación que se exige para los criterios de adjudicación.
4. Las condiciones laborales están delimitadas o limitadas por las condiciones básicas que, según la Directiva 96/71/CE, deben aplicarse a los trabajadores desplazados.
5. Discriminan a las empresas que no pueden pagar mejores condiciones laborales y que cumplen con la normativa laboral.
6. Son una injerencia injustificada en la libertad de empresa.

Por todas estas razones el TACRC niega la validez de las cláusulas sociales sobre salario y conciliación de la vida familiar y laboral, pero el fallo dispone de un voto particular por lo que se refiere a esta última materia. El voto discordante considera que "aunque [...] sea muy indirecta e hipotética su vinculación con el objeto de contrato, pues tampoco se garantiza que vaya a repercutir en una mejora de la prestación, lo cierto es que su establecimiento, visto el pliego y su ponderación, no parece vulnerar ninguno de los principios contractuales de la normativa europea y nacional que antes se han enumerado, siempre que guarde la debida proporcionalidad y no produzca discriminaciones directas o indirectas respecto de los restantes licitadores"[607]. La existencia de votos particulares como este,

---

este apunte del TACRC es también adoptado, en sus mismos términos, por la JCCP de Aragón que, aunque siendo favorable a la adopción de ciertas cláusulas sociales, trata la "evaluación comparativa del rendimiento" como un requisito en sí mismo y rechaza, por ello, cláusulas de índole laboral.

607 Una posición, la de este voto particular, que expresamente discute el TACP de Canarias, tal y como queda patente en su resolución 200/2021, de 14 de julio, respecto de las medidas de conciliación.

no obstante, no ha producido una modificación doctrinal posterior, como puede apreciarse al analizar posteriores resoluciones como, por ejemplo, la RTACRC 1672/2023, de 28 de diciembre (Fernández Domínguez, 2024).

La opinión conclusiva de Palacín Sáenz (2020), tras analizar, entre otras, la RTACRC 235/2019, es que el rechazo a las cláusulas sociales y su vinculación con el objeto contractual se produce "bajo un contexto poco favorable a huir de una interpretación estricta del principio economicista de la libre competencia". Las múltiples interpretaciones contrarias a la ley por parte de tribunales administrativos y jurisdiccionales deben interpretarse en su conjunto para poder vislumbrar que responden más bien a las reticencias debido a la hierática y sobredimensionada libertad de empresas, la falta de conocimiento sobre las instituciones jurídico-laborales y a la reacción, de razones políticas y costumbristas, de no alterar las instituciones administrativas.

No puede dejarse de señalar que este posicionamiento del TACRC es respaldado y compartido por la JCCP del Estado en sus paradigmáticos y significativos Informes 1/2022 y 38/2022. El primero de ellos en el marco de una cuestión planteada por un ayuntamiento acerca de la validez de cláusulas laborales en términos amplios (salario, jornada, conciliación, estabilidad fomento del empleo, seguridad y salud, etc.). El segundo, emitido con motivo de la consulta de un ayuntamiento acerca de la validez de las cláusulas que promueven o exigen la reducción de la jornada laboral de los trabajadores adscritos a la contrata[608]. De cualquier modo, por no resultar excesivamente redundante en estas líneas, y debido a que su fundamentación jurídica y conclusiones están basadas y conciliadas con las de la RTACRC 235/2019, a ella reenvío al lector.

Se trata de una doctrina administrativa que ha sido acogida en el seno de órganos jurisdiccionales como la Audiencia Nacional o, especialmente, el TSJ de Madrid que, desde antes de la entrada en

---

[608] En el caso concreto, en el marco de una prestación de servicios de atención a personas dependientes, se trata de una cláusula de reducción de la jornada laboral hasta las 35 horas semanales, frente a la jornada de 39 horas del convenio sectorial.

vigor de la LCSP, ya rechazaba en sus componentes esenciales cualquier cláusula como las referidas en este punto y cuyas consideraciones jurídicas se han mantenido prácticamente incólumes tras ella. A modo de píldora arquetípica, se trae a escena las SSTSJ de Madrid 220/2017, de 7 de junio, 136/2018 de 23 de febrero o 181/2019, de 14 de marzo, en las que el órgano entiende que las cláusulas laborales, especialmente las salariales y ordenadoras del tiempo de trabajo, son "una manifiesta e indebida injerencia en el ámbito de la regulación salarial de los trabajadores" y llevan a "ofertas más caras y menos beneficiosas económicamente". Finalmente, la SAN de 28 de noviembre de 2018 (rec. 193/2018) en la que se considera que las cláusulas de mejora del salario no mejoran el nivel de rendimiento del contrato administrativo, son discriminatorias porque favorecen a las empresas con mejores condiciones laborales y no están vinculadas al objeto del contrato.

El cuerpo doctrinal de contraste con este aluvión de argumentos, renuentes a la validez de cualquier clase de cláusula sociolaboral de mejora de condiciones salariales o de tiempo de trabajo, se halla en diversos tribunales administrativos. Véanse, entre otras, las resoluciones del TACP de Castilla y León 192/2022, de 15 de diciembre; del TACP de Cataluña 223/2023, de 29 de marzo y 359/2019, de 28 de noviembre; del TACP de Madrid 208/2019, de 22 de mayo y el acuerdo TACP de Madrid 33/2019 de 30 de enero. Se toma como modelo expositivo la RTACP de Cataluña 223/2023 por sus elementos nucleares: fecha de resolución, servicio intensivo en mano de obra, criterio de adjudicación de mejora sociolaboral y aglutinante de argumentos fundamentales.

Esta última resolución aludida versa sobre un criterio de valoración en materia de mejoras de condiciones laborales en el escenario de un contrato de limpieza de edificios, locales y dependencias municipales del ayuntamiento de Castelldefels. Su fundamento jurídico séptimo despliega una serie de consideraciones que llevan a considerar que un criterio de ese tipo es objetivo y no deriva en un acto discriminatorio ni desproporcionado (5 puntos sobre 100), pero, en el supuesto específico, no ha sido justificado debidamente por el OC, lo que conduce a la anulación. La importancia determinante de la motivación y la justificación de las consideraciones sociales que asumen las resoluciones del

TACP de Cataluña vislumbra una ventana de oportunidad que niega, generalmente, el TACRC o la JCCP del Estado.

De cualquier modo, podrían no considerarse válidos los argumentos de este órgano, ya que la justificación específica y cualificada que exige para las cláusulas sociales no es ajustada a Derecho. La necesidad de justificación general, aplicable a la actuación administrativa, tal y como se ha indicado (punto 3 del capítulo II) para los contratos del sector público, se da por descontada. Pero la justificación específica y cualificada solo es necesaria cuando así se exprese en la ley o se derive del carácter extraordinario o excepcional de la cláusula y ese no es el caso de las de cariz sociolaboral. Efectivamente, si la legislación contempla expresamente la posibilidad (y a veces la obligación) de que las especificaciones técnicas, los criterios de adjudicación, las condiciones especiales de ejecución y los criterios de desempate puedan atender a aspectos sociales y, más concretamente, laborales de las personas adscritas a la contrata, queda fuera de toda duda que la regla general es su procedencia. Este párrafo con el que se clausura este punto, no obstante, resulta válido para el resto de los aspectos sociales.

En el plano jurisdiccional se asiste a una resolución discordante, favorable a las cláusulas sociolaborales, en la STSJ de la Comunitat Valenciana (sala de lo contencioso) de 22 de noviembre de 2023 (rec. 16/2023), que anula la RTACRC 1453/2022, de 17 de noviembre. En estas resoluciones se abordan diversas materias sociales: tipologías contractuales estables, medidas de conciliación, perspectiva de género o formación de las personas que se adscriben al contrato (con hasta 7 puntos en total). Aquellas a las que el órgano administrativo presta más atención son las relativas a la estabilidad y la conciliación y, por ello, se trae a colación esta resolución. El TACRC recoge, de nuevo, la letanía de objeciones que se han señalado en párrafos anteriores. Por su parte, la STSJ considera que la legislación de contratos respalda la incorporación de esta clase de cláusulas. No obstante, se aprecian en esta resolución judicial, en nuestra opinión, ciertas carencias argumentativas que, en cierto grado, pueden afectar a la validez de las cláusulas sociales, no tanto en términos sustantivos, sino en términos formales, debido a que los criterios de adjudicación analizados están formulados de forma ambigua (en opinión del TACRC y la asociación empresarial recurrente). Ciertamente, aunque el TSJ entiende que no concurre el resto de los motivos impugnatorios, la redacción de los criterios podría considerarse, como así hace el TACRC, ambiguos y vagos:

> "Se valorarán con hasta un máximo de 7 puntos, distribuidos según se indican en los subapartados siguientes:
> Inclusión/Calidad del empleo: hasta un máximo de 2 puntos.
> Se presentará aquella documentación que incida especialmente en
> *Número y tipología de la contratación laboral: total de puestos adscritos al servicio, régimen de los contratos de trabajo y procedencia del personal.
> *Medidas concretas de conciliación de la vida personal, laboral y familiar que se compromete a aplicar para la plantilla adscrita a la prestación del servicio.
> Se valorará la calidad en el empleo y las medidas de conciliación que sean adicionales a las mínimas exigidas por la legislación o convenio colectivo aplicable."

Se transcribe este punto de los PCA para dejar *negro sobre blanco* los términos exactos de su redactado, ya que entiendo que el punto más debatible es el relativo a la mentada ambigüedad[609]. Así pues, conforme a las palabras literales y vista la ausencia de parámetros que acoten la discrecionalidad del OC, es razonable considerar la invalidez de esta cláusula en concreto. Con todo y con eso, en términos sustantivos el TSJ de la Comunitat Valenciana considera que "va de suyo que contar con mejores 'medidas de conciliación' de la vida laboral: mejor 'calidad en el empleo', ... deriva, sin dida, en una 'mejor relación calidad-precio' en la prestación del servicio de transporte regular de viajeros entre Valencia y Benidorm" (FJ 3°).

---

609 En relación con la redacción de la cláusula, el TACRC entiende en su resolución que "el criterio impugnado no reúne tales requisitos: (i) porque se formulan de forma ambigua, en demérito de su objetividad. Y es que, en los términos en los que establece confiere al órgano de contratación una libertad de decisión prácticamente ilimitada, tanto en la determinación de los factores a valorar (la tipología de la contratación laboral) permite al órgano de contratación ponderar tipos de contratos y procedencia del personal adscrito, e incluso en este segundo caso, priorizar a voluntad determinados colectivos o incluso configurar colectivos específicos a efectos de su valoración) como en la ponderación de cada factor [...]".

2.2.2. La terna doctrinal del TJUE en materia de mejoras laborales *ex pliego*

El estudio de los condicionantes de la validez y la eficacia de las cláusulas sociales no se limita a los regímenes jurídicos aplicables en cada caso dentro de la normativa de contratos. En efecto, para estudiar los condicionantes debe tenerse presente "el modo en que la contratación pública opera y, sobre todo, el juego de los principios de la contratación viene a suponer un recorte importante en la virtualidad de aquellas" (Burzaco, 2016, p. 289). No compartimos esta consideración, ya que no son los principios de la contratación los que ejercen de muro de contención, sino algunos principios y reglas de extracción ordoliberal.

A pesar de la influencia del Estado social en el ordenamiento jurídico y sus instituciones públicas y privadas, como señala Molina Navarrete (2016, p. 88):

> "junto a las persistentes resistencias de los operadores públicos del sector de la contratación pública para un uso sistemático y estratégico de la técnica de las cláusulas sociales no ya sólo residual o marginal (modelo ético-paternalista), la opción más seguida por la UE es la contraria: la re-mercantilización de las normas sociales y laborales, de modo que es el Derecho (Económico) de la Competencia el que limitaría el Derecho (Social) del trabajo".

La relación entre los derechos sociales, y entre ellos los laborales, y las libertades del Mercado Único europeo han sido tradicionalmente complicadas y, en mayor medida, tendentes a la protección de la libertad procompetitiva en detrimento de las instituciones tuitivas del Derecho del trabajo y de lucha contra el *dumping social* (Guamán Hernández, 2008; Rodríguez-Piñero y Bravo-Ferrer, 2001). Esto ha encontrado un notable reflejo en el debate en el seno del TJUE respecto de las cláusulas sociolaborales en la contratación pública, especialmente entre 2008 y 2014 (Martínez Fons, 2014b).

En el ámbito europeo no puede pasarse por alto la doctrina derivada de los casos *Rüffert*, *Bundesdruckerei* y *RegioPost* (todos ellos resueltos bajo la vigencia de la Directiva 2004/18/CE), en los que el TJUE resuelve varias cuestiones prejudiciales relacionadas con el establecimiento de un salario mínimo que deben respetar las empresas adjudicatarias de un contrato público y sus subcontratistas. El motivo principal de exclusión es la restricción a la libre prestación de servicios dentro de la Unión reconocida en el art. 56 TFUE. Se realiza, a continuación, un breve repaso de estas resoluciones tan trascendentes para entender la pugna entre la libre prestación de servicios[610] y la contratación pública social.

La STJUE de 3 de abril de 2008 (asunto C-346/06, caso *Rüffert*) partía de un supuesto de hecho en el que una empresa alemana adjudicadora de un contrato de obra subcontrataba con una empresa polaca para la ejecución del contrato. Pues bien, la ley del Land alemán en el que se adjudicó el contrato, y en el que se llevaba a cabo la ejecución, establecía que las entidades adjudicadoras solo podían adjudicar contratos a aquellos operadores privados que abonasen a sus trabajadores el salario determinado en los convenios colectivos del lugar en el que se ejecuta la obra. Además, obligaba a aplicar la misma regla en caso de que la empresa adjudicataria decidiera subcontratar la prestación: mandato que esta no cumplió, motivo por el cual la administración resolvió el contrato.

El TJUE consideró no ajustada al Derecho de la Unión ni la norma ni la decisión tomada por la administración. En primer lugar, el Tribunal toma en consideración la Directiva 96/71/CE al constituirse un arco de prestación de servicios transnacional para afirmar que esta norma europea establece que las condiciones de trabajo y empleo (como la cuantía del salario mínimo) de los trabajadores desplazados deben garantizarse conforme a las disposiciones legales, reglamentarias o administrativas y convenios colectivos de aplicación general[611]. Sobre esta premisa se pronuncia negando, por un lado,

---

610 El art. 56 TFUE establece la libertad de prestación de servicios dentro de la UE para los nacionales de las EM establecidos en otro que no sea el del destinatario de la prestación.

611 Estos convenios son aquellos que deben respetar todas las empresas pertenecientes al sector o a la profesión de que se trate correspondientes al ámbito de aplicación territorial de aquéllos. A falta de un sistema de declaración de aplicación general de convenios, la directiva contempla la posibilidad de basarse en aquellos convenios que produzcan efectos generales pertenecientes al sector de que se trate o los convenios celebrados por las organizaciones de los interlocutores sociales más representativas en el plano nacional y que sean aplicados en el conjunto del territorio nacional (art. 3.1 y 8 Directiva 96/71).

que la ley del Land sea considerada disposición legal, pues no establece directamente cuantía mínima salarial. Por otro lado, niega que el convenio colectivo sea de aplicación general al tener únicamente efectos en el ámbito de la contratación pública (párrafos 23-30). Con estas condiciones no podría exigirse a la empresa del Estado de origen que aplique las condiciones del convenio en cuestión del Estado de destino (Rodríguez-Piñero y Bravo-Ferrer, 2009).

El colofón de estas consideraciones jurídicas es la apreciación que realiza sobre vulneración de la libertad de prestación de servicios, pues entiende que la norma en discordia puede "imponer a los prestadores de servicios establecidos en otro Estado miembro, en el que los salarios mínimos sean inferiores, una carga económica adicional que puede impedir, obstaculizar o hacer menos interesante la ejecución de sus prestaciones en el Estado miembro de acogida" (párrafo 37). Además, haciendo un juicio valorativo, considera que esta medida no podría justificarse ni considerarse de protección laboral, por cuanto el convenio sólo se aplica a las empresas que contraten con el sector público. Estas últimas consideraciones parecen presagiar la posición que adoptaría unos años más tarde en el *caso Bundesdruckerei.*

La STJUE 18 de septiembre de 2014 (asunto C-549/13, *caso Bundesdruckerei*) ahondará en la doctrina del *caso Rüffert.* A pesar de ello, en esta ocasión ni los trabajadores de la empresa subcontratista realizarán el servicio íntegramente en Polonia ni el Tribunal aplica la Directiva 96/71/CE sino la Directiva 2004/18/CE para solventar el litigio. Esta vez la Ley, que sólo despliega efectos en el ámbito de la contratación pública, establece el salario mínimo respecto de los adjudicatarios[612] para los casos en los que la prestación no conlleve la aplicación de la Directiva 96/71. Aunque nada dice la ley sobre la aplicación respecto de los subcontratistas, el OC sí formula tal exigencia. Pues bien, el Tribunal considera tal decisión como una condición de ejecución de tipo social (siendo en realidad un criterio de selección de licitadores) conforme a la directiva

---

612 En esta ocasión, aunque sí existe una norma de rango legal que establece el salario mínimo en casos de contratación pública, lo cierto es que no se contemplaba respecto de los subcontratistas, por lo que el órgano de contratación actúa sin base legal. En cualquier caso, este extremo es irrelevante en el caso de marras pues es exigido por la Directiva 96/71/CE, la cual no se aplica.

de contratos y entiende que se opone al Derecho de la Unión por dos motivos. En primer lugar, señala que una disposición como la enjuiciada "puede impedir, obstaculizar o hacer menos interesante la ejecución de sus prestaciones en el Estado miembro de acogida", vulnerando la libre prestación de servicios del art. 56 TFUE. Razona, asimismo, que a pesar de que una medida como la adoptada podría estar justificada para evitar el *dumping social*, la aplicación de la ley únicamente respecto del sector público sirve de argumento para rechazar que esa sea la justificación. En segundo lugar, la medida es rechazada por considerarse desproporcionada al desarrollarse la prestación íntegramente en otro Estado con un salario mínimo inferior (Miranda Boto, 2016).

El último paso de esta tríada judicial se dio con la STJUE 17 de noviembre de 2015 (asunto C-115/14, *caso RegioPost*), en la que se dilucida si es conforme a Derecho la aprobación de una ley por parte de un Land alemán que establece un salario mínimo para todo el sector, con el fin de impedir las distorsiones en la competencia derivadas del empleo de mano de obra barata (y, además, de atenuar las cargas para los sistemas de seguridad social). Este salario mínimo debía ser respetado tanto por las empresas adjudicatarias como por los subcontratistas. En esta ocasión, aunque no interviene *de facto* ningún elemento transfronterizo, se da un pronunciamiento sobre la compatibilidad de la norma con la Directiva 96/71/CE y con la libre prestación de servicios reconocida en el art. 56 TFUE[613]. En esta resolución se reconoce la doctrina de las dos sentencias anteriores, aunque asumiendo que se trata de una condición especial de ejecución (conforme a la por entonces vigente Directiva 2004/18/CE) admite que la norma enjuiciada es válida por cuanto tiene carácter imperativo y eficacia general (lo que determina su conformidad con la Directiva) y es apropiada y proporcionada (Moreno Morcillo, 2016).

---

613 Parece responder así el TJUE tanto a las conclusiones del Abogado General como a la inquietud del tribunal remitente, que se pregunta sobre "los efectos de la norma nacional controvertida en el asunto principal sobre las empresas establecidas fuera del territorio alemán que hayan podido tener interés en participar en el procedimiento de adjudicación del contrato público considerado y que hayan podido analizar la posibilidad de desplazar a sus trabajadores a ese territorio, dado que esas empresas pueden haber renunciado a esa participación a causa de la obligación que se les imponía de comprometerse a respetar el salario mínimo establecido [...]".

Como puede observarse, son la libertad de empresa y de competencia los principios que se erigen en la doctrina del TJUE como baluartes de la libre prestación de servicios. Si bien puede apreciarse que las directivas de cuarta generación difuminan, en cierto modo, el significado de estos pronunciamientos, el contenido de aquella sigue dejando algunos obstáculos por el camino.

El considerando 98 de la Directiva 2014/24/UE parece realizar una advertencia velada respecto de la doctrina de estas sentencias, en tanto en cuanto señala que las cláusulas sociales deben aplicarse conforme a la Directiva 96/71/CE, según es interpretada por el TJUE, y no elegirse o aplicarse de una forma que discrimine los empresarios de otros EM. Asimismo, señala que "los requisitos que afecten a las condiciones básicas de trabajo [...] como las cuantías de salario mínimo, deben seguir situándose en el nivel establecido por la legislación nacional o por convenios colectivos ".

Por otro lado, la redacción de la actual directiva de contratos no cierra el debate sobre la pugna entre estos principios y el empleo de cláusulas sociales. No se halla en el articulado ninguna referencia a la doctrina del TJUE en materia de condiciones de trabajo, como las remuneratorias, como sí se realiza en el considerando 98. Por lo demás, solo se advierte, en el art. 18 de la Directiva 2014/24/UE, que debe entenderse que la competencia se restringe de forma artificiosa si el proceso de contratación se diseña con la intención de "favorecer o perjudicar indebidamente a determinados operadores económicos". Frente a una posible interpretación reduccionista o sesgada de estas líneas, Molina Navarrete (2016, p. 100) es del parecer de que "la nueva Directiva debería hacer reconsiderar o revisar esa tajante visión mercantilista".

Esta interpretación conforme a la doctrina del TJUE da lugar a dos limitaciones básicas. Por un lado, respecto de las cláusulas sociolaborales como un mecanismo para superar los estándares legales y convencionales, su virtualidad es reducida si se impide que mediante los PCA los órganos de contratación de los poderes adjudicadores puedan exigir o favorecer la aplicación de condiciones laborales, como un salario mínimo, más elevadas que las dispuestas en la ley o en convenio de eficacia general. Por otro lado, conlleva un obstáculo al desarrollo de mecanismos jurídicos para combatir el *dumping social* en el ámbito de la contratación pública. Esta es la consecuencia si se prima la aplicación estricta de la Directiva 96/71 y se inhiben los efectos sociales de las Directivas de contratos.

Trasluce en estos análisis que la aplicación de un sector de la normativa orientada a la protección y promoción de la libre circulación de mercancías, servicios y capitales y de la liberta de competencia se manifiesta, en cierto modo, como un contexto desfavorable a la CPSR (Rodríguez-Piñero y Bravo-Ferrer, 2016). A pesar de este contexto simbiótico de libertades económicas, la Directiva 2014/24/UE y la LCSP suponen un revulsivo realmente trascendente en el ámbito de la contratación pública, ya que el enfoque socialmente estratégico dispone de un claro potencial para equilibrar y condicionar los enfoques más *procompetitivos* y economicistas. De ser así, no obstante, se camina hacia una concepción de la contratación social basada en una reacción de compensación en un contexto de potenciación de las libertades empresariales más que como una oportunidad que *per se* brindan las políticas de contratación pública.

2.2.3. La inocuidad de los impulsos de la Directiva de salarios mínimos

La importancia nuclear del salario mínimo es reconocida de forma clara en el principio 6 del *Pilar Europeo de Derechos Sociales* (2017) proclamado por el Parlamento Europeo, el Consejo y la Comisión Europea. Consecuentemente, el *Plan de Acción del Pilar Europeo de Derechos Sociales* (2021) ha contribuido a la aprobación de la *Directiva 2022/2041 del Parlamento Europeo y del Consejo, de 19 de octubre de 2022, sobre unos salarios mínimos adecuados* en la UE (2022)[614], basada en el deber de apoyo y complemento que el art. 153.1, b) TFUE le encomienda a la UE en materia de condiciones de trabajo. Estas referencias normativas generales de salario mínimo disponen de alusiones al papel de este en el ámbito de los contratos del sector público.

---

[614] Directiva (UE) 2022/2041 del Parlamento Europeo y del Consejo, de 19 de octubre de 2022 sobre unos salarios mínimos adecuados en la Unión Europea.

Los sistemas de salarios mínimos en los Estados miembros se articulan, ya sea a través de instrumentos legales y de convenios colectivos, o tan solo valiéndose de convenios colectivos. La existencia de dichos sistemas no implica, según el parecer de la Comisión en el informe inicial sobre la propuesta de Directiva, que los trabajadores no estén expuestos a salarios bajos y a una *deficitaria* protección social. La Directiva parte de esta premisa y del respeto a los mecanismos legales o convencionales empleados por los Estados para establecer y garantizar las cuantías salariales mínimas en ellos señaladas[615]. No obstante, reconoce que los sistemas de determinación y aplicación de salarios mínimos deben actuar paralela y conjuntamente con otras políticas sociales y cita, especialmente, las políticas de fomento de la negociación colectiva en todos los sectores

La Directiva insiste en la necesidad de establecer un marco de fijación del salario mínimo que tome en consideración "el poder adquisitivo en función del coste de la vida; el nivel, la distribución y la tasa de crecimiento de los salarios; y la productividad nacional". Otro de los factores en los que incide la Directiva es la promoción y facilitación de la negociación colectiva como un mecanismo fundamental para la articulación y la extensión de los salarios mínimos en todos los segmentos económicos y poblacionales. En este sentido, en el marco de la propuesta de Directiva el Consejo[616] instó a los EM a que garanticen la participación de los agentes sociales en la determinación del SMI legal a potenciar la intervención de interlocutores sociales en convenios intersectoriales o sectoriales.

Este conjunto normativo entiende que el salario mínimo es la conexión directa con la mejora de las condiciones de vida y de trabajo que beneficia a la sociedad, pero también impulsa la productividad y la competitividad; los argumentos economicistas, en este caso, no tienen un protagonismo explícito en los considerandos de la Directiva

615 Se trata de una materia abordada por múltiples convenios de la OIT, lo que ha conducido a la adopción de la *Guía de la OIT sobre políticas en materia de salario mínimo*, en consonancia con el Estudio sobre sistemas de salarios mínimos, *Estudio General de las memorias relativas al Convenio (núm. 131) y a la Recomendación (núm. 135) sobre la fijación de salarios mínimos.*

616 Orientación n.º 5 de la Decisión 2020/1512 del Consejo.

ni en su articulado, aunque puede resultar evidente a la vista de los estudios en los que se fundamenta.

Considera el estudio que acompañaba a la propuesta que la Directiva es coherente con otras propuestas de calado social, como la Directiva 2014/24/UE. Sin embargo, el contenido respecto de la contratación pública no es innovador. El mandato no es otro que el de conminar a los Estados a controlar el cumplimiento de las disposiciones convencionales o legales en materia de salario mínimo en la ejecución de contratos públicos. No en vano, se trata de un aspecto que se encuentra en la génesis de las preocupaciones sociales en torno a las implicaciones laborales de la contratación pública a nivel internacional, como se muestra en la *Guía práctica de la OIT (2008) sobre el Convenio n.º 94 y la Recomendación n.º 84 sobre las cláusulas de trabajo en contratos celebrados por las autoridades públicas*; ambos, convenio y recomendación, con más de medio siglo de historia.

En definitiva, los últimos impulsos europeo en materia de sistemas de salarios mínimos sigue una senda en materia de remuneración con una incidencia limitada en el escenario de la contratación pública. Con todo, el art. 9 del capítulo de disposiciones horizontales, relativo a los salarios mínimos en los contratos del sector público, no es más que una reiteración de lo que señalado en las directivas de contratación pública, sin aportar información o posicionamientos novedosos (Díaz de Atauri, 2022). La Directiva no conlleva originalidades ni en el marco de los contratos del sector público ni en las políticas de SMI españolas. A pesar de ello, el hecho de afirmar que la Directiva no trae grandes novedades para algunos ordenamientos jurídicos internos avanzados en la materia, como el español, no obsta para reconocer en ella un "valor simbólico" que revela la importancia política y normativa de garantizar el acceso a una remuneración suficiente y adecuada en Europa (Almodóvar Iñesta, 2022, p. 151).

2.3. *Estabilidad en el empleo*

El art. 35 CE contempla como derecho fundamental el derecho al trabajo y, con ello, siguiendo la doctrina del TC, se reconoce, en su vertiente individual, el derecho al mantenimiento o preservación de la relación laboral que solo puede ser extinguida unilateralmente por el empresario por justa causa contemplada en la legislación (véase el capítulo III.2.2). La maximización de este aspecto en el ámbito de la contratación pública se intenta realizar mediante cláusulas sociolaborales que promuevan la contratación indefinida de los trabajadores adscritos a la contrata y la limitación (cuantitativa y cualitativa) a la facultad empresarial de realizar despidos o extinciones de contrato.

Se puede adelantar que, de entre las materias relacionadas con los derechos laborales, la estabilidad en el empleo ha sido la que más respuestas favorables ha suscitado en los órganos de recurso y consulta. Esta realidad disonante del resto se debe a que, al partir de una concepción estricta de la relación con el objeto del contrato (sobre todo en lo que a los criterios de adjudicación se refiere), la estabilidad en el empleo se percibe, por momentos, como una condición positiva conducente a asegurar o contribuir al mantenimiento ordinario de la prestación y de la preservación de su calidad debido a la experiencia acumulada.

Para comprender la trayectoria de estas consideraciones es conveniente remitirse, en un primer momento, al Informe 48/98 de la JCCP del Estado en el que dirimió la controversia señalando que las cuestiones de la estabilidad en el empleo "constituyen características de las empresas que no pueden funcionar como criterios de adjudicación", pues pueden tener "un efecto discriminatorio respecto a los empresarios no españoles de EM de la UE cuyas respectivas legislaciones pueden no adecuarse con las categorías laborales de la legislación española o que se verán imposibilitados o en condiciones muy difíciles de cumplir, para acreditar que concurren los requisitos exigidos por los pliegos respectivos"[617].

Ahora bien, en el IJCCP 5/02 entendió que debía operar un leve cambio de doctrina a raíz de la modificación en 1999 de la ley vigente de contratos. En efecto, señala el informe:

[617] En líneas similares la JCCP de Baleares, en Informe 4/02, al oponerse a que la estabilidad en el empleo o la calidad del empleo puedan integrar los criterios de adjudicación y la JCCP de Catalunya que, en su Informe 4/01, solo considera admisible los criterios sociales como criterios de desempate.

"la Ley 53/1999, de 28 de diciembre, introduce [...] como requisito de solvencia y, por tanto, de selección de contratistas, [el] "grado de estabilidad en el empleo" del personal integrado en la empresa, mientras que para los criterios de adjudicación de los contratos por concurso [...] mantiene sustancialmente, en este extremo, la redacción primitiva de la Ley [...] de Contratos de las Administraciones Públicas. [...] no puede por tanto suscitarse dudas sobre el extremo de que, a partir de la entrada en vigor de la Ley 53/1999 [...] solo podrá ser utilizada [...] como causa de selección [...] y no como criterio valorable para la adjudicación de concursos".

Además, se añadía, a partir de lo ya señalado por la Comisión Europea en la *Comunicación sobre aspectos sociales en la contratación pública* (2001), que "en las condiciones de ejecución del contrato [...] son compatibles con el Derecho comunitario y con el TRLCAP las condiciones que [...] tengan por objeto la formación profesional en el lugar de trabajo, el empleo de personas con especiales dificultades de inserción laboral o de desempleados de larga duración, o contratar un número de personas discapacitadas superior al que exige la legislación nacional". Efectivamente, así lo entendió la Comisión Europea que respecto de cláusulas que atendían al porcentaje de trabajadores fijos en la empresa consideraba que "tales criterios pueden aceptarse como cláusulas contractuales que imponen condiciones de ejecución de los contratos [y] deberían considerarse en su caso para apreciar la capacidad técnica de la empresa en la fase de selección de los contratistas"[618].

Esta senda favorable se ha potenciado, en mayor medida, desde la Ley 9/2017, pues, previamente, hay resoluciones del TACRC que se manifiestan en contra. Puede decirse que se trata de los escasos puntos

---

618 La Comisión se pronuncia sobre esta cuestión en el Dictamen de 21 de diciembre de 2001. En dicha resolución enjuicia diversas cláusulas sociales formuladas como criterios de adjudicación destinadas al apoyo de la estabilidad en el empleo, así como medidas dirigidas a la integración laboral de personas con discapacidad que se contemplaban en un Decreto aprobado por la Comunidad de Madrid. El Dictamen rechaza la procedencia de tales cláusulas entendiendo que solo pueden considerarse como condiciones de ejecución o como criterios de solvencia. No obstante, no puede pasarse por alto que la normativa vigente en este caso (Directivas de segunda generación) era laxa y la doctrina judicial reacia a la incorporación de consideraciones sociales como criterios de adjudicación; la actualidad, como estudiaremos, se adivina bien distinta.

que han conllevado un manifiesto cambio de doctrina administrativa. Se han extendido múltiples fórmulas en los PCA que tienen como finalidad potenciar la contratación indefinida en pro del principio de estabilidad en el empleo. En este sentido, existen recomendaciones u obligaciones de establecer criterios de adjudicación o condiciones especiales de ejecución relativas a la proporción mínima de trabajadores con contrato indefinido en la plantilla que ejecuta el contrato en la *Guía de contratación socialmente responsable de la Xunta de Galicia* de 2016 (pág. 11), de la *Generalitat Valenciana* de 2018 (pág. 46) o del Ajuntament de Barcelona[619], así como en la *Instrucción para la inclusión de criterios sociales en la contratación pública del Ayuntamiento de Castellón*[620] o la *Instrucción 1/2016 relativa a la incorporación de cláusulas sociales en los contratos celebrados por el Ayuntamiento de Madrid, sus Organismos Autónomos y Entidades del sector público municipal*, en su Anexo IV.

Por lo que a la respuesta de los órganos de recurso y consulta se refiere, el TACRC, en su resolución 891/2014, de 5 de diciembre (aludiendo para ello a la STJUE de 16 de septiembre de 2013 —asunto T402/06—), insistía en la negación de su validez si no guardaba relación con el objeto del contrato y, en caso de configurarse como criterios de adjudicación, si no tenían como finalidad determinar la oferta económicamente más ventajosa para la entidad pública[621]. En

619 La condición se redacta del siguiente modo: "Es condición especial de ejecución obligarse, durante todo el periodo de ejecución del contrato, a no minorar unilateralmente las condiciones de trabajo que, en materia de jornada y salario, y en términos anualizados, así como a cualquier mejora sobre la legislación laboral básica aplicable que correspondan en cada momento a las personas trabajadoras adscritas al contrato en función del convenio colectivo que resulte de aplicación al presentarse la oferta, salvo acuerdo explícito entre empresa y la representación de los trabajadores".

620 Formula un criterio de ejecución consistente en ejecutar el contrato con un porcentaje de plantilla indefinida fijado por el órgano de contratación de entre el 40 % y el 80 %, según el objeto contractual y el sector de actividad. Específicamente, prevé un criterio de adjudicación basado en el "compromiso de integrar la plantilla que ejecutará el contrato con personal con contratos indefinidos". Otorgando, en tal caso, "la máxima puntuación a la empresa con un mayor compromiso de contratación indefinida y se puntuará al resto de licitadores/as de forma decreciente y proporcional siempre que superen el mínimo señalado".

621 Esta interpretación es marcadamente ambigua por cuanto niega la posibilidad de establecer criterios sociales como criterios de adjudicación al tiempo que la acepta cuando estén vinculados al objeto del contrato.

relación con la viabilidad técnica del contrato y la política de empleo de la empresa, la RTACRC 786/2016, de 7 de octubre, rechazó la validez de una condición especial de ejecución[622] en el marco de un contrato de servicios de limpieza que contemplaba que el personal debía ser siempre el ajustado en la oferta a lo largo de la duración del contrato, estableciendo "la obligación de la empresa adjudicataria del servicio de que la sustitución del personal que presta servicios se realice mediante trabajadores cuya antigüedad no sea anterior a la fecha de inicio de la prestación objeto de contrato". Sin embargo el rechazo de esta cláusula bajo el pretexto de que no se corresponde con una finalidad social no se compadece con la realidad. A su vez, el Tribunal incide en la injerencia que supone en el ámbito de autonomía de las partes; argumento, este último, más discutible en términos doctrinales, pero insuficiente para negar la validez de este tipo de cláusulas. Comparto con el TACRC el rechazo de aquellos criterios de estabilidad que pretenden aplicarse o predicarse respecto de toda la plantilla de la empresa, y no solo la del personal adscrito a la contrata, ya que quedan extramuros de la relación con el objeto contractual (véanse las RRTACRC 885/2021, de 15 de julio, y 1103/2021, de 9 de septiembre).

Por lo demás, llama la atención esta línea argumental, puesto que parece obviar algunos puntos argumentativos fundamentales. En primer lugar, la normativa laboral, y en concreto el ET, se constituye en buena medida como derecho mínimo relativo necesario, de tal modo que puede ser mejorado por las partes y por otras normas que se constituyen en fuente de la relación laboral. Además, el considerando 37 de la Directiva 2014/24/UE, señala que la adopción de medidas dirigidas a velar por el cumplimiento de la normativa aplicable no debe impedir en modo alguno la aplicación de condiciones de empleo y de

622 El apartado relativo a obligaciones de la empresa adjudicataria señalaba: "Si por cualquier causa una persona que viene prestando servicios en un centro es sustituida por otra, la antigüedad de esta nueva persona no podrá tener fecha anterior a la del inicio de las prestaciones en el Centro. Tras la interposición del recurso la Universidad de Oviedo, que era el poder adjudicador, modificó la redacción para adoptar la siguiente: Si por cualquier causa una persona que viene prestando servicios en un centro es sustituida por otra, la antigüedad de esta nueva persona ha de ser igual o menor que la antigüedad de la persona sustituida". Ambas fueron rechazadas por el Tribunal.

trabajo más favorables para los trabajadores En segundo lugar, los PCA despliegan sus efectos sobre el proceso contractual específico, y no implican una regulación que vincule a toda la estructura de la empresa ni a otras empresas no concurrentes en el proceso. En tercer lugar, a pesar de que el informe se emite tras la aprobación de las directivas, pasa por alto por completo el concepto de CPEs, así como las interpretaciones que sobre las condiciones de ejecución ya venía estableciendo la Comisión en su *Guía de Adquisiciones Sociales* de 2011. Tanto es así que, afirmando que no es el fin institucional de los poderes públicos, contraviene lo que disponía ya el art. 3 del RD-Leg. 3/2011, el cual apuntaba que entre los principios rectores de la contratación pública se encontraba la consecución de objetivos sociales. En cuarto lugar, considera exhaustiva una lista de posibles finalidades sociales que no lo es, como puede deducirse de la dicción literal del precepto.

Ahora bien, frente a estos posicionamientos se consolidaban otros opuestos. Ejemplo de ello es la asunción de la validez de criterios de estabilidad laboral por parte de la RTACP de Madrid 206/2016, como el que incentiva la conversión de todos los contratos de duración determinada adscritos al servicio en indefinidos o bien el compromiso del mantenimiento de los contratos indefinidos durante la prestación. Sobre esta resolución se pronunció el posterior Acuerdo 15/2018, de 27 de marzo, del TACP de Aragón que da apoyo explícito a esta clase de criterios laborales por entender que integran la calidad del contrato.

Podría decirse que la LCSP de 2017 supuso un punto de inflexión decisivo en esta materia, pero no sería una aseveración precisa, por cuanto la interpretación de esta ley ha tenido una repercusión ambigua en la doctrina del TACRC respecto de cláusulas sociolaborales. Entre los criterios de adjudicación recogidos expresamente en el art. 145 LCSP se halla el de la estabilidad en el empleo, pero si este fuera el motivo del leve cambio de doctrina se vería la misma tendencia o resultado en otras materias. En cualquier caso, esto no es óbice para admitir que la legislación ha dado luz verde a los posicionamientos de posicionamientos previos a la LCSP que no solamente han sido afirmativos al considerar la validez de las cláusulas tendentes a la mejora de las condiciones laborales, sino que han resuelto la legalidad de los criterios de adjudicación de estabilidad en el empleo.

Por un lado, el Tribunal entiende, respecto de un servicio de transporte escolar, que la cláusula está vinculada al objeto por cuanto se circunscribe a los trabajadores de la contrata, resulta proporcionada (se otorga un máximo de 2 puntos) y está expresa y debidamente justificada en la repercusión "de manera directa en la ejecución del contrato pues la estabilidad del conductor y su continuidad a lo largo del curso permite un mejor conocimiento de los usuarios, de la ruta y de sus paradas" (RTACRC 1081/2021, de 2 de septiembre, pág. 12; aunque la cita literal es del PCA). Por otro lado, rechaza que un PCA pueda tomar como criterio de adjudicación la estabilidad en el empleo, entendida como personas con contrato indefinido de un equipo de asesores y consultores jurídicos, si no se justifica cómo sirve al rendimiento de la prestación (RTACRC 114/2022, de 27 de enero). Sin embargo, en esta última resolución se deja constancia de que el mismo PCA establecía unas condiciones mínimas de contratación indefinida como condición especial de ejecución, de lo que nada dice el tribunal, quizás por una ausencia de impugnación o, tal vez, porque se entiende proporcionada como tal condición.

La importancia de la justificación y la proporcionalidad se revelan, en opinión de la TACRC, como la piedra de toque para dilucidar la validez de las cláusulas de estabilidad en el empleo como criterios de adjudicación. Dicho de otro modo, así como en otras materias laborales ni tal solo acepta que pueda, virtualmente, resultar justificada una cláusula laboral, en materia de estabilidad laboral se deja abierta tal posibilidad. Buena muestra de ello es el caso de la RTACRC 298/2021, de 26 de marzo, en el cual, en el contexto de un servicio de limpieza de edificios el PCA establece criterios de adjudicación que valoran el compromiso de mantener una proporción de personas con contrato indefinido (hasta 3 puntos) o de no realización de despidos, excepto los disciplinarios (hasta 3 puntos). Considera el tribunal en esta ocasión que "la justificación [...] resulta genérica e imprecisa, centrada en el peso de los gastos de personal, característica común en todos los contratos intensivos en mano de obra [...]" a lo que se añade que "el criterio [...] supone, además, una injerencia en la configuración de las relaciones laborales que puede colisionar con principios como la libertad de empresa, por lo que la mejora en la calidad de la prestación debe resultar clara y manifiesta" (FJ 5º *in fine*).

Una vez aclarados los posicionamientos doctrinales administrativos resta por comentar que, si bien el fomento de la contratación indefinida o la limitación de los despidos son una vía directa para favorecer la estabilidad en el empleo, existen vías indirectas que pueden contribuir, siquiera de forma colateral, a promover esta estabilidad. Es el caso de las medidas tendentes a mantener cierto nivel de empleo (en cantidad de trabajadores y jornada) durante la ejecución de la contrata. Las especificaciones técnicas, en virtud, por ejemplo, del art. 76.2 LCSP, son una ubicación óptima para exigir la adscripción a la ejecución del contrato los medios personales suficientes. Aunque se trata de una prescripción técnica, su incumplimiento podría dar lugar a las consecuencias jurídicas que señalan los arts. 211 o 192 LCSP. Ahora bien, no debe eludirse que este nivel de empleo "deberá ser razonable, justificada y proporcional a la entidad y características del contrato, de forma que no limite la participación de las empresas en la licitación" (art. 76.3 LCSP). Si bien la justificación y la proporcionalidad son principios aplicables a todas las cláusulas, la finalidad que la ley adscribe a los criterios de solvencia podría limitar la formulación práctica de este tipo de cláusulas si la razón de su incorporación es el fomento de la estabilidad y no guarda ningún vínculo con ella.

En definitiva, la toma en consideración de factores que estimulan la estabilidad en el empleo de las personas adscritas a la contrata en cuestión ha sido avalada en las fases de especificaciones técnicas y condiciones especiales de ejecución con cierta facilidad. Por lo que a los criterios de adjudicación se refiere, el TACRC, exige un ahínco argumentativo considerablemente superior, pues, nuevamente, opina que deben relacionarse de forma directa e intrínsecamente al objeto entendido como resultado final adquirido de forma inmediata por las AAPP o los usuarios. De hecho, es precisamente la relación que, para el tribunal central, guarda la estabilidad del empleo con la calidad del objeto lo que facilita que sea admitida como condición de ejecución por este órgano. Frente a su doctrina, otra vez, la del TACP de Madrid o el de Aragón que validan, coherentemente con la regulación de la LCSP, estos criterios en cualquiera de las fases citadas.

2.4. *Seguridad y salud en el trabajo*

Las cláusulas sociales asociadas a la prevención de riesgos laborales y a la protección de la salud en el trabajo han tendido, tradicionalmente, a recoger el contenido de las normas legales y reglamentarias o a garantizar el cumplimiento de dicha normativa. Esta es la tendencia marcada tanto por las guías generales de contratación pública[623] —como las citadas hasta el momento— como por algunas guías de contratación pública orientadas específicamente a la PRL[624].

Ahora bien, de nuevo, nada impide que los PCA recojan una mejora de medidas de prevención o de protección de la salud en el trabajo que sea complementaria a las recogidas en la ley, los reglamentos, los convenios o el plan de prevención de la empresa. Esta temática está presente en los trabajos de la Comisión desde los albores de la CPSR (COM, 2011a; 2001). A modo de ejemplo, la *Guía de Adquisiciones Sociales* de 2011 consideró que una prescripción técnica podía consistir en "exigir, en un contrato de obras, medidas para evitar accidentes laborales y condiciones específicas para el almacenamiento de productos peligrosos, con el objeto de proteger la salud y la seguridad de los trabajadores ".

---

623 La *Guía de cláusulas sociales y laborales en la contratación pública* elaborada por UGT (2018) propone dos tipos de redacción de disposiciones de ejecución que versan, por un lado, sobre la importancia de acreditar el cumplimiento de la normativa: "Antes del inicio de la actividad contratada, la empresa deberá certificar el cumplimiento de las siguientes obligaciones: adopción de una organización preventiva; disponer de evaluación de riesgos y planificación de la actividad preventiva correspondiente a la actividad a realizar; disponer de un sistema de coordinación de actividades; que los operarios tengan garantizado varias cuestiones (equipos de trabajo adecuados, vigilancia salud, información y formación preventiva en su actividad, medidas de emergencia, etc.). En caso de incumplimiento la Administración Pública XX, podrá reclamar su cumplimiento y la imposición de una penalidad entre el X% y el X% del precio del contrato"; y, por otro lado, propone: "Es condición especial de ejecución que la empresa designe una persona de contacto, con formación específica en prevención de riesgos laborales y salud laboral, para la supervisión y correcto desarrollo de todas las medidas exigibles, así como para la detección de las posibles incidencias que puedan surgir."

624 Es el caso del *Informe sobre cláusulas sociales en el ámbito de la prevención de riesgos laborales en la licitación pública de obras de construcción*, de 2018, y su continuación denominada *Cláusulas Sociales en materia de PRL. Continuación*, de 2019.

En este sentido, es frecuente encontrar en guías institucionales propuestas de cláusulas, en mayor medida como criterio de solvencia técnica o condición especial de ejecución, tales como la definición de una clase específica de equipos de protección individual o un procedimiento específico para asegurar su entrega y su correcto empleo, mantenimiento o reposición; medidas específicas en materia de procedimiento de coordinación de actividades; la adopción de acciones de prevención de riesgos laborales con perspectiva de género y adaptadas a las características diferenciadas de sexo[625]; en definitiva, actividades, más allá de las obligadas por la normativa legal y convencional de PRL, con la finalidad de favorecer el fomento o la protección de la seguridad y salud de las personas adscrita al contrato[626].

Puede tomarse como paradigma la guía práctica de la Xunta de Galicia (2016) que expone el modo de redactar especificaciones técnicas en un contrato que tenga por objeto el diseño y producción de folletos para una campaña promocional. Recomienda plantear aspectos técnicos mínimos de la maquinaria empleada para realizar los folletos como exigir un nivel máximo de ruido con el fin de garantizar la calidad de las condiciones de trabajo. En términos similares se pronuncia la *Guía de Adquisiciones Sociales* de 2021 de la COM, en la que estiman convenientes las especificaciones técnicas que, en la fabricación de productos textiles, requieran la utilización de tintes sin grado de toxicidad alguno en favor de la salud laboral.

Sin lugar a duda, la deuda de seguridad del empresario deriva de la relación jurídica laboral y articular exigencias en cuanto ese derecho a la seguridad y salud del trabajador puede realizarse de múltiples formas que no solo han de empezar y acabar en la seguridad entendida como "evitación de accidentes". La concepción de la

---

625 La *Guía para la inclusión de cláusulas para la igualdad de género en los contratos, las subvenciones y los convenios públicos* elaborada en 2022 por el Ministerio de Igualdad y el Instituto de las Mujeres recoge algunas cláusulas que incorporan la perspectiva de género en materias como la PRL.

626 Afirma el IJCCP de Cataluña 18/2014 que "son posibles previsiones para incluir en las diferentes fases de los procedimientos de contratación pública, para la promoción de la salud mediante aspectos como la prevención de riesgos laborales, el fomento de hábitos saludables o la promoción del desarrollo personal y organizacional" por parte de las empresas licitadoras".

prevención de riesgos laborales ni siquiera se agota en las disciplinas de seguridad en el trabajo, higiene industrial y medicina del trabajo, sino que abarca aspectos de la salud relacionados con los riesgos psicosociales. Así, podría considerarse procedente estipular especificaciones técnicas que tengan en cuenta el horario, la jornada laboral —tanto en número de horas como en forma de llevarse a cabo (continua o partida)—, las capacidades de distribución irregular por parte del empresario, medidas que garanticen el derecho a la desconexión, planes de conciliación, etc.

Es posible que su configuración preferente como criterios técnicos obedezca a la inmediatez, en muchas ocasiones, del perjuicio para la salud y los utensilios o maquinarias empleadas para la realización del trabajo. Del mismo modo que es posible que la estrecha relación entre la salud laboral y el derecho a la vida y a la integridad física y moral conduzca al *soft law* de la Comisión Europea o a las guías prácticas institucionales a propugnar el recurso a esta clase de criterios otorgándoles un carácter preceptivo. De cualquier modo, a la vista del resto de los argumentos que se vienen empleando y se emplearán a lo largo de este capítulo, nada obsta para que los criterios relacionados con la salud laboral puedan encontrar cabida en los criterios de solvencia, los criterios de adjudicación o las condiciones de ejecución.

2.5. Formación en el empleo

Las cláusulas que abordan aspectos formativos de los trabajadores disponen de dos campos de desarrollo. Por un lado, en relación con la formación que puede exigirse a los trabajadores adscritos a la contrata por parte del PCA y a las medidas formativas que pueden, en consecuencia, exigirse o promoverse para que el personal pueda ejecutar la prestación de forma ordinaria y conforme a los PPT. Sobre este aspecto versa el art. 145.2, 2° LCSP al determinar como posible criterio cualitativo de adjudicación "la organización, cualificación y experiencia del personal adscrito al contrato que vaya a ejecutar el mismo, siempre y cuando la calidad de dicho personal pueda afectar de manera significativa a su mejor ejecución". La formación en el empleo para la ejecución del contrato está asumida por la regulación que la normativa realiza de los criterios de solvencia, los criterios de valoración de ofertas y las condiciones especiales de ejecución. La vinculación con el objeto del contrato tan inmanente e inmediata de dicha formación ha allanado el camino de esta clase de consideraciones laborales. Por otro lado, cuestión distinta es que puedan exigirse capacitaciones complementarias ajenas al cometido directo de la ejecución contractual. Tanto el art. 145.2 1°, al referirse a la "formación", como el art. 202, al citar la "formación en el puesto", dan pie a considerar que la formación puede tomar forma de cláusula sociolaboral en el PCA. Ahora bien, tan solo la exigua referencia del art. 145 parece dar a entender que la formación podría predicarse de materias ajenas al puesto.

En cualquier caso, nada obsta para que, sobre la formación, se realice una remisión a lo señalado para las condiciones salariales y de tiempo de trabajo o, por ejemplo, para la estabilidad en el empleo, por cuanto la formación en el puesto puede contribuir a la estabilidad (no ya en el puesto, sino en el empleo).

Al margen de estos presupuestos, la formación de los trabajadores en asuntos de carácter social llevó a la Comisión Europea (2011, p. 36) a afirmar, antes del último paquete de directivas, que "los aspectos sociales pueden incluirse en los criterios de selección técnicos **sólo si** [la negrita y el subrayado es de la COM] el cumplimiento del contrato exige «conocimientos» específicos en el ámbito social". Con estos mimbres, a modo de ejemplo, en un contrato para gestionar una residencia de personas de la tercera edad o centros de día, estas exigencias podrían ir dirigidas a garantizar que la empresa cuenta con los equipos técnicos para prestar esa atención especializada. En un contrato de obras para la construcción de una biblioteca municipal podría exigirse que el personal contara con el conocimiento necesario en materia de diseño y accesibilidad[627]. En definitiva, incluso cuando se identificaba *lo social* con el *fin social* del objeto, esta clase

---

627 De nuevo se parte de considerar, recurriendo siempre a los mismos ejemplos, que únicamente cuando el objeto consista en prestar servicios sociales o se encarguen obras que deban ser accesibles pueden incluirse criterios para asegurar tal fin. Estas reflexiones, anteriores a las Directivas de cuarta generación y de la LCSP, posiblemente no puedan mantenerse plenamente vigentes.

de medidas estaban asumidas como válidas por la Comisión o los órganos internos españoles como el TACRC o la JCCPE.

La LCSP, en cierta medida, sí ha llevado esta reflexión al artículo 90.3 LCSP, relativo a la acreditación de la solvencia técnica en los contratos de servicios. En este precepto se establece que, si el objeto requiriese del prestador determinadas aptitudes en materia social, en todo caso, ha de exigirse la concreta experiencia, conocimientos y medios en relación con esa materia. El modo de ejemplificar esta clase de cláusulas de solvencia técnica o profesional podría ser a través de un caso descrito por la *Guía de contratación con perspectiva de género del Ministerio de igualdad* (2022). Consiste en el imperativo de que las personas participantes en el desarrollo de un contrato acrediten formación en igualdad de género y desarrollo local igualitario en una cantidad de horas determinadas para un contrato de asistencia técnica para la elaboración de itinerarios laborales con perspectiva de género en zonas rurales. Es decir, esta formación específica en materia de igualdad de género de los trabajadores tan solo sería procedente cuando sirviera directa e inmediatamente para la ejecución o cumplimiento del objeto tal y como se define y se detalla en el PPT.

2.6. Mantenimiento de condiciones laborales

El Derecho del trabajo articula un sistema de normas jurídicas sustantivas y formales, a través de mecanismos heterocompositivos y autocompositivos, con un carácter tuitivo ínsito axiológicamente en su esencia respecto del factor trabajo, entendido en términos individuales y colectivos. Esta naturaleza encuentra trasuntos en múltiples facetas de intervención de esta rama del Derecho, pero entre todos los mecanismos formales de garantía destacan las normas imperativas a las que se refiere el art. 3 ET: normas de derecho necesario mínimo y de derecho necesario absoluto que limitan la capacidad de disposición[628].

[628] En sentido amplio se entiende por negocio jurídico dispositivo aquel que transforma, modifica o extingue un derecho subjetivo existente, a través de la enajenación, la constitución de gravámenes o la renuncia abdicativa (Díez Picazo, 1996).

El art. 3 ET (fuentes de la relación laboral) advierte, por un lado, en su apartado 3, que la regulación convencional y contractual de la relación laboral ha de respetar en todo caso los mínimos de derecho necesario (principio de inderogabilidad) y, por otro lado, en su apartado 5, que los trabajadores no pueden disponer, antes o después de la perfección del contrato, de los derechos que les sean reconocidos mediante disposiciones de *derecho necesario mínimo* (como, por ejemplo, el salario mínimo interprofesional o convencional y la jornada laboral máxima) o *derecho imperativo o absoluto* (como, por ejemplo, lo es la definición de relación laboral o la cantidad de representantes de los trabajadores que corresponden a cada centro de trabajo), ya sea por ley, reglamento o convenio colectivo estatutario[629]. Excluimos aquí, por tanto, las obligaciones de SS que regulan la relación entre los integrantes de la relación laboral y las AAPP que no es susceptible de alteración por acuerdo entre trabajadores y empleadores (Ramos Quintana, 2002)[630].

Este mecanismo es el resorte jurídico formal creado para proteger al trabajador de presiones o decisiones unilaterales del empleador para mermar o eliminar condiciones de trabajo consideradas como mínimas para aproximarse o conseguir un trabajo decente[631]. Por ello se trata de una, al menos, "aparente inversión del principio civil de validez de la renuncia a derechos" en forma de condonación

---

629 Como se ha aseverado, también los derechos son irrenunciables e indisponibles cuando se recogen con tal naturaleza en el convenio colectivo, ya sea porque así se declare expresamente, ya sea porque desarrolle los límites del derecho necesario mínimo; aun cuando surgen conflictos interpretativos notables en este sentido (López Terrada, 2014). En este sentido ha venido abundando la jurisprudencia que reflejan resoluciones como las SSTS de 11 de junio y de 22 de septiembre de 1987, de 27 de abril de 1999 (rec. 4985/1997), de 28 de octubre 1999 (rec. 877/1999), de 6 de febrero de 2000 (rec. 1394/1999).

630 Con todo, no debe soslayarse que existe la posibilidad legal de que empleadores y empleados (y sus representantes) regulen derechos de Seguridad Social en su modalidad complementaria. Esta vía se constituye en un tercer nivel de protección de carácter libre y voluntario.

631 Tanto la doctrina académica (Ramos Quintana, 2002) como la constitucional (SSTC 34/1984, 142/1993, 105/1992 o 208/1993) fundamentan esta garantía de inderogabilidad e indisponibilidad como limitación tanto a la autonomía individual como a la negociación colectiva en el principio de igualdad formal y real (arts. 14 y 9.2 CE) y en los intereses colectivos o generales, entre otros.

de deudas, donaciones, transacciones o renuncia en sentido estricto, entre otras (López Terrada, 2014, p. 26). Incluso, cuando la legislación procesal permite transacciones en el juego, por ejemplo, de una conciliación judicial (art. 84 LJS), los límites los sitúa la ley en la lesión grave a los derechos, el fraude de ley, el abuso de derecho o la contrariedad al interés público.

La caracterización como *derecho necesario mínimo* y *derecho imperativo o absoluto* está dirigida, en mayor medida, a proteger la materialización de los derechos subjetivos, individuales y colectivos, de los trabajadores por cuenta ajena. Con este escenario de fondo, junto a la disposición de derechos por parte de los trabajadores, sus representantes o los agentes sociales, es razonable plantearse, además, la validez de aquellas disposiciones que pueda realizar el empleador amparadas en las facultades que le reconoce el ET.

Se dan, entre el tratamiento doctrinal académico y judicial, dos ámbitos en los que las instituciones garantistas en cuestión pueden verse en coyunturas de tensión. Particularmente, en la cesión de terreno en derechos en el contexto de la negociación de convenios colectivos y en la solución extrajudicial o autocompositiva de conflictos[632]. Pues bien, las reflexiones de la doctrina y la jurisprudencia en torno a estos casos pueden servirnos de apoyo para entender qué "renuncias" empresariales a poderes reconocidos en el ET pueden tener lugar para poder presentar una oferta en una licitación pública. Y es que, cabe preguntarse si existe en la CPSR el riesgo de desvirtuar, no tanto las normas de derecho necesario mínimo, sino las de derecho imperativo.

Por lo que se refiere a los actos dispositivos en el marco de la solución extrajudicial de conflictos, se traen a colación las palabras de Rodríguez-Piñero y Bravo-Ferrer (2003, p. 31) al expresar la ampliación de los márgenes de alteración y disponibilidad de la norma legal y convencional al

---

632 Sobre la indisponibilidad de los derechos y la conciliación en las relaciones laborales, véase Rodríguez-Piñero y Bravo-Ferrer (2003, p. 31). Señala el autor, para explicar las capacidades de disponibilidad que "lo que no se puede transigir no se puede conciliar, pero, a contrario sensu, lo que se puede conciliar se puede transigir, y si ello puede ser dentro del proceso, también lo podrá ser fuera de él. Además, lo que se puede transigir es susceptible también de arbitraje, en cuanto se transige en la aceptación del resultado de un laudo arbitral".

afirmar que "Cuando en un área en que no juega la autonomía privada, como en el Derecho administrativo se han abierto paso los acuerdos transaccionales o se permiten soluciones arbitrales en la contratación administrativa, o cuando en un área [...] como en el derecho al consumo, se utiliza como medio de tutela de consumidores, la puesta a disposición de mecanismos arbitrales [...], no tiene sentido dejar en el ámbito laboral el juego de la autocomposición a la asistida o ayudada por el órgano judicial, o en la fase prejudicial por el órgano administrativo". Con esta transcripción se plantea la capacidad que tienen las partes, sobre todo del lado empresarial, para disponer de derechos propios.

Junto a este ámbito, se encuentran los instrumentos de negociación colectiva en los que trabajadores y empresarios alcanzan acuerdos en los que las fronteras de lo *decidible* se tornan difusas debido a la vaguedad con la que la ley dibuja dicho perímetro. Aun partiendo de los apuntes realizados sobre la inderogabilidad e irrenunciabilidad de derechos por parte del trabajador, los representantes de los trabajadores tienen capacidad negocial, por ejemplo, para regular mecanismos de resolución de conflictos prejudiciales o extrajudiciales a los que obligatoriamente habrían de someterse las partes, del mismo modo que puede regularse la paz social y la correspondiente renuncia al ejercicio del derecho de huelga durante la vigencia del acuerdo o convenio. Es decir, se vislumbra un perímetro de la autonomía negocial colectiva que permite condicionar, incluso, el ejercicio de derechos fundamentales reconocidos en la constitución como la tutela judicial efectiva o el derecho de huelga. Pero en este punto lo que resulta realmente relevante es conocer la capacidad de que disponen los empresarios para renunciar a sus propias capacidades.

Las concepciones unitaristas y autoritarias de la época franquista instituyeron poderes unilaterales y autocráticos empresariales. La Ley de Contrato de Trabajo de 1944 contemplaba la nulidad de los pactos de renuncia a derechos civiles y políticos de los trabajadores, pero solo prohibía la renuncia por la parte empresarial ante casos contrarios al orden público (Villa Gil, 2006)[633]. La cuestión clave ra-

---

633 Las limitaciones al poder dispositivo empresarial no radicaban solo en la Ley de Contrato de Trabajo, sino en el art. 6 Código Civil o la Ley 38/1973 de convenios colectivos.

dicaba en que el orden público implicaba el ejercicio de unas potestades empresariales que respondían a una funcionalidad del sistema de relaciones laborales y permitían disciplinar el trabajo; el Estado se reservaba, en ciertos supuestos, la actuación si el empleador no las ejercía (Rodríguez-Piñero y Bravo-Ferrer, 1984). La democratización de las relaciones laborales tras la Constitución de 1978 atribuye las capacidades al empresario sin juridificar de forma imperativa el ejercicio de sus prerrogativas.

Tras la aprobación de la CE y del ET se ha planteado, por una parte de la doctrina académica, que existe un núcleo esencial de la configuración constitucional y legal de la figura del empleador que se considera irrenunciable por contravenir la libertad empresarial (Bejarano Hernández, 2010; Montoya Melgar, 1985). No obstante, la renuncia a ciertos derechos empresariales como criterio o exigencia contractual no merma, por sí misma, el derecho constitucional a la libertad empresarial. Cuestión distinta sería una *dejación* de responsabilidades; aspecto que, a todas luces, resultaría contraria a la legalidad.

Existe un punto de encuentro básico en las consideraciones doctrinales académicas y judiciales[634]: las facultades empresariales unilaterales contenidas en el ET, ya correspondan al *ius variandi* ordinario o extraordinario, no pueden ser ampliadas por contrato o convenio colectivo (CCNCC, 2010). A partir de aquí, la pregunta que se plantea es si los empresarios pueden renunciar a potestades de ejercicio unilateral. Los convenios colectivos pueden (y suelen) prever, además de limitaciones a las facultades ordinarias empresariales de organización, dirección, control y disciplina, restricciones al *ius variandi* extraordinario que le reconocen preceptos del ET como el 39 (movilidad funcional), 40 (movilidad geográfica), 41 (modificaciones sustanciales de condiciones de trabajo), 51 (despido colectivo) 52 (extinción por causas objetivas) u 82.3 (inaplicación del convenio de sector). La regulación convencional puede concretar o complementar requisitos formales como los relativos a la documentación y a los plazos de actuación, medidas cautelares ante situaciones de vul-

---

634 Por todas, la SAN de 3 de febrero de 1995 y STSJ de la Comunidad Valenciana (sala de lo civil) 454/1996, de 8 de junio.

nerabilidad, superación de los mínimos legales indemnizatorios, etc. A mayor abundamiento, existen incluso previsiones que restringen la adopción de despidos colectivos o de extinciones por causas objetivas (Bejarano Hernández, 2010; CCNCC, 2010; Ramos Quintana, 2002).

Por lo que se refiere a las cláusulas convencionales que bloqueen la posibilidad de activar una inaplicación de convenio conforme al art. 82.3 ET[635] han existido divergencias doctrinales. De un lado, un sector de la doctrina se ha opuesto a cláusulas que nieguen o reduzcan drásticamente la inaplicación por entender que contravienen las finalidades y la literalidad de la norma que pretende habilitar una fórmula de descuelgue ante circunstancias excepcionales (Alfonso Mellado et al., 1995; Vallejo Dacosta, 2002). De otro lado, entendiendo que se trata de un aspecto de derecho mínimo y en aras de la autonomía colectiva y la fuerza vinculante de los convenios, otro sector de la doctrina ha considerado válido negar en convenio tal posibilidad (Baylos Grau, 1994; Casas Baamonde, 1995). Existen posiciones intermedias que afirman la validez de la reducción convencional de este poder legalmente atribuido sin llegar a su eliminación completa (Alarcón Caracuel & Baylos Grau, 1994).

Esta regulación convencional limitativa afecta de forma indirecta a las relaciones laborales individuales en tanto en cuanto otorga a los trabajadores derechos respecto del empleador. Cuando estas cortapisas vienen dadas en un convenio colectivo de empresa su validez ha sido menos discutida por cuanto la unidad de negociación dispone de una especie de legitimidad inmediata y directa. Incluso, hay quien opina que podría llegar al punto de "suponer una casi total dispositivación del régimen contenido en la norma legal" (Bejarano Hernández, 2010, p. 12) aun compartiendo que "en ningún caso podría suponer una renuncia pura y simple a la facultad del empresario" (Rivero Lamas, 1988, p. 887).

---

635 El art. 82.3 ET establece que "[...] cuando concurran causas económicas, técnicas, organizativas o de producción, por acuerdo entre la empresa y los representantes de los trabajadores legitimados para negociar un convenio colectivo conforme a lo previsto en el artículo 87.1, se podrá proceder, previo desarrollo de un periodo de consultas en los términos del artículo 41.4, a inaplicar en la empresa las condiciones de trabajo previstas en el convenio colectivo aplicable, sea este de sector o de empresa, que afecten" a ciertas materias.

Además de la renuncia empresarial en convenio colectivo, existen ejemplos prácticos reales de renuncia en contratos con el sector público. Es posible encontrar como recomendación en las Directrices sobre contratación pública responsable aprobadas por el Ayuntamiento de Sevilla (2016) o en la Guía de contratación pública social (2016) del Ayto. de Barcelona el establecimiento de una condición de ejecución consistente en que la empresa mantenga, durante la ejecución del contrato, "las condiciones laborales y sociales de las personas trabajadoras empleadas en la ejecución del contrato fijadas, en el momento de presentar la oferta, según el convenio que sea de aplicación" (pág. 32). En una línea similar, y aplicando la LCSP, cabe hacer referencia a la decisión adoptada por el TACP de Aragón, en abril de 2018, levantando la suspensión del procedimiento de adjudicación de un contrato para la conservación y el mantenimiento de parques y zonas verdes de Zaragoza, en el que se contemplan, entre otros aspectos, la imposibilidad de mermar las condiciones laborales por parte de la empresa contratista. Los PCA fueron recurridos por la Asociación Española de Empresas de Parques y Jardines ante el TAPC de Aragón y este dictó resolución suspensiva del proceso el 21 de enero (Ayuntamiento de Zaragoza, 2018).

La RTACRC 160/2016, de 19 de febrero, rechaza dos condiciones especiales de ejecución que conllevan, en primer lugar, la obligación de someter autorización de la Alcaldía las modificaciones sustanciales de condiciones de trabajo reguladas en el art. 41 ET y, en segundo lugar, en caso de despido improcedente de personal con contrato indefinido, la readmisión de dicha persona salvo que esta optara por la indemnización, previa aprobación por el Pleno. Por un lado, se rechaza por no responder a los objetivos sociales que enumeraba el RD-Leg. 3/2011, cuando la realidad es que la lista tenía un carácter, como hoy, de *numerus apertus*. Por otro lado, se apunta que se vulnera la libre autonomía de las partes, no siendo este ningún requisito exigido por la normativa de contratos y no contando, en cierto modo, con la naturaleza de la normativa laboral y el ámbito restringido del contrato del sector público cuyos efectos se limitan al personal de la contrata (Pozo Bouzas, 2018).

En la misma línea, el Informe 7/2015, de 15 de noviembre, de la Junta Superior de Contratación Administrativa de la Comunidad

Valenciana, limita marcadamente la facultad de la Administración al ser consultada por dos posibles cláusulas implementadas por parte de la Universitat de València. Nos detenemos en la que plantea una condición ejecutiva consistente, por un lado, en prohibir a la empresa adjudicataria que minore unilateralmente las condiciones laborales en materia de jornada y salario que regían al momento de presentarse la oferta y, por otro lado, en obligar a que incluya cualquier mejora sobre la legislación laboral básica[636]. La Junta entiende que poco o nada tiene que ver con las posibilidades que brindaba el art. 118 RD-Leg. 3/2011[637] para redactar condiciones de ejecución. A este respecto apunta que las cláusulas suponen una intervención en las relaciones laborales del adjudicatario del contrato y, por tanto, entiende que terceras personas (los trabajadores) se pueden ver afectadas por tal medida. Entiende el órgano que afectar a tal vinculo negocial entre trabajador y empresario no está contemplado en la norma de contratos púbicos y que, además, no se justifica por las necesidades que se pretenden satisfacer con el contrato ni responde a los fines institucionales que son propios de la entidad adjudicadora. Por último, señala que los PCA no pueden contrariar la normativa

---

636 La cláusula en cuestión dictaba lo siguiente: "Durante todo el periodo de ejecución del contrato, la empresa contratista está obligada a no minorar unilateralmente las condiciones de trabajo que, en materia de jornada y salario, y en términos anualizados, así como a cualquier mejora sobre la legislación laboral básica aplicable que correspondan en cada momento a los trabajadores adscritos al contrato en función del convenio colectivo que resulte de aplicación al presentarse la oferta, salvo acuerdo explicito entre empresa y la representación de los trabajadores ".

637 El apartado primero del artículo 118 RD-Leg. establecía lo siguiente: "Los órganos de contratación podrán establecer condiciones especiales en relación con la ejecución del contrato, siempre que sean compatibles con el derecho comunitario y se indiquen en el anuncio de licitación y en el pliego o en el contrato. Estas condiciones de ejecución podrán referirse, en especial, a consideraciones de tipo medioambiental o a consideraciones de tipo social, con el fin de promover el empleo de personas con dificultades particulares de inserción en el mercado laboral, eliminar las desigualdades entre el hombre y la mujer en dicho mercado, combatir el paro, favorecer la formación en el lugar de trabajo, u otras finalidades que se establezcan con referencia a la estrategia coordinada para el empleo, definida en el artículo 125 del Tratado Constitutivo de la Comunidad Europea, o garantizar el respeto a los derechos laborales básicos a lo largo de la cadena de producción mediante la exigencia del cumplimiento de las Convenciones fundamentales de la Organización Internacional del Trabajo".

laboral, que es a la que se sujetan las relaciones del adjudicatario con sus empleados.

Contrasta con esta posición los argumentos esgrimidos ante una cláusula sobre la misma materia enjuiciada por el IJCCP de Aragón 16/2014, de 1 de octubre. En primer lugar, el órgano entiende que el art. 118 RD-Leg. 3/2011 tenía un carácter abierto en su enumeración debido a la expresión "podrán referirse, en especial...", lo que conlleva que no se exija que la cláusula pueda ser subsumida en alguna de las definidas en el precepto. En segundo lugar, entiende que ya la Comisión Europea, ya desde su Comunicación de 2001 sobre los aspectos sociales en la contratación pública, afirmaba que los poderes adjudicadores cuentan con un amplio margen de maniobra a la hora de elaborar cláusulas contractuales en materia social, aprobándose posteriormente las directivas de tercera generación no podían interpretarse de otro modo. En tercer lugar, considera que el Derecho de la UE en materia contractual daba la cobertura suficiente a estas condiciones de ejecución relativas al empleo, en la que se menciona expresamente el cumplimiento de los convenios colectivos. Por último, la cláusula en cuestión permite un pacto en contrario realizado por las partes, lo que supone no coartar en absoluto el derecho a la negociación colectiva. Por todo ello, y aunque señala algunas cortapisas[638], entiende que la cláusula no vulnera el derecho europeo ni nacional.

Las cláusulas analizadas, relativas a la determinación de las condiciones laborales que deben regir la relación laboral durante la contrata, se articulan en el PCA (no en los convenios colectivos) y se relacionan con la capacidad de la que disponen las entidades para establecer un nivel mínimo de condiciones, limitando, por tanto, el *ius variandi* empresarial (ordinario o extraordinario) por vía contractual.

De todo lo dicho anteriormente se derivan dos posibles precauciones: las normas de *ius variandi* excepcional para el empleador y la identificación del espacio del que puedan ser protagonistas los

---

[638] Afirma la Junta que "la inclusión de una condición especial de ejecución social como la que se propone en una concreta licitación, además de adaptarse según el objeto y tipología de contrato, requiere de una evaluación previa para determinar la idoneidad de incluirla e, incluso, su alcance temporal" (apartado V *in fine* de consideraciones jurídicas).

agentes sociales. Lo cierto es que no existen referencias sólidas a la exigencia, por parte de un OC, de anular totalmente en los pliegos facultades como las inherentes al despido colectivo, la suspensión de contratos o la modificación unilateral de condiciones de trabajo. Sin embargo, se trata de una hipótesis que permite plantear las condiciones de validez de cláusulas sociolaborales relativas a condiciones de trabajo conforme a los esquemas y objetivos expuestos. La reforma laboral de 2012 relajó las causas para activar modificaciones, suspensiones o extinciones unilaterales aumentando, sin contrapartidas de seguridad correlativas, la flexibilidad de las decisiones empresariales (Goerlich Peset, 2012). Así, estos mecanismos, que deben responder a coyunturas de crisis excepcionales que afectan a la empresa, toman un cariz ordinario de organización empresarial. Es por ello por lo que la renuncia a tales facultades no reviste la misma entidad en todas sus posibles regulaciones legales.

Múltiples motivos apoyan esta conclusión: la libertad de empresa reconocida en la CE; la flexibilidad empresarial introducida, sobre todo, desde la reforma laboral operada por el RD-Ley 3/2012, de 10 de febrero; el ámbito de decisión radicado directamente en la empresa a la que afecta la medida; la comparación obligada respecto de la autonomía permitida incluso a los representantes de los trabajadores en el ámbito de la negociación colectiva y de la resolución extrajudicial de conflictos para disponer de aspectos relativos a derechos fundamentales no puede conducir a otra solución; entre otros, conceden aseverar que el empresario puede disponer de sus facultades unilaterales en un contrato del sector público. Estimo que la actuación de los OC en orden a establecer condiciones o exigencias que interfieran en tales puntos no supone, *per se*, la nulidad o invalidez de tales cláusulas, sino que el nivel de juicio debe situarse, sobre todo, en la eficacia (y utilidad), incluso, para perseguir el fin u objetivo propuesto.

2.7. Políticas de igualdad de género

La idiosincrasia laboral que late en la regulación, sobre todo en el ordenamiento interno, de las cláusulas sociales se revela también en las consideraciones relacionadas con la igualdad de género. Sin ánimo de resultar reiterativos, la LCSP otorga importancia relativa propia a las cláusulas tendentes a aumentar los niveles de igualdad de género entre el personal adscrito a la contrata.

En un plano general, el art. 122.3 bis LCSP, relativo a los PCA particulares, introduce, de forma sobrevenida a la adopción originaria de la ley[639], la obligación de incorporar condiciones especiales de ejecución o criterios de adjudicación dirigidos a la promoción de la igualdad de trato y no discriminación por razón de orientación sexual, identidad sexual, expresión de género y características sexuales, siempre que exista vinculación con el objeto del contrato[640].

En términos más específicos, el art. 127.2 LCSP permite la exigencia de etiquetas sociales de igualdad de género como especificaciones técnicas; el art. 145.2 LCSP permite adoptar criterios sobre planes de igualdad de género y, en general, igualdad entre hombres y mujeres, aunque se suman otros aspectos sociales que se correlacionan con la igualdad de género; y el art. 202 LCSP permite a los OC señalar condiciones especiales de ejecución que contengan medidas que fomenten la igualdad entre mujeres y hombres en el trabajo o corrijan desigualdades en el mercado de trabajo.

En este punto tan solo se pone el foco en dos tipos de medidas que sirven de base para comprender la situación de esta clase de cláusulas: los planes de igualdad y las etiquetas sociales o certificados de igualdad de género. Sobre las consideraciones relativas al fomento del empleo o la promoción de la justa representación debe hacerse la remisión, por una cuestión sistemática, al punto relativo al fomento del empleo ya desarrollado (capítulo IV.1.3.).

2.7.1. Planes de igualdad

La exigencia o incentivo de la adopción de planes de igualdad es una cláusula que se detecta en algunos PCA, sin perjuicio de aquellos supuestos en los que la ley obliga a las empresas a disponer de aque-

639 Nuevo apartado introducido por la Ley 4/2023, de 28 de febrero.

640 Para un análisis de las cláusulas sociales con perspectiva de género, véase la monografía de Larrazabal Astigarraga (2024a).

llos. Precisamente, sobre las obligaciones *ex lege* en materia de planes de igualdad para con los empleadores, se reenvía al lector al capítulo II.2.4., dedicado a los motivos de exclusión del procedimiento o prohibiciones de contratar. Es en dicha sede donde se han estudiado los términos en los que los OC deben exigir que las contratistas dispongan de un plan de igualdad.

Para las empresas no obligadas legalmente la elaboración e implantación de tales planes son voluntarias; por lo que su adopción no está vedada para ellas, pero sí se somete también a ciertos parámetros reglamentarios[641]. Incluso, cuando no se trate una obligación legal conforme al art. 45 LOI, las empresas pueden estar obligadas a elaborar planes de igualdad cuando lo establezca el convenio colectivo aplicable (sometiéndose al mismo dicho plan) o en el contexto de un procedimiento sancionador en sustitución de sanciones accesorias (art. 45.3 LOI). Para el resto de los casos ajenos a la obligación legal o convencional la adopción es voluntaria (art. 45.5 LOI). Ahora bien, en caso de adoptarlos voluntariamente, conforme al Real Decreto 901/2020, debe realizarse previamente una consulta o negociación con la representación legal de las personas trabajadoras, así como disponer de un contenido mínimo. Podría considerarse que, en el ámbito de la contratación pública, la previsión en los pliegos de la presentación o registro de un plan de igualdad ha de entenderse vinculada a los de carácter voluntario.

El modelo de cláusulas del *Código para una contratación pública socialmente responsable en el ámbito de la Administración de la Generalitat de*

---

641 Las normas que regulan aspectos de los planes de igualdad de género en las empresas privadas son, fundamentalmente, la LO 3/2007, de 22 de marzo, para la igualdad efectiva de mujeres y hombres; el RD Legislativo 2/2015, de 23 de octubre, por el que se aprueba el texto refundido de la Ley del Estatuto de los Trabajadores; el RD-Ley 6/2019, de 1 de marzo, de medidas urgentes para la garantía de igualdad de trato y de oportunidades entre mujeres y hombres en el empleo y la ocupación; el RD 901/2020, de 13 de octubre, por el que se regulan los planes de igualdad y su registro y se modifica el RD 713/2010, de 28 de mayo, sobre el registro y depósito de convenios y acuerdos colectivos de trabajo; y, el RD 902/2020, de 13 de octubre, de igualdad retributiva entre mujeres y hombres. Por lo que se refiere al ámbito de las AAPP, los planes se regirán por lo dispuesto en los art. 51 y 64 de la LO 3/2007, respecto de la AGE, y por la DA 7ª del EBEP, por lo que se refiere al resto de AAPP. Actualmente, se mantiene en vigor el III Plan de Igualdad de género en la AGE, aprobado el 15 de diciembre de 2021.

Catalunya y su sector público transcribe una cláusula tipo: "Se otorgarán xx puntos a las empresas que tengan elaborado y apliquen voluntariamente un plan de igualdad efectiva de hombres y mujeres"[642]. En el caso del Decreto 118/2022, de 5 de agosto, de la Generalitat Valenciana, las previsiones relacionadas con los planes de igualdad se dirigen a implementar criterios de desempate o condiciones especiales de ejecución. Ahora bien, dejando a un lado las obligaciones legales y convencionales, los planes de igualdad de adopción voluntaria plantean dos aspectos problemáticos fundamentales por lo que se refiere a su incentivo, promoción o exigencia a través de criterios de adjudicación y condiciones especiales de ejecución.

El primer extremo controvertido incumbe al ámbito personal del plan y a la unidad negociadora de este. El papel de los representantes legales en el caso de los planes de igualdad voluntarios, como los motivados por el contenido de los PCA y el contrato del sector público, puede limitarse a las consultas previas que exigen los arts. 45.5 LOI y el RD 901/2020, sin que la opinión de aquellos sea vinculante (Rivas Vallejo, 2021). En caso de que se negocie, deberá ajustarse a lo dispuesto en el RD 901/2020. De cualquier modo, su ámbito de aplicación se extiende, por su propia naturaleza, a toda la empresa, por lo que podría ponerse en entredicho la vinculación con el objeto contractual. El segundo posible inconveniente radica en la inoportunidad de exigir conductas a los representantes de los trabajadores de forma indirecta a través de obligaciones dirigidas a los empleadores. Dicho de otro modo, las cláusulas sociales pueden incidir en la conducta empresarial para el mantenimiento y la mejora de los derechos laborales, pero la actuación del OC podría colisionar con los poderes negociadores de los representantes reconocidos constitucional y legalmente (Larrazabal Astigarraga, 2024b). Sobre este último extremo, y como se ha tenido la oportunidad de analizar en el punto 2.4 del capítulo II, puede advertirse de que el empleador dispone de una oportunidad de aprobar unilateralmente el Plan de Igualdad ante casos de bloqueo negociador imputable exclusivamente a la contraparte (SSTS de 13 de septiembre de 2018 —rec. 213/2017— y de 26

---

642 A esto añade: "és a dir, a aquelles empreses que no es trobin en cap de les situacions per a les quals la Llei del Parlament de Catalunya 17/2015, de 21 de juliol, obliga a tenir el referit pla o a les que hi estiguin obligades i en millorin les condicions".

de enero de 2021 —rec. 50/2020—). Esto reduce las tensiones jurídicas que pudieran, virtualmente, generar las cláusulas que promuevan o exijan la aprobación de planes de igualdad a los empleadores que no están legalmente obligados. De cualquier modo, se mantienen "inconvenientes prácticos" cuando las empresas carecen de órganos de representación y, por ello, deben recurrir a la comisión negociadora integrada por las centrales sindicales más representativas para negociar, también, los Planes de Igualdad no obligatorios (Martínez Moreno, 2021, p. 121). En conexión con estos inconvenientes prácticos se añaden otros argumentos, como los defendidos por López Insua (2019) y sostenidos por el TACRC en diversas resoluciones, que remarcan el agravio comparativo en cuanto al esfuerzo económico, técnico y organizativo que supondría para las empresas más pequeñas, no obligadas por la ley, adoptar un Plan de Igualdad.

Los planes de igualdad, tal y como se regula en el RD 901/2020 para los de carácter voluntario, no son el único instrumento jurídico que pueden articular las empresas para implementar medidas preventivas y protectoras ante la discriminación en sus distintas formas o adoptar políticas de contratación inclusivas. Los OC pueden proponer la adopción de protocolos generales o específicos en esta materia, sin necesidad de remitirse directamente a la normativa legal y reglamentaria de los planes de igualdad. En cualquier caso, las entidades públicas han de tener presente el papel de la negociación colectiva y la representación de los trabajadores en esta materia, ya que la exigencia, no ya de un contenido mínimo, sino de un contenido concreto en los planes o en la negociación colectiva podría constituir una intromisión en los convenios y, a su vez, quedar extramuros del objeto del contrato[643].

2.7.2. Certificados de igualdad de género

Por último, se pasa a estudiar someramente la posibilidad de promover la acreditación de la actividad empresarial conforme a estándares, certificados o etiquetas de igualdad de género u otras

---

643 Esta advertencia se ha hecho patente, sobre todo, en cuanto a las cláusulas sociales dirigidas a mejorar las condiciones laborales, como ha señalado Blanco López (2018).

de carácter social. La exigencia de este tipo de certificaciones está amparada por el art. 127 LCSP, el cual permite exigir en las prescripciones técnicas, en los criterios de adjudicación o en las condiciones de ejecución una etiqueta específica que pruebe (quizás el verbo es demasiado pretencioso) que la prestación contratada cumple con consideraciones sociales sobre el cumplimiento de convenciones de la OIT o de igualdad de género[644].

Uno de los escollos de esta clase de certificaciones es que se otorgan a empresas por su actividad general y no por segmentos de esta, como ocurre cuando se contrata con el sector público, lo que afecta a la necesaria vinculación con el objeto del contrato. El TACRC se ha pronunciado sobre este aspecto en diversas resoluciones, aunque la más prolija argumentativamente es la resolución 972/2018, de 26 de octubre, adoptada en el marco de la contratación del servicio de seguridad de edificios de la Agencia Tributaria en Canarias durante dos años[645]. El órgano de contratación establecía como criterio de adjudicación estar en posesión del distintivo *Igualdad en la Empresas* que otorga el Ministerio de Igualdad[646]. El Tribunal considera en el FJ 5° que el impedimento para la validez de tal criterio es, fundamentalmente, que el sello afecta a la empresa en su conjunto y no hace referencia, por tanto, a la prestación contratada, de tal modo que contraviene la exigencia de vinculación con el objeto del contrato.

En el ámbito autonómico existen igualmente certificados de igualdad de género, como es el caso del distintivo catalán de excelencia empresarial en materia de igualdad. El art. 35.5 de la Ley 17/2015, de 21 de julio en materia de igualdad efectiva de

---

644 El art. 127.1 LCSP define la etiqueta como "cualquier documento, certificado o acreditación que confirme que las obras, productos, servicios, procesos o procedimientos de que se trate cumplen determinados requisitos". Estas etiquetas han de reunir determinados requisitos establecidos en el apartado 2 del precepto para poder ser exigidas por los órganos de contratación.

645 En el mismo sentido se ha pronunciado la RTACRC 25/2021, de 8 de enero.

646 Se trata de una marca de excelencia que se otorga a empresas u otro tipo de entidades que destaquen en el desarrollo de políticas de igualdad entre mujeres y hombres en el ámbito laboral, mediante la implantación de planes y medidas de igualdad en áreas como, por ejemplo, el acceso al empleo y las condiciones de trabajo, entre otras. El distintivo se regula en el RD 1615/2009, de 26 de octubre.

hombres y mujeres, de la Generalitat de Catalunya prevé incluir como criterio de adjudicación en los contratos del sector público estar en posesión del certificado en cuestión[647]. Sea como fuere, estas previsiones han de ajustarse a lo señalado en los párrafos anteriores.

Puede apuntarse que, a pesar del obstáculo que puede suponer el hecho de que las acreditaciones en cuestión afecten a toda la empresa en su conjunto, nada obsta para que el OC tome en consideración aspectos concretos que prevén algunos de estos certificados de igualdad de género, siempre y cuando los PCA los regulen ciñéndose a la prestación en cuestión. Verbigracia, se puede apuntar que el acceso al distintivo público mencionado atiende a aspectos relativos al acceso al empleo como la presencia de mujeres en puestos en los que se encuentran generalmente infrarrepresentadas, la desagregación por sexo del conjunto de personal a partir de múltiples factores o la aplicación de criterios de acceso al empleo que prevengan situaciones discriminatorias, etc. Pues bien, el OC puede emplear como elementos de valoración la adopción de protocolos, planes o medidas de las empresas en estos ámbitos respecto del servicio, obra o suministro contratado, sin necesidad de hacer alusión a un certificado que afecte a toda la actividad empresarial.

Al margen de los criterios expuestos, es posible que los ítems de valoración versen sobre condiciones de contratación en el marco de las cadenas de valor de las empresas que contratan con el sector público. Las consideraciones relativas a las etiquetas de comercio justo y otras características relativas al cumplimiento de derechos laborales consagrados en las convenciones fundamentales de la OIT, a las que dedico algunos de los apartados del subsiguiente punto 3 de este capítulo IV, permiten extraer conclusiones compartidas con las etiquetas o certificados de igualdad de género.

---

647 Sin ánimo de exhaustividad: en el ámbito de la Comunitat Valenciana se regula el distintivo *Fent Empresa. Iguals en Oportunitats*, por la Orden 18/2010, de 18 de agosto, de la Conselleria de Bienestar Social, vinculado estrechamente a la adopción de planes de igualdad; en Extremadura, la Ley 8/2011, de 23 de marzo, creó la *Marca de Excelencia en Igualdad* orientada a la promoción de la elaboración de planes de igualdad por empresas privadas.

3. DERECHOS HUMANOS EN LA CADENA DE VALOR DE LA ADJUDICATARIA

Hasta este punto de la investigación se ha estudiado, entre otros extremos, el modo en que el Derecho obliga (o permite, en otros supuestos) a las entidades del sector público a monitorizar, controlar y sancionar la conducta ilícita o negligente de los actores económicos que concurren a los procesos de licitación en relación con medidas de inclusión sociolaboral y de las condiciones laborales de las personas adscritas al contrato[648]. Sin soslayar las dificultades ejecutivas a las que se enfrentan las AAPP respecto de tales previsiones normativas, la aprehensión de las facultades jurídico-administrativas de control y sanción son relativamente accesibles. En este punto, rubricado *Derechos humanos en la cadena de valor de la adjudicataria,* se profundiza en los mecanismos contemplados en el ordenamiento para que los contratistas de las entidades del sector público se responsabilicen de las actuaciones en materia de derechos humanos de las empresas que integran su cadena y que son funcionales a la prestación contratada. Las posibilidades brindadas por las directivas y la LCSP son amplias y, al mismo tiempo, sus articulados destacan ciertos instrumentos. Las CGV representan el conjunto de procesos secuenciales de creación de valor de un producto, obra o servicio desde la idea y el diseño hasta su puesta en el mercado. Entre otras: diseño, extracción de materias primas, producción, márquetin, comercialización, prestación, distribución y postventa[649]. Una empresa, al menos teóricamente, podría integrar en su estructura organizacional interna todos estos

---

648 En 1949, el Convenio 94 de la OIT sobre las cláusulas de trabajo (contratos celebrados por las autoridades públicas) y su consecuente Recomendación n.° 84 se plantearon, incluso antes de los acuerdos en el marco de la OMC, de los tratados de la ONU y de las directivas de la Comunidad Europea, los problemas sobre el respeto al cumplimiento de la normativa laboral, en el marco de contratos públicos, en el territorio del Estado contratante.

649 Esta definición teórica y abstracta se topa con definiciones *ad hoc*, por ejemplo, a efectos de la *Directiva sobre diligencia debida de las empresas en materia de sostenibilidad* que emplea el término cadena de actividades y que lo conceptualiza, en su artículo 3, como "las actividades de los socios comerciales en *fases anteriores* de la empresa (que tomemos como referencia) relacionadas con la producción de bienes o la prestación de servicios" [...] "y las actividades de los socios comerciales en *fases posteriores* de la empresa relacionadas con la distribución, transporte

procesos (integración vertical completa), pero la realidad es que se dedican a alguna de ellas (desintegración vertical) (Eduardo et al., 2017)[650].

Algunos de los mayores retos jurídicos hacen aparición ante agentes económicos que, con una personalidad jurídica independiente de la contratista, mantienen una relación con esta en régimen de participación o de relación comercial. En ocasiones, las contratistas, subcontratistas, proveedoras y suministradoras de la adjudicataria están insertas en una cadena de valor cuyas ramificaciones se extienden allende las fronteras del Estado e, incluso, de la UE[651]. Una de las cuestiones nucleares que se plantean es si es posible introducir en los pliegos de contratación mecanismos para controlar o prevenir eventuales conductas contrarias a los derechos humanos por parte de las subcontratistas, proveedores y suministradores de la contratista respecto de quienes desempeñan trabajos para ellas.

No en vano, la sinergia entre la digitalización y la globalización ha influido en la "evolución socioeconómica de la actual etapa histórica del Derecho del trabajo" en la que se revelan determinantes las cade-

---

y almacenamiento del producto, cuando los socios comerciales lleven a cabo dichas actividades para la empresa o en nombre de la empresa".

650 Un actor distinto aunque interconectado con el fenómeno de las CGV es la empresa transnacional (ETN): empresa cuyo proceso productivo está, de un modo u otro, fragmentado en actividades que realizan, desde distintos países, socios comerciales que tienen vínculos, formales o informales, con la empresa matriz (Guamán Hernández, 2022). De entrada, el término "empresa transnacional" puede generar cierta confusión por su parecido con el de "empresa multinacional". En realidad, instituciones como la OCDE (en las Directrices sobre diligencia debida) o la OIT (en la Declaración tripartita de principios sobre las empresas multinacionales), emplean el término de empresa multinacional, entendiéndolo como "una entidad que detenta o controla la producción o facilita servicios fuera del país donde se encuentra su matriz". El término, ciertamente, surge antes que el de ETN que, por otra parte, es el que se está abriendo paso desde hace años en la doctrina académica especializada en derechos humanos, como se ve en las citas y referencias bibliográficas empleadas en este punto. Las ETN se erigen en uno de los sujetos clave en la gobernanza de las CGV tomando en consideración el volumen de negocio comercializado (UNCTAD, 2013).

651 No se hace referencia en este caso únicamente a los supuestos de subcontratación de toda o parte de la prestación contratada por la entidad pública, sino de las empresas contratistas de la adjudicataria que facilitan o aportan valor a la prestación contratada.

nas mundiales de suministro (Martínez Moreno, 2018, p. 52). El modelo de empresa red global, como paradigma de división del trabajo entre empresas en el nivel nacional e internacional, representa la dinámica de creación de interdependencias comerciales, con empresas jurídicamente independientes, generadas en el tráfico jurídico, en el ámbito nacional y más allá de las fronteras del Estado-nación (Butera, 1988)[652]. Fruto de la consolidación de esta red tienen lugar, entre otros fenómenos empresariales y comerciales, las conocidas como cadenas globales de valor (CGV).

Estas actividades se llevan a cabo en un contexto mundial en el que 50 millones de personas se encuentran en situación de esclavitud moderna (de entre ellas, al menos 25 millones trabajan forzosamente y, otras 25 millones en situación de matrimonio forzoso), 160 millones de niños realizan trabajo infantil (la mitad de ellos, trabajos peligrosos), el 55 % de la población mundial no tiene acceso a la más básica protección social y el 60 % del trabajo mundial se incardina en el término de trabajo informal (COM, 2022; OIT, 2022).

Los datos mostrados se manifiestan junto a dos fenómenos globales en los últimos 50 años. En primer lugar, la mella en la democracia y los DDHH es el resultado de un proceso globalizador de las relaciones económicas que, reproduciendo los postulados de la *Lex Mercatoria*[653] (Guamán Hernández, 2022, 2023), "ha erosionado la capacidad regulativa de los Estados, provocando, a causa del desarrollo de las libertades económicas una competición entre ellos" (Borelli,

---

652 De las investigaciones en torno a la división del trabajo entre empresas surgen conceptos como "constelación de empresas, conglomerados, empresas filiales, empresas mano y empresas cabeza, distritos industriales, sistemas industriales locales, contratación en cascada y otros que tratan de dar cuenta sobre los nuevos modelos de reorganización social de la producción y de los tipos de empresas resultantes" (Martín Artilles, 1994, p. 88).

653 La citada autora, aun situando el nacimiento del término *lex mercatoria* de manos de Goldman en 1964, adapta el concepto a la actualidad con la siguiente definición: "nuevo orden global que reinterpreta formaliza y asienta en marcos regulatorios nacionales y particularmente supranacionales el poder del capital transnacionalizado, actuando como una herramienta jurídica fundamental [...] para la protección de los interesas de la inversión extranjera, influenciando de manera decisiva el comportamiento de los Estados" (Guamán Hernández, 2023, p. 12).

2023, p. 13)[654]. En segundo lugar, en el plano regional o continental europeo, es un efecto derivado de un Derecho de la UE que ha situado el eje central de su razón de ser y de sus políticas económicas en las libertades de circulación y establecimiento, la libre competencia y la estabilidad monetaria y financiera (Baylos Grau, 2023c; Borelli, 2023; Dani & Menéndez, 2022).

Es una característica propia de la globalización la generación de vacíos de Derecho público (Ferrajoli, 2014) y la obertura de canales de regulación donde pierden peso ramas como el DIDH en favor de fuentes de raíz privatista y bilaterales de carácter comercial (Guamán Hernández & Moreno González, 2017). El vacío parcial normativo en materia de cadenas globales de valor en el contexto de los contratos del sector público se manifiesta tanto en el ordenamiento estrictamente europeo como en el interno. Las consecuencias en materia sociolaboral, a grandes rasgos, se manifiesta en forma de cara y cruz del fenómeno externalizador trasnacional. La cara, por ejemplo, se traduce en presiones a la baja sobre los salarios; recurso frecuente y masivo a formas precarias de contratación; extensas jornadas de trabajo; escasa inversión en condiciones de seguridad y salud; y hostilidad hacia el fenómeno sindical y negación de la negociación colectiva y el derecho de huelga. La otra cara de la moneda se manifiesta

---

654 En este escenario interactúan diversos elementos, entre los que cabe llamar la atención sobre los vacíos jurídicos de los que se valen las estructuras empresariales y las tácticas de captura corporativa (Guamán Hernández, 2023; Royo Bordonada, 2019), que condensan en normativa estatal e internacional que desembocan en los siguientes resultados: la impunidad de las empresas transnacionales y de empresas nacionales que integran las cadenas mundiales de valor en países con estándares sociales y medioambientales frágiles e insuficientes; la indefensión de las personas que sufren directa e indirectamente la violación de los derechos humanos; y, la irresponsabilidad y la impotencia de los Estados para ejercer un control sobre los sujetos económicos y la tutela de los derechos humanos. Algunos de los casos más relevantes estudiados y citados reiteradamente por la doctrina para poner de manifiesto dicha impunidad son: el caso de la contaminación producida por la petrolera Chevron/Texaco en la Amazonía (entre 1964 y 1992); el caso de la fuga de gases tóxicos de una fábrica de pesticidas en la región de Bhopal, en la India (1984); el caso del incendio de una fábrica textil en Pakistán (2012); el caso del derrumbe del edificio Rana Plaza que albergaba fábricas de ripa en Bangladesh (2013); o el caso del desastre minero en la ciudad de Mariana, en Brasil (2015). Para un resumen de cada uno de estos casos véase Guamán Hernández & Moreno González (2017).

en los países beneficiarios de las prestaciones contratadas en dichos países que sufren pérdidas netas de empleo y un debilitamiento en el poder contractual o negociador (Sanguineti Raymond, 2022).

De hecho, esta complejidad en relación con la existencia, validez y efectividad de mecanismos jurídicos es un factor que, junto a la competitividad por vía de los menores costes productivos y menores estándares ambientales, tienen en cuenta las empresas en su actividad transnacional, ya sea en orden a establecer vínculos comerciales en su cadena de suministro, a deslocalizar centros productivos propios o desintegrar verticalmente el negocio. La constitución económica española y europea permiten que las empresas busquen "contextos más beneficiosos" en materia económico-productiva, tributaria, social o ambiental, por ejemplo, mediante la deslocalización y recolocación de centros productivos propios o mediante la elección de contratistas y suministradores, tanto en el ámbito nacional como en el internacional (Baylos Grau, 2023a). A la carencia de responsabilidades empresariales directas exigidas por el marco normativo internacional e interno en el contexto transnacional se añaden las dificultades inherentes a las capacidades de los Estados (y de las propias empresas) para controlar, supervisar o verificar las circunstancias y condiciones que acontecen en el ámbito de una cadena de valor, sobre todo, cuando la integran empresas que no se encuentran en territorio español (Baylos Grau, 2004; Tascón López, 2020).

Tras el cuarto paquete de directivas de contratación pública, el Parlamento Europeo (2018) insistió en la necesidad de atender a los riesgos generados en el marco de la externalización como "la esclavitud moderna, dumping social y violaciones de los derechos humanos". Solicita a la comisión que incluya ejemplos y consejos en una guía de CPSR sobre el respeto a los DDHH en los contratos del sector público; como realiza en sucesivas guías dos años más tarde (COM, 2020, 2021a). Entre las diferentes modalidades de mecanismos jurídicos contempladas expresamente por la normativa de contratos u otras tangenciales se encuentran los requisitos *ad hoc* que pueda exigir o promover el OC en materia de información y transparencia, los procesos de diligencia debida o los certificados, sellos o etiquetas como, por ejemplo, los de Comercio justo.

Para la elaboración de esta clase de instrumentos de información, transparencia o control de la cadena de valor es posible asistir a aquellos dispositivos que se tratan de implementar desde el plano supranacional y nacional, aunque no ligados necesariamente a la contratación pública. Para entender la trascendencia práctica de los diferentes instrumentos con mecanismos para proteger DDHH en las cadenas globales de valor puede imaginarse un eje de abscisas en el cual, en un extremo se encuentran aquellos de adopción y cumplimiento *voluntario, unilateral* y *autorregulado*, como los códigos de conducta empresariales de RSE o RSC propuestos desde las posiciones más privatistas; en el otro lado se hallan los instrumentos *vinculantes*, de configuración o diseño *multilaterales* y *corregulados*[655]. Entre ambos ejes se mueven el grueso de los instrumentos que se relacionan en este punto 3 del capítulo IV.

En materia de empresas, cadenas globales de valor y cláusulas de responsabilidad social destacan cuatro instituciones de sustrato internacional: ONU, OIT, OCDE y UE[656]. Junto a estas organizaciones internacionales y supranacionales destacan instituciones privadas como las federaciones sindicales internacionales (FSI) que alcanzan Acuerdos Marco Internacionales (AMI)[657] con las empresas transnacionales o la

---

655 La reivindicación histórica del voluntarismo por parte, por ejemplo, de las empresas transnacionales es criticada por organizaciones sindicales como la Confederación Sindical Internacional, en la que se aglutinan las Federaciones Sindicales Internacionales, por crear pátinas de ficción regulatoria y por servir de política general de marketing o imagen corporativa y no como una estrategia de asunción de responsabilidades efectivas. Y es que, desde la CSI se demandan instrumentos vinculantes, multi o bilaterales y corregulados, como los Acuerdos Marco Internacionales o Tratados internacionales vinculantes (Baylos Grau, 2004; Maira Vidal, 2014, 2015).

656 En el concreto ámbito de la contratación pública debe situarse el punto de mira en los Acuerdos internacionales sobre contratos públicos (ACP), por ejemplo, de la OMC, desde un enfoque multilateral y, en el nivel regional, en las Directivas de contratación Pública de la UE. El APC está suscrito, tan solo, por 22 Estados del total de 49 que son parte en la OMC. La finalidad del acuerdo es, principalmente, garantizar que los Estados disponen de condiciones de competencia abiertas, equitativas y transparentes. Sin embargo, el término "social" aparece, única y exclusivamente, en una sola ocasión.

657 Los Acuerdos Marco Internacionales (AMI) no son Tratados Internacionales entre Estados, sino instrumentos de negociación entre sindicatos y empresas en el plano internacional dirigidos a regular derechos sociolaborales, general-

Organización Internacional de Normalización (ISO). Todas ellas han adoptado declaraciones, directrices, principios, obligaciones, etc. sobre la responsabilidad de los Estados y las empresas en el marco de las actividades comerciales y productivas, sobre todo, en el plano transnacional.

Los instrumentos jurídicos derivados de ellas, debido a la naturaleza diversa de las instituciones de las que surgen, contienen mecanismos de responsabilidad social transnacional de diferente naturaleza: transparencia de las empresas matrices sobre sus operaciones mundiales, auditorías internas o externas de la cadena de valor, certificados y normas técnicas que acrediten el cumplimiento de estándares, compromisos de cumplimiento de protocolos de conducta socialmente responsable, puesta en marca de diligencia debida, exigencias *ex lege* de responsabilidad en materia de contratación y subcontratación internacional o controles e inspecciones por parte de las organizaciones sindicales[658]. Algunos de ellos se adivinan completamente extrapolables a las cláusulas sociolaborales en los contratos del sector público.

En los tres subapartados que siguen se acometen los dispositivos jurídicos que la legislación de contratos del sector público prevé para hacer frente a las contingencias en materia de derechos humanos, en general, y derechos en torno al empleo, en particular, en las cadenas de valor de los contratistas.

---

mente, entre la FSI y Empresas transnacionales. En cierto modo, tal y como señala Correa Carrasco (2018, p. 155), es una vía que permite "ciertas dosis de juridificación" de medidas específicas para cumplir con aquello que, por otra parte, ya se encuentra materialmente juridificado en instrumentos normativos internacionales derivados de la OIT y ONU y, además, en otros derivados de la OCDE. Existen decenas de acuerdos entre federaciones sindicales internaciones o globales y ETN como BMW, Bosch, Ford o Inditex. Sobre el contenido de derechos individuales y colectivos que vienen recogiendo los AMI véase el estudio de Márquez Carrasco (2018).

658 Las previsiones concretadas por los AMI derivan de la DUDH, el Pacto Mundial, los convenios fundamentales de la OIT o de las Directrices de la OCDE y la guía en materia de diligencia debida, fundamentalmente. Por lo que se refiere a la efectividad de sus estipulaciones, se configuran mecanismos como someter a ciertas empresas de la cadena a auditorías externas, permitir a responsables de la principal el acceso a documentación e instalaciones de la contratista e, incluso, se han acreditado pactos entre empresas que contemplan la realización de entrevistas a trabajadores de forma anónima para conocer las condiciones sociolaborales (Tascón López, 2020).

3.1. La subcontratación de la prestación contratada con las AAPP

El DRAE define la subcontratación como la firma, por parte del adjudicatario de una contrata, de un contrato "con otra empresa para que realice trabajos relacionados con la contrata original". Los trabajos que se (re)contratan por aquel operador externo son parte o la totalidad de las prestaciones que se le han encargado en primer orden. Esta capacidad de los adjudicatarios está amparada por la LCSP[659]. En este sentido, la definición ofrecida permite diferenciar la subcontratación que realiza un contratista o adjudicatario de la "contratación" que este lleva a cabo de prestaciones auxiliares o complementarias para poder llevar a término la prestación contratada.

Los contratistas tienen la oportunidad de concertar con otros agentes económicos la realización parcial del servicio, obra o suministro (por tanto, se descarta la subcontratación de la totalidad de la prestación), con algunas salvedades que establece la legislación de contratos (art. 215 LCSP). En primer lugar, el contratista tiene prohibido subcontratar con agentes que hayan sido inhabilitados para contratar con el sector público; en segundo lugar, se somete a autorización expresa del órgano de contratación la subcontratación en el marco de contratos en los que se vean afectados intereses esenciales para la seguridad del Estado (también en el caso de contratos reservados o de carácter secreto); y, por último, los pliegos pueden establecer que determinados trabajos o tareas críticas no puedan ser subcontratas, sino que han de ser realizadas, exclusivamente, por el contratista. No obstante, la facultad de los órganos de contratación para decidir tal extremo no es puramente discrecional, ya que, como se advierte en el apartado 1, II del art. 215 LCSP, las limitaciones que los pliegos puedan interponer a la subcontratación por parte de los adjudicatarios no pueden suponer, en ningún caso, "una restricción efectiva de la competencia".

---

659 Entre las referencias a la subcontratación encontramos, incluso, la posibilidad de que se subcontraten por parte del contratista los servidores y los servicios asociados a los mismos para el tratamiento de datos de carácter personal (art. 122 LCSP). Por ello, se contempla que el contratista incluya en la oferta el nombre de la empresa o el perfil empresarial, que se define por la referencia a "las condiciones de solvencia profesional o técnica, de los subcontratistas a los que se vaya a encomendar su realización".

Resulta llamativo en este punto la expresión "en ningún caso", pues resulta aventurado que se obvien las posibles justificaciones constitucionales y las correspondientes configuraciones proporcionadas de las medidas limitativas. En cualquier caso, cualquier limitación a poder encomendar a terceros por parte del contratista tareas consideradas críticas por la entidad contratante ha de justificarse en el mismo expediente de contratación.

En resumen, la consideración de que la subcontratación es una facultad inherente a la libertad de empresa está imbricada en la normativa de contratos del sector público. Las escasas posibilidades de restricción de dicha facultad son una manifestación de la infiltración del libre mercado en la contratación pública. Si imaginamos un eje X en el que la libertad absoluta de subcontratación se sitúa en un extremo y el derecho de los órganos de contratación a imponer cualquier restricción de tal libertad en el otro, el régimen jurídico actual de contratos del sector público deberíamos situarlo, no en un punto medio, sino escorado hacia el extremo de la libertad de subcontratación. Sea como fuere, lo cierto es que la LCSP, aunque limita considerablemente la capacidad de las entidades públicas de decidir la prohibición de subcontratación, disponen de algunas especificidades que condicionan el ejercicio de tal derecho empresarial.

La primera consiste en determinar la prestación y las características técnicas de la misma, de tal modo que las condiciones restringen en cierto grado, de forma indirecta e inintencionada, el tipo de suministradores y subcontratistas a los que puede acudir el adjudicador. A modo de ejemplo de acceso cotidiano, es frecuente toparse, en contratos de servicios y concesión de servicios de cantinas y bares, la exigencia de adquirir productos envasados de una forma determinada o con "materiales reciclados y/o biodegradables", "alimentos locales saludables típicos de la Dieta Mediterránea y productos de comercio justo"[660], etc. en un contrato de gestión de máquinas expendedoras se advierte de la necesidad de expedir "marcas acreditadas", o se alude al tanto por ciento de "bebidas y alimentos saludables", entre

---

[660] Ambas exigencias vienen contenidas en el *Pliego de Prescripciones Técnicas del proceso de licitación para la Explotació del servei de cafeteria en les instal·lacions de l'Aulari Nord i en "Tarongers Espai Obert" de la Universitat de València* (2017).

otros extremos[661]. En segundo lugar, la legislación brinda determinada protección a los subcontratistas y suministradores; los arts. 216 y 217 LCSP son la concreta manifestación de este extremo. La LCSP advierte de que el contratista tiene por obligación abonar el precio pactado en los plazos y con las condiciones que haya establecido con los subcontratistas o suministradores. Además, somete a la relación entre ambos a determinadas pautas que protegen el derecho acreedor de los proveedores. El art. 217 LCSP permite a las AAPP comprobar el cumplimiento de las obligaciones de pago de los contratistas a sus subcontratistas y suministradores; una facultad que se torna obligación en determinados contratos[662]. En tercer lugar, se obliga al contratista a determinar y dejar constancia de algunos aspectos de los subcontratistas (no así de los meros suministradores), como la identidad, datos de contacto, representante y la justificación de la suficiente aptitud del subcontratista para ejecutar la prestación. En último lugar, es preciso señalar el obligado sometimiento de los subcontratistas a las mismas condiciones especiales de ejecución que el contratista. Es especialmente relevante y trascendente en este asunto traer a colación la exigencia que contiene el art. 202.3 LCSP, ya que las cláusulas sociolaborales, incluso las que forman parte de otras fases contractuales, se tornan condiciones de ejecución. En quinto y último lugar, tanto las responsabilidades jurídicas mínimas que han sido examinadas para las empresas principales (incluida las AAPP) como las que derivan del artículo 42 y 43 ET, 168.1 LGSS o las normas de la LCSP son aplicables a la subcontratación.

---

[661] Requisitos contenidos en los *Pliegos de Prescripciones Técnicas de la licitación para la Explotació de la cafeteria i màquines expenedores de la Facultat de Psicologia de la Universitat de València* (2017).

[662] En los casos de subcontratación, es decir de ejecución parcial o de unidades de obra por parte de un tercero subcontratista, las entidades tendrán la obligación de comprobar y de imponer penalidades por incumplimientos, cuando se trate de contratos de obras o contratos de servicios cuyo valor estimado supere los 5 millones de euros y en los que el importe de la subcontratación sea igual o superior al 30 por ciento del precio del contrato (art. 217.2 LCSP).

3.2. Criterios de comercio justo, equitativo o ético

Frente a las normas jurídicas, los ordenamientos jurídicos contemplan que legalmente se instituyan estándares o reglas no vinculantes por organismos públicos o privados que no son de aplicación general ni tienen un valor de ley y que adquieren un carácter *parajurídico.* Y es que se constituyen en normas que no integran el Derecho directamente, pero caminan paralelamente a él y, en ocasiones, pasan a integrar de forma mediata el ordenamiento jurídico. En cierto modo, se trata de una privatización de la regulación o normativización de ciertos aspectos de las relaciones transnacionales. Estas entidades otorgan una suerte de medalla o distintivo a quien cumple con el estándar que ha creado dicha organización, pero el contenido de este estándar y el modo de comprobar cómo se cumple, es cosa de la organización en sí o de otra organización denominada certificadora.

La definición de esta clase de normas se halla, entre otros puntos de la normativa jurídica, en el art. 8 de la Ley 21/1992, de Industria, que las define como "especificación técnica de aplicación repetitiva o continuada cuya observancia no es obligatoria, establecida con participación de todas las partes interesadas, que aprueba un organismo reconocido, a nivel nacional o internacional, por su actividad normativa". Así, junto a la actividad de estandarización, la ley exige, al menos en el ámbito industrial, que la entidad emisora vea reconocida oficialmente su actividad. Ejemplo de ello es la Asociación Española de Normalización y Certificación (AENOR) que, aunque siendo privada, es reconocida como organismo normalizador por el Ministerio competente conforme a la Ley de Industria, el Reglamento (UE) 1025/2012 sobre Normalización Europea y el Reglamento de Infraestructura para la Calidad y la Seguridad Industrial. Algunos Estados disponen de una asociación u organismo de normalización y certificación oficial[663] que crean normas nacionales (AENOR crea las normas españolas UNE), al tiempo que existen organismos internacionales; es el caso del Comité Europeo de Normalización (CEN) o de la Organización Internacional de Normalización (ISO) que, además de la nomenclatura general, genera normas con una identifica-

---

663 Algunos ejemplos son: AFNOR, en Francia; BSI, en Reino Unido; DIN, en Alemania; o ASTM, en EE. UU.

ción específica[664]. La ISO que tiene una naturaleza eminentemente privada; aunque participan AAPP, no actúan los Estados como sujetos de Derecho internacional público. La ISO ha adoptado estándares en materia de responsabilidad social: la ISO 26000; sobre de sistemas de seguridad y salud en el trabajo: ISO 45001; o sobre estándares medioambientales: ISO14001. Otras organizaciones creadoras de estándares propios son privadas y no disponen de participación pública alguna como la SAI, que también adoptó estándares sobre RSE (la SA 8000) o las organizaciones adheridas a la organización de comercio justo, que certifica productos o empresas que cumplen con esos estándares.

En este contexto, existen más de 500.000 normas técnicas de este tipo que abarcan prácticamente cualquier ámbito de las actividades económicas. De tal modo que, además de normas de carácter técnico industrial, se hallan estándares de responsabilidad social empresarial y de comercio justo. A su vez, además de las entidades que dictan tales normas, la otra cara de la moneda la constituye la certificación, asesoría y consultoría sobre la adecuación de la conducta empresarial a dichos estándares y que, frecuentemente, la ofrecen las mismas organizaciones.

Cabe llamar la atención sobre un elemento trascendente para la comprensión de las etiquetas o certificados en materia de estándares sociolaborales en la cadena de valor de una empresa. Y es que, algunas organizaciones de normalización y certificación se caracterizan por una participación público-privada, como es el caso de ISO, la autora, por ejemplo, de la norma ISO 26000 sobre responsabilidad social, y AENOR. Otras entidades que arbitran criterios y parámetros de cumplimiento, en cambio, son eminentemente privadas, como la Organización Mundial de Comercio Justo, que ampara buena parte, cuantitativa y cualitativamente, de los sellos o etiquetas de comercio justo y, asimismo, es el caso de Social Accountability International (SAI), la impulsora de la norma SA 8000 que aborda aspectos de responsabilidad sociolaboral en cadenas de valor[665].

---

664 Las normas aeroespaciales SAE; las normas de automoción IATF; las normas electrónicas IEEE; las normas internacionales eléctricas IEC.

665 Algunas de las empresas privadas certificadoras son: SGS, Bureau Veritas, Asociación Española de Normalización y Certificación (AENOR) o TÜV Reinhland.

3.2.1. Etiquetas de comercio justo

La aparición del término comercio justo, ético o equitativo en el entramado normativo europeo de contratación pública tiene lugar de forma oblicua a través de la resolución del Parlamento Europeo sobre comercio justo y desarrollo (2006) en la que se ruega a las AAPP que "integren criterios de comercio justo" en los procesos de contratación pública y pide a la Comisión Europea "que favorezca esta práctica con directrices para la compra de productos de comercio justo, entre otros medios" (apdo. 22). Uno de los rasgos relevantes es que dicha resolución pone negro sobre blanco los principios fundamentales que rigen el comercio de tales características (apdo. 2):

> 1. "Un precio justo al productor, que garantice unos ingresos justos y que permita cubrir unos costes sostenibles de producción y los costes de subsistencia; este precio debe igualar, por lo menos, al precio y la prima mínimos definidos por las asociaciones internacionales de comercio justo.
> 2. Parte del pago se debe efectuar por adelantado, si el productor así lo solicita.
> 3. Una relación estable y a largo plazo con los productores, así como la intervención de éstos en el establecimiento de normas de comercio justo.
> 4. Transparencia y rastreabilidad en toda la cadena de abastecimiento, a fin de garantizar una información adecuada al consumidor.
> 5. Unas condiciones de producción que respeten los ocho convenios fundamentales de la (OIT).
> 6. El respeto del medio ambiente, la protección de los derechos humanos, en particular de los derechos de las mujeres y los niños, así como el respeto de los métodos de producción tradicionales que favorezcan el desarrollo económico y social.
> 7. Programas de desarrollo de capacidades y capacitación para los productores, en especial para los pequeños productores marginales de los países en desarrollo, para sus organizaciones y para sus respectivas comunidades, a fin de garantizar la sostenibilidad del comercio justo.
> 8. El respaldo a la producción y la entrada al mercado de las organizaciones de productores.
> 9. Actividades de sensibilización sobre la producción y las relaciones comerciales en el marco del comercio justo, su misión y sus objetivos, y sobre la injusticia reinante en las normas del comercio internacional.
> 10. El seguimiento y la verificación del cumplimiento de estos criterios, en cuyo marco debe corresponder un importante papel a las organizaciones del hemisferio sur, con miras a una reducción de costes y una mayor participación de estas en el proceso de certificación.
> 11. Evaluaciones de impacto periódicas sobre las actividades relacionadas con el comercio justo."

La solicitud que contenía la resolución del PE y que se dirigía a los Estados y a la Comisión comenzó a dar sus resultados por partida doble. Por un lado, la Ley 30/2007, de 30 de octubre, de contratos del sector público, en España, recoge el testigo del PE en su exposición de motivos y, especialmente, en la disposición en la que se otorga preferencia ante el empate a las ofertas presentadas por Organizaciones de Comercio Justo. Por otro lado, la Comisión acoge la demanda del PE en la *Comunicación de la Comisión Europea "Contribución al desarrollo sostenible: el papel del comercio justo y de los sistemas no gubernamentales de garantía de la sostenibilidad comercial*" (COM, 2009) y, de forma algo más directa y decidida, en la *Guía de Adquisiciones Sociales* (COM, 2011a); documento precursor de los impulsos socialmente responsables del cuarto paquete de directivas. Es en este último documento en el que, por vez primera, se cita la posibilidad de tomar en consideración criterios específicos de comercio ético, pero con la advertencia, hoy no vigente, de que no podían exigirse etiquetas o certificaciones de comercio ético concretas en las prescripciones técnicas y en las condiciones de ejecución. Este reparo, que actualmente ha sido solventado en los términos que más tarde mencionaré, se basaba en el convencimiento de que "el acceso al contrato de productos que no están certificados pero que reúnen normas comerciales sostenibles similares" (COM, 2011a, p. 32).

La permeabilidad de la normativa a esta fórmula de sostenibilidad en las cadenas de valor de los contratos públicos llega retraídamente en las Directivas 2014/23 y 24/UE. En sus considerandos se apunta a la capacidad jurídica de los OC para imponer requisitos comerciales a los contratistas como que los productos suministrados o aquellos productos que se utilicen en el ámbito de la contrata procedan del comercio justo o equitativo, incluyendo, incluso, el pago de precios o primas a productores por encima de un mínimo (considerando 63 de la Directiva 23 y considerando 97 de la Directiva 24).

Las directivas no ahondan en su articulado en el comercio justo, pero la LCSP, desde la fase de selección, hasta la ejecución contractual, pasando por las fases de valoración de ofertas y desempate[666], el

---

666 Uno de los criterios de desempate hace alusión a la preferencia de las ofertas presentadas por entidades que sean reconocidas como organizaciones de Comercio Justo cuando el objeto del contrato tenga alternativas de comercio justo.

OC tome en cuenta aspectos relacionados con las condiciones de trabajo y vida en las cadenas de valor o, directamente, estar en posesión de etiquetas sociales o certificados de *comercio justo.*

Una de las referencias más significativas las realiza el art. 202 LCSP (condiciones de ejecución) que permite emplear consideraciones sociales como el consistente en "garantizar el respeto a los derechos laborales básicos a lo largo de la cadena de producción mediante la exigencia del cumplimiento de las Convenciones fundamentales de la Organización Internacional del Trabajo, incluidas aquellas consideraciones que busquen favorecer a los pequeños productores de países en desarrollo, con los que se mantienen relaciones comerciales que les son favorables, como el pago de un precio mínimo y una prima a los productores o una mayor transparencia y trazabilidad de toda la cadena comercial".

Por la vía de las etiquetas sociales, el artículo 127.2 LCSP, ya aludido en el punto de este trabajo relativo a las etiquetas sociales, enumera una serie de ejemplos sociales como "el comercio justo, la igualdad de género o las que garantizan el cumplimiento de las Convenciones fundamentales de la Organización Internacional del Trabajo [...]", así como, de forma similar, se menciona el comercio justo o equitativo en la definición de criterio social de calidad respecto de los criterios de valoración (art. 145).

En el campo del comercio justo, la Organización Mundial del Comercio Justo (WFTO, por las siglas en inglés), que engloba a 400 entidades en 76 países, se ha constituido en la entidad de referencia en el establecimiento del concepto *comercio justo,* también denominado *equitativo* o *ético*[667]. En España el miembro estructural más destacado es la Coordinadora Estatal de Comercio Justo, en la que se encuentran las "delegaciones" de múltiples entidades de comercio justo. De la WFTO surgen diez principios que definen este fenómeno:

1. Oportunidades para productores económicamente marginados
2. Transparencia y responsabilidad

[667] El término "comercio equitativo" es el empleado en ordenamientos jurídicos como el francés, el cual se refiere al "commerce équitable". Por otra parte, la *Guía de Adquisiciones Sociales de la Comisión Europea* (2021) utiliza, además de los términos "justo" y "equitativo", la palabra "ético".

3. Prácticas comerciales justas
4. Pago justo
5. No al trabajo infantil, no al trabajo forzoso,
6. No a la discriminación, Equidad de Género y libertad de asociación
7. Buenas condiciones de trabajo
8. Desarrollo de Capacidades
9. Promoción del comercio justo
10. Acción climática y protección del medio ambiente

En torno a este sostén elemental diversas entidades, la mayoría integrantes de la WFTO, desarrollan sus propios estándares y las etiquetas o sellos que dan fe de la correspondencia entre la realidad comercial y la norma de referencia. Las etiquetas más utilizadas en el entorno de estandarización del comercio equitativo o justo son *Fair-Trade, SPP coop., Naturland Fair,* o *Fair for life.* Pues bien, una de las diferencias fundamentales entre las certificaciones, como son las ISO, EN o UNE, de los sellos de comercio justo o equitativo es que mientras que aquellas surgen de organizaciones participadas por AAPP y entidades privadas de diversa naturaleza y composición social, económica y profesional. La certificación puede recaer sobre productos[668] o sobre organizaciones; lo que resultará determinante para conocer si la cláusula es válida jurídicamente.

Ciertamente, la legislación española va algo más lejos que las directivas en su labor descriptiva o clarificadora al señalar expresamente que estas etiquetas pueden versar, entre otras materias, sobre comercio justo[669]. Uno de los puntos paradigmáticos radica en la regulación de las prescripciones técnicas relacionadas con las eti-

---

[668] Se certifican o sellan productos como alimentos, ropa, juguetes, artículos de hogar, bisutería o cosmética.

[669] Es conveniente no de pasar por alto que las Directivas no son aplicables a todo contrato, sino a aquellos que superen determinado umbral económico. Por lo que un ejercicio legislativo más ambicioso en este aspecto por parte del legislador español no debería ser un obstáculo a la legalidad.

quetas sociales de comercio justo. No obstante, la práctica habitual muestra que las etiquetas sociales ya se referían, entre otros temas, a criterios relacionados con el comercio justo. En efecto, atendiendo a las interpretaciones tradicionales de la Comisión y al contendido de los considerandos y el articulado de la directiva, puede pensarse que las especificaciones técnicas solamente pueden hacer referencia a cuestiones ajenas a la relación o vínculo laboral. Sin embargo, las exigencias inherentes al comercio justo tienen implicaciones que afectan al vínculo negocial con los productores y de éstos con los trabajadores a su servicio. Por tanto, se da cobertura a especificaciones que no definen el objeto del contrato, pero se vinculan a factores que intervienen en proceso de la prestación, como son los trabajadores y su relación con el empresario. Con todo, a pesar de encontrarse las puntualizaciones señaladas únicamente en la norma española, no hay obstáculos en la directiva para interpretarlas del mismo modo.

En el seno del Derecho derivado de la UE y del *soft law* de la Comisión, el comercio justo o ético, ha sido uno de los vectores de la CPSR junto al fomento del empleo, la formación o capacitación de los trabajadores, la inclusión sociolaboral, la igualdad de género y, en general, el trabajo digno. Una posición que fue considerada conforme al Derecho originario por el TJUE en diversas ocasiones. Entre todas las resoluciones destaca la doctrina tan citada, en foros académicos, administrativos y jurisdiccionales, de la STJUE de 10 de mayo de 2012 (asunto C-368/10); por otra parte, emitida antes incluso del último paquete de directivas. En sus apartados 91 y 92 se afirma su validez jurídica en tanto en cuanto cumple con los principios y reglas de la contratación pública y, además, las exigencias de comercio justo o ético arbitradas son plenamente respetuosas con las libertades económicas del Mercado Único.

Se aprecia en la normativa española un impulso en materia de responsabilidad social en cadenas de valor al mencionar de forma expresa los derechos humanos en el marco de la ONU y la OIT. Pero no debe obviarse que el comercio justo o ético ha sido la puerta de entrada o la fórmula empleada en la contratación pública, desde hace más de dos décadas, respecto de las problemáticas sociales relacionadas con las cadenas mundiales de suministro de las que se valen las AAPP. Bajo este paraguas la Comisión Europea y el Parlamento

Europeo han amparado múltiples tipos de cláusulas con finalidades de transparencia en las cadenas de valor, sobre análisis de impacto, exigencias añadidas a contratistas y subcontratistas de la adjudicataria o la adopción de códigos estrictos de responsabilidad social (COM, 2020, 2021a).

Tanto es así, que estas instituciones de la UE han propuesto como ejemplos de países europeos los casos de adquisición de indumentaria de trabajo socialmente responsable que hace el Ayuntamiento de Gante (Bélgica) (COM, 2021a, p. 31) o el caso de las contrataciones éticas de productos textiles, dispositivos de TIC y equipos médicos del municipio de Stavanger (Noruega) (COM, 2021a, p. 51). En el primer supuesto, el Ayto. realizó análisis prospectivos de las anteriores licitaciones realizadas en la región de Flandes; realizó un estudio de mercado para evaluar la situación y las capacidades de los operadores; y, finalmente, creó una guía con orientaciones tanto para los OC como para las empresas con el fin de poder ejecutar de forma eficaz cláusulas de comercio justo. En el caso noruego referenciado, se exigen sistemas de información y trazabilidad de la cadena de suministro de las contratistas, un proceso de evaluación de riesgos y un código de conducta vinculante basado en los convenios fundamentales de la OIT y en la normativa aplicable en cada país en el que operan los integrantes de la cadena. A pesar de estas experiencias, la mayoría de los casos amparados por el TJUE, la Comisión Europea y las directivas, se limitan a las exigencias o promoción de certificados de comercio justo, como en el caso de los productos alimenticios suministrados para colegios de Múnich (Alemania) (COM, 2021a, p. 56).

Dicho todo lo anterior, se anotan dos aspectos vinculados a las etiquetas de comercio justo que condicionan, a priori, la validez de su empleo como condición o criterio social. El primero de ellos versa sobre la naturaleza de la entidad que instituye el estándar que ha de cumplirse para obtener la certificación o etiqueta. El segundo, se relaciona con el modo en que se realiza la referencia a la etiqueta en los PCA.

Las etiquetas, para poder constituirse en un elemento referencial en los pliegos, según la regulación de las Directivas y la LCSP, han de cumplir con una serie de requisitos entre los que destaca el que reclama que el procedimiento de adopción sea abierto y transparente y "en el que puedan participar todas las partes concernidas, tales como organismos gubernamentales, los consumidores, los interlocutores sociales, los fabricantes, los distribuidores y las organizaciones no gubernamentales" (arts. 127 LCSP y 43 Directiva 2014/24/UE). Así las cosas, parece claro que estas notas evocan a organizaciones como ISO o UNE con una participación público-privada y se desmarca de otras como las propias del comercio justo ya citadas.

Además de ello, otro de los requisitos que deja patente la ley exige que las condiciones para la obtención de la etiqueta social se fijen por terceros, de tal modo que el empresario concurrente a una licitación no pueda ejercer una "influencia decisiva" en su diseño. La participación en las entidades de comercio justo o equitativo difícilmente dará lugar a una influencia decisiva, ya que los sellos tienen un carácter internacional. Con todo, es un riesgo potencial más probable en esta clase de estandarizaciones que en aquellas que, al menos en teoría, disponen de una participación amplia y diversa de empresas, sindicatos, asociaciones profesionales, asociaciones de consumidores y administraciones públicas.

Un modo de probar que la empresa cumple con determinadas características sociales o medioambientales es acreditar estar en posesión de etiquetas[670]. Este aspecto viene regulado por el artículo 47 de la Directiva y 127 LCSP. Estos preceptos habilitan al poder adjudicador para exigir una etiqueta específica en las prescripciones técnicas, en los criterios de adjudicación o en las condiciones de ejecución del contrato. Ahora bien, el OC debe detallar en los pliegos las características y requisitos que se pretenden probar con la etiqueta, de tal modo que el licitador pueda cumplir con las especificaciones sin necesidad de certificar la etiqueta, recayendo en él la carga de la prueba de la equivalencia. Es por esto por lo que la exigencia de la etiqueta específica se convierte en un requisito relativo.

---

670 El artículo 2.22) de la Directiva 2014/24/UE define las etiquetas como: "cualquier documento, certificado o acreditación que confirme que las obras, producto, servicios, procesos o procedimientos de que se trata cumplen determinados requisitos." Por otro lado, según el Libro Verde de la Comisión denominado "Fomentar un marco europeo para la responsabilidad social de las empresas" una etiqueta social consiste en "palabras y símbolos sobre un producto con las que se intenta influir en las decisiones de compra de los consumidores garantizando el impacto social y ético de una operación empresarial en otras partes interesadas".

La LCSP ofrece una válvula de escape, al regular las etiquetas sociales en el art. 127, para proteger el principio de igualdad de trato al que se deben los poderes públicos: los OC no deben exigir la etiqueta en sí misma de forma exclusiva, sino que deben definir "las prescripciones técnicas por referencia a las especificaciones detalladas de esa etiqueta". Esto permite que aquellos operadores que no estén en posesión de un sello determinado puedan acceder a los beneficios que otorga, en el ámbito de la contratación pública, probando que los procesos o productos cumplen con los estándares marcados por el OC por "delegación" en un certificado, sello o etiqueta.

A pesar de este intento por limar las asperezas que emergen para con la igualdad de trato, surgen agravios comparativos para las empresas que no disponen de un sello, pero cumplen, quizás en niveles superiores, con las normas de un certificado. En este caso, los OC no solo están obligados a "aceptar todas las etiquetas que verifiquen que las obras, suministros o servicios cumplen requisitos que sean equivalentes a aquellos que son exigidos para la obtención de aquella". Además, la ley conmina a los OC a aceptar cualquier otro medio de prueba adecuado para demostrar que se cumple con los requisitos. En cualquier caso, tomar como referencia una etiqueta concreta, sin que las AAPP tengan la oportunidad de intervenir o participar en los procesos de determinación de tales estándares, puede resultar aventurado, no solo teniendo presente el principio de igualdad de trato, sino el principio de objetividad de las AAPP. Y ello, en tanto en cuanto, por un lado, las empresas que disponen del sello que puedan citar los PCA tienen una vía directa de acreditación, mientras que el resto de los operadores debe explorar medios de prueba adecuados. Por otro lado, los estándares han sido fijados por entidades privadas sin que las AAPP o instituciones internacionales de Derecho público hayan participado o supervisado la conveniencia de su contenido y de los procesos de certificación.

Entiendo que resulta más adecuado a Derecho que las AAPP, de forma conjunta, tal y como ha podido ocurrir con sellos de igualdad de género, instituyan en el plano autonómico, estatal o europeo, estándares de "comercio equitativo" unitarios y coherentes, si es que la apuesta continúa siendo la de optar por los sellos, certificados o etiquetas que *empaqueten* o *encapsulen* las condiciones que se quieren exigir o promover en una determinada licitación. Y ello, porque la materia que se aborda en esta clase de requisitos es compleja por el carácter internacional y extraterritorial sobre el que se erigen y por la cantidad de actores que intervienen en la creación de valor o en el suministro. Con todo, puede resultar más adecuado, de forma complementaria, la exigencia de procesos de diligencia debida, entendida como una obligación de medios dinámica y continuada en la cadena de valor, a los que se hará referencia más adelante.

3.2.2. Responsabilidad social empresarial o corporativa

Junto a las etiquetas de comercio justo, se hallan normas que buscan afectar, no a procesos o a productos, sino a la gestión de toda la organización respecto de su desempeño social. Las dos normas más extendidas son la SA8000 (de SAI) y la ISO26000 (de ISO). La SA8000 está concebida para producir bienes y servicios a partir de códigos éticos basados en los derechos humanos, reconocidos en el seno de la ONU y la OIT, en la cadena de valor[671]. La certificación acredita que la empresa cumple los requisitos de desempeño social y contribuye a la mejora continua de los sistemas de gestión con el fin de abordar y prevenir riesgos laborales y sociales. Por su parte, la ISO 26000 propone que las organizaciones asuman responsabilidades en el plano sociolaboral y medioambiental (Mateo Zurera, 2014).

En ambos supuestos se ofrece un paso de autoevaluación social y de evaluación independiente, con inspecciones documentales, técnicas de entrevistas a trabajadores y monitorizaciones in situ previstas e imprevistas, que realiza una entidad certificadora acreditada conforme a una escala de calificación. En cualquier caso, estos certificados tienen una validez temporal de tres años, por lo que el recurso a ellos ha de ser continuado para ser realmente fiable.

Ya se ha adelantado anteriormente que otra de las diferencias fundamentales entre las organizaciones de las normas señaladas es

---

671 Los derechos de índole laboral se refieren a los siguientes aspectos: el trabajo infantil, el trabajo forzoso o bajo coacción, la salud y seguridad en el trabajo, la libertad de asociación y el derecho a la negociación colectiva, discriminación, prácticas disciplinarias, horas de trabajo, remuneración y sistemas de gestión.

su composición y participación, debido al sustrato público-privado de la ISO frente al carácter eminentemente privado de otras como la WFTO, de las etiquetas de comercio justo, o la SAI que regula la SA8000 sobre responsabilidad social empresarial.

Las normas ISO, como la 26000 (Guía de responsabilidad social) relativa a RSE, han tratado de subsumirse como una suerte de instrumento paranormativo internacional. En su dimensión social, han asumido o integrado como instrumentos de necesario cumplimiento la DUDH, los Tratados Internacionales de Nueva York que los positivizan, la Declaración de Filadelfia de la OIT (2019), los cuatro principios fundamentales del trabajo de la OIT (1998), así como sus convenios fundamentales. Las materias que engloba son el empleo, las condiciones laborales, la salud y la seguridad, el diálogo social y los recursos humanos; áreas que comparte asimismo el tratamiento que otorga a la dimensión social los Principios rectores de la OCDE o la Declaración tripartita de principios sobre las empresas multinacionales y la política social (Daugareilh, 2012).

La organización ISO es de carácter privado y está compuestas por las agencias de estandarización de distintos países: en el caso de España, la Asociación Española de Normalización (UNE). Esta asociación se integra, a su vez, por miembros de organizaciones empresariales, asociaciones de consumidores, de las AAPP, entre otros. Las normas de estandarización atienden a múltiples materias: participación activa y desarrollo de la comunidad; asuntos de consumidores; derechos humanos; prácticas laborales; gobernanza de la organización; y prácticas justas de operación.

Los certificados de RSE han sido un elemento de relativa controversia en el ámbito de la contratación pública. La controversia se deriva de que la certificación de que el sistema de gestión de una empresa responde a unos estándares determinados no obligatorios no es una condición o exigencia que, en todo caso, guarde relación con el objeto del contrato y, además, su validez también depende de la fase contractual en la que se inserte. Lo relativo de la controversia responde a que, en cierto sentido, estas aseveraciones no son discutidas ampliamente por la doctrina administrativa, académica y judicial, y, a mayor abundamiento, la normativa europea y española precisan que los sistemas de gestión de RSE incumben a toda la empresa. De esta forma, deben excluirse aquellos criterios y condiciones que, como advierte el considerando 97 de la Directiva 2014/24, aluden:

> "[...] a la política general de responsabilidad corporativa, lo cual no puede considerarse como un factor que caracterice el proceso específico de producción o prestación de las obras, suministros o servicios adquiridos. En consecuencia, los poderes adjudicadores no pueden estar autorizados a exigir a los licitadores que tengan establecida una determinada política de responsabilidad social o medioambiental de la empresa".

Así, una de las formas de *salvar* esta incongruencia podría ser que si un OC señala como criterio de valoración o condición de ejecución un certificado de RSE detalle las especificaciones de ese certificado o etiqueta que sean pertinentes.

No es descabellado considerar que, más que una falta de relación con el objeto del contrato, la validez de algunas cláusulas sociales podría cuestionarse con base en la finalidad de las prescripciones técnicas. Efectivamente, una cosa es enjuiciar si una especificación puede estar relacionada con el objeto del contrato y otra distinta es considerar si esta exigencia es funcional al fin perseguido por las prescripciones técnicas, que no es otra que la de especificar o concretar el objeto del contrato. No obstante, esta limitación solo tiene verosimilitud si se concibe el objeto del contrato de forma restrictiva; posición que debe ser descartada con base en la taxatividad de la normativa europea e interna.

A modo de ejemplo, el Tribunal Català de Contractes del Sector Públic 10/2019 rechaza que se emplee como criterio de valoración el uso de certificados, en este caso medioambientales, que afecten a la actividad en su conjunto de la empresa, porque se trata de una cuestión inherente, en su caso, a la solvencia técnica de la empresa licitadora y no a la concreta oferta. Se trata de un aspecto de relación con el objeto del contrato, aunque el órgano no cita tal requisito, pues los criterios de valoración y las condiciones especiales de ejecución deben predicarse respecto de la prestación contratada, y no respecto de toda la empresa.

A pesar de todo, es unánime la apreciación de que el requisito omnipresente de vinculación de toda cláusula del pliego con el objeto contractual obliga a circunscribirlas al ámbito temporal y funcional de la contrata. En consecuencia, queda fuera de toda duda la antijuridicidad de aquellos criterios sociales que atiendan a la política general de la empresa como, por ejemplo, exigir una política o certificado de responsabilidad social empresarial al conjunto de aquella (considerandos 97 y 104 de la directiva), ya que no son aspectos que afecten únicamente a los factores intervinientes en la prestación contratada (Almodóvar Iñesta, 2022; García Luengo, 2022)[672]. Sin embargo, esto se contradice normativa y doctrinalmente con la exigencia de certificados de cumplimiento con estándares empresariales que no se limiten a procesos, servicios o productos determinados en atención a la prestación contratada.

3.3. Directrices y protocolos de responsabilidad empresarial

Los certificados o etiquetas son un mecanismo expeditivo y externo del que pueden valerse las AAPP para llevar a término una política socialmente responsable para fomentar el respeto de normativa básica o de estándares superiores en materia, por ejemplo, de DDHH y condiciones de trabajo. Esta clase de instrumentos llevan insertos mecanismos de información, supervisión, auditoría, etc. que se proyectan sobre la actividad y los resultados en materia DDHH para verificar el cumplimiento de determinados estándares. Es posible que algunas de estas normas recojan el deber de diligencia debida de las empresas, pero también pueden emplear patrones de comportamiento y de resultados diferentes.

El concepto de diligencia debida no surge en el campo de los derechos humanos ni del Derecho internacional. A pesar de ello, esta institución jurídica ha ganado influencia en el citado contexto desde que John Ruggie, alto funcionario de las NNUU, plantease los *Principio Rectores sobre las Empresas y los Derechos Humanos,* aprobados en 2011 por el Consejo de DDHH de las NNUU. La definición más laxa de diligencia debida que puede ofrecerse, antes de pasar a detallar los aspectos fundamentales, es la que la presenta como una obligación jurídica de orígenes *iusprivatitas* que exige una conducta

---

672 Una de las interpretaciones más recientes sobre este extremo puede leerse en la *Guía de la Comisión Europea de Adquisiciones Sociales (2ª edición),* 2021.

responsable, en orden a la identificación del riesgo y su mitigación, por parte de un sujeto de derecho en lo relativo a violaciones del derecho internacional. Al margen del rol de la diligencia debida en materia de Derecho Internacional de los Derechos Humanos, otras ramas del ordenamiento jurídico han hecho uso de este instrumento: el derecho de inversiones, la protección internacional del medio ambiente, la protección penal contra la violencia de género, etc.

Un referente de primer orden para los Estados miembro de la UE en materia de diligencia debida es la Directiva (UE) 2024/1760 del Parlamento Europeo y del Consejo, de 13 de junio de 2024, sobre diligencia debida de las empresas en materia de sostenibilidad. En ella la diligencia debida se materializa a través del establecimiento de obligaciones y responsabilidades dirigidas a "grandes empresas en relación con los efectos adversos, reales y potenciales, sobre el medio ambiente y los derechos humanos en su cadena de actividades de las empresas, que abarcan a los socios comerciales situados en los eslabones anteriores de la cadena de la empresa y, en parte, a las actividades posteriores, como la distribución o el reciclado" (art. 1.1).

La adquisición por parte del DIDH de este estándar de comportamiento ha generado que el sujeto de Derecho internacional que constituyen los Estados sea el único obligado por esta clase de normas. La responsabilidad de estos se deriva, de forma indirecta, de una suerte de culpa *in vigilando* de los Estados por no controlar y sancionar a las empresas que han violado el derecho o no han reparado perjuicios causados. Este deber público evoca la asunción de responsabilidad social en los contratos del sector público que no se agota exclusivamente en la actuación inmediata de las empresas adjudicatarias, sino que se proyecta, también, en el plano transnacional de las cadenas de valor de esta. Cabe añadir que el deber de diligencia puede practicarse por las AAPP y también puede exigirse a las empresas por parte de esta. En cierto modo, lo coherente sería caminar, por parte del sector público, hacia la asunción de un deber de diligencia respecto de su cadena de valor que, al mismo tiempo, suponga la exigencia expresa de que las empresas adjudicatarias también lo asuman. De cualquier modo, para que surta efectos eficaces y efectivos es preciso que entren en liza instrumentos normativos vinculantes, nacionales, europeos e internacionales que instituyan normas para con los Estados y las empresas.

3.3.1. El germen internacional de la diligencia debida en DDHH

Una de las primeras referencias en materia de empresas transnacionales, cadenas de valor y responsabilidad empresarial se sitúa en las primeras Directrices OCDE de 1976. Desde esa primera versión a la última, actualizada en 2011, las directrices de la OCDE no han pretendido convertirse en un instrumento vinculante para las empresas ni siquiera para los Estados, sino que tomaron forma como un modo de impulsar desde el plano interestatal protocolos y políticas empresariales (Daugareilh, 2008; Fernández Martínez, 2020).

La Declaración de la OIT relativa a los principios y derechos fundamentales en el trabajo (1998) recordó a los Miembros de la OIT que la mera pertenencia a la Organización conlleva el compromiso para lograr sus objetivos hechos patentes en la Declaración de Filadelfia de 1919[673]. Al mismo tiempo, advierte de que ello implica la asunción del deber de aplicar los convenios destacados como fundamentales, como lo son los relativos a:

- La libertad de asociación y la libertad sindical y el reconocimiento efectivo del derecho de negociación colectiva.
- La eliminación de todas las formas de trabajo forzoso u obligatorio.
- La abolición efectiva del trabajo infantil.
- La eliminación de la discriminación en materia de empleo y ocupación.
- Un entorno de trabajo seguro y saludable.

Esto, de un modo u otro, implica un deber, al menos de conducta, de los Estados que integran la OIT; dejando a salvo el contenido de aquello que se considera *ius cogens*. Los principios instituyen orientaciones, basadas en la Declaración de la OIT de 1998, en materia de empleo, formación y condiciones de trabajo, fundamentalmente, que se dirigen conjuntamente a empresas, gobiernos y agentes sociales.

---

673 En el texto nombrado, la OIT se ofrece a los Estados para realizar labores de apoyo en un sentido técnico y promocional para cumplir con los principios fundamentales de la Organización.

Coherentemente con la Declaración de la OIT de 1998, desde el año 2000 han tenido lugar tres hitos regulatorios importantes, en el nivel internacional, en materia de desarrollo de derechos humanos desde el plano global en el ámbito de las empresas transnacionales y las cadenas globales de valor. El primero, la adopción del Pacto Mundial (o Pacto Global) del año 2000; el segundo, la aprobación de los Principios Rectores sobre las empresas y los derechos humanos en 2011; y, el tercero, la promulgación de los Objetivos de Desarrollo Sostenible (ODS)[674] de la Agenda 2030 en el año 2015. Estos tres puntos se armonizan, igualmente, en el marco del Pacto Mundial. A su vez, estos textos de las NNUU y de la OIT se ven complementados por la acción de instituciones como la OCDE y la ISO (López-Jacoiste Díaz, 2018).

El impulso que supuso el Pacto Mundial de Naciones Unidas del año 2000, aunque no fue el primero[675], llevaba a cabo una iniciativa para "fomentar la responsabilidad cívica de las empresas" basada en diez principios relacionados con los tratados y convenciones adoptados en el seno de la ONU en materia de derechos humanos y de la OIT. Más concretamente, sobre trabajo, medioambiente y lucha contra la corrupción. A continuación se mencionan los primeros seis principios por su relación con el tema en cuestión[676].

---

674 En el ámbito del trabajo, el octavo ODS toma el título siguiente: "*Promover el crecimiento económico sostenido, inclusivo y sostenible, el empleo pleno y productivo y el trabajo decente para todos*". En este escenario se incluyen metas encaminadas a la eliminación del trabajo forzoso y del trabajo infantil, al incremento de la protección social o el de proteger los derechos laborales y promover un entorno de trabajo seguro y sin riesgos para todos los trabajadores, incluidos los trabajadores migrantes, en particular las mujeres migrantes y las personas con empleos precarios. Este objetivo, no obstante, no puede desgajarse del resto, del mismo modo que no es correcto contemplar el trabajo como un elemento independiente de la economía o la sociedad. Entre los ODS se encuentra el tratamiento de aspectos como la producción y el consumo responsables o la reducción de las desigualdades.

675 Anteriormente estos debates se abrieron en los principios de Limburgo y en las directivas de Maastricht que, en las dos décadas inmediatamente anteriores al *Pacto Mundial*, desarrollaban el PIDESC en orden a afrontar la obligación de los Estados de respetar, proteger y cumplir los DDHH sociales y el alcance que conllevaban tales deberes.

676 En materia de medio ambiente: "principio 7, las empresas deberían apoyar un planteamiento preventivo con respecto a los desafíos ambientales; principio 8: las

En general, en materia de DDHH:

- Principio 1: las empresas deberían apoyar y respetar la protección de derechos humanos declarados internacionalmente.
- Principio 2: las empresas deberían asegurarse de no ser partícipes de vulneraciones de derechos humanos.

Sobre condiciones de trabajo y derechos laborales:

- Principio 3: las empresas deberían defender la libertad de asociación y el reconocimiento efectivo del derecho de negociación colectiva.
- Principio 4: las empresas deberían defender la eliminación de todas las formas de trabajo forzado u obligatorio.
- Principio 5: las empresas deberían defender la abolición efectiva de la mano de obra infantil.
- Principio 6: las empresas deberían defender la eliminación de la discriminación con respecto al empleo y la ocupación.

El Pacto Mundial no constituyó ni un instrumento normativo ni vinculante, como tampoco establecía medidas de control o supervisión de las empresas por parte de la Oficina del Pacto Mundial y los organismos de las NNUU. Más bien, se ofrecían ciertos medios de colaboración para que las empresas instaurasen cambios organizativos, manifestaciones públicas en favor del pacto, adoptaran informes de transparencia y colaborasen con instituciones públicas y privadas en el mismo sentido.

Antes incluso de las previsiones legales de la vigente LCSP se dieron cláusulas sociales en el ámbito interno que se anularon, como el criterio de valoración de ofertas consistente en valorar, si quiera con una ínfima puntuación, que los licitadores sean firmantes del *Pacto Mundial de Naciones Unidas*[677]. La RTACRC 408/2017 de 5 de mayo, se

---

empresas deberían llevar a cabo iniciativas para fomentar una mayor responsabilidad ambiental; y, principio 9, las empresas deberían promover el desarrollo y la difusión de tecnologías respetuosas con el medio ambiente". En cuanto a la lucha contra la corrupción, el principio 10 señala: "Las empresas deberían trabajar contra la corrupción en todas sus formas, como la extorsión y el soborno".

677 El Pacto Mundial de las Naciones Unidas fue lanzado en el año 2000 con el fin de promover una serie de principios básicos: apoyo y respeto a la protección de

pronuncia en el marco de la contratación de un servicio de atención al cliente y de centralita del Instituto de Crédito Oficial, en la que se empleaba un criterio de adjudicación consistente en ser firmante del *Pacto Mundial de Naciones Unidas.* Entiende el Tribunal que este criterio no es válido por cuanto no está vinculado al objeto del contrato al incidir en la política general de la empresa. En cierto modo puede resultar llamativa dicha posición pues los principios que propugna el pacto mundial son tan básicos y primarios que cualquier empresa debería apoyarlos; además, no resultaría desproporcionado pues no existen complejos trámites para la adhesión al Pacto ni costosos compromisos derivados del mismo. Cabe añadir que el recurrente entendía que de la suscripción de este pacto no se deduce que se obtenga una mejora directa en la prestación del servicio. Por supuesto, no existe una respuesta actualmente a la altura de la dada por el tribunal, ya que, más allá del debate conforme a la normativa ya derogada, la normativa vigente da luz verde a condiciones de esta clase (como criterios de adjudicación o condicioncs cspccialcs dc cjccución), por cuanto tan solo exigen, en el caso del Pacto Mundial, principios básicos a los que debe responder toda organización en un Estado social de Derecho.

Prácticamente una década más tarde, con la crisis económica y financiera mundial en auge, la ONU acoge en el seno del Pacto Mundial los *Principios Rectores sobre las Empresas y los Derechos Humanos: puesta en práctica del marco de las Naciones Unidad para proteger, respetar y remediar.* En él se desarrollan principios fundacionales y operativos más ambiciosos en el planteamiento sustantivo y en su impulso procedimental.

Tras la aprobación, en septiembre de 2015, de los *Objetivos de Desarrollo Sostenible de Naciones Unidas,* se otorgó el mandato al Pacto Mun-

---

los derechos humanos; asegurarse de que las empresas de su grupo no vulneran tales derechos; apoyar los derechos sindicales; apoyar la eliminación del trabajo forzoso y del trabajo infantil; apoyar la abolición de las prácticas de discriminación en el empleo; fomentar la responsabilidad medioambiental o trabajar contra todo tipo de corrupción. Las empresas y organizaciones empresariales con más de 9 trabajadores pueden adherirse al Pacto Mundial (la modalidad básica es como *Signatory*). Un requisito fundamental es la dedicación a una actividad que no esté relacionada con la producción de tabaco, armas, minas terrestres antipersona o bombas de racimo. El empresario adquiere obligaciones formales y, solo en casos excepcionales, también económicas.

dial para sensibilizar y ayudar a las empresas a contribuir a la nueva agenda de desarrollo. El Pacto Mundial requiere, para su eficacia y efectividad, que lo suscriban Estados y empresas[678], ya que, a pesar de que los sujetos de Derecho internacional sean los Estados, la ONU busca cambiar la concepción de las empresas, además de como sujetos que realizan una actividad económica, como sujetos que contribuyen al desarrollo sostenible a nivel mundial, tal y como se expresaría abiertamente en los ODS de 2015 que, entre sus 17 objetivos, contempla materias sociolaborales relevantes en dos de ellos: el 8 y el 10. El octavo es la promoción del "crecimiento económico sostenido, inclusivo y sostenible, el empleo pleno y productivo y el trabajo decente para todos" y, el décimo, el de "reducir la desigualdad en los países y entre ellos".

La perspectiva estratégica del Pacto Mundial y, sobre todo, de sus instrumentos internacionales aliados o coadyuvantes como los Principios Rectores y los ODS, pretenden que las empresas no solo se limitaran a evitar incumplimientos normativos y externalidades negativas, sino que su actuación tuviera un impacto positivo complementario a las exigencias más elementales que ahondaran en objetivos de desarrollo local e internacional, dentro de las posibilidades y las potencialidades de cada contexto específico. En definitiva, tal y como apunta el portal web del Pacto Mundial, "se trata de que no es suficiente con «no cometer impactos negativos» siguiendo las pautas de los 10 Principios. Hoy trabajamos por incorporar el impacto positivo en el sector empresarial".

Nuestra intención en estas líneas es ahondar en los instrumentos de promoción y defensa de los DDHH en el marco de las cadenas de valor, por lo que conviene destacar, por su especificidad, algunos principios operativos de los citados Principios Rectores. Los puntos más relevantes contienen el énfasis en el deber de protección que los Estados tienen para con los ciudadanos, lo que le obliga a tomar diversas medidas. La más general consiste en prevenir, investigar, castigar y reparar las violaciones de DDHH cometidas en su jurisdicción.

El deber de protección requiere que los Estados hagan cumplir los DDHH, que aseguren que las normas propicien su respeto, aseso-

---

678 En 2024 hay un total de 24.584 entidades, 62 redes locales y 167 países firmantes del *Pacto Mundial.*

ren de forma eficaz a las empresas y las alienten o, incluso, les exijan explicaciones sobre su impacto en los DDHH (Principios operativos: tercero). El Principio 5 señala que "los Estados deben ejercer una supervisión adecuada con vistas a cumplir sus obligaciones internacionales de derechos humanos cuando contratan los servicios de empresas, o promulgan leyes a tal fin, que puedan tener un impacto sobre el disfrute de los derechos humanos" y el Principio 6 apremia a los Estados a "promover el respeto de los derechos humanos por parte de las empresas con las que lleven a cabo transacciones comerciales". Estos puntos exigen aprovechar las oportunidades que brindan los contratos para promover la concienciación y el respeto de los DDHH por parte de las empresas. Resulta muy gráfico el Principio 10 en atención a la labor de los EM de la UE, ya que advierte a estos de que cuando integren instituciones multilaterales, traten de asegurar que estas no limiten la capacidad estatal para hacer cumplir los deberes de los Principios Rectores y, por otra parte, alienten a promover dichos principios.

El procedimiento de *diligencia debida* (o debida diligencia) aplicado a los derechos humanos en cadenas de valor hace su primera aparición en este documento y, es preciso señalar, con una conceptualización parcialmente divergente a la *due dilligence.* El Principio 15 pasa a contemplar el deber de las empresas de adoptar políticas de responsabilidad social y procesos de diligencia debida para identificar, prevenir, mitigar e informar sobre el impacto en los derechos humanos. En este sentido, precisamente, abundan los principios 17 a 24. El procedimiento en cuestión se caracteriza por un doble filo obligacional desde la perspectiva subjetiva. De un lado, la diligencia debida despliega obligaciones sobre los Estados, de control y actuación sobre las empresas que vulneran los DDHH y, de otro lado, se integra en la política empresarial general como instrumento de RSE (Sachs & Clerc, 2022).

3.3.2. Diligencia debida: aproximación práctica

La espita abierta en 2011 por el Pacto Mundial por la que se introdujo la diligencia debida como instrumento en favor de los DDHH ha encontrado concreciones posteriores en diversos foros: las Directrices de la OCDE, la Directiva de la UE o algunas legislaciones internas, entre otros. Algunas autoras han entendido que los impulsos de corte voluntarista como las directrices en materia de diligencia debida pueden contribuir o, incluso mutar, en instrumentos de *hard law* (Daugareilh, 2009; Nieto Rojas, 2019). En una línea similar, puede considerarse que los instrumentos voluntaristas, unilaterales y autorregulados de RSE son meros complementos al *hard law*, no alternativas (Jiménez-Piernas García, 2018). De otro modo, los instrumentos voluntarios, pero multilaterales y corregulados, sí han sido apreciados como una ventana de oportunidad para canalizar los debates hacia los instrumentos jurídicos vinculantes del Derecho internacional público, como el proceso hacia el *Binding Treaty* que promovió la Resolución 26/9, del año 2014, aprobada por el Consejo de Derechos Humanos de la ONU (Guamán Hernández & Moreno González, 2018; Nieto Rojas, 2019).

Las Directrices de la OCDE constituyen un instrumento de *soft law* de aplicación voluntaria y que van en una línea similar que la RSE, aunque con matices en su multilateralidad y regulados desde fuera. Las directrices, según establece la *Guía de Diligencia Debida* aprobada en 2018, parten de la consideración de que las empresas contribuyen "positivamente al progreso económico, medioambiental y social, pero también se reconoce que las actividades empresariales pueden generar impactos negativos relacionados con los trabajadores, los derechos humanos, el medio ambiente, los consumidores y el gobierno corporativo" (pág. 17). Consecuentemente, emplean como herramienta primordial la debida diligencia como un conjunto de obligaciones de medios, de carácter estratégico, imbricadas en un proceso dinámico de identificación de impactos negativos, su prevención y mitigación, información a los grupos afectados y seguimiento de la implementación respecto de las actividades de la empresa en cuestión y de sus cadenas de valor (Sanguineti Raymond & Vivero Serrano, 2022).

Algunos de esos impactos negativos en el ámbito de las relaciones laborales es la prohibición de la sindicación, la negativa a negociar con los trabajadores o sus representantes, el trabajo infantil, la discriminación sistemática de colectivos especialmente vulnerables, la falta de medidas de seguridad y salud en instalaciones o respecto de la maquinaria o productos que se emplean y el impago de salarios o de cuantías suficientes para la satisfacción de necesidades esenciales del trabajador y sus familiares.

Lo cierto es que las iniciativas de diligencia debida de diversos países[679], como Alemania, Francia[680], Noruega o Países Bajos —de reciente aprobación— han manifestado problemas de eficacia. Ello, no obstante, no significa que no pueda resultar de utilidad el deber de diligencia debida como método complementario de garantía de derechos laborales en el ámbito de las empresas transnacionales y de las cadenas de valor, sobre todo si se adoptan normas en niveles europeos y no solo estatales (Guamán Hernández, 2022).

En el seno de la UE, la Directiva del Parlamento Europeo y del Consejo sobre la debida diligencia en materia de sostenibilidad empresarial encaraba en mayo de 2024 la recta final del procedimiento de aprobación[681]. Paralelamente, en enero de 2024 la Comisión de Control del Parlamento Europeo publicaba un informe sobre si las normas e instituciones de la UE en el ámbito de la contratación pública responden a los criterios de la diligencia debida conforme a las directrices de la OCDE y la ONU (Parlamento Europeo, 2024). Ciertamente, supone una política coherente con los planteamientos, por un lado, de la CPEs y, por otro lado, con las iniciativas públicas estatales de implantación del deber de diligencia en empresas priva-

---

679 Para un repaso de las distintas experiencias nacionales, véase la monografía de Guamán Hernández (2022).

680 Loi n° 2017-399 relative au devoir de vigilance des sociétés mères et des entreprises donneuses d'ordre a été adoptée en 2017. La ley francesa fue pionera a la hora de evolucionar de las directrices y principios de la OCDE, OIT y ONU, de adopción voluntaria, a reglas jurídicamente vinculantes de deber de vigilancia para empresas de determinada dimensión. En dicha ley se obliga a las empresas con, al menos, 5.000 trabajadores en territorio francés o 10.000 en Francia y el extranjero y los aspectos del Plan de vigilancia versan sobre derechos humanos, seguridad y salud y medioambiente respecto de la empresa matriz, las filiales y las contratistas (Daugareilh et al., 2021).

681 En mayo de 2024 el Consejo de la UE aprueba la posición legislativa del PE respecto de la propuesta presentada en 2022 por la Comisión acerca de la Propuesta de Directiva del parlamento Europeo y del Consejo sobre el deber de diligencia debide de las empresas en materia de sostenibilidad que modifica la Directive (UE) 2019/1937. Véase data.consilium.europa.eu/doc/document/PE-9-2024-INIT/es/pdf

das. Esta sinergia tiene como resultado que las instituciones públicas asuman el deber de diligencia en su propia cadena de valor que, por otro lado, se articula a través de las normas de contratación pública (Methven O'Brien & Martin-Ortega, 2019).

La Directiva se justifica, en los considerandos 1 a 17, en la importancia fundamental del comportamiento empresarial para los objetivos de sostenibilidad social y ambiental de la UE, pero también en el interés que tiene para las empresas, por cuanto existe una creciente preocupación de los consumidores y los inversores en estas materias. Dicho lo cual, hay dos factores esenciales en el plano puramente normativo: las empresas a las que se aplica la Directiva y las obligaciones específicas que despliega (Guamán Hernández, 2024). Por lo que se refiere a las empresas obligadas, la Directiva emplea criterios delimitadores de índole económico relativo al número de trabajadores y al volumen de negocio; tan solo entran en su ámbito las grandes empresas que cumplan con dichos elementos[682]. Por otro lado, la Directiva aborda las distintas fases de la diligencia debida y, en consecuencia, acomete la regulación de las autoridades de control, las infracciones y sanciones, la responsabilidad civil empresarial, la protección de las personas denunciantes, las obligaciones de apoyo de la Comisión y, por lo que toca al objeto de esta investigación, introduce aspectos relativos a la prohibición de contratar con empresas, de forma temporal o indefinida, por incumplimientos graves de la Directiva.

La Directiva ha constituido un impulso normativo a un fenómeno que se extiende poco a poco entre los organismos internacionales de cariz económicos, los legisladores de múltiples Estados y los estudios

---

682 El ámbito subjetivo se divide en dos grupos según el elemento territorial de la empresa y dónde desempeña su actividad. Las condiciones establecidas para cada grupo deben producirse durante dos ejercicios económicos consecutivos. El Grupo 1 incluye a empresas europeas con más de 1000 trabajadores y más de 450 millones de euros de volumen de negocio global; que no hayan alcanzado estos niveles pero que sean la matriz última de un grupo empresarial que sí los haya alcanzado; o, que tengan acuerdos de licencia o franquicia cumpliendo determinadas condiciones. En el Grupo 2 se hallan las empresas de países que no forman parte de la UE, pero que realizan actividades en su territorio y tienen un volumen de negocio neto superior a 450 millones de euros en la UE (en el último ejercicio financiero) o, en su defecto, que su matriz última haya alcanzado tales niveles.

de la doctrina académica. La aplicación de este corpus obligacional al contexto empresarial como centro de imputación de responsabilidades también ha permeado en el entramado institucional público. Buen ejemplo de ello es el Estudio encargado por la Comisión de Control Presupuestario del Parlamento Europeo (2024) acerca de la coherencia de las normas e instituciones de la UE en el ámbito de la contratación pública con los criterios de la diligencia debida instituidos por las directrices de la OCDE y la ONU. En este caso no se trata únicamente de exigir a las empresas que actúen respecto de su cadena de valor conforme a las pautas de diligencia debida, sino que se sitúa el foco de responsabilidad primaria, también, en los contratantes públicos respecto de sus contratistas.

La letanía de motivos que recomiendan la aplicación de instrumentos de diligencia debida a las instituciones públicas se sintetiza en el citado estudio en la contribución a la autonomía y resiliencia estratégica de la UE, la gestión eficaz de los riesgos jurídicos, reputacionales y operativos y la eficacia y eficiencia del gasto en diversos ámbitos. Asimismo, se afirma que el carácter público y la relevancia política exigen "predicar con el ejemplo" a los poderes públicos en su conjunto.

A la vista de las evidencias del Estudio se constata que "las normas y prácticas de contratación de los organismos de la Unión carecen actualmente de la diligencia debida en materia de sostenibilidad, tal como la definen los instrumentos internacionales y de la Unión adoptados desde 2011". Esta aserción se realiza, sobre todo, debido a que las normas en materia de contratación pública carecen de disposiciones que obliguen a las AAPP a aplicar criterios de debida diligencia sobre la actividad propia, del mismo modo que no exigen que los apliquen a sus contratistas, suministradores o proveedores. Es por ello por lo que el estudio del Parlamento Europeo recomienda poner de relieve la integración de la diligencia debida en las directivas de contratos del sector público (punto 5.3.6) y en otras normativas europeas relacionadas con el gasto público. Además, se llama atención, para finalizar, en un punto especial del estudio en el que se afirma que "algunos aspectos del actual régimen de contratación de la Unión, como el requisito de un «vínculo con el objeto del contrato», tienden más bien a impedir que los compradores públicos tomen en consideración los procesos de diligencia debida de los proveedores durante el proceso de licitación" (Parlamento Europeo, 2024, p. 78).

En definitiva, la diligencia debida se abre paso como un mecanismo configurado como un conjunto de obligaciones de medios en pro de los DDHH que no solo tiene potencialidad respecto de las empresas transnacionales, sino que puede ser útil en el contexto de la contratación pública.

CONCLUSIONES

En este apartado final de conclusiones se sintetizan las inducciones, deducciones, reflexiones y propuestas que el cuerpo del trabajo permite extraer en respuesta a los objetivos generales y específicos de la investigación. Para una mayor claridad y sistematicidad opto por enumerar y titular las **33 conclusiones** alcanzadas estructuradas y ordenadas según el sentido discursivo más adecuado a la finalidad de esta investigación.

1. LA RESPUESTA DE LA CPES A LAS PROBLEMÁTICAS DE LA GESTIÓN PRIVADA

1. La externalización en el sector público se exacerba por motivos economicistas de raíz (neo)liberal desde la década de 1980 en España en consonancia con las estrategias productivas en el sector privado y junto a otras formas de privatización.

El recurso a empresas privadas externas a las AAPP para la adquisición de obras, servicios o suministros lo encontramos en el comienzo mismo de la Edad Contemporánea y, al mismo tiempo, del nacimiento de los Estados liberales. Desde entonces, este fenómeno ha corrido suertes diversas, pero la titánica extensión de su utilización, en términos cualitativos y cuantitativos, tiene lugar, especialmente, desde la década de los 80 y 90 del s. XX.

Las tendencias privatizadoras en Europa se han corporizado en restricciones presupuestarias, privatizaciones de formas jurídicas empresariales, venta de participaciones empresariales públicas, liberalización de sectores económicos, laboralización del empleo público, individualización de las relaciones de trabajo, legalización de la cesión de trabajadores y expansión de la externalización. El trasfondo de estas decisiones tácticas: la entronización de la propiedad privada empresarial, de la libertad de empresa, del libre mercado y, aun con objeciones, de la competitividad.

La potenciación de la externalización en el sector público coincide con su auge en el ámbito privado. Desde los años 90 del s. XX las AAPP no solo practican la contratación de obras o servicios de grandes dimensiones, sino que pasan a externalizar servicios auxiliares: seguridad, limpieza de instalaciones, limpieza especializada, jardinería, lavandería, mantenimiento de instalaciones, asistencia y mantenimiento informático, restauración, reprografía, atención al público, conserjería, etc. Es, precisamente, en esta clase de actividades donde radican buena parte de las conflictividades vinculadas a las cláusulas sociales en los contratos del sector público por su recurso intensivo a la mano de obra y las estrategias empresariales de competitividad basadas en la reducción de costes.

2. La privatización de la gestión de actividades de titularidad pública conlleva, con el ordenamiento jurídico vigente, a la indefectible reducción e, incluso, anulación de capacidades organizacionales, potestades públicas y responsabilidades jurídicas de las AAPP respecto de los factores productivos que conforman la prestación contratada.

El crisol de consecuencias jurídicas y organizativas se puede ordenar en tres grupos: el aletargamiento de las AAPP para con la innovación organizacional y productiva; la alienación de los poderes públicos respecto de los principios, medios y fines que les son propios constitucionalmente; y la irresponsabilidad, al menos parcial, de los poderes públicos en relación con sus cometidos, actuaciones e implicaciones de estas. El cariz de esta investigación, enfocado especialmente en consideraciones de vigencia y validez jurídica, exige hacer énfasis en las dos últimas.

La escisión de los medios públicos respecto de los principios y fines públicos implica, por regla general y bajo el Derecho de la UE derivado y la legislación de contratos vigente, la negación de las facultades o potestades jurídicas ordinarias para ordenar y tomar decisiones relevantes respecto del estado y las condiciones de los factores que intervienen, de forma mediata o inmediata, en la prestación. Especial mención merece las dificultades para supervisar y controlar la ejecución de la prestación y cada uno de los factores participantes. Por lo que respecta a la responsabilidad en el campo sociolaboral, la separación del vínculo jurídico inmediato de las AAPP para con los trabajadores adscritos a la ejecución y los proveedores y contratistas que integran la cadena de valor de la empresa conlleva una transmutación o, en ocasiones, un vaciamiento de las responsabilidades públicas en dos dimensiones. La primera es el plano de las responsabilidades por eventuales incumplimientos o cumplimientos defectuosos de las obligaciones y deberes laborales vigentes, pues existe una alienación del dentro de imputación de responsabilidades debido a que el contratante público no actúa como empleador respecto de las actividades contratadas. En una segunda dimensión, la realización del interés general exige una acción pública constante de diagnóstico y respuesta que profundice en el plano normativo, pero también en el ejecutivo. Pues, efectivamente, la externalización reduce capacidades para afrontar esa acción, aunque con ciertos matices por lo que se refiere a las políticas de fomento del empleo.

3. Las externalizaciones generan problemáticas específicas, en materia de igualdad en el acceso al empleo y de derechos laborales y condiciones de trabajo de quienes integran la contrata, derivadas de los principios privatistas en los que se desarrolla la actividad empresarial. Esta aserción en modo alguno supone negar las problemáticas asociadas a la internalización o publificación de una prestación, sino advertir de las vinculadas al fenómeno que nos ocupa.

Las problemáticas se dan, por un lado, en el seno de las decisiones de reclutamiento y selección de personal en el ámbito de la empresa privada. En términos generales, dichas acciones empresariales quedan extramuros de criterios de igualdad de trato e, incluso, del preeminente principio del acceso al empleo público del mérito y capacidad. De otro lado, la libertad empresarial permite la adopción de estrategias y medidas competitivas que mermen derechos laborales, en el ejercicio del *ius variandi* empresarial ordinario y extraordinario, o impidan su mejora en contextos en los que la precariedad perjudica la satisfacción de derechos socioeconómicos de las personas que trabajan en la contrata. Asimismo, derivadas de esta tesitura, pueden darse situaciones de conflicto colectivo que repercutan negativamente en la calidad del servicio o, incluso, en la continuidad regular de la propia prestación, sin que las AAPP puedan, de forma eficaz, atender a las causas del conflicto planteado por la plantilla adscrita a la ejecución del contrato.

4. La concepción estratégica de la contratación pública plantea redimensionar las potestades y responsabilidades de las AAPP para una realización más eficaz, efectiva y eficiente de los recursos y fines públicos.

Los recursos —patrimoniales y no patrimoniales— que las entidades del sector público disponen para la adjudicación y ejecución de contratos del sector público suponen, no solo de una proporción de en torno al 15 % del PIB, sino un coste de oportunidad para las AAPP que puede mitigarse bifurcando o redimensionando la unidireccionalidad de su objetivo primario —que no es otro que el de adquirir la prestación—. No en vano, desde las comunicaciones interpretativas y libros verdes primigenios de la Comisión Europea de los años 90 y 00 en materia de responsabilidad social en la contratación pública y las primeras guías o directrices administrativas internas, la apertura de la contratación pública a las consideraciones sociales y medioambientales se ha venido sustentando en la importancia desde el punto de vista de la eficacia y eficiencia en el uso de los recursos públicos.

5. La eficacia y la coordinación como principios básicos de la actividad administrativa se traduce en el campo de la CPEs en la transversalidad de los objetivos estratégicos en los distintos flancos de las AAPP.

El quehacer de los poderes públicos fragmentario y estanco no obedece a una configuración natural de la Administración, sino que se trata de un criterio de oportunidad de plasmación legal. Por el contrario, la transversalidad de los medios y fines públicos en pro del interés general está ínsita en la configuración dogmática y orgánica que brinda la Constitución.

6. La conexión sinérgica de trabajo y derechos sociales en el marco del Estado social y democrático de Derecho exhorta a los poderes públicos a disponer de instituciones jurídicas de promoción y protección de condiciones sociolaborales en los contratos del sector público.

El análisis del sistema de protección social, en general, y el de Seguridad Social, en particular, conduce a la conclusión de que el trabajo —y, en suma, el trabajo decente— es la vía instituida por el ordenamiento jurídico y el sistema económico para alcanzar una cobertura material de los derechos sociales. Así las cosas, se comprende que, moviéndose en el *statu quo*, la CPSR trate de incidir en la relación entre la responsabilidad social y el acceso al empleo y las condiciones de este. Al mismo tiempo, se asume que la actividad empresarial transnacional es un foco importante de incumplimiento de normas básicas de Derecho del trabajo y de protección social y, al fin y al cabo, de derechos humanos. Esta premisa permite entender que los poderes públicos estudien o exploren mecanismos innovadores —como fue, en su momento, la CPSR— para influir en la esfera de los derechos asociados al mundo del trabajo.

La CPSR podría erigirse en un potenciador de la virtualidad del Estado social por llevar su influencia a rincones del poder público donde antes tenía una baja latencia. En definitiva, permite plantear la creación de una suerte de (para)garantías difusas de ciertos derechos sociales relacionados con el trabajo decente mediante la atribución a las entidades del sector público de obligaciones y potestades jurídicas que interpelan directamente a estas entidades e, indirectamente, a las empresas que han de cumplir o acometer materialmente las exigencias o medidas específicas determinadas por el PPT, el PCA y el contrato.

2. EL CONCEPTO Y LAS CONCEPCIONES DE LA CPSR

7. La CPSR puede ser definida lato sensu de tal modo que aglutine las distintas concepciones y dimensiones que se derivan de la normativa interna y europea, así como de los postulados de los documentos interpretativos y divulgativos de la UE y de las guías y directrices de entidades públicas españolas.

Desde este punto de vista, la CPSR es el gobierno y la gestión de los contratos del sector público por parte de los poderes públicos de tal modo que, conjugando la eficiencia y el interés general de la sociedad, se asumen activamente las responsabilidades y el ejercicio de potestades en materia sociolaboral, respecto de la conducta propia y la del contratista, para solventar problemáticas, afrontar retos y cumplir objetivos en la esfera sociolaboral de las políticas públicas.

El concepto básico se articula a partir del juego de principios, medios y fines que según las distintas concepciones pueden divergir en su magnitud, pero encuentran un denominador común. En relación con los principios, todo planteamiento que no pretenda la responsabilización del sector público y de los operadores externos respecto de las problemáticas sociolaborales que conlleva la externalización y la ejecución de la prestación supone la negación de sus principios. En cuanto a los medios fundamentales los constituyen las cláusulas regladas de obligado cumplimiento para las partes y las cláusulas potestativas y discrecionales de mejora de los estándares normativos generales. El fin básico es la potenciación de la justicia social y de la eficiencia en los procesos contratación y en la ejecución del contrato.

8. La concurrencia del elemento laboral en las temáticas abordadas por las cláusulas para una contratación pública socialmente responsable permite catalogar como cláusulas sociolaborales los preceptos contenidos en el PCA, el PPT y el contrato que toman en consideración aspectos a los que la ley adjetiva como sociales.

Los adjetivos adheridos a la contratación pública, como *estratégica*, *sostenible* y *socialmente responsable* son compatibles entre sí y revelan dimensiones funcionales y materiales diferentes pero sintéticas. Este juego de *matrioskas* terminológicas abarca desde la más amplia y aséptica *contratación pública estratégica*, pasando por la declaración de intenciones axiológicas de la *contratación pública sostenible* —que conjuga materias ambientales, sociales y económicas— hasta cada una de las dimensiones de la sostenibilidad; una de ellas es la CPSR. Al realizar un ejercicio inductivo a partir de los aspectos específicos de corte social que se recogen expresamente en la normativa de contratos del sector público, y habida cuenta de las prácticas administrativas estudiadas, pueden establecerse tres grandes categorías: promoción del empleo e inserción sociolaboral; mantenimiento y mejora de las condiciones de trabajo y de los derechos laborales; y, finalmente, el respeto a los derechos humanos en las cadenas de valor. A lo largo de esta investigación se ha empleado de forma sistemática el término *cláusulas sociolaborales* reconociendo la incidencia de la temática laboral, ya que considero que se trata de un significante más preciso que el simple adjetivo *social* para aludir a ese tipo de cláusulas en el ordenamiento vigente. Con todo y con eso, es posible mencionar dos objeciones que, sin embargo, no desvirtúan nuestra propuesta. El fomento de las empresas de Economía Social (y Solidaria) como una tipología autónoma de cláusulas sociales y, aunque con menor predicamento, la inclusión como tales del fomento de la contratación con PYMES. La ampliación sustancial de las cláusulas sociales podría replantear el adjetivo *sociolaboral*, pero con la norma dada estimo que la CPSR reenvía al elemento social en relación con el trabajo de índole laboral.

9. La articulación de una CPSR se caracteriza por dos vías de intervención complementarias según el papel asumido por los poderes públicos: la vertiente preceptiva y reglada (especialmente reglada en el ámbito legal), por un lado, y la potestativa y discrecional, por otro lado.

De un lado, el concepto de CPSR está flanqueado por la configuración legal y la implementación preceptiva y preponderantemente tasada a la que deben responder las AAPP. De otro lado, por una configuración administrativa que, en los márgenes legalmente determinados, se ejercita de forma discrecional por las entidades del sector público en el plano normativo e interno y los órganos de contratación en el nivel contractual. Ambos planos, el legal-preceptivo y el ejecutivo-discrecional, sintetizan de forma complementaria los medios de intervención de la CPSR. Las complejidades jurídicas más notorias surgen, en mayor medida, en relación con la atribución de potestades discrecionales por parte de la Ley a los órganos de contratación para diseñar *ad hoc* el contenido de las cláusulas. Sin embargo, no plantean tales complejidades otras opciones acogidas por el legislativo y consolidadas en las normas legales, tales como las prohibiciones de contratar con empresas que hayan incumplido determinada normativa sociolaboral o la reserva de contratos en favor de determinadas entidades de economía social.

10. La contratación pública es funcional, además de a la adquisición del objeto del contrato —como objetivo operativo primario—, a objetivos públicos, estratégicos y operativos, de naturaleza sociolaboral sin que ello perjudique los principios propios de los contratos del sector público ni de otras ramas jurídicas.

La finalidad clásica de los contratos del sector público ha sido la obtención, por parte de las entidades del sector público, de obras, servicios o suministros de interés general. Esta finalidad se ha mantenido desde el s. XIX y hasta el s. XXI prácticamente inalterada. Por otro lado, en el apartado del *cómo se obtienen*, tradicionalmente se ha tomado como válido y adecuado atender a los aspectos de solvencia técnica y económica de la de la empresa concurrente, el precio o calidad de la oferta presentada y los compromisos obligatorios que asume el contratista respecto de la ejecución. Sobre estos extremos: *qué se obtiene* y *cómo se obtiene*, la CPEs y, en concreto, la CPSR, han operado cambios sustanciales aun manteniendo la estructura y el objeto tradicionales.

En lo concerniente al cómo se logran ambos objetivos en el marco de la contratación pública, no quiero dejar de señalar que se mantiene incólume el espíritu de la normativa de contratos en cuanto a la voluntad de configurar un procedimiento de adjudicación y ejecución orientado a dar cumplimiento al objetivo operativo primario. Al mismo tiempo, el Derecho derivado de la UE y, sobre todo, la LCSP, han permitido introducir pautas y criterios de actuación en la actividad administrativa que instrumentalizan o hacen funcional el proceso contractual a la consecución simultánea o concordante de los objetivos de naturaleza social. Y ello en el convencimiento de que el modo en que se adquieren y se ejecutan las prestaciones debe tomar en consideración la sostenibilidad social con base en estándares normativos y pautas superiores a estos.

11. La calidad de la prestación puede ser integrada con criterios sociolaborales, por lo que la sostenibilidad, en sentido amplio, la eficacia y la eficiencia, se sitúan en planos complementarios. La CPSR, en los términos planteados por la Comisión Europea o el Parlamento Europeo, así como por el mismo preámbulo de la LCSP, compatibiliza la eficiencia y la sostenibilidad social. Sin embargo, los articulados normativos no ofrecen un replanteamiento lo suficientemente expreso de la finalidad del proceso contractual, sino que su planteamiento axiológico y su funcionamiento técnico se lega, en buena medida, a la afirmación de que los criterios sociales mejoran la calidad de la prestación.

La consecución de la mejor relación calidad-precio es el resultado exigido por la legislación de contratos al proceso de adjudicación del contrato y, en particular, a los criterios de valoración de ofertas. Desde la Directiva 2004/18/CE y sus trasposiciones internas y, especialmente, tras las Directivas 2014/23 y 24/UE y tras la Ley 9/2017, de 8 de noviembre, es en el término *calidad* en el que hacen descansar, en mayor medida, los aspectos sociolaborales de la prestación. Y ello conforme apunta el primer artículo de la LCSP, "en la convicción de que su inclusión proporciona una mejor relación calidad-precio en la prestación contractual, así como una mayor y mejor eficiencia en la utilización de los fondos públicos". La normativa de contratos no hace una labor conceptualizadora y taxonómica que distinga entre objetivos operativos y estratégicos, ordinarios y sociales, tal y como he propuesto en este foro tras una disertación ontológica, descriptiva y analítica en torno a la normativa y la doctrina sobre la materia. En esta línea, la voluntad del legislador, por práctica unanimidad, ha sido la de canalizar la facultad discrecional socialmente responsable de los OC a través del redimensionamiento de los factores cualitativos de la *calidad* en los que se introducen criterios sociales relacionados con el objeto del contrato.

El planteamiento doctrinal sistematizado que se ha realizado en estas páginas acerca del concepto, los principios, los mecanismos y los fines de CPSR no se encuentra explicitado en el texto de la ley, sino que se extrae de la interpretación holística del Derecho. Considero que, a pesar de la claridad con la que se expresan las normas contenidas en dicho texto acerca de que los aspectos sociolaborales de empleo, trabajo y derechos humanos mejoran la calidad del contrato, existe una deficiencia en cuanto a sus planteamientos teóricos que no quedan colmados por los preceptos. Supondría un reconocimiento explícito de una concepción estratégica y socialmente responsable que sitúa la sostenibilidad y la mejora del acceso a los derechos sociales como finalidad de esta actividad que reduciría considerablemente las objeciones que se han detectado. Así pues, al mantener las instituciones tradicionales en la contratación pública, la Directiva 2014/24/UE y la Ley 9/2017 reconducen las consideraciones sociales a la finalidad clásica de la contratación a través de la subsunción de aquellas en el término *oferta económicamente más ventajosa.* Aunque tal método es uno de los posibles, dificulta la comprensión global de la versión más transversal y amplia de la CPSR que, por otro lado, late en una parte de la directiva, en la exposición de motivos y en múltiples preceptos de la LCSP y de la práctica administrativa.

12. Las cláusulas sociolaborales en el contexto de la CPSR, en su faceta potestativa y discrecional, tienen como finalidad mantener o

mejorar el desempeño sociolaboral de las AAPP y los contratistas respecto de las cotas señaladas en las fuentes de Derecho y obligaciones preexistentes.

La mayor virtualidad de las cláusulas sociolaborales radica en su misión de promover o exigir una superación de los estándares normativos y obligacionales. La diversidad de características de los tres grupos de materias sociolaborales —fomento del empleo y la inserción, derechos laborales de personal adscrito a la contrata y condiciones de trabajo de quienes participan en la cadena de valor— me ha conducido a un tratamiento diferenciado que toma en consideración cómo las AAPP pueden ejercer sus potestades respecto de cada una de ellas. Esto se debe, principalmente, a que los condicionamientos jurídicos del ejercicio de las potestades inherentes a dichas materias son de diversa índole.

13. Las entidades de economía social y empresas pertenecientes al Tercer Sector tienen un papel accesorio en la CPSR jurídico-positiva.

Se mantiene intacta la reserva de contratos e, incluso, se ha previsto una ampliación de su utilización respecto de algunas formas empresariales de economía social para servicios sociales. La normativa incentiva las organizaciones con una configuración tendente a los principios de la economía social (y solidaria) que tengan como función preponderante la inclusión sociolaboral de personas con alguna discapacidad y personas en situación o riesgo de exclusión social. Ahora bien, la CPSR ahonda en la responsabilidad del poder público directamente en su función constitucional y en su relación con toda clase de operadores con los que se relacione, mediante la exigencia de aspectos sociales en los pliegos y el contrato. De cualquier modo, desde la perspectiva de la economía social de mercado, las entidades de economía social son una suerte de elemento exótico y benévolo, lo que significa reservarle un lugar y un papel testimoniales que no alcanzan a hegemonizar, siquiera, sectores relevantes en términos cuantitativos de cualquiera actividad económica.

Asimismo, desde el análisis de su desempeño práctico, las reservas de contratos de la DA 4ª no goza de eficacia ni efectividad, al producirse graves incumplimientos del mandato que contiene conforme a los datos de la Oirescon. Por lo que a la DA 48ª se refiere, su ejecución es prácticamente nula, pues las entidades del sector público no han articulado la capacidad que les brinda de fomentar la creación e incorporación a los contratos del sector público de entidades de base social.

14. Los marcos normativos, europeo e interno, han aumentado la virtualidad jurídica de la CPSR desde el año 2004. La cuarta generación de directivas europeas (Directivas 2014/23, 24 y 25/UE) y, en mayor medida, la Ley 9/2017, de 8 de noviembre, de Contratos del Sector Público, suponen una validación y legitimación jurídico-política de una concepción de los contratos del sector público. Asimismo, tanto la LCSP como una parte de la normativa autonómica y local, acogen una versión transversal y dinámica de la CPSR más ávida que las directivas de cuarta generación.

A pesar de que los primeros planteamientos relevantes sobre esta materia los podemos situar a finales de la década de los noventa en el ámbito de la UE, el marco normativo europeo de contratación pública no ha aludido a los aspectos sociales de la contratación hasta la aprobación de la Directiva 2004/18/CE. Su tratamiento fue tan austero que la labor interpretativa de la Comisión Europea ha jugado un papel interpretativo casi determinante en la construcción teórico-práctica de las cláusulas sociales. El legislador español ha adoptado tradicionalmente una posición pasiva en esta materia y, siendo deudora de la normativa armonizadora europea, se limitó a realizar una labor de transposición (en algún punto, incluso, con dudosa pericia) que consolidó en la Ley 30/2007 y, posteriormente, con tímidas modificaciones sobre la materia, en el RD-Leg. 3/2011.

En este contexto normativo laxo y ambiguo, la adopción por parte de la Comisión Europea de libros verdes y comunicaciones ha servido para difundir y fomentar el debate, pero sus perspectivas, por momentos restrictivas, han dificultado la implantación de una CPSR en el nivel normativo y ejecutivo español. Sin embargo, el viraje normativo sustancial que se da con las Directivas 2014/23 y 24/UE incide en tomar una perspectiva más amplia dando cabida a una contratación pública que no sólo sirva para abastecer de bienes y servicios a la administración pública, sino para afrontar objetivos sociales y medioambientales. Este revulsivo normativo ha servido de plataforma para que el legislador español tome impulso para la aprobación de la Ley 9/2017, de 8 de noviembre, que ha supuesto un espaldarazo normativo indubitado a las cláusulas sociolaborales.

En definitiva, a la vista de la exposición de motivos y el articulado de la LCSP y de su proceso de debate y aprobación parlamentario resulta evidente que el impulso reformista del legislador español ha sido sustancialmente más consciente y decidió que el de la Directiva 2014/24/UE. Se trata de una aserción realizable a la vista de los debates parlamentarios en la comisión de Hacienda del Congreso de los Diputados y, en definitiva, en ambas cámaras de las Cortes Generales, así como atendidas las enmiendas presentadas por los distintos grupos parlamentarios y las justificaciones explicitadas. Además, algunas las cámaras legislativas autonómicas y de los órganos de gobierno autonómicos y locales han adoptado normativas y estrategias administrativas coherentes con la legislación estatal e, incluso, introduciendo concreciones e innovaciones en materia de CPSR. Es el caso de la Comunitat Valenciana, Extremadura, Aragón, Catalunya, Comunidad Foral de Navarra o Euskadi.

15. La CPSR dispone de diversos arquetipos con justificaciones y efectos relevantes sobre la incidencia y la intensidad de los criterios de carácter sociolaboral.

Los distintos arquetipos o concepciones de la CPSR atribuyen una dimensión y un rol a cada una de las vertientes de la CPSR (legal-preceptiva y administrativa-discrecional). Podría decirse que, de entre los posicionamientos de la doctrina académica y administrativa, y los de las AAPP y los legisladores en su labor normativa, se identifican dos concepciones entre las que se mueven los posicionamientos en esta materia.

De un lado, una concepción defiende estanqueidad de las instituciones tuitivas clásicas y articula la responsabilidad social, por tanto, de forma fragmentaria, limitada y reactiva frente a los perjuicios concretos que pueda originar la ejecución de la contrata. Perjuicios, desde esta visión, que puedan afectar negativamente a la eficiencia de la gestión de los fondos públicos y que puedan favorecer la competencia desleal y afectar a la continuidad de los servicios. En cierto modo, podría decirse que estamos ante una concepción adaptativa y funcional a criterios de corte economicista.

Una segunda concepción se aproxima a la interpretación auténtica, literal, sistemática y finalista de la LCSP y, además, dota de significación trascendental y transversal al Estado social en términos cuantitativos (por la importancia de la contratación pública en el gasto público) y cualitativos (por las áreas del poder público que se ven afectadas). Esta concepción es la más ávida de las analizadas en estas páginas, por lo que me remito a los párrafos precedentes. La Ley 9/2017, de 8 de noviembre, como representante de la CPSR en el ámbito interno, no se ha manifestado como un producto de legislación simbólica ni como una suerte de respuesta reactiva y de contención de externalidades negativas intrínsecas a la contrata. Considero que la legislación estatal diseña una herramienta más innovadora y performativa y, con ello, una posible transformación de las potestades públicas en materia social que, no obstante, se encuentra en una fase incipiente de desarrollo normativo y ejecutivo. De cualquier forma, en la práctica el terreno en disputa no se resuelve de forma radical en favor de una u otra tendencia, sino que se compone de forma gradual y, en el caso de la CPEs socialmente responsable o CPSR, el Derecho interno español ha tendido a una perspectiva propia de una potenciación del Estado social de Derecho.

La adopción de diferentes concepciones de la CPEs y socialmente responsable guardan una relación de causalidad, principalmente, con el sustrato axiológico y técnico en torno al concepto de democracia y de derechos sociales. Una manifestación específica de esta realidad es la notoria dependencia del desarrollo normativo y práctico de la CPSR según la composición política de los gobiernos locales y autonómicos. A su vez, los elementos más conservadores de las AAPP, identificados fundamentalmente en los tribunales administrativos y las juntas consultivas, han mostrado un anquilosamiento doctrinal que, aunque empleando contraargumentos jurídicos válidos, esgrimen otros de forma ideológicamente sesgada sin sustento jurídico contra los principios, medios y fines que determina la ley. Esta combinación de factores anuentes en términos legales y ejecutivos (de múltiples cámaras legislativas y AAPP) y renuentes en términos estrictamente administrativos (por parte de tribunales administrativos y juntas consultivas) explican, en el plano más sociológico y politológico de las ciencias jurídicas, los obstáculos en la practicidad de la CPSR.

3. LOS REQUISITOS JURÍDICO-POSITIVOS DE LAS CLÁUSULAS SOCIOLABORALES

16. Los principios transversales que afectan a todas las materias no son obstáculos, sino condicionantes ordinarios de la validez jurídica de cualquier cláusula.

La objetividad, la justificación, la transparencia, la proporcionalidad y la igualdad de trato son principios de la actuación administrativa que, en términos generales, no se ponen en riesgo por el hecho de emplear cláusulas sociolaborales. Más específicamente, el principio según el cual los procesos contractuales deben conducir a determinar la oferta económicamente más ventajosa tampoco supone obstáculo alguno, pues los criterios sociales integran dicho aforismo. En cierto sentido, la regla de la necesaria vinculación con el objeto del contrato de las cláusulas contractuales era un posible obstáculo y, sin embargo, desde la Directiva 2014/23 y 24/UE se considera que los aspectos sociales no deben integrar el objeto de forma inmediata, intrínseca y finalista, sino relacionarse con cualquiera de los factores intervinientes en la ejecución contractual.

17. La capacidad de actuación discrecional de las entidades del sector público en los derechos empresariales del contratista en el marco de la contrata está especialmente mediatizada por las reglas y los principios jurídicos que rigen cada una de las materias que tratan las cláusulas sociolaborales.

En lo relativo al fomento del empleo o inclusión sociolaboral, nos encontramos ante la materia más arraigada tradicionalmente en los contratos del sector público. Ello no obsta para que se presenten escollos por dos flancos. El primero, en el de los sujetos, colectivos, grupos o sectores poblacionales a los que se dirigen las medidas de fomento del empleo que son distintos de los tradicionales (personas con alguna discapacidad o en situación o riesgo de exclusión social). El segundo, cuando se trata de superar las proporciones de contratación que se exigen por la legislación para personas con alguna discapacidad reconocida administrativamente (2 % para empresas de 50 o más personas trabajadoras) o cuando se trata de promover la adopción de medidas más ambiciosas para prevenir actos de discriminación por razón de sexo y género como, por ejemplo, las previstas en el ET o en los RRDD 901 y 902/2020, de 13 de octubre.

En el acometimiento del mantenimiento o las mejoras de estándares de condiciones y derechos laborales la principal disquisición recae sobre la incidencia, siquiera indirecta, en el haz de derechos y obligaciones entre el empresario adjudicatario y los trabajadores que dependen y trabajan por su cuenta. Efectivamente, los PPT, PCA y el contrato se constituyen en una fuente de obligaciones entre la entidad pública y el adjudicatario que, en cierto modo, puede influenciar o interferir —no intervenir— en las fuentes del Derecho y de obligaciones preconstituidas.

En materia de diligencia debida en cadenas de valor, las complejidades jurídicas se sitúan, además de en el plano de la validez jurídica, en el de su practicidad o aplicabilidad y, por ello, de su eficacia. Las medidas de información, transparencia y responsabilidad que alcanzan a sujetos afectados por elementos de extraterritorialidad y elementos de extranjería. El principal hándicap de carácter práctico afecta al eventual juicio de idoneidad y proporcionalidad. A pesar de ello, las etiquetas o certificaciones sociales, como las de comercio justo o igualdad de género, han sido aceptadas tradicionalmente por el conjunto del entramado institucional específico debido a la aparente merma de la capacidad discrecional del OC que, en cierto modo, requiere un estándar cuyo cumplimiento viene certificado por una entidad externa.

18. La mayor parte de los escollos interpuestos por los actores jurídicos a la CPEs se presentan respecto de la promoción de la responsabilidad social, en comparación con las dificultades que se manifiestan en la esfera de la contratación pública ecológica o la innovadora. A su vez, de entre las tres materias de cláusulas sociales analizadas (fomento del empleo o la inclusión, mantenimiento y mejora de los derechos laborales y derechos humanos en cadenas de valor), las de índole laboral son las que mayores reticencias suscitan en la doctrina jurídica.

Las dimensiones de la CPEs relativas a la toma en consideración de aspectos medioambientales o innovadores no han sido cuestionadas, confrontadas y negadas con la misma incidencia e intensidad que los de índole social. Por otra parte, de entre las cláusulas de tipo social, las condiciones y exigencias que trataban de influir en las condiciones laborales de la relación entre el contratista y sus empleados han recibido una mayor oposición. A pesar de ello, en el último lustro hemos asistido a un impulso normativo que ha alterado este avance a dos velocidades entre criterios sociales y medioambientales y ha reducido la distancia entre la potencialidad de ambas en términos de validez jurídica sustantiva y formal.

Se adivina especialmente gráfica la paradoja de la validez de las etiquetas de comercio justo. La admisión ordinaria en el PPT de etiquetas o certificados de comercio justo para productos determinados revelan una de las paradojas más elocuentes de la tesitura que acompaña a las cláusulas sociolaborales. Se entiende perfectamente conforme a Derecho tomar en consideración etiquetas de comercio justo que certifican que determinados productos o procesos se han desarrollado conforme a estándares de equidad para con productores y trabajadores. La paradoja reside en aceptar tales elementos mientras que se ponen en cuestión cláusulas estrictamente laborales respecto de las personas adscritas a la contrata. Se trata de una evidencia que muestra que los argumentos de los actores refractarios a la validez de la CPSR en términos laborales contienen sesgos y errores que los invalidan en algunos de sus términos.

19. El TACRC ha sido el epicentro de la doctrina administrativa como principal operador jurídico contrario a la concepción que la legislación establece de la contratación pública socialmente responsable. En su resolución 235/2019, de 8 de marzo, se sintetiza la doctrina total seguida, desde entonces, por el propio tribunal y por otros órganos como la JCCP del Estado o el TSJ de la Comunidad de Madrid.

Las razones esgrimidas, principalmente, desde el TACRC para oponerse a las cláusulas sociolaborales son, generalmente, las siguientes: la falta de vinculación con el objeto del contrato; la falta de competencia en materia laboral o una injerencia de los órganos de contratación respecto de las cláusulas que atienden a condiciones de trabajo de las personas que trabajan por cuenta de la contratista; la nula correlación con la mejora de la prestación o la ausencia de contribución a la determinación de la oferta económicamente más ventajosa; la afectación de la estabilidad presupuestaria; la discriminación de otros contratistas que cumplen con los estándares legales y convencionales; la afectación a la capacidad competitiva de las empresas licitadoras; y, en relación con esto último, aunque citado en menor medida por el TACRC en sus resoluciones, la conculcación del Derecho de la UE con especial incidencia en la doctrina del TJUE plasmada respecto de la libertad de desplazamiento de trabajadores. El TACRC o la JCCP del Estado, entre otros órganos administrativos, obvian buena parte de los términos literales de la regulación de la LCSP y, en consecuencia, no solo niegan la legitimidad de dicha ley, sino que yerran a la hora de emitir argumentos jurídicos válidos, como se deriva en los presentes apartados conclusivos.

20. La motivación y justificación que la legislación exige para las actuaciones administrativas no impide afirmar que la inclusión de criterios sociolaborales en los contratos del sector público no requiere, *per se*, de una la justificación general cualificada.

Efectivamente, si la legislación contempla expresamente la posibilidad (y a veces la obligación) de que las especificaciones técnicas, los criterios de adjudicación, las condiciones especiales de ejecución y los criterios de desempate atiendan a aspectos sociolaborales queda fuera de toda duda que la regla general es su procedencia. La justificación específica y cualificada solo es necesaria cuando así se exprese en la ley o se derive del carácter extraordinario o excepcional de la cláusula. En este sentido, una cuestión distinta —aunque el quid de algunas de nuestras conclusiones— es que, debido a la vaguedad de los términos en que se contemplan las potestades del órgano de contratación, se requiera un grado de justificación y argumentación adaptado a los elementos especiales de cada una de las ramas e instituciones jurídicas que afectan a cada materia sociolaboral.

21. La vinculación con el objeto del contrato que la normativa demanda para las cláusulas de los pliegos y el contrato está referida a los factores o procesos que intervienen en la prestación y, de tal exigencia, se deriva una delimitación relacionada, principalmente, con el ámbito funcional del contrato. De los posicionamientos que niegan radicalmente la vinculación objetiva de las cláusulas sociolaborales y admiten las de índole medioambientales se derivan, en buena medida, un error cognoscitivo en torno al concepto y una deficiente argumentación jurídica.

La vinculación con el objeto del contrato se ha blandido como una objeción incluso tras la aprobación de la Directiva 2014/24/UE y de la Ley 9/2017. Ambos textos establecen una definición de relación con el objeto del contrato que acoge la toma en consideración de aspectos o factores que intervienen en la ejecución de la prestación contratada. Sin embargo, la combinación de una suerte de disonancia cognitiva y de militancia jurídica, tal vez pretendiendo una argumentación *a fortiori* contra las cláusulas sociales, ha llevado a múltiples actores de naturaleza administrativa a mantener una definición alternativa obstaculizadora de aquellas. Este valladar se consolida en una concepción de la relación con el objeto del contrato entendida como vinculación de las cláusulas con los aspectos intrínsecamente integrados en la prestación que se pretende adquirir y al resultado concreto que inmediatamente obtiene la entidad pública o los ciudadanos beneficiarios.

Hasta las directivas de cuarta generación, el ordenamiento europeo no exigía una vinculación con el objeto del contrato de las condiciones de ejecución, razón por la cual la Comisión Europea entendía que, puesto que las consideraciones sociales no guardaban tal relación, debían incluirse como condiciones de cumplimiento y no como criterios de adjudicación. Ahora bien, incluso como condiciones de ejecución el umbral de criterios sociales validados era realmente bajo.

A pesar de ello, es indudable que la nueva normativa de contratos ha supuesto un cambio fundamental que afecta a las tradicionales razones de oposición a las cláusulas sociales y, en especial, a las que se refieren a aspectos estrictamente laborales. La resignificación del concepto de vinculación con el objeto del contrato realizada por las Directivas 2014/23 y 24/UE, la reivindicación que realiza del enfoque estratégico y las referencias a cláusulas sociolaborales en las enumeraciones no exhaustivas realizadas por los preceptos relativos a los criterios de adjudicación y las condiciones especiales de ejecución del contrato, son elementos fundamentales para comprender el giro conceptual y normativo en torno a este instrumento. Incluso, en la normativa española, se incide en la obligatoriedad de atender a criterios sociales (o medioambientales) en todos los procesos de contratación y se da un tratamiento más desarrollado sobre el tipo de consideraciones y finalidades sociales de criterios de valoración de ofertas y condiciones de ejecución del contrato, entre las cuales se incluye una letanía de aspectos relacionados, no sólo con políticas de empleo, sino con las políticas de igualdad, las condiciones salariales y laborales.

En fin, la vinculación con el objeto se mantiene, por momentos, como un condicionante cognoscitivo de primer orden, como muestra el hecho de que respecto de los criterios medioambientales se haya apreciado una vinculación objetiva con menor discusión doctrinal. Este hecho descansa, al menos, en tres causas. La primera es la confusión entre objeto de la prestación y factores intervinientes. Este extremo, sin embargo, es fácilmente resoluble tras la lúcida literalidad del art. 67.3 de la directiva y 145 LCSP, a pesar de los posicionamientos del TACRC y la JCCPE, entre otros foros administrativos, sobre la relación entre el rendimiento del contrato y los criterios de adjudicación. Más importancia, a mi entender, tienen la segunda y la tercera de las causas a las que paso a referirme.

La segunda tanda de motivos radica en una diferencia fundamental entre el factor humano que constituyen los trabajadores y los elementos patrimoniales (sobre todo los tangibles) que se encuentran presentes en la ejecución de la prestación: esta diferencia es el elemento volitivo propio de los seres humanos y las capacidades negociadoras en torno al trabajo. En tercer y último lugar, es relevante que el Derecho del trabajo constituya una rama jurídica autónoma y con identidad propia contenedora de instituciones orgánicas y normativas tuitivas. En contraste, los ciudadanos no cuentan con un acervo jurídico dirigido a la protección del medioambiente con parangón en la trayectoria y la dinámica del Derecho del trabajo y de la seguridad social. Regular las características ecológicas de un producto o proceso es una labor que no afecta a la voluntad del elemento sobre el que recae la mejora. Sin embargo, el abordaje de aspectos sociolaborales afecta a personas que, en sus relaciones con la parte empleadora, disponen, en virtud del Derecho del trabajo, de capacidad para regular aspectos individuales de la relación de trabajo. Además, desde una perspectiva colectiva, el derecho fundamental a la negociación colectiva que la Constitución atribuye a los agentes sociales puede verse afectada, aunque no necesariamente verse comprometida, por consideraciones de corte laboral previstas en los pliegos y en los contratos.

22. Las cláusulas sociolaborales instituidas como criterios de adjudicación pueden permitir la evaluación del rendimiento de cada oferta presentada, aunque las prescripciones técnicas no expliciten características sociolaborales del objeto contractual siempre que aquellos cumplan con los requisitos legales.

El tratamiento a los criterios de adjudicación diverge entre las directivas y la legislación interna española. En primer lugar, solo la Directiva 2014/24/UE menciona, en el considerando 92, que los criterios de adjudicación deben permitir evaluar el rendimiento conforme al objeto del contrato tal y como se define en las especificaciones técnicas. Esta aseveración sirve de pretexto al TACRC y a la JCCP para afirmar que los criterios de valoración deben versar sobre aspectos directamente relacionados con el objeto del contrato y sus características intrínsecas. En segundo lugar, tanto la directiva como la LCSP establecen como requisito para la validez de los criterios de valoración una vinculación amplia con el objeto; lo que ocurre en lo referente a las consideraciones sociales, sobre todo, en su relación con el factor trabajo. En tercer lugar, la LCSP contempla, expresamente, criterios relacionados con aspectos eminentemente laborales como la mejora de derechos laborales específicos en materia de salario, conciliación o tiempo de trabajo. Estas tres premisas generan una conclusión aparentemente distorsionada si obviamos la naturaleza de *considerando*, y no de artículo, de la primera y, al mismo tiempo, negamos la posible coherencia de su contenido con el resto de las premisas. Entiendo, no obstante, que evaluar el rendimiento conforme al objeto del contrato definido en las especificaciones técnicas debe coligarse necesariamente con la relación de los criterios con dicho objeto entendida de forma amplia.

23. Los órganos de contratación, mediante los PCA, PPT y el contrato, no generan nuevas fuentes del Derecho del trabajo que regulen erga omnes las relaciones laborales de un ámbito territorial determinado. De cualquier modo, no pueden modificarse o anularse instituciones jurídico-laborales de Derecho mínimo o indisponible ni generar intromisiones injustificadas o desproporcionadas en la negociación colectiva estatutaria.

Los pliegos tienen naturaleza contractual y no normativa o reglamentaria, aunque en ciertos aspectos puedan manifestar efectos jurídicos asociados tradicionalmente tanto a los reglamentos como a los actos administrativos. Sus efectos fundamentales se limitan a la concreta licitación, por más que los operadores directamente afectados por los mismos —incluso quienes ostentan intereses legítimos en el proceso adjudicador— no se encuentren previamente especificados. Por consiguiente, no resultan válidos los argumentos que achacan a las cláusulas sociolaborales una intromisión inconstitucional en las competencias normativas exclusivas en materia de relaciones laborales atribuidas al Estado por la Constitución Española. El contenido innovador que pueda tomar forma en los PCA y el contrato es el resultado del ejercicio de una facultad discrecional de las entidades del sector público, en general, y de los órganos de contratación, en particular, querida y autorizada por el legislador europeo e interno.

Por otra parte, las cláusulas sociales no atribuyen de forma directa derechos laborales o de otra índole a las personas trabajadoras de las empresas adjudicatarias ni a las empresas que integran la cadena de valor, sino que, en su caso, crean obligaciones de medios o de resultados dirigidas a los contratistas del sector público y, cuando concurren, a los subcontratistas por efecto *ex lege*. Esto es: no se interviene inmediatamente en el haz de derechos y obligaciones entre empleador y empleado, ni entre contratista y cadena de valor de este, sino que la influencia se realiza de forma mediata, pues el adjudicatario asume obligaciones contractuales.

24. El poder discrecional del OC en materia de mantenimiento y mejora de derechos laborales encuentra uno de sus límites esenciales en las disposiciones jurídico-laborales que tienen la consideración de derechos mínimos e indisponibles para las personas que trabajan para el operador externo. Al mismo tiempo, la naturaleza de los poderes empresariales atribuye la capacidad a los empleadores de renunciar unilateralmente, en el seno del proceso contractual, al ejercicio de sus derechos inherentes al ius variandi empresarial durante la ejecución de la contrata.

Los órganos de contratación no pueden actuar, siquiera de forma mediata, sobre cualesquiera de las normas contenidas en la legislación laboral. La cuestión estriba, en síntesis, en prevenirse de dos extremos fundamentales. En primer lugar, los pliegos y el contrato no pueden contribuir a la alteración, en cualquier sentido, del contenido normativo calificado jurídicamente como indisponible o imperativo. En segundo lugar, debe prevenirse del espacio o margen de actuación que la normativa permite a los agentes sociales para determinar las condiciones de trabajo y otros aspectos abordados por la negociación colectiva (empresarial o sectorial). Todo ello en el buen entendido de que tanto los pliegos como el contrato del sector público no alteran directamente las fuentes del Derecho del trabajo, sino que actúan de forma mediata e indirecta a través de los compromisos y estipulaciones adquiridas entre el operador externo y la entidad.

El derecho mínimo necesario interpela a los sujetos individuales de la relación laboral y a los representantes de los trabajadores y empresarios en la regulación convencional. No obstante, esto no sufre una alternación directa con las cláusulas sociales, por cuanto las cláusulas contractuales encuentran su traslación al ámbito contractual. Tampoco estimo que resulte conflictivo afirmar que las cláusulas sociolaborales no pueden pretender una alternación de dispositivos normativos que tienen carácter de derecho absoluto o indisponible. Resulta más compleja la aproximación a otros mecanismos como la inaplicación de convenios, modificaciones sustanciales de trabajo o los despidos colectivos solo puede ser activados por el empresario ante situaciones excepcionales o de "crisis empresariales".

Preceptos como el art. 39 (movilidad funcional), 40 (movilidad geográfica), 41 (modificación sustancial de condiciones de trabajo e inaplicación) o 82.3 (en lo relativo a la inaplicación del convenio aplicable) ET, permiten, bajo determinadas circunstancias económicas, técnicas, organizativas o productivas, alterar las obligaciones empresariales y los correlativos derechos de las personas trabajadoras. En cierto modo, la legislación ha buscado adaptar los poderes del empresario en la determinación de las condiciones de trabajo y los derechos laborales en situaciones de crisis (voluntaria o involuntaria) de la empresa. Es decir, no se corresponde con el *ius variandi* ordinario del empleador, sino con poderes extraordinarios para la supervivencia o continuidad de la empresa y sus ventajas competitivas.

Algunos de sus términos son considerados por la doctrina académica y judicial como indisponible para la negociación colectiva y para cualquier fuente de obligaciones entre el empleador y las personas trabajadoras, mientras que otros aspectos de estos preceptos tienen un carácter de derecho mínimo mejorable por las partes y la negociación colectiva. Nada obsta para que, en el contexto de la negociación colectiva, los agentes sociales minoren las facultades que otorgan dichos preceptos a los empleadores, alterando, consecuentemente, los poderes que reserva el ET para tiempos de crisis empresarial. Este esquema de niveles de disponibilidad de la norma legal de índole laboral resulta aplicable, indubitadamente, al juego entre las fuentes de derecho y de obligaciones del Derecho del trabajo y, por ello, al papel de los contratantes, de los empleadores, de los representantes unitarios de los trabajadores y a los agentes sociales. Sin embargo, la aparición de las entidades del sector público como actores que pueden influenciar o afectar a dichas fuentes normativas y contractuales en el ámbito de los procesos de contratación, plantea cuestiones en torno a aquello que resultaría una intromisión en el rol constitucional asignado a los agentes sociales o a las capacidades negociales de las partes.

La influencia de los PCA en el haz de derechos y obligaciones laborales, no obstante, no es, *per se*, un acto antijurídico que contravenga las disposiciones constitucionales en materia de competencias normativas en materia de Derecho del trabajo o en materia de negociación colectiva. Tampoco considero que la potencial reducción de la virtualidad concreta de preceptos de adaptación a situaciones de crisis, como caso fronterizo, supongan una vulneración de la libertad de empresa en sí misma. Ahora bien, sí opino que los órganos de contratación, aun cuando puedan tratar estos aspectos, deben hacerlo mediante parámetros más estrictos de justificación y proporcionalidad. Y es que, debido a la finalidad de tales medidas extraordinarias, su supresión puede afectar de forma determinante a la existencia de la organización empresarial.

Dejando a un lado los aspectos laborales en el plano discrecional, la LCSP ha abordado de forma explícita aspectos laborales en el plano preceptivo, aunque con dudoso tino. Mientras que ha solventado las dudas y los debates en torno a la validez de la subrogación *ex pliego*, el tratamiento legal otorgado a la aplicación del convenio colectivo de sector ha sido tan impreciso que los ejercicios exegéticos se tornan tortuosos.

25. Los principios de eficiencia económica y estabilidad presupuestaria no son esencialmente antagónicos a las cláusulas sociales. Las interpretaciones economicistas sobre el rendimiento o la calidad no se ajustan a Derecho.

Los principios de estabilidad presupuestaria consagrados en el art. 135 CE afectan indirectamente a las decisiones externalizadoras, por lo que actúan como acicate para las decisiones de generación de prestaciones tercerizadas o para su mantenimiento, junto a otras variables vinculadas a la gestión directa por parte de entidades públicas o a las complejidades de la reversión de contratas del sector público. Por otro lado, el modo en que afectan directamente a los PCA y a la ejecución del contrato a estos principios no es relevante a efectos de la validez de las cláusulas sociolaborales con la legislación vigente, salvo en aspectos relacionados con los elementos jurídicos del contrato, el convenio colectivo aplicable y la posible indexación económica.

La perspectiva economicista, desprovista de cualquier otra consideración propia del interés general en un Estado social, no resulta jurídicamente procedente. El mandato de realizar un gasto público eficiente de los recursos públicos de conformidad con el art. 31.3 CE (único precepto constitucional que emplea el término eficiencia), así como con el preámbulo y el art. 1.3 LCSP al exigir "una mayor y mejor eficiencia" no deben, en ningún caso, interpretarse en su sentido más economicista apegado a las teorías económicas ortodoxas ni soslayar las interpretaciones literales, sistemáticas y finalistas de las normas.

No es menos cierto que la mutación constitucional, acontecida por el Derecho de la UE y que, parcialmente, encontró un refrendo con la reforma constitucional del art. 135 CE en el año 2011, supone un contrapunto a la función social del Estado. Ahora bien, la CPSR parte, precisamente, de asumir la eficiencia en el gasto público y la materialización y desarrollo de las capacidades de las entidades del sector público y el privado en lo que al interés general del Estado social se refiere.

26. Solo algunos de argumentos esgrimido por el TACRC, pero también por algunos miembros de la doctrina académica y judicial,

son formal y sustancialmente válidos en orden a explicar las limitaciones derivadas del Derecho positivo a las cláusulas sociolaborales. No obstante, incluso estas conclusiones exegéticas tienen matices relevantes.

Si bien los órganos de control como el TACRC no han incidido en ello con la misma intensidad que en lo referente a la vinculación con el objeto del contrato o al concepto de calidad, las libertades económicas del Mercado Único se han revelado como un argumento capaz de afectar a la validez de las cláusulas sociales que abordan condiciones laborales. En concreto, la libertad de desplazamiento de trabajadores, tal y como se ha venido configurando por el TJUE, se han erigido en un condicionante de primer orden de las cláusulas de contenido laboral y las de promoción del empleo de personas con un determinado vínculo territorial.

La razón de ser originaria de la Directiva 96/71/CE ha quedado apegada a dotar de seguridad jurídica y capacidad competitiva a las empresas que desplazaban trabajadores. Al tiempo, se ha tratado de grabar en el espíritu teleológico de la norma la protección laboral de las personas trabajadoras desplazadas, sin embargo, se trata de una finalidad sometida a una realidad: estándares laborales desiguales en el Mercado Único; sobreprotección de las capacidades competitivas de las empresas vía reducción de costes laborales y, como colofón, encorsetar las potestades públicas en política sociolaboral.

En el ámbito de las cláusulas sociolaborales el principio más economicista dirigido a garantizar la libertad de empresa ha servido de base para declarar nulos criterios dirigidos a regular condiciones mínimas de trabajo y condiciones salariales de los trabajadores adscritos a la contrata. El contexto de reformas en el ámbito del Derecho del trabajo, que ha ofrecido mayores facultades organizativas y rectoras al empresario y reducido la potencialidad de la negociación colectiva de sector, ha conllevado una respuesta por parte de multitud de instancias administrativas tendentes a aumentar las protecciones de los trabajadores de las empresas que contratan con ellas.

La doctrina del TJUE en materia de cláusulas sociales viene dada a raíz de conflictos jurídicos generados por la compatibilidad de la Directiva 96/71/CE con el señalamiento de cuantías salariales en los pliegos y de convenios colectivos aplicables a contratas del sector público. Me refiero, específicamente, a la doctrina emanada de los casos *Rüffert, Bundesdruckerei* y *RegioPost*. Ni la reprobación del dumping social ni la mejora de las condiciones laborales de forma proporcionada han sido considerados motivos suficientes en dicha sede judicial, a pesar de que, en ella, se reconoce que, en determinados supuestos, sí resultaría justificada una intervención de esa naturaleza en la contratación pública. La Directiva 2014/24/UE contiene, no preceptos, pero sí considerandos que hacen su articulado permeable a las normas del Derecho derivado y la doctrina del TJUE al referirse a la necesaria interpretación de los criterios sociales conforme jurisprudencia del TJUE (considerando 97) y, más en concreto, a la Directiva 96/71/CE (considerando 98). Esta sustanciación en los considerandos de la Directiva es lo que ha dado pábulo a entender como no superada la doctrina del TJUE.

De cualquier modo, el abordaje por parte del Derecho originario europeo y derivado es laxo e insuficiente en materia de garantía de derechos sociales y encuentra un agravio comparativo en la armonización de los aspectos relacionados con las libertades económicas. No se puede por menos que estar de acuerdo con las palabras de Pisarello (2007, p. 133) cuando afirmaba que el Derecho originario y el reparto competencial que de él se deriva "ha convertido el Derecho europeo en un factor de constricción de los márgenes de desarrollo de esta política (social) en el ámbito estatal". No menos cierto es que la evolución normativa del modelo social europeo en la última década ha ahondado en una legitimación de las políticas de índole laboral que no puede ser obviada en el campo jurídico que nos ocupa.

En definitiva, en la previsión literal en relación con la Directiva 96/71/CE que contiene la Directiva 2014/24 descansa la posible argumentación válida para oponerse a cláusulas sociales que pretenden la mejora de las condiciones laborales. Sin embargo, también estimo que si se realiza un análisis algo más detallado del andamiaje y la situación jurídica de este fenómeno la respuesta no es monolítica ni unidireccional por diversos motivos. El primero, porque la referencia a la doctrina del TJUE —que puede variar— se realiza en un considerando y no en el artículo, aunque el valor interpretativo del considerando no es nada desdeñable; el segundo, que los salarios tienen en la Directiva 96/71/CE una regulación *sui generis* que permite tener, respecto de ellos, una posición estricta que, sin embargo, no se predicaría respecto del resto de las materias laborales como el tiempo de trabajo, permisos y vacaciones; el tercero, que el TJUE abre la puerta a excepciones justificadas y, consecuentemente se abre una espita a prestar atención a las coyunturas y estructuras específicas del mercado laboral español; el cuarto, el avance, aunque testimonial, en el modelo social europeo y las evoluciones favorables en el ámbito de la Comisión Europea y el Parlamento Europeo en el desarrollo de la CPSR, a pesar de que no se hallen en sus guías ejemplos de cláusulas de mejora salarial *ex* pliego.

Puede situarse como adenda que conforme al ordenamiento jurídico-constitucional español las cláusulas de mejora salarial en liza son perfectamente válidas e, incluso, convenientes en términos de efectividad y justicia. En este sentido, no considero válida la interpretación de la primacía del Derecho de la UE en la materia objeto de estudio por falta de habilitación constitucional para acotar de tal modo potestades públicas tan elementales. El principio según el cual los poderes públicos solo debieran intervenir en la economía en caso de que se generen fallos de mercado no se compadece con el articulado constitucional en modo alguno. El principio de subsidiariedad económica del Estado es el que late en el influjo de la economía social de mercado de extracción ordoliberal que *hiperboliza* la libertad de empresa, entronizan el libre mercado privatista y censura la función constitucional de los poderes públicos hasta el punto de anular la virtualidad básica del Estado social. Con todo y con eso, conforme al Derecho positivo, la CPSR en su concepción más performativa es perfectamente compatible con cualesquiera de los posicionamientos políticos y jurídicos entre los que permite bascular nuestro texto constitucional.

27. Los márgenes que delimitan las capacidades jurídicas discrecionales de los órganos de contratación se rigen por los principios y reglas del derecho de contratos, pero, paralelamente, deben adoptarse una serie de precauciones especiales según las materias objeto de las cláusulas sociolaborales.

Las cláusulas a las que he denominado *preceptivas* y *tasadas* tienen delimitadas, por su propia idiosincrasia, las condiciones de validez de forma más precisa, aunque, como se ha ido apreciando a lo largo de la investigación, no están libres de controversias interpretativas. Así ocurre con aspectos laborales clave en el plano de las prohibiciones de contratar (aspectos procedimentales o aprobación y registro de los planes de igualdad), la determinación de los elementos económicos del contrato (por lo que hace al papel del convenio colectivo aplicable) o las condiciones ordinarias de ejecución (qué condiciones salariales se aplican a las personas que ejecutan la prestación). La mayor parte de las disquisiciones interpretativas derivan de la ambigüedad y deficiencia de técnica legislativa plasmada en la LCSP en relación con el tratamiento que otorga a las instituciones jurídico-laborales.

En lo concerniente a las cláusulas discrecionales, su adopción es más compleja. En términos generales, y para dar comienzo a un expediente de contratación, la fase preparatoria del contrato se revela de gran interés en orden a analizar, con base en estudios fiables de diversa índole, la idoneidad y conveniencia de las cláusulas que pudieran articularse en los pliegos. Además, puede tratarse, en ciertos supuestos, de un elemento determinante para la justificación de las decisiones adoptadas. En segundo lugar, resulta aconsejable emplear la definición del objeto del contrato y las especificaciones técnicas para dejar patente la toma en consideración, a lo largo del proceso de selección de contratista y adjudicación del contrato, de aspectos sociolaborales. En tercer lugar, la vinculación con el objeto contractual requiere que tales aspectos se relacionen con cualesquiera de los factores intervinientes en la prestación funcional y temporalmente. Las condiciones de aplicación deben tener una formulación objetiva que evite la arbitrariedad de los OC; debe estar motivada su adopción; y, en definitiva, resultar proporcionada, cuantitativa y cualitativamente, en relación con los componentes del contrato.

Por lo que se refiere a los requisitos o condicionantes específicos por materias. En relación con las **cláusulas de fomento de la inclusión sociolaboral y del empleo** advertimos una serie de precauciones y limitaciones para los OC. En primer lugar, la determinación de categorías jurídicas aprehensibles de los colectivos, grupos o segmentos de la población a los que se pretende favorecer deben dotar de seguridad jurídica y objetividad a las medidas. En segundo lugar, debe prestarse la debida atención a los datos de infrarrepresentación en las actividades y puestos en cuestión o la situación de real o potencial situación de vulnerabilidad ante la discriminación. En tercer lugar, debe tenerse en cuenta que el contratista puede disponer de sus propios vínculos laborales previos al inicio de la contrata o puede resultar obligado, en virtud del art. 44 ET o del convenio colectivo sectorial, a la subrogación en la situación de empleador del contratista saliente. Así pues, en estos supuestos las medidas en cuestión, para ser redactadas atendiendo a la multiplicidad de situaciones críticas que pudieran concurrir, acogen, en algunos literales como en el caso del Decreto 118/2022, de 5 de agosto, del Consell de la GVA, fórmulas como: "incorporar en las nuevas contrataciones, bajas y sustituciones que se produzcan durante la ejecución del contrato…". En último lugar, se presentan como difícilmente salvables con la normativa europea vigente, las cláusulas que contienen criterios de adjudicación o condiciones especiales de ejecución que promueven o exigen que la empresa adjudicataria contrate a personas de una determinada localidad o región, por entenderse que atenta contra el principio de igualdad de trato.

El grupo heterogéneo de criterios relacionados con los derechos laborales y las **condiciones de trabajo de la plantilla adscrita al contrato** requiere, sobre todo, respeto a las disposiciones de derecho mínimo necesario y de derecho indisponible de regulación legal o convencional; no exigir la adopción o alteración de instrumentos derivados de la negociación colectiva que, por tanto, necesitan de la intervención obligada de representantes de los trabajadores; y deben tomarse precauciones a la hora de controlar el cumplimiento de las obligaciones que el adjudicatario haya asumido en el contrato para evitar riesgos de cesión ilegal de trabajadores.

En relación con los **criterios relativos a los DDHH en cadenas de valor**, la introducción de múltiples elementos de extranjería, la ausencia de mecanismos jurídicos internacionales efectivos y la falta de tradición y profesionalización administrativa dificulta grave y ostensiblemente la implementación discrecional de instrumentos de protección de derechos laborales allende las fronteras estatales y europeas. Además, los mecanismos voluntaristas y unilaterales de RSE han contribuido a generar espejismos de regulación en materia de DDHH. Estas disfuncionalidades y carencias en el plano internacional por lo que a DDHH y cadenas de valor se refiere, son las que se proyectan sobre las cláusulas sociales en contratos del sector público.

4. LA INTERVENCIÓN NORMATIVA, EJECUTIVA Y EXEGÉTICA PARA POTENCIAR LA CPSR

28. La dificultad a la hora de implementar la CPSR se debe a la sinergia de múltiples variables de diversa naturaleza y, aunque cada una de ella tiene un peso relativo distinto, se relacionan con las deficiencias en la técnica legislativa, en la profesionalización y práctica administrativa y, finalmente, en la tarea interpretativa de los órganos de recursos y consulta.

Una de estas variables es la falta de precisión como uno de los hándicaps que ha dificultado la puesta en práctica de una CPSR en su vertiente potestativa y discrecional por los órganos de contratación. El segundo de ellos es la falta de tradición profesional administrativa que pueda materializar las enseñanzas derivadas de esta experiencia en materia sociolaboral; aunque se trata de un aspecto que se ha ido corrigiendo en la última década. El tercero es la ausencia de un corpus institucional administrativo y operativo en las entidades del sector público encargado de velar, de forma efectiva, por el cumplimiento del contrato, en general, y de los aspectos laborales, en particular. El cuarto factor obstaculizador lo constituye el conjunto de interpretaciones *contra legem* consolidadas en resoluciones y acuerdos del TACRC, la JCCPE y otras instituciones análogas de algunas de las CCAA. Sobre todas ellas versan, de un modo u otro, las conclusiones propositivas de este cuarto punto de conclusiones.

29. Adoptar una perspectiva responsable en términos sociolaborales no exige de forma determinante alteraciones, modificaciones o transformaciones del contenido formal o sustantivo del texto constitucional o de disposiciones legales vigentes para dotar de validez jurídica a las cláusulas sociales de fomento del empleo, mejora de condiciones de trabajo, derechos laborales o protección de los DDHH en las cadenas de valor.

A tenor de las anteriores conclusiones, puede señalarse que existe una concomitancia del sustrato jurídico axiológico de la CPEs en sus diversas concepciones o versiones y el de la CE. Al margen de las pretensiones del Derecho primario de la UE de instaurar una economía social de mercado y un mercado único, el Estado social configurado por la CE y su plasticidad en términos de modelo económico da pábulo a adoptar una CPSR estratégica y transversal que trascienda los aspectos formales y clásicos de la contratación pública.

Ningún valor, principio, regla o derecho constitucional impide que la finalidad natural, histórica y arraigada de la contratación pública sea compatible con finalidades sociolaborales complementarias. En consecuencia, no considero correctas las objeciones a los fundamentos de la CPSR legalmente configurada esgrimidas en la doctrina del TACRC y la JCCPE.

Del mismo modo que han mutado, al menos en su practicidad, instituciones jurídicas centrales del Derecho administrativo como la de servicio público o la de interés general, otras, como la gestión indirecta, pueden ser adaptadas desde las instancias legislativas del Estado de acuerdo con los preceptos constitucionales. Así ha ocurrido con otras figuras más concretas y prácticas, como el fraccionamiento en lotes que ha decidido potenciarse para aumentar la competencia en el mercado y la competitividad de las pymes, aun cuando esto podría mermar la eficiencia inmediata en términos administrativos. Por lo que se refiere a la CPSR, si bien con la normativa inmediatamente precedente era válidamente compatible, el desarrollo legislativo de transposición de la Directiva 2014/24/UE ha dotado de mayor seguridad jurídica, objetividad y legitimidad a la toma en consideración discrecional de aspectos sociolaborales en la adjudicación y ejecución del contrato.

Los argumentos jurídicos aducidos por el TACRC no son determinantes para invalidar la CPSR configurada por la LCSP. La potencialidad inmediata de la CPSR no requiere una intervención normativa, ni sustantiva ni formal, aunque esta es necesaria en el plano legislativo estatal y autonómico para abordar una profundización en la responsabilidad social y mayores niveles de seguridad jurídica de distintas entidades del sector público. En resumen, que el presente marco normativo no exija, en cuanto a condiciones de validez formal, alteraciones, y que estas puedan ser contingentes, no obsta para que la dogmática jurídica pueda plantearse propuestas de *lege ferenda* para adaptar las instituciones jurídico-laborales a una realidad administrativa distinta para conjugar las funciones y capacidades jurídicas administrativas y evitar intromisiones o incompatibilidades competenciales o funcionales.

30. La laxitud en la regulación y la existencia de un poder discrecional de los OC para determinar los objetivos sociales a alcanzar y el modo de hacerlo generan dificultades técnicas trascendentes que pueden afectar a la validez de las cláusulas, además de a su eficacia y efectividad. La labor normativa, aplicativa y promocional de las AAPP, sobre todo de las de índole territorial, son especialmente relevantes en cuanto al estado de la CPSR.

Sin una estrategia institucional sondeada, estudiada y coordinada en los distintos niveles de las AAPP la articulación de una CPSR puede desembocar en una atomización incoherente de objetivos y de incertidumbre para los operadores externos. En el ámbito español, a lo largo de los últimos años, las CCAA y las entidades que conforman el sector público local han asumido un papel trascendental a la par que desigual. Por un lado, algunas CCAA han desarrollado la normativa básica estatal de contratos públicos y han previsto una regulación expresa de los aspectos sociolaborales, como es el caso del País Vasco o la Comunidad Valenciana, mientras que otras comunidades apenas aluden en su legislación a esta cuestión. Por otro lado, la actuación por parte de las entidades públicas ha sido el principal catalizador del desarrollo práctico de los aspectos sociales en la contratación e, incluso, del debate jurídico y político en torno a ellos.

No obstante, la labor de las entidades, bien adoptando instrumentos jurídicos normativos, autoorganizativos o promocionales, bien mediante la concreta elaboración de los pliegos, ha encontrado una oposición constante en las resoluciones de los tribunales administrativos de la contratación pública, en los informes de las juntas consultivas (aunque en menor medida) y en algunas resoluciones de los Tribunales Superiores de Justicia.

Una de las críticas vertida desde la doctrina académica a la CPSR es la fragmentación, dispersión y posible incoherencia de los criterios sociolaborales implementados, debido a que, salvo la existencia de instrumentos jurídico-administrativos que acoten la facultad discrecional de AAPP u otras entidades, los órganos de contratación pueden articularlos de forma relativamente diversa. Así pues, se perciben recelos entre la doctrina respecto de aquellas formulaciones de la ley que permiten interpretar una atribución discrecional para tomar en consideración aspectos sociales.

Los motivos para abordar una normativa más sistemática y coherente en el conjunto del Estado y del resto de las AAPP radican no sólo en aspectos de eficacia administrativa y seguridad jurídica, sino de eficiencia económica en el marco de la regulación laboral. Del mismo modo que ocurre con la normativa laboral, uno de los factores de su efectividad descansa en las normas con tendencia a la aplicabilidad general en un ámbito determinado. De este modo se potencia la previsibilidad normativa, la percepción de justicia distributiva por parte de las personas trabajadoras y se desincentiva la competitividad empresarial vía costes laborales. Sea como fuere, si se quiere ahondar en el perfeccionamiento de una CPSR, nada de lo dicho en este punto debe ir en detrimento de la posibilidad de que cada entidad pública ajuste el contenido y la finalidad de los pliegos a los análisis, necesidades, objetivos y prioridades que puedan considerar oportunos en el marco de sus competencias.

31. La coordinación institucional es una exigencia constitucional que debe desarrollarse en estrecha relación con el control del cumplimiento de los aspectos sociolaborales de los contratos del sector público.

Una de las ventajas de la abstracta regulación de los criterios sociales es la posibilidad de adaptar las condiciones del proceso de contratación a cada entidad del sector público. Resulta especialmente relevante el diseño de instrumentos institucionales, orgánicos y regulatorios, por parte del legislador y de las AAPP, que permitan generar sinergias de colaboración, coordinación y aprendizaje mutuos entre entidades del sector público. Los instrumentos ejecutivos pueden tener naturaleza reglamentaria o constituir actos administrativos que, por un lado, acoten la capacidad discrecional de los órganos de contratación y, por otro lado, permitan acometer las especificidades de cada entidad de forma coherente y adecuada. Se trata de una herramienta útil para coordinar y dotar de seguridad jurídica a los criterios sociales empleados por las entidades que conforman tales AAPP y en el sentido de establecer la documentación exigible para probar, acreditar o justificar la adopción y el cumplimiento de los criterios sociales. En resumen, estos instrumentos jurídicos tienen una importancia significativa en cuanto a su labor coordinadora, instructiva y propedéutica. En un plano más concreto, los Pliegos de Condiciones Generales son un instrumento que coadyuva a alcanzar los mentados objetivos de coordinación.

La descentralización y la desconcentración favorecen el ajuste y la adaptación de los pliegos y el contrato a las necesidades y preferencias de cada entidad y unidad administrativa. La descentralización en esta materia supone, no ya una transferencia de responsabilidades, sino de capacidades. Sin embargo, las exigencias de coordinación requieren de instrumentos que establezcan criterios generales. Así, esta dinámica multinivel permite arbitrar nuevas garantías de derechos sociales asociados al mundo del trabajo en el convencimiento de que las entidades autonómicas y locales, también en esta materia, tienen un papel trascendente a la hora de guiar, condicionar, incentivar o promocionar las conductas empresariales (además de las propias) hacia la garantía de los derechos sociolaborales.

La relación entre las entidades públicas y los agentes sociales debe ser una de las tareas que deben asumir aquellas, a la vista de las precauciones necesarias en la redacción de los PCA, sobre todo, en materia de condiciones de trabajo y derechos laborales. Las funciones del OC, en especial antes de la redacción de los pliegos, pero también del responsable del contrato y de los órganos de la unidad responsables del seguimiento del contrato durante la ejecución de este, han de ser adaptadas coherentemente con los términos de la legislación. Esta carencia parte del mismo contenido de la LCSP y del reglamento de desarrollo, pero puede ser atendida por parte de las AAPP a través de múltiples instrumentos jurídicos ejecutivos.

Asimismo, el recurso a la concertación social en el ámbito de los contratos del sector público, configurando organismos específicos de carácter tripartito en el seno de las entidades públicas contratantes, puede ayudar a prevenir colisiones o invasiones respecto de la negociación colectiva de convenios colectivos estatutarios. Esto sirve al fin añadido de relegitimar los pliegos de condiciones administrativas por lo que a su contenido sociolaboral se refiere.

Podría resultar paradójico explorar mecanismos contractuales como los que estudiamos en estas páginas para mantener o mejorar condiciones laborales del personal adscrito a la contrata y, de otro lado, reconocer que los órganos de contratación —y las propias entidades del sector público— no disponen, actualmente, de los medios necesarios para controlar el cumplimiento mismo de los derechos laborales mínimos. Ahora bien, esta aparente paradoja no es tal si partimos desde un enfoque estratégico que acometa dos retos. El primero, ahondar en la creación o redimensionamiento de los órganos de control y profesionalización de estos para dotar de eficacia sus cometidos. El segundo, profundizar en la innovación organizacional y normativa para contribuir a la coordinación, eficacia y eficiencia de las AAPP.

En efecto, por lo que se refiere a la buena marcha del contrato, se adivina importante clarificar en los PCA, y en eventuales PCG, los cometidos del responsable del contrato. Debe potenciarse su rol en lo relativo a los criterios de consideración estratégica, como figura con responsabilidades en materia de cumplimiento del contrato y agente para la resolución de incidencias, sobre todo a la vista de las deficiencias regulatorias de la LCSP en cuanto a sus funciones generales. Asimismo, pueden arbitrarse otras figuras en el contexto de la unidad administrativa encargada del seguimiento y la ejecución del contrato compatibles con la legislación.

El control desde el sector público puede tener lugar a través de canales de comunicación, información y debate con los representantes de los trabajadores y con agentes sociales más representativos en el sector y a través de foros, comités o comisiones (como la Comisión Interministerial para las CPSR). Se trata de mecanismos tripartitos en los que se incorpore el responsable del contrato, pero también otros actores administrativos implicados en el proceso de contratación y en el de ejecución del contrato.

Al mismo tiempo, considero que puede ser apropiado que las AAPP encomienden, deleguen o confíen, bien a órganos u organismos públicos, bien a entidades externas, determinadas funciones y actividades tendentes a dotar de eficacia a las cláusulas sociolaborales contenidas en los PCA y en el contrato. Me refiero a auditorías y certificaciones que garanticen el cumplimiento de la normativa aplicable a la empresa (en cuanto cláusulas sociales regladas y preceptivas) y, en su caso, de las cláusulas potestativas y discrecionales. En orden a establecer una actuación transparente e independiente, las AAPP deberían contemplar la constitución de organismos específicos o el recurso a asociaciones profesionales para la realización de auditorías sociolaborales *ad hoc*.

32. Es necesario un cambio en la doctrina administrativa y judicial para cumplir con el contenido de la normativa vigente en materia de contratos del sector público.

Las consideraciones expuestas de *lege data* me han llevado a concluir que los órganos administrativos y jurisdiccionales deben atender al contenido normativo sustantivo que deriva de las directivas de cuarta generación, la ley estatal que las transpone y las legislaciones autonómicas. Esto no obsta para que considere imprescindible una modificación normativa que clarifique el alcance de las potestades de los órganos de contratación en este aspecto, ya que solo de este modo puede reducirse la litigiosidad, aumentar la seguridad jurídica y, sobre todo, ahondar en una contratación pública funcional a las políticas públicas sociolaborales.

33. La LCSP es un texto normativo que valoro positivamente en orden a juridificar la toma en consideración de objetivos estratégicos y operativos sociolaborales en la contratación pública. A pesar de ello, se han identificado vaguedades, antinomias y deficiencias, tanto en la dimensión normativa como en la contractual, que pueden ser acometidas por el legislador para impulsar la contratación pública socialmente responsable desde la eficacia, la seguridad jurídica y la contribución a los principios y fines del Estado social.

La síntesis de las propuestas sustantivas de *lege ferenda* que se aportan en estas conclusiones no contiene la composición literal de preceptos normativos, sino tendencias de reforma.

- La potencialidad jurídica de las cláusulas sociolaborales se ha dejado, sobre todo, en manos de las capacidades discrecionales legadas, por el Derecho derivado europeo y la legislación interna, al nivel ejecutivo autonómico y local. Esto conlleva que se haya conferido a las AAPP contratantes un papel de baluartes de la CPSR que no todas están capacitadas para ejercer o dispuestas a asumir por las problemáticas organizativas y económicas que acarrea. Por ello, es recomendable detallar en el articulado legislativo estatal y autonómico las materias y los aspectos concretos sobre los que puedan versar las cláusulas sociolaborales.

- En cuanto a las **reformas institucionales** me remito a las conclusiones precedentes, puesto que los mecanismos de **composición, coordinación, control y concertación**, aun desde los principios de descentralización y desconcentración, requieren una labor normativa de índole legal, y no únicamente la intervención de los engranajes del poder ejecutivo. Especialmente relevante es el abordaje de órganos responsables del contrato con formación específica, o la profesionalización específica de los existentes, que puedan atender al cumplimiento ordinario en materia social de los contratistas y al cumplimiento de las cláusulas sociolaborales discrecionales.

- Las cláusulas sociolaborales pueden provocar ciertas distorsiones en el **sistema de gobierno y ordenación de las relaciones laborales** que supone la negociación colectiva. La estructura de la negociación se encontraría con instrumentos heterónomos y ampliamente descentralizados que podrían interferir en los convenios ya aprobados, en los que están en vigor e, incluso, en las negociaciones de futuras normas convencionales. En este sentido, aunque entiendo que las cláusulas, por su contenido más beneficiosos que las condiciones vigentes, no entran en confrontación con las normas convencionales, resulta conveniente que tanto la normativa laboral (ET) como la de contratos del sector público (LCSP) contemplen, cuando menos, la posibilidad de que los PCA afecten de forma indirecta a las condiciones de la parte de la plantilla adscrita al contrato.

Resulta trascendente determinar qué normas laborales no podrán ser desvirtuadas o en qué grado pueden serlo por mor de los PCA. Los debates en torno a las materias o derechos en materia jurídico laboral que pueden ser abordados por los PCA y el contrato están justificados debido a las dudas que plantean el contenido disponible, indisponible y mínimo para el contrato de trabajo y los convenios colectivos. Por ello, sería recomendable abordar desde la LCSP las potestades empresariales que se quieren preservar de la capacidad de los órganos de contratación, como sería aquellos preceptos como los arts. 39, 40, 41 y 82.3 ET, que, en virtud de su carácter de preservación de la misma empresa, permitirían a los operadores hacer valer las potestades extraordinarias que le brinda la legislación laboral, del mismo modo que la LCSP ha abordado explícitamente aspectos como la subrogación laboral cuando existe una sucesión de empresas o con la prioridad aplicativa del convenio de sector en actividades intensivas en mano de obra en materia salarial.

Precisamente, la LCSP debe plantear la posibilidad de incluir, con una fórmula similar a la empleada en las Disposiciones Adicionales que determinan los preceptos que forman parte de la legislación básica, los preceptos del ET o apartados de estos del ET cuyo contenido no puede verse distorsionado o interferido por las estipulaciones de los PCA, PPT y el contrato.

- La reclamación propia de las confederaciones sindicales con mayor representatividad en el Estado (CCOO y UGT) y de las confederaciones patronales (CEOE y CEPYME) han venido reclamando al Gobierno una modificación de las **condiciones para la revisión de precios de los contratos del sector público**. Aun con diferentes matices, los agentes sociales mencionados coinciden en la posibilidad de revisar el precio ante cambios en materia salarial derivados de la modificación al alza del SMI o ante modificaciones previstas en los convenios colectivos estatutarios, acuerdos de negociación colectiva o “circunstancias que no pudiesen preverse en el momento de la licitación que impliquen incrementos de costes laborales”. La indexación de los precios del contrato conforme a la subida de los salarios relaciona la masa salarial con el equilibrio de las ofertas que, de lo contrario, podrían devenir anormalmente bajas. Además, puede contribuir a facilitar, en el contexto estrictamente del sistema de relaciones laborales, las negociaciones de los agentes sociales en el ámbito de la negociación colectiva y la concertación social en la fijación de mejoras en las cuantías salariales. Ha de tenerse presente que las cláusulas sociales, desde la perspectiva teleológica, deben configurarse sin reducir la potencialidad tuitiva del Derecho del trabajo.

En cualquier caso, la indexación ha de estar limitada cuantitativamente, ya que queda dentro del funcionamiento del sistema y el modelo de economía que las empresas asuman los riesgos de sus actividades económicas y el aumento de los costes laborales es una de esas variables. A mayor abundamiento, ha de tenerse presente que el aumento de los niveles salariales, en nuestro marco de relaciones laborales, se rige por normas negociadas o dialogadas con la participación de los representantes de los trabajadores y de las empresas.

- **Los criterios de desempate** señalados en la LCSP no guardan relación con el objeto del contrato en el sentido analizado (vinculación funcional, temporal y subjetiva). Es por esto por lo que, a pesar de que en la actualidad esta antinomia formal no haya desvirtuado en modo alguno la validez y la eficacia de los mentados criterios, en aras de una mayor coherencia y claridad interpretativa debería omitirse la referencia a la vinculación con el objeto del contrato respecto de aquellos.

- Existen tendencias de ida y vuelta entre la regulación parajurídica de los **certificados, sellos y etiquetas de sostenibilidad**, entendida en sentido amplio, y la regulación jurídica nacional e internacional. A pesar de ello, los estándares de certificación, para cumplir con la normativa vigente de contratos, y para otorgar seguridad jurídica y objetividad, deben contar con la participación pública en su configuración y certificación. La normativa actual contempla que los PCA o PPT hagan referencia a las normas aplicables a cada etiqueta para que no sea necesario acredita la posesión de una concreta. Sin embargo, no es realista ni proporcionada esta puntualización, ya que los PCA o los PPT no pueden transcribir las normas o estándares de una etiqueta.

  Así, propuestas como las de Alianza Cooperativa Internacional de crear un *sello coop.* para distinguir cooperativas que cumplen o no con los principios cooperativos, en realidad, suponen una externalización de una función propia de las AAPP, puesto que dichos principios están correctamente positivizados en la ley.

- La potenciación de la economía social puede llevarse a cabo a través de la mejora de la institución de reserva de contratos de forma proporcionada. La previsión de **reservas de contratos en favor de entidades de economía social** debe ir acompañada de obligaciones legales regladas y preceptivas, aun con sus correspondientes excepcionalidades, que contribuyan a su eficacia y efectividad.

  Por un lado, por lo que se refiere a la DA 4ª LCSP, la experiencia ha mostrado que dejar al albur de las AAPP la determinación de la proporción de reservas de contratos conlleva un riesgo real de vaciar de contenido y finalidad dichas precisiones legales. Es por ello por lo que la ley debe acometer porcentajes mínimos tomando como referencias, conjuntamente, la cantidad de contratos y el presupuesto destinado a los mismos. Paralelamente, deben señalarse plazos concretos de implementación y debe preverse mecanismos de respuesta impugnatoria en caso de incumplir, en los plazos marcados, las proporciones señaladas en la ley. Estas consideraciones en torno a la reserva de contratos de la DA 4ª son extrapolables por entero a las de la DA 48ª, aunque con añadiduras. Y es que, la DA 48ª tan solo contempla una posibilidad discrecional de los OC en la reserva de contratos que, según los principios señalados en el precepto, transpiran la esencia de la economía social. Pues bien, debiera contemplarse la obligación y la regulación de la proporción mínima en la misma LCSP dejando márgenes de discrecionalidad a las AAPP.

- Por lo que se refiere a los mecanismos de **vigilancia, transparencia y respeto de los DDHH en las cadenas de valor** de las empresas adjudicatarias, el recurso que otorga mayores potencialidades con el ordenamiento vigente son las obligaciones de diligencia debida normativizadas en planos estatales o internacionales. El hecho de consistir en obligaciones de medios basadas en estándares sustantivos de instituciones como la OIT o la ONU permite rebajar la tensión jurídico-política de la puesta en práctica. A pesar de ello, se da una evidente incoherencia entre las medidas de diligencia debida que se están explorando en distintos ámbitos institucionales y un segmento de la regulación de los contratos del sector público y de la dogmática jurídica. La trayectoria orientada a alcanzar mayores niveles de transparencia, cooperación y respeto de derechos humanos es plenamente compatible con los objetivos manifestados por la UE en materia de diligencia debida. Para ello es preciso realizar una profundización en la concepción socialmente responsable de la contratación, modificar la normativa europea y corregir las interpretaciones restrictivas y economicistas.

Mientras tanto, valoro que, aunque ya incorporadas a la tradición de los contratos del sector público, las etiquetas sociales presentan carencias en cuanto a su componente institucional, su ordenación sustantiva y su implementación práctica. La existencia de sellos, etiquetas y certificados puede servir de referencia para objetivar y agilizar la comprobación del cumplimiento de estándares sociales. Dicho esto, considero que deben potenciarse tanto la participación institucional pública en los organismos estandarizadores y certificadores, como la revisión del contenido de dichos estándares por parte de las entidades públicas. Y ello en orden a asegurar que los aspectos relacionados con los DDHH y las condiciones de trabajo están debidamente desarrollados en el certificado en cuestión conforme, al menos, al acervo internacional de la ONU y la OIT.

De cualquier modo, ni el desarrollo de los instrumentos de diligencia debida vinculantes ni el perfeccionamiento de las etiquetas sociales debe realizarse en detrimento de los esfuerzos por ahondar en instrumentos jurídicos internacionales y vinculantes. Cabe compatibilizar el impulso juridificador aun sin desdeñar el papel positivo que puedan desempeñar las directrices de *soft law*, los códigos de conducta unilaterales y voluntarios, los Acuerdos Marco Globales o Internacionales o las normativas estatales y regionales en materia de diligencia debida o deberes de vigilancia.

REFERENCIAS

1. NORMATIVA Y TEXTOS EUROPEOS E INTERNACIONALES

Documentos y textos normativos más relevantes en el nivel europeo para el desarrollo de la contratación pública estratégica y socialmente responsable (orden cronológico):

- **COM (1996).** *Libro Verde "La contratación pública en la UE: reflexiones para el futuro".*
- **COM (2001).** *Comunicación interpretativa "la legislación comunitaria de contratos públicos y la posibilidad des de integrar aspectos sociales en dichos contratos".*
- **COM (2002).** *Comunicación "la responsabilidad social de las empresas: una contribución empresarial al desarrollo sostenible".*
- **Directivas 2004/17 y 18/CE sobre contratación pública (3er paquete o generación).**
- **OIT (2008).** *Guía práctica: Convenio (núm. 94) y recomendación (núm. 84) sobre las cláusulas de trabajo (contratos celebrados por las autoridades públicas), 1949.*
- **COM (2011).** *Adquisiciones sociales. Una guía para considerar aspectos sociales en la contratación pública —1ª edición—.*
- **COM (2011).** *Libro Verde "La modernización de la política pública de la UE. Hacia un mercado europeo de la contratación pública más eficiente".*
- **Directivas 2014/23, 24 y 25/UE sobre contratación pública (4to paquete o generación).**
- **COM (2015).** *Comunicación "Europa 2020: Una estrategia para un crecimiento inteligente, sostenible e integrador".*
- **COM (2017).** *Recomendación (UE) 2017/1985, de 3 de octubre de 2017, "Conseguir una arquitectura para la profesionalización de la contratación pública".*
- **COM (2017).** *Comunicación "Conseguir que la contratación pública funcione en Europa y para Europa".*
- **Parlamento Europeo (2018).** Resolución sobre el paquete de medidas de la estrategia de contratación pública.
- **COM (2020).** Making socially responsible public procurement work, 71 good practice cases.

- **Parlamento Europeo (2020).** Resolución, de 17 de diciembre de 2020, sobre una Europa social fuerte para unas transiciones justas.
- **COM (2021).** Adquisiciones sociales. Una guía para considerar aspectos sociales en la contratación pública —2ª edición—.
- **EIGE (2022).** *Gender-responsive public procurement in the EU.* European Institute for Gender Equality.
- **Parlamento Europeo (2024).** Estudio de Diligencia Debida en las instituciones de la UE. Adquisiciones propias: reglas y prácticas.
- **Directiva 2024/ /UE del Parlamento Europeo y el Consejo sobre diligencia debida de las empresas en materia de sostenibilidad y por la que se modifica la Directiva (UE) 2019/1937.**

Documentos en el nivel internacional para el desarrollo de la responsabilidad social respecto de las cadenas de valor (orden según institución):

- **OIT (1998).** *Declaración relativa a los principios y derechos fundamentales en el trabajo.*
- **ONU (2000).** *Pacto Mundial. La responsabilidad cívica de las empresas en la economía mundial.*
- **COM (2009).** *Comunicación al Consejo, al Parlamento Europeo y al Comité Económico y Social Europeo: "Contribución al desarrollo sostenible: el papel del comercio justo y de los sistemas no gubernamentales de garantía de la sostenibilidad comercial".*
- **ISO (2010).** *ISO 26000. Guía de responsabilidad social.*
- **ONU (2011).** *Principios rectores sobre las empresas y los derechos humanos.*
- **ONU (2015).** *Resolución de la Asamblea General. "Transformar nuestro mundo: la Agenda 2030 para el Desarrollo Sostenible".*
- **OCDE (2018).** *Guía de la OCDE de Debida Diligencia para una conducta empresarial responsable.*
- **OIT (2022).** *Declaración de la OIT sobre la justicia social para una globalización equitativa.*

Versiones previas: 2008.

- **OIT (2022).** *Declaración tripartita de principios sobre las empresas multinacionales y la política social.*

Versiones previas: 1977, 2000, 2006 y 2017.

- **OCDE (2023).** *Líneas Directrices de la OCDE para Empresas Multinacionales sobre conducta empresarial responsable.* Revisión de "Líneas Directrices" de 2023.
- **Versiones previas:** 1976 y 2011.

- **UE (2023).** *Comunicación de la Comisión Europea "el trabajo decente en todo el mundo para una transición global justa y una recuperación sostenible".*
- **UE (2024).** *Debida diligencia en las adquisiciones de las instituciones de la UE: reglas y prácticas.*

2. NORMATIVA Y TEXTOS INTERNOS ESPAÑOLES

2.1. Guías, informes y acuerdos administrativos internos

- **Lesmes Zabalegui, S. (2006).** *Guía de contratación pública sostenible. Incorporación de criterios sociales.* Fundación Centro de Recursos Ambientales de Navarra.

Ley 30/2007, de 30 de octubre, de Contratos del Sector Público.

- **IDEAS (2008 y 2010).** *Guía de contratación pública sostenible. Incorporación de criterios sociales.* Autores: Lesmes Zabalegui y Laura Rodríguez Zugasti.
- **Generalitat de Catalunya (2010).** *Guía para la inclusión de cláusulas contractuales de carácter social.*
- **Federación de Municipios y Provincias de Castilla-La Mancha (2010).** Guía práctica de criterios sociales y medioambientales en la contratación pública. Autora: María Teresa Brunete de la Llave.

RD-Leg. 3/2011, de 14 de noviembre, por el que se aprueba el texto refundido de la Ley de Contratos del Sector Público.

- **Junta de Andalucía (2011).** *Cláusulas sociales. Dossier para la contratación pública sostenible.*
- **Diputación Foral de Gipuzkoa (2011).** *Incorporación de cláusulas sociales relacionadas con la igualdad de mujeres y hombres en los contratos públicos y en las subvenciones públicas de la Diputación Foral.* Autor: Santiago Lesmes Zabalegui.
- **Ayuntamiento de Castellón (2012).** *Instrucción para la inclusión de Cláusulas Sociales en la contratación pública.*
- **Ayuntamiento de Barcelona (2016).** *Guía de Contratación Pública Social.*
- **Generalitat Valenciana (2016).** *Guía Práctica para la inclusión de cláusulas de Responsabilidad Social en la contratación y en subvenciones de la Generalitat Valenciana y su sector público.*
- **Junta de Andalucía (2016).** *Guía para la inclusión de cláusulas sociales y medioambientales en la contratación de la Junta de Andalucía.*

- **Xunta de Galicia (2016).** *Guía para una contratación pública socialmente responsable en el sector público autonómico gallego.*
- **Ayuntamiento de Madrid (2016).** *Instrucción 1/2016 relativa a la incorporación de cláusulas sociales en los contratos celebrados por el Ayuntamiento de Madrid, sus organismos autónomos y entidades del sector público municipal.*

Ley 9/2017, de 8 de noviembre, de Contratos del Sector Público.

- **Confederación Empresarial Española de la Economía Social (2017).** *Guía de compra pública responsable y fomento de la contratación pública de entidades y empresa de la Economía Social.*
- **Gobierno de Canarias (2017).** *Guía de Consideraciones Sociales y Ambientales (y otras novedades) en la nueva Ley de Contratos del Sector Público.*
- **Generalitat de Catalunya (2018).** Guía para la incorporación de la perspectiva de género en los contratos públicos.
- **Generalitat de Catalunya (2018).** Código para una contratación pública socialmente responsable en el ámbito de la Administración de la Generalitat de Catalunya y su sector público.
- **Ayto. de Zaragoza y REAS (2018).** *Guía de Derechos Laborales en la Contratación Pública.*
- **UGT (2017).** *Guía de cláusulas sociales y laborales en la contratación pública.*
- **Generalitat Valenciana (2018).** *II Guía sobre incorporación de cláusulas de responsabilidad social en materia de contratación.*
- **Gobierno de Canarias (2018).** *Guía rápida para los contratos reservados. ¿Qué son? ¿Cómo se aplican?* Autor: Mendoza Jiménez, J.
- **Principado de Asturias (2018).** *Guía práctica para la inclusión de cláusulas de responsabilidad social y medioambiental en la contratación administrativa de la Administración del Principado de Asturias y su sector público.*
- **Diputación Foral de Bizkaia (2018).** *Guía práctica para la contratación administrativa: criterios e instrucciones para la incorporación de cláusulas sociales, medioambientales y relativas a otras políticas públicas.*
- **Ayuntamiento de Pamplona (2019).** *Guía de contratación pública estratégica y socialmente responsable.*
- **Gobierno de Aragón (2020).** *Guía práctica sobre la inclusión de cláusulas sociales en la contratación pública, con especial atención a las cláusulas que permitan la integración y participación en los contratos de las mujeres.* Autor: M. C. de Guerrero Manso.
- **REAS Euskadi (2021).** *Guías para la compra pública responsable "cadena de suministros: producción, distribución y consumo".*

- **Gobierno de Aragón (2021).** *Directrices de contratación pública socialmente responsable.*
- **Ministerio de Igualdad (2022).** *Guía para la inclusión de cláusulas para la igualdad de género en los contratos, las subvenciones y los convenios públicos.*
- **Consell de Mallorca (2022).** *Guía Didáctica de Compra Pública Responsable. Cómo incluir criterios sociales y ambientales en la contratación pública.*
- **Oirescon (2022).** *Estrategia Nacional de Contratación Pública (2023-2026).*
- **Oirescon (2023).** *Informe Especial de Supervisión relativo a la Contratación Estratégica en 2022.*
- **Gobierno de Canarias (2023).** *Guía de Contratación Pública Responsable paso a paso. Oportunidades para una política económica, social y ambiental transformadora.*
- **Principado de Asturias (2023).** *Guía práctica para la inclusión de cláusulas de responsabilidad social, laboral, de igualdad, ética y medioambiental en la contratación administrativa de la Administración del Principado de Asturias y su sector público.*

2.2. Normativa y directrices autonómicas específicas de CPSR

No se incluyen las leyes autonómicas en materia de contratos en un sentido general, aunque debe advertirse que tales normas pueden señalar una regulación para la incorporación de cláusulas sociales en la contratación pública. Tan solo se deja constancia de normativa producida *ad hoc* para el desarrollo de la CPEs y socialmente responsable, así como los instrumentos administrativos de mayor entidad e importancia para el desarrollo de cláusulas sociales. En el recuadro de normativa específica se referencia la legislación y normativa reglamentaria:

	Normativa específica CPSR	**Directrices y guías**
Comunidad Valenciana	**Ley** 18/2018, de 13 de julio, para el fomento de la responsabilidad social **Decreto** 118/2022, de 5 de agosto, del Consell, por el que se regula la inclusión de cláusulas de responsabilidad social en la contratación pública y en las convocatorias de ayudas y subvenciones	Segona (II) guia pràctica per a la inclusió de clàusules de responsabilitat social en la contractació i en subvencions de la Generalitat i el seu sector públic

	Normativa específica CPSR	Directrices y guías
Murcia	-	-
Cataluña	-	Generalitat de Catalunya (2018). Guía para la incorporación de la perspectiva de género en los contratos públicos. Generalitat de Catalunya (2018). Código para una contratación pública socialmente responsable en el ámbito de la Administración de la Generalitat de Catalunya y su sector público.
Aragón	**Ley** 11/2023, de 30 de marzo, de uso estratégico de la contratación pública de la Comunidad Autónoma de Aragón	Gobierno de Aragón (2020). Guía práctica sobre la inclusión de cláusulas sociales en la contratación pública, con especial atención a las cláusulas que permitan la integración y participación en los contratos de las mujeres. Autor: M. C. de Guerrero Manso. Gobierno de Aragón (2021). Directrices de contratación pública socialmente responsable.
Galicia	-	Xunta de Galicia (2016). Guía para una contratación pública socialmente responsable en el sector público autonómico gallego.
Castilla-La Mancha	-	* Federación de Municipios y Provincias de Castilla-La Mancha (2010). Guía práctica de criterios sociales y medioambientales en la contratación pública. * No se elabora desde la Comunidad Autónoma
Andalucía	-	Junta de Andalucía (2016). Guía para la inclusión de cláusulas sociales y medioambientales en la contratación de la Junta de Andalucía. Acuerdo de 18 de octubre de 2016, del consejo de Gobierno, por el que se impulsa la incorporación de cláusulas sociales y ambientales en los contratos de la comunidad Autónoma de Andalucía.

	Normativa específica CPSR	Directrices y guías
Extremadura	**Ley** 12/2018, de 26 de diciembre, de contratación pública socialmente responsable de Extremadura	
Madrid	-	-
Asturias	-	Principado de Asturias (2023). Guía práctica para la inclusión de cláusulas de responsabilidad social, laboral, de igualdad, ética y medioambiental en la contratación administrativa de la Administración del Principado de Asturias y su sector público.
Cantabria	**Decreto** 75/2019, de 23 de mayo, por el que se establecen las directrices de política general sobre la incorporación de criterios y cláusulas sociales en la contratación del sector público de la Comunidad Autónoma de Cantabria.	-
La Rioja	-	-
Castilla y León	-	Junta de Castilla y León (2020). Acuerdo 82/2020, de 12 de noviembre, de la Junta de Castilla y León, por el que se aprueban directrices vinculantes para el impulso de la responsabilidad social en el gasto público de la Administración General e Institucional de la Comunidad de Castilla y León.
País Vasco	**Ley** 3/2016, de 7 de abril, del País Vasco, para la inclusión de determinadas cláusulas sociales en la contratación pública **Resolución** 34/2024, de 22 de marzo, de la Directora de la Secretaría del Gobierno y de Relaciones con el Parlamento, por la que se dispone la publicación del Acuerdo por el que se aprueba la Instrucción sobre incorporación de la perspectiva de género y cláusulas para la igualdad de mujeres y hombres, en la contratación pública de la Comunidad Autónoma de Euskadi.	REAS Euskadi (2021). Guías para la compra pública responsable "cadena de suministros: producción, distribución y consumo".

	Normativa específica CPSR	Directrices y guías
Navarra	-	* Diputación Foral de Navarra (2019). Guía que incluye fichas de recomendación por materias: laborales, sociales, género y medioambientales* *No es su título oficial, sino la descripción de los documentos encontrados.
Canarias	**Decreto** 84/2006, de 20 de junio, por el que se establecen medidas en la contratación administrativa para fomentar la integración laboral de colectivos con especiales dificultades de inserción laboral	Gobierno de Canarias (2018). Guía rápida para los contratos reservados. ¿Qué son? ¿Cómo se aplican? Autor: Mendoza Jiménez, J. Gobierno de Canarias (2023). Guía de Contratación Pública Responsable paso a paso. Oportunidades para una política económica, social y ambiental transformadora
Baleares	-	Guía para la inclusión de cláusulas de carácter social en la contratación de la Administración de la Comunidad Autónoma de las Illes Balears y su sector público instrumental Acuerdo del Consejo de Gobierno, de 29 de abril de 2016, por el que se establecen directrices para la inclusión de cláusulas de carácter social en la contratación de la Administración de la Comunidad Autónoma de las Illes Balears y su sector público instrumental

3. RESOLUCIONES ADMINISTRATIVAS INTERNAS

3.1. Resoluciones de los tribunales administrativos

- RTACRC 142/2012, de 28 de junio.
- RTARCCL 21/2012, de 16 de octubre.
- RTACRC 257/2012, de 14 de noviembre.
- RTACRC 264/2012, de 21 de noviembre.
- RTACRC 271/2012, de 30 de noviembre.

- RTACRC 152/2013, de 18 de abril.
- RTACRC 193/2013, de 23 de mayo.
- RTACRC 2/2014, de 10 de enero.
- RTACRC 31/2014, de 17 de enero.
- RTACRC 891/2014, de 5 de diciembre.
- RTACRC 394/2015 de 24 de abril.
- RTACP de Madrid 16/2016, de 3 de febrero.
- RTACRC 95/2016, de 5 de febrero.
- RTACRC 160/2016, de 19 de febrero.
- RTACRC 210/2016, de 18 de marzo.
- RTACP de Madrid 84/2016, de 5 de mayo.
- RTACP de Madrid 85/2016, de 5 de mayo.
- RTACRC 600/2016, de 22 de julio.
- RTACP de Madrid 206/2016, de 6 de octubre.
- RTACRC 1030/2016, de 16 de diciembre.
- RTACRC 1059/2016, de 16 de diciembre.
- RTACP de Madrid 17/2017, de 18 de enero.
- RTACRC 355/2017, de 21 de abril.
- RTACRC 408/2017, de 5 de mayo.
- RTACP de Madrid 196/2017, de 5 de julio.
- RTARC de Madrid 319/2017, de 2 de noviembre.

Principales resoluciones sobre supuestos a los que se aplica la LCSP:

- **RTACP de Madrid 33/2018**, de 24 de enero (mejora salarial).
- **Acuerdo TACP de Aragón 15/2018**, de 27 de marzo (estabilidad en el empleo).
- **RTACP de Galicia 76/2018**, de 20 de septiembre (inserción de personas LGTBI)
- **RTACRC 234/2019**, de 8 de marzo (mejora salarial y conciliación).
- **RTACRC 235/2019**, de 8 de marzo (mejora salarial y conciliación).
- **RTACP de Castilla y León 94/2019**, de 21 de marzo.
- **RTACRC 344/2019**, de 29 de marzo (mejoras salariales).
- **RTACP de Castilla y León 94/2019**, de 6 de mayo.
- **RTACP de Madrid 208/2019**, de 22 de mayo (mejora salarial).
- **RTACP de Andalucía 257/2019**, de 9 de agosto.

- **RTARC Andalucía 339/2019, de 22 de octubre** (oferta anormalmente baja).
- **RTACRC 747/2020**, de 26 de junio (contratación de mujeres).
- **RTACRC 858/2020**, de 31 de julio (mejora salarial).
- **RTARC 298/2021**, de 26 de marzo (estabilidad en el empleo).
- **RTACRC 480/2021**, de 30 de abril (mejora condiciones laborales).
- **RTACP de Canarias 200/2021**, de 14 de julio (conciliación).
- **RTACRC 1081/2021**, de 2 de septiembre (estabilidad en el empleo).
- **RTACRC 114/2022**, de 27 de enero (estabilidad en el empleo).
- **RTACRC 1453/2022**, de 17 de noviembre (conciliación, estabilidad, género).
- **RTACP de Castilla y León 192/2022**, de 15 de diciembre (mejora salarial).
- **RTACP de Andalucía 647/2023**, de 22 de diciembre (planes de igualdad).
- **RTACRC 1664/2022**, de 29 de diciembre (planes de igualdad).
- **RTACP de Madrid 69/2023**, de 16 de febrero (planes de igualdad).
- **RTACP de Cataluña 223/2023**, de 29 de marzo (mejora salarial).
- **RTACRC 1672/2023,** de 28 de diciembre (mejora salarial).

3.2. Informes de las juntas consultivas de contratación

- Informe 4/2001, de 22 de febrero, de la Junta Consultiva de las Islas Baleares. "Contrato de servicios. Precio. Repercusión de las cláusulas pactadas en convenios colectivos de las empresas de seguridad."
- Informe 34/2001, de 13 de noviembre de 2001, de la Junta Consultiva de Contratación Administrativa. "Posibilidad de la adjudicación de contrato a una oferta económica que se sitúa por debajo del coste fijado en convenio colectivo del sector".
- Informe 44/2004, de 12 de noviembre de 2004, de la Junta Consultiva de Contratación Administrativa. "Posibilidad de inclusión de cláusulas de discriminación positiva en los pliegos".
- Informe 59/2004, de 12 de noviembre de 2004, de la JCCPE. "Posibilidad de utilizar como criterio de adjudicación el mayor número de elementos personales y materiales de los exigidos como requisito de aptitud y solvencia."
- Informe 1/2005, de 11 de marzo de 2005, de la JCCPE.
- Informe 7/2010, de 23 de junio, de la Junta Consultiva de la Comunidad Autónoma de Aragón. "Criterios a seguir por la Mesa de Contratación en

los casos de empate en la puntuación obtenida, tras la evaluación de los diferentes apartados de las ofertas presentadas por empresas candidatas a la adjudicación, cuando no existe previsión para resolver esta situación en el Pliego de cláusulas administrativas particulares."

- Informe 16/2011, de 8 de junio, de la Junta Consultiva de Contratación Administrativa de la Comunidad Autónoma de Aragón. "Cuestiones derivadas de la participación de los Centros Especiales de Empleo en los contratos reservados."
- Informe 37/2011, de 28 de octubre, de la Junta Consultiva de Contratación Administrativa.
- Informe 12/2011 de 28 octubre de 2011, de la JCCPE. "Aplicación de un criterio de adjudicación que valore el porcentaje de trabajadores en situación de paro que se contratará para la ejecución del contrato".
- Informe 14/2013, de 25 de julio, de la JCCPE. "Resolución de empate entre dos ofertas. Defectos en la presentación de sobres con ofertas. Exclusión de un licitador por no ajustarse al pliego de prescripciones técnicas o al pliego de cláusulas administrativas."
- Informe 16/2014, de 1 de octubre, de la Junta Consultiva de Contratación Administrativa de la Comunidad Autónoma de Aragón. "Incorporación en los Pliegos de los contratos de una entidad local de determinadas cláusulas sociales, y consecuencias de su eventual incumplimiento."
- Informe 18/2014 de la Junta Consultiva de Contratación Administrativa de la Generalitat de Catalunya (comisión permanente). "Posibilidad de incluir medidas de promoción de la salud en los contratos del sector público."
- Informe 7/2015, de 15 de noviembre, de la Junta Consultiva de la Comunidad Valenciana. "Posibilidad de introducir en los pliegos de cláusulas administrativas particulares disposiciones que equiparen las percepciones económicas de los trabajadores que desempeñen la misma actividad por lotes. Posibilidad de introducir una cláusula que impida minorar unilateralmente las condiciones de trabajo que, en materia de jornada y salario se hayan previsto en el convenio colectivo que resulte de aplicación al presentarse la oferta."
- Informe 16/2015, de 4 de noviembre, de la JCCP de Aragón. "Algunas cuestiones derivadas de la Incorporación de aspectos sociales en los contratos de la Administración de la Comunidad Autónoma de Aragón."

Tras la entrada en vigor de la LCSP 2017:

- **Informe 6/2018**, de 16 de noviembre, **de la JCCP de la Generalitat de Catalunya**. Assumpte: Possibilitat d'establir, com a condició especial d'execució o com a criteri d'adjudicació, millores socials consistents en un increment salarial del personal adscrit a l'execució d'un contracte públic.

- **Informe 1/2020 de la JCCP del Estado**. "Cláusulas laborales en los contratos públicos.
- **Informe 13/2021, de 18 de febrero, de la JCCP de la Generalitat Valenciana**. Informe al proyecto de Decreto del Consell por el que se regula la inclusión de cláusulas de responsabilidad social en la contratación pública y en las convocatorias de ayudas y subvenciones.
- **Informe 38/2022 de la JCCP del Estado**. "Validez de cláusulas sociales".
- **Informe 10/2023, de 24 de octubre, de la JCCP de la Comunidad Autónoma de Aragón**. Inclusión en los contratos públicos de servicios de cláusulas sociales relativas a la mejora de los salarios, planes de conciliación de la vida laboral y personal, mejoras relacionadas con la jornada, horarios y tiempo de trabajo y aplicabilidad de los artículos 31 y 35 de la Ley 11/2023 de 30 de marzo, de uso estratégico de la contratación pública de la Comunidad Autónoma de Aragón.
- **Dictamen 1/2024, de 29 de febrero, de la Junta Superior de contratación Administrativa de la GVA.** El Decreto 118/2022, de 5 de agosto, del Consell, por el que se regula la inclusión de cláusulas de responsabilidad social. principales problemas que se plantean en la contratación pública.

4. RESOLUCIONES JUDICIALES

Se incluyen en este apartado las resoluciones jurisdiccionales más relevantes del estudio del nivel europeo y en el interno.

4.1. Tribunal de Justicia de la UE

- **STJCE** de 26 de febrero de 1986, *caso M.H. Marshall* (asunto C-152/85).
- STJCE de 20 de septiembre de 1988, *caso Beentjes* (asunto C-31/87).
- STJCE de 18 de diciembre de 1997, *caso Inter-Environmment Wallonie ASBL* (asunto C-129/96).
- STJCE de 26 de septiembre de 2000, *caso Comisión c. Francia* (asunto C-225/98).
- STJUE de 24 de enero de 2002, *caso Temco* (asunto C-51/00).

- STJUE de 17 de septiembre de 2002, *caso Concordia Bus Finland* (asunto C-513/99).
- STJCE de 4 de diciembre de 2003, *caso EVN y Wienstrom* (asunto C-448/01).
- STJCE de 10 de enero de 2006, *caso Cassa di Risparmio di Firenze* (asunto C-222/04).
- STJCE de 4 de julio de 2006, *caso Adeneler y otros* (asunto C-212/04).
- STJCE de 3 de abril de 2008, *caso Rüffert* (asunto C-346/06).
- **STJUE** de 10 de mayo de 2012, *caso Comisión c. Países Bajos* (asunto C-368/10).
- STJUE de 19 de septiembre de 2013, *caso Comisión c. España* (asunto T-402/06).
- STJUE de 16 de septiembre de 2014, *caso Reino de España c. Comisión* (Asunto T-402/06).
- STJUE de 18 de septiembre de 2014, *caso Bundesdruckerei* (asunto C-549/13)
- STJUE de 17 de noviembre de 2015, *caso RegioPost* (asunto C-115/14).

4.2. Tribunales españoles

- **STC** 84/2015, de 30 de abril de 2015 (rec. de inconstitucionalidad 1884-2013).
- STC 237/2015, de 19 de noviembre de 2015 (rec. de inconstitucionalidad 6720/2011).
- **STS** de 23 de mayo de 1997 (rec.12365/1991).
- STS (Sala de lo Contencioso-Administrativo) de 17 de julio de 2012 (rec. 5377/2009).
- STS (Sala de lo Social) 4 de junio 2013 (rec. 58/2012).
- STS (Sala de lo Social) 14 de septiembre de 2015 (rec. 191/2014).
- STS (Sala de lo Contencioso) de 26 de noviembre de 2015 (rec. 3405/2014).
- STS (Sala de lo Contencioso) de 23 de mayo de 2016 (rec. 1383/2015).
- STS (Sala de lo Contencioso) de 2 de junio de 2016 (rec. 852/2015).
- STS (Sala de lo Contencioso) de 12 de diciembre de 2017 (rec. 668/2016).
- STS (Sala de lo Social) de 9 de abril de 2019 (rec. 2661/2016).
- STS (Sala de lo Social) de 5 de marzo de 2024 (rec. 168/2021).

- **SAN** de 7 de marzo de 2013 (rec. 387/2011).
- **STSJ** de Islas Baleares (Sala de lo Social) de 9 de junio de 2015 (rec. 97/2015).
- STSJ de la Comunidad de Madrid (Sala de lo Contencioso-Administrativo) de 7 de junio de 2017 (rec. 318/2016).
- STSJ de Madrid (Sala de lo Contencioso-Administrativo, Sección 3ª) de 23 de febrero de 2018 (rec. 337/2017).
- STSJ del País Vasco (Sala de lo Contencioso) de 11 de julio de 2014 (rec. 777/2014).
- STSJ-PV (Sala de lo Contencioso) de 30 de diciembre de 2014 (rec. 643/2013).
- STSJ-PV (Sala de lo Contencioso) de 4 de marzo de 2015 (rec. 152/2014).
- STSJ de Madrid 181/2019, de 14 de marzo (rec. 1/2018).
- STSJ de la Comunitat Valenciana (Sala de lo Contencioso) de 22 de noviembre de 2023 (rec. 16/2023).

5. BIBLIOGRAFÍA

AAVV (1997). *Introducción a la teoría del derecho* (J. De Lucas, Ed.). Tirant lo Blanch.

AAVV (2000). *Descentralización productiva y protección del trabajo en contratas: estudios en recuerdo de Francisco Blat Gimeno.* Tirant lo Blanch.

AAVV (2013). *Mise en œuvre des clauses sociales: de la réflexion à la pratique Mémento à l'attention des donneurs d'ordres et de leurs services.*

Acosta Gallo, P. (2016). El interés general como principio inspirador de las políticas públicas. *Iustel, 44.*

Alarcón Caracuel, M. R., & Baylos Grau, A. (1994). La reforma laboral de 1994. En *La reforma laboral de 1994.* Marcial Pons.

Alfonso Mellado, C. L. (2017). La reversión a la gestión directa de servicios públicos: problemas laborales. *El cronista del Estado social y democrático de Derecho, Iustel, 69,* 22-35.

Alfonso Mellado, C. L., Sala Franco, T., & Pedrajas Moreno, A. (1995). Los acuerdos de empresa de descuelgue salarial de un convenio colectivo supraempresarial. *Relaciones laborales, 2,* 1429-1435.

Almodóvar Iñesta, M. (2022). Los criterios sociales de adjudicación. Especial referencia a la doctrina de los Tribunales Administrativos de recursos contractuales. *Revista General de Derecho Administrativo, 60.*

Almoedo-Souto, C. A. (2018). La colaboración público-público en el ámbito local tras la Ley 9/2017, de contratos del sector público. En *Anuario del Gobierno Local. Democracia y Gobierno Local* (pp. 263-298).

Alonso Álvarez, L. (1995). Transformaciones en las pautas de consumo y crecimiento de la demanda en los orígenes de la industrialización. El tabaco en España, 1735-1886. *Ler história, 27-28,* 21-41.

Alonso García, M. C. (2015). Las novedades introducidas por la Directiva 2014/24/UE en la contratación pública verde. *Las nuevas directivas de la contratación pública: (ponencias sectoriales X Congreso Asociación Española Profesores de Derecho Administrativo).*, 279-280.

Alonso Olea, M. (1994). *Introducción al derecho del trabajo.*

Álvarez García, V. (1996). *El concepto de necesidad en el Derecho Público.* Civitas.

Álvarez Rubio, B. (2021). La colaboración público-privada, palanca del Plan de Recuperación, Transformación y Resiliencia. *Economía industrial, 420,* 153-159.

Andrés Pérez, M. R. (2018). *Los contratos reservados en la Ley 9/2017, del 8 de noviembre.* Observatorio de Contratación Pública, obcp.es. http://www.obcp.es/index.php/mod.opiniones/mem.detalle/id.337/relcategoria.208/relmenu.3/chk.0a06bb42570ad5fa570d9459e03828fc

Ascher, K. (1987). *The politics of privatization.* Macmillan.

Asensi Sabater, J. (2014). Origen e historia del Estado Social. En *Lecciones sobre Estado Social y Derechos Sociales* (1.ª ed., pp. 25-39). Tirant lo Blanch.

Atienza, M. (2007). Constitución y argumentación. *Anuario de filosofía del derecho, 24,* 197-228.

Atienza, M. (2008). Sobre Ferrajoli y la superación del positivismo jurídico. En *La teoría del derecho en el paradigma constitucional* (1.ª ed., pp. 133-166). Fundación Coloquio Jurídico Europeo.

Atienza, M. (2017). *Filosofía del Derecho y transformación social.* Editorial Trotta.

Bacchi, C. (2004). Policy and discourse: challenging the construction of affirmative action as preferential treatment. *Journal of European Public Policy, 11,* 128-146.

Bacigalupo, M. (2009a). Las potestades administrativas. En T. Cano Campos (Ed.), *Lecciones y materiales para el estudio del derecho administrativo* (Vol. 3, pp. 13-41). Iustel.

Baena del Alcázar, M. (1967). Sobre el concepto de fomento. *Revista de administración pública, 54,* 43-86.

Ballina Díaz, D., & Gil Van Beberen, M. (2021). *Guía práctica de resoluciones e informes contractuales para minimizar los riesgos de recursos.*

Bandeira de Mello, C. A. (1986). El control jurisdiccional de los actos administrativos. *Revista de Administración Pública, 110,* 367-381.

Baylos Grau, A. (1991). *Derecho del trabajo: modelo para armar.* Trotta.

Baylos Grau, A. (2000). La huida del derecho del trabajo. Tendencias y límites de la deslaborización. En M. R. Alarcón & M. M. Mirón (Eds.), *El trabajo ante el cambio de siglo: un tratamiento multidisciplinar: (aspectos laborales, fiscales, penales y procesales).* Marcial Pons.

Baylos Grau, A. (2004). Códigos de conducta y buenas prácticas de las empresas en materia laboral. El problema de su exigibilidad jurídica. *Estudios de derecho judicial, 66,* 247-312.

Baylos Grau, A. (2012). *Sobre la función de los jueces y la interpretación de las normas laborales.* En *Baylos.blogspot.com*: https://baylos.blogspot.com/2012/08/sobre-la-funcion-de-los-jueces-y-la.html

Baylos Grau, A. (2013). La deconstitucionalización del trabajo en la reforma laboral de 2012. *Revista de Derecho Social, 61,* 19-42.

Baylos Grau, A. (2014). Modelos de derecho del trabajo y cultura jurídica del trabajo. En *Modelos de derecho del trabajo y cultura de los juristas* (1.ª ed., pp. 15-32). Bomarzo.

Baylos Grau, A. (2023a). *Deslocalizaciones de empresas y despidos colectivos* (2ª). Bomarzo.

Baylos Grau, A. (2023b). Editorial: Retos actuales del Derecho del Trabajo: preservar la democracia social, fortalecer los derechos laborales. *Revista de Derecho Social,* 7-13.

Baylos Grau, A. (2023c). La reforma de la governance económica europea y su (deseada) «dimensión social». *Revista de Derecho Social, 102,* 239-249.

Baylos Grau, A. (2024). Derecho del trabajo: itinerario de viaje. *Revista de Derecho Social, 104,* 19-36.

Baylos Grau, A. P. (1994). «Cláusulas de descuelgue» en la negociación colectiva. En *La reforma del Estatuto de los Trabajadores* (1.ª ed., pp. 322-340). Wolters Kluwer España.

Bejarano Hernández, A. (2010). Irrenunciabilidad del poder de dirección del empresario y límites convencionales al mismo. *Revista española de Derecho del Trabajo, 147.*

Beltrán Castellanos, J. M. (2019). La responsabilidad social en las administraciones públicas, con especial referencia a la Comunitat Valenciana. *Revista General de Derecho Administrativo, 52,* 13.

Bermejo Vera, J. (1975). *Régimen jurídico del ferrocarril en España.* Tecnos.

Bernal Blay, M. Á. (2008). Hacia una contratación pública socialmente responsable: las oportunidades de la Ley 30/2007, de 30 de octubre, de contratos del sector público. *Revista Aragonesa de Administración Pública, Extra 10,* 211-252.

Bernal Blay, M. Á. (2012). *Tribunales de contratos y Administración local.* Obcp.es. https://www.obcp.es/opiniones/tribunales-de-contratos-y-administracion-local

Bernal Blay, M. Á. (2013). Los convenios de atribución de competencia para la resolución de recursos y reclamaciones contractuales. En M. Á. Bernal Blay & J. M. Gimeno Feliú (Eds.), *Observatorio de contratos públicos 2012* (pp. 299-326). Aranzadi.

Bernete, J. (2013). Cláusulas sociales en la contratación pública: nuevos instrumentos para el fomento del empleo a nivel local. *Cuaderno de Trabajo Social, 26*, 85-94.

Blanco López, F. (2018). Capítulo 33: Los criterios de adjudicación en la contratación pública estratégica. En J. M. Gimeno Feliú (Ed.), *Estudio sistemático de la Ley de Contratos del Sector Público* (pp. 1271-1296). Aranzadi.

Bobbio, N. (1986). *¿Qué socialismo? Discusión de una alternativa.* Plaza & Janes.

Bobbio, N. (1991). *Teoría general del Derecho.* Debate.

Borelli, S. (2023). La retórica de los derechos fundamentales sin democracia en la Unión Europea. *Revista de Derecho Social, 102*, 13-36.

Broch, J. (2017). L'intérêt général avant 1789. Regard historique sur une notion capitale du droit public français. *Revue historique de droit français et étranger, 1*, 59-86.

Burzaco, M. (2010). La adjudicación de los contratos administrativos: naturaleza de las operaciones implicadas y control judicial. *Asamblea Revista parlamentaria de la Asamblea de Madrid, 23*, 169-198.

Burzaco, M. (2016). Contrataciones públicas socialmente responsables: la necesidad de reconsiderar el potencial de la contratación en la consecución de objetivos sociales. *CIRIEC-España, 86*, 281-310.

Butera, F. (1988). *L'impresa rete e le reti d'impresa. La nascita di un nuovo paradigma organizzativo: una Storia e un futuro da innovare.*

Buzón, R. (2023). Introducción a la filosofía del Derecho de Manuel Atienza. *Doxa, Cuadernos de Filosofía del Derecho, 46*, 111-124.

Caillosse, J. (2008). *La constitution imaginaire de l'administration.* PUF.

Calvo Palomares, R., Sigalat Signes, E., & Aguado Hernández, J. A. (2021). La responsabilidad sociolaboral en las contratas públicas: ¿la necesidad de establecer garantías? En *Innovación en la docencia e investigación de las ciencias sociales y de la educación* (1.ª ed., pp. 694-708). Dykinson.

Canales Gil, Á., Huerta Barajas, J. A., Canales Menés, P., & Huerta Mérida, C. (2022). *Aclaraciones a la Ley 9/2017, de contratos del sector público: enfoque científico-práctico.* BOE. Estudios jurídicos.

Cantero Martínez, J. (2010). La incidencia del fenómeno de la externalización en la Administración General del Estado. ¿Existe algún límite? *Documentación administrativa, 286*, 297-334.

Casas Baamonde, M. E. (1995). «Descuelgue» salarial, acuerdos de empresa y conflictos de intereses (I y II). *Relaciones laborales, 1*, 23-38.

Cassagne, J. C. (2009). *El principio de legalidad y el control judicial de la discrecionalidad administrativa.* Marcial Pons.

Castillo Blanco, F. A. (2016). Remunicipalización de servicios locales y situación del personal de los servicios rescatados. *El Cronista del Estado Social y Democrático de Derecho, 58*, 72-95.

Castillo Blanco, F. A. (2017). *La reinternalización de servicios públicos: aspectos administrativos y laborales* (Diputación de Barcelona, Ed.). Estudios de Relaciones Laborales.

Castillo Blanco, F. A. (2018). La problemática reversión de los servicios públicos locales a la gestión directa. *Pertsonak eta Antolakunde Publikoak Kudeatzeko Euskal Aldizkaria = Revista Vasca de Gestión de Personas y Organizaciones Públicas, 14*, 14-35.

Cavas Martínez, F. (2021). El fin del contrato para obra o servicio determinado vinculado a la duración de la contrata (cambio de doctrina). *Revista de jurisprudencia laboral*, 1/2021.

CCNCC. (2010). *Los límites legales al contenido de la negociación colectiva. El alcance imperativo o dispositivo de las normas del Estatuto de los Trabajadores.* Ministerio de Trabajo y Asuntos Sociales. Colección Informes y Estudios.

CCOO Centre d'estudis i recerca sindical. (2009). *Nota informativa Núm. 2/2009 Negociación colectiva y establecimiento de la cuantía del salario.*

Cerdá, I. (1991). *Teoría de la viabilidad urbana: Cerdá y Madrid.*

CES. (2015). *Dictamen del anteproyecto de Ley sobre Contratos del Sector Público.*

Chevallier, J. (1971). *Le service public.* Presses Universitaires de France.

Chevallier, J. (2022). *Le service public* (12.ª ed.). Humensis.

CNC. (2007). *Trabajando por la Competencia. Recomendaciones a las administraciones públicas para una regulación de los mercados más eficiente y favorecedora de la competencia.*

CNMC. (2015). *Informe sobre el Anteproyecto de Ley de Contratos del Sector Público.*

Cobreros Mendazona, E. (2007). Discriminación por indiferenciación: estudio y propuesta. *Revista española de derecho constitucional, 27*(81), 71-114.

Colás Tenas, J. (2013a). El itinerario de la contratación pública: de Cádiz a nuestros días (Parte I). *Iustel-Estudios y comentarios.* https://www.iustel.com/diario_del_derecho_municipal/noticia.asp?ref_iustel=1109902&nl=1

Colás Tenas, J. (2013b). El itinerario de la contratación pública: de Cádiz a nuestros días (Parte II). *Iustel – Estudios y comentarios.* https://www.iustel.com/diario_del_derecho_municipal/noticia.asp?ref_iustel=1109902&nl=1

Colás Tenas, J. (2016). Encomiendas de gestión, encargos y convenios en la Ley 40/2015, de 1 de octubre, de Régimen Jurídico del Sector Público. *Cuadernos de derecho local, 41*, 150-185.

COM. (1996). *Libro Verde de la Comisión "La contratación pública en la Unión Europea: reflexiones para el futuro".*

COM. (2000). *Comunicación de la Comisión Europea «Agenda de Política Social».*

COM. (2001a). *Comunicación, de 15 de octubre de 2001, sobre la legislación comunitaria de contratos públicos y las posibilidades de integrar aspectos sociales en dichos contratos.*

COM. (2001b). *Comunicación de la Comisión Europea «Los servicios de interés general en Europa».*

COM. (2001c). *Comunicación interpretativa de la Comisión Europea «La legislación europea de contratos públicos y las posibilidades de integrar aspectos sociales en dichos contratos».*

COM. (2001d). *Libro Verde de la Comisión Europea «Fomentar un marco para la responsabilidad social de las empresas».*

COM. (2002). *Comunicación de la Comisión Europea «La responsabilidad social de las empresas: una contribución empresarial al desarrollo sostenible».*

COM. (2003). *Libro Verde de la Comisión Europea «Los servicios de interés general».*

COM. (2007). *Comunicación, de 20 de noviembre de 2007, al Parlamento Europeo, el Consejo, el Comité Económico y Social Europeo y el Comité de las Regiones que acompaña a la Comunicación «Un mercado único para la Europa del siglo veintiuno»-"Servicios de interés general, incluidos los sociales: un nuevo compromiso europeo".*

COM. (2009). *Comunicación de la Comisión Europea, de 5 de mayo de 2009 al Consejo, al Parlamento Europeo y al Comité Económico y Social Europeo: «Contribución al desarrollo sostenible: el papel del comercio justo y de los sistemas no gubernamentales de garantía de la sostenibilidad comercial».*

COM. (2010a). *Comunicación de la Comisión "Europa 2020. Una estrategia para un crecimiento inteligente, sostenible e integrador".*

COM. (2010b). *Comunicación de la Comisión Europea al Parlamente Europeo, el Consejo, el Comité Económico y Social Europeo y el Comité de las Regiones «Movilizar las inversiones públicas y privadas con vistas a la recuperación y el cambio estructural a largo plazo: desarrollo de la colaboración público-privada».*

COM. (2010c). *Comunicación de la Comisión Europea «Hacia un Acta del Mercado Único: por una economía social de mercado altamente competitiva».*

COM. (2010d). *Comunicación de la Comisión Europea "Iniciativa emblemática de Europa 2020. Unión por la innovación".*

COM. (2011a). *Adquisiciones sociales. Una guía para considerar aspectos sociales en la contratación pública —1ª edición-.*

COM. (2011b). *Comunicación de la Comisión Europea «el Acta del Mercado Único juntos por el nuevo crecimiento».*

COM. (2011c). *Comunicación de la Comisión Europea «El Marco de la Unión Europea sobre las ayudas estatales en forma de compensación por servicio público».*

COM. (2011d). *Comunicación de la Comisión Europea «Estrategia renovada de la UE para 2011-2014 sobre la responsabilidad social de las empresas».*

COM. (2011e). *Libro Verde de la Comisión Europea "La modernización de la política pública de la UE: Hacia un mercado europeo de la contratación pública más eficiente".*

COM. (2016). *Adquisiciones ecológicas. Manual sobre la contratación pública ecológica (3ª edición).*

COM. (2017a). *Comunicación de la Comisión Europea "Conseguir que la contratación pública funcione en Europa y para Europa".*

COM. (2017b). *Recomendación de la Comisión (UE) 2017/1985, de 3 de octubre de 2017, "Conseguir una arquitectura para la profesionalización de la contratación pública".*

COM. (2020). *Guía "Making socially responsible public procurement work, 71 good practice cases".*

COM. (2021a). *Adquisiciones sociales. Una guía para considerar aspectos sociales en la contratación pública —2ª edición—.*

COM. (2021b). *Comunicación de la Comisión Europea «Construir una economía que funcione para las personas: un plan de acción para la economía social».*

COM. (2022). *Comunicación de la Comisión a los europeos, el Parlamento, el Consejo y el CES «El trabajo decente en todo el mundo para una transición global justa y una recuperación sostenible».*

Comín Comín, F. (1995). *La empresa pública en la España contemporánea: formas históricas, organización y gestión (1770-1995).*

Comín Comín, F. (1996). La empresa pública en la España contemporánea: formas históricas de organización y gestión. En *La empresa en la historia de España* (1.ª ed., pp. 349-368). Civitas.

Comín Comín, F. (2008). Los mitos y los milagros de Suanzes: la empresa privada y el INI durante la autarquía. *Revista de Historia Industrial, 18,* 221-245.

Contreras Hernández, Ó. (2021). Desplazamiento de trabajadores y la revisión del marco legal europeo ¿el principio del fin del «dumping» social y la competencia desleal? *Revista de Derecho Comunitario Europeo*, 601-650.

Correa Carrasco, M. (2018). Principios rectores y estándares laborales: el papel de los acuerdos marco internacionales en la protección de los derechos sociales fundamentales de los trabajadores. En *Empresas y derechos humanos* (1.ª ed., pp. 153-178). Thomson Reuters Aranzadi.

Cosculluela Montaner, L. (2011). *Manual de Derecho Administrativo. Parte General.* (22.ª ed.). Thomson Reuters.

Cosculluela Montaner, L. (2014). *Manual de Derecho administrativo* (25a ed.). Thomson-Civitas.

Costas Comesaña, A., & Bel Queralt, G. (2001). La privatización y sus motivaciones en España: de instrumento a política. *Revista de historia industrial, 19*, 105-132.

Cruz Villalón, J. (1992). Descentralización productiva y responsabilidad laboral por contratas y subcontratas. *Relaciones laborales, 1*, 114-162.

Cruz Villalón, J. (1994). Descentralización productiva y sistema de relaciones laborales. *Revista de trabajo y Seguridad Social, 13*, 7-33.

Cruz Villalón, J., & Rodríguez Ramón, P. (2016). Artículo 42. Subcontratación de obras y servicios. En J. Cruz Villalón, I. García-Perrote Escartín, & J. M. Goerlich Peset (Eds.), *Comentarios al Estatuto de los Trabajadores* (4ª, pp. 522-541). Lex Nova.

Dani, M., & Menéndez, A. J. (2022). *Costituzionalismo europeo. Per una ricostruzione demistificatoria del processo di integrazione europea.* Edizioni Scientifiche Italiane.

Daugareilh, I. (2008). La dimension sociale des principes directeurs de l'O.C.D.E. à l'intention des entreprises multinationales. *Revue generale de droit international public, 112*(3), 567-599.

Daugareilh, I. (2009). Responsabilidad social de las empresas transnacionales: análisis crítico y prospectiva jurídica. *Cuadernos de relaciones laborales, 27*(1), 77-106.

Daugareilh, I. (2012). Los derechos humanos y el comercio internacional. *Revista de Derecho Social, 59*, 13-33.

Daugareilh, I., D'Ambrosio, L., & Sachs, T. (2021). La Ley Francesa sobre el deber de vigilancia: Presente y futuro de una innovación jurídica. *Comercio internacional, trabajo y derechos humanos*, 113-130.

de Heredia Ruiz, I. B. (2017a). *Pliego de Condiciones y subrogación de plantilla.* ignasibeltran.com. https://ignasibeltran.com/2017/03/09/pliego-de-condiciones-y-subrogacion-de-plantilla

de Heredia Ruiz, I. B. (2017b). Sucesión de contratas y transmisión de empresa: conflictos interpretativos y necesidades de reforma. *Iuslabor, 1,* 1-41.

de Heredia Ruiz, I. B. (2018). Extinción del contrato del trabajador externalizado. En *Descentralización productiva, nuevas formas de trabajo y organización empresarial: Vol. II.* Cinca.

de Heredia Ruiz, I. B. (2019). *Ley de Contratos del Sector Público, precios, costes laborales y subrogación de empresa: ¿prioridad aplicativa del convenio colectivo de empresa o del sectorial?* ignasibeltran.com. https://ignasibeltran.com/2019/12/02/ley-de-contratos-del-sector-publico-precios-costes-laborales-y-subrogacion-de-empresa-prioridad-aplicativa-del-convenio-colectivo-de-empresa-o-del-sectorial/#condiciones

de la Morena, L. (1983). Derecho administrativo e interés público, correlaciones básicas. *Revista de Administración Pública, 100-102,* 847-880.

de Laubadère, A. (1967). *Tratado Elemental de Derecho Administrativo.* LGDF.

Delgado Echeverría, J., & Rams Albesa, J. (2011). *Retos de la dogmática civil española.* Fundación Coloquio Jurídico Europeo.

Desdentado Daroca. (1999). *La crisis de identidad del derecho administrativo: privatización, huida de la regulación pública y administraciones independientes.* Tirant lo Blanch.

Díaz de Atauri, P. (2022). La Directiva de salarios mínimos adecuados: contenido e impacto de su trasposición al ordenamiento jurídico español. *Trabajo, Persona, Derecho, Mercado, 6,* 37-70.

Díaz Jiménez, A., Moret, V., & Rastrollo, A. (2003). *Sinopsis del artículo 135 de la Constitución Española.* Web.

Díaz Lema, J. M. (2000). La privatización en el ámbito local (el lento declinar de los monopolios locales). *Revista de estudios de la administración local y autonómica, 282,* 71-84.

Díaz Sastre, S. (2017). Las cláusulas sociales en la contratación pública. *Anuario de la Facultad de Derecho de la Universidad Autónoma de Madrid, 21,* 195-219.

Díez Picazo, L. (1996). *Fundamentos del Derecho Civil Patrimonial. Tomo I.* (5ª ed.). Civitas.

Díez Sastre, S. (2017). Las cláusulas sociales en la contratación pública. *Anuario de la Facultad de Derecho de la Universidad Autónoma de Madrid, 21,* 195-219.

Doménech Pascual, G. (2012). La valoración de las ofertas en el derecho de los contratos públicos. *Revista General de Derecho Administrativo, 30,* 1-59.

EAPN. (2023). *El Estado de la pobreza. 2023.*

Eduardo, S. J., Daniel, S., & Fernando, P. (2017). Cadenas Globales de Valor: Una mirada crítica a una nueva forma de pensar el desarrollo. *Cuadernos de Economía Crítica, 4*(7), 99-129.

EMAKUNDE. (2007). *Base legal de la acción positiva.*

Espinar Maat, F. (2016). Las encomiendas de gestión: regulación, características, distinción de otras figuras y régimen jurídico. *Contratación administrativa práctica, 141*, 20-30.

Esplugas-Labatut, P. (2023). *Le service public* (5éme). Dalloz.

Esteve Pardo, J. (2016). Los servicios de interés general en el tránsito del estado prestacional al estado garante. En *Servicios de interés general, colaboración público-privada y sectores específicos* (1.ª ed., p. 3). Tirant lo Blanch.

Esteve Segarra, M. A., & Ituren Oliver, J. A. (2022). El acuerdo de materias concretas sobre subrogación de trabajadores en las adjudicaciones de contratos públicos en la Comunidad Valenciana: reflexiones y problemas aplicativos. *Revista Vasca de Administración Pública. Herri-Arduralaritzako Euskal Aldizkaria, 123*, 253-274.

Felgueroso, F. (2018). *Estudios sobre la economía española 2018/11. Población especialmente vulnerable ante el empleo en el año 2018.*

Fernández Alles, J. J. (2019). *Las transformaciones del servicio público y de la soberanía* (1.ª ed.). Dykinson.

Fernández Domínguez, J. J. (2024). Mejores salarios como cláusula social en la fase de adjudicación de un contrato público: ¿misión imposible?: Comentario a la Resolución 1672/2023, de 28 de diciembre, del Tribunal Administrativo Central de Recursos Contractuales. *Revista de Trabajo y Seguridad Social. CEF, 480*, 200-207.

Fernández Farreres, G. (2008). Artículo 132. En *Comentarios a la Constitución española* (1.ª ed., pp. 2005-2016).

Fernández Martínez, S. (2020). Las líneas directrices de la OCDE para las empresas multinacionales y su puesta en práctica por los Puntos Nacionales de Contacto. *Lex social, 10*(2), 101-129.

Fernández Ramon, S., & Pérez Monguió, J. M. (2022). Los encargos a medios propios: ¿recurso ordinario o excepcional? *Revista General de Derecho Administrativo, 61.*

Fernández, T.-R. (1991). *Arbitrariedad y discrecionalidad.* Civitas.

Fernández, T.-R. (2015). *Curso de derecho administrativo I* (E. García de Enterría, Ed.; 17a ed.). Aranzadi.

Fernández Villazón, L. A. (2016). Grupos vulnerables: apuntes para un concepto jurídico-social. *Revista de Trabajo y Seguridad Social. CEF, 404*, 109-134.

Ferrajoli, L. (2003). Pasado y futuro del Estado de derecho. En *Neoconstitucionalismo(s)* (1.ª ed., pp. 13-30). Trotta.

Ferrajoli, L. (2014). *La democracia a través de los derechos: el constitucionalismo garantista como modelo teórico y como proyecto político.* Trotta.

Ferrajoli, L. (2015). *Epistemología jurídica y garantismo.* Fontamara.

Ferrajoli, L. (2019). *Derechos y garantías: la ley del más débil.* Trotta.

Fischer, M. J., & Massey, D. S. (2007). The effects of affirmative action in higher education. *Social Science Research, 36 (2),* 531-549.

Fuertes Giné, L. (2021). La contratación pública sostenible bajo la lente del concepto paraguas. *Revista General de Derecho Administrativo, 58.*

Gallart Folch, A. (1936). *Derecho Español del trabajo.* Editorial Labor.

Gallego Córcoles, I. (2017a). Contratación pública e innovación tecnológica. *Revista Española de Derecho Administrativo, 184.*

Gallego Córcoles, I. (2017b). La integración de cláusulas sociales, ambientales y de innovación en la contratación pública. *Documentación Administrativa. Nueva Época, 4,* 92-113.

Gallego Córcoles, I. (2017c). Las cláusulas sociales como criterios de adjudicación. *Contratación Administrativa Práctica. La Ley Digital 14739/2017, 152.*

Galligan, D. J. (1990). *Discretionary powers. A legal study of official discretion.* Oxford University Press.

Gamero Casado, E., & Severiano Fernández, R. (2022). *Manual básico de derecho administrativo* (19ª). Tecnos.

Gárate Castro, F. J. (2018). Descentralización productiva y derecho del trabajo. En *Descentralización productiva, nuevas formas de trabajo y organización empresarial* (1.ª ed., Vol. 1, pp. 25-68). Cinca.

García de Enterría, E. (1962). La lucha contra las inmunidades del poder en el Derecho Administrativo. *Revista de administración pública, 38,* 159-208.

García de Enterría, E. (1964). La lucha contra las inmunidades del Poder en el Derecho Administrativo (poderes discrecionales, poderes de gobierno, poderes normativos). *Revista de Administración Pública, 38,* 159-208.

García de Enterría, E., & Fernández, T. R. (2017a). *Curso de Derecho Administrativo* (18.ª ed.). Thomson Reuters.

García de Enterría, E., & Fernández, T. R. (2017b). *Curso de Derecho Administrativo* (18.ª ed.). Thomson Reuters.

García Echevarría, S. (2018). *La actualidad de la obra de Walter Eucken: su contribución al pensamiento económico-europeo.*

García Luengo, J. (2022). *Los pliegos de cláusulas administrativas particulares* (1ª). Iustel.

García Ortega, J. (2000). La sucesión de contratistas. En *Descentralización productiva y protección del trabajo en contratas. Estudios en recuerdo de Francisco Blat Gimeno* (pp. 341-382). Tirant lo Blanch.

García Pelayo, M. (1977). *Las transformaciones del Estado contemporáneo.* Alianza Universidad.

García Pelayo, M. (1982). *Las transformaciones del Estado contemporáneo.* Alianza Universidad.

García-Álvarez, G. (2022). *Ejecución de los contratos públicos y arbitraje.* Observatorio de contratación pública. https://www.obcp.es/opiniones/ejecucion-de-los-contratos-publicos-y-arbitraje

García-Muñoz Alhambra, A., & Ratti, L. (2023). La pobreza laboral en la Unión Europea. Concepto, causas y propuestas para combatirla desde el derecho social europeo. *Revista de Derecho Social,* 171-195.

García-Pelayo, M. (1977). *Las transformaciones del Estado Contemporáneo.* Alianza Universidad.

García-Trevijano Fos, J. A. (1974). *Tratado de derecho administrativo.*

Gármir, L. (2001). Estado actual, historia y perspectivas de las privatizaciones en España. *Cuadernos de Información Económica, 162,* 1-8.

Garrido Falla, F. (1991). Privatización y reprivatización. *Revista de administración pública, 126,* 7-26.

Garrido Falla, F. (2000). Las Administraciones Públicas y la burocracia ante el siglo XXI. *Anales de la Real Academia de ciencias morales y políticas,* 579-602.

Generalitat Valenciana. (2018). *II Guía para la inclusión de cláusulas de responsabilidad social en la contratación de la Generalitat y su sector público.*

Gimeno Feliú, J. M. (2013). Las nuevas directivas —cuarta generación— en materia de contratación pública. Hacia una estrategia eficiente en compra pública. *Revista española de derecho administrativo, 159,* 39-106.

Gimeno Feliú, J. M. (2016). Presente y futuro de la regulación de la modificación de los contratos del sector público. En J. M. Gimeno Feliú (Ed.), *Observatorio de los contratos públicos 2015* (pp. 31-136). Thomson Reuters Aranzadi.

Gimeno Feliú, J. M. (2016). Remunicipalización de servicios locales y Derecho comunitario. *El Cronista del Estado Social y Democrático de Derecho, 58-59,* 50-71.

Gimeno Feliú, J. M. (2018). *Reglas aplicables a los entes públicos cuando actúan como operadores económicos.* Observatorio de Contratación Pública. https://www.obcp.es/opiniones/reglas-aplicables-los-entes-publicos-cuando-actuan-como-operadores-economicos

Gimeno Feliú, J. M. (2022). El necesario big bang en la contratación pública: hacia una visión disruptiva regulatoria y en la gestión pública y privada, que ponga el acento en la calidad. *Revista General de Derecho Administrativo, 59.*

Goerlich Peset, J. M. (2001). Empresas de servicios, empresas de trabajo temporal y cesión ilegal de trabajadores. *Actualidad laboral, 1,* 39-56.

Goerlich Peset, J. M. (2012). 12. La extinción del contrato de trabajo en el Real Decreto-Ley 3/2012. En *Reforma Laboral 2012* (1.ª ed., pp. 291-322).

Goerlich Peset, J.M. y Nores Torres, L.E. (2019). Descentralización en el Sector Público y condiciones de trabajo: pliegos administrativos y cláusulas sociales. En Blasco Pellicer, A. y López Balaguer, M. (coord.), *Las relaciones laborales en el sector público.* Valencia: Tirant lo Blanch, (pp. 559-604).

Goerlich Peset, J. M., Guamán Hernández, A., & Baño León, J. M. (2011). *Libertades económicas, mercado de trabajo y derecho de la competencia: un estudio de las relaciones entre el ordenamiento laboral y la disciplina del mercado* (C. E. y Social de España, Ed.).

Goldín, A. (2018). La problemática laboral de la descentralización productiva y la transformación del derecho del trabajo. En J. L. Monereo Pérez & S. Perán Quesada (Eds.), *La externalización productiva a través de la subcontratación empresarial aspectos laborales y de Seguridad Social* (pp. 25-49). Comares.

Gómez García, J. A. (2019). La filosofía jurídica hermenéutica en España. *Anuario de la Facultad de Derecho Universidad de Extremadura, 35,* 443-480.

González Pérez, J. (1999). Evolución de la legislación contencioso-administrativa. *Revista de Administración Pública, 150,* 209-237.

González Vázquez, I. (2012). El futuro del modelo social europeo. *Europa Junta, 146.*

González-Posada Martínez, E. (2018). El papel del Estado y las relaciones laborales: una geometría compleja y variable. *Temas Laborales, 142,* 13-31.

Gordo Cano, D. (2023). Desafíos y soluciones para la efectiva incorporación de cláusulas sociales a la contratación pública. *Revista Vasca de Administración Pública. Herri-Arduralaritzako Euskal Aldizkaria, 127,* 63.

Grossman, H., & Koopman, G. (1996). Social Standards in International Trade: A New Protectionist Wave? En H. Sander & A. Inotai (Eds.), *World Trade after the Uruguay Round: Prospects and Policy Options for the Twenty-first Century.* Routledge.

Gualda Alcalá, M. (2017). *Intervención legal ante la externalización de la actividad productiva.* Bomarzo.

Guamán, A., & Sánchez, J. M. (2017). Cuarenta años de constitución del trabajo: historia de un proceso deconstituyente. *Ivs Fvgit, 20,* 183-246.

Guamán Hernández, A. (2008). *Derecho del trabajo y legislación de defensa de la competencia.* Aranzadi.

Guamán Hernández, A. (2014a). Estado social y Unión Europea: el conflicto permanente. En *Lecciones sobre Estado Social y Derechos Sociales* (1.ª ed., pp. 121-152). Tirant lo Blanch.

Guamán Hernández, A. (2014b). Libertad sindical, huelga y negociación colectiva (I). En *Lecciones sobre Estado Social y Derechos Sociales* (1.ª ed., pp. 263-291). Tirant lo Blanch.

Guamán Hernández, A. (2022). *Diligencia debida en derechos humanos: posibilidades y límites de un concepto en expansión.* Tirant lo Blanch.

Guamán Hernández, A. (2023). Lex Mercatoria, alianzas estatal-corportativas y resistencias desde el uso estratégico del Derecho. *Revista Tlatelolco, 1 (Vol. 2).*

Guamán Hernández, A. (2024). Del Reglamento de Minerales a la Directiva de diligencia debida: el nuevo modelo de responsabilidad empresarial impulsado por la Unión Europea. *Revista de derecho social, 105*, 95-117.

Guamán Hernández, A., & Moreno González, G. (2017). *El fin de la impunidad: la lucha por un instrumento vinculante sobre empresas transnacionales y derecho humanos* (Icaria, Ed.).

Guamán Hernández, A., & Moreno González, G. (2018). *Empresas transnacionales y derechos humanos: la necesidad de un instrumento vinculante* (Bomarzo, Ed.).

Guamán Hernández, A., & Noguera Fernández, A. (2014). *Derechos sociales, integración económica y medidas de austeridad: la UE contra el constitucionalismo social.* Bomarzo.

Häberle, P. (1993). Derecho constitucional europea. *Revista de Estudios Políticos (Nueva Época), 79*, 7-46.

Habermas, J. (1976). *Problemas de legitimación en el capitalismo tardío.* Amorrortu.

Habermas, J. (2002). Verdad y justificación. Ensayos filosóficos. En *Trotta.*

Harcker, A. (1961). Sociology and ideology. En M. Black (Ed.), *The Social Theories of Talcott Parsons.* Prentice Hall.

Heller, H. (1985). *Escritos políticos* (S. Gómez de Arteche, Ed.). Alianza Editorial.

Hernández Jiménez, H. M. (2016). Encomiendas de gestión a Corporaciones de Derecho Público. *Actualidad administrativa, 9*, 11.

Huergo Lora, A. (2017). Los convenios interadministrativos y la legislación de contratos públicos. *Nueva Época, 8*, 5-26.

Huergo Lora, A. (2020). *La cooperación horizontal mediante convenios después de las sentencias ISE y Remedis 2.* Obcp.es. https://www.obcp.es/opiniones/la-cooperacion-horizontal-mediante-convenios-despues-de-las-sentencias-ise-y-remondis-2

IEE. (2020). *Eficiencia del gasto público. Medición y propuestas de mejora.*

Igartua Salaverría, J. (2000). El indeterminado concepto de los conceptos indeterminados. *Revista vasca de Administración Pública, 56,* 145-162.

Izquierdo, M., & Herrera, J. L. (2022). *Recuadro 6. Un análisis del contenido de las cláusulas de salvaguarda firmadas recientemente. Informe trimestral de la economía española. Boletín Económico 3/2022.* https://expinterweb.mites.gob.es/regcon/

Jackson, B. (2010). At the origins of neo-liberalism: The free economy and the Strong State, 1930-1947. *The Historical Journal, 53,* 129-151.

Jara-Labarthé, V. (2018). Discurso y prácticas de la discriminación positiva para políticas indígenas en educación superior. *Cinta-Revista Electrónica de Epistemología de Ciencias Sociales, 63,* 331-342.

Jareño Cebrián, F. (2007). Cambio de metodología en la elaboración del IPC y su impacto sobre la respuesta sectorial ante anuncios de inflación. *Información Comercial Española, ICE, 836,* 127-140.

Jiménez-Piernas García, A. (2018). La definición de la responsabilidad social corporativa a la luz de los principios rectores: una perspectiva de derechos humanos. En *Empresas y derechos humanos* (1.ª ed., pp. 67-86). Thomson Reuters Aranzadi.

Jordán Galduf, J. M. (1977). *Economía social de mercado, socialdemocracia y socialismo.* Fernando Torres, Editor SA.

Jordana de Pozas, L. (1949a). Ensayo de una teoría del fomento en el Derecho administrativo. *Revista de estudios políticos, 48,* 41-54.

Jordana de Pozas, L. (1949b). Ensayo de una teoría del fomento en el Derecho administrativo. *Revista de estudios políticos, 28,* 41-54.

Jordana de Pozas, L. (1951). El problema de los fines de la actividad administrativa. *Revista de administración pública, 4,* 11-28.

Koch, H. J. (1976). El concepto jurídico indefinido en el derecho administrativo. En *Metodología jurídica y filosofía analítica* (pp. 186-213). Athenaeum-Verlag.

Köhler, H.-D., & Martín, A. (2010). *Manual de la sociología del trabajo y de las relaciones laborales* (3ª). Delta publicaciones.

Lajoye, C. (2023). *Droit des Marchés Publics* (2ª). Gualino. Lextenso.

Lane, J.-E. (1985). *State and Market: the politics of the public and the private.* SAGE Publications.

Larrazabal Astigarraga, E. (2017). La jurisprudencia del Tribunal Supremo sobre la posibilidad de exigir la aplicación del convenio colectivo del lugar de ejecución en la contratación pública. *Lan Harremanak. Revista de Relaciones Laborales, 36.*

Larrazabal Astigarraga, E. (2024a). *Cláusulas con perspectivas de género en la Contratación Pública.* Atelier Libros.

Larrazabal Astigarraga, E. (2024b). Los planes de igualdad y los protocolos contra el acoso sexual en la contratación pública. En J. A. Altés Tárrega & S. Yagüe Blanco (Eds.), *Convenio 190 de la OIT sobre violencia y acoso. Consecuencias de su ratificación en el ordenamiento laboral español* (pp. 513-526). Tirant lo Blanch.

Lesmes Zabalegui, S. (2005). Contratación pública y discriminación positiva. Cláusulas sociales para promover la igualdad de oportunidades entre mujeres y hombres en el mercado laboral. *Lan harremanak, 13,* 53-86.

Lesmes Zabalegui, S. (2006). *Guía de contratación pública sostenible. Incorporación de criterios sociales.*

Lesmes Zabalegui, S. (2018). Adjudicación de contratos reservados a centros especiales de empleo. *Monográficos AEDIS, 2.*

Lesmes Zabalegui, S., & Rodríguez Zugasti, L. (2010). *Guía de contratación pública sostenible. Incorporación de criterios sociales.*

Llano Sánchez, M. (1999). *Responsabilidad empresarial en las contratas y subcontratas.* La Ley.

López Ahumada, J. E. (2024). Edad, discriminación y pobreza. En *Trabajo, edad y pensiones de jubilación. XXXIV Congreso Anual de la Asociación Española de Derecho del Trabajo y de la Seguridad Social* (pp. 85-114). Ministerio de Trabajo y Economía Social.

López Calera, N. (2010). El interés público: entre la ideología y el derecho. *Temas laborales, 44,* 123-148.

López Insua, B. del M. (2019). La exigencia o baremación de planes de igualdad entre hombres y mujeres por el operador económico. En *Inclusión de cláusulas sociales y medioambientales en los pliegos de contratos públicos* (1.ª ed., pp. 347-364). Thomson Reuters Aranzadi.

López Laguna, F. M. (2019). Consideraciones sobre la Responsabilidad Social en las Administraciones Públicas. En *9 necesarios debates sobre la responsabilidad social* (1.ª ed., pp. 131-134). Comares.

López Terrada, E. (2014). La indisponibilidad de los derechos laborales en el ordenamiento español y su interpretación jurisprudencial. *Il diritto dei lavori, VIII (3),* 25-35.

López-Jacoiste Díaz, E. (2018). Los principios rectores de las Naciones Unidas sobre las empresas y los derechos. En *Empresas y derechos humanos* (1.ª ed., pp. 35-66). Thomson Reuters Aranzadi.

Madrigal Esteban, M. J., & Martínez Saldaña, D. (2015). La subrogación de trabajadores y la sucesión de empresa en el ámbito de la contratación pública. *Actualidad Jurídica Uría Menéndez, 40,* 33-51.

Maira Vidal, M. del M. (2014). Los acuerdos marco internacionales: sentando las bases de la negociación colectiva de ámbito supranacional. *Lan harremanak, 30,* 137-162.

Maira Vidal, M. del M. (2015). *La dimensión internacional de la Responsabilidad Social Empresarial.* Bomarzo.

Manuel, C. (2006). *La era de la información: economía, sociedad y cultura* (Alianza, Ed.).

Márquez Carrasco, M. del C. (2018). La aplicación nacional de los principios rectores de las naciones sobre empresas y derechos humanos: el modelo español. En *Empresas y derechos humanos* (1.ª ed., pp. 87-108). Thomson Reuters Aranzadi.

Martín Artilles, A. (1994). La empresa red. Un modelo de división del trabajo entre empresas. *Papers: revista de sociología, 44,* 87-109.

Martín González, M. (1967). El grado de determinación legal de los conceptos jurídicos. *Revista de Administración Pública, 54,* 197-294.

Martín Urriza, C. (1996). Breve historia de las privatizaciones en España, 1985-1995. *Cuadernos de relaciones laborales, 8,* 131-145.

Martín Vida, M. A. (2003). Evolución del principio de igualdad en Estados Unidos. Nacimiento y desarrollo de las medidas de acción afirmativa en el Derecho estadunidense. *Revista Española de Derecho Constitucional, 68,* 151-194.

Martín-Aceña Manrique, P. (2004). ¿Qué hubiera sucedido si Franco no hubiera aceptado el Plan de Estabilización? En *Historia virtual de España (1870-2004)* (1.ª ed., p. 219). Taurus.

Martínez Fernández, J. (2012). Cuestiones prácticas sobre la sucesión de empresa y la subrogación de contratos de trabajo en la contratación administrativa. *Contratación administrativa práctica, 116,* 72.

Martínez Fons, D. (2014a). Las restricciones a las cláusulas sociales en la contratación pública impuestas por la libre prestación de servicios. Comentario a la STJUE de 18 de septiembre de 2014, Asunto C-549/13. *Iuslabor, 3,* 7.

Martínez Fons, D. (2014b). Las restricciones a las cláusulas sociales en la contratación pública impuestas por la libre prestación de servicios. Comentario a la STJUE de 18 de septiembre de 2014, Asunto C-549/13. *Iuslabor, 3,* 7.

Martínez Moreno, C. (2016). El marco internacional para la tutela de los derechos laborales. *Lex social, 6*(1), 94-119.

Martínez Moreno, C. (2018). Externalización productiva, creación de empleo y trabajo decente desde la perspectiva de la OIT. En *La externalización productiva a través de la subcontratación empresarial* (1.ª ed., pp. 51-71). Comares.

Martínez Moreno, C. (2021). El nuevo marco de ordenación de las obligaciones empresariales en materia de igualdad entre mujeres y hombres. *Revista Internacional y Comparada de Relaciones Laborales y Derecho del Empleo, 9*(2), 5.

Martínez Moreno, C. (2023). Igualdad integral en el empleo. *IgualdadES, 5*(9), 79-106.

Martínez Saldaña, D. (2017). ¿Cuándo se produce una sucesión de empresa? Distintos orígenes y distintos alcances. En A. Todolí Signes & D. Martínez Saldaña (Eds.), *Remunicipalización de servicios, sucesión de empresa y trabajadores indefinidos no fijos* (pp. 61-91). Aranzadi.

Martínez Saldaña, D., & Codina García-Andrade, X. (2017). Cláusulas sociales, subrogación y otras cuestiones laborales en la nueva Ley 9/2017, de 8 de noviembre, de contratos del sector público. *Actualidad jurídica Uría Menéndez, 47*, 82-91.

Martínez Saldaña, D., & Codina García-Andrade, X. (2018). Cláusulas sociales, subrogación por pliegos y otras cuestiones laborales en la nueva ley 9/2017, de 8 de noviembre, de contratos del sector público. *Revista española de derecho del trabajo, 209*, 129-148.

Martínez-Vares, S. (1994). Eficacia, discrecionalidad y concepto jurídico indeterminado. En J. Delgado Barrio (Ed.), *Cuadernos de Derecho judicial. Eficacia, discrecionalidad y control judicial en el ámbito administrativo* (pp. 65-110). CGPJ.

Martín-Retortillo Baquer, S. (1991). Las Empresas Públicas: reflexiones del momento presente. *Revista de administración pública, 126*, 63-132.

Mateo Zurera, A. (2014). *Estudio e implementación de un sistema de responsabilidad social corporativa de acuerdo con la ISO 26000 en la FNB.*

Mazzucato, M. (2019). *El Estado emprendedor.* RBA.

Mazzucato, M., & Collington, R. (2024). *El gran engaño.* Taurus.

Medina Arnáiz, T. (2012). La contratación pública socialmente responsable a través de la jurisprudencia del Tribunal de Justicia de la Unión Europea. *Revista española de derecho administrativo, 153*, 213-240.

Medina Arnáiz, T. (2018). La prohibición de contratar. En J. M. Gimeno Feliú (Ed.), *Estudio sistemático de la Ley de Contratos del Sector Público* (pp. 749-802). Aranzadi.

Medina Arnáiz, T. (2020). La contratación pública estratégica. En T. Quintana López (Ed.), *La contratación pública estratégica en la contratación del sector público* (pp. 81-99). Tirant lo Blanch.

Mejía Turizo, J. (2019). *Límites en la aplicación y concreción de los conceptos jurídicos indeterminados utilizados en la actividad administrativa.* Universitat de València.

Mejías García, A. M. (2022). Problemas aplicativos del acuerdo. *Acuerdo de materias concretas para la subrogación de trabajadores en la contratación pública. Una experiencia de éxito del diálogo social valenciano.*

Mendoza Jiménez, J. (2018). *Guía rápida para los contratos reservados ¿qué son? ¿cómo se aplican?*

Mendoza Navas, N. (2014). Acciones positivas. Instrumento para eliminar las diferencias entre hombres y mujeres en el ámbito de las relaciones laborales. En M. T. Martín López & J. M. Velasco Retamosa (Eds.), *La igualdad de género desde la perspectiva social, jurídica y económica* (pp. 174-190). Civitas.

Menéndez Rexach, Á. (2016). Encomiendas de gestión y convenios. *Cuadernos de derecho local, 41,* 124-149.

Menéndez Sebastián, E. M. (2018). ¿Qué cambios en la gestión de los servicios públicos pueden implicar subrogación del personal? Una visión administrativista. *REVISTA CEFLEGAL, 203, 213,* 85-122.

Merino de Lucas, F. (2008). Externalización y cambio de localización en la actividad productiva. *Revista de Estudios empresariales, 1,* 4-20.

Merino Gómez, G. (2011). Los nuevos tribunales administrativos de recursos contractuales: aproximación a los modelos autonómicos. *Derecho y salud, 21, 1,* 125-133.

Mestre Delgado, J. (1992). *La extinción de la concesión de servicio público.*

Methven O'Brien, C., & Martin-Ortega, O. (2019). Contratación pública y derechos humanos: discreción, divergencia, paradoja. En S. Bogojevic, X. Groussot, & J. Hettne (Eds.), *Discreción en la legislación sobre adquisiciones de la UE* (pp. 189-210). Hart Publishing.

Miliband, R. (1970). *El Estado en la sociedad capitalista.* Siglo XXI.

Miranda Boto, J. M. (2016). Contratación pública y cláusulas de empleo y condiciones de trabajo en el Derecho de la Unión Europea. *Lex social, 6*(2), 69-91.

Mochón, F. (2010). *Principios de Economía* (4ª). McGrawHill.

Molina Navarrete, C. (2016). Cláusulas sociales, contratación pública: del problema de «legitimidad» al de sus «límites». *Temas laborales: Revista andaluza de trabajo y bienestar social, 135,* 79-110.

Monedero Gil, J. I. (1986). Criterios de adjudicación del contrato administrativo en el Derecho comunitario. *Noticias de la Unión Europea (anterior CEE), 21*, 63-69.

Monereo Pérez, J. L. (2010). Régimen jurídico-laboral de la transmisión de empresa y crisis empresariales. En J. L. Monereo Pérez & J. E. Sánchez Montoya (Eds.), *El Derecho del Trabajo y de la Seguridad Social ante la crisis económica.* Comares.

Monereo Pérez, J. L., & Ortega Lozano, P. G. (2019). La doctrina comunitaria de la sucesión de plantilla: conflictos interpretativos vinculados al fenómeno de la sucesión de contratas «desmaterializadas». *Revista de derecho social, 87*, 37-64.

Montesinos, A., Pérez, J. J., & Ramos, R. (2014). *El empleo de las Administraciones Públicas en España: caracterización y evolución durante la crisis. Documentos Ocasionales n.º 1402.*

Montoya Melgar, A. (1985). Dirección y control de la actividad laboral. En E. Borrajo Dacruz (Ed.), *El Estatuto de los Trabajadores: Derechos y deberes contractuales* (pp. 99-152). EDERSA.

Moratalla Santamaría, P. (2016). Centros Especiales de Empleo. *Ciriec-España, revista jurídica, 29.*

Moreno Fernández-Santa Cruz, M. (2003). *Sinopsis del artículo 128 de la Constitución Española.* Web del Congreso de los Diputados. https://app.congreso.es/consti/constitucion/indice/sinopsis/sinopsis.jsp?art=128&tipo=2

Moreno González, G. (2017). La teoría de la Constitución en Jamen Buchanan: hacia un modelo de economía constitucional. *Revista de estudios políticos, 177*, 57-88.

Moreno González, G. (2019). *Estabilidad presupuestaria y constitución: fundamentos teóricos y aplicación desde la Unión Europea.* Universitat de València.

Moreno Morcillo, J. (2016). Las cláusulas sociales en la contratación pública como garantía frente al dumping social intracomunitario. *Revista Aragonesa de Administración Pública, 47-48*, 180-209.

Moreso, J. J., & Navarro, P. E. (2015). Introducción. En L. Ferrajoli (Ed.), *Epistemología Jurídica y Garantismo* (pp. 2-14). Anagrama.

Morrell Ocaña, L. (1996). *Curso de Derecho Administrativo.* Aranzadi.

Moses, M. S. (2010). Moral and instrumental rationales for affirmative action in five national contexts. *Education Researcher, 39.*

Muñoz Machado, S. (2015a). *Tratado de Derecho Administrativo y Derecho Público General. Tomo III, los principios de constitucionalidad y legalidad.*

Muñoz Machado, S. (2015b). *Tratado de Derecho Administrativo y Derecho Público General. Tomo XII. Actos administrativos y sanciones administrativas* (Segundo). Agencia Estatal del Boletín Oficial del Estado.

Muñoz Machado, S. (2016a). *Tratado de derecho administrativo y derecho público general. Tomo I. Historia de las instituciones jurídico-administrativas (1).* BOE.

Muñoz Machado, S. (2016b). *Tratado de derecho administrativo y derecho público general. Tomo IV. El ordenamiento jurídico.* BOE.

Muñoz Machado, S. (2016c). *Tratado de derecho administrativo y derecho público general. Tomo XIV. La actividad regulatoria de la Administración.* BOE.

Muñoz Machado, S. (2017). *Tratado de Derecho Administrativo y Derecho Público general. Tomo X. La Administración del Estado* (5ª). Agencia Estatal del Boletín Oficial del Estado.

Nieto, A. (1991). La Administración sirve con objetividad los intereses generales. En S. Martín-Retortillo Baquer (Ed.), *Estudios sobre la Constitución española: Homenaje al profesor Eduardo García de Enterría* (Vol. 3, pp. 2185-2253). Civitas.

Nieto Rojas, P. (2019). Cadenas mundiales de suministro y trabajo decente: instrumentos jurídicos ordenados a garantizarlo. *Cuadernos de relaciones laborales, 37*(2), 419.

Noguera de la Muela, B. (2022). Los contornos de la autoprovisión administrativa en la gestión de los servicios públicos. *Revista de Estudios de la Administración Local y Autonómica, 18.*

Noguera Fernández, A., & Guamán Hernández, A. (2014). *Lecciones sobre Estado Social y Derechos Sociales* (T. lo Blanch, Ed.).

Nores Torres, L. E. (2012). *La aplicación de las previsiones sobre transmisión de empresas en el ámbito de las contratas.*

Nores Torres, L. E. (2014). El empleo público en tiempos de crisis: la descentralización productiva en las AA.PP. *Revista General de Derecho Administrativo, 35,* 2.

Nores Torres, L. E. (2016). La reversión de contratas en el sector público y sus principales implicaciones laborales. *Revista de Jurisprudencia. Lefebvre-El Derecho, 2,* 11-18.

OBCP. (2018). ¿Ha sobrevivido el contrato administrativo especial a la LCSP? *obcp.es.* https://www.obcp.es/opiniones/ha-sobrevivido-el-contrato-administrativo-especial-la-lcsp

Ochoa Monzó, J. (2022). La responsabilidad social como parte del sistema de integridad institucional de las administraciones públicas. *Revista General de Derecho Administrativo, 61,* 28.

Oirescon (2021). *Informe anual de supervisión de la contratación pública en España.* Oficina independiente de regulación y supervisión de la contratación pública: https://www.hacienda.gob.es/RSC/OIReScon/informe-anual-supervision-2021/ias-2021.pdf

OECP. (2023). *Guide sur les aspects sociaux de la commande publique.*

OIT. (2022). *Estimaciones mundiales sobre esclavitud moderna: trabajo forzoso y matrimonio forzoso.*

Palacín Sáenz, B. (2020). La difícil vinculación de los criterios sociales al objeto del contrato. *Consultor de los ayuntamientos y de los juzgados, 2*, 20.

Pardo García-Valdecasas, J. J. (2018). El recurso especial en materia de contratación: órganos encargados de su resolución. En J. M. Gimeno Feliú (Ed.), *Estudio sistemático de la ley de contratos del sector público* (pp. 599-638). Thomson Reuters Aranzadi.

Parlamento Europeo (2010). *Resolución, de 18 de mayo de 2010, sobre nuevos aspectos de la política de contratación pública.*

Parlamento Europeo (2018). *Resolución del Parlamento Europeo sobre el paquete de medidas de la estrategia de contratación pública.*

Parlamento Europeo (2024). *Due Diligence in EU Institutions Own-Account Procurement: Rules and Practices.*

Peces-Barba Martínez, G., Barranco Avilés, M. del C., & Asís Roig, R. F. de. (2004). *Lecciones de derechos fundamentales* (Dykinson, Ed.).

Pedrosa González, J. (2008). *Incidencia sobre la relación laboral del trabajo en contratas.*

Peña Ochoa, A. (2018). Valor estimado, presupuesto y precio en la nueva Ley de contratos del sector público de 2017. En J. M. Gimeno Feliú (Ed.), *Estudio sistemático de la Ley de Contratos del Sector Público* (pp. 931-956). Aranzadi.

Pérez del Río, T. (1997). Principio de igualdad y Derecho positivo: discriminación directa, indirecta y acción positiva. En EMAKUNDE (Ed.), *10 años en la sociedad vasca.* Instituto Vasco de la Mujer.

Pérez Delgado, M., & Rodríguez Pérez, R. P. (2023). Legitimación de un sindicato para impugnar pliegos que infringen un acuerdo de negociación colectiva. *Contratación Administrativa Práctica, 187.*

Pérez Rey, J. (2014). Derecho al trabajo y estabilidad en el empleo. En *Lecciones sobre Estado Social y Derechos Sociales* (1.ª ed., pp. 241-261). Tirant lo Blanch.

Pérez Rodríguez, A. C. (2014). La búsqueda de los orígenes de la administración municipal: de la Edad Media al Liberalismo. *REALA, 1.*

Pisarello, G. (2001). Del Estado social legislativo al Estado social constitucional: por una protección compleja de los derechos sociales. *Isonomía, 15*, 81-107.

Pisarello, G. (2007). *Los derechos sociales y sus garantías: Elementos para una reconstrucción.*

Ponce Solé, J. (2001). *El principio de buena administración: discrecionalidad y procedimiento administrativo.*

Posner, R. (2013). *El análisis económico del Derecho.* Fondo de cultura económica.

Pozo Bouzas, E. (2018, febrero 23). *Las cláusulas sociales y medioambientales en la nueva Ley 9/2017, de Contratos del Sector Público.* DerechoLocal.es.

Preciado Domènech, C. H. (2016). *Interpretación de los Derechos Humanos y los Derechos Fundamentales.* Aranzadi.

Preciado Domènech, C. H. (2018). *Los criterios sociales y laborales en la contratación pública bajo la Ley 9/2017, de 8 de noviembre, de contratos del sector público.* Bomarzo.

Przewoznik, J. (2017). *La clause sociale dans les marchés publics: un instrument efficace de politique publique?*

Quezada Rodríguez, F. (2021). Origen de la noción de servicio público en el derecho francés y su recepción en el derecho español. Un enfoque crítico. *Revista de Administración Pública, 216*, 141-168.

Quinn, J. B., & Hilmer, F. G. (1994). Strategic Outsourcing. *Sloan Management Review*, 43-55.

Quintero Lima, M. G. (2018). Colectivos vulnerables y género. En *Los ODS como punto de partida para el fomento de la calidad del empleo femenino* (1.ª ed., pp. 27-48). Dykinson.

Ramos Quintana, M. I. (2002). *La garantía de los derechos de los trabajadores: (Inderogabilidad e indisponibilidad)* (1a ed.). Lex Nova.

Ramos Quintana, M. I. (2017). El pilar europeo de derechos sociales. La nueva dimensión social europea. *Revista de Derecho Social, 77*, 19-42.

Rand, A. (2021). *La virtud del egoísmo (a partir de la edición original de 1982).* Deusto.

Razquin Lizarraga, M. M. (2016). Transposición de las nuevas directivas de contratación pública: similitudes y diferencias respecto del marco jurídico vigente en España. En *Las nuevas directivas de contratos públicos y su transposición* (1.ª ed., pp. 129-168). Marcial Pons.

Rey Martínez, F. (1995). *El derecho fundamental a no ser discriminado por razón de sexo.* McGraw-Hill.

Rey Martínez, F. (2011). ¿De qué hablamos cuando hablamos de igualdad constitucional? *Anales de la Cátedra Francisco Suárez, 45*, 167-181.

Rey Martínez, F. (2019). *Derecho Antidiscriminatorio* (2ª). Aranzadi.

Rivas Vallejo, P. (2021). El plan de igualdad debe negociarse con la representación legitimada legalmente y no por una comisión "ad hoc". *Revista de Jurisprudencia Laboral, 2.*

Rivero Lamas, J. (1988). Modificación de las condiciones de trabajo. En *El Estatuto de los Trabajadores* (1.ª ed., pp. 125-206). Editoriales de Derecho Reunidas. EDERSA.

Rivero Ortega, R. (2018). *Derecho Administrativo Económico* (8ª). Marcial Pons.

Roca Trías, E., & Ahumada Ruiz, M. A. (2013). *Los principios de razonabilidad y proporcionalidad en la jurisprudencia constitucional española.*

Rodilla Martí, C. (2021). La discrecionalidad de las autoridades de competencia en la adopción de compromisos. En *Nuevos horizontes del Derecho a la competencia* (1.ª ed., pp. 205-224). Atelier.

Rodrigo Sanbartolomé, F. A. (2015). *Contratación y subcontratación de obras y servicios y estabilidad en el empleo.* Universidad de Valencia.

Rodríguez Chirillo, E. J. (1993). *La privatización de la empresa pública: análisis jurídico.* Universidad de Navarra.

Rodríguez Escanciano, S. (2010). *El fenòmen de la successió empresarial en l´administració pública: contingut i conseqüencies de l´aplicació del articles 42, 43 i 44 de l'Estatut dels Treballadors.* Col·lecció monogràfica de l´Àrea de formacio, Federació De Municipis de Catalunya.

Rodríguez Escanciano, S. (2017). La apuesta por la mejora de las condiciones laborales en la Ley 9/2017, de 8 de noviembre, de Contratos del Sector Público. *Foro. Revista de ciencias jurídicas y sociales, 20*(2), 25-65.

Rodríguez Lázaro, F. J. (2000). *Los primeros ferrocarriles españoles* (Akal, Ed.).

Rodríguez Ramos Velasco, P., & Cruz Villalón, J. (1998). Problemática laboral de la privatización y externalización de los servicios públicos. *Revista de derecho social, 3*, 9-38.

Rodríguez Sanz de Galdeano, B. (2024). Trabajo y edad. La singularidad de la edad como causa de discriminación y su replanteamiento desde la perspectiva de la vulnerabilidad. En *Trabajo, edad y pensiones de jubilación. XXXIV Congreso Anual de la Asociación Española de Derecho del Trabajo y de la Seguridad Social* (pp. 49-84). Ministerio de Trabajo y Economía Social.

Rodríguez-Arana, J. (2012). *Interés general, Derecho Administrativo y Estado del bienestar.* Syntagma-Iustel.

Rodríguez-Arana Muñoz, J. (2013). Sobre las transformaciones del Derecho Público, de Léon Duguit. *Revista de Administración Pública, 190,* 61-100.

Rodríguez-Arana Muñoz, J. (2015). Dimensiones del Estado Social y derechos fundamentales sociales. *Revista de Investigações Constitucionais, 2*(2), 31-62.

Rodríguez-Piñero Bravo-Ferrer, M., & Fernández López, M. F. (1986). *Igualdad y discriminación* (Tecnos, Ed.).

Rodríguez-Piñero y Bravo-Ferrer, M. (1984). La transformación democrática del ordenamiento jurídico laboral y la relación individual de trabajo. *Temas Laborales. Revista andaluza de trabajo y bienestar social., 1,* 50-67.

Rodríguez-Piñero y Bravo-Ferrer, M. (1996). Acción positiva, igualdad de oportunidades e igualación en los resultados. *Relaciones Laborales, 2,* 3-12.

Rodríguez-Piñero y Bravo-Ferrer, M. (2001). Derecho del Trabajo y disciplina de mercado. *Relaciones laborales, 2,* 89-102.

Rodríguez-Piñero y Bravo-Ferrer, M. (2002). El mantenimiento de los derechos de los trabajadores en la sucesión de empresa: aspectos individuales. *Relaciones laborales-revista crítica de teoría y práctica, 1,* 645-674.

Rodríguez-Piñero y Bravo-Ferrer, M. (2003). Indisponibilidad de los derechos y conciliación en las relaciones laborales. *Temas Laborales, 70,* 23-42.

Rodríguez-Piñero y Bravo-Ferrer, M. (2009). Libre prestación de servicios y Derecho colectivo del trabajo. *Temas Laborales, 100 (II),* 517-550.

Rodríguez-Piñero y Bravo-Ferrer, M. (2016). Cláusulas sociales y contratación pública. *Diario La Ley, 8766,* 2.

Rojas, J. (2007). El Mercantilismo. Teoría, política e historia. *Economía, 30*(59), 76-96.

Rojo, E. (2017). *¿El inicio de la contrarreforma laboral? La prioridad de los convenios sectoriales en la Ley de contratos del sector público (frente a la de los convenios de empresa en la Ley del Estatuto de los trabajadores).* Eduardorojotorrecilla.es. http://www.eduardorojotorrecilla.es/2017/10/el-inicio-de-la-contrarreforma-laboral.html

Romero Ruiz, A. (2017). Contratación pública social y derecho de la Unión Europea. En M. M. Razquin Lizarraga & J. F. García Alenza (Eds.), *Nueva contratación pública: mercado y medio ambiente* (pp. 405-422). Thomson Reuters Aranzadi.

Rousseau, J.-J. (1762). *El contrato social.*

Royo Bordonada, M. Á. (2019). Captura corporativa de la salud pública. *Revista de bioética y derecho, 45,* 25-41.

Rueda, B. (1995). De la acción táctica a la iniciativa estratégica. *Harvard Deusto Business Review, 1,* 85-85.

Sachs, T., & Clerc, C. (2022). Le devoir de vigilance à la croisée des chemins? *Revue de droit du travail*, *6*, 352-360.

Sainz Moreno, F. (1976). *Conceptos jurídicos, interpretación y discrecionalidad administrativa.* Civitas.

Salcedo Beltrán, C. (2018a). La Europa social armonizada: ¿realidad o quimera? En *El Derecho del Trabajo español ante el Tribunal de Justicia* (1.ª ed., pp. 135-164). Cinca.

Salcedo Beltrán, C. (2018b). La protección de los derechos sociales a escala europea: de la confrontación «presente» a la ineludible integración «futura». *Revista del Ministerio de Empleo y Seguridad Social*, *137*, 79-138.

Sánchez Morón, M. (2016). *Derecho administrativo: parte general.*

Sánchez Morón, M. (2021). *Derecho Administrativo. Parte General* (17.ª ed.). Tecnos.

Sánchez Ocaña, J. M. (2023a). Inclusión laboral interseccional en el empleo público y en los contratos del sector público: cuotas reservadas de empleo. En AEDTSS (Ed.), *Empleo y protección social* (1.ª ed., pp. 191-206). Ministerio de Trabajo y Economía Social. Subdirección General de Informes Recursos y Publicaciones.

Sánchez Ocaña, J. M. (2023b). *La acción positiva interseccional: acceso al empleo público y cláusulas sociolaborales en la contratación pública* (T. lo Blanch, Ed.).

Sánchez-Granells, A. (2016). A deformed principle of competition? the subjective drafting of Article 18 (1) of Directive 2014/24. En G. Skovgaard Oelykee & A. Sánchez-Granells (Eds.), *Reformation and Deformation of the EU Public Procurement Rules* (pp. 80-100). Elgar Publishing.

Sánchez-Urán Azaña, Y. (2018). Sucesión de empresa por sucesión de plantilla: conflictos interpretativos derivados de una doctrina controvertida. *Revista española de derecho del trabajo*, *214*, 139-172.

Sanguineti Raymond, W. (2007). Privatización de la gestión de servicios públicos y precarización del empleo: la inaplazable necesidad de un cambio de modelo. *Revista de derecho social*, *39*, 21-50.

Sanguineti Raymond, W. (2022). *Teoría del Derecho Transnacional del Trabajo. La génesis de un estatuto para el trabajo global.* Aranzadi.

Sanguineti Raymond, W., & Vivero Serrano, J. B. (2022). *Diligencia debida y trabajo decente en las cadenas globales de valor* (T. R. Aranzadi, Ed.).

Santiago Iglesias, D. (2021). ¿Es posible crear sociedades de economía mixta para la gestión de servicios públicos locales en el marco de contratos de servicios y de concesión de servicios? *Revista de Estudios de la Administración Local y Autonómica*, 98-117. https://doi.org/10.24965/reala.i16.10965

Santos Ortega, A., & Poveda Rosa, M. (2015). *Trabajo y empleo: un enfoque sociológico.* Shalaklibros editorial.

Saz Cordero, S. del. (2018). El régimen jurídico de los contratos del sector público.: Contratos administrativos y contratos privados (arts. 24, 25, 26 y 27 LCSP/2017). En *Estudio sistemático de la ley de contratos del sector público* (1.ª ed., pp. 545-570). Thomson Reuters Aranzadi.

Sempere Navarro, A. (2014). Un comentario al art. 44 del Estatuto de los Trabajadores. *Revista Doctrinal Aranzadi Social, 9.*

Sendín García, M. Á. (2005). Los servicios públicos en el siglo XIX. *Anuario de historia del derecho español, 75,* 1037-1076.

Serna Bilbao, M. N. de la. (1995). *La privatización en España: fundamentos constitucionales y comunitarios* (A. T. Reuters, Ed.).

Smith, A. (1994). *La riqueza de las naciones (Libros I-II-III y selección de los Libros IV y V)* (obra original, 1776). Alianza Editorial.

Somavía, J. (2014). *El trabajo decente. Una lucha por la dignidad humana.*

Soto, E. (2017). *El Derecho Administrativo y la protección de las personas. Libro homenaje a 30 años de docencia del profesor Ramiro Mendoza en la UC.* Ediciones UC.

Stuckey, J., & White, D. (1994). Integración vertical. Oportunidades y desventajas. *Harvard Deusto Business Review,* 14-28.

Suárez Llanos, L. (2013). Caracterización de las personas y grupos vulnerables. En *Protección jurídica de las personas y grupos vulnerables* (1.ª ed., pp. 36-92). Procuradora General.

Summers, L. (2020). Aceptar la realidad del estancamiento secular. *Finanzas y desarrollo,* 17-19.

Supiot, A. (2013). Grandeza y miseria del Estado Social. *New left review, 82,* 157-175.

Tascón López, R. (2020). La promoción de las cadenas de valor sostenibles en la contratación del sector público. En *La contratación pública estratégica en la contratación del sector público* (pp. 329-348). Tirant lo Blanch.

Tejedor Bielsa, J. (2018). *Criterios de desempate… por si se produce un empate… entre dos o más ofertas… ¿Europa como excusa?* Administracionpublica.com. https://www.administracionpublica.com/criterios-de-desempate-por-si-se-produce-un-empate-entre-dos-o-mas-ofertas-europa-como-excusa/?cn-reloaded=1

Tejerizo López, J. M. (1975). *Los monopolios fiscales.* Instituto de Estudios Fiscales (Ministerio de Hacienda).

Todolí Signes, A. (2015). Salario y negociación colectiva: últimas tendencias. En AAVV (Ed.), *Cláusulas de vanguardia y problemas prácticos de la negociación colectiva actual.* Lex Nova.

Todolí Signes, A. (2018). Novedades laborales de la Ley de contratos del sector público. *Revista Gallega de Administración Pública, 56*, 401-410.

Todolí Signes, A. (2021a). *Regulación del trabajo y política económica. De cómo los derechos laborales mejoran la economía.* Thomson Reuters Aranzadi.

Todolí Signes, A. (2021b). *Regulación del trabajo y política económica. De cómo los derechos laborales mejoran la economía.* Aranzadi.

Todolí Signes, A. (2024, mayo 16). *Los pliegos administrativos no generan derechos a los trabajadores ni cuando son mejoras por encima del convenio colectivo (STS 5/3/2024).* Argumentos en Derecho Laboral. https://adriantodoli.com/2024/05/16/los-pliegos-administrativos-no-generan-derechos-a-los-trabajadores-ni-cuando-son-mejoras-por-encima-del-convenio-colectivo-sts-5-3-2024/

Todolí Signes, A., Esteve Segarra, M. A., Bohigues Esparza, M. D., Moll Noguera, R., Requena Montes, Ó., & Sánchez Ocaña, J. M. (2024). Las cláusulas de revisión salarial en la negociación colectiva. En *Observatorio de la negociación colectiva* (1.ª ed., pp. 103-141). Cinca.

Tomás-Ramón, F. (1983). Las obras públicas. *Revista de administración pública, 100*, 2427-2469.

Tornos Mas, J. (2016). El concepto de servicio público a la luz del derecho comunitario. *Revista de administración pública, 200*, 193-211.

UNCTAD. (2013, febrero 27). *Comunicado de prensa. El 80% del comercio tiene lugar en las «cadenas de valor» vinculadas a las empresas transnacionales, según un informe de la UNCTAD.* www.unctad.org.

Valcárcel Fernández, P. (2013). Promoción de la igualdad de género a través de la Contratación Pública. En J. L. Meilán Gil (Ed.), *Contratación Pública Estratégica* (pp. 329-368). Aranzadi.

Valdés Dal-Ré, F. (1998). La transmisión de empresa: una experiencia de encuentros y desencuentros entre el Derecho Comunitario y los sistemas jurídicos nacionales. *Relaciones Laborales, 2*, 483-510.

Valdés Dal-Ré, F. (2000). Diálogos en convergencia y divergencia entre el legislador comunitario y el Tribunal de Justicia Europeo (a propósito de la Reforma de la legislación sobre transmisión de empresa) (I). *Relaciones Laborales, 2*, 109-120.

Valdés Dal-Ré, F. (2002). Descentralización productiva y desorganización del derecho del trabajo. *Sistema, 168*, 71-88.

Vallecillo Gámez, M. R. (2017). Aspectos sociolaborales de la nueva Ley de Contratos del Sector Público: innovaciones y puntos críticos. *Revista de Trabajo y Seguridad Social, 417*, 179-208.

Vallejo Dacosta, R. (2002). *Modificaciones de las condiciones de Trabajo.* CES. Colecciones Estudios.

Van Mieguem, Jan. A. (1999). Coordinating investment, production and subcontrating. *Management Sciencie, 45 (7),* 954-970.

Vázquez Lacunza, E. (2017). La controvertida caracterización del contrato administrativo especial. *Revista Galega de Administración Pública, 54*(1), 9-44.

Vázquez Mantilla, F. J. (2018). La solvencia en la nueva LCSP. En J. M. Gimeno Feliú (Ed.), *Estudio Sistemático de la Ley de Contratos del Sector Público* (pp. 715-748). Aranzadi.

Vega, M. (2020). Potestades discrecionales del fiscal del Ministerio Público. Un intento de racionalización. *Revista de Derecho Público, 92,* 119-150.

Vergés, J. (1999). Balance de las políticas de privatización de empresas públicas en España (1985-1999). *Economía industrial, 330,* 121-140.

Villa Gil, L. E. (2006). El principio de la irrenunciabilidad de los derechos laborales. En M. C. Palomeque López & I. García-Perrote (Eds.), *Derecho del trabajo y seguridad social. Cincuenta estudios del profesor Luis Enrique de la Villa Gil: homenaje a sus 50 años de dedicación universitaria* (pp. 281-340). CEF.

Villar Borda, L. (2007). Estado de derecho y Estado social de derecho. *Revista de Derecho del Estado, 2,* 73-96.

Villar Cañada, I. M., & Molina Navarrete, C. (2024). *Pilar europeo de Derechos Sociales y progreso jurídico de la Unión y de España: logros y asignaturas pendientes* (Bomarzo, Ed.).

Villar Palasí, J. L. (1950). La actividad industrial del Estado en el Derecho administrativo. *Revista de administración pública, 3,* 53-130.

Woolf, V. (2016). *Una habitación propia.* Austral Singular.

Yagüe Blanco, S. (2022). Aspectos laborales de la reversión de servicios públicos: la integración de los trabajadores a la luz del Derecho constitucional y de la Unión Europea. *Revista de treball, economia i societat, 109,* 4.

Yagüe Blanco, S. (2023). Aspectos laborales de la reversión de servicios públicos: la integración de los trabajadores a la luz del Derecho constitucional y de la Unión Europea. *Revista de trabajo, economía y sociedad (CesCV), 109.*

Zota Bernal, A. C. (2015). Incorporación del análisis interseccional en las sentencias de la Corte IDH sobre grupos vulnerables, su articulación con la interdependencia e indivisibilidad de los derechos humanos. *Eunomía, 9,* 67-85.